谨以此书献给

为山东高速公路发展事业作出贡献的决策者、建设者、管理者

图1　1990年7月3日，全省第一条高速公路——济青高速公路开工建设

山东
高速公路建设实录

图2 1991年6月24日,全国当时最大的公路立交桥——青岛流亭立交桥建成通车

图3　1999年9月，全省第一条山区高速公路——博（山）莱（芜）高速公路建成通车

图4　1999年7月，京福高速公路济南黄河二桥建成通车

山东
高速公路建设实录

图5　1999年7月，济南黄河二桥、潍莱高速公路竣工通车，标志着山东高速公路总里程在全国率先突破1000公里

图6　20世纪90年代中期，高速公路的发展催生了一批高效便捷的仓储物流中心

Record of Expressway Construction in
Shandong

图7　进入21世纪，随着高速公路加快成网，高档豪华大型客车唱起道路客运的"主角"

图8　2000年11月，京福高速公路曲阜至张山子段建成通车，全省高速公路总里程突破2000公里

图9　2001年11月，山东省高速公路信息管理系统开始联网收费

图10　2002年9月，省会济南至各市实现高速公路贯通

图11　2002年5月29日，济南绕城高速公路全线贯通

图12　2003年12月，同（江）三（亚）高速公路山东段全线贯通。当年，全省新增高速公路607公里，高速公路总里程在全国率先突破3000公里

图13　2004年10月，省交运集团大件运输公司执行海南海口至新疆喀什的大型石油设备运输任务，运距6200公里，历时15天，为"中华第一运"

图14　2005年后，高速公路养护基本实现机械化

图15 2007年12月,全长307.8公里的青兰高速公路青岛至莱芜段、京沪新线济南至莱芜段建成通车,全省高速公路突破4000公里

图16 2011年6月30日,青岛海湾大桥建成通车

图17 2016年，疏港高速公路的建设支撑青岛前湾港成为中国最大的集装箱中转港、冷藏箱进出口港之一

图18 具有儒家文化特色和古典风格的曲阜服务区

"十三五"国家重点图书出版规划项目
中国高速公路建设实录

Record of Expressway Construction in Shandong

山东高速公路建设实录

山东省交通运输厅

内 容 提 要

本书是《中国高速公路建设实录》之山东卷,分为两篇,第一篇为"综述",共 8 章 25 节,主要记录山东高速公路建设发展历程、规划设计、运营管理、路政养护、科技创新及文化建设等方面的内容;第二篇为"纪实",共 2 章 38 节,主要记录截至 2016 年末山东境内的 15 条国家高速公路和 23 条地方高速公路的建设实施全况及相关数据、图表等内容。

本书全面真实地记录了山东高速公路的建设发展成就、理念制度变迁、技术研发集成、文化建设传承等内容,具有很高的史料价值,可作为交通运输行业专业人员的参考工具书,也可供对高速公路建设感兴趣的普通读者阅读参考。

图书在版编目(CIP)数据

山东高速公路建设实录 / 山东省交通运输厅组织编写. — 北京:人民交通出版社股份有限公司,2018.9
ISBN 978-7-114-14838-5

Ⅰ. ①山… Ⅱ. ①山… Ⅲ. ①高速公路—道路建设—山东 Ⅳ. ①U412.36

中国版本图书馆 CIP 数据核字(2018)第 137571 号

"十三五"国家重点图书出版规划项目
中国高速公路建设实录

书　　名:	山东高速公路建设实录
著 作 者:	山东省交通运输厅
责任编辑:	刘永超　周　宇　牛家鸣
责任校对:	刘　芹
责任印制:	张　凯
出版发行:	人民交通出版社股份有限公司
地　　址:	(100011)北京市朝阳区安定门外外馆斜街 3 号
网　　址:	http://www.ccpress.com.cn
销售电话:	(010)59757973
总 经 销:	人民交通出版社股份有限公司发行部
经　　销:	各地新华书店
印　　刷:	北京雅昌艺术印刷有限公司
开　　本:	787×1092　1/16
印　　张:	52.25
字　　数:	1032 千
版　　次:	2018 年 9 月　第 1 版
印　　次:	2018 年 9 月　第 1 次印刷
书　　号:	ISBN 978-7-114-14838-5
定　　价:	380.00 元

(有印刷、装订质量问题的图书,由本公司负责调换)

《山东高速公路建设实录》
编审委员会

顾　问：王玉君　张传亭　周秋田　王裕荣
　　　　徐晓红
主　任：江　成
副主任：范正金　姜文侠　于洪亮　司家军
　　　　王其峰　刘福臣　裴志刚　李洪修
　　　　孙　亮　邹庆忠　徐春福　周　勇
　　　　相立昌　高立平
委　员：王智南　苗　青　房建果　路来松
　　　　郝丽杰　郭志云　王广鹏　张玉宏
　　　　孔　军　刘秀文　赵方德　王际逊
　　　　李建华　韩　明　张召河　姜述奎
　　　　姜振亭　左志武　宋乐旭　于培科
　　　　杨明祥　张晓虎　曹景合　华玉文
　　　　钱　军　王　林　崔俊胜　李怀峰
　　　　孔祥福　吴世泉　贾玉良　王　勇

翟乃利　张永刚　宋迎章　王永杰
于世文　宋　科　朱　杰　刘树伟
冯建军　刘镇凌　张　明　李献荣
齐永军　周文明　贾学刚　程传政
孙志刚　赵子义　王　兴　邵学良
韩宏伟　张永顺　刘文东　曹建军
季春秋　吴国庆　刘　勇　滕厚军
田立柱　王丙豹　刘　静　张俊之
公维禹　王文清　姜守民

《山东高速公路建设实录》
编纂工作委员会

主　任：范正金

副主任：高立平　王　林　李怀峰　孔祥福

　　　　刘建涛　汤伟星

总　纂：

山东省交通科学研究院

　　　　郭　林　崔俊胜　辛　超　李金娜

　　　　张　逊　董　莹　张婷婷

山东省交通规划设计院

　　　　吴世泉　刘　伟　王德庆　张克文

　　　　徐金华　王笃文　赵尚栋　曲怀海

　　　　田　卉　房培阳　刘　芹　刘正银

　　　　李广景　付仁华　封振玲

编　辑：耿　敏　王　川　王　博　王相凤

　　　　陈凤翔　冯　磊　唐　鑫　宋　斌

　　　　高雪池　丁晓岩　徐　伟　赵　芳

黄汝存　丁有进　田润鹏　倪　斌
杨　勤　陈立斌　夏　涛　朱晓庆
董　磊　国　兴　崔新海　李向阳
孙　超　王　颖　任　峰　陈闪光

改革开放以来,在省委、省政府的正确领导下,全省各级有关部门紧紧围绕国家重大战略部署,抢抓机遇、开拓创新、砥砺奋进,高速公路建设步伐不断加快,实现了从无到有、从少到多、从分散到形成网络,走出了一条不平凡的跨越式发展之路。

山东是我国最早建设和开通高速公路的省份之一。1990年7月3日,山东省第一条高速公路——济青高速公路奠基开工,拉开了全省高速公路建设的序幕。多年来,省委、省政府高点定位、科学谋划,持续加大对高速公路建设的投入与支持,山东交通运输人锐意改革谋发展,拼搏创新求超越,有力推动了高速公路建设持续快速发展。全省高速公路通车里程率先在全国实现了1000km、2000km、3000km三次历史性跨越,1998—2005年连续8年位居全国第一位,2002年第一个在全国实现省会城市到各市高速公路快速通达,2007年和2014年通车总里程分别突破4000km和5000km。截至2017年底,全省高速公路通车里程达到5820km,基本实现了县县通高速,为全省经济社会平稳健康发展作出了重要贡献。

高速公路发展到今天,有很多规律性的经验和做法值得认真总结。根据交通运输部统一部署,自2015年初,省交通运输厅组织编纂了《山东高速公路建设实录》。该书真实记录了我省高速公路艰辛而辉煌的建设历史,全面展示了高速公路的发展成就、研发集成、理念变迁、文化传承等内容,是外界了解山东高速公路的一扇窗户,也为业内继续推动高速公路建设和深化管理体制改革提供了经验借鉴。

"十三五"时期是全面建成小康社会的决胜阶段,也是实现山东由大到强战略性转变的关键时期。省第十一次党代会明确要求把加快新旧动能转换作为统领经济社会发展的重大工程,聚焦聚力加以推进,对交通运输事业提出了新的更高要求。作为全省经济社会发展的重要支撑,今后一个时期,山东交通运输各项工作要紧紧围绕支撑全省推动新旧动能转换这个中心任务,牢牢把握交通运输基础设施发展、服务水平提高和转型发展黄金时期,以构建综合交通运输体系为方向,加快以高速公路为重点的交通基础设施建设步伐,推动交通运输转型升级、提质增效,为全省实现创新发展、持续发展、领先发展提供强有力的支撑和保障。

"雄关漫道真如铁,而今迈步从头越"。我们坚信,在以习近平同志为核心的党中央坚强领导下,在交通运输部的关心指导下,在社会各界和广大人民群众的大力支持下,全省高速公路事业必将不断开启更加灿烂辉煌的新征程。希望全省交通运输干部职工继承和发扬顽强拼搏、敢于担当、勇攀高峰、甘于奉献的优良传统,更好地立足本职,扎实工作,服务人民,造福社会,为建设经济文化强省作出积极贡献!

山东省人民政府副省长

2018 年 3 月

自20世纪90年代起,山东交通运输迎来以高等级公路建设为重点的基础设施建设时代。这一时期,交通被摆在全省优先发展的战略地位,有关部门通力配合,人民群众积极参与,交通事业得到快速发展,面貌发生深刻变化。1993年12月18日,全长318km的济青高速公路建成通车。至此,山东高速公路从无到有,实现了零的突破。

1994年,山东省委、省政府作出"山东公路建设向以高速公路为主的战略转移,集中力量加快高速公路建设"的重要决定。随后,烟威、东港、济聊等一批高速公路相继建成通车。1998年,党中央、国务院作出扩大内需、实施积极财政政策、加快公路基础设施建设的重要决策。山东省交通厅抢抓机遇,加大资金投入,以超常规建设的气魄,打响了"连续3年实施每年公路投资150亿元"的三个"150战役"。当年完成公路建设投资153.5亿元,高速公路里程达到914km,跃居全国第一位。1999年,山东高速公路实现首次跨越,在完成投资156亿元,建成19个项目后,通车里程在全国率先突破千公里大关,达到1356km。从这一时期开始,山东高速公路以每年新增300km的速度延伸,五年新增1541km,在全国率先实现了1000km、2000km和3000km三次历史性突破,2002年在全国率先实现省会济南到各市驻地通高速公路,至2005年连续八年保持全国第一。2003年12月,时任中共中央总书记、国家主席、中央军委主席胡锦涛同志来山东视察时,对山东公路建设给予了高度评价,指出:"山东基础设施建设步伐加快,一批交通、通信、能源项目相继建成,特别是公路建设突飞猛进,成为全国公路最发达的省份之一"。2007年,山东高速公路又完成了向4000km的历史性跨越,达到4033km,全省有118个县(市、区)通达高速公路,通达率达84%,全省"半日生活圈"基本实现。2014年,山东高速公路通车里程突破5000公里,年底达到5108km,高速公路建设踏上了完善路网结构、优化通行环境、提升服务水平的新征程。截至2017年底,全省高速公路通车里程已达到5820km,一个以省会济南为枢纽,贯通各市、连接周边省份的"五纵四横一环八连"高速公路路网主骨架初步形成。"崇山莽原通天路,千里征程一日还",成为山东公路在新时代的生动写照。

山东公路事业的蓬勃发展,实现了山东人民世代的梦想,铺就了山东经济腾飞的通天大道。伴随着高速公路里程的延伸、现代化港口的崛起,高新技术、外向型经济、高产高效农业、仓储物流、商业、旅游业等各相关产业不断崛起。据统计,全省90%以上的经济技术开发区和工业园区都分布在高速公路沿线,仅济青高速公路沿线就建有五个国家级高新技术开发区、三个国家经济技术开发区,工业园区、外商投资区更是星罗棋布,形成了密集的产业群。交通发展使我省对外开放不断扩大,投资环境日趋改善,外商投资企业由沿海扩展到内地,由大中城市向中小城市和乡镇延伸,外商投资企业已遍布全省17个市。交通基础设施条件的持续改善和运输能力的不断提升,促使农产品运输量大大增加,提高了农产品的产销率和商品化程度,推动了农业向高效、高产、优质方向发展,也刺激了特色农业的迅速发展,进一步夯实了我省在蔬菜、水果等方面现代农业大省的地位。乡镇企业借助交通优势,依托农村城镇大市场,开展第二次创业,向高、精、尖层次迈进,向贸、工、商多领域延伸。随着现代交通特别是公路基础设施的逐步完善,新兴产业得到较快发展,我省机电一体化设备、新型材料、微电子、生物工程、现代物流、海洋经济等已在全国占据一席之地,并成为新的经济增长点。四通八达的交通网络,促进了沿线旅游景点的开发,特别是高速公路以及客货滚装航线的开通,进一步缩短了各景点间的时空距离。高等级公路网已把以济南、泰安、曲阜为主的"一山一水一圣人"旅游线和以青岛、烟台、威海、日照为中心的滨海旅游线,潍坊、淄博等地的民俗旅游线,临沂、枣庄等地的红色旅游线更加紧密地连在一起,使山东旅游资源更具鲜明特色,呈现出较强的发展势头。随着山东四大区域经济发展战略和泛济青烟新旧动能转换试验区战略的实施,板块内部交通有机统筹发展,板块之间交通有效连接,日益发达的交通一体化为区域经济的一体化提供了坚实的支撑。

"十三五"时期是交通运输基础设施发展、服务水平提高和转型发展的黄金时期,这是习近平总书记站在时代发展前沿,对交通运输事业发展作出的准确判断和科学定位。交通运输服务经济稳增长、促改革、调结构、惠民生、防风险各项工作,满足国家"四大板块""三大战略""精准扶贫"以及新型城镇化的新需求,需要始终保持交通基础设施建设的适度规模,以交通运输发展促进有效投资、化解过剩产能、带动产业升级、增加群众就业。今后一个时期,交通运输的基础性、先导性作用将更加突出,对经济发展的推动作用将进一步增强。根据《山东省高速公路网中长期规划(2014—2030年)》,"十三五"末我省高速公路通车里程要达到7600km,全省高速公路网最终要实现"九纵五横一环七连"的整体布局,总里程约达8700km。

面对交通运输发展的黄金时期,山东交通运输必须紧紧围绕经济社会发展这个中心,始终站在经济社会发展全局谋划交通运输工作,坚持发展第一要务不动摇,稳中求进,适度超前,集中力量推进综合交通运输体系建设,突出抓好支撑作用明显的重大项目和品牌工程建设,不断扩大交通基础设施规模,不断完善交通基础设施网络布局,不断增强交通有效供给能力,充分发挥交通运输在经济社会发展中的引领作用,当好经济社会发展的"先行官"。

在准确把握黄金时期新机遇新要求的同时,必须认真查找交通运输发展过程中存在的突出问题与不足。目前,我省交通基础设施总量仍显不足,路网通达深度需要加大;运输设施的统筹规划建设、运输装备的发展以及运输经营管理都尚未形成有机整体,综合运输组织化程度不高,多式联运发展不够,服务水平及效率需要进一步提升。我们只有以开放的视野审视山东交通,以开放的思维谋划山东交通,才能牢牢把握发展机遇,继续推动全省交通运输事业快速发展。

2015年,交通运输部《中国高速公路建设实录》编纂工作正式启动,根据交通运输部的部署,《山东高速公路建设实录》的编纂工作随之展开。交通运输部副部长冯正霖曾指出,"高速公路发展到今天,从发展理念、管理制度、技术政策、建设实践等各个层面,都有很多规律性的东西需要进行认真细致的总结。高速公路发展进程中的每一个时期都有各自的建设特点。编纂实录就是要全面系统地梳理相关史料,原原本本地记录这段历史,告诉世人改革开放后中国为什么要建设高速公路,我国是如何实现高速公路的快速发展,高速公路的建设是如何为我们经济社会发展服务的"。对于山东交通而言,此次实录的编纂是全省几代交通人共同的心愿与期盼。

交通运输发展的黄金时期，相比以往发展的重要机遇期，内涵和外延都发生了重大变化。交通运输要实现新跨越，既要解决现实所需，更要考虑长远发展，加快形成适应经济发展新常态的发展新路径。当前，社会经济发展以及人民群众对交通运输特别是公路发展仍有较大的需求和愿景，全省公路网络体系需要更加完善，而资源环境对公路建设的刚性约束日趋严格，伴随着大数据和云计算时代的到来，全面实现"互联网＋"已势在必行，打造一个新型的高速公路建设运行综合体任重道远。《山东高速公路建设实录》的编纂，对今后一个时期尤其是"十三五"期间我省高速公路建设具有重要的理论指导和实践意义。通过对过往的总结和梳理，有利于进一步创新交通发展手段，确保交通供给质量，完善现代治理体系，不断提高服务水平，使我们在基础设施建设方面充分发挥优势、补齐短板、强化衔接、优化网络。同时，可将成熟经验和先进理念贯穿到交通规划、建设、养护、运输、管理等各个领域、各个环节中去，形成交通基础建设的有效推动力。

省交通运输厅对本实录的编纂工作高度重视，调动全省各级交通与公路资源，在各高速公路建设管理单位和有关部门抽调精锐力量，成立了编审委员会和编纂工作委员会，制订详细工作方案，各项准备工作及时到位，确保了编纂质量。紧紧围绕交通运输部的指导思想，本实录全面真实地记录了我省高速公路的建设历史，全面展示了我省高速公路的建设发展成就、技术研发集成、理念制度变迁、建设文化传承等内容。同时，还充分体现出具有我省鲜明特色的历史文化和风土人情，展现出全省交通运输行业良好的精神活力和时代风貌。

《山东高速公路建设实录》全书近百万字，共分两个篇章，第一篇为"综述"，共8章25节，主要记录我省高速公路建设发展、运营管理、路政养护、科技创新及文化建设等方面的内容；第二篇为"纪实"，共2章38节，全面记录我省境内的15条国家高速公路以及23条地方高速公路的实施建设全况及发展历史。

在本实录成书之际，我谨代表省交通运输厅，感谢省委、省政府和交通运输部对本次编纂工作的精心指导与大力支持，向为本书付出辛勤劳动的各位专家学者、工作人员以及关心本书编纂工作并提出宝贵意见的社会各界人士，表示最衷心的感谢！

习近平总书记在党的十九大报告中明确提出建设交通强国，这是党和人民赋予交通运输行业的新使命，更加自信的中国已站在新的历史起点上，开启了实现中华民族伟大复兴中国梦的新征程。

  "十三五"时期是全面建成小康社会的决胜阶段,是实现我省交通由大到强战略性转变的关键时期。以党的十九大精神为指引,全省交通运输工作必将开创新局面、再续新辉煌!

山东省交通运输厅厅长

2018 年 2 月

第一篇 综 述

第一章 经济社会与交通运输发展 3
第一节 大美富强齐鲁 3
第二节 奋进前行的山东交通 7
第三节 交通运输与经济社会互促发展 13

第二章 高速公路发展历程 18
第一节 从0公里到5710公里 18
第二节 有重大影响力的标志工程 22
第三节 宝贵的经验启示 27

第三章 高速公路规划与设计 32
第一节 发展规划 32
第二节 勘察设计 61

第四章 高速公路建设 99
第一节 建管体制卓有成效 99
第二节 质量管理科学严谨 104
第三节 法规制度基础稳固 109
第四节 筹融资方式灵活多样 110

第五章 高速公路运营管理 114
第一节 收费管理惠民通畅 114
第二节 服务区规范便利 120
第三节 健全安全保障机制 128
第四节 信息系统高效稳定 132

第六章 高速公路养护与路政管理 137
第一节 高速公路养护管理 137

	第二节 路政管理规范有力	140
第七章	**高速公路科技创新**	**145**
	第一节 重大创新技术	145
	第二节 科技创新平台	149
	第三节 重要研究成果	151
第八章	**高速公路文化建设**	**180**
	第一节 传承齐鲁文化,弘扬奉献精神	180
	第二节 修筑人文公路,展现历史底蕴	201
	第三节 铸就文化品牌,与文明同行	207
	第四节 高速文苑,大显风采	213

第二篇 纪 实

第一章	**国家高速公路**	**235**
	第一节 G20(青岛—银川)高速公路山东段(青岛—德州)	235
	第二节 G2(北京—上海)高速公路山东段(德州—临沂)	271
	第三节 G3(北京—台北)高速公路山东段(德州—枣庄)	299
	第四节 G3W(德州—上饶)高速公路山东段(德州—菏泽)	335
	第五节 G15(沈阳—海口)高速公路山东段(烟台—日照)	359
	第六节 G18(荣成—乌海)高速公路山东段(荣成—滨州)	383
	第七节 G22(青岛—兰州)高速公路山东段(青岛—聊城)	432
	第八节 G25(长春—深圳)高速公路山东段(滨州—临沂)	464
	第九节 G35(济南—广州)高速公路山东段(济南—菏泽)	487
	第十节 G2001 济南绕城高速公路	510
	第十一节 G2011(青岛—新河)高速公路	523
	第十二节 G1511(日照—兰考)高速公路山东段(日照—菏泽)	529
	第十三节 G1813(荣成—乌海)高速公路联络线	560
	第十四节 G2516(东营—吕梁)高速公路山东段(东营—临清)	584
	第十五节 G3511(菏泽—宝鸡)高速公路山东段(菏泽—鲁豫界)	600
第二章	**地方高速公路**	**612**
	第一节 S1(济南—聊城)高速公路	612
	第二节 S11(烟台—海阳)高速公路	621
	第三节 S12(滨州—德州)高速公路	629
	第四节 S16(荣成—潍坊)高速公路	638

第五节	S19（龙口—青岛）高速公路	644
第六节	S21（新河—潍坊）高速公路	654
第七节	S26（莱芜—泰安）高速公路	659
第八节	S29（滨州—莱芜）高速公路	669
第九节	S31（泰安—新泰）高速公路	684
第十节	S33（济南—徐州）高速公路	693
第十一节	S38（岚山—菏泽）高速公路	705
第十二节	S61 青岛流亭机场高速公路	712
第十三节	S7201 东营港疏港高速公路	717
第十四节	S7401 烟台港莱州港区疏港高速公路	722
第十五节	S7402 烟台港西港区疏港高速公路	727
第十六节	S7601 青岛前湾港区1号疏港高速公路	733
第十七节	S7602 青岛前湾港区2号疏港高速公路	738
第十八节	S7603 青岛前湾港区3号疏港高速公路	743
第十九节	S7801 日照石臼港区疏港高速公路	749
第二十节	S82 济南顺河高架连接线	754
第二十一节	S83 枣庄连接线高速公路	760
第二十二节	S84 德州连接线高速公路	766
第二十三节	S85 胶州湾大桥	771

附 录

附录一	山东省高速公路建设大事记	785
附录二	山东省交通运输行业从业单位简介（部分）	794
编后记		805

Record of Expressway Construction in
Shandong
山 东 高 速 公 路 建 设 实 录

第一篇
综　述

第一章
经济社会与交通运输发展

1978年以来,山东省紧紧抓住改革开放的发展机遇,解放思想,开拓进取,经过全省人民近40年的艰苦奋斗,已将山东省建设成为一个经济大省,并稳步向经济强省迈进。交通运输事业的快速发展,大大增强了对国民经济和社会发展的支撑能力,为全省经济社会又好又快发展作出了巨大贡献。

第一节　大美富强齐鲁

山东,因居太行山以东而得名,简称"鲁",省会济南。先秦时期隶属齐国、鲁国,故而别名齐鲁。山东地处华东沿海、黄河下游、京杭大运河中北段,是华东地区的最北端省份。西部为黄淮海平原,连接中原,从北向南分别与河北、河南、安徽、江苏四省接壤;中部为鲁中山区,地势高突;东部为山东半岛,伸入黄海、渤海,北隔渤海海峡与辽东半岛相对、拱卫京畿与渤海湾,东隔黄海与朝鲜半岛相望,东南均临靠黄海、遥望东海。山东辖17个设区市、137个县市区,面积15.79万 km^2,人口9847.16万人。山东历史悠久,是中华民族和华夏文明的重要发祥地之一。

一、基本概况

(一)位置境域

山东省位于中国东部沿海、黄河下游,北纬34°22.9′~38°24.01′、东经114°47.5′~122°42.3′之间。全境南北最长约420多公里,东西最宽700多公里,海岸线长3000多公里。

山东中部山地突起,西南、西北低洼平坦,东部缓丘起伏,形成以山地丘陵为骨架、平原盆地交错环列其间的地形大势。泰山雄踞中部,主峰海拔1532.7m,为山东省最高点。黄河三角洲一般海拔2~10m,为山东省陆地最低处。

境内地貌复杂,大体可分为中山、低山、丘陵、台地、盆地、山前平原、黄河冲积扇、黄河平原、黄河三角洲等9个基本地貌类型。山地约占山东省总面积的15.5%,丘陵占13.2%,平原占55%,洼地占4.1%,湖沼平原占4.4%,其他占7.8%。

山东省行政区划图

五岳独尊——泰山

境内主要山脉集中分布在鲁中南山区和胶东丘陵区。属鲁中南山区者,主要由片麻岩、花岗片麻岩组成;属胶东丘陵区者,由花岗岩组成。绝对高度在700m以上、面积150km² 以上的有泰山、蒙山、崂山、鲁山、沂山、徂徕山、昆嵛山、九顶山、大泽山等。

(二)水文与水资源

山东分别属于黄河、淮河、海河三大流域,境内黄河横贯东西,大运河纵穿南北,其余中小河流密布,主要湖泊有微山湖、昭阳湖、独山湖、南阳湖、东平湖、麻大湖、白云湖、青沙湖等。

黄河是中国的母亲河,自山东省东明县入境,呈北偏东流向,经菏泽、济宁、泰安、聊城、德州、济南、淄博、滨州、东营9市的25个县(市、区),在垦利县入海,河道长628km。黄河水是山东主要可以利用的客水资源,每年进入山东水量为359.5亿 m³,一般来水年

母亲河——黄河下游风貌(图中建筑为1982年7月建成通车的济南黄河大桥)

份山东可引用黄河水70亿 m^3。

长江水是南水北调东线工程建成后山东省可以利用的另一主要客水资源。根据南水北调水资源规划,山东省一期将引江水14.67亿 m^3,二期引江水34.52亿 m^3。

(三)文化

地域文化。齐鲁文化是先秦时期齐鲁两国地盘对照至今山东形成和发展的一种地域文化,包括儒家文化、道家文化、兵家文化、法家文化、墨家文化、商业文化以及阴阳、纵横、方术、刑、名、农、医等。

饮食文化。鲁菜是中国饮食文化的重要组成部分,是中国八大菜系之一,以其味鲜咸脆嫩、风味独特、制作精细享誉海内外。山东地理差异大,因而形成了沿海的胶东菜和内陆的济南菜以及自成体系的孔府菜三大体系。宋代后,鲁菜成为"北食"的代表之一。从齐鲁到京畿,从关内到关外,有着广阔的群众基础。

旅游景点。山东拥有国家重点风景名胜区6处,分别为:千佛山风景名胜区、泰山风景名胜区、青岛崂山风景名胜区、胶东半岛海滨风景名胜区、博山风景名胜区、青州风景名

天下第一泉——趵突泉

胜区,其中泰山风景名胜区被列入《世界自然与文化遗产名录》,是山东唯一的双世界遗产。5A级风景区11处,分别为:泰安市泰山景区、青州市青州古城景区、威海市威海华夏城景区、威海刘公岛景区、山东省沂蒙山旅游区、济南市天下第一泉景区、枣庄市台儿庄古城景区、烟台龙口南山景区、烟台市蓬莱阁旅游区、青岛崂山景区、世界文化遗产济宁市曲阜明故城三孔旅游区。国家历史文化名城10座,分别为:曲阜、济南、青岛、聊城、邹城、临淄、泰安、蓬莱、烟台、青州。中国历史文化名镇名村7处,还有齐长城、京杭大运河山东段2处入选《世界文化遗产名录》在内的196处全国重点文物保护单位。

二、经济建设

山东省委、省政府在党中央、国务院的坚强领导下,统筹推进党的建设和经济、政治、文化、社会、生态文明建设,以在全面建成小康社会进程中走在前列为目标,提升发展标杆、提升工作标准、提升精神境界,以提高发展质量和效益为中心,以推进供给侧结构性改革为主线,全面深化改革扩大开放,积极实施创新驱动发展战略,全省经济呈现总体平稳、稳中有进、进中向好的运行态势,经济文化强省建设成效显著。

2016年,全年生产总值6.7万亿元,人均生产总值6.8万元;地方一般公共预算收入5860亿元;城镇居民人均可支配收入34012元,农村居民人均可支配收入13954元;居民存款总额8.6万亿元。

(一)第一产业

农林牧渔业稳定发展。农业增加值2834.9亿元,粮食总产量4700.7万t,产地总面积287万公顷,新增粮食高产创建田524.3万亩❶,无公害农产品、绿色食品、有机农产品和农产品地理标志获证企业3439家;林业增加值103.7亿元,年末林地面积396万公顷,绿化率为25.1%;牧业增加值1061.9亿元,猪牛羊禽肉产量764.7万t,禽蛋产量440.6万t,牛奶产量268.4万t;渔业增加值928.7亿元,海产品产量742万t,淡水产品产量155.2万t,年末专业远洋渔船487艘,总功率54.8万kW。

(二)第二产业

工业企业数量增加。年末规模以上工业法人企业40600家。工业生产平稳增长,全部工业增加值26648.6亿元。新能源汽车、微波终端机、智能电视、工业机器人等新产品产量快速增长。企业效益持续好转,规模以上工业主营业务收入150034.9亿元,实现利润8643.1亿元,实现利税13312.9亿元,工业产销率为98.8%,全员劳动生产率为38.7万元/年。

---

❶ 1亩=666.67 m^2。全书同。

建筑业平稳发展。具有资质等级的总承包和专业承包建筑业企业6171家,其中,特级和一级建筑企业580家。建筑业总产值10087.4亿元。

(三)第三产业

交通运输业平稳发展。铁路、公路、水路共完成客运量6.3亿人次,货运量28.2亿t。沿海港口吞吐量14.3亿t。年末公路通车里程26.6万km,其中,高速公路通车里程5710km。新开通5条洲际直航航线,实现零突破。年末民用汽车拥有量1754.3万辆,其中,私人小汽车1020.7万辆。

信息产业发展良好。信息技术产业主营业务收入1.4万亿元,利润828.2亿元,利税1283.6亿元。17个设区市和95%以上县(市)建成数字城市,基本构建起数字山东地理空间框架。

邮电通信业快速增长。邮电业务总量2191.6亿元,其中,电信业务总量1890.0亿元,邮政业务总量301.6亿元。光缆线路总长度174.3万km,移动电话用户9594.5万户,电话普及率为每百人107部。

旅游业蓬勃发展。旅游消费总额8030.7亿元。截至2016年末A级旅游景区1054家,省级以上旅游度假区45家,省级旅游强乡镇527个,省级旅游特色村1180个。

第二节　奋进前行的山东交通

党的十一届三中全会以来,山东交通紧紧围绕省委、省政府战略部署开展工作,振奋精神,顽强拼搏,紧跟改革开放的每一次脉动,把握改革开放不同时期的每一次战略机遇,奋进前行,走过了一条不平凡的跨越式发展之路。

一、发展历程

1979年12月,山东省革命委员会交通局更名为山东省交通厅。1983年,山东省交通厅公路处正式更名为山东省公路管理局。到20世纪80年代末,山东的公路建设规模和等级都已名列全国前茅,并拥有了"山东的路、广东的桥"之美誉。全省公路总里程达到40500km,高级、次高级路面23000km,99.5%的乡镇和75.6%的行政村通上了公路,15个贫困县通车里程达到5385.4km,353个乡镇中348个已通公路。1982年7月,济南黄河公路大桥建成通车,该桥系当时亚洲同类桥型中跨径第一的公路大桥。

1988年,山东省委、省政府召开全省交通工作会议,下发了《关于加快发展交通运输的通知》,全省统一领导、分级管理的公路建设机制从此确立,省、市、县(市、区)在公路建设管理中的事权划分进一步明确。进入20世纪90年代,山东交通更迎来以高等级公路建设为重点的基础设施建设时代。1993年12月,全长318km的济青高速公路建成通车。1994年,山东省委、省政府召开全省公路建设工作会议,果断决策:"山东公路建设向以高速公路为主的战略转移,集中力量加快高速公路建设"。烟威、东港、济聊等一批高速公路项目相继建成通车。1998年,党中央国务院提出扩大内需,实施积极财政政策,加快公路基础设施建设的重要决策。山东高速公路里程达到914km,二级以上高等级公路通车里程达18862km,均居全国第一位。

1998年,省委、省政府再次召开全省交通工作会议,明确提出构筑总体规模适应、路网布局合理、运力结构优化、运行管理科学、各种运输方式协调发展的现代化立体交通总框架,全面提高交通整体通过能力和服务水平。山东高速公路在1999年实现首次跨越,在完成投资156亿元,建成19个项目后,通车里程在全国率先突破千公里大关,达到1356km。从2000年到2015年的15年间,山东高速公路先后实现了2000km、3000km、4000km、5000km的四次历史性突破。截至2016年底,全省高速公路达到5710km,通达全省96%的县(市、区)。

2003年,省委、省政府决定,用3~5年时间,改造农村公路8万km,基本实现全省行政村通油路。省十届人大一次会议通过决议,将农村公路改造确定为政府的一项重要任期目标。同年5月,在"非典"防治形势极为严峻的情况下,省政府在德州召开会议,出台专项政策,对全省村村通沥青(水泥)路工作进行了全面动员部署。2005年以来,每年的省委1号文件都将农村公路建设管理养护工作确定为为人民群众所办的重要实事之一,纳入重要议事日程。截至2016年,全省农村公路总里程达到23.83万km,其中县道2.33万km、乡道3.24万km、村道18.26万km,全省行政村沥青(水泥)路覆盖率达99.99%,基本形成以县道为骨架、乡道为支线、村道为毛细血管的农村公路网络体系。

二、辉煌伟业

山东交通解放思想、抢抓机遇,交通基础设施建设连续取得突破,管理与服务水平不断提升,交通面貌发生深刻变化,在全省乃至全国树立起品牌,成为展现山东形象的重要标志之一。

(一)公路建设实现新跨越

新中国成立之初,山东交通基础薄弱、百废待兴。全省能正常通行汽车的公路仅有3152km,其中绝大部分为土路,晴雨通车里程仅为65km。改革开放后,随着经济社会的快速发展,山东公路建设迈入了普及与提高并重、以提高为主的发展阶段,公路建设被摆在了全省优先发展的战略位置。山东省委、省政府明确提出"交通必须先行,交通必须打通,交通必须适应"的指导思想,并相继出台了一系列政策措施,对公路建设实行重点扶持,全省公路建设不断跃上新台阶,整体水平显著提高。到20世纪80年代末,山东公路建设规模和等级都已名列全国前茅。进入20世纪90年代后,全省公路通车里程更以每年3000km的速度迅猛增长。2005年,全省各市驻地通往各县(市、区)实现均由二级以上公路相连,100%的乡镇和99.9%的行政村通达公路。到2016年底,全省公路通车总里程达到26.58万km,公路密度达到169.6km/100km²。其中高速公路通车里程达到5710km,通达全省96%的县(市、区)。普通国省道二级以上公路比例达到96.2%。全省行政村通油路率达到99.9%,形成了以高速公路为主动脉,以国省道为支脉,以农村公路为毛细血管,干支相连、纵横交错、四通八达、畅安舒美的公路交通网络,为全省经济社会发展和改革开放提供了强力支撑。

在公路建设中,始终把工程质量、安全生产、廉政建设作为三条"高压线",认真贯彻执行项目业主责任制、招标投标制、工程监理制和合同管理制,加强公路建设市场管理,严把准入关,强化全过程质量控制,依靠科技进步推动公路建设,有效确保了工程质量,杜绝了安全责任事故的发生。

济南燕山立交桥获国家优质工程银奖

（二）港航整体实力显著增强

山东大陆海岸线长3000多公里,其中三分之二岸线属基岩湾海岸,岬湾相间,具有优越的建港条件,深水岸线多达228km。改革开放初期,山东沿海只有港口15个、生产性泊位88个、万吨级以上泊位12个,吞吐能力只有3000多万吨,设施设备简陋、靠泊能力差、货物过驳倒载、装卸肩挑人抬。经过30多年的建设与发展,全省沿海港口总泊位数达到556个,其中万吨级以上泊位265个,总通过能力达到7.2亿t。沿海港口年吞吐量达到14.3亿t,其中青岛港突破5亿t,日照港突破3亿t,初步形成了以青岛、日照、烟台港为国家主要港口,以威海港为地区性重要港口,以潍坊港、东营港、滨州港等为补充的现代化港口群。

繁忙的青岛港码头

20世纪80年代初,全省仅有793km的内河通航里程。京杭运河山东段只能通航50t以下的驳船、木帆船。经过多年的改造和疏浚,全省内河航道2400km,通航航道1070km,其中高等级航道400km。济宁至台儿庄段171km的主航道,全部改造为三级航道,大部分航段已达到二级通航能力,内河重要支线航道及进港航道都升级为高等级航道,1000吨级船舶可由济宁区域南下达江入海。沿线17处港口的177个泊位,形成了2500万t的吞吐能力。内河港口自2002年突破1000万t后,也先后突破了2000万t、4000万t,2007年完成5400万t,真正成了黄金水道。2016年,内河通航里程达到1150km,内河港口吞吐量完成6300万t。

风景如画、秩序井然的枣庄台儿庄船闸上游引航道

（三）运输经济实力不断壮大

新中国成立初期，山东道路运力状况与运量需求间矛盾十分突出，全省仅有2700多辆民用汽车，而从事公路运输的只有1800多辆，寒酸的汽车站点甚至租用民房，或借用庙宇、祠堂。到1978年，道路运输滞后经济发展的状况仍然没有得到本质性改变。其后，山东公路运输市场逐步开放，各种形式、各种经济成分的运输组织蓬勃发展，国营大中型运输企业进入市场，省、市、县、乡四级运政管理机构和市场管理规则循序健全，一个多种经济成分、多种形式、多家经营、开放活跃的道路运输市场基本形成，在综合运输体系中发挥了主导作用。

济南长途汽车站旧貌新颜

山东全面加快客货运场站建设步伐，对县级以上汽车站逐步进行改造，不断完善运输场站服务功能。进入20世纪90年代，按照设施现代化、管理智能化、服务人性化、功能综合化的目标，启动和完善了济南、青岛、烟台、淄博等12个国家公路运输枢纽的规划及建设，统筹安排了区域中心城市和县级客货站场及农村客运站项目建设。大力推广乡镇客运站"站所合一""四位一体"等建设模式，到2016年底，全省等级客运站场达到1331个，基本覆盖所有乡镇。初步形成了以济南、青岛、烟台三个国家公路运输枢纽为核心,以省级集疏运中心为枢纽,以区域重点城市为中心,以乡镇客运站为节点,以农村停车点为末梢,集疏便捷、辐射城乡的综合站场网络体系。

新能源车大量投入使用

运输装备水平不断提高。改革开放以后,道路运输车辆迅猛增长。2015年,客运班车高、中、普的比例调整为19∶36∶45,中高级客运班车占线路班车的比重达到54.5%。在营业性载货汽车中,重型货车、集装箱运输车、厢式货车分别达到11.3万辆、1.2万辆和7.8万辆,在全省91万辆营运货车中比重已达40%,增长速度远高于普通货车增幅,全省运力结构得到全面优化。同时,经营主体规模化程度进一步提高,全省共有1400条集约化客运线路,4700辆集约化经营车辆,全行业规模化、网络化经营渐成发展主流。2016年,营运客车2.6万辆,中、高级客车占比达93%以上。

(四)行业管理体系日趋完善

山东交通管理由高度集中的计划管理、计划指导与市场调节相结合,逐步向运用市场机制调控转变,建立了市场经济条件下的交通管理新机制。全省逐步建立和完善了交通四级行政管理体制。交通管理的重点放在统筹规划、掌握政策、信息引导、组织协调、提供服务和监督检查上,管理方式实现了由直接管理为主向间接管理为主转变,由抓直属为主向抓全行业管理为主转变,由单一的行政管理手段为主向以综合运用法律、经济和行政手段转变。

1991年7月,全省首次交通法制工作会议在养马岛召开,确定了"一手抓建设和改革,一手抓法制"的方针,山东交通依法管理进程正式启动。先后提请省人大颁布实施了《山东省道路运输管理条例》《山东省公路规费征收管理条例》《山东省高速公路条例》《山东省水路交通管理条例》《山东省农村公路条例》《山东省公路路政条例》等地方法规。提请省政府制定出台了《山东省旅游船舶安全管理办法》《山东省关于加强水路安全管理的若干规定》《山东省渡口管理办法》《山东省航道管理办法》《山东省水路运输安全管理办法》《山东省超员和超限运输车辆管理办法》《山东省港口管理办法》《山东省渡运管理办法》《山东省实施〈民用运力国防动员条例〉办法》《山东省收费公路管理办法》《山东省京杭运河航运污染防治办法》等政府规章,为交通依法行政奠定了坚实基础。

全面加强安全生产工作,制定实施了一系列加强交通安全生产工作的规定、规范、标准,完善各类应急处置预案,逐步健全安全生产责任体系,深入开展以海上客(滚)运输、内陆水域客渡、道路客运、化学危险品运输、公路安全保障、厅直单位消防为重点的专项整治活动。推进党风廉政建设,认真落实党风廉政建设责任制,突出加强重点领域、重要环节廉政建设和反腐败工作,树立了山东交通清正廉洁品牌。依法加强路政管理,开展路域环境治理,在全国率先开通路政服务电话,综合服务水平不断提高,路产路权得到有效保护。加大了运输和建设市场管理力度,严把市场准入关,严厉打击工程非法转包、分包和倒客、宰客等行为,促进了交通市场统一、开放、竞争、有序格局的形成。

第三节　交通运输与经济社会互促发展

交通运输作为基础性、先导性产业,与其他社会经济部门有着极其密切的联系。经济社会发展为交通事业的发展奠定了坚实的基础,交通的发展对整个社会经济发展作出了突出贡献。经过多年艰苦奋斗,山东交通面貌发生了深刻变化,整体实力有了一个大的飞跃,大大增强了对国民经济和社会发展的支撑能力,为全省经济社会又好又快发展作出了巨大贡献。

一、交通运输直接拉动了国民经济增长

交通建设投资对国民经济的拉动作用可分为两部分。一部分是交通投资建设活动本身对增加GDP、拉动国民经济增长的作用。交通工程建筑活动过程本身会产生工资、利润、折旧和税金等增加值。建筑活动中直接消耗的大量水泥、钢材、木材、砂石等中间消耗品的生产企业,在为交通建设需要而生产的过程中也创造出一定数量的增加值,而这些物品的生产过程中同样创造出一定数量的增加值。以公路为例,每亿元公路投资的人工和主要材料投入量如下:砂石15m³,木材0.04万m³,水泥1.17万t,钢材0.1万t,沥青0.14万t,人工45万个工日(约相当于2000个就业岗位)。这只是公路投资直接带来的就业机会,而为公路建设直接和间接提供产品的各部门因公路投资相应带来的就业机会是公路建设的2.4倍。亚洲金融危机爆发后,国家实施积极的财政政策,扩大内需。1998年我国对公路建设投资由年初的1200亿元增加到1800亿元,可带动GDP增长700多亿元,增长速度提高0.31个百分点,需使用170多万吨钢材、70多万立方米木材、2亿多吨水泥、

220多万吨沥青,提供约300万个就业机会。

另一部分是交通基础设施建成通车后对经济增长产生的促进作用,一般主要包括下述两个方面:一是交通条件改善带来的直接经济效益,如运输成本降低产生的节约效益,行驶里程缩短产生的运输效益,拥挤状况缓解、车流增多产生的增流效益,行车速度提高、时间减少产生的时间效益,交通事故减少及货损率下降产生的人民生命财产的减损效益。二是在上述直接经济效益的影响下派生出的间接效益,如扩大了市场边界,增强了国民经济的影响力和辐射力;加快了市场流通与交换的步伐,促进了市场竞争和选择淘汰过程;加快了现代农业、先进制造业、第三产业等新兴产业的发展,促进了地区产业结构的调整,产生了巨大的乘数效应;改变了区域投资环境、调整了生产力布局,提高了区域范围内的聚集经济效应。直接经济效益是建立在微观经济活动基础之上的,而间接经济效益则是隐含在宏观经济运行之中的。后者较前者来讲,对国民经济发展的促进作用更大,持续时间也更长。

二、交通运输促进了生产力合理布局和区域经济发展

交通基础设施作为重要的社会生产要素,对其他生产要素产生强烈的吸附作用,在发达的交通网络联结下,产业要素在空间布局上将会发生位移。经验表明,一条高速公路建成3~5年后,沿线大中城市凭借高速公路形成城市群,不断延伸发展。在各出入口附近形成一系列卫星城镇或经济开发区,并以高速公路为轴线,形成"经济走廊"或"通道经济",直至形成经济、旅游产业带。

一个典型例子就是临沂市。提起临沂,许多人首先想到的就是山区和贫穷。丘陵占全市总面积71%的临沂,素有"四塞之崮,舟车不通,土货不出,洋货不入"之称。八百里巍巍蒙山,曾阻断了多少山里人的梦想和期盼。

自1996年以来,临沂紧紧抓住国家扩大内需、加大公路等基础设施投入的难得机遇,全面加快高速公路建设,先后建成开通了京沪、日兰、青兰、长深、枣临高速公路临沂段,通车里程515km,临沂市成为全国最早通高速公路的革命老区之一。全市"两纵三横"高速公路网基本形成,实现了"县县通高速",标志着临沂市高速公路进入"加快成网"的时代。

高速公路的建设,为群众致富奔小康带来了前所未有的发展机遇,极大地促进了临沂经济社会发展。临沂商城是我国创办最早的专业批发市场集群之一,已发展成为全国规模最大、物流覆盖面最广的市场集群,是中国北方地区最大的物流基地。入驻物流公司、经营业户2300多家,物流园区19处,发展国内配载线路2000多条,货物周转快,基本实现当日收货、当日配货、当日发货,600km以内次日到达,1500km以内隔日到达,1500km以外3~7日到达。高速公路的贯通为临沂经济发展插上了腾飞的翅膀。2016年全市实现生产总值4026.75亿元,较2000年的554.6亿元增长了6倍多。

高速公路快速便捷的服务、长距离远辐射的运输优势,拓宽了沂蒙群众致富增收的路子,也解决了地方特产运输成本高而价低的问题。以京沪高速公路为例,京沪高速公路的贯通,大大拉近了临沂与沿线各大城市的时空距离,使素有"山东南菜园"之称的兰陵县每年蔬菜外销量达50亿kg。下午采摘的蔬菜,次日就到了南京人和上海人的餐桌上。兰陵由20世纪90年代初的人均可支配收入1400元/年,达到现在的20008.6元/年。沂蒙山区不但盛产水果,还有金银花、板栗、香椿芽、银杏等特产300余种,过去由于交通闭塞,限制了果品外销。而高速公路通车后,极大地方便了果品销售,大大增加了沂蒙群众的收入。其中,蒙阴蜜桃更是占据了南方市场60%的份额,在上海每销售3个蜜桃中就有1个来自蒙阴。高速公路的贯通,促进了临沂旅游业的飞速发展。2016年,全年共接待游客6180.8万人次,实现旅游消费总额631.4亿元。

三、交通运输促进了国民经济运行效率的提高

首先,良好的交通运输条件可以加速区域内部经济循环,保证经济的发展。其次,交通可以引导区域内产业结构的合理布局。从结构上提高国民经济的发展效率,促进国民经济的发展。第三,发达和便利的交通可以优化投资环境,吸引外资。第四,舒适便捷的交通还能满足人们对生活的质量要求,诱导人们大大提高出行率。广义上讲,交通条件应包括特定区域内部的交通线、交通网以及该区域所处的交通区位条件。良好的交通条件,可以加强各地区的联系,使"增长极"和"开发轴线"通过支配效应、乘数效应、极化效应与扩散效应对国民经济活动产生组织带动作用,提高国民经济发展效率。支配效应指增长极通过与周围地区的要素流动关系和商品供求关系对周围地区的经济活动产生支配作用。乘数效应指增长极的发展对周围地区的经济发展产生示范、组织带动作用。极化效应指增长极的推动性产业吸引以及拉动周围地区的要素和经济活动不断趋向增长极,加快自身的发展。扩散效应指增长极向周围地区进行要素和经济活动输出,从而刺激和推动周围地区的经济发展。而这些效应作用的发挥,都离不开商品、人员、资金、技术以及信息的活动和交流,离不开良好的交通条件。

四、交通运输促进了产业经济的发展

交通与农业、工业、建筑业、商贸业等产业的回归系数都在0.9以上,这充分说明交通和产业经济存在着极大的协同性。交通基础设施条件的改善,推动了农业向高效、高产、优质方向发展,快捷方便的运输,促使农产品外运量大大增加,提高了农产品的产销率和商品化程度。农村二、三产业借助交通优势,依托城市大市场,向高、精、尖层次迈进,向贸、工、商多领域延伸。现代交通刺激了特色农业的迅速发展,进一步奠定了山东省蔬菜大省、水果大省的地位。随着交通基础设施的逐步完善,新兴工业产业得到较快发展,山东省机电

一体化设备、新型材料、微电子、生物工程、现代物流等已在全国占据了一席之地,并成为新的经济增长点。四通八达的交通网络,促进了山东省商贸业的发展。交通的发展还促进了沿线旅游景点的开发,特别是高速公路以及客货滚装航线的开通,进一步缩短了各景点间的时空距离。高等级公路网已把以济南、泰安、曲阜为主的"一山一水一圣人"人文景观旅游线和以青岛、烟台、威海为中心的半岛沿海观光旅游线,以及潍坊、淄博民俗旅游线更加紧密地连在一起,如今北京人开着车可以到蒙山来度周末,聊城也兴起了江北水城旅游热,良好的交通条件使山东旅游资源的开发初步形成规模效益,呈现出较强的发展势头。

山东交通实现大路网、大港口、大物流发展

五、交通运输促进了社会进步和文明建设

随着交通的发展,人流、物流、信息流的高度聚集和流动,推动了人们思想观念的转变,增强了人们的现代意识、开放意识、竞争意识和市场意识,进取、超前、效率等观念深入人心,日益改变着人们的思维和行动。交通的发展大大缩短了时空距离,加快了人与人之间的交往,提高了办事效率,丰富了人们的日常生活。高速公路等现代化交通设施的快速发展,以及城市出入口道路和港站设施面貌的改善,美化了城市,提高了城市建设的现代化水平,同时,加快了小城镇建设步伐,促进了城乡一体化进程。山东省沿公路主干线规划建设了许多各具特色、环境优美的现代化小城镇,为齐鲁大地增添了一道道亮丽的城市风景线。

在交通服务国民经济发展的同时,国民经济又为交通发展提供了重要保障。首先,经济实力为交通发展提供物质基础。新中国成立后,尤其是"八五"以后,我国经济迅速发展,经济实力迅速增强,对交通的资金投入逐步加大,加快了交通建设的步伐,才有了今天的交通大发展局面。可见,只有具备了一定的经济实力才能为交通发展提供物质基础。其次,国民经济发展需求引导交通发展方向。不同的产业结构对交通的要求具有较大差别,资源密集型产业要求重载化、大型化,以铁路、水路运输为主,以利于降低运输成本;资产密集型产业要求的是灵活迅达运输方式,以航空、公路运输为主;科技密集型产业则以轻便、快速为主,如航空、公路运输等。

第二章
高速公路发展历程

进入20世纪90年代,中国经济呈现出高速度、跳跃式的发展。地处黄海、渤海交界的山东表现出更为强劲的对外开放势头,生产总值已名列全国经济大省前三名,但是经济和社会发展对公路基础设施的需求同公路建设相对滞后的矛盾越来越明显。"交通发展必须与经济发展相协调、相适应,必须适当超前",全省上下逐步形成了统一认识,催生了山东首条高速公路——济南至青岛高速公路,1990年7月3日开工建设,1993年12月18日,当这条总里程318km的高速公路在山东人民期盼的目光下建成通车时,山东交通人实现了高速公路零的突破。从20世纪90年代末开始,山东高速公路通车里程在全国率先实现了1000km、2000km、3000km三次历史性突破,连续八年居全国第一位,2002年在全国率先实现了省会到各市驻地通高速公路。2007年和2014年分别突破4000km和5000km,2016年全省高速公路里程达到5710km。

第一节 从0公里到5710公里

山东高速公路事业发展自改革开放以来大致经历了三个阶段,即起步探索期(1990—1997年)、高速发展期(1998—2008年)、持续发展期(2009—2016年)。各个阶段面临形势不同,山东高速公路发展的重点不同。

一、起步探索期(1990—1997年)

20世纪80年代,山东省委、省政府明确提出"交通必须先行,交通必须打通,交通必须适应"的指导思想,并相继出台一系列政策措施,公路建设被摆在全省交通优先发展的战略位置,迈入普及与提高并重、以提高为主的发展阶段。各级党委、政府高度重视、统筹规划,广大人民群众大力支持、无私奉献,交通部门解放思想、抢抓机遇,全省公路建设不断跃上新台阶,整体水平显著提高。至20世纪80年代末,山东公路建设规模和等级在全国名列前茅。

1990年7月,全省首条高速公路——济青高速公路举行开工奠基仪式。

济南至青岛高等级公路开工奠基仪式

1993年6月,全国公路建设工作会议在山东召开。会议确定了高等级公路建设的重点是"两纵两横三个重要路段",把我国高速公路建设推到了一个新的发展阶段,对我国尚处起步阶段的高速公路建设起到了极大的推动作用。

1993年12月18日,济青高速公路正式通车,成为山东省公路建设进入新时期的鲜明标志和重要里程碑。

以此为起点,山东省吹响了向高速公路战略性进攻的号角。随后,环胶州湾高速公路、烟(台)威(海)、东(营)港(东营海港)、济(南)聊(城)等一批高速公路项目相继建成通车,截至1997年底,全省高速公路和一级汽车专用路达到834km。

二、高速发展期(1998—2008年)

1998年,党中央、国务院审时度势,作出实施积极财政政策,扩大内需的重大决策。山东交通抢抓机遇,以超常规建设的气魄和胆量,发起第一个"150战役",当年完成公路建设投资153.5亿元,山东省高速公路通车总里程达到914km,跃居全国第一位。1999年、2000年两次打响"150战役",将高速公路建设推向一个新阶段。

1999年7月,济南黄河二桥、潍莱高速公路通车,标志着山东高速公路总里程在全国率先突破1000km,当年建成通车高速公路445.8km。同年9月,省内第一条山区高速公路博(山)莱(芜)高速公路建成通车。博莱高速公路贯通鲁中山区,沿线沟壑纵横、地势复杂,地形起伏变化较大,是当时全省公路技术含量最高、施工难度最大的公路建设项目之一。

改革开放以来,我国高速公路从无到有,取得了举世瞩目的成就。从我国第一条高速公路沪嘉高速公路建成通车,到1999年10月30日济(南)泰(安)高速公路竣工,中国高速公路通车里程突破10000km,跃居世界第四位。10月30日,时任中共中央政治局委员、山东省委书记吴官正,交通部部长黄镇东和广大高速公路建设者2800人在济(南)泰(安)高速公路济南西举行通车典礼仪式,一同见证中国高速公路发展史上激动人心的一刻。为纪念高速公路建设取得的重大历史成就,交通部决定在山东修建中国高速公路通车"10000km"纪念牌。

中国高速公路通车"10000km"纪念牌

2000年11月,京福高速公路曲阜至张山子段建成通车,全省高速公路总里程突破2000km,达到2006km。省委、省人大、省政府、省政协领导班子成员,济南军区、省军区、武警山东总队负责人参加通车仪式。

2001年,全省基本形成纵贯南北、横贯东西的三条高速公路大通道,省会济南与13个市实现由高速公路连接,80多个县(市、区)通了高速公路,并建成5个省际高速公路出口,高速公路通车里程达到2077km。

2002年9月,莱新高速公路建成,省委、省人大、省政府、省政协领导班子成员,济南军区、省军区、武警山东总队负责人参加了"省会济南与各市高速公路贯通暨滨博、莱新高速公路通车仪式",高速公路通车里程达到2411km,成为全国率先实现"省会与各市驻地通高速公路"的省份,构筑起以济南为中心的"半日生活圈",有106个县(市、区)通达高速公路。

2003年12月,同江至三亚高速公路(沈海高速公路)山东段全线贯通。当年,全省新增高速公路607km,高速公路总里程在全国率先突破3000km,达到3018km。

2005年,全省高速公路通车里程达到3162.5km,连续八年居全国第一位,一个以省会济南为枢纽,贯通各市,连接周边省份的"五纵四横一环"的高速公路网主骨架基本形成。

2007年12月12日,青兰高速公路青岛至莱芜段竣工通车,全省高速公路总里程突破4000km,达到4033km。

山东省政府召开表彰大会,庆祝全省高速公路里程突破4000km

三、持续发展期(2009—2016年)

2009—2010年,山东交通以快速发展、科学发展、全面协调发展为主线,加快交通工作指导方式转变,交通基础设施建设初步跨入现代化轨道。青州至临沭、临沂至枣庄、东平至济宁、高唐至临清高速公路、日照港和烟台莱州港区疏港高速公路等6个高速公路项目开工建设,在建高速公路规模达到632km。建成通车高速公路252km,实施高速公路大中修979km。2010年全省高速公路通车里程达到4285km。

2011年6月,省政府发布了《山东省高速公路网中长期规划(2011—2020年)》,高速公路建设进入了持续发展时期。稳步推进交通基础设施市场化进程,顺利完成山东济菏高速公路有限公司股权转让。2011年,全省高速公路通车里程达到4350km。济南至乐陵高速公路、济广高速公路济南连接线等工程相继开工,在建高速公路规模达到865km。

2012年,龙青高速公路莱西至城阳段、德商高速公路聊城至范县段等重点项目开工建设。滨州至德州、青州至临沭、高唐至临清、东平至济宁、烟台至海阳、枣庄至临沂等6条高速公路建成通车,全省高速公路通车里程达到4975km。

2013年5月,时任山东省省长郭树清主持召开省政府常务会议,决定全面加快高速公路建设,将其作为扩内需、促投资、稳增长的重要战略举措,作为关系山东省经济社会发展全局的重大工作,随后掀起了高速公路建设新一轮的高潮。同年,济宁至鱼台、德州至夏津、夏津至聊城、荣成至文登、济南至东营、潍坊至日照等6条高速公路开工建设。龙口港疏港公路、济广高速公路济南连接线工程建成通车,全省高速公路通车里程4994km,通达全省91%以上的县(市、区)。

2014年,莘县至南乐、蓬莱至栖霞等高速公路开工建设。济乐高速公路建成通车,山东高速公路通车里程突破5000km,年底达到5108km。

2015年,泰安至东阿、岚山至罗庄、高青至广饶、龙口至莱西、埕口至沾化、济青高速公路扩容、滨莱高速公路淄博西至莱芜段扩容工程等7个高速公路项目实现开工或部分控制性工程开工建设,莱西至城阳、聊城至范县、荣成至文登、德上高速公路鄄城黄河公路大桥、鄄城至菏泽等5条高速公路建成通车,高速公路通车里程达到5348km,通达全省96%的县(市、区),"五纵四横一环八连"高等级公路网基本形成。

2016年,省政府出台《关于促进高速公路加快发展的意见》,为全省高速公路进一步加快发展提供了强劲动力。京沪高速公路莱芜枢纽至鲁苏界改扩建、枣庄至鱼台、鱼台至菏泽、枣木高速公路东延、济南至泰安、巨野至单县、宁阳至梁山等7个项目,共计730km高速公路开工建设,全省在建高速公路项目达到20个共计1962km。济南至东营、济宁至鱼台、德上高速公路夏津至聊城段、德州至夏津段主线、德州支线等5个路段建成通车,高速公路新增362km,通车里程达到5710km,全省98.5%以上的县(市、区)实现30分钟驶入高速公路。

第二节　有重大影响力的标志工程

山东高速公路建设历时28年,凝聚了上百万人的心血,亮点纷呈。拥有一批有重大影响力的标志工程。

一、济青高速公路

济青高速公路全长318.7km,双向四车道,是山东省第一条高速公路。项目于1981年6月进行预可行性前期研究工作;1985年11月完成《济青一级(汽车专用)公路可行性研究报告》;1988年经国务院批准,国家计委下达《关于济南至青岛一级公路设计任务书的批复》,将济青公路列入世界银行贷款项目;1989年9月,山东省政府对初步设计进行批复;1990年5月经国务院批准,国家计委下达《济青公路列入"全国基建新开工大中型项目计划"的通知》,建设期限为三年;1990年7月3日开工建设,1993年12月18日举行通车典礼;1997年9月27~29日,通过交通部组织并主持的国家级竣工验收,获得优良等级。1997年11月25日,交通部将济青公路的潍坊至青岛段变更为高速公路。

济青高速公路设计由山东省交通规划设计院会同交通部公路规划设计院、交通部第一公路勘察设计院共同完成。该项目获1996—1997年度交通部公路工程优秀设计一等奖,1999年获全国第八届优秀工程设计金奖。

济青高速公路建设项目资本金由交通部补助和省交通重点建设基金组成,其他为世界银行贷款、国内银行贷款。济青高速公路工程建设管理严格按照FIDIC条款进行,施工管理中积极尝试FIDIC条款和国情、省情相结合的管理办法,采用中外监理人员负责工程进度、施工质量和计量支付等内容的监督与控制方法。通过该项目建设,引进了国外先进技术和科学的管理方法,培养和锻炼了一批高速公路规划设计、施工和管理方面的人才和队伍,为高速公路建设积累了宝贵的经验,为山东省后续高速公路建设和管理打下了坚实的基础。

济青高速公路的建成,一方面把铁路、水路、航空等几种运输方式衔接起来,形成了横贯山东省东西的综合运输大通道,加速了山东立体交通格局的形成,对于促进山东半岛经济发展和商品流通,建设开发胜利油田和黄河三角洲,加快山东西部的开放开发,具有十分重要的意义;另一方面打通了沿海与内陆的通道,把华东、华北、中原地区甚至沿黄流域与沿海大港——青岛港联系起来,使众多内陆地区有了比较畅通的出海口,为搞活地方经济、改善人民生活提供了良好条件。

二、胶州湾大桥

胶州湾大桥原名为青岛海湾大桥,是我国自行设计、施工、建造的特大跨海大桥。它是国家高速公路网G22青兰高速公路的起点段,是山东省"五纵四横一环"公路网的组成部分,是青岛市规划的胶州湾东西两岸跨海通道"一路、一桥、一隧"中的"一桥",为全省最长的跨海大桥。全长36.48km,包括大沽河航道桥、红岛海上互通立交桥、胶州连接线、市区接线和市区接线立交桥,投资额95.3亿元。该桥从1993年进行规划研究,2006年12月26日开工建设,2011年6月30日全线通车,前后历时18年。

胶州湾大桥

1993年4月,青岛市委、市政府委托山东省交通规划设计院,对青岛海湾大桥进行预可行性研究工作,多次邀请国内外桥梁、隧道、海洋、交通及城市规划等方面的专家进行方案论证。1993年7月,青岛市向国家计委上报了《关于建设青岛海湾大桥的请示》。1999年8月完成了青岛海湾大桥预可行性研究报告。国家发计委以计资〔1999〕2283号文上报国务院,国务院1999年第56次总理办公会研究通过,国家发计委以1999计资2383号文批准立项。2005年3月3日,青岛海湾大桥(北桥位)项目顺利通过国家发改委主任办公会讨论,3月7日国家发改委以发改投资〔2005〕327号批文核准。2006年,山东高速集团凭借卓越品牌优势,在面向全球招标的激烈竞争中脱颖而出,一举中标该项目。

青岛海湾大桥是我国北方冰冻海域首座特大型桥梁集群工程,在我国北方冰冻地区首创性提出了100年设计寿命标准,大桥受盐害、冻融、海雾、台风等多种环境的综合作用,耐久性防护要求高,技术难度大,技术人员做了长达数年的研究,在总结以往跨海大桥的实际经验基础上,采用国内外最新防腐技术成果,依据最新耐久性设计规范和设计指南,提出了创新的耐久性设计方案,并运用到桥梁设计之中。编写发布了《青岛海湾大桥海工高性能混凝土设计与施工技术规范》和《青岛海湾大桥混凝土涂层防腐蚀设计与施工技术规范》专用工程规范,这为有效推进青岛海湾大桥的施工进程,并为同类桥主体结构达到100年的设计使用年限奠定了重要基础。

大桥建设条件复杂,工程技术难度大,创新点多。通航孔桥通航条件要求高,跨度大,采用了斜拉桥桥型,并结合桥的特点,采用分幅稀索钢箱梁形式和销结耳板锚固方式,结构简洁明快,具有独创性。采用大跨径独塔自锚悬索桥,主梁为双边钢箱梁+横向连接箱结构,取消了海中悬索桥大型锚碇基础,锚固体系在设计上独具匠心,同类结构为国内首次采用,结构造型恢宏,气势磅礴。通航孔桥钢箱梁采用大节段吊装工艺安装,海上混凝土套箱无封底技术、循环利用式钢沉井技术均为国内首创,获国家技术发明二等奖。

红岛海上互通立交桥是国内首座海上互通立交,代表了中国海上桥梁建设的最先进水平。因海上施工难度大,海湾大桥建设指挥部特地设计了移动滑移模架,在世界上也属于首创,获得多项专利。2013年6月4日,在美国"桥城"匹斯堡,第30届国际桥梁大会(IBC)向山东高速集团胶州湾大桥颁发乔治·理查德森奖,这是中国桥梁工程获得的最高国际奖项之一。

胶州湾大桥建成后,进一步促进了青岛与半岛城市群城市间的交通联系,对发挥青岛在山东省经济发展的龙头地位、加快山东半岛城市群建设具有重要意义。

三、环胶州湾高速公路

环胶州湾高速公路于1988年开始前期规划研究,1989年进行勘察设计,1991年12月开工建设,1995年底全线建成通车。环胶州湾高速公路女姑山特大桥是当时国内最长的跨海大桥。

环胶州湾高速公路东起青岛港八号码头,止于黄岛经济开发区。全线设置特大桥2座,其中女姑山特大桥全长3060m,宽26.5m,采用连续箱梁结构,上部结构采用当时先进的滑模施工工艺。

环胶州湾高速公路地处胶州湾畔,在公路选线、路基填挖方、海相软土地基处理及观海景等方面,为我国环海高速公路设计积累了翔实的资料和丰富的经验。

环胶州湾高速公路的建成,将青岛港、黄岛港、薛家岛连为一体,有效地、合理地发挥三港的作用,同时便利了青岛市与日照港、鲁南及江浙诸省的交通联系。

2009年该项目荣获交通运输部"新中国成立60周年公路交通勘察设计经典工程"荣誉称号。

四、京沪高速公路

京沪高速公路山东段于1994年相继开工建设,2000年11月全线竣工贯通。

京沪高速公路山东段北起鲁冀交界德州市梁庄,南至鲁苏交界的临沂市红花埠,全长约432km。其中德州至泰安段与京台高速公路为重合路段,重合段长约176km。济南至泰安段(含黄河公路大桥)是山东第一段按六车道高速公路标准修建的高速公路。2013年国家对高速公路网进行了调整,G2(北京—上海)山东北段由原来的与京台高速公路共线,途经德州、济南西、泰安西,变更为由德州乐陵入境,经济南东、莱芜,至泰安新泰与原线位重合。根据新的路网编号,G2(北京—上海)山东境内由九段组成。

京沪高速公路济南黄河大桥为主跨210m的刚构—连续梁桥,是京沪高速公路山东段的控制性工程,在国内率先采用以设计为龙头的设计施工总承包模式,经精心设计,大胆创新,合龙精度达到1.6~1.9cm,创历史新水平,获国家工程总承包唯一的银钥匙奖、全国第十届优秀设计铜质奖和交通部公路工程优秀勘察、设计二等奖。

京沪高速公路山东段既是连接我国华北、华东两大经济区的重要通道,更是完善我国区域交通运输网的重要组成部分,对完善全国公路网、优化山东公路结构、提高公路运输整体效益起到了十分重要的作用。

京沪高速公路获得全国第十届优秀设计银质奖,国家优质工程银质奖,以及交通部公路工程优秀设计奖和交通运输部"新中国成立60周年公路交通勘察设计经典工程"等多项奖项。京沪高速公路化临段获交通部优质工程一等奖。

五、济南黄河大桥

济南黄河大桥是黄河上首座斜拉式大跨径公路大桥,于1978年2月进行初步设计,1978年9月进行施工详图设计,1978年12月开始施工,1982年7月建成通车。

大桥全长2022.8m,宽19.5m。大桥主桥为5孔预应力混凝土连续梁斜拉桥,主跨220m,在我国首次突破跨径200m大关,当时在世界十大预应力混凝土斜拉桥排名中位居第7位,在亚洲则居首位。大桥首次采用了密索、A塔、五孔连续的悬浮体系,主桥由索塔、斜拉索、主梁三部分组成。该桥施工中,首次提出跨中合龙的"顶撑方案",使大桥南北各110m悬臂在合龙时高差仅为3.1cm,创造了当时中国桥梁建造史上的一个奇迹。

大桥建成后,引起国内桥梁界的广泛关注。茅以升、李国豪等国内著名桥梁专家曾经到此参观、考察。在中国土木学会桥梁分会年会上,李国豪院士曾经说道:"济南黄河公路大桥在我国桥梁发展中具有里程碑意义。"作为一项精品工程,20世纪80年代初,该桥荣获国家优秀设计奖、国家优秀工程奖和山东省科技进步一等奖等重要奖项,1985年获国家科技进步一等奖。

济南黄河公路大桥的建成使用,为济南市及山东省的经济发展起了重要作用,成为济南市重要的北出口,还为加强与京津冀、长三角地区的经济联系作出了巨大贡献。

六、山东省高速公路信息管理系统

山东省高速公路信息管理系统是国内各省份建成时间最早、规模最大、设施最先进的系统之一,设计理念超前,可扩容性强,为后续实现管理的信息化、不停车收费奠定了基础。

2000年9月1日,山东省高速公路信息管理系统第一期工程开工建设,2001年11月联网运行,二期工程于2005年8月8日联网开通运行。信息系统一、二期工程使2481.119km高速公路全部实现联网收费,联网里程连续3年居全国第一,其系统集成和技术水平在全国处于领先地位。该项目获得2005年11月在印度首都新德里召开的国际项目管理协会(IPMA)第19届全球大会颁发的"国际项目管理全球大奖"优胜奖。国际项目管理全球大奖是项目管理界的最高荣誉,这是中国首次获此殊荣。

山东高速公路信息管理中心

2006年2月17日,开始建设高速公路信息管理系统的收费结算中心工程,7月1日投入试运行,实现了全省高速公路联网统一收费"一卡通",按路段合理准确地进行通行费清分,确保了各路段管理主体利益。

2009年开工建设山东省高速公路电子不停车收费(ETC)系统,2010年7月一期工程开通运行,全省联网高速公路全面实现了客车电子不停车收费和货车非现金电子支付,2013年12月实现"京津冀晋鲁"5省(市)联网,2014年12月完成与长三角地区等14个省(市)联网,2015年9月实现了与内地除西藏、海南以外的29个省(市、区)ETC联网。截至2016年底,先后完成济南南等15个收费站共39条ME车道改造,在全国率先形成了货车不停车计重收费的规模化应用,减少了收费站拥堵,极大便利了公众出行。

第三节　宝贵的经验启示

自济青高速公路开工建设以来,山东高速公路在建设、养护和运营管理方面积累了丰富的经验,对以后的发展具有深远的启发和借鉴意义。

一、各级党委政府高度重视,把交通摆在优先发展的战略位置

经济要发展,交通需先行。党中央国务院高度重视交通发展,把交通作为基础性、先导性产业优先发展,实施了"贷款修路、收费还贷"政策,开征"车辆购置附加费"等一系列重大政策措施,为交通发展提供了坚实的基础。交通运输部从各方面给予坚强领导、关心支持。历届省委、省政府高度重视交通发展,始终把交通作为优先发展的战略重点之一,明确提出了"交通必须先行,交通必须打通,交通必须适应"的指导思想,提高了养路费征收标准,开征客货运基金、欠发达地区公路建设还贷资金,实行了公办民助、民办公助、民工建勤等一系列政策措施,有利促进了交通发展。市县乡各级党委、政府把发展交通作为加快本地区经济社会发展的紧迫任务,制订规划措施,列入任期目标,广大人民群众踊跃参与交通建设,作出了无私奉献。在投资体制上,由国家单一投资转变为多元化投资,交通建设由部门行为上升为政府行为,由行业行为转变为社会行为,形成了发展交通的强大合力。

二、牢牢抓住历史机遇,加快高速公路发展步伐

"抓住时机,发展自己",是邓小平同志的一个重要思想,也是改革开放三十多年来山东交通发展的一条重要经验。党的十一届三中全会以来,山东交通坚持"有水大家行船、有路大家跑车""国营、集体、个体一齐上"的方针,放开搞活运输市场,交通运输经济空前繁荣。1988年省政府召开全省交通工作会议,出台了加快交通发展的12条政策措施,山东交通抓住这一机遇,因势利导,极大地调动了各级各方面的积极性,开创了加快交通基础设施建设的新局面。在此背景下,山东首条高速公路——济青高速公路建成通车,成为全省公路建设进入新时期的鲜明标志和重要的里程碑。

1994年省委、省政府适时提出了公路建设向以高速公路为主的高等级公路建设的战略转移,加速了山东省高等级公路建设步伐。1998年,国家作出实施积极的财政政策,扩大内需,拉动国民经济增长的重大决策,为交通发展带来了千载难逢的历史机遇。省政府再次召开全省交通工作会议,明确了交通跨世纪发展的目标和建设重点。全省交通系统快速反应,抢抓机遇,连续实施三个"150"战役,掀起了加快高速公路建设的高潮,使山东省高速公路建设上了一个大的台阶。党的十八大后,坚持"五大发展理念",贯彻落实"四个全面"的战略布局,聚焦综合交通、智慧交通、绿色交通、平安交通建设,及时转变发展思路,加快发展方式创新,推动交通全面走上科学发展道路,促进了又好又快发展。

三、坚持改革促发展,推进高速公路筹融资市场化进程

党的十四大以来,山东交通以社会主义市场经济理论为指导,遵循市场经济原则,进一步探索实践了交通发展的新路子。

全省高速公路在筹融资改革方面的表现尤为突出,创新投融资模式,结合项目实际情况,积极探索政府与社会资本合作机制,灵活采用了银行贷款、BOT、股权转让、股份制等方式吸引社会资本参与高速公路建设、运营和管理。1999年6月3日,省政府批复同意成立山东省高速公路有限责任公司。2002年3月,山东基建在上海证交所成功上市,大大增强了全省高速公路的融资能力。2015年齐鲁交通发展集团成立。两大交通集团的先后成立,对全省范围内交通存量资产进行有效整合和盘活,利用各种市场化的融资手段化解政府债务危机,解决交通发展资金缺口问题。2014年,交通运输部将山东省确定为交通运输基础设施投融资政府与社会资本合作(PPP)试点省份,加快PPP模式高速公路实施和推广。实践表明,只有坚持改革开放,才能为高速公路的发展提供不尽的动力源泉。

四、强化规划引导,突出抓好项目前期工作

高速公路建设投资大、周期长,必须坚持科学规划,集中力量保重点。20世纪90年代以来,山东交通始终坚持交通服从、服务于经济建设的指导思想,根据国家、全省经济和社会发展总体战略,按程序适时进行局部调整,及时制定交通发展规划,理清了交通发展的思路。研究建立了规划定期评估和调整机制,根据经济社会发展变化、国家路网变化,适时完善、调整和修订区域规划。根据规划,着重加强项目前期工作,省交通运输厅连续多年专门召开前期工作会,制订工作计划,部署工作任务,调度工作进度,建立了充足的项目储备,国家实施积极财政政策后,有大批项目及时纳入建设计划。在规划实施中,本着先急后缓、突出重点、分步实施的原则,集中人、财、物力,突出抓对经济发展有重要影响的大型骨干交通项目建设,使高速公路规模和通过能力大大提高,交通整体面貌有了明显改观。按照《山东省高速公路网中长期规划(2014—2030年)》的要求,对列入规划的项目积极开展前期工作,落实建设条件,加大推进力度,增强规划执行力。实践证明,只有坚持统筹规划,突出抓好前期项目储备工作,才能集中有限的资金,解决高速公路建设中的关键环节和问题,避免重复建设和工作的盲目性,使交通发展保持合理的速度,适应经济发展的需要。

五、坚持齐抓共管,形成加快高速公路建设的合力

高速公路建设涉及发改、国土资源、环保、水利、林业、铁路、电力、文物等诸多部门,各部门密切配合、沟通协调、通力合作,是加快高速公路建设的关键之一。为形成合力,历任省委、省政府的主要领导同志高度重视建设工作,现场视察,听取汇报,指导工作。全省第一条高速公路——济青高速公路,由省领导任建设总指挥。1998年,国家实施积极的财政政策,为加快项目建设进度,省政府领导带领土地、环保等有关部门主要领导,现场办公,及时解决有关问题,有力地推进了高速公路建设进度。2013年,为加快高速公路建设,省政府成立了由分管副省长任组长、省直各相关部门负责同志为成员的交通重点建设项目推进工作领导小组,办公室设在省交通运输厅,全面加强高速公路建设的组织领导,定期研究解决高速公路规划建设中遇到的重大困难和问题。

省直各有关部门在省委、省政府的领导下,增强大局意识、服务意识,坚持特事特办,简化工作程序,着力提升工作质量和办事效率。全力以赴推进全省高速公路建设全面提速。按照省政府要求,省交通运输厅以服务全省高速公路建设为首要宗旨,从厅机关、厅直有关单位抽调精兵强将,派驻项目一线,摸准情况,强化督导,跟踪做好服务协调工作。

沿线各市县政府全部成立了加快高速公路建设领导小组和协调机构,认真履行征地拆迁、优化建设环境等方面主体责任,定期调度推进项目,研究解决问题,广大人民群众积极支援项目建设,省、市、县合力明显增强,形成了全省上下共抓高速公路建设的良好氛围。

六、坚持依靠科技创新,转变发展方式

科学技术是第一生产力。只有加快科技创新和人才培养,才能有效地转变发展方式。改革开放以来,山东高速公路的快速发展离不开科技的进步创新。通过不断突破科研攻关,取得一大批国内领先成果,转化为现实生产力,培养出一大批科技拔尖人才,推动公路建设养护管理水平不断提高。路面研究和公路养护研究为延长高速公路的使用年限作出

了重要贡献,有力地提升了全省公路养护水平,取得了显著的社会效益和经济效益。通过实施"依靠科技振兴交通"战略,加大科研投入,加强科技攻关,提高了交通技术创新能力。搞好科研与生产管理结合,改变传统落后的建设和管理方式,引入先进技术,提高装备水平,促进了交通经济由粗放型向质量型、效益型增长转变。长期以来,山东高速公路坚持走可持续发展的新路子,深入推进资源节约型、生态友好型公路建设,在公路规划、设计、施工领域广泛落实科学发展理念,推进了公路节能减排、节材降耗、循环利用的落实,建成了以青兰高速公路黄岛至莱芜、京沪高速公路济南至莱芜段生态环保示范工程、济南至东营高速公路绿色循环低碳公路主题性项目为代表的一批新型工程,推动公路迈上了以人为本、科学发展的新轨道。

七、坚持安全、质量、廉政"三个责任重于泰山",营造风清气正的建设环境

安全、质量、廉政"三个责任重于泰山"是交通改革开放制胜的法宝。2000年1月,全省交通工作会议首次提出安全、质量、廉政"三个责任重于泰山"的指导思想,要求全系统正确处理好安全与生产、安全与效益的关系,完善质量监督与保障体系,落实工程质量终身责任制,抓好领导干部廉洁自律工作,用好手中的权力。随后历年全省交通工作会议和纪检监察工作会议都对这一指导思想有专门论述。安全方面,先后制定实施了一系列加强交通安全生产工作的规定、规范、标准,完善各类应急处置预案,逐步健全安全生产责任体系,深入开展公路安全保障专项整治活动。2003年,省交通厅试行并完善《山东省交通系统行业安全操作规范和评价标准》。质量方面,出台了一系列规章制度,加强建设市场管理,全面推行工程质量终身责任制,加强工程项目的全过程控制,完善三级质量保证体系,所建高速公路工程一次验收合格率达到100%。廉政建设方面,认真落实党风廉政建设责任制,与省检察院联合开展预防职务犯罪工作,多数高速公路建设项目实行了全过程的跟踪审计,突出加强重点领域、重要环节廉政建设和反腐败工作,完善并落实廉政工作制度、廉政档案制度等。通过认真贯彻落实安全、质量、廉政"三个责任重于泰山"指导思想,安全形势总体稳定,整体工程质量明显提高,树立了山东交通清正廉洁品牌。

八、坚持两手抓,大力加强行业文明建设

"两手抓、两手都要硬",是社会主义建设的重要指导方针。山东交通坚持以科学的理论武装人,以先进的思想、高尚的道德教育人,充分发挥政治工作优势,大力推进社会主义精神文明建设,努力倡导"艰苦奋斗、爱岗敬业、服务人民、奉献社会"的交通行业精神,调动了广大干部职工的积极性、主动性和创造性,在全系统形成了健康向上、积极进取的良好风尚,树立了山东交通的良好形象。坚持精神文明建设和物质文明建设有机融合,做到相互促进、共同提高。把创建文明行业纳入交通发展总体规划,做到创建工作长期有规

划、年度有计划。切实加强组织领导,层层成立创建文明行业领导小组,落实机构和人员,坚持和完善"一把手两手抓",班子成员分工抓,党政工团齐抓共管的组织领导体制,形成了创建合力。积极探索创建模式,开展"创一流、树形象""学树建创"等活动,抓"窗口"带行业,点面结合,整体推进,职工队伍素质明显加强,为交通发展提供了政治保证、精神动力和智力支持。

2003年,全省公路系统、交通稽查系统被交通部授予全国交通文明行业,山东高速集团成为创建文明行业先进单位,京杭运河山东段创建成为全国文明样板航道。2005年,全省交通行业、道路运输系统、港航系统被交通部授予全国交通文明行业,成为全国第一个整体创建为文明行业的省级交通行业。

第三章
高速公路规划与设计

交通发展规划是公路事业发展的方向、目标和任务,科学合理的规划,是实现交通跨越式发展的依据和必要保证。

自20世纪80年代起,全省规划、勘察设计坚持以人为本、安全至上的原则,坚持尊重自然、保护环境的准则,坚持树立设计创作理念,大胆创新,合理、灵活地运用技术标准,突出功能实效,变设计工作为设计创作,把设计产品变为设计作品,将设计作为改善环境的促进因素,实现了环境保护与公路建设并举,公路建设与自然环境相和谐,把公路规划、勘察设计推向更高水平。

第一节 发 展 规 划

1979年全国公路普查前,尚未编制系统的公路发展规划,公路无国省道区分,山东省的公路管理无编号,仅有干、支线和县、乡公路之分。1981年交通部制定了包括70条线路在内的《国家干线公路网(试行方案)》,1987年山东省进行了第二次公路普查,明确了省道网编号、名称。国省干线公路网的发布,是公路规划开始的前奏,使公路由短期计划逐渐步入了中长期规划引领、有序建设的科学发展时代。随后,国家交通主管部门相继发布了《国道主干线系统规划布局方案》《国家重点干线公路布局规划》《国家高速公路网规划》,以及包括普通国道和国家高速公路的《国家公路网规划(2013—2030年)》。山东省紧紧顺应国民经济发展不同阶段及不同时期要求,适时规划并相继发布了"三纵、三横、一环"公路网主框架规划、"五纵连四横,一环绕山东"高速公路网规划、《山东省高速公路中长期规划(2011—2020年)》和《山东省高速公路中长期规划(2014—2030年)》的"8418网"和调整方案"9517网",为山东省高速公路网的建设与发展提供了坚实的规划保障。

一、"三纵、三横、一环"公路网主框架规划

(一)规划背景

1.《国家干线公路网(试行方案)》发布

据1979年全国公路普查,全国公路建设较新中国成立初期发展迅速,但存在总量薄弱、等级偏低、通行不畅等问题,不适应国民经济发展和国防战备需要,需尽快在全国建立一个以国家干线公路为骨架的四通八达的公路网。

基于此,1981年,国家计委、国家经委和交通部联合颁发了《国家干线公路网(试行方案)》。国道网(试行方案)在布局上采取放射与网格相结合的方式,总长10.92万km,由70条线路组成。其中首都放射线11条,外加1条北京环线,共12条,总长2.35万km;由北向南的纵线28条,总长3.78万km;由东向西的横线30条,总长4.79万km。主要由以下性质的公路组成:

(1)由首都北京通向并连接各省(自治区、直辖市)的政治经济中心和50万人口以上城市的干线公路。

(2)通向各大港口、铁路干线枢纽、重要工农业生产基地的干线公路。

(3)连接各大军区之间和具有重要国防意义的干线公路。

(4)连接省际之间和省内个别地区的重要干线公路。

《国家干线公路网(试行方案)》路线一览表见表1-3-1。

《国家干线公路网(试行方案)》路线一览表　　　　　　　　　表1-3-1

编号	起讫点	里程(km)	编号	起讫点	里程(km)
101	北京—沈阳	919	204	烟台—上海	918
102	北京—哈尔滨	1289	205	山海关—深圳	3058
103	北京—塘沽	171	206	烟台—汕头	2329
104	北京—福州	2334	207	锡林浩特—海安	3667
105	北京—珠海	2420	208	二连浩特—长治	449
106	北京—广州	2497	209	呼和浩特—北海	3333
107	北京—深圳	2599	210	包头—南宁	3134
108	北京—昆明	3447	211	银川—西安	620
109	北京—拉萨	3863	212	兰州—重庆	1084
110	北京—银川	1063	213	兰州—磨憨	2832
111	北京—加格达奇	2002	214	西宁—景洪	3184
112	北京环线	879	215	红柳园—格尔木	645
201	鹤岗—大连	1819	216	阿勒泰—巴仑台	978
202	黑河—旅顺	1791	217	阿勒泰—库车	901
203	明水—沈阳	747	218	清水河—若羌	1060

续上表

编号	起讫点	里程	编号	起讫点	里程
219	叶城—拉孜	2139	311	徐州—西峡	694
220	东营—郑州	509	312	上海—霍尔果斯	4853
221	哈尔滨—同江	570	313	安西—若羌	735
222	哈尔滨—伊春	332	314	乌鲁木齐—红旗拉甫	2073
223	海口—榆林(东)	322	315	西宁—喀什	2746
224	海口—榆林(中)	349	316	福州—兰州	2229
225	海口—榆林(西)	431	317	成都—那曲	1881
226	楚雄—墨江	298	318	上海—聂拉木	4907
227	西宁—张掖	345	319	厦门—成都	2770
228	台湾环线		320	上海—瑞丽	3689
301	绥芬河—满洲里	1366	321	广州—成都	2303
302	珲春—乌兰浩特	991	322	衡阳—友谊关	1047
303	集安—锡林浩特	691	323	瑞金—临沧	2484
304	丹东—霍林河	826	324	福州—昆明	2207
305	庄河—林东	616	325	广州—南宁	771
306	绥中—克什克腾	702	326	秀山—河口	1230
307	黄骅—银川	1307	327	连云港—菏泽	395
308	青岛—石家庄	527	328	南京—南通	172
309	荣成—兰州	1939	329	杭州—沈家门	190
310	连云港—天水	1212	330	温州—寿昌	318

2.《国道主干线系统规划布局方案》出台

《国家干线公路网(试行方案)》实施以来,我国干线公路建设取得了较大进展。进入20世纪90年代后,为了更有效利用好有限资金,集中力量解决主要干线公路超负荷、车速低、油耗高等问题,交通部提出从"八五"计划开始建设公路主骨架的长远规划设想,并编制了《国道主干线系统规划布局方案》,该方案于1992年8月发布。

规划目标:从"八五"计划开始,用30年左右时间,在我国建设起与国民经济发展、生产力布局、城市发展格局及国防要求相适应,与其他运输方式相协调,以汽车专用公路为主组成的国道主干线公路系统。国家将在2000年前建成包括GZ20-2北京至上海、GZ10同江至三亚在内的"两纵两横及三个繁忙路段"主干线,2020年前建成"五纵七横",形成全国公路网的主骨架,路网总规模在3万~3.6万km之间。

布局方案:国道主干线网络由"五纵七横"12条路线组成,见表1-3-2。国道主干线在山东境内主要有GZ20-2北京至上海、GZ20北京至福州、GZ10同江至三亚、GZ35青岛至银川等线位。

国道主干线公路网（试行方案）路线一览表　　　表1-3-2

布　　局		路　　线
纵线	纵一	同江—三亚
	纵二	北京—福州
	纵三	北京—珠海
	纵四	二连浩特—河口
	纵五	重庆—湛江
横线	横一	绥芬河—满洲里
	横二	丹东—拉萨
	横三	青岛—银川
	横四	连云港—霍尔果斯
	横五	上海—成都
	横六	上海—瑞丽
	横七	衡阳—昆明

（二）《山东省公路网规划（1991—2020年）》

1981年交通部发布了《国家干线公路网（试行方案）》，山东省作为中东部相对发达地区，公路建设标准亟待提高。如以国道网G308青岛—石家庄线定位的济南至青岛新建公路，以何标准规划设计，是这一时期反复研究的重点。借鉴发达国家的实践经验，开始了对济青公路规划、建设的研究探索。

1992年交通部在国道网的基础上制定了"五纵七横"国道主干线规划，拉开了我国高等级公路建设的序幕，初步构筑了我国区域和省际间横连东西、纵贯南北、连接首都的国家公路骨架网络，形成了国家高速公路网的规划雏形。规划的12条国道主干线全部是二级以上的高等级公路，连接了首都、各省省会、直辖市、经济特区、主要交通枢纽和重要对外开放口岸，覆盖了全国所有的人口在100万人以上的特大城市和93%的人口在50万人以上的大城市，是具有全国性政治、经济、国防意义的重要干线公路。其中有4条国道主干线经过山东省，为北京—上海线、北京—福州线、同江—三亚线、青岛—银川线。"五纵七横"国道主干线规划是山东省编制高速公路规划的依据和指导。

按照交通部、省交通厅统一部署和山东省经济社会发展需求，山东省公路管理局联合东南大学进行"山东省国省道公路网规划"的研究及规划文本的编制，1993年5月成立"山东省公路网规划、管理及工程可行性研究一体化系统"项目组，该项目被批准为国

山东省公路管理局发布《山东省公路网规划》

家自然基金委员会主任基金项目,按照国家《公路网规划编制办法》的要求,对山东省经济社会发展、公路网络系统现状进行了全面系统的调查和分析,数据量达 1000 万个。于 1995 年 9 月编制完成了《山东省公路网规划(1991—2020 年)》,并按近期(1994—2000 年)、中期(2001—2010 年)、远期(2011—2020 年)三个规划期,分别提出了全省公路网布局及建设重点。

(三)"三纵、三横、一环"公路网主框架规划

根据交通部要求及"山东省国省道公路网规划"的研究成果,结合全省公路交通建设发展实际,1995 年省交通主管部门提出了建设二级以上汽车专用公路标准的山东省"三纵、三横、一环"高等级公路网的主框架规划。

1. 规划理念

以服从国家主干线网规划为前提,以山东省经济社会发展战略及国土规划为依据,以系统工程方法及综合运输规划方法为理论指导,以充分发挥公路网综合运输效益为目标,立足于山东省的经济社会特色及交通运输特点,将公路运输系统作为一个与经济、社会密切相关的有机整体,对其进行全面、综合、系统的研究与规划,为山东省公路网的近期建设及远期发展提供科学依据。规划编制坚持局部服从整体、需求与可能相结合、近期与远期相结合,建养并重、突出重点、干支兼顾等基本原则,制定山东省国省道公路网三十年发展规划及"三纵、三横、一环"公路网主框架规划。

2. 规划目标

"九五"期间,全面完成"三纵、三横、一环"公路网主框架,高速公路里程超过 1500km,汽车专用公路 2000km,实现省会到各地市驻地由高速公路或汽车专用公路连接,达到当日往返;至 2010 年中期,在进一步配套国道主干线和完善"三纵、三横、一环"公路网主框架的基础上,高速公路超过 2500km,实现地市间高速贯通;至 2020 年远期,形成初具规模的高速公路网,高速公路里程达到 3800km 以上。

"三纵、三横、一环"公路网主框架规划目标,适用期限为 2010 年前的近期和中期。对 2010—2020 年的远期规划,提出了与主要交通流线相吻合的"四纵五横九条线"路网布局设想。

3. 布局方案

三纵:临清—聊城—菏泽—曹县—梁堤头、德州—济南—泰安—曲阜—韩庄、海港—青州—临沂—郯城—红花埠。

三横:烟台—青岛—潍坊—淄博—济南—夏津、薛家岛—诸城—莱芜—泰安—平阴—聊城—冠县、日照—临沂—济宁—菏泽—东明。

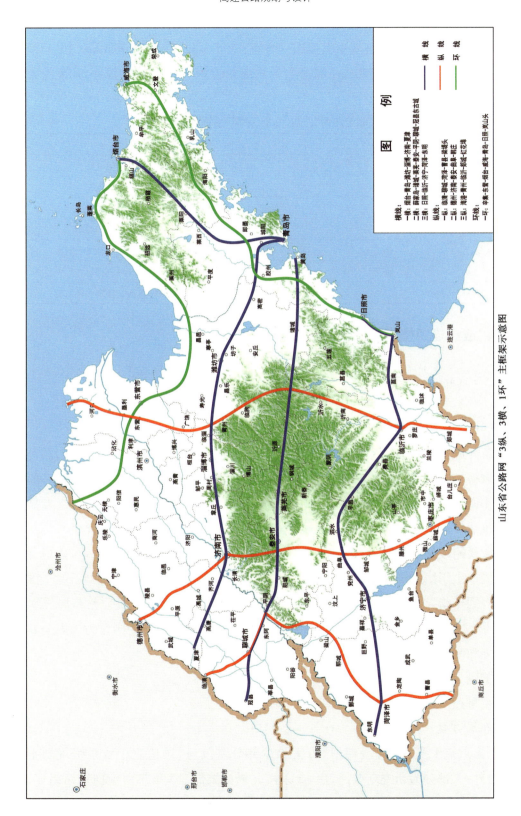

山东省公路网"3纵、3横、1环"主框架示意图

一环:辛集—东营—烟台—威海—青岛—日照—岚山头,即一环绕半岛。

"三纵、三横、一环"公路网主框架布局方案(表1-3-3),总里程3850km,其中,涵盖国道主干线山东省境内里程820km(国道主干线山东境内总里程1434km),其余由省道网3030km组成。

山东省公路网"三纵、三横、一环"主框架布局方案 表1-3-3

布 局		路 线
纵线	纵一	临清—聊城—菏泽—曹县—梁堤头
	纵二	德州—济南—泰安—曲阜—韩庄
	纵三	海港—青州—临沂—郯城—红花埠
横线	横一	烟台—青岛—潍坊—淄博—济南—夏津
	横二	薛家岛—诸城—莱芜—泰安—平阴—聊城—冠县
	横三	日照—临沂—济宁—菏泽—东明
环线		辛集—东营—烟台—威海—青岛—日照—岚山头

二、"五纵连四横、一环绕山东"高速公路网规划

(一)规划背景

1.《国家重点干线公路布局规划》的编制

改革开放20多年来,特别是"八五"和"九五"期间,以国道主干线为重点的高等级公路建设取得较大发展,但展望21世纪,我国仍面临着国民经济持续增长、经济全球化、区域经济协调发展和城市化进程不断加快的发展形势,我国干线公路对经济社会发展的支撑作用仍然较弱。《国道主干线系统规划布局方案》主要解决了首都与省会城市间的连接以及重要路段拥挤问题,加之国道主干线比原计划提前10年(于2010年)建成,因此,仅依靠国道主干线系统规划已不能满足未来经济社会发展需求,迫切需要新的全国性干线公路规划作指导。在此基础上,交通部编制完成了《国家重点干线公路布局规划》,于2000年形成成果,作为《国道主干线系统规划布局方案》的补充,共同作为国家公路长远建设规划和制定"十五"公路建设计划的依据。

1)规划目标

国家重点干线公路的合理规模达到7万km左右。

2)布局方案

《国家重点干线公路布局规划》方案除少部分路段与《国道主干线系统规划布局方案》重合外,大部分为新规划线路,由13条南北纵向线路、15条东西横向线路组成,总规模约7.2万km,见表1-3-4。

国家重点干线公路布局一览表　　　　　表1-3-4

布　局		路　线
纵线	纵一	嘉荫—南平
	纵二	黑河—通化
	纵三	加格达奇—锦州
	纵四	天津—汕尾
	纵五	东营—香港
	纵六	阿荣旗—广州
	纵七	太原—澳门
	纵八	临汾—三亚
	纵九	包头—友谊关
	纵十	兰州—磨憨
	纵十一	张掖—打洛
	纵十二	阿勒泰—若羌
	纵十三	阿勒泰—拉孜
横线	横一	长白山—阿尔山
	横二	吉安—锡林浩特
	横三	丹东—伊尔克斯坦
	横四	威海—乌海
	横五	青岛—红其拉甫
	横六	日照—南阳
	横七	上海—洛阳
	横八	上海—武威
	横九	杭州—兰州
	横十	成都—那曲
	横十一	宁波—樟木
	横十二	泉州—毕节
	横十三	厦门—昆明
	横十四	汕头—昆明
	横十五	汕尾—清水河

(1) 13 条纵线

嘉荫—南平、黑河—通化、加格达奇—锦州、天津—汕尾、东营—香港、阿荣旗—广州、太原—澳门、临汾—三亚、包头—友谊关、兰州—磨憨、张掖—打洛、阿勒泰—若羌、阿勒泰—拉孜。

(2) 15 条横线

长白山—阿尔山、吉安—锡林浩特、丹东—伊尔克斯坦、威海—乌海、青岛—红其拉甫、日照—南阳、上海—洛阳、上海—武威、杭州—兰州、成都—那曲、宁波—樟木、泉州—毕节、厦门—昆明、汕头—昆明、汕尾—清水河。

国家重点干线公路在山东境内新增的主要有威海—乌海、青岛—红其拉甫、日照—南阳、天津—汕尾、东营—香港等线位。

2."三纵、三横、一环"主框架规划的2000—2010年的中期目标已提前完成

经"九五""十五"高速公路建设速度加快以后,1999年、2000年、2003年,山东高速公路通车里程分别在全国率先突破1000km、2000km、3000km,自1998年起连续8年居全国第一位。同中东部地区一样,作为沿海省份的山东省,以高速公路为重点的高等级公路建设速度已远超《国道主干线系统规划》建设时序。从规划执行情况来看,山东省"三纵、三横、一环"公路网主框架规划的"十五"目标已提前完成,但仍不适应经济社会发展及人民群众出行需求,急需调整高速公路规划。

(二)"五纵连四横、一环绕山东"高速公路网规划

2005年,省交通厅发布《山东省公路水运"十一五"发展规划》,研究确定全省"十一五"(2006—2010年)期间的交通发展目标并公布实施,明确提出基本建成"五纵连四横、一环绕山东"的高速公路网。

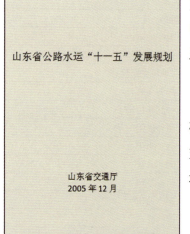

山东省交通厅发布《山东省公路水运"十一五"发展规划》

1. 规划理念

根据国家的总体要求,坚持"畅、安、舒、美""环保、低碳"的规划理念,在指导思想上,坚持优化调整路网结构,完善公路网络布局,重点加快东西南北大通道、省际高速通道、环海疏港大通道等高速公路建设。

2. 规划目标

到"十一五"末,全省高速公路通车里程突破5000km,基本建成"五纵连四横、一环绕山东"高速公路网络,形成13个省际高速公路出口,实现高速公路直接进港口。

3. 布局方案

1)五纵

烟台—汾水(鲁苏界),东营—临沭(鲁苏界),辛集(冀鲁界)—红花埠(鲁苏界),德州(冀鲁界)—泰安—张山子(鲁苏界),德州—聊城—菏泽—商丘(鲁豫界)。

2)四横

威海—德州,青岛—油坊(鲁冀界),青岛—馆陶(鲁冀界),日照—东明(鲁豫界)。

3)一环

烟台—潍坊—东营—滨州—德州—聊城—菏泽—济宁—枣庄—临沂—日照—青岛—威海—烟台,形成一环绕山东高速公路网络。

山东省"五纵连四横、一环绕山东"高速公路网规划方案,总里程5070km,涵盖国道主干线及国家重点干线公路,见表1-3-5。

"五纵连四横、一环绕山东"高速公路网规划方案　　表1-3-5

布　局		路　线
纵线	纵一	烟台—汾水(鲁苏界),北起烟台,经青岛至日照,在汾水与江苏相连
	纵二	东营—临沭(鲁苏界),北起东营,经潍坊至临沂,在临沭与江苏相连。支线临沭—东海(鲁苏界)
	纵三	辛集(冀鲁界)—红花埠(鲁苏界),北起滨州,经淄博、莱芜、泰安至临沂,在红花埠与江苏相连。支线高青—广饶
	纵四	德州(冀鲁界)—泰安—张山子(鲁苏界),北起德州,经济南、泰安、济宁至枣庄,在张山子与江苏相连。支线泰安—新泰—红花埠(鲁苏界)
	纵五	德州—聊城—菏泽—商丘(鲁豫界),北起德州,经聊城至菏泽,在曹县与河南相连。支线临清—主线
横线	横一	威海—德州,东起威海,经烟台、平度(新河)、潍坊、东营、滨州至德州,与河北相连。支线一,新河—潍莱路;支线二,德州绕城线
	横二	青岛—油坊(鲁冀界),东起青岛,经潍坊、淄博、济南、禹城、高唐,在夏津与河北相连。支线一,青岛—平度(新河)段;支线二,济南绕城公路北段
	横三	青岛—馆陶(鲁冀界),东起青岛,经诸城、沂源、泰安、平阴、东阿、聊城,在馆陶与河北相连。支线平阴—阳谷(鲁豫界)
	横四	日照—东明(鲁豫界),东起日照,经临沂的竹园、济宁、菏泽,在东明与河南相连。支线菏泽—关庄(鲁豫界)
环线		烟台—潍坊—东营—滨州—德州—聊城—菏泽—济宁—枣庄—临沂—日照—青岛—威海—烟台的高级公路网络

三、山东省高速公路网中长期规划(2011—2020年)

(一)《国家高速公路网规划》出台

党的十六大提出全面建设小康社会的奋斗目标,我国经济进入新的高速发展期。但公路发展仍不适应国民经济发展需求,存在总量不足、覆盖范围不广、网络尚需完善、规模效益难以发挥等问题,经济社会发展对高等级公路,尤其是高速公路建设的需求持续增长。因此,急需对全国高速公路通道和主骨架进行长远规划。交通部适时组织编制《国家高速公路网规划》,并于2005年1月发布实施。

1. 规划目标

连接所有城镇人口超过20万人的中等及以上城市,形成高效运输网络;连接省会城市,形成国家安全保障网络;连接各大经济区,形成省际高速公路网络;连接大中城市,形成城际高速公路网络;连接周边国家,形成国际高速公路通道;连接交通枢纽,形成高速集疏运公路网络。

2. 布局方案

国家高速公路网规划采用放射线与纵横网格相结合的布局方案,形成由中心城市向外放射以及横连东西、纵贯南北的大通道,由7条首都放射线、9条南北纵向线和18条东西横向线组成,简称为"7918网",总规模约8.5万km,其中,主线6.8万km,地区环线、联络线等其他路线约1.7万km,见表1-3-6。具体是:

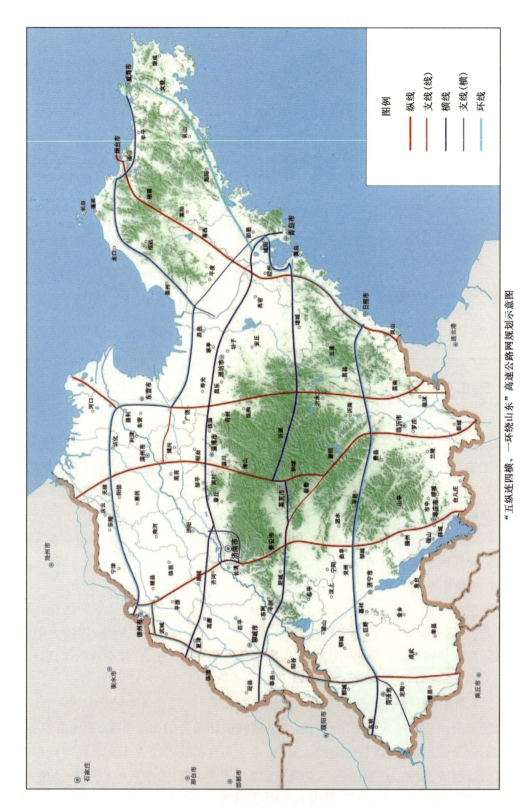

"五纵连四横、一环绕山东"高速公路网规划示意图

国家高速公路网规划布局方案一览表　　表 1-3-6

布　局		路　线
首都放射线	射一	北京—上海
	射二	北京—台北
	射三	北京—港澳
	并行线	广州—澳门
	射四	北京—昆明
	射五	北京—拉萨
	射六	北京—乌鲁木齐
	射七	北京—哈尔滨
纵线	纵一	鹤岗—大连
	联络线1	鹤岗—哈尔滨
	联络线2	集安—双辽
	联络线3	丹东—阜新
	纵二	沈阳—海口
	并行线	常熟—台州
	联络线1	日照—兰考
	联络线2	宁波—金华
	联络线3	温州—丽水
	联络线4	宁德—上饶
	纵三	长春—深圳
	联络线1	新民—鲁北
	联络线2	阜新—锦州
	联络线3	淮安—徐州
	纵四	济南—广州
	纵五	大庆—广州
	联络线	龙南—河源
	纵六	二连浩特—广州
	联络线1	集宁—阿荣旗
	联络线2	晋城—新乡
	联络线3	长沙—张家界
	纵七	包头—茂名
	纵八	兰州—海口
	联络线	钦州—东兴
	纵九	重庆—昆明
	联络线	昆明—磨憨

续上表

布　　局		路　　线
横线	横一	绥芬河—满洲里
	联络线	哈尔滨—同江
	横二	珲春—乌兰浩特
	联络线	吉林—黑河
	横三	丹东—锡林浩特
	横四	荣成—乌海
	联络线	黄骅—石家庄
	横五	青岛—银川
	联络线1	青岛—新河
	联络线2	定边—武威
	横六	青岛—兰州
	横七	连云港—霍尔果斯
	联络线1	柳园—格尔木
	联络线2	吐鲁番—和田及伊尔克什坦
	联络线3	奎屯—阿勒泰
	联络线4	奎屯—巴克图
	联络线5	清水河—伊宁
	横八	南京—洛阳
	横九	上海—西安
	联络线	扬州—溧阳
	横十	上海—成都
	联络线1	南京—芜湖
	联络线2	合肥—安庆
	横十一	上海—重庆
	联络线	芜湖—合肥
	横十二	杭州—瑞丽
	联络线	大理—丽江
	横十三	上海—昆明
	横十四	福州—银川
	横十五	泉州—南宁
	联络线	南宁—友谊关
	横十六	厦门—成都
	横十七	汕头—昆明
	横十八	广州—昆明
	联络线	开远—河口

续上表

布 局		路 线
地区环线	环一	辽中环线
	环二	成渝环线
	环三	海南环线
	环四	珠三角环线
	联络线	东莞—佛山
	环五	杭州湾环线
	联络线	宁波—舟山
	环六	台湾环线

1）首都放射线

7条：北京—上海、北京—台北、北京—港澳、北京—昆明、北京—拉萨、北京—乌鲁木齐、北京—哈尔滨。

2）南北纵向线

9条：鹤岗—大连、沈阳—海口、长春—深圳、济南—广州、大庆—广州、二连浩特—广州、包头—茂名、兰州—海口、重庆—昆明。

3）东西横向线

18条：绥芬河—满洲里、珲春—乌兰浩特、丹东—锡林浩特、荣成—乌海、青岛—银川、青岛—兰州、连云港—霍尔果斯、南京—洛阳、上海—西安、上海—成都、上海—重庆、杭州—瑞丽、上海—昆明、福州—银川、泉州—南宁、厦门—成都、汕头—昆明、广州—昆明。

此外，规划方案还有辽中环线、成渝环线、海南环线、珠三角环线、杭州湾环线等5条地区性环线、2段并行线和30余段联络线。

国家高速公路网在山东境内主要有北京—上海、北京—台北、沈阳—海口、日照—兰考、长春—深圳、济南—广州、荣成—乌海、青岛—银川、青岛—新河、青岛—兰州等线位。

（二）山东省高速公路网中长期规划（2011—2020年）

根据《国家高速公路网规划》和山东高速公路发展的实际需要，省发改委与省交通厅于2006年组织编制《山东省高速公路网中长期规划》，前后历时5年，经多方调研论证，在系统总结全省高速公路发展现状的基础上，科学预测和分析了全省经济社会和交通发展需求，并确定了高速公路网总体规模。该规划于2011年6月发布，规划期至2020年。简化了建设程序，并提出凡符合《山东省高速公路网中长期规划（2011—2020年）》的建设项目，不再编制项目建议书，可直接进入可行性研究阶段。

1. 规划理念

适应国家相关发展战略,以促进和服务山东省经济社会发展和实现现代化为宗旨,以《国家高速公路网规划》为基础,按照科学发展观的要求,坚持适度超前、坚持促进综合运输体系发展、坚持可持续发展、坚持统筹发展,形成布局合理、规模适当、纵贯南北、横连东西、覆盖面广,与山东省综合运输发展规划相协调的"安全、高效、便捷"的高速公路网。

2. 规划目标

覆盖除长岛县以外的所有县级及以上城市、重要机场和主要港口,完善省会与各市及市与市间的沟通,加强山东与河南、河北、江苏、安徽的陆路通道以及海上与东北三省及韩国、日本的陆海联运通道,提高高速公路重要通道的通行能力,形成高效运输网络。

(1)以国家高速公路网山东境内的路段为基础,与相邻省份高速公路网有效衔接。国家高速公路网山东境内线路共约3890km,全部纳入山东省高速公路网规划。加强与周边省份高速公路网衔接,形成省际间21个出口。

(2)覆盖除长岛县以外所有县(市、区)及20万人口以上城镇,形成便捷的高速公路网,实现30min内进入高速公路网。

(3)对于京沪、京台、青银高速公路等重要通道,坚持新建及改建相结合,提高重要通道的通行能力和可靠性。

(4)加强与运输枢纽的衔接,形成高效的高速公路集疏运网络,有机连接公路、铁路枢纽、重要港口、机场等重要交通运输枢纽节点,增强与城市(镇)联系,提高运输和服务效率,满足现代交通运输业发展需要。

3. 布局方案

经调查研究、分析论证并征询有关方面意见,确定山东省高速公路网方案采用纵横网格与环连相结合的布局,形成横连东西、纵贯南北、环、连相通的大通道,由5条南北纵向线、4条东西横向线、1条环线和8条连接线组成,简称"5418网",扣除重合里程总规模约6900km,见表1-3-7。其中,属于国家高速公路网的规划里程约为3890km,占山东省高速公路规划里程的56.4%;属于省高速公路网的规划里程约为3010km,占山东省高速公路规划里程的43.6%。具体路线是:

1)南北纵线

5条:烟台—日照(鲁苏界)、东营港—临沂(鲁苏界)、无棣(冀鲁界)—莱芜—临沂(鲁苏界)、德州(冀鲁界)—泰安—枣庄(鲁苏界)、德州(冀鲁界)—商丘(鲁豫界)。

2)东西横线

4条:威海—德州(鲁冀界)、青岛—夏津(鲁冀界)、青岛—聊城(鲁冀界)、日照—菏泽—兰考(鲁豫界)。

山东省高速公路中长期规划布局方案一览表

表 1-3-7

布局		路线
纵线	纵一	烟台—日照(鲁苏界)
	支线	蓬莱—栖霞
	纵二	东营港—临沂(鲁苏界)
	纵三	无棣(冀鲁界)—莱芜—临沂(鲁苏界)
	支线	高青—广饶
	纵四	德州(冀鲁界)—泰安—枣庄(鲁苏界)
	支线1	德州南绕城线
	支线2	泰安—新泰
	支线3	滕州—枣庄
	纵五	德州(冀鲁界)—商丘(鲁豫界)
	支线1	德州支线
	支线2	阳谷—安阳
横线	横一	威海—德州(鲁冀界)
	支线1	新河—荣潍路
	支线2	黄骅—沾化
	横二	青岛—夏津(鲁冀界)
	支线1	青岛—新河
	支线2	济南绕城环线
	支线3	高唐—临清
	横三	青岛—聊城(鲁冀界)
横线	并行线	泰安—莱芜
	横四	日照—菏泽—兰考(鲁豫界)
	支线	菏泽—东明
环线		威海—烟台—潍坊—东营—滨州—德州—聊城—菏泽—济宁—枣庄—临沂—日照—青岛—威海
连接线	连一	烟台—海阳
	连二	龙口—青岛
	连三	荣成—潍坊
	连四	潍坊—日照
	连五	乐陵(冀鲁界)—济南—莱芜
	连六	东营—济南—聊城—馆陶(鲁冀界)
	连七	济南—徐州(鲁苏界)
	连八	济南—菏泽—商丘(鲁豫界)
	支线	巨野—单县

续上表

布　局	路　线
疏港公路	青岛港疏港公路
	烟台港西港区疏港公路
	烟台港莱州港区疏港公路
	烟台港龙口港区疏港公路
	日照港石臼港区疏港公路
	东营港疏港公路

3）环线

威海—烟台—潍坊—东营—滨州—德州—聊城—菏泽—济宁—枣庄—临沂—日照—青岛—威海。

4）连接线

8条：烟台—海阳、龙口—青岛、荣成—潍坊、潍坊—日照、乐陵（冀鲁界）—济南—莱芜、东营—济南—聊城—馆陶（鲁冀界）、济南—徐州（鲁苏界）、济南—菏泽—商丘（鲁豫界）。

四、山东省高速公路网中长期规划（2014—2030年）

（一）规划背景

1.《国家公路网规划（2013年—2030年）》出台

1981年《国家干线公路网（试行方案）》和2004年《国家高速公路网规划》的出台，有力促进和指导了全国公路建设，有效缓解了我国交通运输紧张状况，显著提升了国家的综合国力和竞争力。但随着我国新型工业化、信息化、城镇化和农业现代化加快发展，经济结构加快转型，交通运输总量将保持较快增长态势，在促进城乡区域协调发展、提高应急保障能力、构建综合交通运输体系、实现公路可持续发展等方面，对公路建设提出了更高的要求。根据国际国内形势，为提高公路在保障国家安全、维护领土完整方面的能力，要求统筹国防战略大通道、战役通道和边海防公路交通建设，有效提高军事交通的机动性和快速投送能力，有效应对重大自然灾害、突发事件，要求从国家层面统筹考虑重要通道及辅助路线、迂回路线的布设，提高公路网的安全性、可靠性和应急保障能力。2013年5月，国家发改委印发包括普通国道和国家高速公路在内的《国家公路网规划（2013年—2030年）》，提出在需要提高应急保障能力的高速公路通道内保持一条以上普通国道与其并行的规划原则。在审批流程上，对列入规划的国家公路项目视同立项，可直接审批可行性研究报告或核准项目申请报告。

第一篇/第三章
高速公路规划与设计

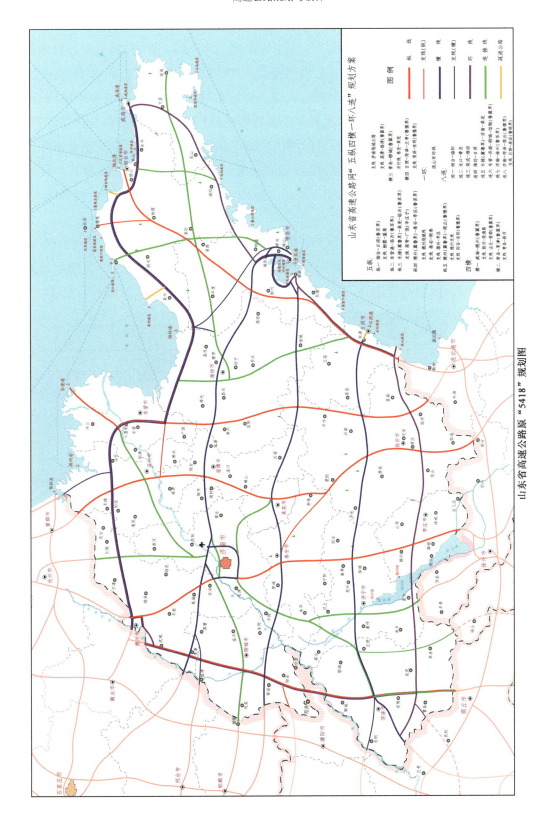

山东省高速公路原"5418"规划图

1) 规划目标

形成布局合理、功能完善、覆盖广泛、安全可靠的国家干线公路网络,实现首都辐射省会、省际多路连通,地市高速通达、县县国道覆盖。1000km 以内的省会间可当日到达,东中部地区省会到地市可当日往返,西部地区省会到地市可当日到达;区域中心城市、重要经济区、城市群内外交通联系紧密,形成多中心放射的路网格局;沿边沿海公路连续贯通,边防建设能力显著增强;有效连接国家陆路门户城市和重要边境口岸,形成重要国际运输通道,与东北亚、中亚、南亚、东南亚的联系更加便捷。其中,国家高速公路全面连接地级行政中心、城镇人口超过20万人的中等及以上城市、重要交通枢纽和重要边境口岸。

2) 规划方案

国家公路网规划总规模40.1万km,由"12射、47纵、60横、81联络"总规模约26.5万km普通国道和"7射、11纵、18横"总规模约11.8万km高速公路组成,另规划远期展望线约1.8万km国家高速公路。其中,高速公路网路线方案为:7条首都放射线、11条北南纵线、18条东西横线,以及地区环线、并行线、联络线等,见表1-3-8。

国家高速公路网规划布局方案一览表　　　　表1-3-8

布　局		路　线
首都放射线	射一	北京—哈尔滨
	并行线	北京—秦皇岛
	联络线	秦皇岛—滨州
	射二	北京—上海
	联络线	天津—石家庄
	射三	北京—台北
	并行线	德州—上饶
	射四	北京—港澳
	并行线	武汉—深圳
	并行线	广州—澳门
	并行线	许昌—广州
	并行线	乐昌—广州
	射五	北京—昆明
	联络线	德阳—都江堰
	联络线	成都—乐山
	射六	北京—拉萨
	联络线	张掖—汶川
	联络线	西宁—和田
	联络线	西宁—丽江
	联络线	德令哈—马尔康

续上表

布　　局		路　　线
首都放射线	射七	北京—乌鲁木齐
	联络线	乌鲁木齐—若羌
纵线	纵一	鹤岗—大连
	联络线	鹤岗—哈尔滨
	联络线	集安—双辽
	联络线	丹东—阜新
	纵二	沈阳—海口
	并行线	常熟—台州
	并行线	常熟—嘉善
	并行线	宁波—东莞
	联络线	日照—兰考
	联络线	宁波—金华
	联络线	温州—丽水
	联络线	宁德—上饶
	联络线	盐城—靖江
	联络线	盐城—洛阳
	联络线	莆田—炎陵
	纵三	长春—深圳
	联络线	新民—鲁北
	联络线	阜新—锦州
	联络线	淮安—徐州
	联络线	鲁北—霍林郭勒
	联络线	东营—吕梁
	联络线	沙县—厦门
	联络线	深圳—岑溪
	纵四	济南—广州
	联络线	菏泽—宝鸡
	纵五	大庆—广州
	联络线	龙南—河源
	联络线	双辽—嫩江
	联络线	奈曼旗—营口
	联络线	赤峰—绥中
	纵六	二连浩特—广州
	联络线	集宁—阿荣旗
	联络线	晋城—新乡

续上表

布	局	路　　线
纵线	联络线	长沙—张家界
	联络线	张家界—南充
	联络线	苏尼特右旗—张家口
	纵七	呼和浩特—北海
	纵八	包头—茂名
	并行线	榆林—蓝田
	联络线	梧州—柳州
	纵九	银川—百色
	联络线	安康—来凤
	纵十	兰州—海口
	联络线	钦州—东兴
	纵十一	银川—昆明
	联络线	昆明—磨憨
	联络线	景洪—打洛
	联络线	平凉—绵阳
	联络线	广安—泸州
横线	横一	绥芬河—满洲里
	联络线	哈尔滨—同江
	联络线	建三江—黑瞎子岛
	联络线	海拉尔—张家口
	联络线	铁力—科右中旗
	横二	珲春—乌兰浩特
	并行线	延吉—长春
	联络线	吉林—黑河
	联络线	沈阳—吉林
	联络线	北安—漠河
	联络线	松江—长白山
	联络线	乌兰浩特—阿力得尔
	横三	丹东—锡林浩特
	联络线	克什克腾—承德
	横四	荣成—乌海
	联络线	黄骅—石家庄
	联络线	沧州—榆林
	联络线	威海—青岛
	联络线	潍坊—日照

续上表

布　　局		路　　线
横线	联络线	乌海—玛沁
	联络线	乌海—银川
	横五	青岛—银川
	联络线	青岛—新河
	联络线	定边—武威
	横六	青岛—兰州
	联络线	长治—延安
	横七	连云港—霍尔果斯
	并行线	临潼—兴平
	联络线	柳园—格尔木
	联络线	吐鲁番—和田及伊尔克什坦
	联络线	奎屯—阿勒泰
	联络线	奎屯—塔城
	联络线	清水河—伊宁
	联络线	武威—金昌
	联络线	精河—阿拉山口
	联络线	博乐—阿拉山口
	横八	南京—洛阳
	横九	上海—西安
	联络线	扬州—溧阳
	联络线	溧阳—宁德
	横十	上海—成都
	并行线	上海—武汉
	联络线	南京—芜湖
	联络线	合肥—安庆
	联络线	麻城—安康
	联络线	成都—遵义
	联络线	成都—丽江
	联络线	成都—昌都
	联络线	雅安—叶城
	联络线	曲水—乃东
	横十一	上海—重庆
	并行线	石柱—重庆
	联络线	芜湖—合肥
	联络线	恩施—广元

续上表

布　局		路　线
横线	联络线	重庆—成都
	横十二	杭州—瑞丽
	联络线	大理—丽江
	联络线	大理—临沧
	联络线	保山—泸水
	联络线	天保—猴桥
	横十三	上海—昆明
	并行线	杭州—长沙
	联络线	南昌—韶关
	横十四	福州—银川
	联络线	十堰—天水
	横十五	泉州—南宁
	联络线	南宁—友谊关
	联络线	柳州—北海
	横十六	厦门—成都
	联络线	都匀—香格里拉
	联络线	纳雍—兴义
	横十七	汕头—昆明
	横十八	广州—昆明
	联络线	开远—河口
	联络线	弥勒—楚雄
	联络线	砚山—文山
地区环线	环一	首都地区环线
	联络线	涞水—涞源
	环二	辽中地区环线
	联络线	本溪—集安
	环三	杭州湾地区环线
	并行性	杭州—宁波
	联络线	宁波—舟山
	环四	成渝地区环线
	环五	珠江三角洲地区环线
	联络线	东莞—佛山
	环六	海南地区环线
	联络线	海口—三亚
	联络线	海口—琼海
	联络线	万宁—洋浦

(1)首都放射线(7条)

北京—哈尔滨、北京—上海、北京—台北、北京—港澳、北京—昆明、北京—拉萨、北京—乌鲁木齐。

(2)北南纵线(11条)

鹤岗—大连、沈阳—海口、长春—深圳、济南—广州、大庆—广州、二连浩特—广州、呼和浩特—北海、包头—茂名、银川—百色、兰州—海口、银川—昆明。

(3)东西横线(18条)

绥芬河—满洲里、珲春—乌兰浩特、丹东—锡林浩特、荣成—乌海、青岛—银川、青岛—兰州、连云港—霍尔果斯、南京—洛阳、上海—西安、上海—成都、上海—重庆、杭州—瑞丽、上海—昆明、福州—银川、泉州—南宁、厦门—成都、汕头—昆明、广州—昆明。

此外包括6条地区性环线以及若干条并行线、联络线等。

国家高速公路网在山东境内主要有秦皇岛—滨州、北京—上海、北京—台北、德州—上饶、沈阳—海口、日照—兰考、长春—深圳、东营—吕梁、济南—广州、菏泽—宝鸡、荣成—乌海、威海—青岛、潍坊—日照、青岛—银川、青岛—新河、青岛—兰州等线位。

2. 山东经济社会发展新规划出台

2013年8月,省政府批复《省会城市群经济圈发展规划》和《西部经济隆起带发展规划》,全省形成"两区一圈一带"经济社会发展新格局。随着国家提出的"一带一路"倡议以及环渤海地区建设等国家发展战略的加快实施,对区域交通特别是高速公路的建设与发展提出了更高要求。从规划执行情况来看,预计至2020年全省高速公路通车里程可达到7600km以上,已远远超过规划预期。高速公路规划所考虑的因素,不单单是路网通达深度、覆盖面和规模里程的增加,还需涉及公路资源受限条件下大容量、繁忙路段的通道扩容规划,迫切需要对《山东省高速公路网中长期规划(2011—2020年)》进行规划调整。

(二)山东省高速公路网中长期规划(2014—2030年)

1. 规划理念

依据高速公路网促进区域经济社会发展、构建综合交通运输体系、适应产业转型和人民群众出行的要求,按照巩固提升、适度超前、综合衔接、绿色智能、以人为本的基本原则,紧紧围绕全省"两区一圈一带"区域发展新格局、产业转型升级和新型城镇化建设,按照转变交通发展方式、加快构建综合运输体系的新要求,提升通道能力、加强方式衔接、提高运输效率,形成布局合理、能力充分、海陆贯通、覆盖广泛、绿色智能的高速公路网络,为全省基本实现现代化奠定坚实基础。

山东省政府印发《山东省高速公路网中长期规划(2014—2030年)》

2．规划目标

2030年,主要实现目标:通车里程7600km以上。其中,六车道及以上约占规划里程的50%左右。通达全省所有县(市、区);省际陆路出口达到25个,实现与相邻的苏、皖、豫、冀四省多路连通;连接主要港口(港区)、运输机场、客运专线站等综合客货枢纽。济南与周边设区市实现1小时通达,青岛与周边设区市实现2小时通达;县(市、区)驻地和主要港口(港区)、运输机场、客运专线站等综合客货枢纽30分钟内进入高速公路网。

3．布局方案

全省高速公路网布局为"八纵四横一环八连"(简称"8418网"),总里程约7900km。

1)纵线(8条)

烟台—日照(鲁苏界);潍坊—日照;无棣(冀鲁界)—青州—临沭(鲁苏界);无棣(冀鲁界)—莱芜—台儿庄(鲁苏界);乐陵(冀鲁界)—济南—临沂(鲁苏界);德州(冀鲁界)—泰安—枣庄(鲁苏界);德州—东阿—单县(鲁皖界);德州(冀鲁界)—商丘(鲁豫界)。

2)横线(4条)

威海—德州(鲁冀界);青岛—夏津(鲁冀界);青岛—泰安—聊城(鲁冀界);日照—菏泽—兰考(鲁豫界)。

3)环线(1条)

威海—烟台—潍坊—东营—滨州—德州—聊城—菏泽—济宁—枣庄—临沂—日照—青岛—烟台—威海。

4)连接线(8条)

烟台—海阳;龙口—青岛;荣成—潍坊;埕口(冀鲁界)—临淄;东营—济南—聊城—馆陶(鲁冀界);济南—菏泽—商丘(鲁豫界);济南—徐州(鲁苏界);濮阳—阳新(山东段)。

此外,高青—德州、济南—潍坊、梁山—五莲为研究线位,约600km,结合经济社会发展和未来交通需求适时启动。

(三)山东省高速公路网中长期规划(2014—2030年)调整方案

2016年,山东省发改委和省交通运输厅对《山东省高速公路网中长期规划(2014—2030年)》进行了调整。

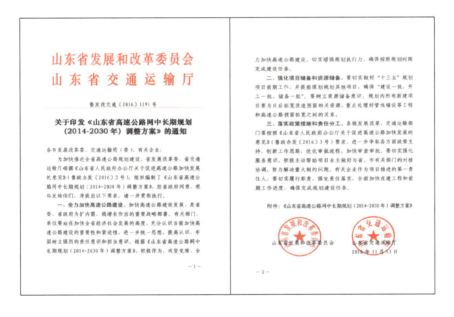

山东省发改委和省交通运输厅发布《山东省高速公路网中长期规划(2014—2030年)调整方案》

1. 调整内容

根据经济社会发展形势和省委、省政府相关要求,结合各市意见建议,经广泛咨询专家意见,重点对部分建设时序、规划线位做出局部调整。对沾化至临淄、高唐至东阿、新泰至台儿庄(鲁苏界)等原规划内新建项目提前实施;根据各通道内现状及中长期交通需求,对济广高速公路济南至巨野段等规划内大交通量路段改扩建项目尽快开展前期工作并在"十三五"期内提前实施;将原研究线位梁山至五莲列入规划线位并纳入实施序列;将沾化至临淄高速公路南延至临沂列入规划线位并纳入实施序列;将高青至广饶高速公路西延至济南机场作为规划研究线位,于"十三五"末开展前期研究工作。

2.布局方案

1)纵线(9条)

纵一:烟台—日照(鲁苏界);纵二:潍坊—日照;纵三:无棣(冀鲁界)—青州—临沭(鲁苏界);纵四:沾化(冀鲁界)—淄博—临沂(鲁苏界);纵五:无棣(冀鲁界)—莱芜—台儿庄(鲁苏界);纵六:乐陵(冀鲁界)—济南—临沂(鲁苏界);纵七:德州(冀鲁界)—泰安—枣庄(鲁苏界);纵八:德州—东阿—单县(鲁皖界);纵九:德州(冀鲁界)—商丘(鲁豫界)。

2)横线(5条)

横一:威海—德州(鲁冀界);横二:青岛—夏津(鲁冀界);横三:青岛—泰安—聊城(鲁冀界);横四:董家口—范县(鲁豫界);横五:日照—菏泽—兰考(鲁豫界)。

3)环线(1条)

威海—烟台—潍坊—东营—滨州—德州—聊城—菏泽—济宁—枣庄—临沂—日照—青岛—烟台—威海。

4)连接线(7条)

连一:烟台—海阳;连二:龙口—青岛;连三:荣成—潍坊;连四:东营—济南—聊城—馆陶(鲁冀界);连五:济南—菏泽—商丘(鲁豫界);连六:济南—徐州(鲁苏界);连七:濮阳—阳新(山东段)。

此外,济南—潍坊、济南—高青、高青—德州为研究线位,约400km,结合经济社会发展和未来交通需求适时启动。

根据以上调整,《山东省高速公路网中长期规划(2014—2030年)调整方案》中,全省高速公路网布局为"九纵五横一环七连"(简称"9517网"),总里程约8300km,见表1-3-9。其中,属于国家高速公路网的规划里程约为5100km,占山东省高速公路规划里程的61%;属于省高速公路网的规划里程约为3200km,占山东省高速公路规划里程的39%。

山东省高速公路网中长期规划一览表　　　　表1-3-9

布局		路线
纵线	纵一	烟台—日照(鲁苏界)
	支线	蓬莱—栖霞
	纵二	潍坊—日照
	纵三	无棣(冀鲁界)—青州—临沭(鲁苏界)
	纵四	沾化(冀鲁界)—淄博—临沂(鲁苏界)
	纵五	无棣(冀鲁界)—莱芜—台儿庄(鲁苏界)
	纵六	乐陵(冀鲁界)—济南—临沂(鲁苏界)
	纵七	德州(冀鲁界)—泰安—枣庄(鲁苏界)
	并行线	济南—泰安

续上表

布　　局		路　　线
纵线	支线1	泰安—新泰
	支线2	峄城支线
	支线3	微山支线
	纵八	德州—东阿—单县(鲁皖界)
	纵九	德州(冀鲁界)—商丘(鲁豫界)
	支线	莘县—南乐
横线	横一	威海—德州(鲁冀界)
	支线	新河—潍莱路
	横二	青岛—夏津(鲁冀界)
	支线1	青岛—新河
	支线2	济南绕城一环线
	支线3	济南绕城二环线
	支线4	高唐—临清
	横三	青岛—泰安—聊城(鲁冀界)
	横四	董家口—范县(鲁豫界)
	横五	日照—菏泽—兰考(鲁豫界)
	支线	菏泽—东明
环线		威海—烟台—潍坊—东营—滨州—德州—聊城—菏泽—济宁—枣庄—临沂—日照—青岛—烟台—威海
连接线	连一	烟台—海阳
	连二	龙口—青岛
	连三	荣成—潍坊
	连四	东营—济南—聊城—馆陶(鲁冀界)
	连五	济南—菏泽—商丘(鲁豫界)
	连六	济南—徐州(鲁苏界)
	连七	濮阳—阳新(山东段)
疏港公路		青岛港疏港公路
		烟台港西港区疏港公路
		烟台港莱州港区疏港公路
		烟台港龙口港区疏港公路
		日照港石臼港区疏港公路
		东营港疏港公路
其他		济乐高速公路南延
		青岛新机场高速公路
		威青高速公路南延

山 东
高速公路建设实录

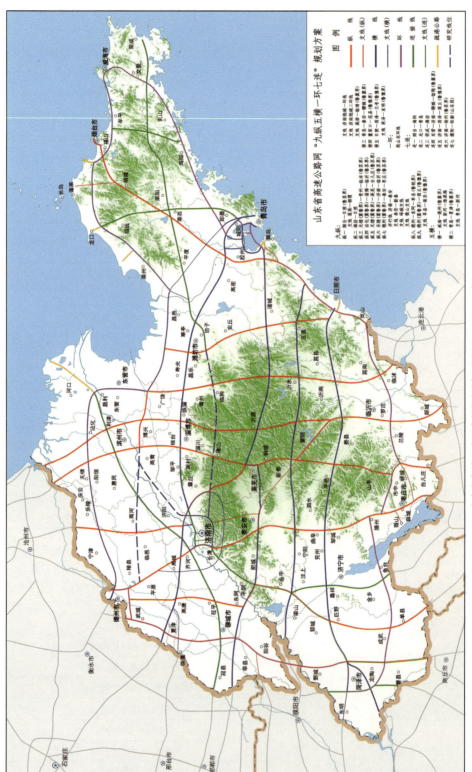

山东省高速公路网中长期规划方案图（2015—2030年）

回顾山东省高速公路网规划的发展历程,可以看出规划对全省高速公路事业持续健康发展的引领和指导作用。每一次对规划内容的调整与完善,均是与全省乃至全国经济社会发展形势做出的主动的、积极的适应与匹配,均是为进一步优化完善全省高速公路网、加快构建综合交通运输体系、更好地服务经济社会发展全局和人民群众出行需求而做出的有益实践。随着"五位一体"总体布局和"四个全面"战略布局的全面推进,以高速公路为代表的交通基础设施建设对发挥供给侧结构性改革、促进全面建成小康社会的支撑带动作用日益显著。因此,高速公路的建设更应着力完善规划支撑体系,着力提升运输服务品质,着力加快行业转型升级,着力推进安全绿色发展,着力推进现代综合交通运输体系建设,努力建设人民满意的交通基础设施,为促进经济平稳健康发展和全面建成小康社会当好"先行官"。

第二节 勘 察 设 计

勘察设计作为高速公路建设的龙头和基础,对山东省高速公路建设发挥了不可替代的作用。回顾山东省高速公路勘察设计走过的历程,从项目规划、设计理念、行业标准、勘察设计手段到路用材料的研发与应用等各个方面都发生了巨大的变化,走上了可持续发展的良性循环道路。

一、勘察设计的发展阶段

纵观山东省高速公路的建设历史,走过了一条从无到有、从易到难的发展道路。从勘察设计的角度看,大体经历了三个阶段,即20世纪80年代初至90年代初的起步阶段、20世纪90年代的成长阶段和21世纪以来的发展阶段。

(一)起步阶段

20世纪80年代初,基于国家干线公路网为骨架、省干线公路网为补充的山东省公路网,对全省国民经济发展和国防战备支撑起到了巨大的作用,但却存在总量薄弱、等级过低、通行不畅等问题,制约了全省经济发展。尽快提高干线公路运输的安全、快捷能力刻不容缓。

借鉴世界发达国家的经验,公路基础设施建设的思路也逐步发生了转变,公路建设由以前的"以通为主"向"提高公路的安全快捷性"转变,解决干线公路交通问题的主要办法就是排除公路通行中的纵、横向干扰和混合通行。在此背景下,1981年6月,根据省交通厅的安排,山东省交通规划设计院进行了济青高速公路的前期研究,由此拉开了山东省高速公路前期工作的序幕。

当时,由于对于"中国要不要修建高速公路"的问题认识并不统一,经过研究探讨,形成的统一意见是建设济南至青岛一级汽车专用公路。1989年7月,国家明确了要发展高速公路,济南至青岛一级汽车专用公路也正式被称为济青高速公路,为山东省高速公路的发展奠定了基础。

济青高速公路连接山东省五市十七县(市区),全长约318.7km,于1985年正式完成工程可行性研究报告,1986—1989年,逐步修改了勘察设计文件。设计标准最终确定为双向四车道,济南至潍坊段设计速度为120km/h,路基宽26m,中央分隔带宽3m;潍坊至青岛段设计速度为100km/h,路基宽23m,中央分隔带宽1.5m。全线全封闭、全立交、全部控制出入。

该项目于1993年12月全线建成通车,结束了山东省无高速公路的历史,实现了零的突破,为此在起点处(济南市的大桥路上)耸立"零点"标志,昭示山东省高速公路建设的崭新起点。

济青高速公路"零点"互通立交

山东省在这一探索时期还完成了其他一些公路项目,如青岛的环胶州湾高速公路,菏泽至东明、泰安至莱芜一级汽车专用公路等多条高等级公路。当时的勘察手段比较落后,采用经纬仪、水准仪、钢尺等测量仪器和手工计算、手工制图等方法进行设计。

(二)成长阶段

经过十多年的探索和勘测设计及施工经验的不断积累,我国高速公路建设条件日臻成熟,为引领全国高速公路的有序建设,交通部审时度势,及时制定和完善了高速公路设计的各种标准、规范,使得勘测设计人员有章可循,高速公路勘测设计进入了健康成长阶段。

在这个阶段中,勘测设计行业茁壮成长。工程测量从传统的用光学仪器、钢尺、花杆等工具现场测量计算和现场用小平板绘制地形图,逐步过渡到使用激光、红外测距仪和微型计算机现场测量、室内制图进而绘出二维地形图;地质勘测从传统的用麻花钻、洛阳铲、人工挖探、罗盘仪、地质锤等工具和方法来了解和描述岩土,逐步过渡到普遍使用机械钻探、室内试验的手段来描述岩土的物理力学指标;高速公路设计则随着计算机的普及,从传统的算盘、计算尺、三角函数表和图板等完全的手工计算和手工绘图方法,发展到通过自行编制的计算和绘图软件,配合引进的专业软件,初步实现了"不查函数表、甩掉绘图板、依靠计算机"的设计手段的革新。

艰苦的外业测量与计算选线工作

技术人员正在研究工程设计方案

从1987年的济青高速公路设计开始,路线平纵面、路基沉降、路面结构及其厚度、各种桥梁涵洞的结构受力等计算工作量,逐渐由PC-1500、长城0520、计算机286、386、486、586承担;1993年由于AutoCAD软件的普及应用,设计人员陆续尝试着用计算机做大量重复性的计算工作并制作一些简单的图纸,逐渐用计算机取代传统手工绘图,计算机的出图率从无到有,逐步发展到10%、50%,到1998年达到了100%;工程概算、预算的编制从传统的人工制表填表、人工查阅概预算定额手册、人工分类分项统计的模式,逐步转换到计算机制表、计算机打印表格、计算机自动套用定额、计算机自动分类汇总的模式。这个阶段,勘测设计最突出的标志就是从设备、方法、模式到手段都全面进入了计算机时代。

计算机工作站

　　伴随着全球化的技术交流和广大科技人员的艰苦努力,各种先进的勘测设计手段和设备不断涌现,如:用飞机携带计算机和测量仪器参与地形图的测量,能够快速地提供设计所需的地形图;用卫星遥感技术和地质雷达来分析、探测地质病害,可以有效地减少或避免由于地质病害给工程建设造成的损失;用计算机将传统的纸质地形图转化为数字地形图,可以更精确、更迅速地完成高速公路的选线,从而提高设计质量,加快设计速度。

济南东绕城高速公路小许家互通立交枢纽

　　勘测设计手段的不断提高,为完成各项紧急任务提供了可靠的技术保障。在我国国民经济快速发展的大环境下,省交通厅未雨绸缪,超前部署高速公路前期工作,勘测设计单位加大工作力度,依靠先进的勘测设计手段,提前储备高速公路建设项目,为加快基础设施建设、拉动国民经济增长当好"先行官"。

　　山东省矿藏资源丰富,地质状况复杂多变。中部坐落着泰山山脉、鲁中山区和沂蒙山区等,山地突起;鲁西南、鲁西北和鲁北地区为黄河冲积平原,地势平坦;鲁东、鲁南地区丘陵低山起伏。这个阶段所建设的高速公路,如济南至德州、济南至聊城、日照至菏泽、曲阜至张山子、潍坊至莱阳、济南绕城高速公路等,这些项目绝大多数都处于平原微丘地区。勘测设计中,重点解决了不良地基处理、粉砂土路基稳定、桥头跳车、压矿及塌陷等技术难题。

平原区高速公路一瞥

(三)发展阶段

根据 2005 年发布的《国家高速公路网规划》,落实省委、省政府经济社会发展战略,省交通厅适时调整了高速公路网布局,高速公路发展以打通省际断头路、服务综合交通运输体系发展、完善高速公路网络、提高路网总体效益为原则,打破了平原与山区、平原区与湖泊海洋区的界线,高速公路向山区和湖海地区延伸。

在山区建设高速公路,坡陡谷深,地质复杂,并且存在滑坡、崩塌、滚石、流冰、溶洞等自然灾害。由于地形高差大,导致桥隧比例高。湖泊和海洋区更是受到水文、潮汐、大风、冰凌等地质和气象方面的限制。在这些地区修建高速公路,是对勘测设计的挑战,也是勘测设计的发展机遇。

山区高速公路上的桥梁

进入21世纪以来,随着卫星与飞机加入到测量队伍,以及计算机专业软件的日臻完善,勘测设计单位积极学习新的测绘技术,逐步引入了航空摄影测量、卫星控制测量的仪器设备和电子版地形图,技术人员积极刻苦研发出了电子版地形图矢量化的专业软件,将二维地形图转化为三维地形图,使其更便捷、更实用和更直观;同时又有选择地引入了公路、桥梁、隧道等专业设计软件,通过勘测设计单位二次开发的专用软件,将数字地形转化为地面模型,从计算机屏幕上就能看到高速公路建成后的雏形,真正实现了"将地球搬回家"的梦想,从根本上实现了高速公路设计的计算机化、自动化和智能化,使设计人员从大量、烦琐、枯燥无味的计算和绘图工作中解放出来,投入到优化设计工作中去,勘测设计实现了跳跃式的发展。这个阶段勘测设计的突出标志是设计模式的立体化、设计方法的智能化。随着大数据、云计算的发展,高速公路勘测设计已逐步进入BIM时代。

在这段时间内,山东省先后完成的高速公路勘测设计项目主要有青岛至莱芜、济南至莱芜、青州至临沭、济南至菏泽、枣庄至鱼台(跨微山湖)、德州至曹县(跨黄河)、乐陵至济南等高速公路,青岛海湾大桥、海阳至即墨跨海大桥、威海香水河跨海大桥等。这些项目中包含了隧道17座,累计单洞总里程达40km;跨海特大桥3座,跨湖特大桥1座。

鉴于早期建成的高速公路繁忙路段车流量大的实际情况,高速公路扩容势在必行。济青高速公路以及京沪高速公路莱芜至临沂段由双向四车道扩建为八车道;济广高速公路、日兰高速公路及德上高速公路重合的巨野至菏泽段,已进入扩容的前期工作。

高速公路的扩容改造,会面临老路平纵面线形的拟合、新老路基不均匀沉降、老路面的利用、既有桥涵的加固利用、互通立交的改造、服务区和停车区的扩容、机电设施更新和老路的通行及行车、施工安全等一系列技术难题,需要在勘测设计中逐一解决。

扩容改建中的济青高速公路

二、勘测设计的理念创新

设计理念是勘测设计的指导思想、设计原则和总体思路的综合体现,是勘测设计工程技术人员思维意识精髓的总体升华,对勘测设计质量具有决定性的指导作用,为提升高速公路实体工程的品质奠定了良好的基础。

回顾山东省高速公路建设历程,高速公路的设计理念与时俱进,不断创新,大体可归纳为三个阶段。

(一)快速、畅通、经济、适用的理念

在山东建设高速公路初期,没有现成的理论和经验,由于当时的经济基础比较薄弱,节省工程投资是每个设计与建设者必须遵循的首要原则。因此,在设计理念方面逐步形成了快速、畅通、经济、适用的思路。

这一阶段最具典型代表性项目有济南至青岛高速公路和青岛的环胶州湾高速公路等项目。济青高速公路工程可行性研究报告和前期立项等工作由山东省交通规划设计院完成,初步设计和施工图设计由山东省交通规划设计院作为总体协调单位,会同交通部公路规划设计院、交通部第一公路勘察设计院联合完成。于1986年2月底开始勘察设计,于1989年12月完成。

济青高速公路设计审查会会场

由于当时国内尚没有任何关于高速公路设计方面的标准、规范和规定,为了能使设计工作得以向前推进,经过长时间的多次讨论,三家设计单位参照交通部颁布的《公路工程技术标准》(JTJ 01—88)中的一级公路平原微丘区技术标准的上限值,参考美国州际公路设计和《日本高速公路设计要领》等国外标准、规范,结合京津塘高速公路探讨的经验,研究制定了《济青高速(一级汽车专用)公路设计暂行规定》,对高速公路的平纵面线形指标、横断面、路基压实度、路基路面排水方式、路面结构层、桥涵设计荷载、

中央分隔带和路侧护栏、服务区的规模等方面做出了具体规定,在国内引起了强烈的反响。

通过济青高速公路勘测设计的探索实践和经验积累,山东省交通规划设计院又承担了青岛环胶州湾高速公路的勘测设计工作,该项目原名为青岛西环海一级汽车专用公路,从青岛沿胶州湾北岸至黄岛,路线全长78km,设女姑山跨海特大桥1座。自1989年4月开始规划设计,于1991年5月完成。

这两条高速公路在设计和审查的各个环节,始终贯彻执行了快速、畅通、经济、适用的设计理念。在满足《济青高速(一级汽车专用)公路设计暂行规定》各项指标的基础上,以适用为原则,对设计方案进行了全方位、多角度的比较和选择,采取了尽量压缩路基宽度、降低路基填土高度、减薄路面结构厚度、减少桥梁长度、设置最为经济的仰斜式挡土墙、利用高填方和深挖方翻越垭口等措施,在当时条件下选出了路线、路基、路面、桥涵等方面的最优方案,节省了大量的建设资金。济青高速公路全长318.7km,工程决算投资33.68亿元,平均每公里造价仅为1056.8万元。

环胶州湾高速公路审查会会场

快速、畅通、经济、适用的高速公路设计理念,符合当时的经济状况和高速公路刚刚起步的历史环境。高速公路的安全性、舒适性、耐久性以及环境保护等方面也已经处于萌芽阶段,为高速公路的健康发展奠定了坚实的基础。

(二)安全、环保、可持续、全寿命的理念

山东省高速公路的设计理念在实践中不断发展、丰富、完善,与社会经济发展同步。随着高速公路的快速发展,社会对其功能和作用提出了更高的要求,也促进勘测设计理念不断创新。

以交通部颁布的《公路工程技术标准》为龙头,国家陆续出台了一系列勘测设计规范、规程,从国家级技术层面逐步完善了设计标准和规范体系,解决了困惑设计人员的技术问题,促进了全国高速公路勘测设计理念的更新。

随着经济发展方式的转变和勘测设计各专业技术手段的不断提高,勘测设计行业逐渐形成了"安全、环保、可持续、全寿命"的新设计理念。要求勘测设计人员在设计中坚持以人为本,树立安全至上的理念;坚持人与自然相和谐,树立尊重自然、保护环境的理念;坚持可持续发展,树立节约资源的理念;坚持质量第一,树立让公众满意的理念;坚持合理选用技术指标,树立设计创作的理念;坚持系统论的思想,树立全寿命周期成本的理念。

新设计理念指导下建成的高速公路

在勘测设计新理念的指导下,最具典型代表性的项目有:

1. 济南至菏泽高速公路

济南至菏泽高速公路全长约153.6km。路线北段靠近济南,为低山丘陵地貌;路线南段靠近菏泽为黄河冲积平原。路线东有泰山余脉,西有黄河天堑和东平湖滞洪区,局部地形高差达220m,沿线人口密集,矿区交错,河流纵横,文物密集,极大地增加了高速公路勘测设计难度。

在路线指标选用以及高填深挖与桥隧方案的选择上,设计人员充分考虑了道路工程自身的安全耐久和道路运营的环保舒适等问题,借助于卫星定位和航空测量、数字地形图、卫星遥感、地质雷达等先进技术以及CARD/1、纬地设计软件等技术手段,合理运用技术指标,大范围等深度地进行路线方案研究比选和路线平纵面优化工作。在北部山岭区的80km路段内布设了桥梁隧道比例不同的高填深挖、低填浅挖等5条路线方案;在南部70km路段的黄河冲积平原区布置了穿东平湖滞洪区、压巨野煤矿矿区、避绕重要地物如大清河和梁济运河、南水北调工程等4条路线方案;同深度路线比较方案总长252km,是推荐路线长度的164%。设计人员在路线布设中,遵循地形选线、地物选线、地质选线、生态选线和景观选线相结合的原则,满足功能和安全的双重要求,使公路线形和构造物与沿线的自然地形和景观相协调,线形顺适、自然流畅。

通过路线方案比选和平纵面线形的优化,使路线避开了黄河滞洪区、地矿采空区、地质灾害潜伏区和文物密集区,确保高速公路的施工和运营安全,最大限度地减少填挖方,利用沿线的废矿料以保护自然环境。

在进一步的勘测设计过程中,设计人员发扬工匠精神,变设计为创作,变设计产品为创作作品,开展了山区高边坡路段加筋土挡土墙的研究设计,通过大量艰苦细致的工作,在全国首次使用了1∶0.5坡率、高度为22m的格栅反包土陡坡,高度为11.6m的格栅混凝土板挡土墙,高度为17.3m的钢塑拉带混凝土板挡土墙等设计,成功解决了较陡的山坡上道路工程与占压冲沟、河道、良田等技术难题,节约了土地,收到了良好效果,也填补了山东省在该领域的技术空白。经过了多年的车辆荷载作用和风雨的侵蚀,陡坡和挡土墙工程使用效果良好。

2. 济南至莱芜高速公路

项目在勘测设计过程中始终坚持安全至上和保护环境的理念:首次依据《公路项目安全性评价指南》,引入运行车速概念,检验和优化平纵面设计,合理确定了山区道路上下行平曲线超高;为增加行车的安全性,部分路段采用了上行和下行分幅设计的分离式断面;在地形复杂、局部地形高差较大的地方,设置了多处隧道以改善平纵面线形,提高行车安全性和行驶舒适性。在路基设计中,深入贯彻国家集约节约用地政策,将路基取土和弃土场与改地造田相结合;利用公路永久占地将路基清表土方单独堆放,用于路堤边坡绿化回填土,达到循环利用的目的。在路堑高边坡设计中,采用了锚索加固、主动网或被动网防护等技术手段以确保边坡稳定,在相对稳定的边坡上,采用了生态防护技术,以利于坡面绿化。

树立全寿命周期成本的理念,在路面设计中,依据交通流特性,在长大纵坡路段分幅设计;全线采用了LSPM大粒径透水性柔性沥青基层,避免或减缓了半刚性基层裂缝的反射,延长了路面的使用寿命。

(三)以人为本、安全至上、资源节约、环保和谐的理念

党的十八大以来,经济社会发展进入转方式、调结构、稳增长的新常态。为了适应国家宏观经济转型发展要求,交通运输部提出了"先进理念、系统管理、经济可靠、有效实施"的工作原则和"综合交通、智慧交通、绿色交通、平安交通"的发展思路。山东交通适时提出了"以人为本、安全至上、资源节约、环保和谐"的设计理念,要求各单位在设计过程中将这一理念落实到公路勘测设计的各个环节、各个专业。

在这一新理念的指导下,最具代表性的项目有:

高速公路出入口一瞥

山区高速公路

1. G18 荣成至文登段高速公路

该项目路线全长 40.4km,位于低山丘陵区。勘测设计单位根据项目的功能和地位,结合沿线地形、地质特点,深入研究地质勘察、路线及交叉、路基路面、桥梁涵洞和环境保护等各专业存在的难点及关键性技术问题,采用合理可行的技术方案,保证工程安全。设计中依据地形灵活采用多种路线布设方案,同深度比较线 5 段,总长 28.8km,占路线总长的 71.3%;不同深度比较线 4 段,长度 22km,占路线总长的 54.5%,同时还进行了局部路段的高填路基方案与桥梁设计方案的比较。在满足功能、保障安全的前提下,仔细研究工程方案,合理设置横断面,尽量节约建设资源。如在海岔鸡爪地段,对不良地质的淤泥路段进行了路基方案与桥梁方案的技术经济比较。在工程设计的细微之处,处处体现出对人的关怀、人性化的服务和容错等和谐设计思想,突出了"以人为本、安全至上、资源节约、环保和谐"的设计理念。

计算机模拟在数字地形上设计的高速公路效果图

根据公路安全生命防护工程的要求,结合路线纵坡大小及地形条件,适时、适地设置不同的标志、标线和护栏,保证人民生命财产的安全和出行便捷。同时,在设计中对服务区及停车区、收费、管理、养护等设施尽可能采取合并设置,严格控制用地规模,收到了良好的社会效果。

2. S12滨州至德州高速公路

该项目东起滨州市沾化县,西至德州市的鲁冀界,路线全长144km,位于鲁西北黄河冲积平原区,沿线城镇密集、路网复杂、地下水位高、取土困难。

在勘测设计中,设计人员统筹利用线位资源,提高土地的集约利用程度。如对路基和高架桥方案进行多角度比选论证,尽可能减少永久占地;部分公路施工场地选择在立交区等永久占地范围内,减少临时占地。同时,设计人员还积极采用新技术、新材料、新工艺,首次在路基填筑、特殊地基处理、路面、小型预制构件和临建设施建设中综合利用建筑物拆迁碎料等再生材料,统筹社会资源,与其他工程建设相结合,实现高速公路筑路材料的循环利用,充分体现了资源节约、环保和谐的设计理念。

三、勘测设计的技术进步

山东省高速公路勘测设计的技术手段不断升级换代,特别是计算机辅助设计技术的推广应用,极大地提高了勘测设计的质量和效率。

勘测设计包括工程测量、地质勘察、主体工程设计、沿线设施工程设计、交通工程设计等五大板块。

(一)工程测量

工程测量是高速公路设计与建设的基础性工作,所有的勘测设计以及施工的各个阶段都以工程测量资料为依据。工程测量分为基础测量和道路测量两大部分,基础测量的主要内容是大地控制测量、廊道地形图测绘两项工作;道路测量的主要工作包括道路中桩放线、中桩高程测量、横断面测量、河床及沟渠断面测量、被交路的纵横断面测量、河流洪水位调查、拆迁调查等。

在高速公路建设初期,工程测量采用传统光学仪器,由人工到现场进行测量并用小平板现场绘制地形图的方法,测量工具是花杆、皮尺、十字架、罗盘、经纬仪、水准仪、小平板或大平板等。随着计算机技术、激光技术、红外线技术、网络通信技术以及飞机与卫星技术的发展,工程测量的技术手段也在不断地改进和提高。迄今为止,集所有测量工具之功能于一身的卫星定位系统已经应用到了工程测量之中,并能够提供数字地面模型,为加快公路设计和提高设计质量奠定了坚实基础。

设计人员在野外进行道路横断面测量

山东省高速公路工程测量大体经历了四个阶段:用传统光学仪器人工现场测绘的阶段、以数字化电子测绘仪器和航空摄影测量为主要手段的测绘阶段、以卫星定位和数字摄影测量为主要手段的测绘阶段、用机(车)载激光 Lidar 测量技术开发应用阶段。

1. 用传统光学仪器人工现场测绘阶段

20 世纪 80 年代中期,山东省首次开展了高速公路工程测量工作。济南至青岛高速公路 1986 年 2 月开始测量,于 1987 年 8 月全部测量完毕,测量仅历时一年半。

限于当时的测绘手段,大地控制测量使用的工具有经纬仪、水准仪、钢尺、塔尺和地形尺等,采用事先布设导线三角锁,测量并计算出三角锁各个节点的坐标和高程的方法来完成。廊道地形图测绘则采用小平板或大平板进行,且受天气影响较大,工作效率低下。

基础测量完成后,公路设计人员根据外业踏勘,在地形图上经过反复比较后确定出公路路线的位置,然后再到野外进行道路测量。道路测量分为放线、中桩、水平、横断、桥涵、交叉、调查、埋桩以及地质调查等若干个专业组。

技术人员采用经纬仪和小平板测绘地形图

放线组根据图纸上确定的路线主点,使用经纬仪和钢尺,采用极坐标法与交汇法等方法实地确定出路线主点的位置;中桩组在放线组的基础上,使用经纬仪、钢尺和花杆等工具,采用偏角法或极坐标法打出中桩,确定出道路中线各个地形变化点的具体位置;水平组利用水准仪和三角锁节点的高程,测量出每个中桩点的高程;后续各测量专业组利用中桩的位置和高程分头开展工作。

技术人员正在进行中桩测量

地质调查组利用麻花钻、洛阳铲、地质锤等工具,结合挖探坑的方式,查明道路沿线的浅层地质情况。

2. 以数字化电子测绘仪器和航空摄影测量为主要手段的测绘阶段

进入20世纪90年代,随着测绘技术的提高及测绘仪器设备的发展应用,公路工程测量的方法和手段也随之变化,如在京台高速公路山东段、京沪高速公路山东段等项目的测量中,采用的方法和手段都有了很大的改善。

基础测量中,大地控制测量已经开始逐步采用布设GPS控制点、辅助布设闭合或附合导线的方法,导线采用全站仪测角、测距,高程测量仍采用传统的水准仪;廊道地形图测绘仍采用野外测图的方法,但使用全站仪数据采集编绘测图,大大提高了测量的速度,缩短了野外测量的时间,减轻了测绘人员的劳动强度。

到20世纪90年代后期,进入了航空摄影测量为主的测绘阶段。道路测量采用的方法和人员分组情况未发生质的变化,但广泛使用全站仪和便携式计算机,取代了传统的测量工具,大幅度减少了测量数据在保存和传输过程中的出错率,提高了外业测量资料的准确度和测量速度。

技术人员用全球卫星定位系统(GPS)进行测量

3. 以卫星定位和数字摄影测量为主要手段的测绘阶段

进入21世纪,随着全球卫星定位系统、航空摄影等技术的突飞猛进,测绘手段和测绘产品也进入了数字化时代。

利用航空技术测量地形图

青兰高速公路黄岛至莱芜段、济南至菏泽高速公路等是这一时期内工程测量中具有代表性的项目。在基础测量中,大地控制测量全部采用卫星定位系统(GPS)技术布设,高程控制测量采用电子水准仪施测;廊道地形图测量采用了航空摄影测量技术;在道路测量中,将放线和中桩两个组合并为一组,直接使用RTK或全站仪施放中桩,在卫星信号较弱的地段,采用了全站仪拨角的极坐标法,高程采用电子水准仪测量方法,横断面采用全站仪测量。航测数模和数字地形图技术的应用,极大提高了公路设计的工作效率和质量,开创了高速公路勘测设计的新篇章。

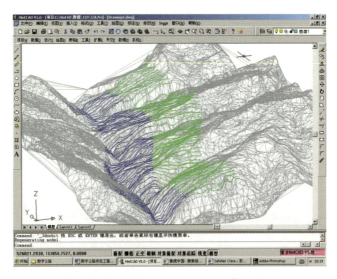

航测资料经过计算机处理后形成的三维地形图

4.用机(车)载激光 Lidar 测量技术开发应用阶段

机(车)载激光 Lidar 技术,以飞机(或车辆)为系统搭载平台,集成了全球定位系统(GPS)、惯性导航系统(INS)、激光扫描仪、CCD 相机等新一代航空遥感系统,利用获取的激光数据直接生成高精度的数字高程模型(DEM)和数字正射影像图(DOM),测量技术又一次实现了质的飞跃。

卫星定位测量系统

在济南至青岛高速公路拓宽改建工程测量中,山东省交通规划设计院与相关单位密切合作,首次采用机载激光雷达技术完成 1∶2000 比例尺地形图航测工作,取得了良好效果。

激光Lidar技术通过激光扫描密集地面数据,采用滤波与分类技术得到公路勘测设计所需的真实地面信息,可生成高精度数字地面模型(DTM),还可与航空遥感系统获取的高分辨率数字正摄影像图(DOM)结合,生成大比例尺数字线划图(DLG)。针对海量高密度、高精度的地形数据建立数据库,经过云计算与公路设计CAD密切集成,根据公路设计人员拟定的不同路线方案,获得各自精确的纵、横断面地面信息,供设计人员进行路线方案比选和优化设计。

随着工程测量新技术日新月异的发展,测量数据的收集、管理和保密工作也越来越引起了国家相关部门的重视,为此,工程测量单位和从业人员,也从各自的实际出发,制定了严格的保密措施,并与国家相关部门签署保密协议。

(二)地质勘察

山东省较为复杂的地形地貌及工程地质特征,决定了各条高速公路工程地质勘察工作的差异性,勘察工作各具特点、各有侧重。在地质勘察中,结合现场地形地质条件、工程结构设置以及不同勘察手段的特性,精准勘察、综合分析,客观反映工程建设场地的工程地质条件,为公路工程建设提供了资料完整、评价基本准确的工程地质勘察报告。

1.高速公路建设的地质条件

按地形的空间分布特征,可将山东分为鲁中南山地丘陵区、胶莱平原区、胶东丘陵区、鲁西南—鲁西北平原区及现代黄河三角洲等地形地貌分区。从矿藏资源上看,种类繁多、分布广泛、开采年代久远,高速公路勘察中经常发现废矿及采空区等不良地质状况。从地层岩性上看,山东省各地质时代地层发育比较齐全,自中太古代至第四系地层均可见及,地表出露以中、新生代地层为主,其次为古生代地层,元古宙地层分布局限,太古宙地层零星出露。由新至老,地层出露面积趋少。从地质板块上看,山东具有一坳(华北坳陷)、两块(鲁西地块、胶北地块)、两带(沂沭断裂带、胶南—威海造山带)及一域(黄、渤海陆架海域)六大构造块体格局。

山东新构造运动相对活跃,人类生活和经济活动对地质环境影响较大,地质灾害时有发生,其中地震、岩崩、滑坡、地裂缝及地面沉降、海(咸)水入侵等与新构造运动尤为密切。

2.高速公路地质勘察特点

公路工程地质勘察线路长,穿越的工程地质单元多、工点多、勘察手段多。勘察工作既要把握全线地质情况,又要突出重点,如高陡边坡和特大桥桥址区等工点以及不良工程地质、特殊性岩土等均为勘察工作的重点。

山区路段的地质勘察

特大桥水上钻探

3. 高速公路地质勘察手段

1）工程地质调绘

在开展工程地质调绘工作前,充分收集和研究工作区既有的各种地质资料,制订工作计划;利用卫星遥感影像信息资料对项目区的地形地貌、地层岩性、地质构造、不良地质与特殊性岩土等进行圈定、判释,为路线方案选择提供宏观资料。在覆盖层发育的地区,对一些隐伏的地质界线,结合必要的挖探、物探等勘探手段进行调查。

工程地质调绘在初步设计阶段为路线方案的比选提供重要的地质依据,使最终的路线推荐方案尽可能绕避了不良地质体。施工图设计阶段,对优化后的路线方案、新增大中型构造物及新发现的不良地质和特殊岩土进行补充工程地质调绘,完善、核实、修正初勘调绘资料。工程地质调绘作为工程地质勘察工作的基础手段,既满足了设计需要,也有效提高了勘察工作效率。

2)钻探、挖探

公路工程地质勘察中常采用钻探、挖探、坑槽探相结合的方法。钻探在山东公路桥隧、涵洞、不良地质处理中得到普遍应用,合理布置钻探点,取得详尽的地质资料。挖探、坑槽探对研究风化带、软弱夹层、断层破碎带有重要的作用,常用于了解覆盖层的厚度和特征。

野外地质钻探

3)物探

物探在岩溶区、采空区及隧道工程地质勘察中得到广泛运用,主要采用浅层地震法和瞬变电磁法,以圈定岩溶区、采空区范围,推算岩溶区、采空区深度。隧道工程勘察中,采用物探查明隧道覆盖层的厚度及围岩的弹性波速,探明断裂的产状和破碎带的宽度,进行围岩等级划分,为工程建设提供相关参数。

物探相继用于博山至莱芜、京福高速公路济南至泰安段、京沪高速公路临沂至红花埠段、莱芜至新泰高速公路等复杂地质路段,主要采用直流电法、24通道地震法、浅层地震法和瞬变电磁法进行勘探。

工程技术人员在进行物理探测

4)原位测试

原位测试主要采用标准贯入试验、静力触探试验、动力触探试验、十字板剪切试验、旁压试验、波速测试、荷载板试验等方法。

标准贯入试验和动力触探试验广泛应用于工程地质勘察中,主要测试评价砂性土和碎石土的密实度、地基承载力、地基的液化深度以及花岗岩类风化层厚度等以获取物理力学指标,判断地基土的均匀性。

静力触探、十字板剪切试验、旁压试验主要用于软弱地基的勘察,反映出了土层在原位状态下的物理力学特性,在新河至辛庄子、齐河至夏津、济东、济徐等高速公路项目中广泛应用。

波速测试作为地基土动力特性测试项目之一,常通过测试剪切波速划分场地类别,评价碎石类土层的密度及地基承载力,评价饱和砂土、粉土的液化特性等。该方法在长深高速公路青州至临沭段等项目得以应用。

荣乌高速公路新河至辛庄子段工程地基承载力与当时的标准规范参数差异较大,为此,山东省交通规划设计院联合中国海洋大学通过多次平板载荷试验、螺旋板试验及侧胀试验,确定了合理的地基承载力,也为地方标准《山东省公路工程地基承载力标准》(DB 37/T 2839—2016)的制定提供了基础资料。

5) 室内试验

随着高速公路建设对勘察设计要求的提高,室内试验项目逐步得到丰富完善。高速公路建设伊始,工程地质勘察中室内试验项目仅有常规物理力学试验,获取的试验数据也仅限于土的含水率、密度、孔隙比、液塑限,砂土的颗粒组成、内摩擦角、黏聚力等一些常规物理力学指标。自2000年开始,在新河至新庄子高速公路、齐河至夏津高速公路等多条高速公路地质勘察阶段引进高压固结试验、三轴压缩试验、承载比(CBR)试验、无侧限抗压强度试验等特殊试验项目以及水土腐蚀性试验。试验室建设标准化程度得到提升,为高速公路工程勘测设计提供了坚实的保障。

对地下水和地表水进行分析

6）计算机在地质勘察中的应用

计算机应用技术在山东交通勘察领域起步于1990年,1995年逐渐成熟,2000年前后地质勘察资料开始大部分应用计算机软件制作,物探专业引进了震法成果分析与便携式计算机配套使用。随着计算机技术的发展及专业软件的开发利用,山东在高速公路工程地质勘察中先后引进了勘察软件、物探数据采集解译分析软件等,公路工程地质勘察资料出图全部实现了计算机化。

4. 勘察技术成果显著

山东省交通规划设计院作为山东省高速公路勘察设计的主力军,在执行工程地质勘察相关规范、标准的基础上,积极采用成熟可靠的新技术、新方法,注重各种勘察手段在公路工程地质勘察中的综合运用,并针对重要工程地质问题开展了专门的课题研究。随着山东高速公路的建设发展,形成了成套工程地质勘察技术,积累了丰富的勘察设计经验。

1）建立了工程地质条件分区及其典型地基土承载力地方标准

以整个山东省的工程地质条件为研究背景,结合山东省的地形地貌特征、地层岩性特征、地质构造特征、地下水特征、地质灾害特征及第四系分布特征等多种因素,将山东省划分为六个区,并且进一步给出了各个区的工程地质特征和典型地层的柱状图。采集了12条公路、149个钻孔、3957个样本点,针对工程中常用的9个土体物理力学指标进行了统计分析,得出了各研究区典型地层的物理力学指标的特征值和实际应用的标准值;对山东省普遍存在的黄河沉积土、海相淤泥质土、填土和强风化花岗岩的物理力学指标也进行了统计分析,并给出了统计结果和标准值。基于已有规范,通过对各统计区大量地基承载力值数据的统计分析,归纳出适用山东省六个区代表岩土层的地基承载力经验公式。编写了《山东省公路工程地基承载力标准》(DB 37/T 2839—2016)。标准内容包括了确定公路承载力的总则、山东工程地质分区、岩土的分类及工程特性指标、原位测试和室内试验、地基承载力容许值等标准,对完善山东公路工程地质勘察起到行业技术指导作用。

2）建立了基于GIS的山东高速公路地质信息查询系统

在系统分析山东已建和拟建高速公路分布概况、地质地貌特征、地形岩性特征、地质构造特征、第四系特征、地下水特征、地质灾害特征的基础上,利用计算机和GIS技术,建立了基于GIS的山东高速公路地质信息查询系统。

3）饱和细粒土微振液化机理探讨与沉降变形预测及处置研究

2002年,山东省交通规划设计院与中国海洋大学联合开展了饱和细粒土微振液化机理探讨与沉降变形预测及处置研究。通过对研究区饱和细粒土在循环动荷载作用下产生微振液化、不均匀沉降变形的观测,研究在循环动荷载作用下饱和细粒土的变形特征、动力响应和破坏过程,建立起一套适宜本地区饱和细粒土的动应力应变关系特征以及发生变形破坏的模型,并进一步提出地基处理方案。

在菏泽至关庄、滨州至大高、齐河至夏津等七段沿黄地区高速公路的设计中,课题组采用静力触探等原位测试手段,并结合多年来在该地区的公路工程地质勘察经验,提供了合理的岩土力学指标以及饱和细粒土振动液化的判断方法,由于提供的岩土力学指标具有安全性、合理性和准确性,不仅在勘察中减少了钻探密度和试验工作量,而且在保证工程质量的前提下,部分减少了桩长,节省了投资,提高了效率。该项成果获得2013年山东省科技进步二等奖等多个奖项。

土工试验

4)公路隧道不良地质情况超前地质预报和治理研究

2007年,山东省交通规划设计院与山东大学联合开展了公路隧道不良地质情况超前地质预报和治理研究。研究了不同超前地质预报方法的特点和适用范围,提出了综合超前地质预报"三结合"的基本原则,建立了隧道不良地质的综合超前预报方法和技术体系,研发了隧道不良地质超前预报专家系统;开展了陆地声呐法正演理论研究,提出了多层岩体波速反算方法,填补了国内技术空白。研发了陆地声呐超前地质预报装备,建立了地质雷达和TSP探查典型不良地质体的响应特征和解释准则,提高了溶洞、断层、含水体等典型不良地质体的预报精度;开发了具有速凝、早强和后期强度高的水泥基改性材料,提出了实用的注浆封堵措施,在青岛胶州湾海底隧道、青州至临沭高速公路等工程中取得了良好的治理效果。

(三)主体工程设计

高速公路的主体工程设计主要包含总体设计、路线、路基、路面、桥梁、涵洞、隧道、互通立交、分离立交、通道、天桥、安全设施和概(预)算等。

1. 设计阶段

设计阶段主要指初步设计和施工图设计,对重大或技术特别复杂的工程增加技术设计。

设计阶段的主要工作量有计算和制图两大部分。回顾主体工程设计手段的发展,大体经历了手工计算与制图、计算机辅助绘图和计算机辅助设计三个阶段。

工程技术人员在野外踏勘

1)手工计算与制图阶段

山东省高速公路的设计始于20世纪80年代。当时的设计手段是人工计算、手工绘图。计算用的主要工具是算盘、三角函数表、对数计算尺、计算器、少量的袖珍计算机(PC-1500,主要用于外业放线计算)和微型计算机(长城0520),制图的主要工具为图板、丁字尺、三棱比例尺、三角板、半圆仪、圆规、擦图片等。工程概预算的编制则是人工制表填表、人工查阅概预算定额手册、人工分类分项统计的模式,计算用的主要工具是算盘和计算器。设计图表从设计方案到设计文件编制都要经过手工制图、复核、描图、校对、晒图等工序完成。

20世纪80年代末期使用的部分绘图工具

设计阶段的通常做法是,首先确定总体设计思路,在此基础之上各个专业组按照本专业的特点分头展开工作。专业组一般情况下划分为总体设计组、路线设计组、路基设计组、路面设计组、桥梁设计组、涵洞设计组、隧道设计组、互通式立交设计组、分离式立交设计组、通道天桥设计组、景观绿化设计组、交通安全设计组和概(预)算编制组等。

20 世纪 80 年代末期使用的部分计算工具

技术人员正在进行济青高速公路设计

20 世纪 80 年代末期,为提高图面效果,设计文件制作由手工书写变为四通打字机、针式打印机打字,在打印和复印过的手绘底图上手工贴字,形成类似半印刷品设计文件。设计人员的大部分精力花费在图纸绘制和计算上。手工制图效率低,劳动强度大,设计周期长,图纸效果与比例尺的精度差,可重复利用度低,修改困难,不便于保管和查阅。在路线设计中,山东省交通规划设计院购置了当时较先进的法国 Solar-16 小型计算机工作站,研发了小型路线辅助设计程序,在路线纵断面、横断面设计时采用计算机计算和辅助绘图。这个阶段完成的主要工程项目有济南至青岛高速公路、青岛环胶州湾高速公路、济南至德州高速公路等。

2)计算机辅助绘图阶段

20 世纪 90 年代中期以后,伴随着计算机技术的发展,以 AutoCAD 为主的绘图软件逐步融入高速公路设计领域,与传统手工制图相比,计算机辅助绘图具有劳动强度低、图面整洁、设计效率高、成果便于修改引用、绘图精度高、资料管理方便等优点。

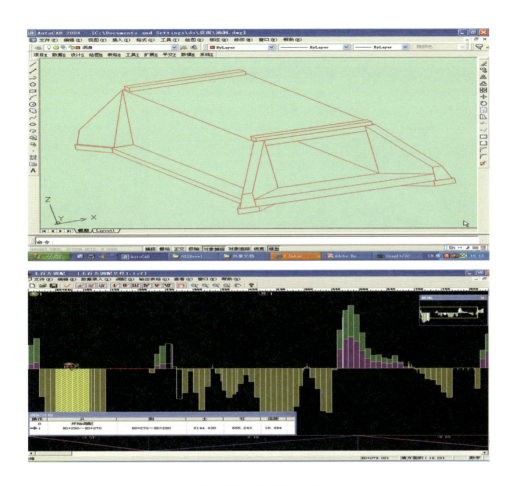

利用计算机进行计算与绘图

随着计算机的普及和软件的发展,辅助设计软件逐步面市,计算机辅助设计技术在道路、桥梁、房建、交通工程等专业迅速发展,三维数模在道路设计中广泛应用。山东省交通规划设计院结合地方特点开发了 RRCAD 道路辅助设计系统和部分桥梁设计辅助程序。到 20 世纪 90 年代末,工程制图已经基本甩掉了图板,实现了计算、绘图、制表计算机化,道路设计自动生成图表文件,计算机出图率达到 100%,极大地提高了设计效率和文件编制质量。

3)计算机辅助设计阶段

随着计算机的普及和更新换代,国内外大量专业设计软件引入公路勘测设计领域。众多功能强大、设计专业、使用灵活的辅助设计软件给高速公路设计带来了新的理念,加速了由计算机辅助绘图阶段到计算机辅助设计阶段的过渡,很多公路、桥梁设计软件实现了基础信息输入、设计参数修改、工程量计算、图表绘制、资料传递、数据存储管理、文件输出等工作自动完成的功能,极大地提高了设计的质量和水平。小型无人机航拍技术使路线选线视野更加广阔、路线方案更加合理。该过程仍在持续发展,已逐步走进大数据、BIM 时代。

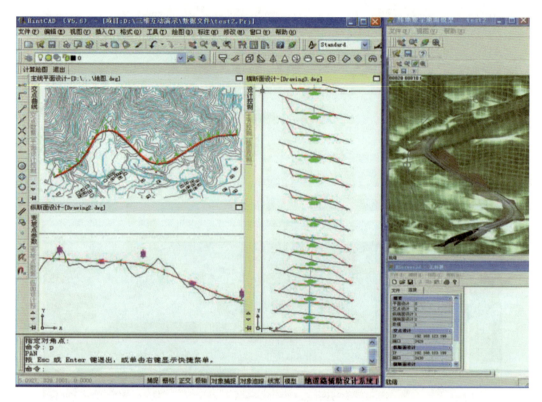

技术人员在计算机上利用三维地形图进行交互式公路设计

借助计算机辅助设计,设计效率和质量全面提高。典型工程有青兰线马站至莱芜段高速公路。该项目位于沂蒙山北部的鲁中山区,长约 100km,局部地形高差达 240m,路线选线受到地形、地质、环境等因素的严重制约。该项目仅大的路线走廊带就布设了 4 条,并从政治、经济、军事等方面进行详细比较论证后择优选取。然后又在 1∶10000 和 1∶2000 地形图上布置了 7 条路线方案,利用全新的技术手段,按照安全、环保、舒适、和谐的设计理念进行定性、定量和同深度路线方案比较,定量和同深度比较的路线总长达 723km,超过推荐路线长度 623%,使高速公路与沿线自然地形景观实现了有机融合。在公路纵断面设计中,遇到了多段连续长大纵坡问题,技术人员进行了多方案比较,仅路线纵断面比较线总长就达 216km,占路线总长的 216%。通过比较,择优选择了推荐方案,较好地解决了长大纵坡问题。计算机辅助设计的应用,对缩短设计周期、提高设计效率和设计质量、减轻劳动强度发挥了巨大的作用。

计算机辅助绘图阶段,进行路线设计时,需人工布线,各种计算由设计人员通过手工或独立的软件程序进行,然后将计算数据再编程通过绘图仪绘图,这只是减轻了制图的工作,将图板上的工作移至计算机上。与计算机辅助绘图相比,计算机辅助设计将大量的建模、设计计算、制图、绘图、存储、出版等功能一并通过计算机完成,人工仅对设计参数进行优化,大大地减轻了设计人员的工作强度。原来独立的打字员、制图员和描图员等设计岗位,现在已经消失。

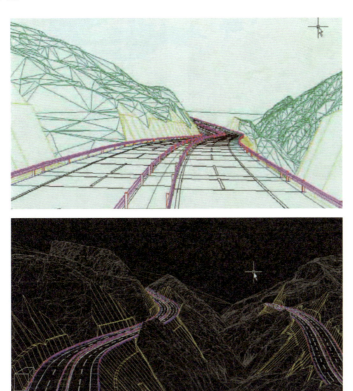

在计算机三维地形图上进行公路路线模拟

计算机正在模拟桥梁分段的施工工艺

计算机超强的计算与分析功能,极大提高了桥梁结构设计的精度和安全度,使我国桥梁建设技术走在了世界前列。长达 36.6km 的青岛海湾大桥、博莱路樵岭前特大桥、乐疃特大拱桥、京台高速公路济南黄河二桥、滨博高速公路滨州黄河大桥、青银高速公路黄河三桥等都是这一时期山东公路桥梁的代表作。计算机技术的发展给公路设计带来了革命性的进步。

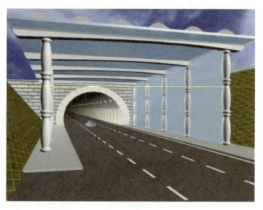

计算机正在进行隧道及洞口设计

2. 设计后续服务

施工单位进入施工现场,设计单位首先进行设计交底,说明设计思想、工程重点、难点和施工注意事项等;施工中,若出现技术难题,设计单位及时到达施工现场,共同研究解决;如果需要较大的工程变更,设计单位根据相关规定,做好设计变更工作。

工程技术人员与施工人员进行现场交流

(四)沿线设施设计

高速公路沿线设施主要包括服务区、停车区、养护工区、收费站和管理中心等。山东省高速公路沿线设施设计大体经历了从最初的满足基本使用功能,逐步拓展到结合当地文化和地域特色,打造以人为本、绿色、节能、环保的沿线设施景观带的过程。

1. 沿线设施设计的起步阶段

济青高速公路是山东省内第一条高速公路,当时设计人员初次接触高速公路沿线设施设计,无相关设计规范,对高速公路的运营方式也不了解,如何实现设施使用功能成为设计的重点和难点。山东省交通规划设计院组织技术人员学习发达国家高速公路的有关文献、资料,参考建筑等其他行业规范,对用地面积、建设规模、场区总平面布置及房屋建筑功能布局等进行了专题研究,分别对加油、公厕、停车、餐饮、住宿、购物、车辆维修等功能进行了划分布置。在济青高速公路沿线设施设计的基础上,技术人员通过国内外实地考察并与运营管理单位深入交流,逐渐积累设计经验。在后续开展的济德、济泰、京沪等高速公路沿线设施设计中,逐步补充完善了功能,基本满足了当时高速公路服务区的使用功能及运营需要。

20 世纪 90 年代建设的济青高速公路邹平服务区

20 世纪 90 年代建设的济青高速公路淄博服务区

2. 沿线设施设计的完善阶段

山东高速公路沿线设施设计从 2001 年以后进入了完善阶段。这个阶段的山东高速公路沿线设施,除了满足使用功能及运营需要,在设计中引入了绿化、景观、人性化等理念,建筑造型更加注重美观,外观基本实现一路一特色,初步形成了与当地地域、民俗、文化等特点相融合的沿线设施。服务区功能设计逐步完善,布局更加合理,服务质量和水平不断提升。

G15 沈海高速公路日照服务区

2009年,省交通运输厅按照路网情况对服务区进行了分类,制定了服务区的服务质量标准,使服务区的运营管理规范化,部分高速公路服务区也同时进行了提升改造。G22青兰高速公路青岛至莱芜段是山东省全力打造的第一条生态路、景观路、旅游路,使公路沿线设施成为旅游、景观的新节点。

G22 青兰高速公路沂源服务区

3. 沿线设施设计的提升阶段

随着车流量的迅速增加,一些服务区出现了明显不适应需求的情况。省交通运输厅提出了分类建设管理的思路,2010年12月印发了《山东省高速公路人性化设计规定》等地方标准。2016年6月省政府办公厅发布了《关于进一步提升高速公路服务区服务水平的意见》(鲁政办〔2016〕34号),提出利用两年半左右的时间对全省高速公路服务区进行提升改造,建设"布局合理、功能完善、特色鲜明、服务规范、安全有序、生态环保"的现代化服务区。省交通运输厅根据省政府的要求,对全省高速公路服务区分类进行提升改造,要求深入贯彻和落实创新、协调、绿色、开放、共享的发展理念,按照"外观一区一特色,设施完善多功能,服务统一高标准,管理规范创品牌"的总体要求,以设施建设和文明服务为重点,优化设施配置,规范运营管理,强化服务功能,完善管理体系,创新体制机制,着力提升山东省高速公路服务区服务质量。与此同时,省交通运输厅委托省交通规划设计院编制了《山东省高速公路服务区布局规划(2016—2030年)》《山东省高速公路服务区建设指南(试行)》,提出在满足服务功能的前提下,与地方经济相结合,适度开展旅游、物流、休闲、农产品展销等拓展服务功能。

这一阶段的高速公路沿线设施设计在以人为本、经济适用、安全美观的基础上,增加了体现当地文化和地方特色的要求,力求与地域环境相协调。按照地域文化特点,归纳为"儒家文化、黄河文化、海洋文化、泉水文化、运河文化、齐文化"。服务区与区域文化相结合,结合地域特点,突出主题和特色。这个时期逐步推行收费设施建设标准化,全线统一标准、统一风格、统一布局。沿线设施的设计也进入了全面提升阶段。

G2 京沪高速公路临沂南收费站

4. 沿线设施设计取得的成就

沿线设施设计经过20多年的不断优化和提高,逐步建成了一批布局合理、样式新颖、地域特色鲜明、经营业态丰富的服务区,服务水平和服务品质得到明显提升,如具有儒家文化底蕴的曲阜、济宁等服务区,具有黄河文化特点的德州、滨州、东营等服务区,海洋文化特色鲜明的青岛、海阳、乳山、文登等服务区,体现泉水文化特色的崮山、济阳、章丘等服务区,彰显运河文化符号的武城、夏津、东昌府等服务区,体现齐文化元素的周村、临朐、青州、高青等服务区。建成了济南、青岛、烟台、泰安、潍坊、济宁、临沂等体现高速公路特点和当地文化特色的管理中心和收费站。

在2015年交通运输部组织的全国高速公路服务区服务质量等级评定工作中,德州、崮山、诸城、莒县、平度5对服务区被评为"全国百佳示范服务区",曲阜等20对服务区被评为"优秀服务区"。

建成通车于2016年底的济南至东营高速公路,是山东省第一条绿色低碳示范路,建设过程中采取了多种节能、环保、低碳措施,如地源热泵空调、LED节能灯具、生态污水处理等,取得了良好的效果。

G3 京台高速公路德州服务区

G22 青兰高速公路诸城服务区

G1511 日兰高速公路莒县服务区

G2011 青新高速公路平度服务区

G18 荣乌高速公路利津服务区

G1813 威青高速公路文登服务区

G3 京台高速公路曲阜服务区

G2516 东吕高速公路济阳服务区

(五)交通工程设计

山东省高速公路交通工程设计经历了从无到有、从低到高、从人工到智能的发展历程,设计工作者遵循智慧交通、绿色交通、平安交通和以人为本的设计理念,积极引进应用先进成熟的技术和设备,使全省高速公路信息化水平和管理服务水平得到极大的提升。

交通工程设计涵盖了计算机、通信、网络等多种专业,相关专业技术发展迅速,在积极学习国内外交通工程技术、总结交通工程设计建设经验和不足的基础上,经过 20 多年不断的探索实践,全省高速公路实现了从人工现金收费到多种收费支付方式并存、从停车收费到除西藏和香港、澳门、台湾外的所有省市联网不停车收费、从模拟监控到全程数字高清监控、从路段独立监控到全路网联动监控、从路段独立通信到全国联网通信等跨越式发展。

1993 年建成通车的济青高速公路,在建成运营初期,收费系统采用入口发纸票、出口验票、人工收取现金的纯人工收费方式;监控系统设计了部分车辆检测器、地图板、少量的摄像机等简单的监控设施;通信系统参照邮电行业的技术和规范,设计了水泥通信管道、通信电缆、模拟程控交换机等简单的通信设施。

1999年开始,省交通厅推行全省高速公路收费、通信、监控信息系统"三网合一"。交通工程设计采用全省联网收费方式,设计构建了全省高速公路通信专网,收费系统采用入口人工发卡、出口验卡收费、计算机联网管理的半自动收费方式,实现省内高速公路行驶的车辆仅需一次停车收费的"一票通"联网收费。山东省是较早实现联网收费的省份,也是当时联网收费里程最长的省份。

2004年,在多方案比选、全省所有收费站现场调查测量、部分收费站试验验证的基础上,设计采用动态衡技术、车辆分离技术、轮轴识别等技术,实施省内联网收费高速公路计重收费改造,全面推行货车计重收费,有效遏制了车辆超限运输导致的恶性交通事故和对桥梁、路面的损害。

2007年,省交通规划设计院采用视频监控、太阳能供电、视频事件自动分析仪等新技术,在济青高速公路济南至淄博段沿线密布视频监控摄像机,在雾区设置气象检测器和能见度检测器,在枢纽立交等重点路段设置可变信息标志,成功设计了全省第一个高速公路全程监控系统。此后在全省其他高速公路分步骤设计建设了全程监控系统,为提高高速公路管理运行效率、及早发现事故、疏导交通发挥了重要作用。

2008年,通过考察学习国内外多种不停车收费技术,省交通规划设计院进行了多种方案比选,选用DSRC短程通信、双界面智能卡、数据异地灾难备份等先进技术,采用人工半自动收费与不停车收费相结合的组合式收费方式,设计完成了全省ETC不停车收费系统、省厅高速公路非现金结算系统、异地灾备等系统,提高了高速公路联网收费服务水平,减少了现金流量,为用户提供了便捷、快速、安全的通行服务,减少收费站交通阻塞,降低了燃油消耗和环境污染。在2015年全国ETC联网收费时,山东省设计采用的ETC不停车收费系统方案经过局部改造就实现了全国联网。

道路全程监控系统

2015年以来,随着云计算、大数据、人工智能等技术的发展,车辆行驶路径识别、无线射频识别、收费移动支付、货车ETC、数字高清监控、雾区诱导等技术在交通工程设计中逐步普及应用,这些必将使全省高速公路信息化水平和管理服务水平得到更大的提高。

四、主要勘测设计奖项

经过广大技术人员的辛勤工作,山东省高速公路在勘察设计领域取得了丰硕成果,获得各种设计奖项共计327项,其中的主要奖项见表1-3-10。

ETC 不停车收费系统

雾区诱导系统

山东省高速公路在勘察设计领域获奖情况　　　　　表 1-3-10

序号	项目名称	获奖时间	获奖等次	发奖单位
1	青岛流亭桥获国家优秀设计奖	1993 年	—	全国优秀设计评选委员会
2	青岛流亭桥获 1992 年度优秀设计奖	1993 年 3 月	一等奖	交通部
3	济青公路获 1996、1997 年度交通部公路工程优秀设计奖	1998 年 3 月	一等奖	交通部
4	济青高速公路获国家第八届优秀工程设计奖	1999 年	金奖	全国优秀工程评选委员会
5	济泰路获全国第十届优秀工程设计奖	2002 年 12 月	银质奖	全国优秀工程、设计评选委员会
6	京福路济南黄河大桥获全国第十届优秀工程设计奖	2002 年 12 月	铜质奖	全国优秀工程、设计评选委员会
7	济南黄河公路二桥获 2002 年度交通部公路工程优秀设计奖	2003 年 2 月	二等奖	交通部
8	济南绕城路小许家互通立交枢纽获 2002 年度交通部公路工程优秀设计奖	2003 年 2 月	二等奖	交通部

续上表

序号	项目名称	获奖时间	获奖等次	发奖单位
9	潍莱路获2002年度交通部公路工程优秀设计奖	2003年2月	二等奖	交通部
10	青岛至即墨公路获国家第十一届优秀工程设计奖	2004年12月	铜奖	全国优秀工程、设计评选委员会
11	国道206线烟台至新河段、环渤海通道与潍莱路连接线工程项目被评为2006年度公路交通优秀设计奖	2007年12月	一等奖	中国公路勘察设计协会
12	滨州黄河公路大桥项目被评为2006年度公路交通优秀设计奖	2007年12月	一等奖	中国公路勘察设计协会
13	济南燕山互通立交桥获2007—2008年度公路交通优秀勘察奖	2008年11月	三等奖	中国公路勘察设计协会
14	国道205线滨州黄河公路大桥项目获2008年度全国优秀工程勘察设计奖	2009年11月	铜奖	中华人民共和国住房和城乡建设部
15	济南燕山互通立交桥获2007—2008年度公路交通优秀勘察奖	2009年12月	三等奖	中国公路勘察设计协会
16	济南至青岛高速公路、环胶州湾高速公路、北京至上海高速公路(山东段)、山东北镇黄河大桥、济南黄河公路大桥五个工程入选"新中国成立六十周年60项公路交通勘察设计经典工程"	2009年12月	—	中国勘察设计协会
17	国道主干线(青岛—银川高速公路)济南绕城高速公路黄河大桥获2010年度优秀公路交通设计奖	2011年6月	一等奖	中国勘察设计协会
18	国道206线烟台至黄山馆高速公路第一~第七合同段采空区综合工程地质勘察获2011年度全国优秀工程勘察设计行业奖优秀工程勘察奖	2011年11月	三等奖	中国勘察设计协会
19	济青高速公路南线工程获2012年度全国工程建设项目优秀设计成果奖	2012年11月	二等奖	国家工程建设质量奖审定委员会
20	国道主干线(青岛—银川高速公路)济南绕城高速公路黄河大桥获2012年度全国工程建设项目优秀设计成果奖	2012年11月	一等奖	国家工程建设质量奖审定委员会
21	济青高速公路南线工程获2012年度公路交通优秀设计奖	2012年12月	一等奖	中国公路勘察设计协会

续上表

序号	项目名称	获奖时间	获奖等次	发奖单位
22	济青高速公路南线工程获 2012 年度公路交通优秀勘察设计奖	2013 年 1 月	一等奖	中国公路勘察设计协会
23	济南绕城高速公路北线济南黄河三桥施工图阶段工程地质勘察被评为 2013 年度优秀工程勘察设计奖	2013 年 11 月	工程勘察三等奖	中国勘察设计协会
24	滨州至德州（鲁冀界）高速公路项目获 2014 年度公路交通优秀设计奖	2015 年 4 月 15 日	一等奖	中国公路勘察设计协会
25	山东省滨州至德州（鲁冀界）高速公路施工图设计阶段综合工程地质勘察获 2015 年度全国优秀工程勘察设计行业奖	2016 年 5 月	工程勘察二等奖	中国勘察设计协会
26	山东临沂至枣庄高速公路项目获 2016 年度公路交通优秀设计奖	2016 年 12 月 26 日	二等奖	中国公路勘察设计协会
27	菏泽至关庄（鲁豫界）高速公路液化及软弱土路段综合工程地质勘察项目获 2016 年度公路交通优秀勘察奖	2016 年 12 月 26 日	二等奖	中国公路勘察设计协会

第四章
高速公路建设

20世纪80年代,山东交通基于对经济发展长远考虑,开始探索修建高速公路。1990年,济青高速公路开工建设。1998年国家实施积极的财政政策,扩大内需,山东交通抢抓机遇,加快交通基础设施建设。2000年1月,全省交通工作会议首次提出了安全、质量、廉政"三个责任重于泰山"的指导思想,通过持续贯彻落实"三个责任重于泰山",全省交通安全、质量、廉政总体形势良好。2010年8月,交通运输部提出了"发展理念人本化、项目管理专业化、工程施工标准化、管理手段信息化、日常管理精细化"的公路建设"五化"新理念,对全国、全省高速公路建设发挥了重要的指导作用,使山东省高速公路建设与管理水平迈上新台阶。

第一节 建管体制卓有成效

改革开放以来,山东交通按照建立社会主义市场经济体制的要求,深化管理体制改革,1979年12月,山东省革命委员会交通局更名为山东省交通厅。到20世纪90年代,山东交通确立了"立足山东,面向国内外,进一步解放思想,深化改革,扩大开放"的指导思想。政企分开、简政放权,体制改革、机制创新推动了交通管理模式的深刻改变。进入21世纪,随着交通基础设施建设的整体推进,山东交通更加注重创新、全面、协调、绿色、可持续发展,在行业管理上大力实施科学化管理、精细化管理。科学发展、强化服务,成为山东交通管理的共识。2009年6月,山东省交通厅正式更名为山东省交通运输厅,增加指导城市客运发展方面的职能。

山东省高速公路建设管理分为四种模式:一是专门班子建设运营模式,如早期建设的济青、京台山东段、潍莱等高速公路;二是省公路局作为项目法人的省市建设管理模式,其项目为除青岛市之外的所有政府还贷高速公路;三是计划单列的青岛市自主建设管理模式;四是企业投资的经营性建设模式,如东青、济菏高速公路。

1999年6月3日,山东省政府鲁政字〔1999〕136号文批复同意成立山东省高速公路有限责任公司。

2000年10月26日,省第九届人大常委会第17次会议通过了《山东省高速公路条例》,明确规定"省政府交通主管部门统一管理全省高速公路工作,可以依法决定由公路管理机构依照本条例行使高速公路行政管理职责。高速公路的管理,应当坚持集中、统一、高效、特管的原则"。

2000年12月4日,省编制委员会鲁编办〔2000〕64号文批复,同意济青高速公路管理局更名为山东省交通厅公路局(副厅级事业单位)。同时撤销山东省公路管理局和山东省京福高速公路建设管理办公室。原济青高速公路管理局和山东省京福高速公路建设管理办公室的人员与资产划归山东高速公路有限责任公司管理。

2001年5月25日,山东省高速公路有限责任公司第一届董事会第一次会议决定,总公司下设鲁东分公司、鲁西分公司、鲁南分公司3个子公司。2005年1月19日,山东省高速公路有限责任公司更名为山东省高速公路集团有限公司,其经营的资产划归省国资委管理。

2015年5月14日,省政府印发《山东省人民政府关于同意齐鲁交通发展集团有限公司组建工作有关事宜的批复》(鲁政字〔2015〕95号),同意《齐鲁交通发展集团有限公司组建方案》,公司注册资本200亿元人民币,为省管功能型国有资本投资运营公司。2015年7月1日,齐鲁交通发展集团有限公司正式成立。

一、山东省交通运输厅公路局

省交通运输厅公路局是省交通运输厅所属副厅级参公管理事业单位。全省公路系统实行"统一领导、条块结合、分级管理"的公路管理体制。高速公路建设以来,厅公路局作为项目法人单位,会同各市公路(管理)局,承担了全省绝大部分政府还贷高速公路的建设任务,充分发挥了建设主力军作用。相继建成了泰安至莱芜、泰安至红花埠、济南至馆陶、东营至海港、烟台至威海、烟台至莱西、日照至东明、博山至莱芜、东营至青州、青州至临沭、滨州至博山、滨州至鲁冀界、青岛至日照、乳山至牛齐埠(现威海至青岛)、黄岛至莱芜(济青南线)、济南至菏泽、济南东绕城、济南南绕城、烟台至辛庄子、滨州至德州、济宁至鱼台、德州至聊城、济南至乐陵等一大批高速公路骨干线项目。

山东省交通运输厅公路局标识

在高速公路建设中,厅公路局牢固树立安全、质量、廉政"三个责任重于泰山"的意识,创造性实施了省厅公路局为业主,各市公路局为业主代表的项目业主责任制,率先开放建设市场,推行工程建设招标投标制、工程监理制和合同管理制,确保了管理水平和工程质量。将低碳、生态、环保等建设理念贯穿高速公路建设全过程，多级嵌路缘石结构、桥梁运营健康检测系统、复合地基加固技术、热再生、冷再生、永久性路面设计、大粒径碎石柔性基层、太阳能隧道节能照明等技术以及改性沥青、土工织物等新材料得以广泛推广应用。

青兰高速公路黄岛至莱芜段打造成为全省第一条生态环保典型示范工程，获"全国绿色低碳示范工程"称号，济南黄河公路大桥获鲁班奖，济南燕山立交桥获国家优质工程银奖，滨州黄河二桥在当时的钻孔灌注桩深度、索塔高度等方面创造了"五个全国第一"。与大专院校、科研院所联合研究的"永久性沥青路面结构设计理论与方法、关键技术及工程应用""沥青混凝土路面抗滑磨耗层的研究及应用""大粒径沥青混合料柔性基层在老路补强中的应用研究""MAC改性沥青技术开发及应用研究"和"水泥混凝土路面碎石化综合技术研究"等均获山东省科技进步一等奖，其中两项获国家科技进步二等奖，"永久性沥青路面结构设计理论与方法、关键技术及工程应用"获美国联邦公路局（FHWA）和美国沥青路面联合会APA（AASHTO、NAPA）"科技创新"奖。

在2005年全国干线公路养护管理大检查中，山东省取得了高速公路、普通国省道和总评分"三个第一"的可喜成绩，为山东交通乃至全省赢得了荣誉。

2015年8月，根据《山东省人民政府关于同意齐鲁交通发展集团有限公司组建工作有关事宜的批复》（鲁政字〔2015〕95号）精神，厅公路局将管理运营的3154km高速公路移交至齐鲁交通发展有限公司。

二、山东高速集团有限公司

山东高速集团有限公司前身是1999年6月经山东省人民政府鲁政字〔1999〕136号文批准成立的山东省高速公路有限责任公司，2001年8月26日正式挂牌运作。2002年6月，山东省经贸委、山东省统计局以鲁经贸企字〔2002〕409号文件确认为国有独资特大型企业。2005年1月19日，公司名称变更为山东省高速公路集团有限公司。2008年1月，公司名称正式变更为山东高速集团有限公司。经营领域立足山东，辐射四川、河南、云南、湖南、湖北等省份，一直保持快速发展的良好势头，并凭借优质的资产、丰富的经验和卓越的品牌，在全国同行业第一个荣获"全国质量奖"。

山东高速集团有限公司省内高速公路运营管理主体有两家，分别是山东高速股份有限公司和青岛发展有限公司。

山东高速股份有限公司（原山东基建股份有限公司）成立于1999年，并于2002年3月在上海证券交易所上市，证券代码600350，注册资本48.11亿元，主要从事对高等级公路、桥梁、隧道、港口等基础设施的投资、建设、管理、养护、咨询服务及批准的收费、救援、清障等业务。山东高速股份有限公司运营管理自有资产里程1067km，包括G20青银高速

山东高速集团有限公司标识

公路山东段、G3 京台高速公路山东段、G2 京沪高速公路济南至莱芜段、G35 济广高速公路唐王立交至槐荫立交、S24 威青高速公路威海至乳山段等路段；受托管理山东高速集团所属的路桥资产里程 808km，包括 G1511 日兰高速公路菏关段、S11 烟海高速公路、S38 枣临高速公路等路段。山东高速股份有限公司先后入选上证 180 指数、沪深 300 指数、上证公司治理指数和红利指数、最佳管理上市公司 100 强，荣获中国上市公司百强企业领袖奖、中国上市公司市值管理百佳奖；先后 2 次获得山东省质量奖，并于 2013 年获得全国质量奖，成为国内首家获得该奖项的路桥运营企业；保持和新获了 6 个国家级"青年文明号"、2 个全国工人先锋号、2 个全国先进基层党组织、6 个全国"巾帼文明岗"，荣获国家级"文明示范窗口"、全国交通建设系统"工人先锋号"等荣誉称号。

山东高速青岛发展有限公司是山东高速集团的全资子公司，于 2006 年 10 月 30 日注册成立，注册资本 30 亿元。作为山东高速集团积极投身山东半岛蓝色经济区战略和山东高速集团与青岛市战略合作的核心区域化发展平台，公司依托投资、经营、管理的胶州湾大桥品牌优势，形成以胶州湾大桥、胶州湾高速公路经营为核心，集运营管理、项目建设管理、经营投资管理"三大板块"为一体的现代化国有企业。公司坚持"立身以德为本，管理以人为本，服务以诚为本，建设以质为本"，致力于服务青岛市乃至山东半岛区域的社会经济发展，获得了"全国创先争优先进基层党组织""全国实施用户满意工程先进单位""全国工人先锋号""齐鲁先锋基层党组织"等一系列荣誉称号。

三、齐鲁交通发展集团有限公司

齐鲁交通发展集团有限公司于 2015 年 7 月成立，是省管功能型国有资本投资运营公司，省政府交通运输事业发展的投融资平台，省内重大交通项目的投融资主体。主要负责所辖高速公路的运营管理，承担省政府赋予的重大交通项目建设任务，对授权范围内的非公路类交通资产运营管理。

公司注册资本为人民币 200 亿元，原始总资产规模约 1139 亿元，管辖公路总里程 3579km，具体包括：

（1）济菏高速公路有限公司、东青公路有限公司、东营黄河大桥有限公司、京沪高速公路济乐有限公司、济邹公路有限公司、国投临沂路桥有限公司等 6 个由省交通运输厅公路局参控股的经营性项目（公路总长 465km，厅公路局持有股权的原始资产规模约 62.1 亿元）。

齐鲁交通发展集团标识

（2）由省交通运输厅公路局管理的国家和省高速公路网中的42段政府还贷高速公路（总长2784km，原始资产规模约870亿元）以及建设上述项目形成的附属资产。

（3）当时在建的济南至东营、荣成至文登、聊城至范县、蓬莱至栖霞、莘县至南乐5段高速公路（总长330km，资产规模约207亿元）以及建设上述项目形成的附属资产。

（4）山东省交通规划设计院、省交通工程监理咨询公司、山东公路机械厂等资产。

上述4部分资产由省政府批复，一次性划转至齐鲁交通发展集团。

齐鲁交通发展集团经营范围为公路桥梁等交通基础设施的投融资、建设、收费、运营、养护和管理；土木工程、机电工程等建设项目的勘察、设计、咨询、施工、监理、项目代建；工程设计、采购、施工总承包（EPC）；服务区、停车区、加油（气）站、广告、文化传媒等经营开发；油气及新能源的综合开发与利用；交通建材的采购、开发及经营；公路、桥梁的沿线综合开发经营；交通职业技能教育培训；公路装备制造及销售；通信工程；绿色交通、智能交通的研发、应用、推广及销售等；国有产（股）权经营管理及处置；资产管理；股权投资、管理及经营；企业重组、收购、兼并；投资咨询；融资租赁；招标代理；数据研发分析服务；土地、房屋、机械设备租赁；道路清障、拖车、停车服务；机场、港口、码头、航空、航道、航运的投资、建设、运营和管理；物流相关基础设施的投资、建设与运营、物流信息服务；钢铁、煤炭、矿产品、化工产品（不含危险化学品、监控化学品、易制毒及国家专项许可产品）销售；茶叶、花卉苗木的种植、加工、销售，园林绿化；饮料制造与销售；国际贸易。

四、计划单列的青岛市

自1989年流亭立交桥开工建设以来，青岛市采用了多种高速公路建设管理模式，高速公路管养主体主要有五个,分别是青岛市公路管理局、青岛市高速公路管理处、山东高速集团、齐鲁交通发展集团和青岛青龙高速公路建设有限公司。山东高速集团负责所属约232km高速公路的管养;青岛市高速公路管理处隶属于青岛市交通运输委,主要负责青岛市投资建设的335km政府还贷高速公路的管养;齐鲁交通发展集团主要负责厅公路局投资建设的150km高速公路的运营管理;青岛市公路局主要负责两条不收费的12.5km高速公路的养护管理;莱西至青岛高速公路,全长89.6km,为经营性高速公路,由青岛青龙高速公路建设有限公司经营管理。

1995年12月,随着环胶州湾高速公路竣工通车,成立青岛市高速公路管理处。2001年5月,青岛市高速公路管理处划归青岛市交通局。

1996年10月,青岛市公路管理段由处级升格为副局级事业单位,同时改名为青岛市公路管理总段,2000年12月,青岛市公路管理总段更名为青岛市公路管理局。

2004年8月,根据《中共青岛市委青岛市人民政府关于青岛人民政府机构改革的意见》(青发〔2004〕12号),青岛市交通局更名为青岛市交通委员会。

第二节　质量管理科学严谨

山东交通以"创精品工程、塑公路品牌"为目标,牢固树立安全、质量、廉政"三个责任重于泰山"的发展理念,全面推行工程监理制和合同管理制,建立和完善招投标制、项目法人责任制以及三级质量保证体系,成为全国率先推行"四制"的省份。同时省交通厅制订并实行工程质量"一票否决制"和"红黄牌"制度,凡被亮"黄牌"的参建单位,两年内不准参加山东交通工程投标,被亮"红牌"的,驱逐出山东公路建设市场。当时,在高速公路

牢固树立安全、质量、廉政"三个责任重于泰山"

建设中,每项工程招投标,都邀请纪检、监察部门进行全过程监督,关口前移,与检察机关联合实行预防职务犯罪。对出现质量问题的,根据轻重程度实行限期整改、返工,通报批评,并严格追究有关单位和人员的责任。积极推广应用"四新"成果,不断增加公路科技含量,保证了山东高速公路过硬的质量。

一、标准严格的质量管理

20世纪90年代起,省交通厅开始实施交通建设工程"企业自检、社会监理、政府监督"的三级质量管理保障体系,工程质量监督实现了全方位、多层次管理,工程质量监督覆盖面达100%。同时,积极组织交通企事业单位和广大交通干部职工广泛开展群众性质量管理活动,取得明显成效。

根据交通部颁布的规章制度,山东交通系统陆续制定了《山东省公路建设市场管理办法实施细则》《山东省交通厅关于基本建设重点项目招标投标管理若干规定》《山东省交通工程质量监督实施细则》等一系列制度办法,从源头上保障了工程质量管理机制的有效运行。

为进一步强化对交通重点建设工程的质量监管,1992年9月,省交通厅成立基本建设工程质量监督站,对所有在建工程,派专人实施定期与不定期的质量检查,分项目下达工程质量监督通知书,及时提出整改意见和建议,对保证工程质量起到重要作用。

1998年,全省开展"公路质量管理年"活动。8月,召开全省重点公路建设工程质量工作会议,专题研究工程质量问题,提出"创一流、出精品、做表率、树形象"的奋斗目标。同年12月,再次召开全省交通建设质量工作会议,贯彻落实全国公路建设质量工作会议精神。为保证工程质量,省市交通主管部门加强了工程建设贯彻执行《中华人民共和国公路法》《中华人民共和国招标投标法》等法律法规和基本建设程序的监督管理,在工程建设中逐步推行了项目法人责任制、招标投标制、建设监理制和合同管理制,加强了工程招投标、评标、施工、监理等建设活动的监督检查,建立了公路建设从业单位的动态管理和资信登记制度。山东省公路工程质量合格率达到100%,部、省重点工程质量一次验收合格率达到96%,优良品率达到85%以上。

1999年,交通部在全国开展"公路建设质量年活动"。2000年,国务院发布《建设工程质量管理条例》,对全国基本建设工程质量、质量管理和质量监督提出明确要求。交通部发布《公路建设监督管理办法》《水运工程质量监督规定》等规章,进一步细化、明确了交通建设的行为准则和质量责任,为质量管理工作提供了基础保障。同年,省交通厅制定了第二个公路建设质量年活动方案,提出了明确的质量年活动标准,并先后于2月、6月对全部省重点工程及部分市(地)的县乡公路和国省道改建项目进行全面检查,促进了各建设项目质量管理工作的提高。

2002年初,省交通厅在全省开展以公路建设争创"四优"管理项目和"五个一"工程为载体的公路建设质量年活动。指导思想是抓管理、保质量、促进度、出精品、创一流。同年,省交通厅召开全省公路建设质量年活动动员大会,要求深入贯彻执行国家质量管理法规和工作方针,坚持安全、质量、廉政"三个责任重于泰山"不动摇,全面加强建设项目的全过程管理,初步建立"统一开放,竞争有序"的建设市场体系,实现了公路建设质量的新提高。

2006年,在认真分析高速公路建设项目多、建设任务重、管理难度大等实际情况的基础上,为保证工程质量,全面提高建设管理水平,研究提出了开展以安全、质量、廉政"三个责任重于泰山"为重心,以全面加强管理为主线,以争创项目管理"四优"单位、"五优"个人活动为载体,以建设安全工程、优质工程、廉政工程为目标的"高速公路建设管理年"活动,进一步激发了广大参建人员的建设热情,调动了各方面的积极性,达到了工程建设管理"更新观念,创新机制,完善制度,齐抓共管"的目标,实现了公路建设管理水平新的提高。

2009年省交通厅将青州至临沭公路作为典型示范项目,专项开展工程质量通病的综合治理,于当年11月组织现场观摩,引领和带动了高速公路建设"求质量、上台阶",达到了一个新的高度。

2004年,省交通厅与山东省总工会在全省交通重点工程建设项目中联合开展了以"安全、质量、进度、廉政、创新"为主题的"立功竞赛活动",进一步促进了建设质量的稳步提高。在"立功竞赛活动"期间,参赛职工13.6万人,先后有200多个参赛单位和300多名先进个人受到省总工会、省厅的表彰奖励。竞赛活动在保障交通重点工程施工安全、提高质量、加快进度、推动创新、促进廉政建设等方面确实发挥了巨大作用,取得了显著成效,得到了各级领导和社会各方面的好评,成为鼓舞交通职工士气、弘扬交通行业精神、推动交通重点工程建设的强大动力。

二、规范严明的施工质量管理

通过不断完善规章制度,健全组织管理机构,施工质量管理更加规范,至2016年底,全省基本建立起了一个"专管成线、群管成网、纵向到底、横向到边"的施工现场质量管理体系。

高速公路项目业主,始终把质量放在管理首位,健全质量管理制度,落实终身责任制,有效提升了全省高速公路的质量。主要做法有,一是统一质量管理制度规范,要求各施工单位根据ISO9001质量管理体系要求建立健全质量管理制度、质量保证措施、质量检查制度、质量事故处理、上报制度及质量事故应急预案。二是落实安全、质量、廉政责任制,要求各施工单位均层层签订质量、安全、廉政责任书,已开工工程签订质量、安全、廉政终身责任卡。三是坚持首件确认制度。在分项工程正式开工前,本着先试验后施工的原则,先做首件工程。各标段对首件工程的每道工序制定详细的施工方案,提供完整的质量保证体系,确定自检体系和质量责任人,明确检测方法、检测频率以及重点、难点部位的控制措施,为后续同类工程确定管控模式、最大限度发挥首件确认制度的样板和示范作用。四是超前提示,加强过程控制,采用日常监督和重点抽检相结合的监督管理模式,一旦出现违反规范施工的行为,立即制止。五是加强质量宣传,给每一位施工人员灌输施工质量的重要性,层层传达,级级深入,从根本上保证高速公路的施工质量。

在2008年12月11日开工的滨德高速公路建设中,省滨德高速公路项目建设管理办公室在质量管理方面坚持一丝不苟、精益求精的精神,全面落实质量责任制,层层签订质量责任书,编制质量管理、实验室管理、考核管理等办法以及支座与伸缩缝、浆喷桩、桥梁碗扣式满堂支架、各路面结构层施工指导书及材料控制要求等质量控制指南,有力保证了工程建设质量。一是根据合同文件,制定了检查评比办法和奖励办法,采用巡查、专项检查、综合检查相结合的方式进行检查评比,并将结果及时通报给各有关单位。二是根据工程进展加强主动控制,超前提示、推广示范工程,规范施工方案,如规范台背回填方法、规范压实方法、规范满堂支架地基处理方法等。三是要求各施工单位建立并完善了质量档案卡,严格落实责任并确保责任到人,做到工程质量人人有责,一旦出现问题不仅可追查到某个单位,还可以直接追查到个人,以增强参建人员的责任心和荣誉感。四是严格规范设计变更,认真进行经济技术分析,确定最佳变更方案。为规范变更管理,在实际工作中严格按照《滨州至德州高速公路工程设计变更实施细则》规定执行,严格落实"会签单"和"备忘录"制度,每一项设计变更必须由省、市项目办和设计、总监、驻地监理、施工六方共同签署"会签单"和"备忘录";变更中结合现场实际,六方认真分析研究,确定经济合理的技术方案,由设计单位出具变更图纸后再进行施工。五是加强工地巡视,发现问题及时解决。建立完善了《检查巡视存在问题通知单》制度,发现问题,下达《检查巡视存在问题通知单》,书面通知相关单位,纳入施工与监理考核体系之中,仅2011年就下达书面通知单10余份。六是及时制定了竣工资料整理归档办法,做到了资料归档及时、准确,整理规范。七是加强质量监督。为进一步加强工程质量管理,德州、滨州两市公路局向所辖合同段派驻质量监督员,对与主线合同段对应的路段内路面、房建及附属设施等一切施工进行质量监督。同时,还负责地方环境协调工作,对发生的地方环境问题第一时间进行协调,确保工程顺利施工。

施工企业以质量取胜,健全完善了内部质量管控体系,依靠质量、信誉和素质赢得市场。各施工企业引进100多种具有国际水平的新技术、新工艺、新材料,还引进了上万台国际一流的施工设备,攻克了一大批技术难题。同时苦练内功,逐步改变粗放管理方式,不断完善质量管理体系,建立起适应高速公路建设的企业发展规则、标准和规范,极大地推动了公路施工行业生产力的发展。1998年,在京福高速公路济南黄河公路大桥的箱梁施工时,采用自行设计的橱架式挂篮,行走方便,操作简单。大桥合龙时两侧主梁的自然高差仅为1.6cm,合龙精度和线形均达到国际先进水平。

三、履职尽责的工程监理

1993年以后,随着高速公路建设事业的蓬勃发展,工程监理制度日臻完善,监理工作逐渐走向制度化、正规化轨道,形成了以管理质量为主的工程监理队伍。

1994年8月23日,省交通厅印发《山东省交通工程质量监督实施细则(试行)》。于2006年1月正式出台了《山东省交通工程质量监督实施细则》。

高速公路工程施工实施全过程监理监督,实行人人负责的质量监控机制。关键部位实行监理旁站和24小时监控,驻地监理抽检验收,总监代表抽检巡检等多级质量保证监督体系。实行驻地工程师负责制,从严审查监理人员的执业资格,设立驻地试验室,对施工过程中查出的问题及时提醒,督促整改。在对施工质量、设计变更进行严格检查后,方可签署计量支付单,审核上报。严禁任何监理单位擅自将承担的监理业务非法转包或分包。

各监理单位在实施工程监理的过程中,坚持"机制科学、管理规范、开源节流、活力发展"的原则,以为业主提供满意服务为宗旨,坚持安全、质量、廉政"三个责任重于泰山",树品牌、树形象,培养了一支技术熟练、作风过硬的监理队伍,为确保工程质量提供了可靠保障。

四、开放有序的市场管理

随着全省交通基本建设项目逐年增多,急需规范交通建设市场。省交通厅相继制定了《山东省公路建设市场管理办法实施细则》《山东省交通厅关于基本建设重点项目招标投标管理若干规定》《山东省公路建设市场准入规定实施细则》《山东省交通基本建设工程专家库管理办法》《山东省公路施工招标文件通用本》等,使建设市场管理有据可依,有章可循,为交通建设市场的依法管理提供了制度保障。

建立统一开放、竞争有序的公路建设市场,一是依法实行项目法人责任制。项目法人可自行管理或委托代建项目,项目建设管理单位应具备法人资格,其组织机构、主要负责人的技术和管理能力须满足拟建项目的管理需要,符合交通部有关规定。二是健全完善交通建设市场监管公共服务平台。2011年4月,依托省交通运输厅门户网站开设工程建设领域项目信息和信用信息公开共享专栏,2016年底改版为交通建设市场监管公共服务平台,建立从业企业信用档案,动态征集和发布从业单位和人员、信用管理、信用评价信息等,通过市场和现场的两场监管联动,实施跟踪管理。三是做好建设企业资质和监理资质承接会同审查工作,制定出台了《关于规范交通行业建筑业企业资质审查工作的通知》(鲁交建管〔2016〕18号)、《公路水运工程监理企业资质许可、定期检验、复查工作程序》(鲁交建管〔2016〕19号),明确资质审查工作要点和相关事项,以及监理资质办理有关事项,通过省交通建设市场信用信息管理系统在线审批、审核。

根据交通运输部《关于加快推行公路建设项目电子招标投标的指导意见》(交办公路〔2016〕116号),山东被列为开展公路建设市场电子招标投标试点工作三个省份之一。2012年6月,电子招标投标管理系统上线运行,该系统由"一网五大厅"构成,具备交易平台、公共服务平台和行政监督平台的所有功能。"一网"即信息发布网站,在省厅门户网站开设"交通运输工程招标投标管理信息网",即时发布各类招标信息,全面接受社会监督。"五个大厅"即:一是业务管理大厅,明确办理时限、操作办法及要求等,实时监管、同步跟踪招标过程,对招标各环节操作全程留痕;二是网上投标大厅,通过系统提供的功能编制投标商务和技术文件,将传统纸质标书的打印、盖章、装订、密封、递交过程通过数字纸张、电子印章、固化、加密流程来实现;三是网上开标大厅,把开标室放到网上,实现商务信息自动提取,报价信息自动汇总,开标过程网络直播;四是网上评标大厅,实现电子标书导入、评审要素摘录、评标流程管理、评委考核评价、围标串标预警等功能;五是监察监督大厅,实现对招标项目受理登记、信息发布、开标评标、专家抽取、中标定标等重点环节实施全过程电子监察监督。

第三节　法规制度基础稳固

为适应高速公路健康发展的需要,山东省先后制定了《山东省济青高速公路管理办法》《山东省高速公路条例》和《山东省公路路政条例》。

2000年10月26日,省九届人大常委会第17次会议,通过了《山东省高速公路条例》。该《条例》共7章55条,自2001年1月1日起施行。《条例》的颁布,对进一步规范高速公路规划与建设、路政管理、经营管理、法律责任等提供了法规依据。同时宣布山东省人民政府令第46号发布、山东省人民政府令第90号修订的《山东省济青高速公路管理办法》废止。

2013年8月1日,山东省第十二届人大常委会第3次会议通过《山东省公路路政条例》。该《条例》共6章47条,对路政管理作了全面规范,自2013年12月1日起施行。一是强化保安全、保畅通。严格涉路工程建设的许可条件,确立了涉路工程建设双审制。要求穿越公路修建的公路桥梁,应当设置必要的检修通道和设施。二是加强公路路域环境保护。规定加强公路两侧公路建筑控制区的管理,禁止新建学校、货物集散地、大型商业网点等沿公路平行扩建,明确了编制城市、村镇规划时涉及公路建筑控制区的,要事先征求公路路政管理部门的意见。三是注重服务,关注民生。专设服务与监督一章,规定了公路路政管理部门及人员、公路经营企业的服务职责。要求建立方便查询的路政管理信息系统,方便人们便捷出行。加强服务设施的建设,公路养护机构驻地和服务区提供免费使用的卫生设施。要求路政执法人员执行公务时规范着装,佩戴标志,持证上岗。四是强化地方政府的职责,明确路政经费保障机制。规定县级以上人民政府加强对公路路政管理工作的领导,建立健全工作协调机制,并要求乡镇人民政府协助做好本行政区域内的公路路政管理工作。在公路路政管理经费上,明确要纳入同级财政预算,解决了税费体制改革以来路政管理经费的来源问题。

2015年1月21日,《山东省人民政府办公厅关于加快推进山东省绿色交通运输发展的指导意见》印发实施。《意见》要求,一是打造低碳交通运输基础设施,二是推广绿色交通运输装备,三是提高交通运输组织效率,四是强化创新驱动,五是加强节能减排能力建设。该《意见》对发展绿色交通、做好大气污染防治、转变交通运输方式、调整交通运输结构具有重要的指导意义。

2016年1月29日,山东省政府办公厅印发了《关于促进高速公路加快发展的意见》,从规划引导、投融资体制改革、政策支持、事权划分、提高管理和服务水平等方面进行了详细阐述,为全省高速公路在"十三五"期间加快发展奠定了重要基础。《意见》主要包括规划管理、项目前期工作、政策支持三方面内容。从强化规划的刚性约束、确保规划科学合理、进一步明确省、市在规划管理和引资工作等方面的任务分工三个方面对强化规划引导提出了具体要求。从明确前期工作开展的主体、优化项目审批流程、加快项目用地手续办理等方面为进一步加快项目前期工作提供了有力支撑。从给予资金政策支持、实施土地综合开发、合理确定通行费收费标准、给予投资回报率低的项目适当补助等方面明确了政策支持的范围,有助于提高各地政府和社会资本投资建设高速公路的积极性。

1990—2016年,为了推进高速公路健康发展,依据国家相关法律法规,根据不同时期的实际情况,分别在高速公路建设、管理、收费、养护、路政、安全应急和服务区运营等方面先后出台了70余件管理制度,极大提升了高速公路的建管养水平。

第四节　筹融资方式灵活多样

改革开放以前,山东省的公路建设资金基本和全国其他省市一样,主要依靠各级地方政府财政拨款,由于当时地方政府财力有限,投入公路建设的资金很少,远不能满足公路建设需要,高速公路更是无力投资建设,致使公路建设长期滞后于经济社会发展需要,甚至成为严重制约国民经济发展的瓶颈。为改变公路发展长期落后状况,拓宽公路建设资金渠道,增加高速公路建设资金的投入,1984年国务院第54次常务会议作出了"贷款修路,收费还贷"促进公路事业健康发展的重要决策。山东省交通厅根据国家宏观调控政策和经济形势不断调整交通基础设施建设投融资方式,积极推进高速公路建设。

1997年7月1日,《中华人民共和国公路法》的颁布实施,正式将收费公路作为一种经济制度通过法律形式予以明确,特别是1998年,中央作出扩大内需,实施积极财政政策,加快公路基础设施建设重大决策。在山东省委、省政府的正确领导下,省交通厅连续3年实施公路建设投资150亿元,公路建设进入快速发展阶段。1998—2005年,省交通厅先后与国家开发银行、工商银行、建设银行、农业银行、中国银行以及交通银行等金融机构开展战略合作,共筹集公路建设资金1470亿元,其中,高速公路筹资867亿元,建成高速公路2285km。截至2005年底,全省高速公路通车总里程达3163km,连续8年居全国第一位。到2016年底,全省高速公路通车里程达到5710km。山东的高速公路建设主要是利用国家给予的收费还贷公路政策,在近30年时间里快速发展起来的。

为进一步加大山东交通投融资体制改革,不断推进高速公路建设的市场化进程,多渠道、多形式筹集建设资金,推动全省高速公路尽快走上多元化发展的新路子。山东的高速公路建设除实行资本金和国内金融机构贷款的收费还贷政策外,还推出了一些行之有效的投融资方式,归纳起来主要有以下几大类:利用世界银行贷款和国债资金、合资合作经营、成立公路上市公司发行股票、设立公路建设基金、发行公路建设债券、股权转让、吸引国有企业投资、利用民间资本等形式。

一、世界银行贷款

1988年经国务院批准,国家计委将济青公路列入世界银行贷款项目。济青高速公路建设资金分别来自于交通部补助、省交通重点建设基金、世界银行贷款和国内银行贷款,是省内唯一一条利用世界银行贷款建成的高速公路,共获得贷款1.14亿美元。

二、上市融资

1998年5月15日,省交通厅成立山东基建股份有限公司筹备部,着手山东基建上市融资。1999年11月5日,经国家经贸委同意,设立山东基建股份有限公司(简称山东基建)。其上市资产为济青高速公路、国道104泰曲公路、济南、平阴、滨州黄河公路大桥等路桥资产。11月16日,山东基建在省工商行政管理局登记注册,注册资本为28.588亿元。2001年2月,山东基建境内上市工作全面启动。经上海证券交易所上证上字〔2002〕29号文批准,2002年3月18日在上海证券交易所挂牌交易。山东基建一次性直接融资

13.13亿元,实现了全省路桥类企业上市融资零的突破。

三、收费权转让

2001年6月6日,省交通厅与山东基建签订《济南黄河公路二桥收费权转让协议》,2002年4月17日,山东基建出资6.8亿元获得济南黄河公路二桥的收费权,收费期限为30年。

四、合资合作及股份制融资

根据有关部门批准同意,2003年12月5日,山东鲁能基础工程投资有限公司和山东省交通厅公路局共同出资设立山东济菏高速公路有限公司,双方按比例出资建设了济南至菏泽高速公路。

为积极吸收民间资本,实现投资主体多元化。山东省交通厅公路局与科达(集团)股份有限公司共同出资8亿元,建设了东营黄河公路大桥。

1998年4月,省公路管理局与胜利油田、潍坊和东营两市政府按比例共同出资建设东营至青州高速公路。

五、国企独资

山东高速公路的发展,山东高速集团、齐鲁交通发展集团、中国铁建股份有限公司、葛洲坝集团等国有企业发挥了重要作用。

如中国铁建股份有限公司作为投资人,2009年该公司与省交通厅公路局签署投资协议,以BOT方式承建济南至乐陵高速公路,概算总投资约70.7亿元;2013年签署投资协议,先后承建德州至上饶高速公路夏津至聊城段、济南至徐州高速公路济宁至鱼台(鲁苏界)段,概算总投资分别为33.79亿元和51.8亿元。

六、发行债券和设立基金

山东高速公路建设管理单位按照国家有关规定发行公路建设企业债券用于公路建设,以发行债券的方式筹集资金偿还债务。

2013年以来,山东省政府积极推动金融创新发展和产业转型升级,出台了《关于加快全省金融改革发展的若干意见》(鲁政发〔2013〕17号)意见,提出"积极培育风险投资基金、私募股权基金、并购基金、产业投资基金及各类资产管理公司等,促进经济结构调整,培植新的经济增长点"。根据上述要求,齐鲁交通发展集团为拓宽高速公路建设筹融资渠道,以集团全资子公司山东通汇资本管理有限公司为平台,通过引入有限合伙人或在资本运作过程中结成战略伙伴,不断整合多方资源,实现合作共赢。该集团发起设立了山东齐鲁交通基础设施产业基金,总规模500亿元人民币,首期募集资金30亿元。山东高速集团积极拓展融资渠道,采取股权融资、债券融资、银行贷款,与自有现金流有机结合,扩大直接融资比例,合理搭配长中短期债务,确保资金供给衔接,保障集团可持续发展所需资金。集团公司累计发行高速公路建设债券125亿元。其中,分别于2006年、2007年、2009年、2012年发行企业债10亿元、15亿元、20亿元、20亿元,于2016年发行两期永续债券共计50亿元,全部用于高速公路投资建设。

七、高速公路路产开发

山东高速公路建设管理单位对高速公路开发走集约化开发的道路,成立高速公路开发公司,在开发公司的统一管理下进行统筹规划,充分利用开发公司的人力、物力、财力和管理经验,对本辖区收费公路进行集中统一开发,不仅拓宽了经营渠道,而且改善了服务,提高了社会经济效益。

第五章
高速公路运营管理

自济青高速公路通车以来,经过不断地丰富、发展和完善,全省高速公路运营管理在服务理念、服务内涵、服务标准、服务方式、服务手段、服务机制、服务创新和整体形象都有了巨大的提升。全省高速公路路网不断完善,应急救援保障体系不断健全,服务区功能不断拓展,ETC不停车收费等先进技术广泛应用,信息化建设与时俱进,通信监控高效运行,有力保障了全省高速公路的正常运营。

第一节 收费管理惠民通畅

全省高速公路收费工作以提升质量水平和服务品质为中心,对内抓制度建设和规范化管理,对外抓文明服务和站口保畅,实现了管理手段与科技水平同步,努力打造保障能力与社会需求相适、服务水平与公众期望相符的畅安绿美高速公路,得到社会各界的一致好评。

临沂鲁苏界收费站

一、依法布局收费站点

在高速公路收费站的设立和管理方面,山东省始终遵循严格设置、统一管理的原则,按照国家和省政府有关规定严格把关,管理统一规范。按收费性质划分,山东省高速公路分为政府还贷高速公路和经营性高速公路。截至2016年底,高速公路总里程5710km,其中政府还贷高速公路里程3208km,经营性高速公路里程2046.2km。

到2016年底,全省高速公路运营管理共有山东高速集团有限公司、齐鲁交通发展集团有限公司、中铁建集团等17个单位。

2016年山东省高速公路收费站设置情况见表1-5-1。

2016年山东省高速公路收费站设置表　　　　　表1-5-1

序号	路线编号	项目名称	收费站点名称	运营管理单位	备注
1	G2	北京—上海高速公路	港沟、蟠龙、彩石、曹范、埠村、雪野、莱芜北、莱芜高新区	山东高速股份有限公司	港沟为主线收费站,其他为匝道收费站
2			鲁冀省界收费站、乐陵北、乐陵西、乐陵南、商河、临邑、济阳北、济阳西	中铁建山东京沪高速公路济乐有限公司	
			莱芜东、钢城、新泰东、蒙阴、孟良崮、青驼、临沂北、临沂、临沂南、兰陵、郯城、红花埠、鲁苏省界收费站	齐鲁交通发展集团有限公司	京沪鲁苏为主线收费站,其他为匝道收费站
3	G3	北京—台北高速公路	京台鲁冀、德州、德州南、平原、平原南、禹城、齐河、崮山、万德、泰安西、泰肥、满庄、磁窑、曲阜北、曲阜、邹城、峄山、滕州、滕州南、枣庄、峄城、京台鲁苏	山东高速股份有限公司	京台鲁冀、京台鲁苏为主线收费站,其他为匝道收费站
4	G15	沈阳—海口高速公路	福山、中桥、臧家庄、栖霞北、栖霞、栖霞南、莱阳、河头店	齐鲁交通发展集团有限公司	福山为主线收费站,其他为匝道收费站
5			牛溪埠、院上、仁兆、南村、沈海胶州、九龙、王台、铁山、泊里、大场	青岛市交通运输委员会	均为匝道收费站
6			日照北、日照南、岚山、沈海鲁苏	齐鲁交通发展集团有限公司	沈海鲁苏为主线收费站,其他为匝道收费站
7	G18	荣成—乌海高速公路	双岛、北海、酒馆、牟平东、养马岛	山东马龙高速公路有限公司	双岛为主线收费站,其他为匝道收费站
8			荣成、荣成西、文登南、南海新港、莱山、杜家疃、崇义、东厅、古现、烟台机场、蓬莱、蓬莱西、黄城、龙口、招远北、招远、朱桥、莱州东、莱州、沙河、灰埠、新河、下营、昌邑、潍坊北、寿光东、寿光北、寿光西	齐鲁交通发展集团有限公司	均为匝道收费站
9			李庄、东营、东营北、垦利	山东东青公路有限公司	均为匝道收费站
10			垦利北	东营黄河大桥有限公司	均为匝道收费站
11			陈庄、利津、沾化东、沾化西、滨州港、无棣、鲁北	齐鲁交通发展集团有限公司	鲁北为主线收费站,其他为匝道收费站

续上表

序号	路线编号	项目名称	收费站点名称	运营管理单位	备注
12	G20	青岛—银川高速公路	青岛东、李村、夏庄、机场	青岛市交通运输委员会	青岛东、机场为主线收费站，其他为匝道收费站
13			青岛、即墨、蓝村、胶州、高密、峡山、潍坊东、潍坊、潍坊西、昌乐、寿光、青州东、青州西、临淄、淄博、周村、邹平、章丘	山东高速股份有限公司	青岛为主线收费站，其他为匝道收费站
14			禹城南、高唐东、高唐、夏津、青银鲁冀	山东高速股份有限公司	均为匝道收费站
15	G22	青岛—兰州高速公路	青岛西、高新区、河套、胶州、崖逢、黄岛	青岛市交通运输委员会	青岛西、黄岛为主线收费站，其他为匝道收费站
16			黄山、里岔、辛兴、诸城东、诸城、诸城西、孟疃、青莱杨庄、诸葛、张家坡、沂源东、沂源、鲁村、辛庄	齐鲁交通发展集团有限公司	均为匝道收费站
17	G25	长春—深圳高速公路	古城、大高、滨州北、滨城、滨州、滨州南	齐鲁交通发展集团有限公司	均为匝道收费站
18			广饶、大王、阳河	山东东青公路有限公司	均为匝道收费站
			青州北、青州、青州南、林朐、临朐南、沂山、沂水北、沂水、沂水南、沂南北、沂南东、河东、临沂东、临沭北、临沭、长深鲁苏收费站	齐鲁交通发展集团有限公司	长深鲁苏为主线收费站，其他为匝道收费站
19	G35	济南—广州高速公路	济南、华山、济南北、天桥	山东高速股份有限公司	均为匝道收费站
20			长清、孝里、平阴、平阴南、东平、梁山、嘉祥	齐鲁高速公路股份有限公司	均为匝道收费站
21			菏泽新北、菏泽新东、定陶、古营集、曹县、济广鲁豫	中铁菏泽德商高速公路建设发展有限公司	济广鲁豫为主线收费站，其他为匝道收费站
22	G1511	日照—兰考高速公路	日照、西湖、龙山、莒县东、莒县、沂南、高里、费县、平邑东、平邑、泉林、泗水、曲阜南、兖州、济宁、济宁北、济宁西、嘉祥南、郓城南、郓城	齐鲁交通发展集团有限公司	日照为主线收费站，其他为匝道收费站
23			菏泽新区、菏泽南、牡丹、曹县西、日兰鲁豫	山东高速集团有限公司	日兰鲁豫为主线收费站，其他为匝道收费站

续上表

序号	路线编号	项目名称	收费站点名称	运营管理单位	备注
24	G2001	济南市绕城高速公路	济南南、济南东、郭店、机场	齐鲁交通发展集团有限公司	机场为主线收费站,其他为匝道收费站
25	G2011	青岛—新河高速公路	城阳南、城阳北、即墨西、普东、移风、郭庄、平度南、张舍	青岛市交通运输委员会	均为匝道收费站
26	G3W	德州—上饶高速公路	聊城西、聊城南、莘县北、莘县、莘县南、莘县古城、德上鲁豫收费站	齐鲁交通发展集团有限公司	德上鲁豫、鲁冀为主线收费站,其他为匝道收费站
			鲁冀主线、武城西、武城北、武城东收费站	山东金鲁班集团发展有限公司	
27			菏泽北、鄄城南、鄄城、鄄城北	山东高速集团有限公司	
28	S1	济南—聊城高速公路	齐河南、晏城、齐河西、茌平、茌平西、聊城开发区、聊城东、聊城、冠县东、冠县、冠县西	齐鲁交通发展集团有限公司	均为匝道收费站
29	S11	烟台莱山—海阳高速公路	烟台、烟台南、牟平南、乳山北、诸往、海阳北、海阳东、轸格庄	山东高速集团有限公司	海阳东为主线收费站,其他为匝道收费站
30	S12	德州—滨州高速公路	滨德鲁冀、德州西、德州北、德州东、宁津、乐陵、庆云、阳信、无棣东	齐鲁交通发展集团有限公司	滨德鲁冀为主线收费站,其他为匝道收费站
31	S14	高唐—邢台高速公路	高唐、金郝庄、临清、高邢鲁冀	齐鲁交通发展集团有限公司	高邢鲁冀为主线收费站,其他为匝道收费站
32	S16	荣成—潍坊高速公路	周格庄、莱西、武备、云山、平度东、田庄、明村、石埠、朱里、坊子	山东高速集团有限公司	周格庄、坊子为主线收费站,其他为匝道收费站
33	S19	龙口—青岛高速公路（龙口疏港公路）	龙口港	齐鲁交通发展集团有限公司	龙口港为匝道收费站
		龙口—青岛高速公路（莱西至青岛段）	莱西东、团旺、姜山、华山东、龙泉、即墨东、惜福、城阳	青岛市交通运输委员会	均为匝道收费站
34	S24	威海—青岛高速公路	威海、文登北、文登、威海南、南黄、乳山东	山东高速集团有限公司	威海为主线收费站,其他为匝道收费站
35			乳山、乳山西、留格庄、海阳、海阳西、辛安、行村、羊郡、穴坊、店集、华山、灵山、长直	齐鲁交通发展集团有限公司	均为匝道收费站

续上表

序号	路线编号	项目名称	收费站点名称	运营管理单位	备注
36	S26	莱芜—泰安高速公路	莱芜南、莱芜西、泰莱杨庄、范镇、泰安	齐鲁交通发展集团有限公司	泰安为主线收费站,其他为匝道收费站
37	S29	滨州—莱芜高速公路	高青北、高青、桓台、淄博新区、淄川、博山、和庄、苗山	齐鲁交通发展集团有限公司	均为匝道收费站
38	S31	泰安—新泰高速公路		山东高速集团有限公司	
39			泰安南、泰安东、化马湾、新泰西、新泰南	齐鲁交通发展集团有限公司	泰安东为主线收费站,其他为匝道收费站
40	S32	菏泽—东明高速公路	菏泽东、菏泽、菏泽西、东明	齐鲁交通发展集团有限公司	均为匝道收费站
41	S33	济南—徐州高速公路	东平南、汶上西、汶上南	齐鲁交通发展集团有限公司	匝道收费站
42	S38	岚山—曹县高速公路	枣庄新城、峄城西、峄城南、峄城北东、兰陵西、兰陵北		
43	S61	青岛流亭机场高速公路		青岛市交通运输委员会	不收费
44	S83	枣庄连接线高速公路		齐鲁交通发展集团有限公司	枣庄东城为主线收费站,其他为匝道收费站
45			滕州南	山东高速集团有限公司	匝道收费站
46	S7201	东营疏港高速公路	集贤、马场、孤岛、仙河、东营港	齐鲁交通发展集团有限公司	东营港为主线收费站,其他为匝道收费站
47	S7401	烟台港莱州港区疏港高速	莱州港	齐鲁交通发展集团有限公司	莱州港为匝道收费站
48	S7402	烟台西港区疏港高速	八角、烟台西港	齐鲁交通发展集团有限公司	烟台西港为匝道收费站
49	S7801	日照石臼港区疏港高速	日照港	齐鲁交通发展集团有限公司	日照港为主线收费站

续上表

序号	路线编号	项目名称	收费站点名称	运营管理单位	备注
50	G2516	东吕高速公路济南至东营段	济北开发区、济阳东、惠民西、惠民、滨州西、滨城北、滨州东、利津北、盐窝	齐鲁交通发展集团有限公司	均为匝道收费站
51	S7601	青岛前湾港区1号疏港高速公路	管家楼	青岛市交通运输委员会	
52	S7602	青岛前湾港区2号疏港高速公路	灵珠山东、灵珠山、隐珠山	青岛市交通运输委员会	灵珠山东为主线收费站,其他为匝道收费站

二、收费方式由人工到智能

山东省高速公路收费方式经历了从人工到智能的变化。

济青高速公路通车后,采用入口收取现金、发纸票、出口校核的收费方式,后改为入口发纸票、出口人工收取现金的方式。

1995年环胶州湾高速公路通车后,全面推行入口人工发卡、出口验卡收取现金、视频监控、计算机校核的半自动方式,提高了收费的自动化水平。

1997年12月,济青高速公路完成了1个监控中心,7个监控分中心,21个收费站信息化建设,实现了监控、通信、收费系统三网合一。

2000年9月1日,山东省高速公路信息管理系统第一期工程正式开工,2001年11月18日成功联网开通运行,建成了统一、高效的山东省高速公路信息管理系统,达到了高速公路收费、通信、监控系统的三网合一和数据、图像、语音的三网合一,最大限度地发挥系统的总体调控功能,做到互联互通、资源共享、统一管理,实现了山东省高速公路管理的规范化、网络化、高效化。

2004年10月10日,全省高速公路计重收费工程第一阶段建成试运行,从此全省高速公路全面推行货车计重收费,有效遏制了恶性超载运输,提高了道路通行能力,减少了安全事故,延长了公路、桥梁使用寿命,取得了"三降低、三提高、三减少"的显著效果和明显的经济社会效益。

2008年开始,推广高速公路不停车收费(ETC)和非现金支付系统,采用半自动收费与不停车收费相结合的组合式收费方式,引进DSRC物联网短程通信技术、双界面智能卡技术、数据异地灾难备份等新技术,建成非现金结算中心系统、中心对外服务系统、异地容灾系统、密钥和卡发行系统、客户服务系统和全省ETC车道系统。推广ETC收费,提高了高速公路运营效率和服务水平,完善高速公路收费方式,为用户提供了便捷、快速、安全的通行服务,降低了燃油消耗并减少了环境污染。

在全省普及 ETC 联网收费的基础上,加大技术投入和资金投入,积极融入 ETC 全国联网收费,2013 年 12 月实现"京津冀晋鲁"5 省市联网,2014 年 12 月完成与"长三角"等 14 个省市联网,2015 年 9 月实现除西藏、海南以外的 29 省市 ETC 联网。

三、"绿色通道"服务现代农业

2005 年,为贯彻落实国家开展鲜活农产品流通"绿色通道"的规定,全省高速公路收费站对鲜活农产品运输车辆,入口车道按实际车型输入,出口车道对符合享受通行费优惠政策的车辆降低一个车型收费,直至免费。

海哈高速公路枣庄—济南段绿色通道

对符合绿色通道标准的车辆实行"望闻问"的验货模式,部分路段引进"绿通车辆检查系统",采用透视成像技术并集成静态称重设备,能够不开箱、同步完成对车辆及货物的检测成像、称重等工作,缩短验货时间,提高了鲜活农产品的保鲜度和称重精度,避免对货物及其包装造成的破损,降低验货人员的工作强度,提高了通行效率。现在潍坊、滨州的蔬菜晚上装车,次日中午即可到达北京的餐桌上,临沂的蔬菜晚上装车,次日中午即可到达上海的餐桌上。

第二节 服务区规范便利

高速公路服务区是交通运输部门服务群众的重要"窗口"和提升高速公路服务水平的重要切入点。全省高速公路服务区以打造"便民服务新载体、文化传播新途径、旅游展示新媒介"为目标,完善服务功能、创新服务业态,逐步迈向"设施人性化、经营专业化、业态多元化、管理规范化、服务标准化、监管常态化、环境生态化"的新格局,为广大驾乘人员、社会公众提供了优质高效服务。

一、服务区布局合理

山东高速公路服务区布局严格按国家规范标准设置,约50km设置一处,为满足公众需求,在中心城市、重点旅游景区等特殊地区适当缩短了间距。服务区的建设按照与高速公路主体同步设计、同步建设、同步运营的原则实施,基本做到了路通车的同时服务区投入运营。

到2016年底,全省高速公路服务区124处,符合《高速公路交通工程及沿线设施设计通用规范》(JTG D80—2006)规定。服务区设置详见表1-5-2。

2016年山东省高速公路服务区设置表　　　　表1-5-2

序号	编号	服务区名称	规模(亩)	管理权属单位
1	G3 京台高速公路	德州服务区	151.5	山东高速集团
2		德州南服务区	64.7	山东高速集团
3		禹城服务区	168.8	山东高速集团
4		京台路济南服务区	226	山东高速集团
5		泰安服务区	129.5	山东高速集团
6		宁阳服务区	149.9	山东高速集团
7		曲阜服务区	339.1	山东高速集团
8		邹城服务区	65.4	山东高速集团
9		枣庄服务区	132.9	山东高速集团
10		滕州服务区	98.8	山东高速集团
11		薛城服务区	129.2	山东高速集团
12	G1511 日兰高速公路	曹州服务区	230	山东高速集团
13		莒县服务区	100	齐鲁交通发展集团
14		济宁服务区	70	齐鲁交通发展集团
15		泗水服务区	72	齐鲁交通发展集团
16		费县服务区	116	齐鲁交通发展集团
17		菏泽服务区	60	齐鲁交通发展集团
18		巨野服务区	60	齐鲁交通发展集团
19		蒙山停车区	25	齐鲁交通发展集团
20	G15 沈海高速公路	日照服务区	110	齐鲁交通发展集团
21		栖霞服务区	119	齐鲁交通发展集团
22		福山服务区	60	齐鲁交通发展集团
23		莱西服务区	89	青岛市高速公路管理处
24		胶州服务区	81	青岛市高速公路管理处
25		黄岛服务区	70	青岛市高速公路管理处

续上表

序号	编号	服务区名称	规模（亩）	管理权属单位
26	G18 荣乌高速公路	潍坊北服务区	60	齐鲁交通发展集团
27		寿光服务区	199	齐鲁交通发展集团
28		无棣服务区	150	齐鲁交通发展集团
29		蓬莱服务区	219	齐鲁交通发展集团
30		莱州服务区	120	齐鲁交通发展集团
31		东营服务区	95	齐鲁交通发展集团
32		利津服务区	200	齐鲁交通发展集团
33		招远服务区	120	齐鲁交通发展集团
34		无棣停车区	60	齐鲁交通发展集团
35		昌邑停车区	60	齐鲁交通发展集团
36		寿光停车区	60	齐鲁交通发展集团
37		沾化停车区	60	齐鲁交通发展集团
38	G20 青银高速公路	高唐服务区	172.3	山东高速集团
39		夏津服务区	199.5	山东高速集团
40		天桥服务区	219.9	山东高速集团
41		齐河停车区	172.3	山东高速集团
42		邹平服务区	78.75	山东高速集团
43		淄博服务区	176.4	山东高速集团
44		青州服务区	169.7	山东高速集团
45		潍坊服务区	109.7	山东高速集团
46		高密服务区	69.8	山东高速集团
47		青岛服务区	163.9	山东高速集团
48	G22 青莱高速公路	沂水服务区	80	齐鲁交通发展集团
49	G22 青兰高速公路	诸城服务区	120	齐鲁交通发展集团
50		沂源服务区	73.5	齐鲁交通发展集团
51		胶州服务区	122	齐鲁交通发展集团
52		莱芜停车区	30	齐鲁交通发展集团
53		诸城东停车区	60	齐鲁交通发展集团
54		诸葛停车区	18	齐鲁交通发展集团
55		诸城西停车区	60	齐鲁交通发展集团
56	G2516 济东高速公路	济阳服务区	126	齐鲁交通发展集团
57		滨州西服务区	126	齐鲁交通发展集团
58		盐窝服务区	112	齐鲁交通发展集团
59	G25 长深高速公路	滨州服务区	126	齐鲁交通发展集团
60		沂南服务区	80	齐鲁交通发展集团

续上表

序号	编号	服务区名称	规模（亩）	管理权属单位
61	G25 长深高速公路	沂水南停车区	36	齐鲁交通发展集团
62		青州服务区	80	齐鲁交通发展集团
63		临朐服务区	80	齐鲁交通发展集团
64		沂水北服务区	80	齐鲁交通发展集团
65		临沭服务区	80	齐鲁交通发展集团
66		临沭停车区	36	齐鲁交通发展集团
67		临朐停车区	36	齐鲁交通发展集团
68		莒县停车区	36	齐鲁交通发展集团
69		沂山停车区	36	齐鲁交通发展集团
70	G2 京沪高速公路	郯城服务区	90	齐鲁交通发展集团
71		临沂服务区	120	齐鲁交通发展集团
72		莱芜服务区	136	齐鲁交通发展集团
73		沂南服务区	80	齐鲁交通发展集团
74		新泰停车区	26	齐鲁交通发展集团
75	G35 济广高速公路	济广路济南服务区	220.7	山东高速集团
76		梁山服务区	141	齐鲁交通发展集团
77		长清服务区	140	齐鲁交通发展集团
78		东平服务区	140	齐鲁交通发展集团
79		沙河停车区	30	齐鲁交通发展集团
80		平阴停车区	30	齐鲁交通发展集团
81		曹县服务区	80	中铁菏泽德商高速公路建设发展有限公司
82		定陶停车区	18	中铁菏泽德商高速公路建设发展有限公司
83	G3W 德上高速公路	鄄城服务区	199.8	山东高速集团
84		东昌府服务区	60	齐鲁交通发展集团
85		莘县停车区	15	齐鲁交通发展集团
86		武城服务区	60	山东金鲁班集团发展有限公司
87		夏津停车区	15	山东金鲁班集团发展有限公司
88	S12 滨德高速公路	乐陵服务区	60	齐鲁交通发展集团
89		阳信服务区	68	齐鲁交通发展集团
90		德州东服务区	60	齐鲁交通发展集团
91	S14 高邢高速公路	高唐西停车区	30	齐鲁交通发展集团
92	S16 荣潍高速公路	坊子服务区	87.8	山东高速集团
93		平度服务区	278.7	山东高速集团
94		莱西服务区	216	山东高速集团

续上表

序号	编号	服务区名称	规模(亩)	管理权属单位
95	S1 济聊高速公路	齐河服务区	46	齐鲁交通发展集团
96		冠县服务区	90	齐鲁交通发展集团
97		聊城服务区	220	齐鲁交通发展集团
98	S21 新潍高速公路	马戈庄停车区	13.2	齐鲁交通发展集团
99	S24 威青高速公路	海阳服务区	120	齐鲁交通发展集团
100		即墨服务区	120	齐鲁交通发展集团
101		文登服务区	171.5	山东高速集团
102		乳山服务区	60.7	山东高速集团
103	S29 滨莱高速公路	周村服务区	60	齐鲁交通发展集团
104		高青服务区	72	齐鲁交通发展集团
105	S31 泰新高速公路	泰山服务区	104	齐鲁交通发展集团
106		新汶服务区	250	齐鲁交通发展集团
107	G2 京沪高速公路（济乐高速公路）	乐陵西服务区	79	齐鲁交通发展集团
108		乐陵南停车区	26	齐鲁交通发展集团
109		商河服务区	79	齐鲁交通发展集团
110		济阳南服务区	103	齐鲁交通发展集团
111		济阳停车区	26	齐鲁交通发展集团
112	S33 济徐高速公路	汶上停车区	20	齐鲁交通发展集团
113	S38 临枣高速公路	兰陵服务区	69.3	山东高速集团
114		峄城服务区	71	山东高速集团
115		尚岩停车区	18	山东高速集团
116	G18 荣乌高速公路	文登服务区	98	齐鲁交通发展集团
117	G2011 青新高速公路	平度服务区	99.2	青岛市高速公路管理处
118		即墨停车区	30.5	青岛市高速公路管理处
119	S19 龙青高速公路	莱阳停车区	30	青岛青龙高速公路建设有限公司
120		青岛服务区	80	青岛青龙高速公路建设有限公司
121		即墨停车区	30	青岛青龙高速公路建设有限公司
122	G2 京沪高速公路（济莱高速公路）	章丘服务区	134.1	山东高速集团
123		雪野停车区	53.4	山东高速集团
124		莱芜服务区	126.3	山东高速集团

二、经营模式逐步多元

1994年12月，山东省首对高速公路服务区——济青高速公路邹平服务区开业，由济青高速公路管理局自主经营，标志着高速公路服务设施建设运营迈出实质性步伐。

2006年10月，山东高速集团高速公路开发总公司、山东省鲁西高速公路开发有限公司、山东省鲁东高速公路开发有限公司及山东省鲁南高速公路开发有限公司整合成立山东高速服务区管理有限公司,服务区进入规模化发展轨道。

2009年,山东高速集团实施"引进来"战略,积极寻求合作伙伴,将青银路淄博、潍坊、青岛3处服务区部分经营项目租与台湾南仁湖集团,与中石化山东分公司合作成立山东高速石化有限公司,实现了强强联合、资源共享、优势互补。

全省服务区运营管理模式主要包括自主经营、租赁经营、承包经营、合作经营、特许经营五种。山东高速集团通过设立服务区管理公司实行专业化管理,所辖大部分服务区采取自主经营、租赁经营、合作经营等模式;齐鲁交通发展集团通过成立齐鲁交通服务开发有限公司负责服务区运营管理工作,主要采用租赁、承包经营模式;青岛市高速公路服务区、停车区经营管理工作通过公开招标,选择服务区管理经验丰富、服务理念先进的专业化管理企业。菏泽市两对服务区、停车区的特许经营权,由中铁菏泽德商高速公路建设发展有限公司整体转让给中国石油化工股份有限公司山东石油分公司,在特许经营期限内自主经营、自负盈亏。在经营性业务方面,山东高速集团的大部分服务区对加油、餐饮、超市等业务采取自主经营,基本实现了"用专业的人做专业的事"。在公益性设施管理方面,运营单位主要采取自主管理或租赁管理模式。

2010—2011年,山东高速集团投资1.5亿元对沿线服务区进行大规模升级改造,圆满完成"十一五"全国干线公路养护管理大检查,为山东交通系统获得检查评比"第一名"做出了积极贡献,树立了山东高速公路服务区品牌形象。

2012年,国内知名餐饮连锁品牌"大娘水饺"在京台路德州、济南、泰安及青银路滨州、青州等服务区10家店面开业运营,餐饮服务多元化迈出新步伐。

2013年,山东省高速公路第一家肯德基餐厅在京台路济南服务区开业运营,实现中西餐搭配服务,提升了服务区多样化服务水平。

2014年,京台路德州、青银路天桥服务区光伏发电站并网发电,德州、禹城等11对服务区汽车充电桩建设完成,新能源产业不断壮大;济南市区"高速便利"百花店开业运营,实现商超业务路域外经营。

2015年,山东高速服务区管理有限公司投资控股的德州国力化工科技有限公司,实现油品的储存、批发经营业务,石化产业链不断延伸。同年,齐鲁交通发展集团成立。

2016年,齐鲁交通发展集团组建齐鲁交通服务开发有限公司,对服务区进行专业化经营、统一化管理。服务开发公司在做好服务区主业的基础上,全面延伸产业链条,下辖山东齐发智慧高速服务区运营有限公司、山东路油油气有限公司、山东燕舞岭生态建设有限公司、汽车租赁分公司和山东齐奥新能源有限公司五个分(子)公司。同年,山东省高速公路第一家跨境商品体验店在齐鲁交通日照服务区正式营业;齐鲁交通所辖77处服务区(停车区)全部实现免费WiFi覆盖和第三方支付服务。

三、经营业态不断丰富

很多服务区充分利用区域特色、地方文化拓展延伸服务功能,为公众提供更为人性化的服务。如临沂服务区等设立"司机之家",为驾乘人员提供休息、休闲服务;泰山服务区通过设置"五岳独尊"雕塑、播放泰山古乐、设立泰山茶亭等地域特色项目提高影响力,诸城服务区联合当地旅游局提供"华夏龙城"旅游品牌、诸城烧烤、桃林绿茶等独具诸城地方特色的服务和产品;平度服务区把地理标志产品引入服务区,扩大地方特色产品的宣传,丰富了服务内容,对污水处理坚持绿色环保理念,选用具有本土特色的"牡蛎壳"处理技术,处理后的中水可用于绿化浇灌、厕所冲洗。另外,一些服务区还积极引进肯德基、大娘水饺等连锁餐饮经营品牌,经营范围不断扩大。

四、服务质量逐年提高

2000年起,为促进服务区不断提高管理水平和服务质量,省交通厅相继印发《山东省高速公路服务区服务质量规范(试行)》《山东省高速公路服务区服务质量义务监督员工作制度(试行)》《山东省高速公路服务区经营企业和从业人员资格准入管理办法(试行)》等规范性文件,指导服务区完善内部制度体系建设。同时,服务区管理单位积极统一管理标准、规范工作流程、明晰岗位责任,对岗位规范、服务质量、安全生产进行全方位全过程管控。在2015年交通运输部组织开展的高速公路服务区文明创建工作中,京台高速公路德州服务区等5处获"全国百佳示范服务区"称号,青兰高速公路沂源服务区等20处获"优秀服务区"称号。

五、信息化建设逐步加强

2010年以来,部分服务区开始尝试应用互联网技术完善电子信息系统,加大了场区安全管理力度,先后增设高速公路出行路径查询、路况查询、天气查询、旅游信息查询、广播呼叫等服务项目。全省高速公路服务区相继开通了免费WiFi网络,建立电子支付平台,实现了服务区与社会信息互通共融,让顾客有"车行一路,处处是家"的温馨感觉。

六、服务区功能全面提升

2016年7月,省政府办公厅印发《关于进一步提升我省高速公路服务区服务水平的意见》(鲁政办发〔2016〕34号),基本要求:一是优化服务区布局;二是合理确定服务区占地标准;三是统筹安排服务区用地;四是提高服务区设计水平;五是加强服务区建设和改造;六是加强专业化经营管理;七是因地制宜开展特色经营;八是创新经营管理模式;九是健全标准规范体系;十是提高公共服务品质;十一是加强应急保障能力建设;十二是落实资金保障。工作目标:用两年半时间,打造形成一大批"布局合理,功能完善,特色鲜明,服务规范,安全有序,生态环保"的现代化服务区,满足公众多元化需求。主要任务:坚持规划引领,统筹推进,大力实施布局优化、建设改造、功能扩展、品牌服务、文化建设、信息智能等六大提升工程。

(一)布局优化工程

从全省高速公路联网运行的实际出发,制定全省高速公路服务区布局调整规划,根据车流、客流情况及功能定位,分类提出服务区建设规模并预留发展空间,制定新建、改建项目和建设时序,有计划、有步骤地组织实施,形成各类服务区布局合理、功能完善、整体优化的良好格局。

(二)建设改造工程

对已建成服务区,根据运营情况加快对主体建筑、停车场、公共卫生间、就餐区、超市等重要场所的升级改造,把服务设施改造工作与旅游厕所建设、电动汽车充电桩、液化天然气加气站建设有机结合,所有基本服务功能场所应为驾乘人员和车辆提供全天候服务。停车场重点解决容量不足问题,设置危险货物运输车辆专门停放区域,禁止与其他车辆混合停放。有条件的服务区要提供全天候的客房服务,满足长途旅客和接驳运输驾驶员等人员住宿需要。实施节能减排技术改造,实现污水处理、中水利用,生活垃圾集中无害化处理,有条件的服务区应采用符合绿色建筑标准的建材。

(三)功能扩展工程

结合高速公路沿线特色经济、产业园区、旅游和城镇的发展需求,在停车、休息、如厕以及餐饮、加油、车辆维修、公路出行信息播报等基本服务功能的基础上,积极开展客运接驳、物流、旅游服务以及高速公路救援、医疗救助等延伸服务,积极探索"物流型""旅游型""休闲型"服务区建设,提升综合服务能力。引导做好服务三农平台建设,有条件的服务区可以开设地方农副产品销售门店,开辟季节性农副产品展销专区,帮助做好名优新特农副产品宣传推广。

(四)品牌服务工程

创新服务业态,择优引进知名品牌,推进专业化、连锁化经营管理,鼓励社会资本投资餐饮、便利店、客房、汽车维修和加油站等项目,鼓励创建具有市场竞争力的管理品牌、服务品牌和产品品牌。完善服务区运营管理制度,鼓励有条件的服务区通过ISO9001国际质量管理体系认证。推广重点商品和服务"同城同价"制度,为驾乘人员提供质优价廉的商品和服务。健全安全管理规章制度和安全生产隐患排查治理联动机制,加强停车场、食品卫生、饮用水、油品、消防等重点领域安全防范,试行并逐步推广服务区餐厅禁止销售酒类饮品制度。

(五)文化建设工程

开展企业文化和地域文化相融合的文化建设活动。加强企业文化建设,提高职工凝聚力和主动服务意识,树立良好的企业形象。深入挖掘具有显著地域特色的传统文化,在建筑及装修装饰风格上充分展示以红色文化、儒家文化、海洋文化、黄河文化和运河文化等为代表的地域文化特色,注重地方特色产品宣传,发展特色经营,以文化建设提升企业经营理念和经济效益,打造消费体验新亮点。

(六)信息智能工程

积极依托"互联网""互联网+"等技术,及时准确发布服务区、道路通行等信息,实现气象、旅游、交通等信息资源共享,提高服务设施的自动化程度。提升智能化服务水平,努力构建数字化和网络化的现代服务区。

第三节 健全安全保障机制

随着道路交通事业的发展,高速公路交通量逐年增加,突发事件时有发生,应急救援工作进一步得到重视和加强。以形成"快速准确的事件响应、合理高效的现场清障作业、完善的信息服务"为目标,各高速公路运营管理单位以维护人民群众生命财产安全、替广大驾乘人员解困救危为己任,逐步建立起灾害防治、应急反应机构和应急事件的预警、处置机制。制定突发事件的应急预案和应急管理制度,分级建立各类应急组织机构,落实各项应急工作任务。

自济青高速公路建成通车以来,由高速公路管理单位负责实施安全保障和应急救援。随着高速公路路网的延伸,车流量迅速增长,迫切需要建立高速公路安全保障的长效机制。

2006年9月,山东省十届人大常委会第23次会议通过了《山东省高速公路交通安全条例》,这是全国第一部专门规范高速公路交通安全的地方性法规。针对高速公路交通安全管理工作中遇到的新情况、新问题,2014年5月30日,山东省十二届人大常委会第8次会议修订通过了《山东省高速公路交通安全条例》,自2014年8月1日起施行。条例规定:建立以事故发生地县级以上人民政府为主导,公安、安全生产监督管理、交通运输、环境保护等部门以及高速公路管理和经营、医疗急救等单位参加的交通事故抢险救援联动机制,制定相应预案,做到快速反应,及时救援。在高速公路上发生危险物品运输车辆泄漏、爆炸或者重大以上交通事故时,事故发生地县(市、区)人民政府负责组织本行政区域内公安、安全生产监督管理、交通运输、财政、卫生、环境保护、质量技术监督等部门以及高速公路管理和经营单位做好事故救援、处置以及善后处理工作。还规定:公安机关交通管理部门负责高速公路交通事故处理工作,高速公路管理和经营单位负责高速公路路面清障救援工作。公安机关交通管理部门、高速公路管理和经营单位接到交通事故报警后,应当立即赶赴现场,先组织抢救受伤人员,并按照各自职责,快速处理事故,快速清障,恢复交通。条例发布后,清障救援作业的主体责任更加明确。

救援车辆

2013年11月18日,鲁政办字〔2013〕146号印发《山东省人民政府办公厅关于印发山东省重特大恶性道路交通事故应急救援预案的通知》,进一步明确各有关单位在重特大恶性道路交通事故应急救援工作中的职责。

2007年11月3日,针对预防和处置桥梁事故突发事件,省交通厅印发《山东省预防和处置桥梁事故突发事件应急预案》,进一步明确了应急组织机构的职责,对应急处置作出了详细规定。

2012年,为规范全省高速公路突发事件报告工作,及时妥善处置高速公路突发事件,省交通运输厅印发《山东省高速公路突发事件报告暂行办法》和《山东省交通运输厅突发事件信息处理程序》,进一步明确了报告要求和信息处理程序等,提高了对突发事件的处置效率。

2012年4月10日开始建设山东省交通运输厅应急指挥中心,经过多年努力,逐步形成了集行业监督、交通指挥、运行监测、资源支持、信息发布于一体的综合性交通资源指挥平台。该中心是全省三级交通应急平台的核心组成部分,是省委、省政府应急平台的专业处置单位,是全国交通运输行业应急管理网络的重要节点。包括全省交通行业专用的三维电子沙盘、交通地理信息系统 GIS-T 统一平台、应急信息处置系统、应急管理信息资源共享平台、全省高速公路监控视频平台、交通出行系统等，系统功能强大，满足了交通行业应急管理要求，提高了交通应急管理水平，进一步保障了交通运输安全的需要，提升了应急公众信息服务水平，有效降低了应急管理成本，树立了交通部门良好的服务型政府形象。

山东高速集团为确保所辖高速公路发生突发事件时，能够迅速启动应急处置措施，及时恢复公路正常运行，保障公路畅通，依据国家有关法律法规，授权山东高速股份公司组织建立了"公司总部-各单位-基层单位"的三级生产安全事故应急预案体系：

Ⅰ级：由公司总部各部室建立全公司范围的综合应急预案和专项应急预案。

Ⅱ级：由各分(子)公司、管理处根据其业务类别和实际情况，在公司总体预案框架内，建立各自的综合应急预案和专项应急预案。

Ⅲ级：各基层单位在所属单位专项预案框架内，建立各类现场处置方案。

同时，不断完善"调度指挥中心-各级分中心-路政大队"三级调度指挥体系建设。通过在主要收费站增设路政驻点，缩短事故出警时间，提高快速反应能力。全面打造"5、15、90"清障服务品牌，充分发挥路政驻点网络化布局的优势，强化快速反应机制，提高重点路段和事故高发路段的管控力度，积极与交警部门加强沟通，基本实现了"5 分钟过岗，15 分钟到达现场，90 分钟清障完毕"的工作目标。

原油泄漏事故应急处置案例：

2016 年 7 月 25 日 16 时 10 分，潍坊路政大队四中队路政员高志鹏、张景祥驾驶 LZ318 巡查车巡查至 K131＋200 时，发现银川方向发生两货车追尾事故，其中被追尾车辆为危化品运输车，已经出现泄漏。

16 时 12 分，巡查人员对现场进行布控和勘验，查明事故造成前车油罐车罐体撞裂，发生原油泄漏，造成道路拥堵，并立即报路政大队值班领导、高速公路交警、分公司调度分中心。

16 时 30 分，潍坊路政大队刘宏生大队长带领当班路政人员到达现场，及时向分公司分管领导周召伟副经理报告事故情况，启动《化学危险品运输车辆突发事故应急处理预案》，并将现场情况通报给消防、抢险、安监等相关部门，紧急就近调集 2 台路政巡查布控车、1 台沃尔沃清障车赶赴现场进行清障救援。同时，路政人员立即对事故现场后方车辆进行交通疏导，劝离在事故现场逗留观望无关车辆。

16 时 35 分，潍坊分公司到达监控大厅现场调度指挥。

16 时 45 分，根据现场情况，应交警要求，高密站、峡山站银川方向临时关闭，在高密站银川方向出口分流主线由东向西行驶车辆。

16 时 52 分，青岛、即墨、蓝村、胶州银川方向入口临时关闭。

16时50分,清障人员驾驶大型清障车到达现场,实施清障救援。

16时55分,消防车到达现场。

17时00分,潍坊路政大队长刘宏生、高速公路交警大队教导员马新涛及消防指挥人员在事故现场共同制定了"泡沫稀释、沙土填埋、铲车清理"三步走的施救方案,并报告在调度分中心指挥的周召伟副总经理;路政人员积极协助交警和消防人员对事故现场附近居民进行疏散,劝离围观人员,维护现场秩序,限制周围出现明火以防发生火灾。

17时40分,油罐车上的原油泄漏部位完成封堵,按照既定方案,由清障人员负责将事故车辆拖离现场,消防人员开始用泡沫稀释原油,抢险队伍用沙土填埋、防止残存油液扩散,并用铲车清理路面。

18时20分,在现场救援人员统一配合下,行车道路面原油清理完毕。

18时45分,清障车将事故车辆全部拖离现场。

19时30分,现场清理工作全部结束,道路恢复畅通,事故处理完毕。

19时33分,所有封闭收费站解除封闭,青银高速公路主线恢复正常通行。

齐鲁交通集团根据突发事件的发生过程、性质和机理,将突发事件分为自然灾害、事故灾难、公共卫生事件和社会安全事件四类。各类突发事件按照其性质、严重程度、可控性和影响范围等因素,分为四级:Ⅰ级(特别严重)、Ⅱ级(严重)、Ⅲ级(较重)和Ⅳ级(一般)。应急预案体系主要由综合应急预案、专项应急预案和现场处置预案构成。

综合应急预案是集团公司应急预案体系的总纲及总体预案,是集团公司应对Ⅰ级突发事件的规范性文件,用于指导集团公司专项应急预案和各单位综合应急预案的编制。

专项应急预案是为应对某一类型或某几种类型事故,或者针对重要生产设施、重大危险源、重大活动等内容而制定的应急预案。

现场处置预案是各单位所属基层单位根据不同事故类型,针对具体的场所、设施和活动(施工现场、服务区内各类经营场所、收费站、养护巡查、清障救援、信息监控、客服网点、生产车间、人员密集场所等)所制定的应急处置措施。

坚持"统筹规划、重点调配、区域联动、降低成本"的应急清障点设置原则,辐射半径里程为40~50km,实现了跨区域应急清障联动。

日照分公司还联合高速公路交警、路政大队成立"路警"交通安全联合指挥中心,实行"1221"联合巡查模式,即一辆警车或路政车,配备两名交警、两名路政员、一名公司巡查员,建立起反应快捷、整体联动、协调有序、运转高效的指挥调度体系。设备方面,配备了带有摄像和录像功能的无人机,当人员无法到达现场时,利用无人机快速勘察现场,组织实施清障救援。

隧道事故应急处置案例:

2016年11月21日14时46分,接淄博分公司来电,和庄收费站—博山收费站K106

滨州方向乐瞳隧道出口处一辆货车侧翻,有货物洒落,主线临时封闭,路政、交警、应急清障人员正赶往现场。

15时01分,调度淄博分公司,和庄收费站—博山收费站K106滨州方向乐瞳隧道出口处发生一辆货车侧翻事故,经核实,无人员伤亡,装载货物为家具,有洒落,路政、交警、应急清障人员已到达现场,已调度莱芜分公司建议交警采取封站措施,莱芜境内沿线已发布情报板信息,压车约3km。

15时07分,莱芜分公司来电,和庄收费站—博山收费站K106滨州方向乐瞳隧道出口处发生一辆货车侧翻事故,因事故,交警已封闭和庄、苗山、莱芜东、莱芜南、钢城收费站北京方向入口。

15时20分,莱芜分公司来电,和庄收费站—博山收费站K106滨州方向乐瞳隧道出口处发生一辆货车侧翻事故,洒落货物家具需要倒货,倒货车辆正赶往现场,压车约3km。

15时52分,调度淄博分公司,和庄收费站—博山收费站K106滨州方向乐瞳隧道出口处发生一辆货车侧翻事故,倒货车已到达现场,正在进行倒货,压车约3km。

16时48分,调度淄博分公司,和庄收费站—博山收费站K106滨州方向乐瞳隧道出口处发生一辆货车侧翻事故,已完成倒货,正在进行吊车,主线仍处于封闭状态,拥堵路段长约4km。

17时40分,调度淄博分公司,和庄收费站—博山收费站K106滨州方向乐瞳隧道出口处一辆货车侧翻事故处理完毕,处理时长为2小时54分钟。

第四节　信息系统高效稳定

20世纪90年代中期以来,全省高速公路信息化建设由起步到逐步完善,形成了全省高速公路收费、监控、通信信息系统,保证了高速公路的路网通行能力和高效运行。

一、信息系统路网全覆盖,安全运行

1998年,随着高速公路建设快速发展,省交通厅提出建设全省统一的收费、监控、通信信息管理系统的设想,本着"统一规划、分步实施"的原则,1999年4月启动总体设计方案招标,8月完成。1999年11月,省交通厅成立山东省高速公路信息系统建设项目部,统一负责建设全省已建在建高速公路的信息系统。系统采用先进的信息处理和数据库技术,有效支持了全省高速公路收费信息共享、快速存储、准确查询和管理分析,为进一步升级完善、系统扩展、系统衔接打下基础。

2003年以后,所有新建高速公路通车时均同步建设完成信息系统硬件设施,统一进行系统软件的安装、调试,适时联网。2005年,山东省交通厅成立高速公路收费结算中心,负责全省高速公路信息系统运行管理、指导和监督以及通行费清分结算、密钥管理、全国联网高速公路ETC清分结算等业务。山东省高速公路信息系统联网里程长,技术先进,功能强大,结构复杂,建设时期不一,管理体制多变,因此需要在建设、运行、维护各阶段采取各种措施,确保信息系统安全高效运行。信息系统建设严格按国家基本建设程序进行,严格执行政府监督、社会监理、企业自检三级质量保证体系,严把设计、工程施工、软件开发、检测、验收等各阶段质量,编制了《山东省高速公路机电工程施工技术标准》《山东省高速公路机电工程监理规范》《山东省高速公路机电工程质量检验评定标准》,对新建路段信息系统联网进行技术方案审查,确保信息系统联网工程建设质量。在信息系统运行管理上,除交通运输部《部省道路运输信息系统联网管理规范》外,还制定了《山东省高速公路信息系统管理意见》《山东省高速公路收费站操作规范》《山东省高速公路收费站监控管理办法》《山东省高速公路通行卡管理办法》《山东省高速公路联网收费联合稽查办法》《山东省高速公路异常路况信息报送及发布办法》等多项管理规章制度,确保了信息系统安全运行。在信息系统维护方面制定了《山东省高速公路信息系统养护管理办法》,使信息系统更新改造有了依据;编制了《山东省高速公路机电系统维护技术规范》,为全省高速公路信息系统维护提供了一套规范、有效、全面、实用的技术标准,提高了信息系统设备完好率,保障了高速公路收费、监控、通信系统的正常运行。

2003年起,陆续建设了山东省公众出行交通信息服务系统,基于信息服务链的概念,集成了WebService、DB2II、WebGIS、CallCenter等技术,涵盖了23类出行服务信息,形成统一的公众出行信息服务平台,在全国率先使用基于出行网站的路网示意图,并运用图层技术实现示意图信息的动态维护及交通动态信息与示意图的关联,为公众提供了经济便捷

接听服务热线

的出行信息服务,提供了门户网站、出行服务热线电话、短信、广播、服务手册、高速公路图文系统等六种服务方式,便于公众获取。2015山东高速集团开发了"e高速"手机APP,开发实施了手机视频实时路况导航产品"路网APP",以实时直播的方式及时准确地为用户服务。2016年齐鲁交通发展集团开发了"齐鲁通""齐鲁美驿"手机APP,通过各种手段为公众提供高速公路、国道、省道、道路出行交通综合信息服务,较好地满足了公众的出行需求,取得了良好的社会效果。

2004年8月18日,国务院第61次常务会议通过《收费公路管理条例》(国务院令第417号),条例的颁布对促进公路事业发展、规范收费公路管理起到了重要作用。

到2016年底,山东省高速公路联网收费里程5710km,联网成员单位17家。实现了山东省高速公路收费、通信、监控系统的三网合一,做到了互联互通、资源共享、统一管理,系统高效稳定运行。

二、不停车收费,畅行神州

为提高高速公路服务质量和水平,节能减排,提高用户满意度,降低现金风险,根据交通运输部、财政部、发改委《关于促进高速公路应用联网电子不停车收费技术的若干意见》,省交通运输厅启动高速公路不停车收费和非现金支付系统的建设,编制了《山东省高速公路不停车收费和非现金支付系统项目建议书》,按照"统一规划,分步实施"原则,严格基本建设程序和国家有关标准规定等,阳光操作,严把质量、进度、投资关,确保平稳过渡,2010年7月完成电子不停车收费系统一期工程并投入运行。2013年12月实现"京津冀晋鲁"5省市联网,2014年12月完成与"长三角"等14个省市联网,2015年9月实现除西藏、海南以外的29省市ETC联网。

2010年7月1日,山东省高速公路不停车收费系统正式投入运行

（一）非现金结算中心系统

山东高速公路非现金结算中心系统由结算系统、中心对外服务系统、异地容灾系统组成。在结算中心机房设置 ETC 数据服务器、省际联网服务器、外部数据接口服务器等后台处理设备以及数据审核、争议数据处理、结算等网络工作站。

(1) 结算系统主要负责汇总、统计、清算鲁通卡收费原始交易数据；交换跨省（市）联网交易数据、清分结果等；对交易数据与清算结果进行验证；通过银行完成跨省（市）通行费收入的划拨；完成针对省内各个路段业主的通行费用收入的拆分、结算、划拨等；对省内高速公路不停车收费业务实施统一管理；结算中心系统形成电子收费交易数据的统计数据，向各个路段业主提供相关报表等功能。

(2) 中心对外服务系统包括建立用户服务网站和设置用户服务呼叫系统，在结算中心设置外部数据接口服务器、语音服务系统等设备，完成鲁通卡相关业务服务（业务流水查询、网上挂失等）、电话查询、邮件通知等功能。

(3) 通过异地容灾系统建设，保护山东省高速公路联网收费系统的收费数据和客户数据，防范系统设备损坏、网络故障造成的风险。

（二）密钥和卡发行系统

(1) 依照交通运输部确定的统一体系架构和技术路线，省高速公路收费结算中心建立了密钥管理系统，主要由省密管系统、加密机和管理工作站等组成，为卡发行和应用服务提供密钥生成、密钥存储、密钥分发、密钥管理等服务。发行了山东省高速公路收费专用缴费卡——鲁通卡（分为记账卡和预付费卡，客货车均可使用）。

(2) 发行系统根据密钥管理系统提供的各类母卡对车载设备、非现金支付卡及通行卡进行初始化发行操作，将初始化信息和各类密钥导入到车载设备、非现金支付卡及通行卡中，使之成为可以二次发行、应用的预付费卡、记账卡、车载设备及通行卡。

（三）ETC 车道

山东省高速公路不停车收费建设对原有收费车道改造和新建高速公路收费车道分别实施，新建高速公路每个收费站新建一进一出 ETC 收费车道，对原有高速公路收费站人工收费车道（MTC）进行 ETC 改造，分三期工程实施。到 2016 年底，全省改造和新建 371 个高速公路收费站和 812 条 ETC 车道，覆盖率达到 94%，并先后完成济南南等 15 个收费站共 39 条 ME 车道改造，在全国率先形成了货车不停车计重收费的规模化应用。

（四）客户服务系统

为做好电子不停车收费和非现金支付系统的推广、应用和售后服务工作，高速公路收费结算中心建立了"省不停车收费客户服务总中心—客服中心—区域客服中心—服务网点"的四级客户服务系统。

(五)完善各种规章制度

2011年,经省政府同意,省交通运输厅联合省发改委、财政厅等七部门下发了《关于促进我省高速公路应用联网电子不停车收费技术的实施意见》。按照"标准化、规范化、集约化、人本化"要求,省交通运输厅对有关技术参数、接口标准、客户服务管理、业务流程、服务标准等进行了研究,先后制定了《山东省高速公路ETC客服管理规定及标准》《鲁通卡(储值卡)服务指南》《鲁通卡(储值卡)用户章程》《鲁通卡(记账卡)服务指南》《鲁通卡(记账卡)用户协议》《电子标签服务指南》和《电子标签用户章程》等,为系统的稳定运行奠定了基础。

第六章
高速公路养护与路政管理

山东高速公路养护始终坚持预防为主、建养并重的原则,充分运用先进检测手段,定期进行桥梁与路面检测诊断,分别采取日常保养、小修、中修和大修等养护措施,确保公路病害及时处理。路政管理实行"统一领导、分级管理",注重管理与服务并举,为全省高速公路健康发展提供了重要保障。

第一节 高速公路养护管理

20世纪90年代起,山东交通大力倡导预防性养护,引入全寿命周期理念,大力实施"科技振兴交通"战略,加大科研攻关力度,相继开展了"公路综合整治""两保两树"和"畅安舒美山东路"活动,在"通行能力、安全应急、规范管理、人本服务、创新引领和生态环保"等六大方面实现了较大提升,高速公路养护管理及服务水平迈上了新的台阶。

2005年,在交通部组织的全国公路养护大检查中,山东荣获高速公路、普通国省道和总评分"三个第一",再次展示了山东公路的良好形象。2006年5月,交通部在山东召开全国公路养护管理工作会议,时任交通部部长李盛霖、副部长冯正霖,时任省委书记张高丽、省长韩寓群等领导同志出席大会。

一、养护制度

1997年,全省部分市公路局推行养护公司制。菏泽、泰安、潍坊市公路局率先进行养护机制改革,将市场竞争机制引进到养护管理,全面推行养护由道班制向公司化模式的探索,逐步建立起由公路局、高管局统一管理,适应市场经济要求、内外关系理顺、宏观调控有力、运转灵活高效的公路内部管理新机制,使养护资金发挥其最大效益。

2003年以来,厅公路局先后印发《山东省高速公路养护管理办法》《山东省高速公路养护大中修工程管理办法》《山东省高速公路养护小修保养管理办法》,对高速公路养护大中修、小修保养、桥梁养护、绿化、安全施工等各个方面加强规范管理,做到修补坑槽不过夜,实现高速公路365天无坑槽。同时将各市养护管理工作纳入省交通厅和厅公路局考核体系,每年定期对各市养护管理工作开展情况进行全面检查。

为加强和规范高速公路养护管理工作,强化责任追究,保证高速公路安全畅通,省交通厅于2007年至2012年分别印发了《山东省公路桥梁安全责任事故追究制度》《山东省公路桥梁养护管理工作制度》《山东省高速公路日常养护管理办法》《山东省高速公路养护施工作业安全管理规定》《山东省公路养护机械化发展指导意见》《山东省高速公路养护工程管理办法》《山东省高速公路日常养护巡查办法》《山东省高速公路养护工程计划管理办法》等规范性文件。

2006年10月,山东高速集团有限公司在充分调研的基础上完成了养护管理体制改革。一是重新划分运营管理区间,建立区域公司。二是成立养护公司,组建专业的施工养护队伍,提高了养护的专业化水平。

2015年7月,齐鲁交通发展集团有限公司成立。2016年1月,原由厅公路局养护管理的高速公路划归齐鲁交通发展集团有限公司负责。

二、养护运行机制与模式

高速公路的养护工作由原来的"谁管理谁负责"的方式,逐步转变为管养分离、大中修工程实行公开招投标的市场化运作方式。

齐鲁交通发展集团组建后,提出了"精准养护"的工作理念。为加快推进事转企改革,做好养护结构性调整,建立了"集团公司养护部—分公司工程养护部—养护应急救援中心—分中心"的四级组织管理架构。实施预防性、精准化养护,探索养护总承包模式,实现路况检测、计划决策、方案设计、养护施工与效果评价一体化。

由山东高速集团管理的公路实行以管理处为管理单元负责养护,为创新养护运行机制,逐步建立了以"区域公司"为特征的区域管理模式,合理划分管养区间,通过市场化方式配置养护资源。山东高速股份、高速路桥养护公司、高速科技集团三方以合同条款界定职责,形成管理、养护施工、监理互相合作、互相监督、互相制约机制,考核目标明确,标准清晰,不断提高养护管理的规范化水平。

三、绿化管理

高速公路绿化,按照高起点规划、高标准建设、高效能管理的原则,围绕打造自然、生态、和谐交通环境,全面提升高速公路绿化水平。一是科学规划,合理布局,强调地域特色。充分考虑山东省气候、地质、水文和地域特色,突出路与自然景观、人文景观相协调,形成"车在路上行、人在画中游"的效果。在平原地带采用大色块,突出流畅的线条,以观赏性较高的雪松、蜀桧、樱花、紫叶李、紫薇等乔灌木为主,灵活运用"露、透、封、诱"等手段,增强绿化美化效果。在山区、丘陵地区以稳定边坡、巩固路基为主,坚持全生命周期成本核算的理念,选择国槐、法桐、毛白杨、扶芳藤、大叶女贞等耐瘠薄、抗干旱的本土树种,尽量保护当地环境的原始气息。注重服务区、收费站等庭院绿化,结合建筑布局,以植物造景、生态造园为主。用树木装点道路,以绿化带分隔工作区和生活区,通过花池、山石、栏架、长凳进行点缀,达到了绿化、美化的效果。二是科学管理,精心养护,持续巩固绿化成果。"三分栽种,七分养护",坚持栽管结合、建管并重的原则,高度重视绿化抚育管理工作。认真做好高速公路树木花草的修剪、浇水、追肥,确保绿化效果。做好公路绿化病虫害防治工作,按照"预防为主,科学防控"的方针,科学编制病虫害防治手册,对美国白蛾、天牛等常见病虫害的形体特征、繁殖特点以及防治方法进行描述,使得基层养护人员能够做到快速识别、正确防治。

为改善济青高速公路的通行条件和环境,稳固保护路基,体现济青高速公路特色,1994年、1995年在中央分隔带内栽植了花灌木进行初期绿化,同时对部分互通式立交进行了绿化。从1996年开始进行了苗木防眩栽植试验,1997年基本确定了苗木防眩模式,1999年对中央分隔带的绿化改造基本完成。互通式立交的绿化从1996年开始到2004年基本完成,经过不间断的改造升级,成为济南、青岛之间色彩丰富、各种苗木花草争奇斗艳的绿化长廊,实现了由绿到美的跨越。

京沪高速公路泰安段小苑庄匝道绿化工程,图案为"孔雀开屏",造型新颖别致。2003年3月竣工的泰山立交绿化工程,采用20多种苗木,以绿草为主,四季常青,三季有花,远瞻犹如一个巨型蝴蝶飞舞在泰山脚下的绿色丛中。

沈海高速公路烟台段主线中央分隔带、两侧裸露边坡及立交区进行绿化改造,栽植各种树木500余万株,铺设绿化生态网28万 m^2。在裸露山体的处治工作中,推广采用栽植小黑松、爬墙虎、常青藤和铺设绿化生态网的方式,绿化美化两侧裸露边坡,提高全线的整体绿化水平。

青兰高速公路黄岛至莱芜段和京沪高速公路济南至莱芜段实施了生态环保典型示范工程,定位为"北方半干旱地区典型示范工程"。工程内容包括:主线绿化、互通区绿化和两侧可视范围内绿化。全线乔灌结合、花草相间、层次分明,取得了立体绿化美化效果,为省内第一条生态环保路。

东营至青州高速公路60%的路段地处黄河入海口滨海盐碱地,生态环境脆弱,土壤含盐量平均17‰以上,这些路段一度被列为绿化的"禁区"。为扮靓这条绿色长廊,2011年起,东青公司分阶段实施绿化提升改造工程,在中央分隔带和公路两侧补植木槿、杨柳等耐碱的乔灌木,在黄河淤积平原的盐碱地上打造了一条"绿色长廊"。

特色通车环境

日东高速公路

第二节　路政管理规范有力

路政管理的目的是为了保障公路使用的质量,提高公路的社会经济效益。路政管理的对象包括自然人、法人及其他组织、物质资助(路产)、空间资源(路权)和信息资源等。随着全省高速公路路网规模的扩大,山东交通逐步建立健全高速公路路政管理一系列规章制度,不断加强路政管理工作,进一步促进了路政管理的标准化、规范化、集约化和人本化。在保护高速公路及其附属设施完好、保障畅通等方面取得了显著成效。

一、管理机构

1993年5月7日,省编委同意济青高速公路管理局设路政处,沿线7个路段管理处设立相应的路政科。

1997年9月11日,省编委同意山东省京福高速公路建设管理办公室设路政部,沿线德州、禹城、济南、泰安4个运营管理处设立相应的路政科。

1999年6月,潍莱高速公路建成通车,省编委同意济青高速公路管理局增设潍莱高速公路坊子、平度、莱西3个管理处,并设立相应的路政科。

1999年11月,省公路局下发《关于加强高速公路路政管理工作的通知》,要求各市(地)公路局组建高速公路路政管理大队,高速公路路政管理人员按每百公里20～25人配备。

2000年12月4日,省编委同意省交通厅公路局设路政处。

2001年11月27日,省交通厅决定由厅公路局行使高速公路路政管理职责。各市高速公路路政管理机构的设置、编制、规格由各市人民政府自行确定,但名称要尽量保持一致。

2002年3月,省编委同意将省交通厅公路局路政处更名为路政一处,负责全省普通国省道公路的路政管理;在厅公路局增设路政二处,负责全省高速公路的路政管理,编制10名,配正、副处长各1名。11月,泰安、临沂、济宁、菏泽、东营、淄博、莱芜、日照等8市公路局设立了高速公路路政管理大队,青岛高速公路路政管理大队设在青岛市交通局。

2003年10月13日,省政府明确交通主管部门为公路路政执法主体,依法委托公路管理机构行使路政执法职责,省交通厅决定由厅公路局行使高速公路的路政管理职能。随即,厅公路局向山东省高速公路有限责任公司派驻路政管理机构,依法行使对济青、潍莱、京福高速公路山东段的路政管理。

二、路政管理

1994年3月,省公路局印发《关于印发〈山东省公路路政管理检查评定办法〉的通知》,要求严格执行交通部颁发的《实施细则》和《公路路政管理规定》以及上级有关路政管理工作的方针、政策和规定。

1996年3月,省交通厅会同省财政厅、省物价局制定《关于发布〈济青高速公路路产赔偿暂行规定〉的通知》。

1997年5月,省政府下发《山东省高速公路管理办法》,规定任何单位和个人不得在高速公路及其用地范围内摆摊设点、堆放物品、倾倒垃圾、设置障碍、挖沟引水、利用高速公路边沟排放污物或者进行其他损坏、污染高速公路和影响高速公路畅通的活动。

1997年7月,第八届全国人大常委会第26次会议通过《中华人民共和国公路法》,该法的颁布实施对明确公路建设的资金来源,规范公路的规划建设养护与管理,维护公路使用者的合法权益,保护路产路权,保障公路完好畅通提供了法律依据。

2000年4月,交通部制定了《超限运输车辆行驶公路管理规定》〔2000〕2号部令,随后,省交通厅签发《关于实施〈超限运输车辆行驶公路管理规定〉的紧急通知》,任何单位和个人不得以检查超限运输为名上路查车、罚款。5月,省交通厅下发《关于印发〈山东省超限运输车辆行驶公路管理规定实施办法〉的通知》,自6月1日起实施,要求各市地公路局(段)凡在山东境内超限运输车辆行驶公路必须经公路管理部门批准,并向公路管理部门缴纳公路损失补偿费;省、市级公路管理部门批准超限运输的车辆行驶公路时,应签发《超限运输通行证》,该证由省公路局统一印发。全省交通系统充分利用《中华人民共和国公路法》赋予的监督检查和处罚处理权力,以及对公路两侧建筑控制区违章建筑和非公路标志牌清理的强制执行手段,搞好公路巡查,及时清除路障,特别对占用公路的集市贸易、摆摊设点、擅自设立广告牌等非公路标志和沿线违章建筑,集中力量和时间开展专项治理活动。

2001年8月,省财政厅、省交通厅联合印发《山东省公路路产损坏赔偿费使用管理办法》,要求全省路政人员做好路产赔偿票据的使用管理工作,使路赔票据的使用和管理工作更加标准化、规范化。11月,省交通厅决定由厅公路局行使高速公路路政管理职责;明确公路路政人员要实行24小时巡查,路政人员上路巡查,处理路赔,进行行政处罚,维护路产、路权都属合法行为。

精良的巡查装备

2003年初,厅公路局提出"建队伍、强素质、抓管理、树形象"的路政执法新理念。同年8月,提出在全省范围内推广淄博市公路局在县(市、区)局和高速公路路政大队设立路政服务大厅的经验,随后全省所有县(市、区)局和高速公路路政大队全部设立了路政服务大厅,为广大用户提供一站式服务。

2003年5月,厅公路局下发《关于印发〈山东省公路系统高速公路恶劣天气及突发事件处置预案〉的通知》,有效地保障了恶劣天气及突发事件发生时高速公路信息及时传递和车辆通行。

2003年10月,省政府第十五次常务会议通过《山东省超员和超限运输车辆管理办法》(164号省长令)。为贯彻落实该办法,省交通厅确定自2003年12月1日起在全省范围内对超员和超限运输车辆进行集中治理,要求所有路政、稽查人员全部到位,集中检查3个月。

2004年6月,厅公路局印发《山东省公路系统车辆超限超载治理工作实施方案》,下发《山东省公路系统治理超限超载期间突发性事件处置预案的通知》,要求各级公路部门组建专业治超队伍,层层落实工作责任制,分阶段明确任务,在全省范围内形成了强大的治超组织网络。

2005年3月15~16日,全省公路路政管理工作会议在烟台市召开。重点强调要创建法制型行业,做依法行政和依法治路的典范;建立治超长效机制,加大治理力度,加强宣传和教育,按计划推进计重收费工作进程;建立"反应迅速、装备精良、规范执法、文明服务"的路政管理队伍,特别是高速公路路政管理队伍,打造山东公路路政队伍品牌。

2009年6月23日,为加强公路路政监控指挥中心管理,提高全省路政应急处置能力,保护路产路权,保障公路完好畅通,提高公众服务水平,省交通厅公路局印发《山东省公路系统路政监控指挥中心管理办法》,自办法发布之日起施行。

2010年1月22日,省政府第62次常务会议通过《山东省治理超限和超载运输办法》,并于同年4月1日起施行。

2010年8月12日,为进一步规范全省路政内业资料管理,提高路政执法档案管理水平,厅公路局印发《山东省公路路政执法档案管理制度》,自下发之日起施行。

2010年12月,山东省印发《山东省人民政府办公厅关于加强公路路政管理工作的意见》(鲁政办发〔2010〕77号)。《意见》要求:一是依法治理,明确路政管理的主体和职责,严格按照公路法律、法规开展公路路政管理工作,依法保护路产、维护路权;坚持严格执法,依法行政,治各种涉路违法问题,保障公路完好畅通。二是标本兼治,坚持"防治结合、标本兼治",加强制度建设,改善管理方式,建立健全长效管理机制,保障公路通行环境良好。三是综合治理,在各级政府的统一领导下,相关部门认真履行职责,加强工作配合,齐抓共管,形成合力,扎实推进公路综合治理各项工作。全省不断强化工作措施和力度,切实保护公路及其附属设施的完好;明确划定公路建筑控制区范围,实现公路建筑控制区内无新增违法建筑;加强非公路标志管理,消除"脏、乱、差"现象,推动公路路域环境综合整治深入开展;建立健全公路路政管理制度,促进公路路政管理的标准化、规范化、集约化、人本化。

2011年2月,国务院第144次常务会议通过《公路安全保护条例》(国务院令第593号)。条例的发布,对加强公路保护,保障公路完好、安全和畅通具有重要意义。

2011年5月,省交通运输厅公路局印发《关于推行"执法工作重心前移,路政中队派驻公路站"路政管理新模式的指导意见》。

2011年12月,为进一步加大公路路产保护力度,加强路政巡查管理,根据《中华人民共和国公路法》《公路安全保护条例》等相关法律法规,省交通运输厅公路局印发《山东省公路路政巡查管理办法》,自2012年1月1日起施行。

2012年2月,为规范路政执法人员处理有关违法案件法律文书的适用,规范执法行为,方便当事人接受处理,根据《中华人民共和国行政处罚法》《交通行政处罚行为规范》和《交通行政执法文书制作规范》的有关规定,省交通运输厅公路局印发《关于处理违法超限运输案件过程中有关文书适用的指导意见》。

2013年8月,为了加强公路路政管理,保障完好、安全和畅通,根据《中华人民共和国公路法》等法律、行政法规,结合本省实际,第十二届人大常委会第3次会议通过《山东省公路路政条例》,自同年12月1日起实施。《条例》进一步明确省交通运输主管部门主管全省的公路路政管理工作,县级以上人民政府负责公路路政管理的部门或者机构依照法律、行政法规和国家有关规定,承担本条例规定的公路路政管理工作;经营性公路的路政管理职责可以由公路路政管理部门的派出机构行使。县级以上人民政府发展改革、经济和信息化、公安、财政、国土资源、住房城乡建设、林业等部门,应当按照职责分工做好公路路政管理的相关工作。对保护公路做出突出贡献的单位和个人,县级以上人民政府应当按照规定给予表彰奖励。

2013年8月,为规范公路路政服务大厅建设,完善执法信息公示相关工作,根据国家《政府信息公开条例》(中华人民共和国国务院令〔2007〕第492号)和交通运输部《关于印发〈路政文明执法管理工作规范〉的通知》(交公路发〔2012〕171号),按照交通运输部执法形象"四统一"工作意见、省交通运输厅关于规范全省基层执法单位建设的部署,省交通运输厅公路局制定了《山东省公路路政执法信息公示制度》,自2014年1月1日起施行。

2013年9月,省交通运输厅印发了《山东省交通运输厅关于加强交通运输行政执法队伍素质形象建设的指导意见》。

2014年2月,为进一步规范交通运输行政执法行为,加强交通运输法治建设,省交通运输厅制定了《山东省交通运输行政处罚自由裁量执行标准》,自2014年3月10日起施行。该标准涉及公路路政39项、交通运输监察105项等。

至2016年,各县(市、区)公路管理机构和高速公路路政大队均设立了公路路政服务大厅,实现了路政业务"一站式"办公,工作效率和服务水平显著提高,成为公路系统面向社会的一个重要窗口,展示了公路路政"反应迅速、装备精良、规范执法、文明服务"的良好形象。

路政执法人员日常演练

第七章
高速公路科技创新

山东交通坚持"科学技术是第一生产力"战略方针,积极开展新技术、新工艺、新设备、新材料等方面的研究和推广应用,取得了一批拥有自主知识产权的创新性成果,极大提高了高速公路行业的科技水平,在高速公路建养过程中发挥了巨大的技术支撑,取得了显著的社会和经济效益。

第一节 重大创新技术

在加快高速公路现代化建设的进程中,科技进步起到了巨大的支撑作用。交通各级各单位,深入贯彻"依靠科教振兴交通"的战略思想,坚持科技与交通生产紧密结合,切实加强对科技工作的组织领导,建立健全组织机构,改善科研条件,加大科技投入,增强创新能力,突破了一批高速公路建设管理养护中的关键技术,极大提高了全省高速公路的科技含量。

一、路面结构技术

重点开展了交通部联合攻关项目"永久性沥青路面设计方法研究",对永久性沥青路面结构设计理论、力学相应规律等进行了深入系统研究,项目总体达到国际领先水平,获2009年山东省科技进步一等奖,获2010年国家科技进步二等奖。"MAC改性沥青技术开发及应用研究"使改性沥青的生产摆脱了大功率胶体磨的束缚,提高了生产效率,该成果获2007年度山东省科技进步一等奖,并取得美国专利。开展了"青岛海湾大桥桥面沥青铺装研究",系统研究了桥面沥青铺装破坏机理、受力特点及其与桥梁的适应性,提出全新的铺装层结构组合,研发了沥青铺装新材料,初步建立了桥面铺装设计方法,达到国际先进水平。还先后开展了部重点实验室专项资助项目"高等级公路半刚性基层材料与结构损伤数值模拟研究"、交通部联合攻关与重大工程科研项目"高等级公路典型路面结构路用性能和寿命周期费用研究""水泥混凝土路面HIPERPAV技术开发与应用""新型高模量、抗疲劳沥青混凝土的研究""重载交通国省道干线公路路面结构组合及施工控制研究""路面结构层内部动力响应测试方法与设备关键技术研究""大粒径沥青稳定碎石耐久路面结构在高速公路改扩建工程中的应用研究""道路工程铺面层间稳定测试用双向精控动态力学加载系统的研制与开发""半刚性基层材料测试性质与结构性能的关联性研究"等项目。其中,山东省交通科学研究院等单位研究开发的大粒径透水性沥青混合料,具有有效防止反射裂缝发生,能够排出路面内部水分,避免水分对下层或沥青面层的破坏等功能,开创了一种新型路面结构,已在国内得到广泛推广应用。

二、路基材料与结构技术

先后开展了"黄河冲积平原软土地基的处理问题""黄河冲积平原粉沙土的处理与利用""滨海盐渍土地区路基拼接与建筑垃圾填筑关键技术研究""盐渍土的改良与利用""不良路基的不均匀沉降"及"工业废旧材料煤矸石、粉煤灰等在路基填筑中的应用"等课题,从路基土改良、废旧材料利用、路基压实质量控制、路基永久变形控制等多方面开展了大量研究,结合工程实际,解决了各种特殊土路基的稳定性和非均匀沉降等问题,有效提高了路基质量,大量利用工业废料,实现了节能环保。

三、桥梁隧道技术

针对新型桥梁、隧道结构,从理论分析、结构性能、设计技术指标、施工工艺到质量控制、经济效益等方面进行全面研究,取得了系列研究成果。"大跨度刚构—连续组合体系结构分析试验研究"获1996年国家科技进步三等奖。"水下无封底混凝土套箱建造技术"综合解决了跨海大桥非通航孔桥承台建造和使用中的一系列问题,成果获2011年国家技术发明奖二等奖。"公路桥梁灾害预防和加固技术研究"为桥梁建造和加固提供了理论依据,获山东省科学技术进步三等奖。在桥梁养护方面,先后开展了"桥梁静态实验自动采集监控分析系统""千吨级大型设备超限公路运输路桥加固技术研究""碳纤维复合材料(CFRP)在桥梁加固中的应用研究""桥梁结构检测分析系统QLJC"等课题,多项获省部级科技进步奖。在公路隧道研究方面,开展了"公路隧道裂缝治理技术研究"课题,提出了公路隧道裂缝、渗漏水病害检测、危害程度评价的配套技术,系统地给出了涵盖公路隧道裂缝、渗漏水病害治理的成套技术以及公路隧道裂缝、渗漏水病害治理工程质量验收办法,研发的"公路隧道渗漏治理及质量验收管理系统"软件,获山东省科技进步三等奖。

四、养护技术

重点从公路养护管理系统、旧路的检测与评价、预防性养护、快速修复技术、养护机械的开发等方面,先后开展了"公路养护关键技术及系列装备的研究""FWD检测技术在高等级公路中的应用""沥青混凝土超薄磨耗层的研究""高等级公路路面冷铺维修养护层结构组成的研究""高速公路预防性养护技术研究""沥青路面冷再生材料设计与性能评价体系及厂拌设备开发与应用研究""便携式公路用除雪融冰撒盐机研究与开发""基于泡沫沥青的混合料温拌技术应用研究与设备研制""高速公路管养作业多功能机械的研究与开发"等研究,多项课题获得科技奖项。其中,"公路养护关键技术及系列装备的研究"系统建立了公路检测、路况评价与养护分析技术体系,开发了包含路面结构强度、路面抗滑性能和道路平整度的快速检测装备,形成了适用于各级公路的评价体系和标准,建立了包括路面性能评价、损坏预测、经济评价、原因诊断和优化决策等各种知识库,开发了具有完全自主知识产权的公路养护分析大型软件平台(CPMS)。研究成果获2005年国家科技进步二等奖。1995年起开展的"沥青路面现场热再生技术研究",创新性改进了加热方式,大大降低了再生成本。

为了提高养护管理水平,高速公路管养企业不断加大投入,加强研发力量。2012年12月,山东高速集团整合相关资源成立了山东省沥青路面再生工程技术研究中心,2015年4月获批交通运输部"公路交通节能与环保技术及装备交通运输行业研发中心"。自行研发的就地热再生机组是国内唯一的沥青路面多步法现场再生设备。该设备具有分层加热、分层铣刨,独立间歇拌和及终端加热等功能,能有效降低施工过程中沥青的老化问题,并可根据重量添加再生及新沥青,确保生产出高质量的再生混合料。机组已经过充分施工验证,已在山东、江苏、贵州、内蒙古、天津、浙江等多个省区市进行了大面积推广施工。通过推广"沥青路面冷、热再生"等新材料、新技术,2014年山东高速集团降低养护成本2%,全年节约支出近2亿元。此外,山东高速集团还编写了《山东高速沥青路面管理与养护技术》《山东高速桥梁维修加固技术手册》《高速公路规范化标准化养护管理手册》,为提高养护管理水平和规范化管理提供了依据。

齐鲁交通发展集团积极采用就地热再生、SMC常温改性超薄层罩面等新技术、新材料,降低了能耗,节约了资源,促进了养护科技发展。2016年6月30日,来自全国公路系统、科研院所、养护企业的知名专家、学者以及各分公司与会人员组成的第二届全国公路养护新材料应用技术大会观摩团,莅临S29滨莱高速公路莱芜段养护大中修工程施工现场,对SMC常温改性沥青超薄罩面和低冰点融冰雪路面试验段进行观摩。

五、决策咨询、安全、节能环保技术

紧紧围绕事关高速公路发展的全局性、战略性和政策性等重要课题,相继开展了一系列具有较大影响的决策科学技术研究。"山东高速公路管理系统""山东省公路建设与社会经济适应性的研究"均获2001年山东省科技进步二等奖,"山东交通现代化评判方法及指标体系的研究"获2005年山东省科技进步二等奖。研究成果的实践应用,促进了交通决策的科学化、民主化水平的提高,为实现高速公路快速健康发展提供了有力支持。

加大高速公路安全技术研究应用,旧危桥综合加固技术、高速公路护栏安全性等方面的研究已接近或达到国际先进水平。"失稳加筋土挡土墙加固综合技术研究"获2002年省科技进步一等奖,"千吨级大型设备超限公路运输路桥加固技术研究"获 2000 年省科技进步二等奖,"山东省公路路政管理信息系统"获 2004 年省科技进步二等奖,"公路超限运输自动检测设备(振弦式动态汽车超限检测系统)"获 2005 年省科技进步二等奖,"高速公路护栏过渡段与端头合理结构形式的实验研究"获 2006 年省科技进步二等奖,"公路桥梁灾害预防和加固技术研究"获 2007 年省科技进步三等奖。上述技术成果的应用,大大提高了公路基础设施安全性能。

积极开展节能环保技术的研究应用,提高了旧路材料的利用价值,减少了旧路改造造成的环境污染。"利用粉煤灰筑路技术的研究"获 1983 年国家科技进步二等奖,"利用煤矸石填筑高等级公路路堤的研究"获 1998 年省科技进步二等奖,"高速公路植被建植及管护技术研究"获 1999 年省科技进步二等奖,"旧水泥混凝土路面加铺沥青层修筑技术研究"获 1999 年省科技进步三等奖,"山东省高速公路路域生态环境评价及生态绿化模式构建的研究"获 2005 年省科技进步三等奖。这些研究成果的应用,有效地改善了交通环境状况和服务质量,促进了交通与自然的和谐发展。

六、施工技术

20 世纪 80 年代起,山东公路施工开始由半机械化生产向机械化发展,并逐步引进具有国际水平的新技术、新工艺、新材料,引进国际一流的施工设备,对重点技术难题进行攻关解决,建成了一批高效、优质的公路工程项目,带动了公路(路基、路面、桥梁、隧道、节能环保、通信、监控、收费信息系统和安全设施)整体技术水平的提高。开展的"大跨径、小半径曲线滑移模架施工技术",比传统满堂支架施工方法节约施工成本 1953 万元(4 套合计),节约工期 630 天,获山东省科学技术进步三等奖。1998 年,在京福高速公路济南黄河公路大桥的箱梁施工时,采用自行设计的橱架式挂篮,行走方便,操作简单。大桥合龙时两侧主梁的自然高差仅为 1.6cm,合龙精度和线形均达到国际先进水平。在大桥直径为 2m 的百米深桩施工中,采用回旋钻反循环进行成孔,针对有异物的桩位,采用锥凿钻头和牙轮钻头组合钻进工艺,解决不同地质条件下的钻孔,从根本上保证了桩基础的完整性。

七、高速公路信息化

按照"高起点规划、高质量建设、高水平管理"的原则,突出重点,整体推进,高速公路信息化建设实现了突破性发展。在高速公路信息系统化建设过程中,积极采用绿色环保、不停车收费(ETC)、"互联网+"等先进技术,推动了高速公路信息技术的科技创新,取得了系列科技成果。山东省高速公路信息管理系统建设项目,2005 年 11 月获得国际项目管理协会(IPMA)第 19 届全球大会颁发的"国际项目管理全球大奖"优胜奖,这是中国首次获此殊荣。"高速公路信息系统工程验收评定标准研究"获2004年山东省科技进步三等奖,"山东省高速公路运行信息采集与调度系统的应用研究"获2009年度中国公路学会科学技术三等奖,"高速公路不停车计重收费系统及设备开发与应用研究"获2014年度中国公路学会科学技术二等奖。编制了山东省地方标准《山东省高速公路信息系统维护规范》(DB 37/T 2758—2016)。

第二节 科技创新平台

一、省道路结构与材料重点实验室

山东省道路结构与材料重点实验室依托山东省交通科学研究院建设,1998年通过省科委验收。经过多年发展,已建成包括沥青胶结料试验室、沥青混合料试验室、基层试验室、土工试验室、集料试验室、水泥与水泥混凝土试验室、化学试验室、通用力学试验室等9个专业试验室,拥有仪器设备200余台套,实验室面积10700m^2。2004年之后,采取国际合作的研究方式,进行了延长高速公路路面使用寿命前瞻性研究,实现了路面结构设计理论的突破,"永久性沥青路面结构设计理论与方法、关键技术及工程应用""沥青混凝土路面抗滑磨耗层的研究及应用"等课题获国家科技进步二等奖,成果已在国际上产生重要影响,并将对山东省路面结构设计的进步起到重要推动作用。

到2016年底,实验室陆续承担了交通运输部、住房和城乡建设部等国家部委,中海油、中石油、中国铝业等大型国企委托的项目,以及山东省交通科技计划项目30多项,涉及新型路面结构、路面材料、节能减排、绿色低碳、再生利用、大宗工业废渣材料生态处治及规模化利用等领域。建设与养护的材料设计与现场技术指导覆盖率达到90%以上;提出的高速公路结构性养护维修方案覆盖了全省高速公路的大修工程;研究成果辐射到全国大多数省(区、市)的公路及城市道路领域。

二、高速公路养护技术交通行业重点实验室(济南)

2009年,交通部认定"山东省交通科学研究所高速公路养护技术实验室"为全国交通行业重点实验室,研究方向为:一是高速公路路面结构损伤机理与防治技术;二是高速公路扩容及新材料应用技术;三是路面再生技术;四是高速公路快速修复技术与设备研制。

重点实验室定位于应用基础研究和科技成果转化,面向山东,辐射全国,围绕公路交通发展需求,聚集和培养一流公路建设及养护优秀人才;致力于高速公路路面结构及材料方面的研究,解决制约公路建设和养护领域长远发展的重大科技问题。"十二五"期间,实验室共完成交通运输部及山东省重大科研项目20多项,在绿色公路建设及养护技术、路面废旧材料再生利用、高性能铺装材料研发、大宗工业废弃物利用等领域取得重大突破,成果获省部级科技奖励10余项,授权发明专利20余项。与安徽、内蒙古、天津等十多个省(直辖市、自治区)开展科研和成果转化合作,指导高速公路建设和养护成果应用超过3000km。积极与政府机关、高等院校、金融机构、科技服务机构和大型国有交通企业等开展科技创新合作,致力打造"政产学研金服用"科技创新新格局。

三、高速公路技术和安全评估省级重点实验室

2015年7月,经省科技厅、财政厅批准,山东高速集团联合山东大学、山东交通学院,在既有"山东大学山东高速集团工程技术中心"的基础上,整合三方面优势资源,建成高速公路技术和安全评估省级重点实验室。实验室拥有一支结构合理、梯次分明、实力强大的人才队伍,共有正高级研究员23人,博士26人,国家自然科学杰出青年基金获得者2人,教育部长江学者特聘教授2人,上海市东方学者1人,山东省有突出贡献的中青年专家2人,分别形成了以邵新鹏研究员、李术才教授、孙大志教授为学术带头人的桥、隧、路3个领域的人才团队。主要研发方向为:一是桥梁建设与运营保障技术风险评估,二是隧道施工与运营风险评估及管理,三是道路运营安全、应急与减灾处置技术。

实验室致力于培养一支高素质的科技人才队伍,建立完善的高速公路技术和安全评估体系,实现科技创新、技术转化、人才培养三大突破,成为交通行业具有较高影响力的科技创新平台,力争进入国家重点实验室行列。

四、山东高速集团院士工作站

山东高速集团院士工作站于2014年9月由省委组织部、省科技厅、财政厅、省人力资源与社会保障厅、省科学技术协会等5部门联合批准组建,引进中国工程院院士钱七虎、杜彦良、聂建国、郑健龙等在国内外享有盛名的院士团队,打造交通基础设施建设关键技术高层次科研创新平台,合作开展重大科技项目研究,不断增强自主创新能力和成果转化能力,进一步确立山东高速集团在公路、桥梁、隧道领域的国内领先优势,为山东交通快速发展提供了有力的支撑和保障。

五、齐鲁交通发展集团院士工作站

为充分发挥科技创新在企业改革发展中的关键作用,优化创新资源配置,齐鲁交通发展集团积极开展院士工作站建设,并于2016年11月获山东省科技厅备案。与周绪红、聂建国、王复明院士签约,齐鲁交通发展集团院士工作站正式成立。集团着力将其打造成集重大科技项目研发、高端科技人才培育、科技合作交流和成果转化于一体的创新平台,逐步形成以院士工作站为龙头,以博士后工作站、工程技术研发中心等为支撑的科技创新体

系。通过"院士+高校+企业"强强联合,打造一支高水平的科研队伍。

2016年11月13日,齐鲁交通发展集团与院士签约

第三节 重要研究成果

20世纪80年代以来,科技工作面向高速公路主战场,突破了一批关键技术,一批重大科研成果获得国家、省科技进步奖,提升了高速公路建设养护的科技水平。

一、重要获奖项目

(一)永久性沥青路面结构设计理论与方法、关键技术及工程应用

该项研究属交通部联合攻关计划项目,由省交通厅公路局、山东省交通科学研究所、山东省公路建设(集团)有限公司和滨州市公路管理局共同承担。该研究成果实现了永久性沥青路面结构分析、结构设计、材料组成设计与施工控制的统一,推动了沥青路面设计理念的创新和技术进步,达到国际领先水平。研究成果获2009年山东省科技进步一等奖;获2010年国家科技进步二等奖;获美国联邦公路局(FHWA)和美国沥青路面联合会APA(AASHTO、NAPA)"科技创新"奖;取得软件著作权1项;获批国家级工法1项;制定地方标准2部。成果已在1400km高速公路上得到实际应用,节约资金超过2.3亿元。主要研究人员:杨永顺、王林、高雪池、孙献国、贾海庆、韦金城、马士杰、辛星、于培科、安长军。

(二)沥青混凝土路面抗滑磨耗层的研究及应用

该项研究由省厅公路局和山东省交通科学研究所共同承担。该成果提出了新型的抗滑磨耗层沥青混合料,可使高速公路沥青路面在保证具有良好表面服务特性的基础上,路面混合料的耐久性可以大幅度提高,从而提高高速公路的使用寿命。该项目总体上达到

国际先进水平,其中多级嵌挤密级配沥青混合料的应用研究处于国际领先水平。该成果获2002年山东省科技进步二等奖,2003年国家科技进步二等奖。多级嵌挤密级配设计理念被纳入交通部行业标准《公路沥青路面施工技术规范》(JTG F40—2004)。项目成果不仅在山东省高速公路与国省道干线公路大量成功应用,而且在青海、内蒙古、山西、河南、安徽、四川、云南、辽宁、吉林等省份得到应用。主要研究人员:杨永顺、王林、房建果、刘清世、陈江、田鲁泉、荆玉才、张玉宏、闫宝杰、亓飞。

"沥青混凝土路面抗滑磨耗层的研究及应用"获国家科技进步二等奖

(三)水下无封底混凝土套箱建造技术

该研究由山东高速青岛公路有限公司与山东大学、北京交通大学共同承担。该技术成果包括充气(充水)胶囊封水、套箱防开裂、体系转换及承台防护等,形成了海上承台水下施工成套技术,综合解决了跨海大桥非通航孔桥承台建造和使用中的一系列问题。该技术施工周期短,工程成本低。混凝土套箱为承台提供永久性保护,大幅度提高了承台的耐腐蚀性能和抗船舶撞击的能力。该成果比传统工艺提高工效50%,缩短工期30%以上。技术成果在胶州湾大桥应用,取得了1.6亿元的直接经济效益。混凝土套箱可延长承台寿命约50年,在桥梁服役期间可减少3次水中防腐蚀涂装施工,其间接经济效益远远大于直接效益。该成果荣获2011年国家技术发明奖二等奖、2013年山东省专利一等奖和2014年中国专利优秀奖。相应工法获国家级工法,出版专著1部。主要研究人员:姜言泉、徐庆军、李丕明、李术才、侯福金、韩冰。

(四)公路养护关键技术及系列装备研究

该研究由交通部公路科学研究所、山东省交通厅公路局、吉林省公路管理局、安徽省公路管理局和同济大学共同承担。本项目依托多项国家重点科技攻关项目,开发了包含路面结构强度、路面抗滑性能和道路平整度的快速检测装备,形成了适用于各级公路的评价体系和标准,研究建立了包括路面性能评价、损坏预测、经济评价、原因诊断和优化决策等各种知识库,开发了具有完全自主知识产权的公路养护分析大型软件平台(CPMS),CPMS的应用有力促进了公路养护管理科学化和现代化建设进程。该研究成果获2005年国家科技进步二等奖。主要研究人员:潘玉利、王松根、呼六福、高群、刘海、孙立军、尹芝明、程珊珊、曾沛霖、边庄力。

(五)Superpave 技术的开发与应用

该研究由山东省京福高速公路建设管理办公室和山东省交通科学研究所共同承担。该成果首次将 Superpave 技术大规模应用到高速公路建设中去,并探索出一套采用 Superpave 方法设计,马歇尔方法进行验证和质量控制的实用方法;在国内首次提出并应用了"S"型沥青混合料级配,使混合料的综合使用性能得以明显提高;探索出适合于 Superpave 混合料的生产配合比设计以及拌和站调试模式,提高了拌和站出料的稳定性;形成了一套适合于 Superpave 特点的沥青混合料从拌和、摊铺到碾压的施工工艺和质量控制标准;解决了采用基性玄武岩和酸性石英二长岩集料用作 Superpave 抗滑表层的应用问题,实现了地材的大量应用。该成果获2003年山东省科技进步一等奖。研究成果先后被纳入交通部行业标准《公路沥青路面施工技术规范》(JTG F40—2004)、《公路沥青路面设计规范》(JTG D50—2006)。主要研究人员:赵军、艾贻忠、王林、姜振亭、陈江、李丁、申全军、王旭、马士杰、郭洪、荆玉才、高启聚。

(六)大粒径沥青混合料柔性基层在老路补强中的应用研究

该研究由省交通厅公路局、山东省交通科学研究所与东南大学共同承担。课题提出的大粒径沥青混合料柔性基层补强结构,具有良好的抗裂性和排水性,可以减少沥青路面的反射裂缝、坑槽等病害,延长使用寿命、节省资源、节约能源。山东省最早大粒径透水性沥青混合料试验路通车已14年,使用效果良好。该成果获2007年山东省科技进步一等奖。研究成果纳入交通部行业标准《公路沥青路面设计规范》(JTG D50—2006)。主要研究人员:王松根、黄晓明、房建果、王林、赵永利、马士杰、刘立刚、李昶、房德金、高英、张玉宏、陆长兵、邢万东、朱洪州、李守成、许涛、张振博、李忠。

(七)MAC 改性沥青技术开发及应用研究

该研究由山东省交通厅公路局和山东华瑞道路材料技术有限公司共同承担完成。该研究在国内没有化学改性沥青技术标准和资料的条件下,通过大量室内试验与工程实践,提出了《多级沥青结合料技术条件》地方标准;成功研制开发了 MAC 沥青改性剂,并提出产品的质量指标,取得了美国专利;研究成果使得改性沥青的生产摆脱了大功率胶体磨的束缚,生产设备简单,施工方便,提高了生产效率;利用 MAC 改性沥青黏度大、感温性好,抗老化性强,性价比高,首次在高速公路上铺筑不添加纤维的 MAC 改性沥青 SMA 路面,保证了路面使用性能,降低了工程造价;制定了相应的设计方法、质量控制标准。该成果已广泛应用于山东省公路、城市道路建设与养护,并为其他省市和美国、俄罗斯两国所引用,取得了显著的社会经济效益。该成果获 2007 年度山东省科技进步一等奖。主要研究人员:范正金、杨永顺、张西斌、房建果、周海防、贾海庆、刘清世、李武、徐峰、于培科、辛星、岳建新。

(八)水泥混凝土路面碎石化综合技术研究

该研究由省交通厅公路局、东南大学、山东省公路工程总公司共同承担。该课题首次对多头式破碎机(MHB)碎石化技术进行了系统的研究,提出了 HMB 碎石化的技术标准和应用方法;提出了该结构层的咬合嵌挤机理,为碎石化的结构层作为路面基层提供了理论依据;提出了碎石化后混凝土板块厚度分层的合理化、模量比;提出了碎石化后加铺层的二阶段设计方法。研究成果可广泛应用于国内外公路旧水泥混凝土路面改造工程,同时对城市道路、机场道路、港口码头等建设改造具有指导作用,具有广泛的前景和推广价值,总体已达到国际先进水平,获 2008 年山东省科技进步一等奖。主要研究人员:王松根、黄晓明、张玉宏、李昶、曹茂坤、曹政、张建、孙同波、杜荣杰、赵华民。

(九)海上独柱塔自锚式悬索桥设计与建造关键技术

该研究由山东高速青岛公路有限公司、中交公路规划设计院有限公司、中交二公局第五工程有限公司、西南交通大学、武船重型工程有限公司和长安大学共同承担。该课题提出了独柱塔、分体式钢箱加劲梁、中央索面空间缆索组合体系的自锚式悬索桥结构,研发了四点起吊三点平衡的吊具,解决了各种规格、有纵横坡度要求的大节段钢箱梁起吊与安装问题;采用多点同步液压调位千斤顶配合临时支座的钢箱梁精确调位系统,完成了最大节段长 72m、重 1050t 的钢箱梁定位施工。首次提出通过设置船首约束装置及控制舱内蓄排水速率等技术,采用接力方式,成功实现了超重超长大型钢箱梁在潮汐条件下跨越障碍物的连续滚装装船。本项目研究成果达到国际先进水平,部分成果达到国际领先水平。研究成果获 2012 年山东省科技进步一等奖。主要研究人员:邵新鹏、孟凡超、蔡建军、沈锐利、程建新、曾卫兵、杨晓滨、王兆星、季辉、霰建平。

(十)青岛海湾大桥桥面沥青铺装层的研究

该研究由山东高速青岛公路有限公司、山东省交通科学研究所、山东省路桥集团有限公司、山东高速建设材料有限公司共同承担。该课题提出了以控制层内(间)剪应力进行结构设计、采用层间连续及滑移状态下的铺装层疲劳寿命进行结构组合厚度验算的控制标准,提出了"层位功能定位""防排结合"及"逐层密水"的结构组合设计理念,建立了系统的桥面铺装防水系统测试、专家评判和模糊评价结合的防水系统评选方法,提出了适应大型水泥混凝土桥桥面铺装特殊设计与施工状况的全新工艺与技术标准。技术鉴定总体达到国际先进水平。该成果获2013年山东省科技进步一等奖。主要研究人员:李丕明、王林、董淑喜、付建村、杨光、陈江、李建生、徐强、马士杰、王晓乾。

(十一)青岛海湾大桥耐久性保障技术

该研究由山东高速青岛公路有限公司、清华大学、中交四航工程研究院有限公司、山东省交通科学研究所、钢铁研究总院青岛海洋腐蚀研究所和西部中大建设集团有限公司共同承担。该课题创新了海水冻融—氯盐侵蚀作用下桥梁耐久性设计,创建了冰冻海域混凝土结构长效联合防护体系,建立了基于动态耐久性数据的桥梁管养决策技术体系。该成果获2014年山东省科技进步一等奖。主要研究人员:邵新鹏、路新瀛、王胜年、姜言泉、郭保林、辛公锋、张波、季辉、熊建波、王晓乾。

(十二)山东省公路工程砂石集料技术标准研究

该研究由山东省交通厅公路局、交通部公路科学研究所、山东省公路建设集团有限公司、山东省公路工程技术研究中心、山东公路海瑞石料技术有限公司共同承担。该课题首次建立了基于图像法表征的粗集料粒形和棱角性指标计算模型、试验方法及控制标准;首次建立了粗集料等效粒度计算模型,提出了基于耐久性要求的水泥混凝土技术指标和配合比设计方法;首次提出了采用砂当量和亚甲蓝值(更适合)双指标控制机制砂洁净度及其标准,优先采用流动时间 S 表征细集料棱角性及其控制范围;创造性提出了机制砂的适宜级配范围和可用级配范围。研究成果先后在多条高速公路和高铁建设项目中应用。该成果获2010年山东省科学技术进步一等奖。主要研究人员:杨永顺、高雪池、于培科、房建果、薛志超、刘清泉、赵尚传、刘振清、付智、梁奎基。

国家科学技术奖获奖成果详见表1-7-1;山东省科技进步奖获奖成果详见表1-7-2;中国公路学会科学技术奖获奖成果详见表1-7-3。

国家科学技术奖获奖成果表(部分) 表1-7-1

序号	项目名称	获奖时间	获奖等级	完成单位	主要完成人
1	济南黄河公路斜拉桥	1986年	一等奖	山东省交通规划设计院	
2	利用粉煤灰筑路技术的研究	1983年	二等奖	山东省交通科研所、济南公路管理段	
3	公路渣油路面的推广	1986年	二等奖	山东省交通厅	

续上表

序号	项目名称	获奖时间	获奖等级	完成单位	主要完成人
4	沥青混凝土路面抗滑磨耗层的研究	2002年	二等奖	山东省公路管理局、山东省交通科学研究所、山东华瑞道路材料技术有限公司	杨永顺、王林、房建果、刘清世、陈江、田鲁泉、荆玉才、张玉宏、闫宝杰、亓飞
5	公路工程灾害预防与治理综合技术研究及工程应用	2003年	二等奖	山东省交通厅公路局、北京科技大学、洛阳三门峡高速公路建设指挥部、中铁十八局建设集团、山西祁临高速公路有限责任公司	王松根、高永涛、田鲁泉、马飞、张玉宏、吴顺川、王春江、王金安、姚惠发、杨绍波
6	公路养护关键技术及系列装备研究	2005年	二等奖	交通部公路科学研究所、山东省交通厅公路局、吉林省公路管理局、安徽省公路管理局、同济大学	潘玉利、王松根、呼六福、高群、刘海、孙立军、尹芝明、程珊珊、曾沛霖、边庄力
7	G205滨州黄河大桥	2006年	二等奖	山东省交通厅公路局、滨州市公路管理局、东南大学、哈尔滨工业大学	杨永顺、李惠、张西斌、高雪池、黄晓明、孙献国、叶见曙、安长军、石名磊、王化冰
8	永久性沥青路面结构设计理论与方法、关键技术及工程应用	2010年	二等奖	山东省交通厅公路局、山东省交通科学研究所、山东省公路建设集团公司、山东滨州市公路管理局、山东省公路工程技术研究中心、长安大学	杨永顺、王林、高雪池、孙献国、贾海庆、韦金城、马士杰、辛星、于培科、安长军
9	大交通量黑色路面结构的研究	1986年	三等奖	山东省交通科学研究所	
10	大跨度刚构—连续组合体系桥结构分析试验研究	1996年	三等奖	山东省公路管理局	王文涛、王用中、高泓、万科峰、孙世霖

山东省科技进步奖获奖成果表（部分） 表1-7-2

序号	获奖名称	获奖时间	获奖等级	完成单位	主要完成人
1	大跨度刚构——连续组合体系结构分析试验研究	1996年	一等奖	山东省公路管理局、河南省交通规划勘察设计	王文涛、王用中、高泓、万科峰、孙世霖
2	失稳加筋土挡土墙加固综合技术研究	2002年	一等奖	山东省交通厅公路局、北京科技大学	王松根、高永涛、吴衍地、边国强、田鲁泉、马飞、李平、张玉宏、孙金海、王效平、马德元、吴顺川
3	Superpave技术的开发与应用	2003年	一等奖	山东省京福高速公路建设管理办公室、山东省交通科学研究所	赵军、艾贻忠、王林、姜振亭、陈江、李丁、申全军、王旭、马士杰、郭洪、荆玉才、高启聚

续上表

序号	获奖名称	获奖时间	获奖等级	完成单位	主要完成人
4	国道205线滨州黄河公路大桥工程综合技术研究	2005年	一等奖	山东省交通厅公路局、滨州市公路管理局、东南大学、哈尔滨工业大学、山东大学、交通部公路科学研究所、山东省路桥集团有限公司、中交公路规划设计院、山东省公路工程总公司	杨永顺、李惠、张西斌、高雪池、黄晓明、孙献国、叶见曙、安长军、石名磊、王化冰
5	水泥混凝土路面改造技术	2004年	一等奖	山东省交通厅公路局、长安大学	马庆雷、胡长顺、陈栓发、吴衍地、张宏庆、赵曰平、刘海、张玉宏、赵丽、杨斌、杨德生、郑继耀
6	大粒径沥青混合料柔性基层在老路补强中的应用研究	2006年	一等奖	山东省交通厅公路局、山东省交通科学研究所、东南大学	王松根、黄晓明、房建果、王林、赵永利、马士杰、刘立刚、李昶、房德金、高英、张玉宏
7	水泥混凝土路面碎石化综合技术研究	2008年	一等奖	山东省交通厅公路局、东南大学、山东省公路工程总公司	王松根、黄晓明、张玉宏、李昶、曹茂坤、曹政、张建、孙同波、杜荣杰、赵华民、毕玉峰、张宏庆
8	MAC改性沥青技术的开发及应用研究	2007年	一等奖	山东省交通厅公路局、山东华瑞道路材料技术有限公司	范正金、杨永顺、张西斌、房建果、周海防、贾海庆、刘清世、李武、徐峰、于培科、辛星、岳建新
9	山东省公路工程砂石集料技术标准研究	2010年	一等奖	山东省交通厅公路局、交通部公路科学研究院、山东省公路建设集团有限公司、山东省公路工程技术研究中心、山东公路海瑞石料技术有限公司	杨永顺、刘清泉、高雪池、赵尚传、梁奎基、刘振清、于培科、赵先鹏、罗矗、李武、曹东伟、薛志超
10	高等级公路沥青路面改造典型结构的研究	2011年	一等奖	山东省交通厅公路局、东南大学、山东大学	王松根、黄晓明、张玉宏、宋修广、李昶、毕玉峰、朱海波、张宏博、贾朝霞、唐延钦
11	海上独柱塔自锚式悬索桥设计与建造关键技术	2012年	一等奖	山东高速青岛公路有限公司、中交公路规划设计院有限公司、中交二公院第五工程有限公司、西南交通大学、武船重型工程有限公司、长安大学	邵新鹏、孟凡超、蔡建军、沈锐利、程建新、曾卫兵、杨晓滨、王兆星、季辉、霰建平、王麒、吴涛

续上表

序号	获奖名称	获奖时间	获奖等级	完成单位	主要完成人
12	青岛海湾大桥桥面沥青铺装层的研究	2013年	一等奖	山东高速青岛公路有限公司、山东省交通科学研究所、山东省路桥集团有限公司、山东高速建设材料有限公司	李丕明、王林、董淑喜、付建村、杨光、陈江、李建生、徐强、马士杰、王晓乾、张保民、孙杰
13	青岛海湾大桥耐久性保障技术	2014年	一等奖	山东高速青岛公路有限公司、清华大学、中交四航工程研究院有限公司、山东省交通科学研究所、钢铁研究总院青岛海洋腐蚀研究所、西部中大建设集团有限公司	邵新鹏、路新瀛、王胜年、姜言泉、郭保林、辛公锋、张波、季辉、熊建波、王晓乾、李启乾、张秦
14	利用粉煤灰筑路技术的研究	1985年	二等奖	山东省交通科学研究所	
15	东营黄河公路大桥设计	1991年	二等奖	山东省交通规划设计院	李守善、万珊珊、宋肇书、徐金华、孙开路
16	内热型局部快速沥青储存加热装置	1995年	二等奖	德州市公路管理局	
17	公路养路费征收网络管理系统	1996年	二等奖	烟台市公路管理局	孙冰、王曙光、迟荣利、王恩新、范广忠
18	Y200型稳定土拌和机	1997年	二等奖	山东公路机械厂、建设部长沙建筑机械研究所、东营市第二市政公司、潍坊市坊子公路局	孙宝星、宋景群、刘桂珍、张成荥、张文杰
19	利用煤矸石填筑高等级公路路堤的研究	1998年	二等奖	枣庄市交通局、枣庄市公路管理局、山东省交通科学研究所	刘国安、张振玉、陈桂芳、高利民、王昊、刘启振、范广田
20	高速公路植被建植及管护技术研究	1999年	二等奖	济青高速公路管理局、黄河三角洲草业生态研究所、山东农业大学、济青高管局济南管理处、济青高管局潍坊管理处	万珊珊、奚道雷、刘甲荣、韩同福、张志国、张洪新、巴图朝鲁、吕广郁、卜德江
21	SMA路面应用性研究	1999年	二等奖	山东省公路管理局、泰安市公路局	杨永顺、高雪池、王玉泉、王其峰、陈大华、李德恩、于培科、田鲁泉、孙吉勇
22	千吨级大型设备超限公路运输路桥加固技术研究	2000年	二等奖	山东省公路管理局、潍坊市公路管理局、淄博市公路管理局、山东省公路桥梁检测中心	王松根、马德元、郭瑞栋、王雨河、常承明、李德月、曲以波、张毓波、张顺达

续上表

序号	获奖名称	获奖时间	获奖等级	完成单位	主要完成人
23	干线公路路面管理系统二期工程研究	2000年	二等奖	山东省公路管理局、交通部公路科学研究所	王根松、潘玉利、刘海、田鲁泉、赵俭、边庄力、赵延东、刘春水、朱障东
24	沥青混凝土路面抗滑磨耗层的研究	2001年	二等奖	山东省公路管理局、山东省交通科学研究所	杨永顺、王林、房建果、陈江、田鲁泉、荆玉才、张玉宏、闫宝杰、亓飞
25	山东省公路建设与社会适应性的研究	2001年	二等奖	山东省交通科学研究所、山东省京福高速公路建设管理办公室、济青高速公路管理局	许云飞、郝晓慧、伊大迈、王伟、马川生、朱东辉、孔霞
26	山东省高速公路管理系统研究	2001年	二等奖	山东省交通科学研究所、山东省京福高速公路建设管理办公室、济青高速公路管理局	郭林、赵军、张德臣、张浩庭、朱伟、丁晓岩、王维荣、张历军、高宏
27	山东省交通信息化"十五"发展规划	2002年	二等奖	山东省交通厅	晋兰欣、伊大迈、刘耀文、刘成海、李重康、王其峰、史晓光、孙圣舜、王刚
28	山东省公路道路数据库开发研究	2003年	二等奖	山东省交通厅公路局	刘海、王松根、边庄力、鲁杰、左志武、冯美军、王海东、庞晓伯、张宏庆
29	山东省公路路政管理信息系统	2004年	二等奖	山东省交通厅公路局、中科院华建电子有限责任公司	左书佩、蒋俊、綦向阳、蔡忠宁、逄健敏、刘成江、杨雷、刘光、李茂盛
30	预防混凝土耐久性病害综合症技术研究及应用（一）	2004年	二等奖	山东省交通厅公路局、东营黄河公路大桥工程建设项目办公室、清华大学土木工程系、潍坊市交通工程监理中心	杨永顺、冯乃谦、于培科、蔡军旺、潘相庆、张尊剑、尉发宇、黄仁昌、张树河
31	JQ160-50架桥机的研制	2004年	二等奖	山东省路桥集团有限公司	袁乃仲、杨玉民、赵佃宝、韩军霞、周勇、杨怀盛、李志、刘洪芹、贾志坚
32	公路超限运输自动检测设备（振弦式动态汽车超限检测系统）	2005年	二等奖	山东省交通厅公路局、泰安科大洛赛尔传感技术有限公司、山东交润交通科技有限公司	左书佩、蒋俊、张波、胡建明、逄健敏、邓铁六、魏旻昌、栾兆群、祝年洪
33	重载交通沥青路面设计方法研究	2006年	二等奖	山东省交通厅公路局、长安大学	马庆雷、许金良、郑桂兰、张洪亮、王武宪、支喜兰、王宾、王家征、李守成、许强、杨宏志、赵树生

续上表

序号	获奖名称	获奖时间	获奖等级	完成单位	主要完成人
34	高速公路护栏过渡段与端头合理结构形式的实验研究	2006年	二等奖	山东高速公路集团鲁东分公司（省威乳办）、北京深华达交通工程技术开发有限公司	张新水、朱伟、梁亚平、李晓荣、邱超、徐庆军、白书锋、周召伟、张绍珥、吕国仁、高水德、李立
35	耐久性沥青路面结构与材料研究	2009年	二等奖	山东省交通厅公路局、长安大学、德州市公路管理局	王松根、陈拴发、马庆雷、郑木莲、石学斌、张洪亮、张宏庆、丁润铎、郑玉国、车法、李洪印、于朝辉、张雷、陈成勇、孙立新、仰建岗、彭翀李祖仲、董江涛、赵亚兰、付其林
36	青岛海湾大桥测量控制系统研究与应用	2009年	二等奖	山东高速青岛公路有限公司、青岛市勘察测绘研究院、武汉大学	姜言泉、曾卫兵、郑生春、于天胜、徐宁、赖增先、张九宴、张国庆、鞠文征
37	公众出行交通信息服务系统关键技术研究	2009年	二等奖	山东省交通运输厅信息中心、山东大成软件有限公司	伊大迈、王其峰、华玉文、刘耀文、史晓光、王川、岳修军、王涛
38	沥青路面现场热再生机组研制	2012年	二等奖	山东省路桥集团	周新波、李美生、刘贵翔、王其伟、荣兴、王震、李振海、李代金、张士军、侯世俊、李桂宝、王鹏、刘东美
39	湖相软土路基处理技术的研究及应用	2013年	二等奖	山东省交通规划设计院、山东省交通运输厅公路局、山东大学	孔祥福、左志武、郭志云、张思峰、李贻武、常颖、宋修广、陈晓燕、姜燕玲
40	道路结构性能与材料响应规律、全寿命周期一体化设计及工程应用	2016年	二等奖	山东省公路局、同济大学、山东省交通科学研究院、山东省公路建设集团	郭忠印、李英勇、马士杰、韦金城、薛志超、李绍辉、辛星、余四新、陈宝强、王晓燕、韩文扬、周海防
41	DLP80-3型路面平整度测量仪	1985年	三等奖	曹县公路站、菏泽地区公路管理段	
42	LZGY25型沥青路面再生拌和	1989年	三等奖	潍坊市公路管理局筑路机械厂	
43	旧沥青路面材料再生利用技术研究	1992年	三等奖	东平县公路站	于召祥、李祖强、柴峰、郑勇、傅崇民
44	济青高等级公路粉煤灰路基试点工程	1994年	三等奖	山东省交通科学研究所	张邦元、耿少华、崔节禹、卢保龄、张晓虎
45	临清卫运河大桥及台儿庄运河公路大桥主桥预应力混凝土连续刚构设计	1994年	三等奖	聊城地区、枣庄市公路管理段	史炜、杜文婷、高泓、唐群、吕文珠

续上表

序号	获奖名称	获奖时间	获奖等级	完成单位	主要完成人
46	水泥—石灰综合稳定粉性土做高等级沥青路面基层的试验研究	1996年	三等奖	潍坊市公路管理局、寿光市公路管理局	蔡军旺、李超龙、杨珠江、张树河、刘敬山
47	公路运输计算机网络管理系统	1996年	三等奖	临沂市运输管理处、临沂市方正计算机股份有限公司	宋法亮、徐峰、曲永健、徐国庆、黄效琛
48	桥梁静态试验自动采集监控分析系统	1998年	三等奖	山东省交通科学研究所	吕学旭、李旺新、钟军
49	应力波在混凝土结构检测中的应用研究	1999年	三等奖	山东省交通科学研究所	李林、尚勇、郭庆辉
50	LT8型全液压沥青混凝土摊铺机	1999年	三等奖	济南交通高等专科学校	冯晋祥、朱洪珍、李祥贵、芦玉刚、吴越、王喜仓
51	旧水泥混凝土路面加铺沥青层修筑技术研究	1999年	三等奖	济宁市公路管理局	王庆成、胡长顺、曹景民、陈明国、曹东伟、赵宗启、侯仲杰、席长友、支喜兰、王湘莉、朱本龙
52	山东省道路基层材料配比的区域变异性研究	2000年	三等奖	山东省公路管理局、山东工业大学	商庆森、杨永顺、房建果、刘树堂、程扩远、姚占勇
53	桥梁深水高桩承台大型单壁钢吊箱围堰	2001年	三等奖	山东省交通工程总公司	杨世全、闫宗伟、李齐生、许日春、高培法、许同泉
54	山东省交通厅公路机械管理信息系统研究及推广应用	2002年	三等奖	山东省交通厅公路局、山东省中天电脑公司	崔其魁、魏恩强、朱明才、张仁杰、葛顺舟、李航
55	灌浆技术在岩溶路基塌陷防治中的应用研究	2003年	三等奖	山东省交通厅公路局、山东大学、莱芜市公路局	张西斌、宋修广、高雪池、潘维宗、龙厚胜、闫宝杰
56	湿陷性黄土地基夯实处理方法的研究	2003年	三等奖	山东省交通厅公路局、济南市公路局、山东大学	杨永顺、李英勇、宋修广、张西斌、孙志刚、魏树国
57	公路路堑深挖边坡稳定性研究	2003年	三等奖	山东省交通厅公路局、济南市公路局、冶金部勘察研究总院	杨永顺、王广和、于培科、李英勇、孙志刚、魏树国
58	碳纤维复合材料(CFRP)在桥梁加固中的应用研究	2004年	三等奖	山东省交通厅公路局、大连理工大学	王松根、赵国藩、李松辉、刘立刚、石学斌、李子臣
59	公路通行费业务综合管理信息系统	2004年	三等奖	山东省交通厅公路局、青岛天路信息技术有限公司	伊继军、阎蕾、成建军、魏旻昌、龚秀鑫、高强
60	钢管脚手架模板支撑系统在桥梁施工中的受力分析程序及相关CAD系统的开发	2004年	三等奖	山东省交通工程理咨询公司、山东大学	杨博、王有志、王广洋、刘振华、张辉东、李希民

续上表

序号	获奖名称	获奖时间	获奖等级	完成单位	主要完成人
61	道路危险货物运输企业安全工作规范	2004年	三等奖	山东省交通厅道路运输局、山东交通学院	孔卫国、胡培合、徐汝常、张永杰、李光诚、陈海泳
62	桥梁结构检测分析系统QLJC	2004年	三等奖	山东省交通厅公路局、山东省公路桥梁检测中心、交通部公路科学研究所	许维智、马庆雷、李德月、刘立刚、扈保祥、李军
63	高速公路信息系统工程验收评定标准研究	2004年	三等奖	山东省交通运输厅基本建设工程质量监督站、山东省交通运输厅信息中心	姜颂禹、褚为耕、黄汝存、丁有进、徐健
64	高等级公路交通噪声衰减规律与控制对策研究	2005年	三等奖	山东省交通厅公路局、山东建筑工程学院	郭志云、周兆驹、张瑞华、张波、任瑞波、冯美军
65	山东省高速公路路域生态环境评价及生态绿化模式构建的研究	2005年	三等奖	山东省高速公路集团有限公司	许日春、姜言泉、刘洪武、卜德江、蒋灏、许自义
66	PM800/450液压式自升爬模研制	2005年	三等奖	山东省路桥集团有限公司	王化冰、杨荣泉、侯福金、刘深远、袁英杰、赵佃宝
67	公路工程施工监理信息系统	2005年	三等奖	山东省交通厅基本建设工程质量监督站	李选民、孙吉勇、卢瑜、李启颖、田润鹏、高英树
68	山东省高速公路机电工程交工验收检测规范研究	2005年	三等奖	山东省交通通信信息中心、山东省交通厅基本建设工程质量监督站、山东省计算中心	孙圣舜、褚为耕、姜颂禹、杨选杰、董桥、王连海、
69	山东省高速公路网济南枢纽规划研究	2006年	三等奖	山东省交通规划设计院、中国公路工程咨询监理总公司泰克公路所、山东省京福高速公路建设管理办公室	李守善、赵军、单文义、彭锐、王淮南、刘立新、王旭、陈剑威、曹广佩、艾贻忠、魏其运、刘喜平
70	高速公路机电工程监理规范研究	2006年	三等奖	山东省交通通信信息中心	褚为耕、陈辉基、姜颂禹、黄汝存、徐健、宋磊
71	公路桥梁灾害预防和加固技术研究	2007年	三等奖	山东省交通厅公路局、山东省公路桥梁检测中心、交通部公路科学研究所、日照市公路管理局、北京交通大学	马庆雷、李德月、刘立刚、生墨海、郑桂兰、冯美军
72	济青高速路域植被系统建值技术及其环境功能研究	2008年	三等奖	山东高速公路股份有限公司、南京林业大学	张金池、方世杰、刘甲荣、孙正甫、韩同福、吴云花

续上表

序号	获奖名称	获奖时间	获奖等级	完成单位	主要完成人
73	公路隧道裂缝治理技术研究	2009年	三等奖	山东省交通厅公路局、长安大学、淄博市公路管理局	马庆雷、夏永、王兴、李绪龙、耿荣和、王永东、李洪印、刘昌明、荆冰、郑桂兰、周勇狄、王业山、侯建斌、何历超、李华、孙长海、雷平、李国栋、朱金凤
74	沥青路面现场热再生技术	2009年	三等奖	山东省高速路桥集团有限公司、山东省交通科学研究所	赵显福、周新波、李振海、于悦、马士杰、王林洲
75	大跨径、小半径曲线滑移模架施工技术	2011年	三等奖	山东高速青岛公路有限公司、山东省路桥集团有限公司、山东鲁桥建设有限公司	艾贻忠、李丕明、傅柏先、赵根生、路征远、王晓乾
76	青岛海湾大桥耐腐蚀混凝土及配套技术研究	2011年	三等奖	山东高速青岛公路有限公司、中交四航工程研究院有限公司、同济大学、山东省交通科学研究所	周勇、邵新鹏、王胜年、杨钱荣、郭保林、季辉
77	半干旱区高速公路路堑边坡生态防护技术研究	2012年	三等奖	山东高速公路股份有限公司、清华大学浦华环保水土保持生态技术中心、中勘冶金勘察设计研究院	方世杰、舒安平、刘甲荣、王广和、李振江、郭建民、苏建明、王宏志、韩同福、许尚江、王增福、冯艳
78	高等级公路半刚性基层损伤理论、控制方法及工程应用	2015年	三等奖	山东省交通科学研究院、山东建筑大学	韦金城、王林、余四新、韩文扬、付建村、孙强、任瑞波、程钰、胡宗文、赵海生、胡家波

中国公路学会科学技术奖获奖成果表（部分）　　　　表1-7-3

序号	项目名称	获奖等级	获奖时间	完成单位	主要完成人
1	水下无封底混凝土套箱关键技术研究	特等奖	2009年	山东高速青岛公路有限公司、北京交通大学、山东大学、路桥集团国际建设股份有限公司、山东省路桥集团有限公司、中铁十四局集团第四工程有限公司、中交第二公路工程局有限公司、中国中铁九局第一工程公司、山东高速工程咨询有限公司	姜言泉、徐庆军、韩冰、李丕明、李术才、侯福金、欧阳瑰琳、王兆星、吴健、王广洋、刘国强、孙成新、罗德龙、王元丰、蔡玉田、季辉、闫宗山、程建新、荆玉才、路征远、蔡建军、于宪涛、庄纪文、张峰、吴寒亮
2	高等级公路路面养护支撑保障技术研究	特等奖	2013年	交通运输部公路科学研究所、中公高科养护科技股份有限公司、宁夏回族自治区公路管理局、山东省交通运输厅公路局、河北省交通运输厅公路管理局、四川省交通运输厅公路局、浙江省公路管理局	潘玉利、王松根、杨志峰、康彦民、赵延东、李强、刘振清、程珊珊、朱定勤、潘宗俊、卢杨、刘刚、林翔、曾峰、王闻、白англ英、郑家瑶、魏忠、张玉宏、高发亮、白振华、曹江、张晨、郭银涛、戴合理

163

续上表

序号	项目名称	获奖等级	获奖时间	完成单位	主要完成人
3	水泥混凝土路面滑膜施工技术推广	一等奖	2003年	交通部公路科学研究所、湖南省交通厅、河北省交通厅、广东省交通厅、云南省交通厅、吉林省交通厅、山西省交通厅、山东省交通厅、海南省交通厅、湖北省交通厅	傅智、肖宏光、李国清、李连生、贺建昆、王彦莹、崔林秋、杭伯安、杨海龙、陈大华、罗先熙、祁汉顺、罗志华、曾晓文、郭荣泰
4	国产天然岩沥青及其改性沥青的开发与应用研究	一等奖	2010年	山东高速集团有限公司、山东省交通科学研究所、山东高速建设材料有限公司	周勇、朱伟、王林、申全军、安静、樊亮、孔祥利
5	波纹钢腹板混凝土连续刚构桥梁设计与施工技术研究	一等奖	2013年	山东鄄城黄河公路大桥投资有限公司	任红伟、王用中、王元丰、黄德耕、陈海波、刘保东、郑晓华、李明、叶见曙、宋建永、聂建国、董中江、韩忠奎、徐强、殷颀
6	冰冻海域跨海大桥耐久性保障体系建立与实现	一等奖	2013年	山东高速青岛公路有限公司、清华大学、中交四航工程研究院有限公司、山东省交通科学研究所、钢铁研究总院青岛海洋腐蚀研究所	邵新鹏、路新瀛、王胜年、周勇、郭保林、辛公锋、张波、季辉、郑思齐、杨海成、黄智德、张琦、董彩常、王晓乾、赵璐
7	公路预防性养护成套技术体系及政策	一等奖	2013年	山东省交通运输厅公路局、中交公路规划设计院有限公司	范正金、王松根、黄晓明、张玉宏、李昶、庞传琴、张宏庆、毕玉峰、常颖、孙同波
8	新型常温改性沥青筑路技术的研发与工程应用技术示范	一等奖	2016年	交通运输部科学研究院、齐鲁交通发展集团有限公司	郭朝阳、彭琴、田苗苗、张成斌、赵蔚、张克凡、罗代松、张洪伟、李霖、李亚非、李洪印、扈进明、王书杰、闫瑾、武新成
9	山东省高速公路网济南枢纽规划研究	二等奖	2006年	山东省交通规划设计院、中国公路工程咨询监理总公司泰克公路所、山东省京福高速公路建设管理办公室	李守善、赵军、单文义、彭锐、王淮南、刘立新、王旭、陈剑威、曹广佩、艾贻忠
10	建立超限超载长效治理机制研究	二等奖	2007年	山东省交通运输厅公路局、中交公路规划设计院有限公司	范正金、王晓良、左书佩、程凌刚、谯健敏、李卫东、张强民、吴玉涛、李佳昕、王仕杰
11	山东省高速公路信息管理系统安全分析与研究	二等奖	2008年	山东高速公路股份有限公司、山东省交通通信信息中心、山东省交通厅基本建设工程质量监督站、山东省信息总公司、山东省计算中心、山东中创软件工程股份有限公司	徐俊国、孙圣舜、李琰、黄汝存、朱富强、康传刚、曾云辉、刘昭峰、黄泽红、马静

续上表

序号	项目名称	获奖等级	获奖时间	完成单位	主要完成人
12	青岛海湾大桥工程建设水泥混凝土降温方案的研究	二等奖	2009年	山东高速青岛公路有限公司、山东省交通科学研究所	董淑喜、尚勇、侯福金、王桂荃、徐强、路征远、史金泉、罗德龙、张保民、邢志军
13	旧水泥路面薄层沥青罩面与层间技术一体化研究	二等奖	2010年	山东省交通厅公路局、长安大学、山东马龙高速公路有限公司	左志武、王选仓、牟涛、王朝辉、李光泉、王乾、孙宝安、姜洪、常颖、马培建
14	斜拉桥索塔新型锚固体系研究	二等奖	2012年	山东高速青岛公路有限公司、山东省交通规划设计院、长安大学、路桥集团国际建设股份有限公司、中交第四公路工程局有限公司	邵新鹏、狄谨、孔祥福、周绪红、于坤、曾卫兵、欧阳瑰琳、谭冬莲、孙海波、姜美文
15	公路工程试验检测仪器设备检定/校准体系及技术研究	二等奖	2012年	交通运输部公路科学研究院、交通运输部工程质量监督局、山东省交通建设工程检测中心、福建省交通科学技术研究所、中交第一公路勘察设计研究有限公司、山东省交通厅基本建设工程质量监督站、江苏省交通工程专用仪器计量检定站	张晓冰、和松、李洪斌、窦光武、刘静、陆宇红、廖宝梁、陈文照、张娟、张伟强
16	冰冻海域桥梁下部结构耐久性研究	二等奖	2012年	山东高速青岛公路有限公司、中交第四公路工程局有限公司、山东大学	周勇、赵云、蔡建军、林新元、张峰、张莉、郭保林、林春金、葛钢锁
17	重载沥青路面结构与材料适应性及其足尺试验性能衰变规律研究	二等奖	2013年	山东高速股份有限公司、山东省交通科学研究所	刘甲荣、马士杰、郭建民、庄传仪、苏建明、王林、许尚江、郭洪、王晓燕、袁英杰、韦金城、李兴峰
18	高速公路不停车计重收费系统及设备开发与应用研究	二等奖	2014年	山东高速股份有限公司、山东德鲁泰计量科技有限公司、山东中创软件股份有限公司	刘甲荣、王树兴、马晓刚、宋晓红、张伟、李英勇、曹蓉、刘世国、王进、张曙光
19	桥塔组合锚固体系研究	二等奖	2014年	山东省交通规划设计院、同济大学、长安大学	李怀峰、胡吉利、石雪飞、狄谨、孟涛、阮欣、王宏博、徐召、刘志权、贺国栋、聂瑞峰、陈辉、沈炯伟、王兆民、耿少波
20	青岛海湾大桥混凝土桥面沥青铺装层结构设计及施工技术	二等奖	2014年	山东高速青岛公路有限公司、山东省交通科学研究所、山东鲁桥建设有限公司	王林、王兆星、付建村、盖国晖、王焱、樊亮、董光坤、韦金城、李浩山、翟文琦
21	新型高模量、抗疲劳沥青混凝土的研制及工程应用	二等奖	2015年	山东高速建设材料有限公司、山东省交通科学研究院	张树文、樊亮、曲恒辉、孔祥年、刘新强、王峥、申全军、林江涛、刘菊

续上表

序号	项目名称	获奖等级	获奖时间	完成单位	主要完成人
22	高等级公路交通噪声衰减规律与控制对策研究	三等奖	2005年	山东省交通厅公路局、山东建筑工程学院	郭志云、周兆驹、张瑞华、张波、任瑞波
23	高速公路沥青路面超薄抗滑面层研究	三等奖	2005年	交通部公路科学研究所、山东省交通科学研究所和山东高速公路股份有限公司	沙庆林、刘甲荣、王旭东、陈兰波、孙涛、田继胜、王坤林、刘航
24	旧水泥混凝土路面加铺层结构研究与应用	三等奖	2008年	山东高速公路股份有限公司、山东省交通科学研究所	刘甲荣、陈兰波、田继胜、王坤林、刘航
25	山东省高速公路运行信息采集与调度系统的应用研究	三等奖	2009年	山东省交通通信信息中心、山东中创软件工程股份有限公司、山东大成软件有限公司	徐清峻、黄汝存、杨乐、潘滨、宋晓红
26	交通荷载作用下道路软弱土地基的变形和稳定性研究	三等奖	2011年	山东省交通规划设计院、山东大学	张珂、崔新壮、刘正银、李树才、王成军、张明晶、贾栋、杨申富、赵杰
27	半干旱区高速公路路堑边坡生态防护技术研究	三等奖	2011年	山东高速公路股份有限公司、浦华环保有限公司、中勘冶金勘察设计研究院有限责任公司	方世杰、舒安平、刘甲荣、王广和、李振江
28	基于物联网应用的高速公路路网运营监测与调度指挥系统研究	三等奖	2012年	山东高速股份有限公司、山东省交通运输厅信息中心、山东高速信息工程有限公司	罗楚良、王树兴、马晓刚、褚为耕、张伟
29	基于旧波形梁护栏改造再利用技术的A级护栏开发研究	三等奖	2014年	山东高速股份有限公司和北京中路安交通科技有限公司	刘甲荣、闫书明、郭洪、刘航、贾宁
30	灌注桩后压浆技术在公路工程中的应用研究	三等奖	2015年	山东省交通规划设计院、东南大学和山东建筑大学	李怀峰、龚维明、朱小军、王示、王笃文、刘军广、张涛、姚辉瑞、张广鲁、张远荣

二、主要专著

1990—2016年,山东交通系统依托科研项目出版专著31部,详见表1-7-4。

主要专著统计表　　　　　　　　　　表1-7-4

序号	名称	出版社	主编	出版时间
1	公路沥青路面设计规范	人民交通出版社	中交公路规划设计院、山东省交通科学研究所	2006.10
2	大粒径透水性沥青混合料(LSPM)柔性基层设计与施工指南	人民交通出版社	王松根	2007.1
3	沥青基材料标准及应用	中国标准出版社	孔宪明	2007.9
4	《公路沥青路面设计规范》释义手册	人民交通出版社	《公路沥青路面设计规范》编写组	2008.9

续上表

序号	名称	出版社	主编	出版时间
5	永久性沥青路面设计程序	计算机软件	山东省交通科学研究所	2009.12
6	建筑与道路材料手册	中国标准出版社	孔宪明	2010
7	济青高速公路绿化手册	中国林业出版社	王化冰	2010.8
8	公路改扩建旧路基强夯加固技术	人民交通出版社	周勇、朱伟、崔新壮、郝学臣	2010.11
9	山东省高速公路应急处置	山东人民出版社	张西斌	2011
10	山东高速桥梁维修加固技术手册	人民交通出版社	王化冰	2011.4
11	山东高速沥青路面管理与养护技术手册	人民交通出版社	王化冰	2011.4
12	桥梁水下无封底混凝土套箱建造技术	人民交通出版社	姜言泉	2011.6
13	海上独柱塔自锚式悬索桥	人民交通出版社	邵新鹏	2012.2
14	公路施工成本管理与控制	中国矿业大学出版社	田庆云、齐冀鲁、孙辉	2012.7
15	青岛胶州湾大桥耐久性研究	人民交通出版社	邵新鹏	2013.8
16	现有钢筋混凝土结构的耐久性评估	电子科技大学出版社	周建波	2014.5
17	东青高速公路养护管理手册	人民交通出版社	李保伟、祝秀海	2014.6
18	稀索斜拉桥	人民交通出版社	周勇	2014.8
19	青岛胶州湾大桥运营安全风险评估及保障对策	人民交通出版社	艾贻忠	2014.12
20	胶东地区水泥混凝土路面养护维修技术及应用	人民交通出版社股份有限公司	李忠、周丽芹	2015.7
21	隧道结构损伤分析、健康监测与预警技术	人民交通出版社股份有限公司	刘甲荣、郭洪、崔新壮、徐俊国	2015.9
22	公路运营阶段护栏安全性评价指南	人民交通出版社股份有限公司	刘甲荣	2015.9
23	结构监测巡检养护系统	人民交通出版社股份有限公司	邵新鹏	2015.10
24	长岛跨海大桥施工技术	黄河出版社	张喆	2016.4
25	施工安全管理	延边大学出版社	关文学	2016.5
26	高速公路智能交通信息平台顶层设计与关键技术	化学工业出版社	于德新、张伟、林赐云、王树兴	2016.7
27	建设管理	人民交通出版社股份有限公司	孙亮	2016.8
28	胶州湾大桥工程技术规范	人民交通出版社股份有限公司	姜言泉	2016.10
29	桥面铺装	人民交通出版社股份有限公司	李丕明	2016.11
30	互通立交	人民交通出版社股份有限公司	王兆星	2016.11
31	交通工程与沿线设施	人民交通出版社股份有限公司	董淑喜	2016.12

三、主要专利

专利是学术水平、成熟度的具体体现。1990—2016 年,山东交通系统依托科研项目申请专利 212 项,详见表 1-7-5。

主要专利统计表　　　　　　　　　　　　　　　　　　表 1-7-5

序号	名　　称	专利号	获得授权时间
1	苗木剪平机	ZL 03 18000.4	2004
2	流线型整体护栏	ZL200420052234.2	2005
3	公路标志牌加高墩	ZL200520088455.X	2005
4	瓷砖墙裙	ZL200520088689.4	2005
5	重质油自催化热转化反应器	ZL200520127306X	2006
6	一种重质油脱离方法	ZL200510105984.0	2007
7	一种油砂沥青的处理方法	ZL200510127799.1	2007
8	环氧沥青混凝土钢桥面	ZL200620009851.3	2007
9	管式预应力灌浆锚杆	ZL200620081625.6	2007
10	土石方坡度开挖线测量仪	ZL200620081119.7	2007
11	接触式开关型轮胎识别传感器	ZL200620087013.8	2007
12	钢筋植入机	ZL200510048735.1	2008
13	减速坡式闯岗自动扎胎器	ZL200720022062.8	2008
14	除雪防滑专用小型撒布机	ZL200720022272.7	2008
15	高速公路安全反光牌	ZL200620009830.1	2008
16	抗风防眩板	ZL200720022421.X	2008
17	一种高速公路路肩整平机	ZL200720022420.5	2008
18	分体式动态汽车衡	ZL200720020396.1	2008
19	浇注式沥青混合料流动度测定仪	ZL200820019073.5	2009
20	沥青混合料松铺厚度测定仪	ZL200820019074.X	2009
21	含沥青砂防水找平联结层的铺装结构	ZL200820019568.8	2009
22	道路环境参数采集器	ZL200820019166.8	2009
23	便携式公路层间黏结直剪测试仪	ZL200820019573.9	2009
24	一种公路里程标定装置	ZL200820019165.3	2009
25	大粒径透水性沥青混合料新型路面结构	ZL200820018180.6	2009
26	单壁钢吊箱及其施工工法	ZL200810013946.6	2009
27	多点整体顶推钢箱梁施工工法	ZL200810015637.2	2009
28	一种钢套围堰及其回收方法	ZL200810014099.5	2009
29	一种耐压式减速坡	ZL200720159186.0	2009
30	车辆通行控制器	ZL200820131895.2	2009
31	随动式手推平整度测量装置	ZL200810015192.8	2010

续上表

序号	名称	专利号	获得授权时间
32	T梁桥面连续处理方法	ZL200810014829.1	2010
33	就地热再生复拌机热风加热搅拌锅	ZL201020013242.1	2010
34	水下无封底混凝土套箱及其应用方法	ZL200710113358.5	2010
35	钢箱梁梁底悬挂运梁、悬臂拼装施工方法	ZL200810157646.5	2010
36	沥青路面就地热再生复拌机	ZL201020013243.6	2010
37	曲线箱梁滑移模架	ZL2010201432349	2010
38	移动组装式道路标志牌架	ZL20092027871.7	2010
39	永久性沥青路面设计方法	ZL200910229879.6	2011
40	路面应力应变检测方法	ZL10229705.X	2011
41	天然硬质沥青软化点测量方法	ZL200810014830.4	2011
42	支架系统的三角支架	ZL2010205721738	2011
43	可调球铰支架顶托	ZL2010205721649	2011
44	钢丝体预应力张拉装置	ZL2010202806861	2011
45	沥青路面就地热再生铣刨机	ZL2010205721780	2011
46	就地热再生复拌机搅拌锅加热罩	ZL2009102607802	2011
47	水泥喷浆机	ZL2011200435838	2011
48	三角式支架系统	ZL2010105157947	2011
49	就地热再生复拌机斜刮板式输送机	ZL2009102607713	2011
50	就地热再生复拌机专用底盘	ZL2009102154376	2011
51	混凝土预制板钢吊箱	ZL2011200437034	2011
52	螺旋套筒式防撞隔离护栏	ZL20102173965.8	2011
53	桥梁防撞护栏	ZL201120023192.X	2011
54	路面病害破损检测方法	ZL200810014832.3	2012
55	公路及桥面铺装层间作用动态测试仪	ZL200810015196.6	2012
56	一种防水找平连接层	ZL200810015416.5	2012
57	公路交通安全预警预防系统V1.0	2013SR003310	2012
58	桶装沥青开桶机	ZL201110042066.3	2012
59	沥青路面冷再生水泥稀浆搅拌车	ZLZL2011204809638	2012
60	水泥稀浆搅拌锅	ZL2011204807467	2012
61	桥梁结构支架	ZL2012202363415	2012
62	高速公路收费站车辆智能管理系统	ZL201220097321.4	2012
63	高速公路路况信息举报系统	ZL201220097322.9	2012
64	水泥混凝土线膨胀系数测试装置	ZL1220472730.8	2013

续上表

序号	名　　称	专利号	获得授权时间
65	一种单轴压缩弹性模量测试装置	ZL1220472774.0	2013
66	一种实时在线监测混凝土冻融破坏的方法	ZL201110375744.8	2013
67	一种水位变动区混凝土局部缺陷修复方法及修复用装置	ZL201210202628.0	2013
68	一种移动模架造桥机C形梁系统	ZL2012206177798	2013
69	沥青铣刨料筛网	ZL2012205543458	2013
70	一种前支撑横梁举升系统	ZL2012206178451	2013
71	一种模板开合控制系统	ZL2012206135193	2013
72	一种鼻梁旋转控制系统	ZL2012206178786	2013
73	一种牛腿自行控制系统	ZL2012206215751	2013
74	一种下行式牛腿自行移动框架造桥机	ZL2012206475246	2013
75	沥青发泡装置	ZL2013201134470	2013
76	厂拌冷再生拌和站	ZL2013201128713	2013
77	高速公路移动作业车防撞缓冲装置	ZL20122492623.1	2013
78	小灌木自动修剪机	ZL20122706842.5	2013
79	悬挂式移动作业车防撞缓冲装置	ZL20132316382.X	2013
80	升降式道路移动标志牌架	ZL20132314571.3	2013
81	公路复式收费车道系统	ZL201320188354.4	2013
82	一种客货混行的ETC车道系统	ZL201320188355.9	2013
83	城市桥梁用雨水斗	ZL201220654153.4	2013
84	一种交通指示牌	ZL201220752881.9	2013
85	高速公路维护车辆信息管理系统	ZL201320013450.5	2013
86	简易钢筋弯曲工具	ZL201320095283.3	2013
87	公路混凝土路面模板	ZL201320082721.2	2013
88	多功能钢筋箍圈加工装置	ZL201320095273.X	2013
89	改进型沥青路面厚度测定工具	ZL201320082660.X	2013
90	水泥预制件冬季养生湿温器	ZL201320082695.3	2013
91	一种交通工程数字化便携检测仪	ZL201320210251.3	2013
92	外墙现浇混凝土保温复合板	ZL201320292591.5	2013
93	水位变动区混凝土表面修复用隔水套筒及其应用方法	ZL201210099027.1	2014
94	用于防撞护栏混凝土底座内侧免拆除模板及其应用方法	ZL201210434414.6	2014
95	混凝土骨料含水率快速测定装置及其测定方法	ZL201210260374.8	2014
96	模板衬里蓄水能力测试装置	ZL201210299633.8	2014
97	一种钢筋保护层垫块固定方法	ZL201210397515.0	2014

续上表

序号	名　　称	专利号	获得授权时间
98	一种桥梁预应力孔道灌浆密实度无损检测方法	ZL201110342911.9	2014
99	一种清除钻孔灌注桩钢护筒内壁泥浆的装置及其使用方法	ZL201310053446.6	2014
100	一种提高冻融或氯盐侵蚀环境下墩柱耐久性的方法	ZL201210434411.2	2014
101	一种现浇路缘石用机具及其使用方法	ZL201210434412.7	2014
102	一种延迟结构物角隅钢筋锈蚀的预制件及其使用方法	ZL201310052954.2	2014
103	一种用于监测混凝土桥面柔性防水层的装置的使用方法	ZL201210548031.1	2014
104	门式吊装施工挂篮设备	ZL2013208102771	2014
105	滩涂区分离式桥梁合龙后内侧滑移模架拆除装置	ZL2013208101406	2014
106	一种隧道衬砌表面变形监测系统	ZL201320524332.0	2014
107	无人值守自动发卡车道防作弊系统	ZL201420118624.9	2014
108	一种适用于空间索斜拉桥的桥塔组合锚固体系	ZL201420022162.0	2014
109	一种适用于无锚跨自锚式悬索桥的外悬式主缆锚固构造	ZL201420021202.X	2014
110	一种液体预涂型螺纹紧固件防松密封胶	ZL201310024063.6	2014
111	隧道二次衬砌模板台车用堵头模板、堵头节点	ZL201420252701.X	2014
112	连续配筋混凝土路面内钢筋变形的检测方法	ZL201210343707.3	2015
113	无机结合料弹性模量	ZL201210343703.5	2015
114	一种用于封堵护栏挂板底部缝隙的挡板及其使用方法	ZL201310077261.9	2015
115	一种固定模板用装置的使用方法	ZL201310065209.1	2015
116	一种桥梁用直排式泄水管及其安装方法	ZL201310066344.8	2015
117	一种钢筋混凝土结构耐久性分阶段评价方法	ZL201310195454.4	2015
118	滩涂区梁下支架钢管桩拔出设备	ZL201310098693.8	2015
119	一种预应力箱梁梁底横向裂缝发生时间的判定方法	ZL201310064849.0	2015
120	移动模架配套变轨门式起重机	ZL2014207552291	2015
121	一种推进小车	ZL201210489488X	2015
122	快速组装式驾校训练用钢结构坡道	ZL2015200084539	2015
123	可负重升降落架设备	ZL2012105146157	2015
124	自升式钢塔安装用吊架装置	ZL2015201210581	2015
125	壁板格构式钢套箱及水下承台钢套箱施工方法	ZL2014100684646	2015
126	滩涂区分离式桥梁合龙后内侧滑移模架拆除装置及方法	ZL2013106687592	2015
127	就地热再生复拌机鳞板式输送机	ZL2015201397780	2015
128	路面热再生加热机	ZL2015201397206	2015
129	隧道施工用抗浮装置及钢模衬砌台车	ZL2015202061368	2015
130	预制井筒	ZL2015203454542	2015

续上表

序号	名　称	专利号	获得授权时间
131	一种钢板梁托架、施工用托架和施工用挂篮	ZL2014204597835	2015
132	一种连接螺栓结构的安装方法及拆卸方法	ZL201310320310.7	2015
133	一种桥梁用直排式泄水管的安装方法	ZL201410401445.0	2015
134	前置式自动出水的洒水车	ZL20152219446.3	2015
135	带升降翻转LED屏的高速公路作业车	ZL20152333554.3	2015
136	自动发卡机坏卡回收装置	ZL201520280950.4	2015
137	一种桥梁检查车	ZL201420663913.7	2015
138	一种公路声屏障吸声板	ZL201520211308.0	2015
139	除雪剂喷撒器	ZL201420800125.8	2015
140	预应力碳纤维板限位卡片	ZL201420779716.1	2015
141	一种沥青路面芯样分离器	ZL201520211415.3	2015
142	一种简易摊铺机	ZL201520127196.5	2015
143	一种新型高速绿化灌木修剪设备	Zl201520056047.X	2015
144	一种治理高速公路横风用挡风屏	ZL201520126901.5	2015
145	一种新型混凝土搅拌机	ZL201520140078.3	2015
146	线路简易钻探环刀取原状样装置	ZL201520211172.3	2015
147	线路简易钻探取样钳式助力装置	ZL201520212346.8	2015
148	线路简易钻探束节式敞口环刀取土器装置	ZL201520212279.X	2015
149	线路外业及运输过程中环刀土样保存装置	ZL201520212347.2	2015
150	一种带有除雪除冰功能的沥青路面养护车	ZL201520307696.2	2015
151	一种梳齿板桥梁伸缩装置	ZL201520307585.1	2015
152	一种桥梁桩基加固结构	ZL201520450096.1	2015
153	一种灌注桩万能支撑杆件	ZL201520485200.0	2015
154	高速公路主动交通安全驾驶辅助方法及辅助系统	ZL201410355844.8	2016
155	门式吊装施工挂篮设备与配制方法	ZL2013106688523	2016
156	水泥稀浆搅拌锅	ZL2011103841486	2016
157	下行式挂篮	ZL2014104007495	2016
158	沥青路面就地热再生复拌机双缸搅拌锅	ZL201510120621.8	2016
159	一种钢板梁托架及施工方法	ZL201410400764.X	2016
160	就地热再生复拌机鳞板式输送机	ZL2015101078525	2016
161	沥青路面就地热再生一体机及控制方法	ZL2015101206881	2016
162	一体化整体安装梳齿板伸缩缝装置	ZL2016200334295	2016
163	钢板梁桁架式组合结构施工栈桥	ZL2016205834502	2016

续上表

序号	名称	专利号	获得授权时间
164	沥青厂拌热再生干燥滚筒	ZL2016207131643	2016
165	沥青厂拌热再生沥青铣刨料配料机	ZL2016207131677	2016
166	连续式沥青厂拌热再生混合料预拌机	ZL2016207132171	2016
167	自升式钢塔安装用吊架装置及钢塔施工方法	ZL2015100925736	2016
168	一种用于封堵护栏挂板底部缝隙的挡板及其使用方法	ZL201410398876.6	2016
169	一种保证水平钢筋间距的装置及其使用方法	ZL201410268165.7	2016
170	一种保证钢筋保护层厚度的垫块结构	ZL201521019900.7	2016
171	混凝土钻粉机	ZL201410185081.7	2016
172	一种沥青混合料矿料间隙率大小排序预估方法	ZL201510325583.X	2016
173	高速公路收费亭空气净化新风系统	ZL201630168896.4	2016
174	一种高速公路收费亭空气净化新风系统	ZL201620410706.X	2016
175	沥青拌和机及具有其的沥青拌和系统	ZL201520594812.3	2016
176	施工标志牌固定支架	ZL201620087437.8	2016
177	一种高速养护中自备井水泥沙沉积过滤装置	ZL201620225199.2	2016
178	一种高速公路绿化苗木自动定位浇水装置	ZL201620225202.0	2016
179	一种磁吸式自移动高速公路移动作业安全警示装置	ZL201620225203.5	2016
180	高速公路主动交通安全驾驶辅助系统	ZL201410355844.8	2016
181	高速公路联网计重收费中的称重修正方法	ZL201410294759.5	2016
182	全程监控外场设备箱	ZL201520835563.2	2016
183	一种用于混凝土底座法兰盘的安装固定装置及其使用方法	ZL201510012518.1	2016
184	隧道二次衬砌模板台车用堵头模板、堵头节点及封堵方法	ZL201410208544.7	2016
185	大跨径叠合梁斜拉桥边钢箱临时锚固体系	ZL201510047621.X	2016
186	公路超高挖方路段虹吸式排水系统	ZL201520793573.4	2016
187	玻璃纤维板及桥墩加固结构	ZL201521048731.X	2016
188	一种桥梁拼接缝密封防腐结构	ZL201521048733.9	2016
189	一种桥梁支座防尘装置	ZL201521011506.9	2016
190	一种公路灌封胶加热设备	ZL201521078948.5	2016
191	一种连接型脚手板	ZL201520988639.5	2016
192	一种大跨径叠合梁斜拉桥压重体系	ZL201510018365.1	2016
193	一种土工材料辅助摊铺装置	ZL201620151678.4	2016
194	一种土建用搅拌机构	ZL201620153145.X	2016
195	一种设有快插接头的锚杆	ZL201521122802.6	2016
196	一种适用于斜交波纹钢管的端部加强结构	ZL201620383797.2	2016

续上表

序号	名　　称	专利号	获得授权时间
197	一种钢筋混凝土预制棒子秸桩及秸桩扣	ZL201620022172.3	2016
198	一种箱梁自动养护系统	ZL201620448670.4	2016
199	一种可移动的高空作业安全平台	ZL201620563658.8	2016
200	高速公路扩建工程超高段新旧路面拼接结构	ZL201620454276.1	2016
201	桥梁减隔震支座及斜拉桥、悬索桥支撑结构	ZL201620519326.X	2016
202	一种分级抗震、减隔震支座	ZL201620601020.9	2016
203	一种废水利用装置	ZL201620672991.2	2016
204	大跨预应力双坡混凝土框架	ZL201620576329.7	2016
205	一种预应力智能张拉系统	ZL201620448669.1	2016
206	一种适用于斜拉桥、悬索桥的双向减隔震支座	ZL201620737169.X	2016
207	一种适用于斜拉桥、悬索桥的三向减隔震支承体系	ZL201620738309.5	2016
208	钢箱梁虚拟装配中图像采集的编码系统及方法	ZL201510748160.9	2016
209	巡查视频记录仪	ZL201620810780.0	2016
210	一种车载式自动撒布机	ZL201620810254.4	2016
211	小型除雪铲	ZL201620810253.X	2016
212	车载式边坡修剪机	ZL20160899873.5	2017

四、主要地方标准、工法

1990—2016 年，山东交通系统依托科研项目并通过成果的转化应用，形成地方标准、工法 109 项，详见表 1-7-6、表 1-7-7。

主要地方标准统计表　　　　　　　　表 1-7-6

序号	名　　称	地方标准	起草单位
1	多级沥青结合料技术条件	DB 37/T 672—2007	山东省交通运输厅公路局
2	混青混凝土路面冷接缝粘结料技术条件	DB 37/T 673—2007	山东省交通运输厅公路局
3	冷铺多级沥青技术条件	DB 37/T 674—2007	山东省交通运输厅公路局
4	旧水泥混凝土路面碎石化技术规范	DB 37/T 1160—2009	山东省交通科学研究院等
5	大粒径透水性沥青混合料应用技术规程	DB 37/T 1161—2009	山东省交通科学研究院等
6	斜拉桥换索设计与施工规程	DB 37/T 1312—2009	山东省交通科学研究院等
7	钢箱梁顶推施工技术规程	DB 37/T 1389—2009	山东省交通科学研究院等
8	公路工程沥青路面矿料技术标准	DB 37/T 1390—2009	山东省交通科学研究院等
9	公路工程水泥混凝土粗集料技术标准	DB 37/T 1391—2009	山东省交通科学研究院等
10	公路工程混凝土机制砂技术标准	DB 37/T 1392—2009	山东省交通科学研究院等
11	公路工程人工沙石集料加工工艺规程	DB 37/T 1393—2009	山东省交通科学研究院等

续上表

序号	名称	地方标准	起草单位
12	山东省高速公路命名和编号规则	DB 37/T 1616—2010	山东省交通科学研究院等
13	高速公路人性化设计规定	DB 37/T 1725—2010	山东省交通科学研究院等
14	高速公路护栏过渡段与防撞垫应用技术标准	DB 37/T 1719—2010	山东省交通科学研究院等
15	黄河中下游流域粉质土路基与二灰土底基层施工技术指南	DB 37/T 1720—2010	山东省交通科学研究院等
16	山东省公路工程高性能沥青混合料技术规范	DB 37/T 1722—2010	山东省交通科学研究院等
17	多级嵌挤骨架密实型沥青混合料技术规范	DB 37/T 1723—2010	山东省交通科学研究院等
18	多级沥青结合料应用技术规程	DB 37/T 1724—2010	山东省交通运输厅公路局等
19	高速公路建设节约用地设计规定	DB 37/T 1721—2010	山东省交通规划设计院
20	预应力混凝土连续梁式桥养护指南	DB 37/T 1728—2010	山东省交通规划设计院
21	《高速公路收费人员微笑服务规范》	DB 37/T 2400—2013	山东高速股份有限公司
22	岩沥青路用技术标准	DB 37/T 2536—2014	山东省交通科学研究院等
23	复合浇注式沥青钢桥面铺装设计与施工技术规范	DB 32/T 2678—2014	江苏重大路桥建设指挥部、江苏省交通科学研究院股份有限公司、南京林业大学、山东省路桥集团有限公司
24	《高速公路公众出行热线服务质量规范》	DB 37/T 2707—2015	山东高速股份有限公司
25	山东省治超检测站信息系统机电工程施工规范	DB 37/T 2757—2016	山东省交通运输厅信息中心
26	沉管压灌桩技术规程	DB 37/T 5082—2016	山东高速科技发展集团有限公司等
27	山东省公路工程地基承载力标准	DB 37/T 2839—2016	山东省交通规划设计院
28	公路达克罗钢护栏技术要求	DB 37/T 2756—2016	山东省青临高速公路运营管理中心
29	山东省高速公路机电系统维护技术规范	DB 37/T 2758—2016	山东省交通运输厅信息中心、长安大学

工法统计表　　　　　　　　　　　　　　　　　　　　表1-7-7

序号	名称	工法号	起草单位
1	大粒径透水性沥青混合料摊铺离析控制施工工法	GJEJGF139—2008	山东省路桥集团有限公司
2	沥青路面多步法就地热再生工法	GJEJGF145—2008	山东省路桥集团有限公司
3	底板可拆除式单壁钢套箱围堰施工工法	GJEJGF179—2008	山东省路桥集团有限公司
4	水下无封底混凝土套箱施工工法	GJYJGF076—2008	山东高速青岛公路有限公司等
5	钢箱梁棘块式多点顶推施工工法	GJJGF311—2014	山东省路桥集团有限公司
6	大粒径沥青碎石混合料 LSM-30 柔性基层施工工法	LEGF-06—2006	山东省路桥集团有限公司

续上表

序号	名　称	工　法　号	起草单位
7	沥青混合料应力吸收层施工工法	LEGF-07—2006	山东省路桥集团有限公司
8	后张法预应力50米T梁预制施工工法	LEGF-08—2006	山东省路桥集团有限公司
9	真空联合堆载预压处理软土地基施工工法	LEGF-09—2006	山东省路桥集团有限公司
10	GPS测量施工工法	LEGF-11—2006	山东省路桥集团有限公司
11	水泥混凝土路面滑模施工工法	LEGF-12—2006	山东省路桥集团有限公司
12	液压自升爬模施工工法	LEGF-13—2006	山东省路桥集团有限公司
13	黄河中下游超长深桩施工工法	LEGF-14—2006	山东省路桥集团有限公司
14	预应力管道压浆真空辅助施工工法	LEGF-15—2006	山东省路桥集团有限公司
15	牵索挂篮施工工法	LEGF-16—2006	山东省路桥集团有限公司
16	下行式移动模架施工工法	LEGF-17—2006	山东省路桥集团有限公司
17	架桥机施工工法	LEGF-136—2007	山东省路桥集团有限公司
18	钢筋植入机施工工法	LEGF-137—2007	山东省路桥集团有限公司
19	桥面打毛机施工工法	LEGF-138—2007	山东省路桥集团有限公司
20	循环利用式钢沉井施工工法	LEGF-139—2007	山东省路桥集团有限公司
21	混凝土防腐涂层施工工法	LEGF-113—2008	山东省路桥集团有限公司
22	塔柱钢锚箱安装施工工法	LEGF-114—2008	山东省路桥集团有限公司
23	新型梁柱式支架配合行走式侧模施工工法	LEGF-115—2008	山东省路桥集团有限公司
24	透水模板布施工工法	LEGF-116—2008	山东省路桥集团有限公司
25	棘块式多点钢箱梁顶推施工工法	LEGF-198—2009	山东省路桥集团有限公司
26	大跨径、小半径曲线箱梁滑移模架施工工法	LEGF-199—2009	山东省路桥集团有限公司
27	浇筑式沥青混凝土施工工法	LEGF-200—2009	山东省路桥集团有限公司
28	混凝土底板单壁钢吊箱施工工法	LEGF-201—2009	山东省路桥集团有限公司
29	基于网络RTK技术GPS流动站的测量工法	LEGF-202—2009	山东省路桥集团有限公司
30	旋挖钻海上施工工法	LEGF-203—2009	山东省路桥集团有限公司
31	大跨径连续箱梁施工工法	LEGF-204—2009	山东省路桥集团有限公司
32	循环利用海水泥浆施工工法	LEGF-250—2010	山东省路桥集团有限公司
33	废弃矿渣利用施工工法	LEGF-251—2010	山东省路桥集团有限公司
34	大体积高墩墩柱与中系梁同步施工工法	LEGF-252—2010	山东省路桥集团有限公司
35	三维排水柔性生态边坡防护施工工法	LEGF-253—2010	山东省路桥集团有限公司

续上表

序号	名　称	工　法　号	起　草　单　位
36	客土喷播植草绿化施工工法	LEGF-254—2010	山东省路桥集团有限公司
37	EME高模量沥青混合料施工工法	LEGF-255—2010	山东省路桥集团有限公司
38	海上60m跨变截面现浇箱梁施工工法	LEGF-256—2010	山东省路桥集团有限公司
39	自锚式悬索系统安装施工工法	LEGF-257—2010	山东省路桥集团有限公司
40	水泥稳定碎石底基层施工工法	LEGF-258—2010	山东省路桥集团有限公司
41	钢箱梁大节段施工工法	LEGF-259—2010	山东省路桥集团有限公司
42	钢管混凝土系杆拱拱肋施工工法	LEGF-260—2010	山东省路桥集团有限公司
43	钢塔柱(钢锚箱)安装施工工法	LEGF-261—2010	山东省路桥集团有限公司
44	输水管内外防腐施工工法	LEGF-144—2011	山东省路桥集团有限公司
45	塑料排水板施工工法	LEGF-145—2011	山东省路桥集团有限公司
46	双连拱隧道中隔墙可维护式防排水施工工法	LEGF-146—2011	山东省路桥集团有限公司
47	斜拉桥索塔新型锚固体系施工工法	LEGF-151—2012	山东高速青岛公路有限公司等
48	水泥稳定碎石基层施工工法	LEGF-211—2012	山东高速青岛公路有限公司等
49	桥梁现浇箱梁三角塔式(SJT)支架施工工法	LEGF-373—2012	山东省路桥集团有限公司
50	高墩无支架施工工法	LEGF-374—2012	山东省路桥集团有限公司
51	海域桥面铺装施工工法	LEGF-375—2012	山东省路桥集团有限公司
52	混凝土防腐蚀处理(硅烷浸渍)施工工法	LEGF-376—2012	山东省路桥集团有限公司
53	刚架拱桥机械拆除施工工法	LEGF-377—2012	山东省路桥集团有限公司
54	复合浇注式沥青混凝土钢桥面铺装施工工法	LEGF-378—2012	山东省路桥集团有限公司
55	二灰稳定碎石基层利用透层、表面处治下封层养生施工工法	LEGF-384—2012	山东高速青岛公路有限公司等
56	用透水模板衬里改善表层混凝土质量施工工法	LEGF-388—2012	山东高速青岛公路有限公司等
57	利用吊架进行空心梁板板底勾缝施工工法	LEGF-389—2012	山东高速青岛公路有限公司等
58	1200t提梁机安装及拆卸施工工法	LEGF-390—2012	山东高速青岛公路有限公司等
59	沥青铺装前抛丸处理桥面混凝土施工工法	LEGF-94—2013	山东省路桥集团有限公司
60	大节段钢箱梁海上吊装施工工法	LEGF-365—2013	山东省路桥集团有限公司
61	浅水区大型无底钢围堰施工工法	LEGF-367—2013	山东高速青岛公路有限公司等
62	海上钻孔灌注桩旋挖钻施工工法	LEGF-368—2013	山东高速青岛公路有限公司等
63	大型钢箱梁跨越障碍物连续滚装装船施工工法	LEGF-370—2013	山东高速青岛公路有限公司等
64	门式膺架结合满堂支架现浇箱梁施工工法	LEGF-372—2013	山东高速青岛公路有限公司等
65	高模量沥青混凝土桥面铺装施工工法	LEGF-373—2013	山东高速青岛公路有限公司等

续上表

序号	名称	工法号	起草单位
66	"预钻芯"桩基成孔	LEGF-374—2013	山东省路桥集团有限公司
67	"组装底盘"预制箱梁施工工法	LEGF-375—2013	山东省路桥集团有限公司
68	钢桁拱桥单向全悬臂施工工法	LEGF-376—2013	山东省路桥集团有限公司
69	挖孔桩"水钻"成孔施工工法	LEGF-377—2013	山东省路桥集团有限公司
70	建筑废弃碎石砖填筑路基的施工工法	LEGF-378—2013	山东省路桥集团有限公司
71	海上钢管桩承载力确定及施工工法	LEGF-379—2013	山东省路桥集团有限公司
72	滑模摊铺机施工水泥混凝土防撞护栏工法	LEGF-380—2013	山东省路桥集团有限公司
73	方涵移动模板施工工法	LEGF-381—2013	山东省路桥集团有限公司
74	厂拌热再生高性能沥青路面(Superpave)施工工法	LEGF-388—2014	山东省路桥集团有限公司
75	破碎卵石沥青混凝土面层施工工法	LEGF-515—2014	山东省路桥集团有限公司
76	胶粉改性沥青混凝土面层施工工法	LEGF-516—2014	山东省路桥集团有限公司
77	浅海公路路基及防护工程施工工法	LEGF-517—2014	山东省路桥集团有限公司
78	山谷复杂地形大跨径缆索吊机的施工工法	LEGF-518—2014	山东省路桥集团有限公司等
79	预应力碳纤维板张拉粘贴加固施工工法	LEGF-519—2014	山东省路桥集团有限公司
80	气囊漂浮定位施工工法	LEGF-520—2014	山东省路桥集团有限公司
81	门式支架现浇箱梁施工工法	LEGF-521—2014	山东省路桥集团有限公司
82	桥梁预应力智能张拉施工工法	LEGF-522—2014	山东省路桥集团有限公司
83	V形墩刚构桥钢管支架施工工法	LEGF-523—2014	山东省路桥集团有限公司
84	泡沫沥青厂拌冷再生施工工法	LEGF-524—2014	山东省路桥集团有限公司
85	乳化沥青厂拌冷再生施工工法	LEGF-525—2014	山东省路桥集团有限公司
86	双护筒跟进法桩基溶洞处理施工工法	LEGF-676—2015	山东省路桥集团有限公司
87	拼装式无底钢套箱围堰射水法施工工法	LEGF-677—2015	山东省路桥集团有限公司
88	高压水射流切割混凝土施工工法	LEGF-678—2015	山东省路桥集团有限公司
89	沥青路面检查井井盖稳固施工方法	LEGF-679—2015	山东省路桥集团有限公司
90	仿鱼形变截面单塔斜角塔柱翻模施工工法	LEGF-680—2015	山东省路桥集团有限公司
91	钢桁架桥梁施工线型控制施工工法	LEGF-681—2015	山东省路桥集团有限公司
92	倾斜独塔单索面非对称斜拉索施工工法	LEGF-682—2015	山东省路桥集团有限公司
93	高黏沥青SMA钢桥面铺装层施工工法	LEGF-683—2015	山东省路桥集团有限公司
94	橡胶沥青碎石封层施工工法	LEGF-684—2015	山东省路桥集团有限公司
95	生态挡土墙施工工法	LEGF-685—2015	山东省路桥集团有限公司
96	环氧沥青混凝土钢桥面铺装施工工法	YJGF057—2006(一级)	山东省路桥集团有限公司
97	水下结构干法防腐涂装施工工法	GGG(鲁)C2055—2008	山东高速青岛公路有限公司等

续上表

序号	名称	工法号	起草单位
98	小半径曲线箱梁移动模架施工工法	GGG(鲁)C3088—2011	山东省路桥集团有限公司
99	用模板衬里缩短涂层涂装周期的施工工法	GGG(鲁)C2072—2012	山东高速青岛公路有限公司等
100	大节段钢箱梁海上吊装施工工法	GGG(鲁)C3097—2013	山东省路桥集团有限公司
101	大节段钢箱梁精确调位施工工法	GGG(鲁)C3098—2013	山东高速青岛公路有限公司等
102	复合浇注式沥青混凝土钢桥面铺装施工工法	GGG(鲁)C4143—2013	山东省路桥集团有限公司
103	高模量沥青混凝土桥面铺装施工工法	GGG(鲁)B4049—2013	山东省路桥集团有限公司
104	混凝土桥面防水卷材连续自动铺设施工工法	GGG(鲁)B5051—2013	山东省路桥集团有限公司
105	跨海大桥混凝土墩柱透水模板布和表面涂装联合防护施工工法	GGG(中企)C2079—2013	山东高速青岛公路有限公司等
106	索塔钢锚箱安装施工工法(升级版)	GGG(鲁)C3147—2014	山东省路桥集团有限公司
107	下行式移动模架施工工法(升级版)	GGG(鲁)C3138—2014	山东省路桥集团有限公司
108	环氧沥青混凝土钢桥面铺装施工工法(升级版)	GGG(鲁)B4005—2014	山东省路桥集团有限公司
109	钢桁拱桥单向全悬臂施工工法	GGG(鲁)C3018—2015	山东省路桥集团有限公司

第八章
高速公路文化建设

山东交通紧紧围绕创建文明行业的总体目标,积极探索创建模式,在全系统组织开展了形式多样、特点鲜明、丰富多彩的文明创建活动,形成了全方位、多层次的文明创建格局。锤炼了开拓创新、勇于奉献、不怕吃苦、敢打硬仗、精益求精、乐做"铺路石"的交通人精神。继2003年全省公路系统、交通稽查系统被交通部授予全国交通文明行业之后,2005年,全省交通行业、道路运输系统、港航系统被交通部授予全国交通文明行业,成为全国第一个整体创建为文明行业的省级交通行业。2011年,省交通运输厅被中央文明委表彰为全国文明单位。全省各高速公路管理部门积极推动行业文化与当地环境、历史、人文等地域文化相结合,通过开展各具特色的行业文化、廉政文化、安全文化等文化建设活动,努力打造山东高速公路文化品牌,形成了一批精品文化成果,涌现出一批行业先进集体与个人,全面推动了高速公路文化建设。

第一节 传承齐鲁文化,弘扬奉献精神

公路文化是公路行业内涵与素质的体现,对促进公路事业全面协调可持续发展具有重要意义。山东公路事业的蓬勃发展,孕育了"与时代同步、与文明同行"的公路文化品牌。高速公路既是展示先进文化的窗口,也是传播精神文明的有效载体,架起了行业文明与社会文明同步发展、相互融合的桥梁。

一、文化建设,助推行业进步

为交流经验,推动公路文化建设再上新的台阶,2012年12月14~15日,省厅公路局在烟台召开"全省公路系统文化建设工作会议"。交通运输部政策法规司、省厅、厅公路局有关领导,各地市公路系统和局直属单位的130多位代表参加了会议。会议表彰了"全省公路系统文化建设工作十佳单位"、第一届全省公路系统"十大杰出青年",以及首届"希努尔"杯山东公路摄影大赛获奖作品,听取了公路文化建设先进单位的典型发言,印发了《山东公路文化建设指导意见》,为全省做好新时期公路行业文明创建工作提供一个新的平台。

2013年11月19～20日，山东省公路系统文化建设工作现场会在日照召开，会议公布了"身边的感动——镜头里的山东公路人"摄影大赛获奖名单，对"一路有你·感动山东公路十大人物候选人"进行了评选，对上一年全省公路文化建设情况进行了总结，进一步研究部署了新形势下加强公路文化建设的途径和措施，推动山东公路文化建设深入发展。

山东高速集团制发了《创建省级文明单位实施方案》，结合"畅和"文化，将集团核心价值观编制成企业文化手册。积极开展中华经典、道德箴言诵读活动，增强员工对传统文化的认同感。定期组织开展征文比赛、摄影比赛、演讲比赛、球类比赛等形式多样、内容丰富的文体活动，活跃职工文化生活，大力开展劳动竞赛。2014年荣获"全国重点工程立功竞赛先进单位"，2016年集团建设管理公司获"山东富民兴鲁劳动奖状"。

齐鲁交通发展集团在创立伊始就把文明单位创建作为展现企业形象、培育人文精神、优化发展环境、提升竞争软实力的重要举措，倾力打造"齐鲁交通大讲堂—齐鲁交通分讲堂—各级员工培训会"教育培训体系，不断提高员工业务能力；选树了以王传忠、王传祥等为代表的一系列先进典型和道德模范，引领员工见贤思齐、崇德向善；总部推出的"多元化支持职工成长"等系列活动、权属单位面向收费员群体开展的"冬送温暖、夏送清凉"等活动，丰富了员工文化生活，提升了员工的获得感；分公司开展的"一路春风""爱在蓝天下"等志愿服务突出高速公路行业特色，品牌效应逐步突显，树立起良好的企业形象。集团公司共有22家单位成功创建文明单位，其中，省级文明单位13家，地市级文明单位6家，省管企业文明单位3家。

二、无私奉献，乐做铺路之石

全省交通运输广大职工，以自己的辛勤劳动铸就了爱岗敬业、争创一流、艰苦奋斗、淡泊名利、乐于奉献的敬业精神，展示了公路人与时俱进、开拓创新的时代风貌，涌现出以沥青路面专家张邦元、全国工程设计大师李守善、"茅以升桥梁大奖"获得者万珊珊、"巾帼建功"标兵张秋萍等为代表的先进人物。

沥青路面专家——张邦元，男，1928年12月生，山东省交通科学研究所公路研究室原副主任，1983年当选第六届省人大代表，1988年当选全国第七届人大代表，享受国务院特殊津贴。1949年1月在安徽六安县参加渡江支前工作，1952年7月由上海华东交通专科学校分配来山东实习后参加工作，曾在省交通厅测设队、试验室、公路局等单位任职，1990年9月办理离休。他积极投身于交通行业科研工作，具有丰富的专业理论知识和技术实践经验，在公路路面技术研究方面成绩显著，"沥青（渣油）组分分析方法的研究"获1978年全国科学大会奖；"利用粉煤灰筑路技术的研究"获1983年国家科技进步二等奖；"公路渣油路面的推广"获1986年国家科技进步二等奖；"大交通量黑色路面结构研究"

获 1986 年国家科技进步三等奖。这些研究成果的应用,为公路建设及发展做出了积极的贡献。

张邦元工作照

"巾帼建功"标兵——张秋萍,女,1936 年 10 月生,中共党员。1958 年大学毕业分配到山东省大运河指挥部工作,1961 年并入山东省交通厅测设队(山东省交通规划设计院)工作,历任工程师、高级工程师、工程技术应用研究员,设计室主任、总工程师。1990 年获山东省总工会"富民兴鲁"劳动奖章;1992 年被国家批准享受政府特殊津贴;1994 年被交通部、劳动部授予全国交通系统先进工作者荣誉称号;1996 年被全国妇联评为全国"三八"红旗手、获全国"巾帼建功"标兵称号;2002 年获省人事厅、省交通厅"2002 年全省市市通高速公路先进个人"。张秋萍同志一直从事交通土建工程设计工作,参加、负责济青高速公路、流亭立交桥等 3700km 高速公路设计,曾获全国科技进步奖,全国优秀设计金奖、银奖,全国优秀工程设计铜质奖,省、部级优秀勘察设计一等奖、二等奖。退休后,她依然为山东省公路交通建设贡献自己的经验和智慧。

张秋萍工作照

优秀设计师——宋肇书,1937年1月生,中共党员。1964年到山东省交通厅测设队(山东省交通规划设计院)工作,历任工程师、高级工程师、教授级高级工程师,设计室主任工程师、院副总工程师。1984年参加设计的沂河大桥获省建委优秀设计三等奖;参加设计的济南黄河公路斜拉桥1985年获国家科技进步一等奖;参加设计的东营胜利大桥,1991年获省科技进步二等奖,1992年获全国优秀设计银质奖;1996年主持参加济南至德州高速公路黄河二桥设计,获全国第十届优秀工程设计铜质奖和山东省优秀工程勘察设计一等奖;曾两次被评为省优秀科技工作者,1991年被授予"省交通系统优秀科技工作者"称号,1993年被国家批准享受政府特殊津贴。

宋肇书工作照

"茅以升桥梁大奖"获得者——万珊珊,女,1938年4月生,中共党员。1961年到山东省交通厅测设队(山东省交通规划设计院)工作,历任工程师、高级工程师、教授级高级工程师,设计室主任、副总工程师。1994年任济青高速公路管理局总工程师,2000年退休后被聘为山东省交通规划设计院特邀顾问。1983年被全国妇联评为全国"三八"红旗手,1985年获交通部"全国交通系统两个文明标兵"称号,1986年被人事部评为"有突出贡献的中青年专家",1988年和1995年两次被山东省政府评为"拔尖人才",1989年被评为全国优秀归侨、侨眷知识分子、新时期"侨界十佳",1991年被国家批准享受政府特殊津贴,2005年获"茅以升桥梁大奖"。当选中共第十三届全国代表大会代表;第八届、第九届全国人民代表大会代表;担任第七届、第八届山东省妇联副主任。万珊珊从1961年开始从事道路和桥梁设计工作,先后主持青岛大沽河斜拉桥、济南黄河公路大桥、东营胜利大桥、济青高速公路等大型桥梁和公路的设计。获国家科技进步奖一等奖一项,二等奖一项;省部级科技进步奖一等奖五项,二等奖三项;全国优秀设计奖金奖二项,银奖一项。退休后,万珊珊仍为南京长江二桥、苏通长江大桥、南京长江三桥、港珠澳大桥、济南黄河三桥等桥梁设计施工献计献策,为我国桥梁事业发展继续贡献力量。

万珊珊工作照

全国工程设计大师——李守善,男,1939 年 11 月生,中共党员。1964 年到山东省交通厅测设队(山东省交通规划设计院)工作,历任设计室主任、院长,1993 年兼任山东省交通厅总工程师,2002 年退休。1982 年获山东省劳动模范称号;1986 年被国家科委评为"有突出贡献的中青年专家"和"山东省优秀科技工作者";1988 年,获全国"五一"劳动奖章;1988 年和 1995 年两次被山东省政府评为"拔尖人才";1988 年获中国土木工程学会"优秀中青年土木工程科技工作者"称号;1989 年被国务院授予"全国劳动模范"称号;1991 年被国家批准享受政府特殊津贴;1992 年获我国首届"茅以升桥梁大奖"提名;1994 年当选全国工程设计大师。李守善先后组织设计了我国第一座跨径超过 100m 的青岛大沽河斜拉桥、我国第一座跨径突破 200m 的预应力混凝土斜拉桥——济南黄河公路大桥、中国第一座钢箱斜拉桥——东营胜利大桥等几十座大桥、特大桥,在斜拉桥的设计与施工方面取得了开拓性的成就,为我国的斜拉桥设计积累了宝贵经验。主持并参加了山东省第一条高速公路——济南至青岛高速公路及青岛至黄岛、济南至德州等近千公里高速公路的规划设计工作,为我国路桥建设事业发展做出了突出贡献,多次荣获国家及省级优秀

李守善工作照

设计奖、科技进步奖。退休后,作为国家工程设计大师,他仍在认真为国家重大公路和桥梁建设奉献自己的力量。

公路养护专家——王松根,男,1954年5月生,工程技术应用研究员,曾任山东省公路管理局副局长、省厅公路局副局长等职,2001年6月获国务院政府特殊津贴,2004年当选山东省有突出贡献中青年专家,山东省先进工作者(省劳模)。1998—2009年,先后主持日照至兰考高速公路建设工程和枣庄至木石、济南至聊城、泰安至莱芜、京沪高速公路泰安至鲁苏界、东营至港口等多条高速公路的大修改造工程。主持开展了"大粒径沥青混合料柔性基层在老路补强中的应用研究""旧水泥混凝土路面碎石化综合技术研究"和"高等级公路沥青路面改造典型结构研究"等项目,分别于2007年、2009年和2011年三次获得山东省科技进步一等奖;主持了"公路工程灾害预防与治理综合技术研究及工程应用"和"公路养护关键技术及系列装备的研究"等项目,分别于2004年和2006年获得国家科技进步二等奖。这些科研成果的实施应用,有力促进了山东省高速公路路面建设和改造方面的技术进步,解决了沥青路面早期水损坏、反射裂缝、车辙、耐久性不足和旧水泥混凝土路面就地循环利用等关键技术问题。提出的"公路沥青路面典型结构"成为山东省向全国推广的典型路面结构之一。

王松根在学术交流研讨会上

公路建设专家——杨永顺,男,1956年2月生,中共党员,工程技术应用研究员,2003年获"山东省先进工作者(省劳模)"称号,首批"山东省有突出贡献的中青年专家",2004年享受国务院政府特殊津贴。1980年参加工作,曾任山东省公路管理局副局长,省厅公路局副局长、副厅级巡视员等职,2016年3月退休。先后担任京沪高速公路泰安至鲁苏界、沈海高速公路烟台至莱西、荣乌高速公路烟台至鲁冀界、青兰高速公路青岛至莱芜、长深高速公路青州至鲁苏界和滨州、东营黄河公路大桥等多项高速公路建设项目负责人,建设高速公路达3000余公里。主持开展十余项科研项目分获国家、省、部级科技进步奖,其中"沥青混凝土路面抗滑磨耗层的研究与应用""205国道滨州黄河公路大桥综合技术研究与应用""永久性沥青路面设计方法研究与应用"三项成果分别获2002、2006、2010年度国家科技进步二等奖。两次参加全国科技奖励大会,受到党和国家主要领导人的亲切接见。永久性路面研究成果为《公路沥青路面设计规范》的修订提供了重要依据,推荐的典型路面结构对提高公路耐久性、延长公路使用寿命起到重要作用,并得以广泛应用。

杨永顺在人民大会堂参加科技奖励大会

坚韧不拔,在奉献中实现价值——王悦义,男,1963年3月生,中共党员,现任齐鲁交通发展集团莱芜分公司信息监控室主任。30多年来,先后从事施工员、路基施工队长、项目经理、工程处副处长、青莱高速公路工程养护科科长等工作,始终发扬默默无闻、甘于奉献的铺路石精神,扎根工程建设、路桥养护工作一线。2001年夏,在省道327仲临线养护施工中,他不顾生命危险,毅然跳入洪水中疏通被柴草堵塞的涵洞,及时排除了险情,避免了路基垮塌等险情。在平凡的岗位上做出了不平凡的业绩,荣获"全国交通运输系统先进工作者"、山东省"富民兴鲁劳动奖章"等荣誉称号。

王悦义工作照

顾全大局，甘于奉献——刘正银，男，1965年9月生，中共党员。现任山东省交通规划设计院副总工程师、岩土工程所主任。自1987年以来，长期致力于高速公路及特大桥梁勘察及技术攻关工作，先后参与济南黄河二桥、黄河三桥、青岛海湾大桥及青银、京沪、京福等高速公路项目，累计总里程达3400余公里，勘察总进尺达65万余米。在多年的勘察设计工作中，针对省内不同地区地层特点，总结出多项岩土工程勘察设计方法与理论，提出一套行之有效的膨胀土地基及采空区勘察、设计及地基处置方法，以及确定岩溶分布范围、评价地基稳定的方法。他参与勘察设计的工程项目多次获得省部级优秀勘察设计奖。荣获"山东省有突出贡献的中青年专家""山东省抗震救灾模范""山东省抗震救灾优秀共产党员"等荣誉称号。

刘正银工作照

党员模范——丁晓岩，男，1969年1月生，中共党员，现任山东高速集团工程管理部部长。先后参加了集团公司所属省内外近10条高速公路的建设管理和多条高速公路的养护、基建管理等工作，他从一名普通的工程技术人员，成长为一名出色的项目管理专家。2006年3月，丁晓岩被任命为河南许亳、许禹两条高速公路建设项目副总经理，作为工程技术带头人，创造出扶沟、太康段路面平整度指标0.38的优异成绩，刷新了全国企业工程路面平整度0.542的指标纪录。2010年3月，丁晓岩被任命为临枣项目办主任，主持项目建设管理全面工作。充分利用一年中春季、秋季两个适合施工的黄金季节，组织全线各参建单位开展大干活动，成为集团所属在建项目中唯一一个时间过半、任务过半的项目。2012年12月省总工会授予临枣路项目全省重点工程劳动竞赛集体一等功。他还曾先后获得山东省"富民兴鲁"劳动奖章、山东省交通工作先进个人、河南省交通工作先进个人等荣誉称号，荣立个人一等功1次、二等功2次、三等功3次，连续6次获得了山东高速集团优秀共产党员荣誉称号。2014年12月全国交通基础设施重点工程劳动竞赛先进个人。

丁晓岩工作照

见义勇为，不图名利——杜国强，男，1969年9月生，中共党员，现任齐鲁交通发展集团滨州分公司沾化西收费站副站长。2012年2月25日他赴青岛出差，面对落水女童，挺身而出、舍身相救、不图名利的英雄事迹，一时在岛城传为美谈，以实际行动诠释了一名交通工作者作为共产党员的强烈社会责任感和崭新精神风貌。这是他"平时看得出来、关键时刻站得出来、危急关头豁得出来"的个人品质的充分体现，也是齐鲁集团职工特别能吃苦、特别能战斗、特别能奉献的集体精神的缩影，展示了山东交通人勇担责任、无私奉献的高尚品质，谱写了一曲震撼人心的动人之歌。荣获首批"山东好人""学雷锋好榜样""一路有你·感动山东公路十大人物"等荣誉称号。

杜国强工作照

见义勇为道德模范——李丹明，男，1969年11月生，中共党员，现任山东高速股份潍坊分公司中队长。他一直坚守在路政执法第一线，实现了中队"队伍管理零违纪，案件质量零差错,办案效率零超限"的工作目标。参与处置500多起事故,无私救助伤员50多次,拾金不昧达3万余元。2012年9月15日上午9时许,李丹明见义勇为制止一起偷盗事件,受到公安机关的表彰。荣获省国资委"见义勇为道德模范"等荣誉称号。

李丹明工作照

扶贫济困,乐善好施——沙莉,女,1972年10月生,中共党员,现任齐鲁交通发展集团莱芜分公司钢城收费站站长。该收费站80%以上为女职工,在她的带领下,全力打造了该地区唯一的"女子收费站"。同时,组织全站职工成立志愿者服务队,在此基础上,又根据工作特点,成立了"巾帼志愿者"服务队,在捐资助学、扶贫济困、看望孤寡老人、照顾智障儿童等方面处处都留下了她们的身影。她在平凡的岗位上,干出了不平凡的业绩,全心全意为干部职工服务,积极做好各方面的协调,并以她的率先垂范在莱芜市树立了良好的榜样,有效地推动了全省交通运输文明创建工作的开展。荣获"全省优秀志愿者""春运工作先进个人"等荣誉称号。

沙莉看望驻地村庄贫困户

高速卫士——张立山，男，1973年11月生，中共党员，是1993年济青高速公路第一批收费员，先后任收费员、收费站站长、路政科科长。从事路政工作以来，他沉着应对和妥善处理危化品泄漏、爆炸爆燃和有毒易爆等事故。处理突发事故不分白天、黑夜，不分晴天、雨天、雪天、雾天，不分工作日、休息日，哪里有事故就出现在哪里，至今累计妥善处理重大突发事故超100起，救助伤员30多人。面对这些突发事故，他冲锋在最前面，第一时间赶赴现场、有效控制险情、沉着指挥救援，直到事故处理完。在雨中、暴风雪中、深夜里用最大的努力保障着人民生命财产安全和高速公路的安全畅通。荣获"交通厅十佳收费员""山东省国资委见义勇为道德模范"等荣誉称号。

张立山近照

巾帼模范——李伟，女，1973年12月生，中共党员。现任潍坊至莱阳高速公路武备收费站副站长。她从事基层收费工作21年，立足本职，用辛勤的耕耘、炽热的追求、不懈的奋斗，默默奉献在收费第一线，2016年她自觉克服各种困难，到较为偏远的武备收费站工作，以站为家。她带领女子收费班树标杆、强服务、抓质量、保安全、献公益，以女员工特有的细心和温情推出"礼仪收费、微笑收费"和"忍、甜、响、诚"四字诀服务，受到驾乘人员好评，展示了收费新形象。荣获省"巾帼建功先进个人"等荣誉称号。

李伟工作照

认真负责，任劳任怨——张喆，男，1974年4月生，中共党员，现任山东省交通工程监理咨询公司第七分公司经理。先后完成13条高速公路、国省道等项目的驻外监理工作。荣获"全国交通运输系统劳动模范"等荣誉称号。

科技创新，岗位奉献——韦金城，男，1976年2月生，中共党员，现任山东省交通科学研究院科技管理部主任。他积极投身于交通行业的科研工作，充分发挥"韦金城劳模创新工作室"创新引领作用，在高速公路沥青路面养护及结构修复、长寿命沥青路面结构与材料关键技术、沥青铺装层技术等新材料、新结构、新技术方面取得了多项重大科技成果，

张喆工作照(中)

促进了行业的科学发展和技术进步。主持和参与20多项省部级重点科研项目,成果获国家科技进步二等奖、山东省科技进步一等奖、中国公路学会科学技术一等奖等科技奖励10余项。获授权国家发明专利10余项,发表科技论文30多篇,主持和参与制定行业和地方标准4项。他努力推动科研成果转化服务交通建设,负责的重大工程咨询项目10余项,长期深入施工一线,指导山东、内蒙古、安徽、四川、云南、天津等省(区、市)高速公路沥青路面新技术应用超过3000km,成果应用产生巨大经济和社会效益。荣获"山东省有突出贡献的中青年专家""山东省先进工作者""山东省富民兴鲁劳动奖章""中国公路青年科技奖""交通运输部科技英才"等荣誉称号,享受国务院特殊津贴。

韦金城与国外科研机构人员联合开展科技攻关(右)

养路模范、护路楷模——陈清泉,男,1976年8月生,中共党员。1995年毕业于山东省公路技工学校路桥专业,曾先后在济南公路局姚家公路站、周王庄公路站、高速公路管理处养护所等部门从事公路养护工作,现任齐鲁交通发展集团济南分公司养护应急救援中心主任。二十多年的一线工作经验,不仅锻就了他任劳任怨、脚踏实地的工作作风,更让他全面、熟练地掌握公路养护知识和技能,他所在团队管养的路段美观、舒适、安全、畅通,给沿线群众的生活和工作创造了便捷条件。他善于钻研、勇于创新,在兢兢业业完成本职工作的同时,努力钻研养护新技术、新材料、新工艺、新设备,坚持不懈地对各类机械设备进行改革创新、升级改造。自2006年至今的十余年间,他获得创新成果11项,得到广泛应用,节省了大量的养护资金,产生了良好的经济和社会效益。先后荣获"全国交通系统双百先进个人""山东省富民兴鲁劳动奖章""全国模范养路工""全国最美养路工"等荣誉称号。2014年受到了交通运输部杨传堂部长的亲切接见。

2012年陈清泉同志荣获"山东省富民兴鲁劳动奖章"

友爱之心迎过客,满腔热忱待路人——张丽,女,1983年5月生,山东济南人,曾在济南市公路局济南绕城高速济南南收费站从事收费工作,现工作于齐鲁交通发展集团济南

张丽同志(左三)参加山东省公路系统收费业务技能竞赛荣获个人特等奖

分公司收费部。她坚持"来有迎声、问有回声、走有送声"的工作理念,以规范化、人性化、特色化的服务,践行着服务人民、奉献社会的宗旨。凭着十多年的收费工作经验,她总结制作了一套收费业务操作书,有自我考核而建立的一整套题库,大量的操作流程PPT,识别偷逃费车辆特征以及应对措施。她还多次受邀为山东高速集团、济菏高速公路、济阳黄河大桥做收费人员岗前培训,为收费一线培养了大批技精业强的收费人员。荣获"山东省富民兴鲁劳动奖章"等荣誉称号。

扬雷锋精神,树巾帼窗口——刘静,女,1983年9月生,中共党员,现在齐鲁交通发展集团济南机场收费站工作。十多年来,她在工作中踏踏实实,兢兢业业,逐渐成长为一名优秀的高速公路收费员。刘静深深认识到服务是收费站立足社会、贡献社会的价值体现,坚持"把方便留给客户,把困难留给自己"的工作准则,面对驾乘人员,她总是以耐心、认真、负责的态度对待,毫不含糊,始终以诚相待,以理服人,耐心礼貌,切切实实把驾乘人员的事情办好、做足,使驾乘人员得到如沐春风般的享受;遇到老弱病残孕等特殊人群,她都会安排专人护送回家,受到了社会各界的高度赞扬。荣获省妇联颁发的"巾帼建功明星岗"等荣誉称号。

刘静近照

重点工程立功竞赛先进个人、省富民兴鲁劳动奖章获奖情况详见表1-8-1。

重点工程立功竞赛先进个人、省富民兴鲁劳动奖章获奖表(部分)　　表1-8-1

序号	姓名	工 作 单 位	年份	获得奖励
1	于培科	东营黄河公路大桥工程建设项目办公室	2005年	个人一等功
2	孙献国	国道205线滨州至大高高速公路建设指挥部办公室	2005年	个人一等功
3	杨光	青银高速公路齐河至夏津段工程项目建设办公室	2005年	个人一等功
4	蒋灏	菏泽至官庄高速公路工程项目建设办公室	2005年	个人一等功
5	李明	山东东泰交通建设监理咨询有限公司菏关高速公路建设项目三合同监理处	2005年	个人一等功
6	潘相庆	东营黄河公路大桥工程建设项目办公室	2005年	个人一等功
7	艾贻忠	青银高速公路齐河至夏津工程项目建设办公室	2005年	个人一等功、富民兴鲁劳动奖章
8	石磊	青银高速公路齐河至夏津工程项目建设办公室	2005年	个人一等功、富民兴鲁劳动奖章
9	郅友成	中铁十四局集团有限公司青银高速公路齐夏段	2005年	个人一等功、富民兴鲁劳动奖章
10	王立勇	滨州市公路工程处	2005年	个人一等功、富民兴鲁劳动奖章
11	桑保华	山东宏昌路桥工程有限公司	2005年	个人一等功、富民兴鲁劳动奖章
12	刘伟	济南至菏泽高速公路建设项目办公室	2007年	个人一等功、富民兴鲁劳动奖章
13	田中亚	济南至菏泽高速公路济南市项目办公室	2007年	个人一等功

续上表

序号	姓名	工作单位	年份	获得奖励
14	李宝星	济南至菏泽高速公路泰安市项目办公室	2007年	个人一等功
15	方世杰	济南至莱芜高速公路工程项目建设办公室	2007年	个人一等功、富民兴鲁劳动奖章
16	常承明	淄博市青岛至莱芜高速公路项目建设办公室	2007年	个人一等功、富民兴鲁劳动奖章
17	马恩棠	潍坊市青岛至莱芜高速公路项目建设办公室	2007年	个人一等功、富民兴鲁劳动奖章
18	王振海	临沂市青岛至莱芜高速公路项目建设办公室	2007年	个人一等功
19	钟原	威乌高速公路滨州段建设指挥部办公室工程科	2007年	个人一等功
20	安长军	津汕线大高至鲁冀界段高速公路建设指挥部	2007年	个人一等功、富民兴鲁劳动奖章
21	朱伟	威乳高速公路工程项目建设办公室	2007年	个人一等功、富民兴鲁劳动奖章
22	邱加宁	青岛市公路局即墨至平度高速公路建设办公室	2007年	个人一等功、富民兴鲁劳动奖章
23	张崇高	威乌支线海阳至即墨高速公路建设办公室	2007年	个人一等功、富民兴鲁劳动奖章
24	刘文东	潍坊市荣乌线新河至辛庄子段高速公路工程建设项目办公室	2008年	个人一等功、富民兴鲁劳动奖章
25	张尊剑	东营市荣乌线新河至新庄子段高速公路工程建设项目办公室	2008年	个人一等功、富民兴鲁劳动奖章
26	陈文宝	青岛市荣乌线新河至新庄子段高速公路工程建设项目办公室	2008年	个人一等功
27	解玉洋	山东高速集团有限公司青银高速公路济南绕城北线项目办公室	2008年	个人一等功
28	胡晓华	山东高速集团有限公司青银高速公路济南绕城北线项目办公室	2008年	个人一等功
29	李伟	青岛交通工程监理咨询有限公司青银高速公路济南绕城北线总监代表处	2008年	个人一等功
30	刘海	山东省滨德项目办公室	2012年	个人一等功、富民兴鲁劳动奖章
31	龙厚胜	山东省滨德项目办公室	2012年	个人一等功、富民兴鲁劳动奖章
32	张云峰	德州市滨德项目办公室	2012年	个人一等功、富民兴鲁劳动奖章
33	张远荣	滨州市滨德项目办公室	2012年	个人一等功、富民兴鲁劳动奖章
34	刘启振	山东高速建设集团	2013年	个人一等功、富民兴鲁劳动奖章
35	谢飞	临枣高速项目办公室	2013年	个人一等功、富民兴鲁劳动奖章
36	高培法	山东高速建设集团	2013年	个人一等功、富民兴鲁劳动奖章
37	王礼	烟海高速项目办公室	2013年	个人一等功、富民兴鲁劳动奖章
38	高发征	中铁十四局集团有限公司	2013年	个人一等功、富民兴鲁劳动奖章
39	李英勇	山东省交通运输厅公路局省青临项目办公室	2013年	个人一等功、富民兴鲁劳动奖章
40	薛志超	山东省交通运输厅公路局省青临项目办公室	2013年	个人一等功、富民兴鲁劳动奖章
41	陈宝强	潍坊市公路管理局省青临项目办公室	2013年	个人一等功、富民兴鲁劳动奖章
42	周忠伟	潍坊市公路管理局潍坊市青临项目办公室	2013年	个人一等功、富民兴鲁劳动奖章

续上表

序号	姓名	工作单位	年份	获得奖励
43	祖洪海	临沂市公路局临沂市青临项目办公室	2013年	个人一等功、富民兴鲁劳动奖章
44	李艳	临沂市公路局临沂市青临项目办公室	2013年	个人一等功、富民兴鲁劳动奖章
45	杨景新	山东恒建工程监理咨询有限公司	2013年	个人一等功、富民兴鲁劳动奖章
46	石磊	济南北方交通工程咨询监理公司	2013年	个人一等功、富民兴鲁劳动奖章
47	贺斌	山东公路建设(集团)有限公司	2013年	个人一等功、富民兴鲁劳动奖章
48	安茂平	中铁二十三局集团第一工程有限公司	2013年	个人一等功、富民兴鲁劳动奖章
49	王泽	中铁建山东京沪高速公路济乐有限公司	2015年	富民兴鲁劳动奖章
50	王庆涛	中铁十四局集团有限公司	2015年	富民兴鲁劳动奖章
51	吴登义	中铁建山东京沪高速公路济乐有限公司	2015年	富民兴鲁劳动奖章
52	姚新国	中铁十二局集团第一工程有限公司	2015年	富民兴鲁劳动奖章
53	李涛	青岛路桥建设集团有限公司	2016年	富民兴鲁劳动奖章
54	逄显民	青岛市公路管理局	2016年	富民兴鲁劳动奖章
55	王林	青岛青龙高速公路建设有限公司	2016年	富民兴鲁劳动奖章
56	王同福	山东金鲁班集团有限公司德商高速项目办	2017年	富民兴鲁劳动奖章
57	杨秀生	山东恒建工程监理咨询有限公司	2017年	富民兴鲁劳动奖章
58	牛之印	中铁建(山东)德商高速公路有限公司	2017年	富民兴鲁劳动奖章
59	林孝群	中铁建大桥工程局集团第三工程有限公司	2017年	富民兴鲁劳动奖章
60	田庆云	德商高速公路聊城至范县段项目建设办公室	2017年	富民兴鲁劳动奖章
61	焦鹏飞	德商高速公路聊城至范县段项目建设办公室	2017年	富民兴鲁劳动奖章
62	王昊	鄄菏高速公路项目技术	2017年	富民兴鲁劳动奖章
63	范晓东	山东鄄菏高速公路有限公司	2017年	富民兴鲁劳动奖章
64	周磊生	齐鲁交通发展集团有限公司	2017年	富民兴鲁劳动奖章
65	庄小勇	济南至东营高速公路第五驻地办	2017年	富民兴鲁劳动奖章
66	毕玉峰	济南至东营高速公路项目建设办公室	2017年	富民兴鲁劳动奖章
67	任顺祥	济南市公路管理局	2017年	富民兴鲁劳动奖章
68	朱万生	滨州市济南至东营高速公路项目建设办公室	2017年	富民兴鲁劳动奖章
69	扈保祥	东营市济南至东营高速公路建设办公室	2017年	富民兴鲁劳动奖章
70	戚喜章	中铁建山东济徐高速公路有限公司	2017年	富民兴鲁劳动奖章
71	翟利君	中铁十七局集团第三工程有限公司济鱼高速公路路面1标项目经理部	2017年	富民兴鲁劳动奖章
72	丁磊	中铁二十三局集团第一工程有限公司济鱼高速公路路桥5标项目经理部	2017年	富民兴鲁劳动奖章

三、大爱无疆,山东铁军援建北川

山东交通素有崇尚友善、撒满爱心的光荣传统,在国家部署的援藏、援疆任务中,山东交通人把少数民族兄弟当作自己的亲人,全力以赴做好援建工作。西藏拉萨贡嘎机场路、日喀则北京路、山东路,新疆克拉玛依到塔城高速公路等项目都凝聚了山东交通人的心血。特别是2008年5月12日汶川发生特大地震,北川县受灾最重、损失巨大。山东省交通厅接到交通运输部和省委、省政府的命令后,紧急启动抢险救灾应急预案,做好抗震救灾的应急准备。一方有难,兄弟救援,既是齐鲁优秀文化的传承,也是山东交通义不容辞的责任。在最关键的时刻,山东交通建设铁军一马当先,奋不顾身,在北川抢险救援中谱写了壮丽的诗篇。

根据省委、省政府决策部署,省交通厅研究制订了抗震救灾工作预案:一是组织公路、桥梁抢修工程队伍待命,落实工程技术人员,随时准备支援灾区公路抢修保通工作。二是道路运输部门做好救灾运输车辆与人员准备。三是交通设计咨询、公路管理部门,针对地震灾害对灾区道路、桥梁、隧道等破坏情况,研究具体抢修方案,及时提供相关的技术支持。

5月20日,省交通厅根据交通运输部《关于组织全国各地交通部门对口支援四川灾区开展公路抢通保通工作的紧急通知》的要求,组织对口支援绵阳市灾后公路的抢通保通工作。

5月21日,省交通厅组建了由副厅长范正金带队,厅公路局副局长王松根、省交通规划设计院副院长李怀峰、省交通医院副院长吕涌涛、机关服务中心副主任刘志英、厅公路局办公室秘书徐伟组成的省交通厅赴四川抗震救灾先遣工作组赶赴四川,与四川省绵阳市交通局接洽,明确重点支援北川县公路抢通保通的工作任务。随即范正金带领工作组对省道105线陈家坝大桥至桂溪段和贯岭乡至白坭乡公路抢通保通进行现场勘察,研究制订了抢险救灾工作的建议方案。

5月25日,泰安市公路局组建的山东交通首批由52人组成的赴川公路抢险队,配备挖掘机2台、推土机2台、装载机2台,调配油罐车1台、自卸车7台、小型发电机2台、空压机2台以及撬棍、风镐、铁锹等小型机具等30多台(套)相关机械设备,奔赴北川开展抢通都坝至白坭公路工作。由于当时每天有200多次余震,很多道路白天抢通后晚上又塌方,上午抢通后下午又塌方,致使许多路段反复抢通保通,公路抢通的任务极其繁重。

5月26日,为加强施工队伍的组织协调,加快入川开展抢通保通工作,省交通厅成立支援北川抗震救灾领导小组和前线指挥机构。现场总指挥部由副厅长范正金任总指挥,相立昌、王松根、杨永顺、张西斌、周勇任副总指挥,承担保通任务的单位负责人为成员,下设综合部、工程技术部、后勤保障部,办公地点设在北川,主要负责施工路段的现场指挥和协调调度工作。成都联络处由省交通厅公路局、山东高速集团驻四川单位负责组建,办公地点设在成都,主要负责与交通运输部、四川省交通厅联系,了解相关信息并及时反馈。同日,由36人组成的滨州公路施工队奔赴北川,修建省交通厅北川现场总指挥部。省交通规划设计院组织首批由李怀峰副院长任队长,刘正银、苏聚卿、徐润、薛富涛、刘进增同志组成的"四川地震灾区公路设计救援队"赶赴四川。同日,潍坊市公路局组成以总工程师曲波为组长的3人先遣小组,前往灾区现场开展地质勘察。

省交通厅赴北川抗震救灾先遣组与绵阳市交通局一起
研究北川公路抢通保通工作

5月28日,潍坊市公路局组织由63人、21台大型公路施工机械设备及33m战备钢桥抢通保通突击队,启程赶赴北川抢通都坝至白坭公路。

5月31日,泰安公路抢险队打通了北川县桂溪乡至都坝乡28km的"生命线"。同日,省交通厅向省抗震救灾前线指挥部报送了《支援北川道路抢通保通工作方案》。方案确定抢通保通工作分两个阶段三步走。第一阶段分两步:第一步,全力配合加快北川灾区活动板房建设,迅速打通北川县都坝至白坭、白坭至开坪、桃龙至马槽三条路段。其中,由泰安、潍坊公路局继续打通都坝至白坭道路;由莱芜、菏泽公路局负责打通白坭至开坪道路,由聊城、日照公路局负责打通坝底至马槽道路。第二步,按照活动板房安装需要,哪个市对口负责的乡镇道路不通,就由哪个市交通公路部门负责抢通保通。第二阶段,根据当地道路恢复重建规划,采取招投标方式,择优选择履约能力强的施工、监理队伍,承担恢复重建任务。滨州公路局7名援建人员,运送10套板房及办公生活用品价值17万元物资奔赴灾区。

6月1日,泰安公路抢险队顺利完成北川县桂溪乡至都坝乡道路塌方路段清理工作,开始抢通北川县都坝乡至白坭乡受阻公路。同日,菏泽公路局组织抢通保通突击队89名队员,配备挖掘机、装载机、运输车等机械设备31台(套)分两批奔赴北川开展抢通保通工作。烟台市交通局紧急组织19部大型货车向四川地震灾区运输200套板房。

6月2日,省交通厅筹备3台T130推土机、6台小型挖掘机、1台12m摊铺机和2辆洒水车等设备运往前线。同日,聊城市公路局组织44名突击队员,配备18台(套)机械设备,奔赴北川开展抢通保通工作。由临沂市交通局组织的14辆货车,装载价值140余万元的活动板房和配套基本生活用品的救灾运输车队再次奔赴灾区。德州市交通局紧急调集18辆运输车,向四川成都大邑县运送102套活动板房及配套生活用品;威海市交通局调度30部专用货车,运送成品板房、帐篷、医疗器械、大米等抗震救灾物资运往四川灾区。继首批抗震救灾物资100套3000m^{2}彩钢板组合房运送北川后,滨州市交通局又承担了价值240万元的抗震救灾物资的运输任务,包括50t大米、100套活动板房、500顶帐篷。

省交通厅赴北川抗震救灾先遣组在抢通保通工作现场

6月3日,省交通厅向山东省委、省政府报送了《关于对口支援北川道路抢通保通有关情况的报告》。山东省委书记姜异康对全省交通系统对口支援北川县公路抢通保通工作给予了充分肯定,作出重要批示:"我省交通系统在对口支援北川的工作中,承担着道路抢通保通的艰巨任务,面对困难和风险,大家以大局为重,以灾区人民为重,奋力工作,表现很好,和在灾区的医疗防疫、救援、施建队伍一起,为抗震救灾作出了积极贡献。在下步工作中,要科学把握,注意安全,既要做好工作,又要防止出现事故,切记。"

6月4日,省长姜大明也作出重要批示:"交通是抗震救灾的生命线。省交通系统派往前方的同志不畏艰险,克服重重困难,为我省对口支援北川作出积极贡献。望科学调度,合理指挥,把安全施工放在首位。继续发扬奋力拼搏的抗灾救灾精神,出色地完成省委省政府赋予的光荣任务。"

6月4日,潍坊公路局抢通保通突击队在原都坝桥桥址上成功架设33m的战备钢桥一座,都坝桥恢复通车,由其承建的北川县桂溪乡至都坝乡、省道105线江油市至桂溪、陈家坝路段27km基本打通。

6月5日,省交通厅前线指挥部印发《关于调整山东省交通系统赴川抗震救灾任务分工的通知》,对山东省交通系统赴北川抗震救灾任务分工进行调整。泰安公路局负责抢通都坝至白坭约24km道路;潍坊公路局负责保通桂溪至贯岭约15km道路、省道105陈家坝至桂溪段约12km道路;莱芜和烟台公路局负责抢通白坭至开坪约25km道路;菏泽公路局负责保通贯岭至都坝约13km道路;聊城公路局负责抢通省道302茂县界至禹里西段约22km道路,保通墩上—坝底—马槽约14km道路;日照公路局负责保通马槽—白什—青片约25km道路;滨州公路局负责厅抗震救灾前线指挥部基地建设。同日,日照公路局组成由36名人员,挖掘机、装载机、运输车等机械设备16台(套)的抢通保通突击队,开赴北川抢险一线。

6月7日,烟台市交通局紧急组织11部大型货车向北川灾区运送100套活动板房。

6月9日,临沂市交通局组织运输车队装载复合板和铝合金门窗等一批救援物资驶往北川灾区。

6月10日,聊城市公路局抢险救灾队到达对口支援的北川墩上乡。同日,由17台大型集装箱车辆、1台运输指挥保障车组成的淄博市支援抗震救灾运输车队,装载着100套活动板房、100套门窗以及200套包边件等救灾物资出发,赶赴北川县香泉乡。

6月14日,潍坊市公路抢险队主动为桂溪乡渭沟村完成疏通道路800m任务,清理土石方约7000m³;并派出1辆挖掘机帮助渭沟村平整场地900多平方米,用于搭建板房。此举受到桂溪乡渭沟村村民高度赞扬,赠送锦旗"情系灾区,视群众为亲人;不畏艰难,抢通生命之路"。

6月17日,日照市交通局组织18辆运输车运送110套活动板房运往灾区。威海市交通局组织抽调总吨位在100t以上的大型货车5辆,满载救灾物资的车队奔赴灾区。

6月22日,泰安市交通局组织20辆货车,装载160套板房奔赴北川灾区。

在抢险救灾中,聊城千千佳物流先后共派出货车124部,运送救灾物资安置房1147套;凤凰公司先后共派客车13部,运送援川人员509人。其他各市交通局在这一时期也承担了支援北川紧急运输任务,为北川抢险救灾和灾民安置作出了贡献。

6月25日,省交通厅前线指挥部印发《关于下阶段工作部署的通知》,再次明确泰安施工队伍继续完成都坝乡到白坭乡约25km改建新建道路;聊城施工队伍在做好墩上至马槽道路保通的同时,完成马槽乡约6.5km道路土方加宽改造;潍坊施工队伍下阶段全力保通桂溪乡至贯岭乡道路,并对该路段几处较大塌方彻底清理,以保障道路畅通,减轻地方交通部门的工作压力;菏泽、日照施工队伍继续按原任务分工完成抢通保通工作。

正在抢通的桂溪乡至都坝乡道路,每前进一步都要冒着塌方的危险

2008年6月,抢通"生命线"

快速抢通塌方造成的道路堵塞

日夜兼程入川援助的车队

抗震前线的入党宣誓

抢通保通期间,全省交通系统先后投入人员4114人次,其中直接在北川抢通保通的交通施工队372人,投入机械设备324台(套),共完成道路抢通41.53km,保通166.75km,其中加宽道路5.75km,新建北川县北环线约30km,打通了新的生命通道。共投入应急运力3843车次,其中客车150车次,货车3693车次,运输救灾物资35752.2t。

第二节 修筑人文公路,展现历史底蕴

山东交通依托山东文化大省的底蕴,发挥红色文化、儒家文化、齐文化、泰山文化、黄河文化、海洋文化、牡丹文化、运河文化的影响力,打造山东高速公路的文化品牌。

一、以人为本,建特色服务区

服务区点多、面广、客流量大,在服务区规划设计、综合改造和服务管理过程中,体现地域特色,注重从自然环境和社会人文环境等方面,融入地域文化元素,着力打造地方主

题文化服务区,让过往宾客感受山东文化的魅力。

曲阜服务区距离曲阜市区 3km,是独具儒家文化特色的现代化服务区。曲阜是东方文明的重要发祥地之一,曾是战国鲁都,是伟大的思想家、政治家、教育家、儒家学派创始人孔子的故乡。两千多年来,其以悠久的历史和灿烂的文化蜚声中外,成为人们心中的文化名城。曲阜服务区建筑风格古朴典雅,体现出了"自然景观与儒家文化的完美融合"。曲阜服务区始终倡导"以人为本"的服务理念,不断强化企业文化建设,既在餐饮、购物、汽修、加油、住宿、停车等方面提供优质服务,又努力提升集环境美观优雅、服务项目多样、休闲设施齐全、服务优质精良于一体的全新服务方式。从服务大厅到餐厅,随处可见儒家文化的人文景观图片,取材于《论语》典故的浮雕无不彰显出这个历史文化名城特有的人文魅力。

曲阜服务区内景

淄博历史悠久,文化灿烂,是"齐国故都",拥有齐古城遗址、东周殉马坑、齐国历史博物馆、中国古车博物馆、管仲纪念馆、蒲松龄故居、范公祠等著名的历史文化古迹,有峨庄瀑布群、沂源溶洞群、开元溶洞、鲁山森林公园等自然景观。淄博特产繁多,周村烧饼酥香薄脆,老少皆宜,为"中华老字号"产品。淄博服务区深刻挖掘当地的历史元素和特色产品,广泛开发旅游线路,增加各类土特产品,打造了独具特色的齐文化产业品牌。

日照服务区是山东省唯一一座跨主线景观式服务区,集餐饮、会议、购物、加油、住宿、汽修、娱乐休闲、旅游为一体综合性服务区。本着"畅行齐鲁、传播文明、诚信服务、回报社会"的服务原则,服务区不断优化服务环境,更新服务观念,丰富服务内涵,取得了良好的社会经济效益。2006 年,在中国高速公路服务区行业评选活动中,获"中国高速公路环境优美服务区""中国高速公路特色产品营销优秀服务区"和"中国高速公路服务区优秀汽车维修站"荣誉称号;2013 年获得省级文明服务区;2015 年 12 月荣获全国优秀服务区荣誉称号。

淄博服务区北区

淄博服务区南区

跨路景观式服务区——日照服务区

诸城服务区是集休息、餐饮、购物、住宿、汽修、加油、休闲为一体的综合性服务区。该服务区合理布置空间,采取宣传栏、视频广播等多种载体,图文并茂,宣传社会主义核心价值观以及安全驾驶、文明出行、保护环境等法规政策。为突出当地文化特色,因地制宜,将虞舜文化、恐龙文化等地域特色引入服务区,广场摆放恐龙雕塑,加深了旅客对"中国龙城"的认知度。诸城服务区先后获得省"文明服务区""文明和谐示范窗口""青年文明号""全国百佳示范服务区""全国交通行业2016年度优秀质量管理小组"等荣誉称号。

恐龙造型

二、以路为载体,展示山东风貌

路,记载着人类进步,传承着人类文明。高速公路作为现代文明的标志,成为中华文化的载体和介质。

青临高速公路从建设伊始就为展示沿线优美自然风光、保护历史文物古迹搭建了良好的平台。一是在对青州、青州南等收费站景观设计时充分考虑青州地域特色,体现区域丰富的历史文化底蕴,将青州"花都"及书画文化艺术融入其中。二是沂山、沂水收费站选址力争与沿线风光和人文资源相融合。沂水收费站将青临路路线图和区域旅游景点印制成册,为社会公众休闲旅游提供了便利。三是借助服务区载体,将具有地域文化和民族特色的各类物品展示给来往行人,如具有青州特色的红丝石、沂蒙全蝎酒等。四是在通过国家保护文物古迹——齐长城遗址的地方,选择了最佳的路线方案和施工技术,保护了古迹完好无损。五是对沿线采用生态植被恢复措施,最大限度地维护当地自然生态平衡。

京台高速公路山东段纵贯德州、济南、泰安、曲阜和枣庄等城市,是山东"一山、一水、一圣人"的黄金旅游大通道。在京台高速公路的建设和绿化中,开展了路域环境与生态绿化模式研究,分析测定不同绿化模式下的种植方案以及绿化后对沿线环境的影响,在主要城市和旅游景区出入口立交绿化中,既突出当地人文景观和历史内涵,又展现高速公路的绿化美化效果。

服务区乘凉走廊

德州是山东省的北大门,德州互通立交采用蜀桧、洒金柏组成了大型的"风帆"模纹图案,预示着出行齐鲁"一帆风顺"。

德州互通

济南西互通立交,采用黑松、景石相配合的园林小品多达 7 处,并与草坪、模纹图案、高大乔木、开花灌木相结合,极大地提高了景观效果。

泰安服务区以泰山松、泰山石为依托,种植的草坪、苗木和种类繁多的观赏花卉达到了"三季有花、四季常青"的效果,在视觉设计上巧妙融入了景区内的部分景观,增添了浓厚的泰山文化气息。

曲阜出口结合孔子故里的历史文化,栽植了碧桃、李树,寓意"桃李满天下"之意。同时还呈片林状栽植了雪松、刚竹、腊梅,体现出"岁寒三友"的古韵,彰显了曲阜的历史文化特色。

济南西互通

泰安服务区

曲阜出口收费站

枣庄互通立交以石榴为主要基调树种,其火红的花、果,是对抗日战争中牺牲的先烈最好的缅怀,同时还对当地的"万亩石榴园"进行了宣传。

枣庄互通匝道

第三节 铸就文化品牌,与文明同行

山东高速公路以"与时代同步,与文明同行"为导向,着力推进公路文化建设。以齐鲁大地深厚历史文化底蕴为依托,努力培育打造一批影响力大、地域特色鲜明的文化品牌,为全省高速公路的建设与发展提供动力源泉。

一、惠风和畅,大道行远

山东高速股份有限公司通过总结、提炼、整合自身优秀文化要素资源,逐步形成独具特色的"和·畅"企业文化体系,"和·畅"即为,团队和睦、企业和谐、环境和美的"和之道",员工舒畅、管理顺畅、路桥安畅的"畅之道"。独具特色的"和·畅"企业文化,充分体现了齐鲁文化、高速公路行业和企业自身三者特点。"和·畅"企业文化于2011年7月获得"全国企业文化优秀成果奖"殊荣。

"泰山之高,非一石之积""会当凌绝顶,一览众山小"。因自然、人文因素被赋予深厚内涵的泰山石,历来都是齐鲁文化的象征之一。山东高速股份公司选择泰山石作为企业文化象征物,寓意企业植根齐鲁大地,激励员工发扬"积石为山"坚韧不拔的精神,始终追求卓越;其企业价值观为"传承、创新、超越","传承"体现了鲁文化注重传统继承的特征,"创新、超越"则体现了齐文化注重变革开放的特征。山东高速股份公司在提炼企业文化的过程中,高度重视与齐鲁文化的紧密融合,不仅增进了员工的理解和认同,而且增强了企业文化的厚度和生命力,充分体现了山东企业的地域文化特色。

山东高速"和·畅"企业文化宣传画

山东高速泰山石企业文化象征

高速公路运营企业具有公益性的行业特点,必须保障高速公路的安全畅通,为社会提供优质服务,全面实现社会效益的"乘数效应",回报社会。基于此,山东高速股份公司注重将企业文化建设与高速公路行业特点紧密结合,将提供优质服务、承担社会责任、实现环境友好的理念融入企业文化。公司的安全文化理念为"付出一万,杜绝万一",既源于"遵章守纪、持续改进、增强意识、规范程序、预防事故、保障安全"的职业健康安全方针,又塑造出了涵盖范围广泛的安全品牌——"畅安365";"环境和美""路桥安畅"成为"和之道""畅之道"的重要组成部分;"精益求精,持续改进"的质量文化理念,源于公司"持续改进收费养护路政信息服务质量;为驾乘人员提供快捷、畅通、优美、文明的平安大道"的质量方针。

山东高速股份公司加强组织领导和制度保障,构建了长效管理机制,并以有效途径和方式,全力推进企业文化的宣贯,将企业文化的内涵理念和行为规范,转化为员工的统一共识和企业的规范运作。通过举办培训讲座、到优秀企业参观学习、组织知识竞赛等方式,强化了企业文化核心理念的灌输。树立企业文化标兵,及时总结宣传在企业经营管理

山东高速文化理念宣传画

和各项活动中体现文化理念的感人事迹和经典事例,汇编成《企业文化理念故事》,把汇编理念故事的过程变成提炼、传播优秀文化理念的过程。覆盖率100%的宣贯培训,使员工们深层认知了企业文化核心理念,自觉自主地将其作为价值观和行为准则,工作充满激情。通过文化视觉识别系统的应用推广,统一了表层物质文化和内在精神,塑造了理念宣传和文化气氛;各单位设置了文化长廊、文化展板,高速公路情报板、窗口部门均设置文化标语,以直观的视觉效应强化宣贯氛围,进一步提升了山东高速股份公司的品牌形象。

通过企业文化战略理念、管理理念的渗透,山东高速股份公司全面提升了收费、路政、养护、信息等综合服务水平和顾客满意度,"环境和美""路桥安畅"日益成为镶嵌在齐鲁大地上的靓丽风景线。

二、畅行齐鲁,传播文明,诚信服务,回报社会

齐鲁交通发展集团有限公司以"畅行齐鲁,传播文明,诚信服务,回报社会"为企业文化核心价值观,在充分发挥所辖范围内各分公司特色文化基础之上,努力打造新时期山东省高速公路文化品牌。

(一)有语言、有灵魂、有个性、有品位、有故事

齐鲁交通发展集团日照分公司围绕"美丽公路"进行公路文化建设,形成"路随景出、景由路生"的境界。初步实现了"有语言、有灵魂、有个性、有品位、有故事"的文化高速公路,呈现出"海洋文化走清新之路、历史文化营厚重之感、突出生态文化特色、通行文化扮靓丽之姿、用心打造廉政阵地文化、现代企业文化注入文化公路建设、打造公益文化长廊助推企业文化建设和星级服务文化提升文明服务水平"八大亮点。

齐鲁交通发展集团有限公司企业文化核心内容

（二）守法自律、上善端、行恪尽职、守共享

齐鲁交通发展集团东营分公司以"守法自律、上善端、行恪尽职、守共享"特色文化为引领，全体干部职工积极融入集团公司"一二三四五"发展战略，紧紧围绕"行业地位领先、核心能力突出、品牌形象一流"的企业建设目标，积极践行"畅行齐鲁、传播文明、诚信服务、回报社会"的企业核心价值观，坚持在打基础、谋长远上下功夫，推动各项工作高点起步、高标准推进，综合发展实力和主要业务指标均取得长足发展，文化品牌建设等取得新的突破，为分公司健康协调可持续发展奠定了坚实基础。

（三）明德致心、和衷致远

齐鲁交通发展集团德州分公司提出"明德致心、和衷致远"的文化建设理念，"明"为弘扬、彰显之意；"德"指品质、道德，又取"有德之州"之意，意为＝德州公司铁肩担道义，积极作为，认真履职尽责，诚信服务，回报社会，践行和彰显美德。"和衷"同心同德，共事共谋，意为：德州公司上下齐心协力，团结一心，共同促进高速公路事业的持续发展。同时，德州公司还确立了以"创新驱动，稳健经营"为主旨的发展理念，提出了"勇于担当，甘于奉献"的工作理念，"精于行业，善于作为"的经营理念，"真心、用心、倾心"的服务理念，使德州公司上下呈现出目标同向、工作同轨、节奏同拍的良好精神状态，从而激发强大的文化生命力，为公司的持续、协调、健康发展提供有力的文化支撑，展示了良好的企业形象。

（四）真诚谦和、注重细节

齐鲁交通发展集团淄博分公司积极创建富有鲜明个性特色，以理念文化、道德文化、安全文化、畅通文化为主要内容的"淄博高速文化"，凝聚了淄博高速人的激情与执着。

坚持秉承滨博高速"真诚谦和、注重细节"的行为理念,内强素质,外树形象,精心打造"畅行齐鲁、传播文明、诚信服务、回报社会"的齐鲁交通文化品牌,以一流的服务、真诚的微笑赢得了驾乘人员和社会各界的广泛赞誉。

三、会心微笑,畅行达远

青岛市交通运输委寓管理于服务,全力打造"畅行达远"服务品牌,以收费窗口为重点,把"会心微笑"植入收费服务全过程,用"畅行达远"引领窗口服务,并全面加强高速公路路政、养护、应急救援、信息发布等方面的综合服务能力建设,成为青岛高速公路文化建设的靓丽名片。

(一)规范服务赢得社会赞誉

青岛从2014年初开始把高速公路收费服务规范作为突破口,分别从驾乘、收费人员的角度出发,对收费服务规范进行优化、提炼、充实,经反复修改后于2015年初在全国同行业中率先提炼形成了"扬手、送卡、目送、备发"4个动作过程的收费服务礼仪规范,并在机场高速公路进行了试点、总结、完善。根据实际测算,从车辆进入车道,触发地感线圈,到接卡离开,最快用时仅3秒。依此统计,同一员工上岗服务,使用老手势每车需5~6秒,小时高峰过车400辆;试行新手势后每车需2.7~3.3秒,小时高峰过车达588辆。与老手势相比,新手势使入口通行效率提高了47%。

在新服务礼仪规范探索期间涌现出一大批优秀职工,其中张瑜于2015年10月获得了"最美中国路姐"称号,是山东省唯一获此殊荣的高速工作者。《青岛市高速公路收费人员服务规范》于2015年12月正式发布,2016年1月实施。2016年,参与服务规范研究探索的礼仪服务小分队获得了"最美中国路姐团队"称号,是山东省唯一获此团体荣誉的高速团队。

"最美中国路姐团队"

"最美中国路姐"——张瑜

(二)拓展服务提升通行效率

青岛在 11 个收费站增设 22 条 ETC 车道,在机场等部分车流量较大的收费站开通 24 条复式收费车道,极大缓解通行压力。及时采集青岛市及山东省内国省道主干线公路实况出行信息,按照"一号(96586)对外、五位(电话、短信、网站、微博、微信)一体"的工作标准,健全信息发布体系,扩展 96586 热线服务范围,为广大驾乘人员提供多渠道、全方位、立体化的出行信息服务。2015 年和 2016 年 96586 微博连续被评为"山东十大交通系统政务微博"。充分发挥青岛高速公路应急指挥调度平台及全程监控系统作用,整合所辖路段范围内业务资源,通过路警、路政、路养等多方联勤联动。在重大节假日道路保畅方面,已摸索建立起符合自身实际的常态化保畅机制,有效维护小客车免费期间的通行秩序。

"山东十大交通系统政务微博"96586

96586 出行服务平台

信息服务大厅

第四节　高速文苑，大显风采

　　一座大桥，需要桥墩的鼎力支撑，否则难以承载车水马龙的流动；而一个行业的蓬勃发展，同样需要每一位员工的团结一致和同甘共苦。公路文化作为一种精神源泉，鼓舞着从业人员的士气，凝聚着团队的力量。省交通运输厅组织开展了一系列各具特色、丰富多彩的文明创建活动，形成了全方位、多层次的文明创建格局，涌现出一批展示山东高速公路良好形象的文艺作品，唱响了高速公路事业赞歌。

一、诗歌、散文赞高速

沁园春 和·畅

山东高速股份有限公司

滚滚黄河,五岳独尊,万里海天。

看和风齐鲁,国泰民安。

地作琵琶,路桥弹弦;

承载希望,延伸文明,润泽甘霖写诗篇。

欲超越,大道行远,高速百年。

蓝筹远瞩高瞻,自信敢想择时会干。

锐意求进取,传承创新;

和衷笃行,畅达致远。

厚积薄发,鲲鹏振翼,万里长天舞翩跹。

从兹始,创千秋基业,蓝海扬帆。

四季青临 鲁苏诗韵

鲁苏收费站 彭晶晶

四季的青临四季的美,四季的鲁苏四季的韵。追忆寒冬,回望暖春,感受盛夏,畅想秋华,我将四季的它们轻吟浅唱,盼望留住它们四季的痕。我为四季的我们引吭高歌,祈祷盛开我们四季的魂。

人生若只如初见——致冬雪

青临的雪,洋洋洒洒,像一片一片洁白的鹅毛,像一团一团柔软的棉絮,像一树一树纷飞的梨花。它轻盈,它灵动,它无暇,它飞过收费岗亭的窗前,用曼妙的舞姿跳着柔美的芭蕾,成为前勤收费员工作之余最唯美的风景;它飘落在收费站的屋顶,用轻灵的声音唱着绕梁的歌曲,成为后勤工作者闲暇之时最动听的天籁。

初识鲁苏,就是在有着皑皑白雪和瑟瑟寒风的冬季。那时的鲁苏,好似有些许的清冷,有微微的苦寒,有丝丝的落寞,但这却没有遏止住我们初见它时的欢欣鼓舞和意气风发。我们的骨子里流淌着年轻一代沸腾的热血,我们怀着如烈日般的热情投身到鲁苏收费站的建设中,熟悉业务,练习操作,认认真真,兢兢业业。我们带着初见它时的兴高采烈和欣喜若狂,深深地热爱着这片净土,牢牢地把它埋入于心。

人生若只如初见。初见是欣喜,是欢畅,是兴奋,是喜悦,是陶醉,是自豪……徜徉在这初见的回忆里,我们愿与青临共成长,我们誓与鲁苏共风光。

何人不起故园情——致春风

一夜春风袭来,和煦的暖风吹散了冬日的阴霾,年轻的青临脱下厚重的冬衣,穿上了时尚的新装,湛蓝的天空是它华丽的礼帽,偶尔走过的几朵白云是礼帽上飘扬的丝带。散落的村庄和整齐的田地是它修身的晚礼服,傍晚时分家家户户扬起的炊烟是这礼服上亮丽的饰品。星星点点的湖泊是它高贵的水晶鞋,金色的阳光洒在水面,使得水面波光粼粼,像极了镶嵌在水晶鞋上宝石的光芒。朝霞暮霭,千里流云,层峦耸翠,月朗风清……种种美到窒息的景象,都是清新怡然的春风赐予青临的。

情不知所起,一往而深。在那春风拂面的季节,在这坚守山东南大门的鲁苏,我们就开始慢慢地依恋着这里,我们也便深深地爱上了这里。我们深爱着它的客舍育青柳色新,我们深爱着它的草长莺飞杨柳醉,我们深爱着它的红日东升气势豪,我们深爱着它的千里烟波暮霭沉,我们就这样沦陷在它无边的温馨里,我们就这样沉浸在对它无限的期望中。何人不起故园情,这情是同事之间并肩的友情,这情是我们对工作的炙热之情,这情是我们对鲁苏收费站深深的依恋之情。挑着这份沉甸甸的情谊,我们和青临一起共奋进,与鲁苏一同共发展。

欲将心事付瑶筝——致夏花

岁月如斯,白驹过隙,弹指一挥间,催红了谁家的樱桃,打绿了谁种的芭蕉。转瞬间,已然炎天暑月,青临的夏花已绚烂无比。夏日的鲜花,不鸣则已,一鸣惊人,它们在怒放的瞬间极力展示着自己妖娆的身姿,完美绽放了自己的希望,它们的生命在开放的刹那便达到顶点。灿烂的夏花,蜜蜂为之忙碌,彩蝶为之翩跹,燕子为之呢喃,夜莺为之歌唱。斑斓的色彩迷离了人们的双眼,沁人的花香芬芳着人们的梦境,夏花的妩媚让人沉醉而不知归路。

"生如夏花之灿烂",泰戈尔在《飞鸟集》里这样说。我们也如夏花一般,在鲁苏的土地上,满心欢喜地等待着自己人生中那一刻繁花盛开的盛宴,这是我们仰望星空时甜蜜的心事。但在盛开之前,我们需要蛰伏,我们需要积累,我们需要沉淀,我们需要在脚踏实地中汲取养分,在努力向上中获取阳光。如此方能让自己在绽放的时刻尽显光芒。

欲将心事付瑶筝。静谧的夜空,漫天的星辰将我们的心事挂在天上,我们抬头仰望天空,细数着哪一颗是自己的。我们一边走,一边唱,一路风景,一路歌谣,我们的明天与青临一体,我们的未来与鲁苏共度。

倾我一生一世念——致秋实

秋季，花瓣落地有声。秋季，硕果累累无语。秋季似西子的脸，不论繁花纷飞的浓艳，还是果实满满的恬淡，都是那么倾国倾城。秋季的天空风轻云淡，秋季的阳光温暖恬然，秋季的风儿轻缓柔软。秋季，不似春天的娇羞，不似夏天的露骨，不像冬天的冷艳。秋季是个理智的季节，秋季是个成熟的季节，秋季是个收获的季节。

青临的秋季，还是未出生的生命，它尚在思绪空灵的路上。或许，青临的秋季也有繁花纷飞的绝唱。或许，青临的秋季也有片片落叶的缱绻。或许，青临的秋季也有行行大雁南飞的壮观。但是，一定，青临的秋季会有着果实满树的纷呈和满载而归的欣喜。正如鲁苏站里的小园，莲藕、玉米、红薯和豆类等等，到了秋季便会给我们带来丰收的喜悦。也正如鲁苏站的我们，学习、锻炼、提高，如此反复循环，我们人生也一定会开出醉人的花，结出诱人的果。

倾我一生一世念。我们将把自己的青春奉献给青临，我们将把自己的汗水播撒在鲁苏。我们将用一生的年华去感受青临的点点滴滴，我们将用一世的流年去体味鲁苏的丝丝缕缕。我们是青临的未来，我们是鲁苏的希望。

我们历经冬雪，我们沐浴春风，我们生如夏花，我们等待秋实。随沧桑荏苒了岁月，任岁月沉淀了流年。我们与青临，我们与鲁苏，携手共进，风雨同舟。

微笑扬帆 平安起航

青州北收费站 孙建城

凛冽的寒风吹不灭火热的激情，肃杀的寒冬抵挡不住开拓的脚步。"严冬不肃杀，何以见阳春"。这是一个令人振奋的季节！在这银装素裹的冬天，我们注定要收获一份非同寻常的惊喜——2013年1月20日，青临高速公路正式运营通车了！

经历三年多烈日高温，冰雪严寒的孕育，228公里的青临高速在殷切的渴盼和千呼万唤中竣工通车，"鲁苏千里一日还"成为现实！它犹如镶嵌在齐鲁大地的一道彩虹，为山东公路建设发展送上最美的礼赞。

今天，我们接下施工人员的接力棒，去延续青临高速"一条青龙惊呼出，两岸葱郁排闼来"这气势如虹的生命，我们怎能不骄傲和自豪？

当"传承礼仪、畅行齐鲁"的春风吹遍山东公路，当"文明服务、安全畅通"成为高速公路最基本的追求，我们应该怎样与这条年轻的青临高速公路，在服务经济和社会发展的舞台上谱就青临的精彩，绘就青临的未来？

川流不息的车辆，安全行驶的司机，每一位青临人都肩负起属于我们的使命和责任。

一线收费员始终在三尺岗亭坚守着"奉献青临,服务社会"的永恒信念,指尖流淌着文明,嘴角荡漾着微笑,一举一动传递着青临高速的正能量;为了青临高速的畅安舒美,养护工人把理想写进了百里桩、指示牌,将纵横交错的青临高速打理得景观如画;路政交警风里来雨里去,默默付出,辛勤耕耘,用实际行动换取青临高速公路的安全和畅通……,这条纵贯山东中部的交通大动脉处处传递着微笑真情,处处绽放安全畅通的花朵。路的精神,在一个又一个岗亭间传播,在每一名青临高速人中传承。

作为基层一名员工,虽然一线的工作枯燥又单调,但正是这平凡的工作岗位铸就了青春的信念。当我们的莞尔一笑温暖了司乘的心,当一声甜美的问候化解了司乘旅途的疲劳,当一句安全的叮咛消除了潜在的隐患,是否也激起了你心中那份保障"文明服务、安全畅通"的神圣?尽管举国欢庆之际,我们仍需坚守岗位;尽管合家团圆之时,我们难与亲人相聚,但我们无怨无悔。

漫漫长路上,我们始终与不息的车流,与绵延的青临高速同呼吸共命运,用自己的青春和激情,默默地在青临高速公路奉献着。尽管我们的岗位平凡,我们的工作平淡,但我们一样充实,一样富有,就这样,青春在坚守中增彩,形象在磨砺中闪光。在年轻的青临高速公路面前,我们誓与其并肩承载服务经济社会发展那份厚重。强烈的事业心和高度的责任感,也必将激励着我们要用满腔的热情和辛勤的汗水唱响一曲曲服务的激昂赞歌。

春暖花开的春天,我站在青州高高的山冈上,看着俊秀的云门山任杜鹃托起东升的旭日;烈日炎炎的夏天,我守在革命老区的临沂,踏着先烈的故土任暴雨狂风褪不尽青春的笑脸;黄昏落日的秋天,我驻足在连通济青的沂水,听着汽笛声任凭车水马龙追日月;白雪皑皑的冬天,我守在鲁苏门户的省界,任涵洞和桥梁把叠叠险阻化作通途……。这,是一幅饱含激情和梦想的斑斓画卷,这,是一张浸透信念与希望的壮丽蓝图。

没有鲜花,没有掌声,飞尘相伴,严寒酷暑考验,在青春的轮回中将一腔热血和赤诚,满怀激情和希望全部抛洒给这条漫漫长路。当黎明追赶行路人的脚步,当夜幕送来归途中的笑容,我们把青春留在了弥漫汽油味的车道,把炙热的年华献给了充斥轰鸣声的岗亭。

青春带着翅膀,带我们飞过梦的海洋,追梦的心是帆,行动是手中的桨。当中国梦已经起航,身为青临人的我们,也已经开启梦想的方向,就让我们带着激情和憧憬,微笑扬帆,平安起航,在青临高速安全畅通、快速发展的征程中书写下新的辉煌。

二、摄影寄梦想

作品:雪·情

作者:刘威辰

作者单位:齐鲁交通发展集团威海分公司

作品说明:

2016年1月18日,威海地区突降暴雪,图为齐鲁交通发展集团威海分公司收费站干部职工冒风雪,战严寒,保畅通。

作品:"罗马城"不是一天建成的

作者:封海燕

作者单位:齐鲁交通发展集团莱芜分公司

作品说明:

本作品捕捉了一座桥梁的施工现场,筑路工人用孜孜不倦的汗水和一丝不苟的态度,铺架一座崭新的桥梁,铸就一条崭新的高速公路。在改革转制新形势下,需要我们每一位新公路人前赴后继、自强不息,用汗水、专注、创新、活力将齐鲁交通发展集团打造成全国一流的现代化、专业化、生态化、国际化的国有资本投资运营集团。

作品:飞跃黄河

作者:刘振

作者单位:山东东青公路有限公司

作品说明:

东营黄河公路大桥是万里黄河上的最后一座桥梁,它的建成,加快了黄河三角洲融入山东环渤海经济带的步伐,对东营市的经济发展起到了积极的推动作用。大桥犹如一条巨龙,飞架于滔滔黄河之上,使黄河南北"天堑变通途"。日落时分,采取垂直俯视角度,真实记录了大桥飞跃黄河的震撼场景。

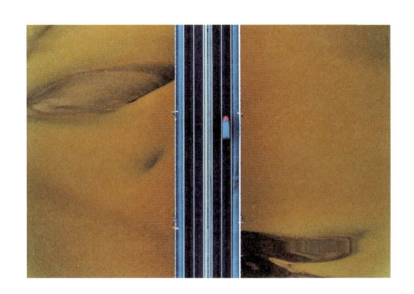

作品:紧急施救

作者:王永生

作者单位:齐鲁交通发展集团临沂分公司

作品说明:

2016年11月11日约15:30分,齐鲁交通发展集团临沂分公司养护应急救援中心徐福宝、高兴义巡查到京沪高速公路K651+200北京方向时,发现一起交通事故,第一时间施救,使用撬杆、套筒扳手、电钻等工具,与交警、120、消防等人员进行破解受损车辆,成功将两名严重受伤的驾乘人员从车内救出,并送往医院治疗。用实际行动践行"畅行齐鲁、传播文明、诚信服务、回报社会"核心价值观。事迹被齐鲁交通发展集团微信公众号、临沂在线、大众临沂网、齐鲁晚报网、齐鲁临沂网等媒体分别给予宣传报道,受到广泛好评。

作品:鏖战风雪为通途

作者:朱志强

作者单位:齐鲁交通发展集团青临分公司

作品说明:

  收费人员面对风雪的洗礼,他们从容应对、迅速行动,战风雪、斗严寒,为了驾乘人员的安全,为了青临高速公路的畅通。他们用热情和忠诚谱写了一曲除雪保畅的赞歌,那些风雪中的身影,俨然已经成为青临高速公路最靓丽的风景。

作品：微美

作者：李莎

作者单位：齐鲁交通发展集团淄博分公司

作品说明：

微笑是全世界最美的通用语言，它传递着亲切、友好、愉快的信息。笑迎天下客，誉从信中来。在高速公路收费服务工作中，我们的每一位员工都代表着高速公路的服务窗口和形象，这就要求收费员从细节做起，从微笑开始，用微笑表达情感，通过一言一行树立高速公路完美形象。

三、画册、报刊展风采

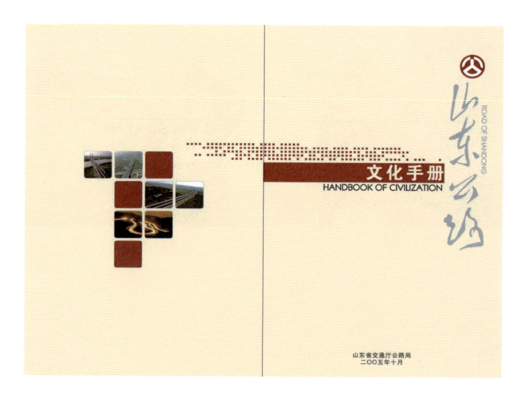

第一篇/第八章
高速公路文化建设

CONTENTS 目录

FOREWORD 前言

PART 1
第一部分：山东公路文化
01. 山东公路品牌
02. 山东公路宗旨
03. 山东公路精神
04. 山东公路理念
05. 山东公路形象
06. 山东公路发展战略
07. 山东公路行业责任
08. 山东公路文化氛围
09. 山东公路文明理念
10. 山东公路诚信理念
11. 山东公路人才理念
12. 山东公路科学发展观
13. 山东公路六型行业 六个典范
14. 山东公路创建文明行业十个坚持
15. 山东公路创建文明行业基本原则
16. 山东公路"十一五"文明创建规划及远景目标

PART 2
第二部分：山东公路创建文明行业口号

PART 3
第三部分：山东公路文化基本常识
01. 中华人民共和国国歌的歌词
02. 世界观、人生观、价值观
03. 64字创业精神
04. 精神文明建设的核心
05. 物质文明、政治文明和精神文明的辨证关系
06. 四有新人
07. 五种精神
08. 道德规范
09. 公民基本道德规范具体内容
10. 社会公德规范具体内容
11. 职业道德规范具体内容
12. 家庭美德规范具体内容
13. 社会主义人际关系的基本要求
14. 现代公民应具备的公德意识
15. 诚信
16. 开展创建文明单位活动的基本要求
17. 学习型社会
18. 和谐社会
19. 构建和谐社会的10项主要任务

PART 4
第四部分：山东公路之歌
01. 大路延伸我的爱
02. 大路情深
03. 爱之路，幸福之路
04. 大路放歌
05. 延伸的情感
06. 喜事连连

PART 5
第四部分：山东公路社交礼仪常识
01. 文明礼貌三要素
02. 社交礼仪的3A原则
03. 握手原则
04. 问候原则
05. 谈话中简要避免的身体语言
06. 各种花语
07. 赠花礼仪

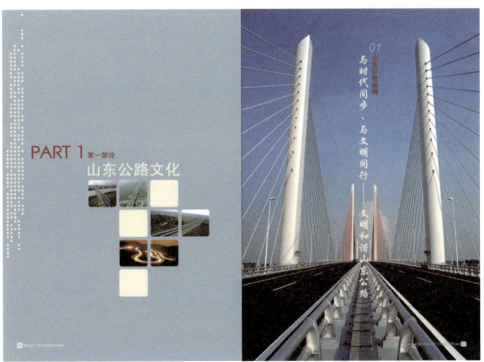

PART 1 第一部分
山东公路文化

01 山东公路品牌
与时代同步，与文明同行
文明和谐山东公路

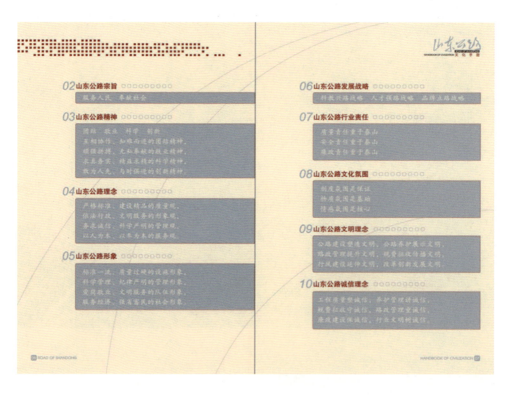

第一篇/第八章
高速公路文化建设

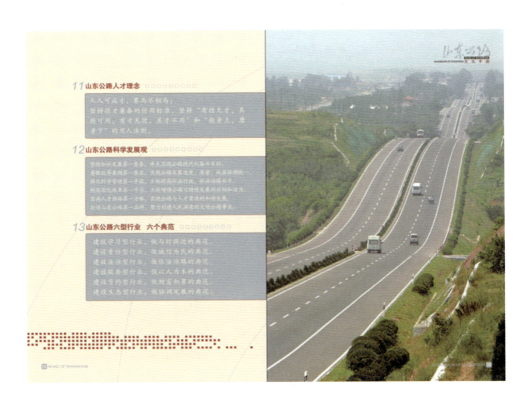

山　东
高速公路建设实录

15 山东公路创建文明行业基本原则

比较分析原则：
纵向与自己的过去比，横向与同行业比，在比较中发展；

不断优化原则：
搞好全局规划，抓住重点环节，
并及时调整提高，提升全行业文明创建水平；

不断创新原则：
坚持与时俱进，锐意进取，开拓创新，
努力走在全国同行业前列。

16 山东公路"十一五"文明创建规划及远景目标

以"三个代表"重要思想为指导，牢固树立和全面落实科学发展观，以构建"和谐公路"为目标，紧紧围绕公路中心工作，继续深入开展创建文明行业竞赛活动，着力打造"与时代同步、与文明同行——文明和谐山东公路"服务品牌，努力把全省公路系统建成人民满意的文明公路行业。

"十一五"末，全省公路实现通车90000公里，高速公路5000公里以上；全系统基础设施和行业综合实力显著增强，公路行业文明创建水平，努力争创全国文明行业。青岛抓关建成国家级文明单位；17个市级公路局全部建成省、部级以上文明单位和全国精神文明建设工作先进单位，其中，85%以上的市级公路局建成国家级文明单位；90%以上的县级公路局建成市级以上文明单位，60%以上的建成省、部级以上文明单位。公路行业整体实力文明显增强，干部职工思想道德水平和文化素质普遍提高，文明服务水平显著提升，行业凝聚力大大增强，"山东公路"成为全省乃至全国知名品牌。

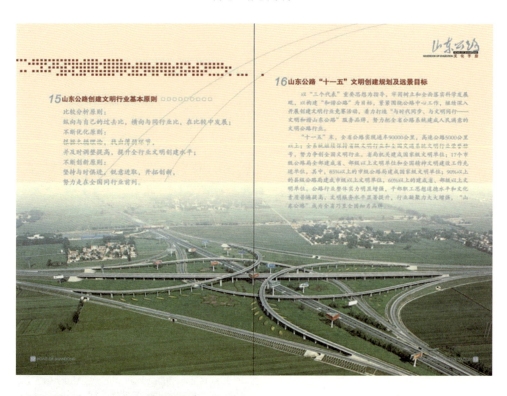

PART 2 第二部分
山东公路
创建文明行业口号

01　创建文明行业，构建和谐公路。
02　服务人民，奉献社会。
03　发展山东公路事业，全面建设小康社会。
04　积极创建文明行业，推动山东经济发展。
05　山东公路与时代同步，与文明同行。
06　文明造着你我他，共创美好新生活。
07　爱我公路，做文明职工，建文明行业。
08　遵守社会公德，塑造文明形象。
09　强化服务意识，争创文明行业。
10　创建文明行业，争做文明职工。
11　全面提高队伍素质，塑造山东公路形象。
12　强素质，严管理，创一流，树形象。
13　以创建文明行业为总抓手，全面促进公路三个文明建设。
14　务实创新，励精图治，全力打造山东公路品牌。
15　路修到哪里，文明就延伸到哪里。
16　路是文明之母，财富之路。
17　发展公路事业，振兴山东经济。

第一篇/第八章
高速公路文化建设

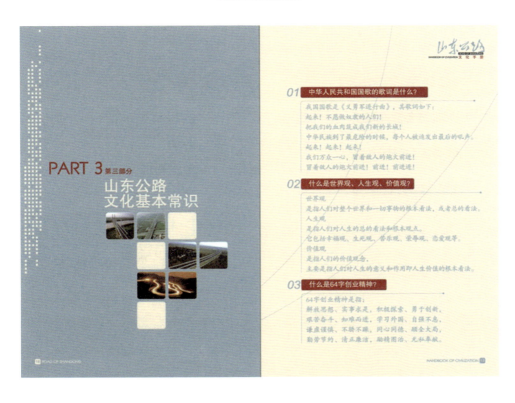

PART 3 第三部分
山东公路文化基本常识

01 中华人民共和国国歌的歌词是什么?
我国国歌是《义勇军进行曲》,其歌词如下:
起来!不愿做奴隶的人们!
把我们的血肉筑成我们新的长城!
中华民族到了最危险的时候,每个人被迫着发出最后的吼声。
起来!起来!起来!
我们万众一心,冒着敌人的炮火前进!
冒着敌人的炮火前进!前进!前进进!

02 什么是世界观、人生观、价值观?
世界观
是指人们对整个世界和一切事物的根本看法,或者总的看法。
人生观
是指人们对人生的总的看法和根本观点。
它包括幸福观、生死观、苦乐观、荣辱观、恋爱观等。
价值观
是指人们的价值观念。
主要是指人们对人生的意义和作用即人生价值的根本看法。

03 什么是64字创业精神?
64字创业精神是指:
解放思想、实事求是、积极探索、勇于创新、
艰苦奋斗、知难而进、学习外国、自强不息、
谦虚谨慎、不骄不躁、同心同德、顾全大局、
勤劳节约、清正廉洁、励精图治、无私奉献。

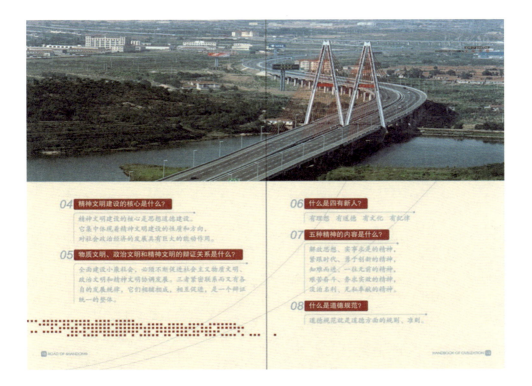

04 精神文明建设的核心是什么?
精神文明建设的核心是思想道德建设。
它集中体现着精神文明建设的性质和方向,
对社会政治经济的发展具有巨大的能动作用。

05 物质文明、政治文明和精神文明的辩证关系是什么?
全面建设小康社会,必须不断促进社会主义物质文明、
政治文明和精神文明协调发展。三者紧密联系而又各
自的发展规律,它们相辅相成、相互促进,是一个辩证
统一的整体。

06 什么是四有新人?
有理想 有道德 有文化 有纪律

07 五种精神的内容是什么?
解放思想、实事求是的精神,
紧跟时代、勇于创新的精神,
知难而进、一往无前的精神,
艰苦奋斗、善求实效的精神,
淡泊名利、无私奉献的精神。

08 什么是道德规范?
道德规范就是道德方面的规则、准则。

227

09 公民基本道德规范具体内容是什么？
爱国守法、明礼诚信、团结友善、勤俭自强、敬业奉献。

10 社会公德规范具体内容是什么？
文明礼貌、助人为乐、爱护公物、保护环境、遵纪守法。

11 职业道德规范具体内容是什么？
爱岗敬业、诚实守信、办事公道、服务群众、奉献社会。

12 家庭美德规范具体内容是什么？
尊老爱幼、男女平等、夫妻和睦、勤俭持家、团结邻里。

13 社会主义人际关系的基本要求是什么？
团结互助、平等友爱、共同前进。

14 现代公民应具备哪些公德意识？
个体文明言行：自尊与尊重他人；诚实守信；遵守公共秩序；保护社会公益；维护社会公共安全；增强环保意识。

15 什么是诚信？
诚信即诚实守信。它的基本内容是诚实、信用、信任，即诚恳待人，以信用取信于人，同时信任他人。

16 开展创建文明单位活动的基本要求有哪些？
党组织健全，领导班子坚强团结。
创建活动深入扎实，思想道德风尚好。
经济效益和社会效益显著。
教育、科学、文化事业不断发展。
社会治安和公共秩序好。
工作、生活环境整洁、优美，环保达标。

17 什么是学习型社会？
学习型社会即全民学习、终身学习。
它具有五个特色：
①发达的信息知识传播条件。
②开放互动的学习制度。
③人力资源的深度开发。
④激励创新的体制和氛围。
⑤不断超越原有的观念和结构。

18 什么是和谐社会？
即民主法治、公平正义、诚信友爱、充满活力、安定有序、人与自然和谐相处的社会。

19 构建和谐社会的十项主要任务是什么？
切实保持经济持续快速协调健康发展；
切实发展社会主义民主；
切实落实依法治国的基本方略；
切实加强思想道德建设；
切实维护和实现社会公平和正义；
切实增强全社会的创造活力；
切实加强社会建设和管理；
切实处理好新形势下的人民内部矛盾；
切实加强生态环境建设和治理工作；
切实做好保持社会稳定的工作。

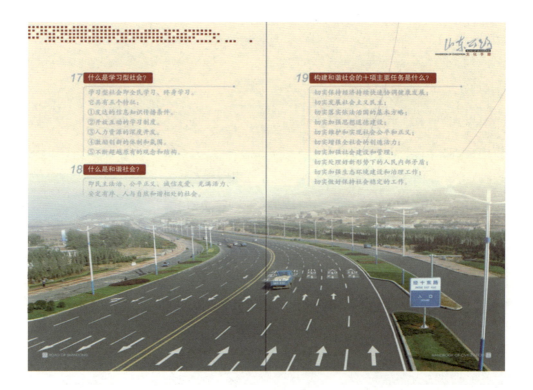

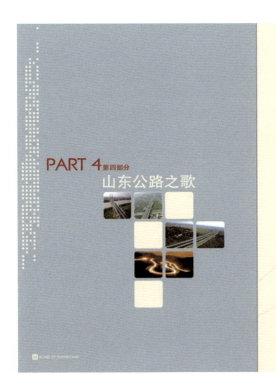

山东
高速公路建设实录

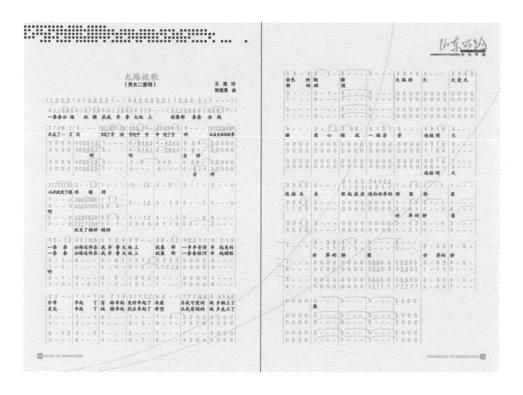

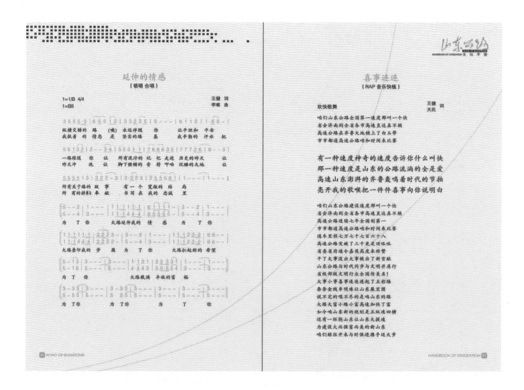

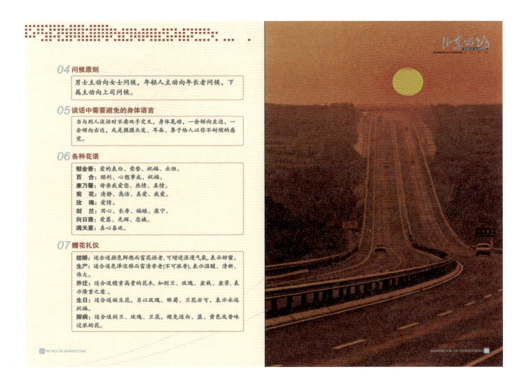

山 东
高速公路建设实录

近日,山东省日照市高速公路收费站上,大学生收费员在为外国游客提供咨询服务。
日照市公路局与山东外国语学院等高校合作,建立大学生实习基地,目前已选派了4批60名大学生实习,提供双语服务。

张　毅　和法强　摄影报道(人民视觉)

Record of Expressway Construction in
Shandong
山 东 高 速 公 路 建 设 实 录

第二篇
纪　实

第一章
国家高速公路

第一节　G20(青岛—银川)高速公路山东段(青岛—德州)

G20(青岛—银川)高速公路是国家高速公路网"71118"中的"横五",起自山东省青岛市,途经河北、山西、陕西,终于宁夏回族自治区首府银川市。青银高速公路是沿海与内地省区的重要通道之一,把华东、华北、中原地区乃至西北内陆与山东沿海港口群联系起来,是横贯中国大陆北部的一条国道主干线,使沿线省份有了比较畅通的出海口,增进了中西部与东部沿海省份的物资和人员交流,对于完善国家高速公路网、促进沿线经济社会发展具有重要意义。

青银高速公路山东段起自青岛市辽阳路,终于德州市夏津县(鲁冀界),是山东省高速公路中长期规划"9517"网中的"横二",全长458.369km,由青岛(辽阳东路)至夏庄段、夏庄至流亭段、流亭立交段、流亭至西元庄(高架桥)段、西元庄至唐王枢纽段、唐王枢纽至齐河段(含连接线)和齐河至夏津(鲁冀界)段组成,1991—2005年各路段相继建成通车并全线贯通。沿线自东向西途经青岛、潍坊、淄博、滨州、济南、聊城、德州7市,覆盖人口1563.54万人,占山东省总人口的15.9%,2015年地区生产总值1.2356万亿元,占山东省的19.6%。青银高速公路山东段的建设,不仅加强了山东省与中西部省份的经济联系,也更好地促进了山东半岛经济的发展,形成了全省经济发展的主轴和引导省会城市群经济圈、半岛蓝色经济区一体化发展的通道,促进了国民经济的发展。其中,济青高速公路的建设是山东省公路建设进入新时期的鲜明标志和重要里程碑。1992—2015年,沿线直接影响区内地区生产总值平均以12%的速度增长。

G20(青岛—银川)高速公路山东段项目信息见表2-1-1。

一、G20(青岛—银川)青岛(辽阳东路)至夏庄段

G20(青岛—银川)青岛(辽阳东路)至夏庄段,建设时是青岛至即墨高速公路的组成部分。青岛至即墨高速公路全长31.85km,起点至夏庄段现编号为G20,全长14.622km;夏庄至即墨段现编号为G2011,全长13.662km,下述内容包括上述两段。

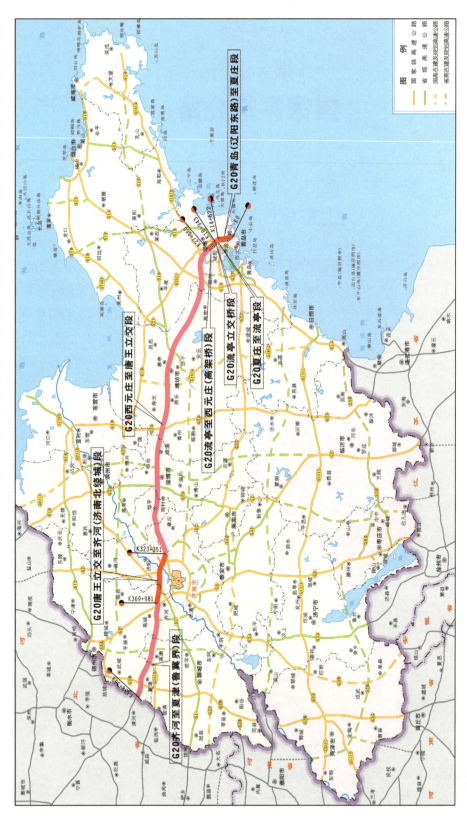

G20（青岛—银川）高速公路山东段位置示意图

G20（青岛—银川）高速公路山东段项目信息采集表 表2-1-1

序号	国高地高/工程分段	起点桩号	止点桩号	规模(km) 小计	八车道及以上	六车道	四车道	建设性质(新建/改扩建)	设计速度(km/h) 120	100	路基宽度(m) 42	35.5	28	26	23	20	永久占地(亩)	估算	概算	决算	资金来源	建设时间(开工~通车)	4A级以上主要景区名称	备注
1	青岛(辽阳东路)至夏庄段	K0+000	K14+622	14.622		√			√										15.53	13.3552		1998.11~2000.12		
2	夏庄至流亭段	K14+622	K18+943	4.321			√	新建	√			√							1.977			2000.4~2000.12		
3	流亭立交段	K18+943	K18+943	0.0				新建	√								260	0.8		0.8	贷款	1989.4~1991.6		
4	流亭至西元庄(高架桥段)	K18+943	K27+060	8.117			√	新建	√			√						3.8	3.53			1994.10~1995.12		
5	西元庄至唐王枢纽段	K27+060	K323+351	296.291			√	新建	√						√				30.9361	30.80	交通部补助、世行贷款、国内贷款、省交通重点建设基金	1989.12~1993.12		投资为济青高速公路全段,不含唐王枢纽互通点至零通路段
6	唐王枢纽至齐河河段	K323+351	K369+981	46.630	23.645	√ 22.985	√ 15.237(连接线)	新建	√	√(连接线)		√		√(连接线)			8332.074	34.610	41.980	41.965	拨款和自筹	2005.04~2008.12		里程15.237km计入G2001
7	齐河至夏津(鲁冀界)段	K369+981	K458+369	88.388		√ 1.268	√ 87.12	新建	√			√					9865.7939	22.62		22.887	国家专项基金、山东省交通建设资金和银行贷款	2003.10~2005.12		
合计				458.369																				

(一)项目概况

1. 基本情况

1)技术标准

项目地处平原微丘,辽阳东路至城阳南段为高速公路双向六车道标准,路基宽度35.5m;城阳南至即墨段为双向四车道标准,路基宽度28.0m,全线设计速度120km/h;桥涵设计汽车荷载等级公路—Ⅰ级。

2)建设规模

建设里程长31.85km,其中特大桥1331m/1座,大桥1151m/4座,中桥53.44m/1座;互通式立交5座;服务区1处。

3)主要控制点

起点辽阳东路、东李互通(S211)、夏庄互通(G2011)、城阳南互通(G204)、城阳北互通。

4)投资规模与资金筹措

概算总投资15.53亿元,实际建设总投资13.3552亿元。资金来源为:交通部补助1.89亿元,养路费投资1亿元,国家债券0.8亿元,银行贷款6.5448亿元,地方自筹3.1203亿元。

5)开工及通车时间

1998年11月开工建设,2000年12月23日建成通车。

2. 前期决策情况

1994年5月,青岛市公路建设指挥部委托省交通规划设计院进行该项目的前期及设计工作(青公指计字〔1994〕16号)。

1995年3月,青岛市交通局同意省交通规划设计院完成的项目建议书(青交计字〔1995〕46号),并上报交通部。

1996年10月,交通部批复了该项目的项目建议书(交计发〔1996〕61号)。

1997年,交通部批复了该项目的工程可行性研究报告(交计发〔1997〕504号)。

1998年,青岛市环保局批复了青岛海洋大学完成的环境评价报告(青环建便字〔1998〕56号)。

(二)建设情况

1. 项目准备阶段

1)项目审批

1998年9月,交通部以交公路发〔1998〕114号文对初步设计进行了批复;

第二篇/第一章
国家高速公路

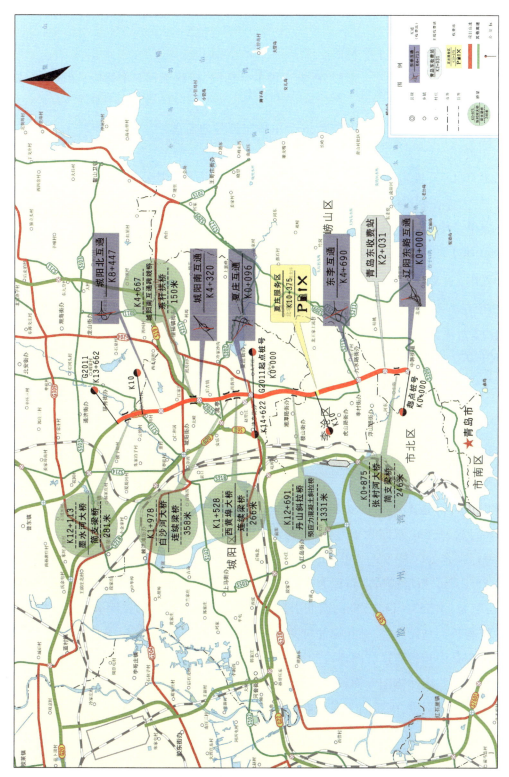

G20(青岛—银川)青岛(辽阳东路)至夏庄段路线总体平面图

1998年11月,交通部批复开工报告,11月10日正式开工建设。

2)合同段划分

设计标段:主体工程1个标段。

施工标段:主体工程8个标段,机电工程1个标段,房建工程5个标段,交通安全设施工程6个标段。

监理标段:分设1个总监办公室,8个主体工程驻地监理处。

3)招投标

2000年1月,铁道部第三工程局、青岛公路建设集团有限公司等8家单位中标主体工程施工;大连长城格栅有限公司等3家单位中标隔离栅工程,青岛赛夫交通工程有限公司等3家单位中标波形钢护栏工程施工。

2000年4月,江苏安防科技有限公司中标机电工程施工。

2.项目实施阶段

G20(青岛—银川)青岛(辽阳东路)至即墨段项目主体工程于1998年11月开工,2000年12月主体工程交工。

2001年2月,青岛市交通工程质监站对本项目进行了交工质量鉴定,工程优良率100%,工程质量总评分为96.29分,等级为优良。

(三)技术复杂工程

本项目的重点和难点工程是丹山特大桥和城阳南互通跨线桥。

1.丹山特大桥

丹山特大桥是本项目的关键重点工程,由南引桥、主桥、北引桥组成。桥梁全长1297.66m,宽35.5m,双向六车道,主桥为双塔连体四索面预应力混凝土斜拉桥,主桥长275m,跨径组合为(43+96+136)m,主梁为梁板式断面。主桥设辅助墩,主塔顶至承台顶高度为85.252m,桥塔横桥向布置为宝石形,斜拉索在塔上交叉锚固,主桥共有120根斜拉索,长度为34.553~144.539m,南北引桥均为预制35m的T梁,共计406片。基础为钻孔灌注桩与扩大基础两类,钻孔灌注桩共计198根,全部为嵌岩桩。

本工程是山东省高速公路建设的第一座斜拉桥,设计和施工难点主要有:

主桥采用双塔连体四索面斜拉桥,受力复杂,设计难度大;桥塔横桥向布置为宝石形,塔柱有一定的倾斜度,施工时为保证塔柱的稳定并控制其变形,下塔柱横桥向和顺桥向设置特制的三角形、异形钢模,在两塔柱间设置水平支撑;为使塔柱混凝土达到较高的弹性模量和较小的混凝土收缩徐变性能,采用高集料、低水灰比、低水泥用量,适量掺加外加剂,以满足缓凝、早强、高强的混凝土泵送要求;北引桥部分处于超高缓和段上,T梁预制横坡由2%渐变到-4%,施工控制难度大。

2. 城阳南互通跨线桥

城阳南互通跨线桥为上跨烟青公路钢管混凝土系杆拱桥,跨径83m,其控制要点主要有以下几个方面:

1) 钢管的制作

本桥的钢管采用12mm厚A3钢板,为确保拱肋质量,所用钢板平直,不得有翘曲、表面锈蚀或受过冲击。钢管拱节的制作在工程分节放样进行,即在工厂用卷板机将钢板卷成筒状,焊缝处钢板加工成45°坡口,然后一次堆焊成形。因是分节加工后接长,因此加工拱节时管径符合设计精度,端头管壁焊接处加工成45°,坡面按设计要求的坡度,待拱节加工好后,精确测量其管径并编号,将误差接近的归类,以最佳组合焊连。同时为保证钢管内混凝土与钢管内壁紧密黏结,钢管内清除油渍等污物。

所有钢管制成后,对其焊缝进行X光探伤和超声波检查其厚度,确保焊缝质量。并对钢管按设计要求进行防腐蚀处理。

2) 主拱肋的拼装

钢管拱节加工完成并检查合格后,进行拱肋安装,主拱肋的安装在膺架上进行。膺架采用φ50钢管脚手架,其上用不等高方木调整成要求的弧形,上铺厚5cm木板,膺架确保拱肋的线性控制的要求并有足够的强度、刚度和结构的整体稳定。

膺架拼装完成且各项要求检验合格后,加载进行预压,待沉落量稳定后即进行拱节吊装组焊,拱节的吊装采用汽车吊和可转动式钢扒杆吊装相结合。拱节就位并有测量定位,严格控制坐标后方可进行场地施焊,焊接严格按工艺要求进行,先在四周点焊固定,然后自上而下,左右对称,单侧先内拱管后外拱管,预留合龙口待其应力重分布后再焊龙口。此项工序中,重点控制了拱肋轴线、仰焊质量以及合龙温度。

3) 钢管混凝土的灌注

主拱肋焊接拼装完成,即将膺架与主拱圈分离,进行钢管混凝土的灌注。混凝土灌注前选好配合比和泵机型号,合理布设输送管路。混凝土灌注对称进行,采用4台10MPa泵机同时施工。钢管中混凝土采用自下而上顶升施工,灌注口对称设置在钢管拱肋拱脚的底部。灌注过程中分级张拉系杆钢丝束,同时为使主拱肋应力应变符合要求,灌注中采取临时加减载措施,并对不同部位的应力应变进行监测,严格控制线形变化,确保主拱肋的施工质量。

4) 系杆的制作与安装

系杆的材料满足设计要求并按设计规定的张拉程序进行施工,以张拉力控制,延伸率进行校核,在张拉过程中,均对主拱肋、墩台进行变形观测,与设计计算值进行比较。

5）吊杆的制作与安装

吊杆的长度严格按图纸要求进行控制,并对其进行了应力应变关系测定,确保安装精度,安装前精确测定吊杆长度,对吊杆的锚碇长度进行微调,安装过程中测量横梁的高程并与设计值对照,发现差异及时调整。

6）横梁的制作与安装

横梁的预制在设于桥位附近的预制现场进行预制,平板车运至桥下相应位置,按设计的安装顺序利用其中设备将横梁吊至设计的位置,准确定位后将吊杆穿过横岭两端预留孔,调整高程待达到设计要求后,利用OVMDS5-85型锚具进行锚碇,然后连接横隔板和桥面湿接头,与主拱肋连成一体。

（四）运营养护管理

服务设施:全线设置夏庄服务区1处。

收费设施:本项目在青岛东设主线收费站1处,设李村、城阳南、城阳北匝道收费站3处,采用人工加计算机收费方式。车道出入口数量截至2016年底共计42条,其中ETC车道10条。

养护管理设施:本项目设置机场路1个管理分处,负责养护管理,并于城阳南收费站设置应急储备中心1处。

为提升完善沿线设施的使用功能,2007年实施了夏庄收费站扩建工程;2009年实施丹山大桥主塔防腐蚀工程;2012年实施绿化提升改造工程,夏庄收费站分站拓宽工程;2013年实施东李收费站拓宽工程。

二、G20（青岛—银川）夏庄至流亭段

（一）项目概况

1. 基本情况

1）技术标准

项目地处平原微丘区地形,采用双向四车道高速公路标准,路基宽度20m,设计速度100km/h。桥涵设计汽车荷载等级公路—Ⅰ级。

2）建设规模

建设里程长4.321km。设特大桥2202m/1座。

3）主要控制点

夏庄互通（G308）、流亭立交桥。

4）投资规模与资金筹措

项目概算投资1.977亿元,青岛市自筹。

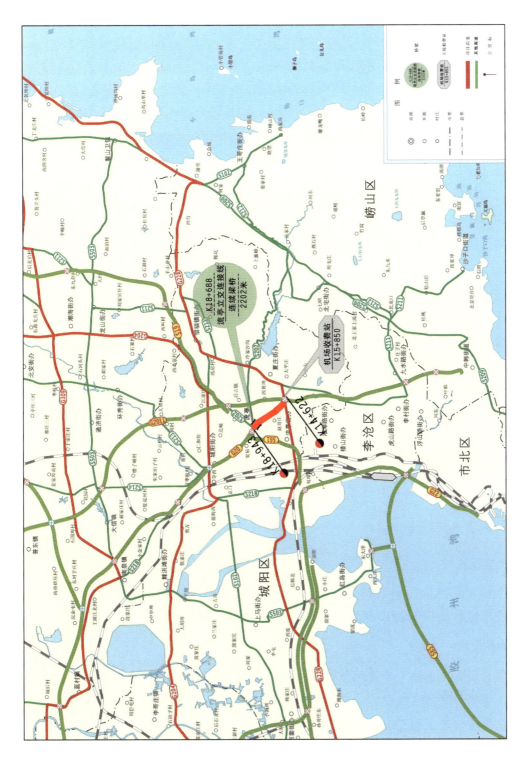

G20(青岛—银川)夏庄至流亭段路线总体平面图

5）开工及通车时间

2000年4月开工建设,2000年12月建成通车。

2. 参建单位主要情况

1）建设单位

青岛市公路建设指挥部。

2）设计单位

山东省交通规划设计院。

3）施工单位

通过招投标本项目有4个施工单位参加工程建设。

4）监理单位

青岛市交通工程监理咨询有限公司。

(二)建设情况

1. 项目准备阶段

1）合同段划分

主体工程划分4个标段。

2）招投标

确定北京城建集团三公司等4家单位中标主体工程施工,青岛市交通工程监理咨询有限公司中标监理工作。

2. 项目实施阶段

主体工程于2000年4月开工,2000年12月完工。

(三)运营养护管理

1. 收费设施

本项目在机场设主线收费站1处,设夏庄匝道收费站1处,采用人工加计算机收费方式。收费车道数量截至2016年底共计12条,其中ETC车道4条。

2. 养护管理

本项目设置机场路1个管理分处,负责养护管理,并于城阳南收费站设置应急储备中心1处。为提升完善沿线设施的使用功能,2007年实施了夏庄收费站扩建工程;2010年实施绿化养护改造工程;2012年实施绿化提升改造工程夏庄收费站分站拓宽工程;2013年实施中修工程以及东李收费站拓宽工程,在原有"2进5出"基础上增设"2进3出"收费车道,提升了收费站的通行能力。

三、G20(青岛—银川)流亭立交段

(一)项目概况

1. 基本情况

1)技术标准

项目地处平原微丘区地形,采用双向四车道高速公路标准,设计速度100km/h,桥涵设计汽车荷载等级公路—Ⅰ级。

2)建设规模

建设里程长0.62km。三层苜蓿叶形式,全桥展开总长4.30km。

3)主要控制点

G204、G308、S202。

4)投资规模与资金筹措

项目竣工决算投资8000万元,青岛市自筹。

5)开工及通车时间

1989年4月开工建设,1991年6月建成通车。

2. 参建单位主要情况

1)建设单位

青岛市公路建设指挥部。

2)设计单位

山东省交通规划设计院设计院。

3)施工单位

铁道部中铁十四局。

(二)建设情况

1. 项目准备阶段

1)合同段划分

主体工程设计划分1个标段。施工划分1个标段。

2)招投标

勘察设计中标单位为山东省交通规划设计院,施工中标单位为中铁第十四工程局。

2. 项目实施阶段

1989年4月开工建设,1991年6月建成通车。

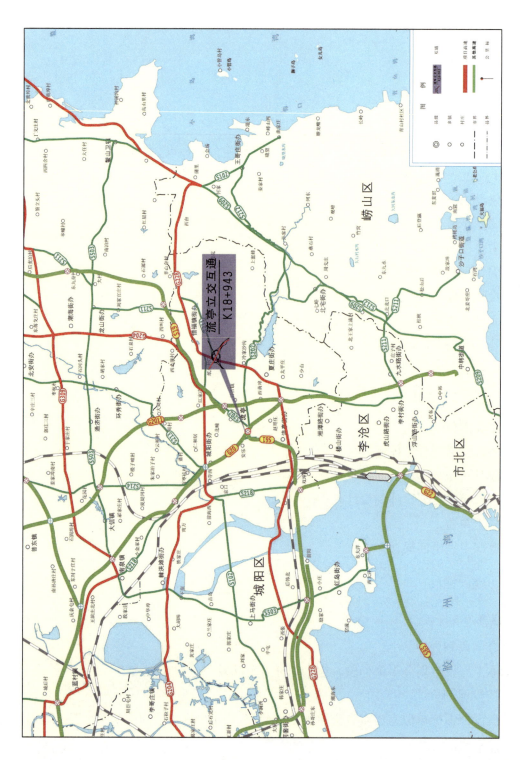

G20（青岛—银川）流亭立交段路线总体平面图

(三)运营养护管理

1. 收费设施

项目建成后,1994年6月,在该立交桥各进出方向设置收费站6处,后于2005年10月撤销重庆路(S202)南渠收费站、G308罗圈涧收费站,至2012年12月所有收费站均撤销。

2. 养护管理

桥下分为四个绿化区,突出青岛地域和公路行业的标志性特色,总绿化面积达到13万m^2。2008年奥运前期,对桥下绿化配套设置了灯光,2013年进行了绿化整体改造提升。

3. 运营管理模式的变化

2013年1月后,取消政府收费还贷模式,转变为非收费项目,由青岛市公路管理局负责运营管理。

四、G20(青岛—银川)流亭至西元庄(高架桥)段

(一)项目概况

1. 基本情况

1)技术标准

项目地处平原微丘区,采用分离式双向四车道标准,桥梁宽23m,桥涵设计汽车荷载等级为汽车—超20级、挂车—120,桥下净空5.5m。

2)建设规模

流亭至西元庄(高架桥)段全长8.117km,其中特大桥6851m/1座,互通式立交1座。

3)主要控制点

流亭立交、西流高架桥。

4)投资规模与资金筹措

项目概算投资3.53亿元,青岛市自筹。

5)开工及通车时间

本项目于1994年10月开工,1995年底完工,1996年7月举行通车典礼。

2. 前期决策情况

交通部以交计发〔1992〕879号文批复了工程项目建议书。

G20(青岛—银川)流亭至西元庄(高架桥)段路线总体平面图

交通部以交计发〔1993〕597号文批复了工程可行性研究报告。

3. 参建单位主要情况

1）建设单位

青岛市公路建设指挥部。

2）设计单位

山东省交通规划设计院。

3）施工单位

5个施工单位参与建设。

4）监理单位

采用建设单位向施工单位派驻代表的形式履行工程建设管理。

（二）建设情况

1. 项目准备阶段

1）项目审批

交通部以交工发〔1993〕1248号文批复了初步设计。

1993年12月，交通部以交工发〔1993〕1316号文批复开工报告。

1996年，交通部公路管理司以公设字〔1996〕241号文批复同意增设城阳互通，批复增加概算投资3000万元，核定概算3.53亿元。

2）合同段划分

主体工程设计标段划为1个标段。

施工标段划分5个标段。

3）招投标

勘察设计中标单位为山东省交通规划设计院，施工中标单位为交通部公路一局等5家单位。

2. 项目实施阶段

主体工程于1994年10月开工，1995年底完工。

（三）运营养护管理

管养单位为青岛市公路管理局。该路段为进出青岛市主要交通咽喉，车流量大，重载车辆多，超载现象时有发生，对该桥造成不同程度的损伤，多次采取维修加固措施。

五、G20(青岛—银川)西元庄至唐王枢纽段

(一)项目概况

1. 基本情况

1993年底建成通车的济青高速公路,是山东省公路建设进入新时期的鲜明标志和重要里程碑。济青高速公路由西元庄至唐王枢纽段和唐王枢纽至零点互通段组成,唐王枢纽至零点互通段现划归G35济广高速公路,本节对济青高速公路进行完整叙述。

1) 技术标准

项目属平原微丘地貌,地势西高东低。采用双向四车道高速公路标准,潍坊至西元庄段设计速度100km/h,路基宽度23.0m;济南至潍坊段设计速度120km/h,路基宽度26.0m。桥涵设计汽车荷载等级汽车—超20级,挂车—120。

2) 建设规模

本项目建设里程长318.299km,其中大桥5423.45m/17座、中桥1525.44m/24座;互通式立交20处(均为服务型互通,不含小许家服务型互通改造为枢纽型互通1处,后期高速公路网增设枢纽型互通7处,不计入本建设规模),分离式立交24座,天桥17座;主线收费站1处,匝道收费站19处;服务区7处;管理中心7处。

3) 主要控制点

青岛西元庄、即墨互通(S309)、胶州互通(S217)、饮马互通(S221)、潍坊东互通(G309)、潍城互通(S323)、青州东互通(S226)、临淄互通(S231)、淄博互通(S294)、邹平互通(S246)、章丘互通(S242)、小许家枢纽(G2)、唐王枢纽(G25)、零点互通(G104)。

4) 投资规模与资金筹措

项目概算投资30.9361亿元。审计调整后,实际投资33.98亿元,其中世界银行贷款1.14亿美元,折合人民币9.47亿元,交通部拨款7.15亿元,省交通厅自筹17.06亿元,扣除国内贷款利息概算漏项超支0.72亿元、汇兑风险金超支2.16亿元等合理因素,工程竣工决算为30.80亿元。

5) 开工及通车时间

1989年12月动工建设,1993年11月完工并通过了交工验收,12月18日举行通车典礼。

2. 前期决策情况

1985年,省交通厅委托省交通规划设计院对济青公路进行全线的工程可行性研究。

1986年4月,省计委对工可报告进行了审查并上报,国家计委于1987年12月呈报

第二篇/第一章
国家高速公路

G20（青岛—银川）西元正至唐王枢纽段路线总体平面图

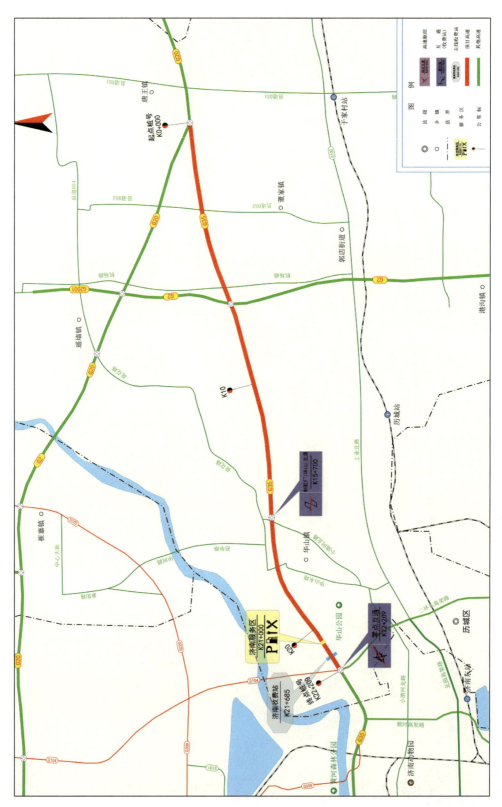

《关于审批济南至青岛一级公路设计任务书的请示》(计交〔1987〕2426号)给国务院,经批准后,下发了《关于济南至青岛一级公路设计任务书的批复》(计交〔1988〕16号)。

1986年10月,交通部计划局下发了《关于济青公路列入世界银行贷款项目的通知》。根据国家计委〔贷155号〕文件的要求,于1987年1月编制了《关于济青一级(汽车专用)公路可行性研究报告的补充和说明》,省计委以〔87〕鲁计能(基)字第81号文转报国家计委,补充世界银行贷款项目所要求的内容。

1987年12月,省交通厅委托省环境保护技术咨询中心开展济青高速公路的环境影响评价工作。省环保技术咨询中心上报《济南至青岛一级公路环境影响评价方案》(〔88〕鲁环咨字第02号)给省环保局;1988年2月,省环保局以鲁环签字〔88〕第4号文批准了该评价方案。4月,省环保技术咨询中心和青岛海洋大学联合完成《济青公路新建工程环境影响评价报告书》。6月,省交通厅以〔88〕鲁交济青办字第14号文将该报告书报送国家环保总局审批。9月26日,国家环保总局印发《关于济南—青岛新建公路环境影响评价报告书的批复》(〔88〕环建字第361号)。

1988年11月,国家计划委员会下发《关于济青公路调整总投资的复函》。

3. 参建单位主要情况

1)建设单位

1986年6月,省政府批准成立省济青公路工程建设指挥部,负责研究决定工程建设过程中的重大问题,指挥部办公室和监理处设在省交通厅,为项目的执行机构。沿线5市建立相应机构,在省工程建设指挥部领导下,负责本辖区内的建设管理。

2)设计单位

主体工程设计单位为省交通规划设计院、交通部公路规划设计院、交通部第一公路勘察设计院。省交通规划设计院为总体设计单位,承担设计汇总和济南、邹平、青岛三段总长约118.24km的设计,交通部公路规划设计院承担淄博段和部分潍坊段总长约74.73km的设计,交通部第一公路勘察设计院承担潍坊段总长约126.10km的设计。交通工程监控、通信、收费三个系统设计单位为交通部公路科学研究院。

3)咨询单位

1987年3~7月进行了定测,定测期间,国家计委委托中国国际工程咨询公司对济青公路进行了项目评估,基于济青公路所处位置的重要性以及交通量预测的情况,评估报告建议济青一级公路的建设应为其改建成高速公路打好基础,避免过于考虑短期投入给今后的发展造成限制。

4)施工单位

济青高速公路在工程执行阶段,实行国际竞争性招标(ICB)和国内招标(LCB),全部工程分为9个合同段,其中8个为土建合同段,第9合同段为交通工程,包括沿线房屋设施及全线通信、收费、监控、照明等系统的电子与机电设备采购与安装。通过招标，1至8合同段中标单位依次为山东省交通工程总公司联营体、铁道部第十四工程局联营体、北京市政工程承发包公司联营体、铁道部第二十工程局、交通部第一公路工程总公司、中国冶金建设总公司联营体、铁道部第四工程局、北京市城市建设总公司联营体，第九合同段中标单位为西班牙圣科交通控制有限公司。

5）监理单位

路基、路面、桥涵、通道、交通工程及沿线道路附属设施均按照国际通用的FIDIC条款组织施工，由中外监理人员负责工程进度、施工质量和计量支付等内容的监督与控制。

全线设三级监理机构，总监理工程师及其办公室（监理处）为全线最高监理机构，具有FIDIC条款所规定的一切权利和责任；下设省及5市工程监理处和8个合同段驻地监理处，向所辖合同段派遣驻地监理工程师。全线监理人员共302人，监理密度平均每公里约0.95人。

外籍监理公司通过国际招标确定，由丹麦金硕工程咨询公司中标，共有12人来华工作。由总监理工程师任命一名专家组长，驻省监理处协助总监理工程师及代表处理全线监理工作。每两个合同段派遣一名外籍驻地监理工程师，与中方监理人员共同负责各合同段的监理工作。

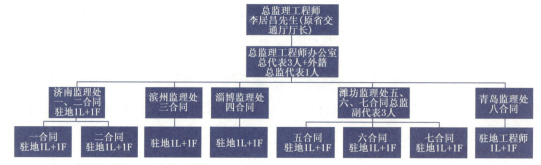

各监理处人员情况及监理机构图

（二）建设情况

1. 项目准备阶段

1）有关批复

1987年2月，省交通厅印发《关于对济南至青岛一级公路初步设计路线部分的初步审查意见》[〔87〕鲁济青指（办）4号]。

1987年6月，省交通厅印发《关于对"济南—青岛一级公路初步设计及概算的初步审查意见"的通知》(〔87〕鲁济青办字 13 号)。

1987 年 8 月,省计委和交通厅以《关于要求济南—青岛一级公路路基宽度按 26 米进行设计修改的报告》(〔87〕鲁济青办字 17 号)上报省政府。

1988 年 11 月,省政府办公厅下发《关于济青公路征地拆迁问题的通知》。

1988 年 12 月,财政部下发《关于济青公路耕地占用税的复函》。

1989 年 9 月,省政府下发《关于济南至青岛公路工程初步设计的批复》(鲁政发〔89〕111 号文)。

1990 年 5 月,国家计委下发《关于下达一九九〇年基本建设新开工大中型项目计划的通知》(计投资〔1990〕581 号)。

1992 年 7 月,省政府下发《关于同意济青公路工程调整总概算的批复》(〔92〕鲁政函 90 号)。

1992 年 9 月,交通部印发《关于核定"山东省人民政府对济青公路工程调整总概算批复"的函》(交函工〔1992〕601 号)。

2)合同段划分

全部工程分为 9 个合同段,其中第 1 至 8 合同为土建合同段,第 9 合同为交通工程,包括沿线设施及通信、收费、监控、照明等系统的电子与机电设备采购与安装。

3)招投标

项目施工单位的选择,实行国际竞争性招标(ICB)和国内招标(LCB)确定,土建工程于 1988 年 9 月开始招标,第 2 至 8 合同段委托中国技术进出口总公司国际招标公司代理国际招标。评标小组由国际招标公司和省交通厅组成,终评结果报国家评标委员会批准并经世界银行确认。第 1 合同段根据山东省的统一部署与济南机场同期建成,经国家有关部委和世界银行同意采用国内招标。1988 年 10 月～1990 年 11 月,分别与中标单位签约。

第 9 合同监控、通信、收费项目由世界银行于 1995 年 3 月 7 日批准招标文件,并同意发标。终评报告于 1995 年 12 月 12 日获得国家机电产品进出口办公室的批准,1996 年 3 月 11 日得到世界银行正式批准,中标单位是西班牙圣科交通控制有限公司。监控、收费以及通信系统设备的安装采用了分包方式,分包商为中国铁路通信信号上海公司、北京泰克研究所、上海朗讯技术公司。1996 年 3 月 28 日～4 月 2 日,业主与中标单位代表进行谈判并签订工程施工合同。

2.项目实施阶段

主体工程:

第 1 合同:1989 年 12 月动工,1992 年 11 月试通车。

第 2 至 8 合同:1990 年 7 月动工,1993 年 12 月交工。

监控、通信、收费工程(第9合同):1996年4月动工,1998年12月交工。

1993年11月工程完工后,中外监理经过对各合同段检查,认定为合格,并签署了交工接收证书,经过一年的养护与维修,完善了遗留工程,经联合检查,于1995年3月签署了缺陷责任证书。

1997年5月,省交通厅质监站对全线工程进行了质量检测,工程评分为90.24分,核定质量等级为优良,并出具了《交通建设工程质量鉴定书》。

1997年6月,国家环保局组织有关单位对本工程进行了环保竣工验收。

1997年9月,交通部组织了济青高速公路国家级竣工验收,工程质量评分为91.4分,确定工程质量为优良等级。

1998年12月,省交通通信信息中心对济青高速公路监控、通信、收费三个系统进行了竣工检测,认为三个系统技术先进、功能完善、运行稳定,并留有充分的扩展能力,能够满足济青高速公路运行的需要。

(三)技术复杂工程

复杂技术工程主要为桃源河大桥。该桥全长714.88m,横跨桃源河及蓝烟铁路,为 $28 \times 25m$ 的预应力简支T梁桥。

(四)科技创新

1. 设计期间

由于当时国内尚无高速公路设计规范,为使设计有所依据,各设计单位参考国内外已有经验并结合省内具体情况,共同研究制定了《济青公路测设技术标准》《济青公路设计的有关规定》,并成立了技术协调领导小组,保证了全线设计的统一协调。

济青公路在路线、桥梁、立交设计等方面突破了传统的观念和方式,引入新的设计思想,对省内公路勘察设计产生了深远的影响,为今后高速公路的设计打下了良好的基础。设计中首次采用了多项先进的技术手段,如纸上定线并利用导线点全程敷设中桩,优化了线位,从根本上确保了纸上定线放样的准确性;计算机绘制路线透视图,对路线平、纵、横立体线形的视觉效果进行检验和评价,保证了线形的流畅、舒适、美观;在省内首先开始摆脱传统设计手段的尝试,利用计算机辅助计算、绘图,自主开发出路线平纵面优化、互通式立交线形设计、结构计算等软件,提高了设计效率和质量。

2. 施工期间

施工期间,各合同段不断加大投入,应用先进技术手段和设备,采用新工艺,进行技术创新,大大提高了路基、路面和结构物的机械化施工水平,有效地加快了工程进度,提高了工程质量。

在桩基础的施工中,应用了循环钻和冲击钻成孔,泥浆护壁,超声波测孔仪和孔规验孔技术;在检测钻孔桩的完整性和承载力时,采用了机械阻抗和水电效应无破损检验方法、大型灌注桩的动力测桩(PDA)试验等,提高了工效和检验质量。预应力空心板制造中,8合同段设计制作了钢结构拼装式预应力张拉台座,这种台座在升温养护时,与梁体、模板保持同步胀缩,性能更为合理,且具有建厂快、投产快、便于拆卸转移等优点,有利于提高产品质量,增加安全性。产品从每7天周转一次,缩短到每3天一次,生产效率提高1.3倍;该台座还可作为固定资产长期周转使用,节省资金约40%。为提高桥梁伸缩缝安装的平整度,5合同段采用了后开槽、现浇两侧水泥混凝土的方法安装板式伸缩缝,达到了整齐密实、行车平稳无跳点的效果。

3. 运营期间

运营期间,运营管理单位在养护实践中陆续探索创新了超薄抗滑面层、抗污染植物研究、苗木剪平机、苗木自动浇水装置、抗风式防眩板、土路肩修整机、自备井防泥沙沉积过滤装置、旧波形梁护栏再利用技术、磁吸式自移动作业安全警示装置等技术成果,提高了路面防水抗滑性能、减轻了绿化的劳动强度,增强了作业的安全防护水平,降低了运营管理成本,提高了行车的安全性和舒适度。其中,《济青高速公路路域植被建植及其环境功能研究》荣获山东省科技进步三等奖,《基于旧波形梁护栏改造再利用技术的A级护栏开发研究》获得中国公路学会科学技术三等奖,高速公路绿化苗木自动定位浇水装置、磁吸式自移动高速公路移动作业安全警示装置、高速公路养护中自备井水泥沙沉积过滤装置等成果获得国家专利授权。

超薄抗滑表层

抗风式防眩板于2008年
获得国家专利授权

修整机施工 2008 年获得国家专利授权

(五)运营养护管理

1. 服务设施

全线设置青岛、高密、潍坊、青州、淄博、邹平和零点共 7 处服务区。

2. 收费设施

本项目在青岛西元庄设置双向主线收费站 1 处,在即墨、蓝村、胶州、高密、峡山、潍坊东、潍坊、潍坊西、昌乐、寿光、青州东、青州西、临淄、淄博、周村、邹平、章丘、华山、零点设置匝道收费站 19 处,采用人工加计算机收费方式。收费车道数量截至 2016 年底共计 220 条,其中 ETC 车道 58 条。

3. 养护管理设施

本项目设置南泉、高密、潍坊、青州、淄博和华山 6 处养护工区。

济青高速公路始终坚持预防性养护理念,对路面、桥梁和绿化状况进行动态监测,实现了路面养护工作从恢复性养护向预防性养护、桥梁从应急性养护向经常性养护、附属设施从经验性养护向科学化养护的全方位转变,走出一条全季节、全周期、长寿命、低成本的养护之路。创造了 22 年无大修的高效养护记录。

本项目自通车以来为恢复沿线设施的使用功能及原有的技术标准,有计划地实施了路面罩面工程、桥梁维修工程、护栏改造工程、收费广场改扩建工程、收费站办公楼装修改造工程等。

从 2003 年开始,自西向东逐步进行了路面罩面工程,于 2008 年完成。有效地提高了路面使用性能,增加了驾乘人员的行车舒适度。

2002—2010 年,逐步对各收费站广场、车道实施了改扩建,提高了收费站出、入口的通行能力。

路面罩面工程

潍坊西站改造前

潍坊西站改造后

对桥梁病害每年进行专项综合整治。在2009年潍河大桥支座更换施工中,采用"整联多孔预应力装配梁同步顶升更换支座"新工艺。

潍河大桥支座更换施工

桥梁维修加固工程

2003—2016年陆续实施安保工程,提升全线安全防护水平。将全线防撞护栏Z形柱更换为圆形柱,将中央隔离带原3mm厚波形护栏板更换为4mm,将旧波形梁护栏改造为双层波形梁护栏用于路侧防护,将原有中央隔离活动护栏梯次改造升级为螺旋套筒式防撞活动护栏和钢管预应力索防撞活动护栏,进一步提升了连续防撞能力。

改造后螺旋套筒式中央隔离防撞活动护栏

2010年,根据交通运输部部署要求,西元庄至唐王枢纽段由G308济南至青岛高速公路调整为G20青岛至银川高速公路,路线桩号递增顺序由原有的自西往东调整为自东往西,并对路线相关标志标牌等进行了相应的调整和更换。将原济青高速公路零点立交至唐王枢纽段划归G35济南至广州高速公路中。

4. 监控设施

本项目设置青岛、潍坊、淄博、济南4个信息分中心。

5. 运营管理模式的变化

1993年12月18日济青高速公路通车后,由济青高速公路管理局管理,1999年11月,济青高速公路整体划入上市公司山东基建有限公司。2006年6月,山东基建有限公司更名为山东高速股份有限公司。

六、G20(青岛—银川)唐王枢纽至齐河段(含连接线)

(一)项目概况

1. 基本情况

1)技术标准

项目跨越黄河,地处山前冲积平原和黄河下游冲积平原,主线采用双向六、八车道高速公路标准,路基宽度分别为34.5m、42.0m,设计速度120km/h;连接线采用双向四车道高速公路标准,路基宽度26.0m,设计速度100km/h。桥涵设计汽车荷载等级公路—Ⅰ级。

2）建设规模

本项目全长62.842km，其中特大桥4473m/1座，大桥1087.2m/4座，中桥280.51m/5座；互通式立交7处，分离式立交9座，天桥2座；匝道收费站4处；服务区1处，停车区1处；管理中心1处。

3）主要控制点

唐王枢纽（G35）、黄河三桥、表白寺枢纽（G2001、G2516）、焦斌互通（G308）。

4）投资规模及资金筹措

本项目概算总投资41.980亿元，项目资本金13.344亿元，交通部安排专项基金2.45亿元（交规划发〔2004〕104号、交规划发〔2004〕730号），其余自筹解决（含利用国内银行贷款）。竣工决算为41.965亿元，投资节约150.93万元，平均每公里造价6677.86万元。

5）开工及通车时间

2005年4月开工建设，2008年12月建成通车。

2. 前期决策情况

2003年5月，省国土资源厅印发《关于青银线济南绕城高速公路北段压矿情况的复函》（鲁国土资字〔2003〕151号）。

2003年12月，水利部黄委以黄水政字〔2003〕14号文审查同意兴建济南绕城公路黄河大桥。

2003年12月，省发改委转报《关于国道主干线青岛至银川济南绕城高速公路北段（含济南黄河三桥）可行性研究报告》（鲁计基础〔2003〕1520号）。

2004年3月，交通部印发《关于国道主干线济南绕城公路北段可行性研究报告的批复》（交规划发〔2004〕104号）。

2004年9月，国家环保总局下发《关于青银线济南绕城高速公路北段（含黄河大桥）工程环境影响报告书审查意见》（环审〔2004〕356号）。

2005年1月，国土部办公厅印发《关于青银高速公路济南绕城北线建设用地预审意见的复函》（国土资厅函〔2005〕71号）。

2005年4月，省林业局印发《山东省青银高速公路绕城北线使用林地审核同意书》（鲁林地审字〔2005〕025号）。

2005年4月，国土部办公厅印发《关于青银高速公路济南绕城北线工程控制单体工程现行用地的复函》（国土资厅函〔2005〕286号）。

2005年11月，国土部印发《关于国道主干线青银高速公路济南绕城北线工程建设用地的批复》（国土资函〔2005〕1096号）。

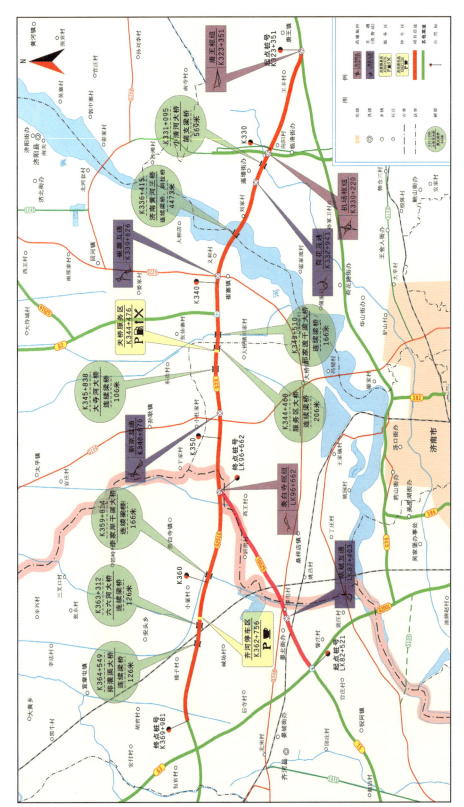

3. 参建单位主要情况

1) 建设单位

建设单位是山东高速集团有限公司,执行机构是山东高速集团有限公司青银高速公路济南绕城北线工程建设办公室。

2) 设计单位

山东省交通规划设计院。

3) 施工单位

28个施工单位,其中主线工程6个、黄河大桥工程5个、房建工程7个、交通安全设施工程5个、机电工程1个、绿化工程4个。

4) 监理单位

总监理办公室2个,分别负责主线、连接线工程和黄河大桥的监理工作;主线、连接线工程设驻地监理处5个;黄河大桥工程设驻地监理处3个;房建工程监理1个;机电工程监理1个。

(二)建设情况

1. 项目准备阶段

1) 项目审批

2004年7月,省交通厅、省发改委印发《关于青银线济南绕城高速公路北线初步设计》(鲁交规划发〔2004〕125号)。

2004年12月,交通部印发《关于国道主干线济南绕城高速公路北段可行性研究初步设计审查》(交公路发〔2004〕618号)。

2005年3月,省交通厅以〔2005〕纪要29号文同意在济青高速公路K23+500,与孙村至唐王公路相交的位置设置上跨分离式立交一座,桥名定为唐王分离立交。

2005年4月,省林业厅鲁林证审字〔2005〕025号文给项目办颁发了使用林业审核同意书。

2005年4月,国土资源部办公厅下发《关于济南至青岛高速公路(南线)、青银高速公路济南绕城北线工程,控制工期的单体工程先行用地的复函》(国土资源厅函〔2005〕286号)。

2005年6月,省交通厅基本建设工程质量监督站以编号SDG05-QYJB-01文件,对青银线济南绕城公路北线高速公路发送交通建设工程质量监督通知书。

2005年8月,交通部印发《关于国道主干线济南绕城公路北段技术设计》(交公路发〔2005〕380号)。

2006年2月,交通厅印发《关于济南唐王分离立交工程施工图设计及预算》(鲁交规划〔2006〕119号)。

2006年6月,省水利厅印发《关于对青银线济南绕城高速公路北线水土保持方案》(鲁水保字〔2006〕21号)。

2006年10月,省交通厅印发《关于青银线济南绕城北段(含济南黄河三桥)施工图设计》(鲁交规划〔2006〕172号)。

2)合同段划分

根据各专业的工程内容划分标段如下:

设计标段:主体工程分1个标段,房建工程1个标段,绿化工程1个标段,机电工程1个标段。

施工标段:主体工程11个标段,机电工程1个标段,房建工程8个标段,绿化工程4个标段,交通安全设施工程5个标段。

监理标段:设2个总监办公室,8个主体工程驻地监理标段,1个房建工程监理标段,1个机电工程监理标段。

3)招投标

设计单位:2003年11月,省交通规划设计院中标本项目初步设计和施工图设计。

施工和监理单位招标:2004年9月,确定中铁十四局集团第三工程有限公司、中铁二局股份有限公司等11家施工单位中标主线及黄河特大桥,青岛交通工程监理咨询有限公司、山东恒建工程监理咨询有限公司、省交通工程监理咨询公司等14家单位中标监理。

2006年9月完成房建工程施工和监理服务单位的招标工作;2008年6月完成交通安全设施、收费雨篷和互通式立交绿化工程的招标工作;2008年5月完成机电工程的施工、监理招标工作。

2.项目实施阶段

2004年4月,主体工程开工,2008年12月完工。

2006年9月,房建工程开工,2008年11月完工。

2008年9月,机电工程开工,2008年12月完工。

2008年4月,交通安全设施和绿化工程开工,2008年12月完工。

2008年12月,项目建设单位组织专家对青银高速公路进行了交工验收。

(三)技术复杂工程

复杂技术工程主要是黄河特大桥。

黄河特大桥由南侧河滩引桥$12×45m$+主桥$(60+60+160+386)m$+北侧河滩引桥

10×46m 组成,共计1666m。主桥为独塔双索面钢箱梁斜拉桥,河滩引桥采用多跨等高度连续箱梁。主桥主梁采用流线型钢箱梁,桥中心线处梁高3.5m,钢箱梁底面横向水平,顶面做成2%双面坡。顶、底板采用正交异性板构造,纵向采用闭口U形加劲肋。

主桥的钢箱梁施工是本项目的难点工程。为了确保工程施工质量,为施工提供技术支持和技术保障,项目办聘请了9位国内知名桥梁专家成立了黄河大桥专家组,不定期召开会议,针对钢箱梁顶推方案、主桥及跨大堤桥施工监控方案、宽箱梁裂缝控制等重大问题进行咨询论证,确定最佳方案。项目办先后与同济大学、山东大学、长安大学、交通部公路科学研究所、山东交通学院、中铁大桥局集团武汉桥梁科学研究院有限公司等高等院校和科研单位合作开展了多项科研工作,为工程质量的进一步提高提供了强大的技术保证。

在不断地技术创新中,项目工程质量得到了有效提高,取得了多项质量奖。《钢箱梁棘块式多点顶推施工技术研究》获2010年度中国公路学会科学技术一等奖、山东省科技进步三等奖,并被省公路学会评为科技创新一等奖同时获得国家知识产权局的发明专利证书。安装钢箱梁施工中自行研制并使用的大跨径自行式龙门吊创下载荷吊重最多、多点顶推重量大及同步性控制精度高的新纪录。本项目黄河大桥工程荣获2011年度山东省建筑工程质量泰山杯奖。

(四)科技创新

本项目在施工过程中充分利用科研课题指导施工,保证了工程质量,节约了投资。主要有以下成果:

1. 优化施工工艺,节约工程投资

取消了柱式台、肋板台台背的选料回填,要求台背填土与路基填筑同步进行,大大减少了台背沉降,不仅能有效地预防桥头跳车现象的发生,而且节约工程投资约300万元。

通过与山东大学合作开展《高速公路粉煤灰沉淀池路堤施工加固技术研究》的科研课题研究,有效利用路线两侧大量的工业废料粉煤灰,提出详细的粉煤灰沉淀池路基施工方案,保证了工程质量,降低了施工难度,节约永久占地30余亩,取土用地90余亩,节约工程投资约700万元。

经过大量室内试验,结合项目的工艺特点,对水泥稳定碎石基层施工工艺做了调整,创造性地采取了不覆盖过冬的措施,不仅节约资金,也为同类地区水泥稳定碎石施工工艺提供了一定的借鉴作用,具有很高的推广价值。

主线工程36cm水稳基层采用两层联铺的作业方式,使上下基层形成受力整体,力学性能提高,有效地减少了收缩裂缝的产生,提高了路面结构的整体性能,节约了水稳基层的养生费用和大量工程用水。

2. 运用"四新"成果,节约工程成本

在黄河大桥的施工中,项目办与施工监理单位积极探索桥梁施工新技术、新工艺、新成果和新管理模式,将"四新成果"大量运用于黄河大桥的建设中去。实践证明,这些科技创新的应用显著提高了工作效率,节约了工程成本,保证了工程质量。

《钢箱梁棘块式多点顶推施工技术研究》获2010年度中国公路学会科学技术一等奖、山东省科技进步三等奖;《青银高速济南黄河大桥主桥钢箱梁顶推施工仿真分析与风险管理研究》获得第二十二届山东省企业管理现代化创新成果和优秀应用成果一等奖;《特大跨桥梁施工中混凝土实时温度场应力场数值模拟分析与裂缝控制对策研究》《钢箱梁几何尺寸精度控制》和《宽浅河流钢箱梁斜拉索桥施工方法研究》获得第二十二届山东省企业管理现代化创新成果和优秀应用成果二等奖。

(五)运营养护管理

服务设施:设置天桥服务区1处,齐河停车区1处。

收费设施:本项目共设置遥墙、济阳、靳家、齐河东匝道收费站4座,采用人工加计算机收费方式。收费车道数量截至2016年底共计20条,其中ETC车道8条。

养护管理设施:项目设置遥墙养护工区1处。

监控设施:本项目设置遥墙监控中心,与原项目办驻地合址办公,负责全线的运营监管。

七、G20(青岛—银川)齐河至夏津(鲁冀界)段

(一)项目概况

1. 基本情况

1)技术标准

项目地处华北平原之黄泛平原区,采用双向四车道高速公路标准,设计速度120km/h,路基宽度28.0m。桥涵设计汽车荷载等级公路—Ⅰ级。

2)建设规模

项目全长88.388km,其中特大桥2096.06m/2座,大桥1570.24m/5座,中桥783.36m/14座;互通式立交5处(其中服务型互通4处,枢纽型互通1处),分离式立交28座,天桥8座;主线收费站(鲁冀界)1处,匝道收费站4处;服务区2处;管理中心1处。

3)主要控制点

齐河北枢纽(G3)、禹城南互通(S101)、高唐东互通(S316)、夏津西枢纽(G3W)。

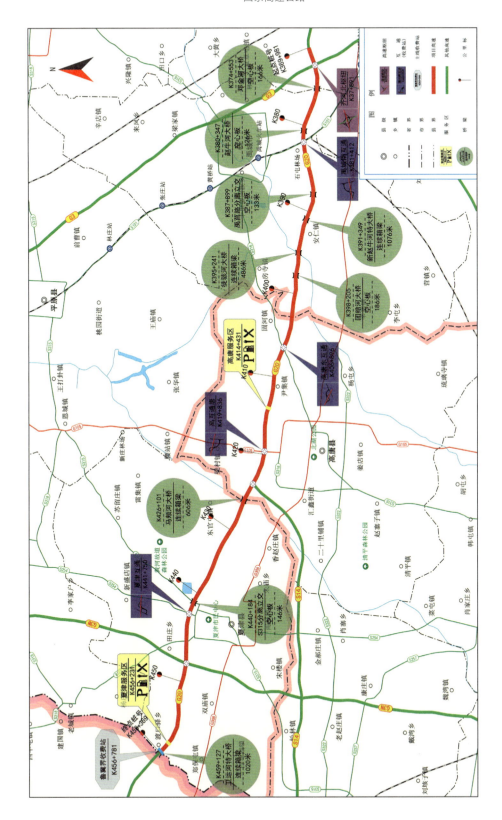

G20(青岛—银川)齐河至夏津(鲁冀界)段路线总体平面图

4) 投资规模与资金筹措

项目概算总投资 22.62 亿元,国家专项基金安排 1.76 亿元,山东省交通建设资金安排 5.68 亿元,国家开发银行贷款 13.81 亿元。实际累计完成各类投资 22.887 亿元,平均每公里造价 2589.38 万元。

5) 开工及通车时间

2003 年 10 月开工建设,2005 年 12 月建成通车,2010 年 8 月完成竣工验收。

2. 前期决策情况

2002 年 6 月,国家计委印发《国家计委关于审批青岛至银川国道主干线山东齐河至夏津(鲁冀界)公路可行性研究报告的请示的通知》(计基础〔2002〕2328 号)。

2003 年 2 月,国家环保总局印发《关于国道主干线青岛—银川公路齐河—夏津(鲁冀界)段环境影响报告书审查意见的复函》(环保〔2003〕68 号)。

3. 参建单位主要情况

1) 建设单位

山东省高速公路集团有限公司。

2) 设计单位

山东省交通规划设计院。

3) 施工单位

41 个施工单位参与建设,其中路桥工程 5 个,沿线设施工程 10 个,机电工程 1 个,交通安全设施工程 13 个,绿化工程 12 个。

4) 监理单位

设置 1 个总监处;5 个负责路基路面工程、交通安全设施工程、绿化工程的驻地监理;3 个沿线设施工程驻地监理;1 个机电工程施工驻地监理。

(二)建设情况

1. 项目准备阶段

1) 项目审批

2003 年 4 月,省交通厅印发《关于青银高速公路齐河至夏津段工程施工和监理招标文件的批复》(鲁交规划函〔2003〕30 号)。

交通部印发《关于青岛至银川国道主干线山东齐河至夏津(鲁冀界)公路初步设计的批复》(交公路发〔2003〕80 号)。

省国土资源厅印发《关于青银高速公路齐河至夏津段控制工期的单体工程先行用地的复函》(国土资厅〔2003〕256 号)。

2003年7月,省国土资源厅印发《关于青岛至银川国道齐河至夏津段建设用地预审意见》。

2005年,省国土资源厅印发《转发国土资源部〈关于青岛至银川国道主干线山东齐河至夏津(鲁冀界)公路建设用地的批复〉的通知》(鲁国土资字〔2005〕494号)。

省交通厅印发《关于对青银高速公路齐河至夏津段高唐、夏津连接线建设有关问题的批复》(鲁交规划〔2005〕101号)。

2)合同段划分

根据各专业的工程内容划分标段如下:

设计标段:1个标段。

施工标段:路桥工程6个标段,交通安全设施工程19个标段,绿化工程12个标段。

监理标段:设1个总监办公室,6个主体工程驻地监理标段,3个沿线设施工程监理标段,1个机电工程监理标段。

3)招投标

2003年5月,确定中铁十四局有限公司等5个单位中标主体工程施工。

确定省鲁西高速公路开发有限公司、滕州市金恒大交通设施有限责任公司等13家施工单位中标交通安全设施工程施工。

确定山东中创软件工程股份有限公司中标机电工程施工。

确定中国建筑第八工程局、中煤第六十八工程处等10家单位中标沿线设施工程施工。

确定山东华泰庄园园林有限公司、山东路桥绿化有限公司等12家单位中标绿化工程施工。

确定省交通工程监理咨询公司、青岛交通工程监理公司等6家单位中标主体工程监理。

确定山东剑威工程建设监理有限公司等3家单位中标沿线设施工程监理。

确定北京泰克华诚技术信息咨询有限公司中标机电工程监理。

2. 项目实施阶段

主体工程于2003年10月开工,2005年11月完工。

房建工程、机电工程于2004年10月开工,2005年11月完工。

交通安全设施工程于2005年4月开工,2005年11月完工。

绿化工程于2005年9月开工,2006年4月完工。

2005年11月,青银高速公路齐河至夏津段工程项目建设办公室组织专家对青银高速公路进行了交工验收。

2008年6月,省交通厅质监站根据《公路工程质量鉴定办法》对项目进行了竣工质量鉴定,评分为 95.94 分,质量等级为优良。

(三)技术复杂工程

复杂技术工程主要为禹城南互通立交主线桥。

禹城南互通主线桥是跨越京沪铁路和 S101 的一座特大桥,桥梁中心桩号 K381+412,桥梁全长 1184.06m,桥面全宽 13.5m,桥宽组合为(0.5+12+1.0)m,净宽 12.0m。上部结构形式为 4-4×30m+1-(40+70+40)m+3-4×20m+1-6×20m+1-5×20m+1-(27.5+33+27.5)m 的预应力混凝土连续箱梁和钢筋混凝土连续刚构(第 5 联)两种形式;下部结构形式为钢筋混凝土双柱式桥墩,肋板式桥台;钻孔灌注桩基础。桥面铺装为沥青混凝土结构,采用毛勒式伸缩缝,圆板式橡胶支座。

禹城南互通主线桥第五联跨越京沪铁路,设计为悬灌连续梁。施工时最重要的是挠度控制和保证京沪铁路的安全。

合龙段施工是连续刚构施工的关键。为确保合龙段的施工质量采取以下特殊措施:为减小温度应力的影响,选择一天中温度最低的时间段灌注混凝土。

灌注混凝土前在合龙段间设置刚性支撑并先期张拉四束钢绞线将中跨锁固,防止由于温度变化引起的梁体伸缩而压坏或拉裂新浇混凝土,支撑的设置和预应力张拉力根据当时温度变化情况经计算确定。

为防止出现由于新浇混凝土自身收缩而引起的裂纹,在混凝土中加入膨胀剂,经检测悬灌施工现浇梁的线形完全符合设计要求。

(四)科技创新

本项目针对黄河冲积平原粉砂土塑性指数小、填压难度大的特点,与山东大学土木工程学院合作,对粉砂土路基填筑和不同土质的二灰土配合比进行施工技术研究,并指导施工,有力地保障了工程施工质量;研究成果获得省科技进步三等奖,并以此成果为依托、综合其他项目使用结果,编制了山东省地方标准《黄泛区粉质土路基与二灰土底基层施工技术指南》。

(五)运营养护管理

1. 服务设施

全线设置高唐、夏津 2 处服务区。

2. 收费设施

本项目在鲁冀界设置单向主线收费站 1 处,在夏津、高唐、高唐东、禹城南设置匝道收费站 4 处,采用人工加计算机收费方式。收费车道数量截至 2016 年底共计 29 条,其中

ETC 车道 10 条。

3.养护管理设施

本项目设置高唐养护工区。

4.监控设施

本项目设置夏津监控中心,与夏津管理处合址办公,负责全路段的运营监管。

第二节　G2(北京—上海)高速公路山东段(德州—临沂)

G2(北京—上海)高速公路是国家高速公路网"71118"中的"放射线二",是中国第一条全线建成高速公路的国道主干线,起自首都北京,途经河北、天津、山东、江苏,终于上海。京沪高速公路将中国华北、华东地区连为一体,缓解了京沪交通走廊的运输紧张状况,对加强京津冀与长江三角洲之间的经济联系与合作,促进沿线地区乃至全国经济社会发展具有重要意义。

京沪高速公路山东段起自德州乐陵市(鲁冀界),终于临沂市郯城县(鲁苏界),是山东省高速公路中长期规划"9517"网中的"纵六",全长 454.269km,1996—2014 年各路段相继建成通车并全线贯通。沿线途经德州、济南、莱芜、泰安、临沂 5 市。京沪高速公路在山东省与京津冀和长江三角洲之间形成了一条经济、便捷、快速的公路运输大通道,对促进相互间的经济交流与合作及区域经济社会快速发展意义重大。

2013 年国家对高速公路网进行了调整,京沪高速公路山东北段由原来的与京台高速公路共线,途经德州、济南西、泰安西,变更为由德州乐陵入境,经济南东、莱芜,至泰安新泰回归京沪高速公路线位。

根据新的路网编号,京沪高速公路山东段由乐陵(鲁冀界)至济南北绕城(崔寨)段、济南北绕城(崔寨)至济南东绕城机场枢纽段、济南东绕城机场枢纽至邢村互通段、济南南绕城邢村互通至港沟枢纽段、济南港沟枢纽至莱芜枢纽段、莱芜枢纽至莱芜段、莱芜至新泰段、新泰至临沂(义堂)段和临沂(义堂)至红花埠(鲁苏界)段 9 个路段组成。

其中济南北绕城线(崔寨)至济南东绕城机场枢纽段与 G20 青银高速公路唐王枢纽至齐河段(含连接线)共线,工程内容在"第一节　G20(青岛—银川)山东段唐王枢纽至齐河段(含连接线)"中叙述;济南东绕城机场枢纽至邢村互通段与 G2001 济南绕城高速公路东线共线,济南南绕城邢村互通至港沟枢纽段与 G2001 济南绕城高速公路南线共线,其内容分别在"第十节　G2001 济南绕城高速公路东线和 G2001 济南绕城高速公路南线"中叙述。

G2(北京—上海)高速公路山东段项目信息见表 2-1-2。

山 东
高速公路建设实录

G2（北京—上海）高速公路山东段位置示意图

272

G2（北京—上海）高速公路山东段项目信息采集表

表 2-1-2

序号	国高/地高	工程分段	路段起止桩号 起点桩号	路段起止桩号 止点桩号	规模（km）小计	规模 四车道	规模 六车道	规模 八车道	建设性质（新建/改扩建）	设计速度（km/h）120	100	80	路基宽度（m）26	28	34.5	33.5	42	永久占地（亩）	投资情况（亿元）估算	概算	决算	资金来源	建设时间（开工~通车）	备注 4A级以上主要景区名称
1		乐陵（鲁冀界）至济南北绕城（崔寨）段	K261+000	K375+305	114.305		√		新建	√						√		14545		75.42	74.3	中国铁建、省厅公路局	2011.10~2014.12 通车	
2		济南北绕城（崔寨）至济南东绕城机场枢纽段	K375+305	K384+862	9.557	√			新建									与G20唐王枢纽至齐河段共线，2005.4 开工，2008.12 通车						
3		济南东绕城机场枢纽至邢村互通段	K384+862	K399+919	15.057	√			新建	√				√				与G2001济南东绕城共线，1997.1 开工，1999.9 通车						
4		济南东绕城邢村互通至港沟枢纽段	K399+919	K405+977	6.058	√			新建	√				√				与G2001济南东绕城共线，1999.9 开工，2002.5 通车						
	国高	在济南港沟枢纽至莱芜枢纽段的起点处	K405+977	K400+888														由于国家公路网调整，道路桩号在传递过程中出现断链，断链长度为5.089km						
5		济南港沟枢纽至莱芜枢纽段	K400+888	K476+381	75.493		√		新建	√					√			9420.2	44.7	47.98	45.87	高速股份	2005.5~2007.12	
6		莱芜枢纽至莱芜段	K476+381	K507+506	31.125	√			新建	√			√					3516	15.7	15.07	15.68	公路局	1999.9~2002.9	
7		莱芜至新泰段	K507+506	K540+242	32.736	√			新建		√			√				3483.2		7.11	7.03	公路局	2000.4~2002.9	
8		新泰至临沂（义堂）段	K540+242	K626+443	86.201	√			新建	√				√				18941.1		17.91	15.86	公路局	1996.12~1999.9	
9		临沂（义堂）至红花埠（鲁苏界）	K626+443	K710+180	83.737	√			新建	√				√				12882		20.5	18.34	公路局	1998.9~2000.11	
合计					454.269																			

一、G2(北京—上海)乐陵(鲁冀界)至济南北绕城(崔寨)段

(一)项目概况

G2(北京—上海)乐陵(鲁冀界)至济南北绕城(崔寨)段建设里程114.872km(含河北段代建0.567km),运营里程114.305km。该项目的建成,标志着山东省高速公路通车里程突破5000km,达到5109km,成为山东高速公路发展史上的又一座里程碑。

1. 基本情况

1)技术标准

项目地处鲁北平原,为黄河冲积扇的下游。全线采用双向六车道高速公路标准,设计速度120km/h,路基宽34.5m,桥涵设计汽车荷载等级公路—Ⅰ级。

2)建设规模

本项目建设里程长114.872km,含特大桥1192.00m/1座,大桥3531.40m/12座,中桥3102.68m/55座;互通式立交9处(其中服务型互通7处,枢纽型互通2处),分离式立交21座,天桥5座;主线收费站1处,匝道收费站7处;服务区3处,停车区2处;管理中心1处。

3)主要控制点

霍家寨(鲁冀界)、乐陵西互通(G339)、滨德枢纽(S12)、德龙烟铁路、商河互通(G340)、济阳北互通(S241)、崔寨枢纽(G20)。

4)投资规模与资金筹措

本项目概算总投资75.42亿元,项目资本金18.86亿元,由中国铁建与省交通运输厅公路局出资,其余为银行贷款。

5)开工及通车时间

2011年10月开工建设,2014年12月建成通车。

2. 前期决策情况

该项目是山东省交通运输厅在2009年8月采取投资人招标、中国铁建股份有限公司(下称"中国铁建")中标的BOT项目,由中国铁建和山东省交通运输厅公路局共同出资建设。同年9月25日,中国铁建与山东省政府、省交通运输厅、省交通运输厅公路局分别签署《战略合作协议书》《投资协议》《项目公司出资合同》。

根据出资合同相关约定,中国铁建与省交通运输厅公路局作为本项目股东方成立中铁建山东京沪高速公路济乐有限公司。项目资本金为估算总投资的25%,由双方股东以向项目公司注入注册资本金的方式投入(中国铁建占65%,省厅公路局占35%),剩余75%的建设资金由项目公司自行融资。项目特许经营期22年。

第二篇/第一章
国家高速公路

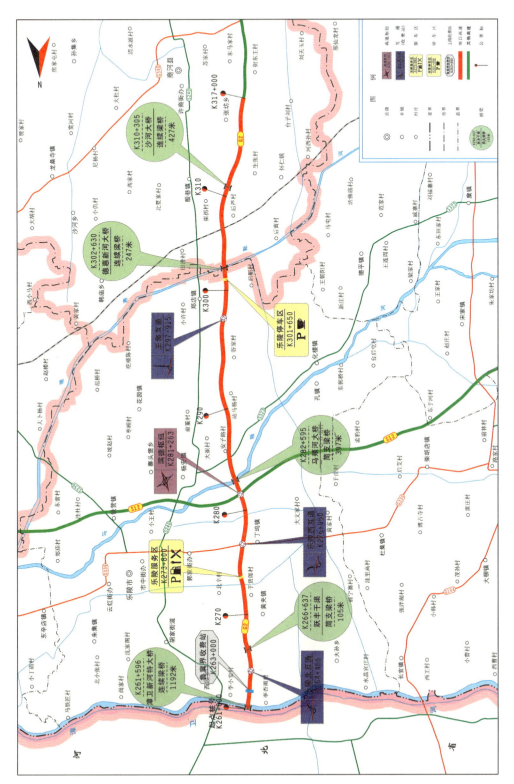

G2(北京—上海)乐陵(鲁冀界)至济南北绕城(崔寨)段路线总体平面图(一)

山 东
高速公路建设实录

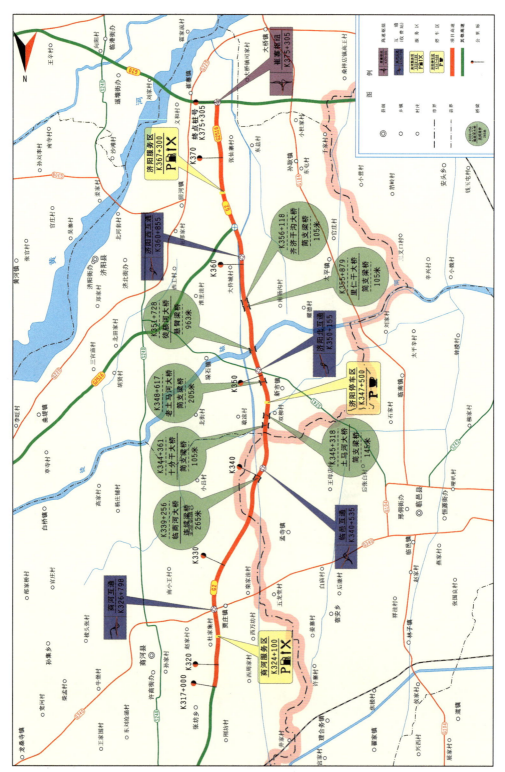

G2(北京—上海)乐陵(鲁冀界)至济南北绕城(崔寨)段路线总体平面图(二)

2010年6月，省发改委以鲁发改能交〔2010〕671号文核准本项目，明确了项目建设规模、技术标准和投资规模。

3. 参建单位主要情况

1）建设单位

中铁建山东京沪高速公路济乐有限公司。

2）设计单位

中铁第四勘察设计院集团有限公司。

3）咨询单位

设计咨询：中国公路工程咨询集团有限公司。

路面工程技术咨询：山东交通学院。

征地拆迁评估：山东瑞华工程造价咨询有限公司。

土地、房产评估：山东正衡土地房地产评估有限公司。

油气管线拆迁评估：天津大港油田工程咨询有限公司。

法律顾问：北京市百瑞（济南）律师事务所。

4）施工单位

通过招投标本项目有34个施工单位参与建设，主体工程17个，房建工程2个，机电工程2个，交通安全设施工程7个，绿化工程6个。

5）监理单位

本项目设置1个总监办公室，负责全线施工监理工作；6个土建监理办公室，负责监理区段内路基路面工程、交通安全设施工程、绿化工程的施工监理工作；2个房建工程监理办公室，负责全线2个标段的房建工程施工监理；1个机电工程监理办公室，负责全线的机电工程施工监理。

（二）建设情况

1. 项目准备阶段

1）项目审批

2010年8月，省交通运输厅、省发改委以鲁交规划〔2010〕153号文批复本项目初步设计，概算总投资75.42亿元。

2011年4月，省交通运输厅印发《关于济南至乐陵高速公路主体工程施工图设计文件的批复》（鲁交建管〔2011〕46号）。

2012年4月，国土资源部以国土资函〔2012〕286、310号文对本项目建设用地进行了批复。

2013年1月,省交通运输厅印发《山东省交通运输厅关于济南至乐陵高速公路收费站、服务区、停车区等房建工程施工图设计文件的批复》(鲁交建管〔2013〕5号)。

2)合同段划分

根据各专业的工程内容划分标段如下:

设计标段:主体、交通安全设施、机电、房建、绿化工程各划分1个标段。

施工标段:主体工程18个标段,交通安全设施工程7个标段、机电工程2个标段,房建工程2个标段,绿化工程6个标段。

监理标段:设1个总监办公室,6个主体工程驻地监理标段,2个房建工程监理标段,1个机电工程监理标段。

3)招投标

设计单位:通过公开招标,由中铁第四勘察设计院集团有限公司中标承担本项目的初步设计和施工图设计工作。按照双院制设计文件审查的要求,委托中国公路工程咨询集团有限公司负责设计文件的咨询审查工作。

施工和监理单位:主要招标项目为主线路桥、路面工程施工、监理招标,房建工程、机电工程施工、机电监理招标,交通安全设施、绿化工程施工招标,施工保险招标,检测技术服务招标。

2. 项目实施阶段

2011年10月,控制性工程先期开工,全线路基工程陆续开工。

2013年9月,路面、房建工程开工。

2014年9月,交通安全设施、机电、绿化工程开工。

2013年10月,省厅质监站对桥梁、路基、路面、房建、交安、环保等工程先后进行了21批次的检测,并于2014年12月通过交工验收。

(三)科技创新

本项目积极推进科技创新,引进新结构、新工艺、新材料,通过技术进步提高工程质量。

与山东大学合作开展黄泛区盐渍土地基对公路路基的影响规律研究,深入研究黄泛区冲积平原冲压碾压、强夯、浆喷桩、过湿土、盐渍土处理等施工重点、难点,指导项目部制定切实可行的施工控制方案,确保了工程质量。

委托山东交通学院、山东大学进行路面工程施工的技术咨询、各结构层目标配合比设计及验证、第三方检测验证等工作。通过对路面各结构层进行原材料技术指标检测、三阶段面层配合比设计指导、试验段的铺筑技术指导、施工过程中的质量抽检等工作,加强路面工程的质量管理。

推广使用钢筋笼滚焊标准化施工技术。

(四)运营养护管理

1. 服务设施

全线设置济阳、商河、乐陵3处服务区,济阳、乐陵2处停车区。

2. 收费设施

本项目共设置收费站8处,采用人工加计算机收费方式。其中,鲁冀界设置单向主线收费站1处,乐陵北、乐陵西、乐陵南、商河、临邑、济阳北、济阳西设置匝道收费站7处。截至2016年底,收费车道90条,其中,ETC车道20条。

3. 养护管理设施

本项目设置济阳北和乐陵南2处养护工区。

4. 监控设施

本项目设置济阳管理分中心1处。

5. 运营管理模式的变化

本项目为BOT项目,项目运营期22年。根据省政府鲁政办字〔2015〕148号文件,2015年8月,省交通运输厅公路局将持有的股份及其相应的权利义务一并划转至齐鲁交通发展集团有限公司。

二、G2(北京—上海)济南港沟枢纽至莱芜枢纽段

(一)项目概况

G2(北京—上海)济南港沟枢纽至莱芜枢纽被交通运输部列为勘察设计"典型示范工程"项目。

1. 基本情况

1)技术标准

项目地处鲁中山区,地形变化多样,地质复杂,采用双向六车道高速公路标准,设计速度100km/h(隧道内为80km/h),整体式断面路基宽度为33.5m,分离式断面路基宽度为2×16.75m,桥涵设计汽车荷载等级公路—Ⅰ级。

2)建设规模

本项目全长75.493km,特大桥2114m/2座,大桥12997.02m/42座,中桥1100.22m/16座;长隧道(单洞)12472m/6座,中隧道(单洞)6600m/10座;互通式立交8处(服务型互通7处,枢纽型互通1处),分离式立交6座,天桥18座;主线收费站1处,匝道收费站7处;服务区2处,停车区1处;管理中心1处。

G2（北京—上海）济南港沟枢纽至莱芜枢纽段路线总体平面图

3）主要控制点

港沟枢纽（G2001）、蟠龙隧道、埠村互通（S243）、锦阳关隧道、莱芜北互通（S242）等。

4）投资规模与资金筹措

本项目概算总投资47.98亿元，竣工决算投资45.87亿元。

5）开工及通车时间

2005年5月开工建设，2007年12月建成通车，2012年12月竣工验收。

2. 前期决策情况

2003年，省计委印发《关于国道主干线京沪线（辅线）济南至莱芜段可行性研究报告的批复》（鲁计基础〔2003〕1523号）。

2004年6月，省环保局印发《关于国道主干线北京—上海公路（辅线）济南至莱芜段工程项目环境影响报告书的批复》（鲁环审〔2004〕120号）。

2004年8月，省水利厅印发《关于对〈国道主干线北京—上海公路（辅线）济南至莱芜高速公路水土保持方案报告书〉的批复》（鲁水保字〔2004〕28号）。

2004年10月，省交通厅与山东基建股份有限公司签订《济南至莱芜高速公路特许经营权协议》，授予山东基建股份有限公司（后改名为山东高速股份有限公司）设计、建设、经营、养护和管理该高速公路的排他性权利。

3. 参建单位主要情况

1）建设单位

山东高速集团股份有限公司。

2）设计单位

主体工程：吉林省公路勘测设计院、山东省交通规划设计院。

房建工程：吉林省建筑设计院、吉林省公路勘测设计院、山东省交通规划设计院。

交通安全和机电工程：吉林省公路勘测设计院。

绿化工程：北京交科公路勘察设计研究院有限公司、山东光合园林设计事务所、山东省林业监测规划院、济南新绿豪设计有限公司、山东省交通规划设计院。

3）施工单位

通过招投标，主体工程有中铁隧道集团三处有限公司等9家单位，房建工程有胜利油田胜利工程建设（集团）有限公司等11家单位，机电工程有山东中创软件公司等4家单位，交通安全设施有南京长城交通设施设备厂等14家单位，生态绿化有淮安市绿地园林建设有限公司等18家单位。

4）监理单位

本项目主体工程由滨州公路工程监理咨询公司为总监单位，负责全线施工监理工作；

山东省交通工程监理咨询公司等4家单位为主体工程监理单位,负责监理区段内路基路面工程、交通安全设施工程、绿化工程的施工监理工作;山东泰山工程建设监理有限公司为房建总监单位,负责全线房屋设施等的施工监理工作;山东省交通工程监理咨询有限公司等3家单位为房建工程监理单位,负责全线的房建工程施工监理;山东省环境保护科学研究设计院为污水处理工程监理单位;重庆中宇工程咨询监理有限责任公司为机电工程监理单位;山东东泰工程咨询有限公司为生态环保工程监理单位。

(二)建设情况

1. 项目准备阶段

1)项目审批

省交通厅、省发改委印发《关于济南至莱芜段高速公路初步设计的批复》(鲁交规划〔2004〕88号)。

省交通厅印发《关于济南至莱芜高速公路两阶段施工图设计的批复》(鲁交规划〔2006〕171号)。

国土资源部印发《关于济南至青岛高速公路(南线)、青银高速公路济南绕城北线工程控制工期的单体工程先行用地的批复》(国土资厅函〔2005〕286号),对济莱高速公路工程控制工期的单体工程的用地进行了批复。

国土资源部印发《关于国家主干线北京至上海高速公路(辅线)济南至莱芜段工程建筑用地的批复》(国土资函〔2005〕1178号)。

2)合同段划分

根据各专业的工程内容划分标段如下:

设计标段:主体工程1个标段,房建工程3个标段,绿化工程(包括生态环保示范工程)4个标段,机电工程1个标段。

施工标段:主体工程9个,房建工程11个,机电工程4个,交通安全设施工程14个,生态绿化18个。

监理标段:设1个总监办公室,4个主体工程监理办公室;1个房建总监办公室,3个房建工程监理办公室;污水处理、机电工程、生态环保示范工程监理办公室各1个。

3)招投标

2004年12月,通过公开招标,确定中铁隧道集团三处有限公司等9家单位中标主体工程施工;滨州公路工程咨询有限公司为总监办公室和山东省工程咨询有限公司等4个驻地监理办公室的中标候选人名单。

2006年3月,通过公开招标,确定胜利油田胜利工程建设(集团)有限公司、山东万平置业有限公司等11家单位中标房建工程施工。

2007年4月,通过公开招标,确定山东中创软件公司等3家单位(4个标段)中标机电工程施工。

2007年7月,通过公开招标,确定南京长城交通设施设备厂、东营市公路工程机械服务中心等14家单位中标交通安全设施工程施工。

2007年4月,通过公开招标,确定淮安市绿地园林建设有限公司、山东省园林花木工程有限公司等18家单位中标绿化工程施工。

2.项目实施阶段

主体工程于2005年4月开工,2007年12月建成通车。

房建工程于2006年8月开工,2007年12月完工。

机电工程于2007年5月开工,2007年12月完工。

交通安全设施工程于2007年8月开工,2007年12月完工。

绿化工程于2009年6月开工,2009年11月完工。

2007年12月,省交通厅质监站对本项目进行了交工验收。

2012年12月,省交通运输厅会同相关部门对项目进行了竣工验收,质量鉴定评分为95.40分,等级为优良。

(三)技术复杂工程

本项目技术复杂工程为蟠龙隧道和宅科特大桥。

1.蟠龙隧道

蟠龙隧道为分离式断面,左幅长2563m,右幅长2447m,两幅总长度5010m。按"新奥法"原理设计,三心圆弧拱衬砌,洞内路面采用复合式路面及连续配筋水泥混凝土路面,设有供电、通风、照明、监控、通信以及消防等设施和视线引导标识。隧道洞口坡面以上部分植草绿化,并种植乔木和灌木。

2.宅科特大桥

宅科特大桥桥梁全长1057m,桥下沟谷较深,最大桥高可达35.3m。单幅桥梁宽度为16.75m。桥梁下部左幅18号~25号墩、右幅17号~25号墩由于桥墩较高,采用预应力盖梁和空心桥墩。

(四)科技创新

根据项目施工需要,开展了"半干旱区高速公路路堑边坡生态防护技术研究""山区高速公路长大纵坡段沥青路面材料与结构研究""济莱高速公路施工生态保障技术研究""公路绿色柔性支挡结构设计与应用研究"等。其中"半干旱区高速公路路堑边坡生态防护技术研究"成果达到国际领先水平,获得山东省科技进步三等奖。

针对项目隧道较多的特点,开展了"高速公路长大隧道结构健康状态实时监测评价及预警技术研究",研究了隧道结构的健康无线实时监测技术,建立了预警体系,并研发了具有自主知识产权的隧道监测预警系统,研究成果总体达到国际领先水平。

本项目作为山东省首个被交通部列为生态绿化典型示范工程,自始至终遵循"安全、环保、舒适、和谐"的新理念,实施了石质挖方路段客土喷播绿化技术,该技术主要包括有机腐殖土、特殊绿化添加剂、种植土等客土基材,采用宜乔则乔、宜灌则灌、乔灌草相结合的植物种子配方技术。客土喷播初期靠草皮起到固坡及绿色生态的作用,2~3年后花灌木的根系不断深入岩石裂隙中,逐渐演替草坪起到固坡及绿色生态的作用,最终形成趋近于自然的坡面植被生态系统。原本裸露、单调、沉闷的岩石坡面已形成多种树木花草错落有致,枝繁叶茂,多种鸟类和蛇类等动物乐在其中、生机盎然的新景象。本项目荣获"全国绿化模范单位"称号。

(五)运营养护管理

1. 服务设施

全线设置章丘、莱芜服务区2处,雪野停车区1处。

2. 收费设施

本项目共设置收费站8处,采用人工加计算机收费方式,其中在港沟设置主线收费站1处,在蟠龙、彩石、曹范、埠村、雪野、莱芜北、莱芜新区设置匝道收费站7处。截至2016年底,共设置收费车道48条,其中ETC车道17条。

3. 养护管理设施

本项目设置济南、莱芜2处养护工区。

2011年对沿线隧道内漏水或排水不畅处进行处理,2012年对雪野互通进行改造,其间对桥梁及隧道部分病害进行维修。

4. 监控设施

本项目为二级监控模式,各收费站设监控分中心,在管理处办公楼设总监控中心,负责各收费站的监控、隧道内以及整个管辖路段的监控监管。

三、G2(北京—上海)莱芜枢纽至莱芜段

(一)项目概况

根据国家公路网规划,莱芜市境内原博山至莱芜高速公路部分路段与莱芜至新泰高

速公路调整为 G2 京沪高速公路山东境莱芜枢纽至莱芜段。

原博莱高速公路部分于 1999 年建成通车、原莱新高速公路于 2002 年建成通车。

1. 基本情况

1）技术标准

本项目地处鲁中山区,沿线沟谷纵横,高低起伏变化较大,地形条件复杂,采用双向四车道高速公路标准建设,设计速度 100km/h,整体式断面路基宽度 26m；桥涵汽车荷载等级汽车—超 20 级,挂车—120。

2）建设规模

本项目全长 31.125km；大桥 2251.4m/7 座,中桥 314.2m/4 座；互通式立交 2 处,分离式立交 4 座,天桥 7 座；服务区 1 处；养护工区 1 处；监控分中心 1 处。

3）主要控制点

莱芜枢纽（G22）、莱芜互通（S26）、钢城互通。

4）投资规模与资金筹措

本项目总概算为 15.07 亿元,竣工决算为 15.68 亿元。省交通厅补助及采用银行贷款。

5）开工及通车时间

1999 年 9 月开工,2002 年 9 月建成通车。

2. 前期决策情况

1998 年 10 月,省计委以鲁计交能字〔1998〕1127 号文批复项目建议书。

1999 年 11 月,省计委以鲁计交能字〔1999〕1068 号文批复可行性研究报告。

1999 年 11 月,省交通厅、省计委以鲁交计〔1999〕130 号文批复初步设计。

2002 年 8 月,全线建成通车。

3. 参建单位主要情况

1）建设单位

山东省公路管理局。

2）设计单位

中交第一公路规划勘察设计研究院。

3）施工单位

中铁十四工程局第三工程处、山东省公路工程总公司莱芜公司。

4）施工监理单位

滨州公路工程咨询监理公司。

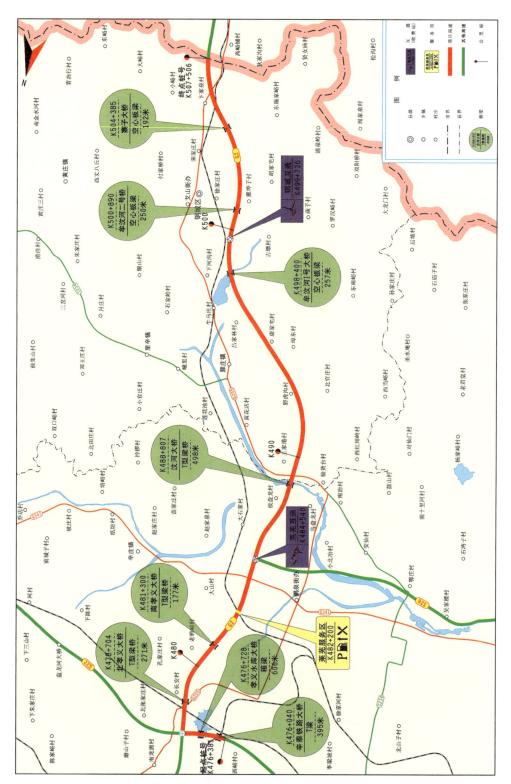

G2(北京—上海)莱芜枢纽至莱芜段路线总体平面图

(二)建设情况

1.项目准备阶段

1)项目审批

省计委下发《关于国道205线莱芜至新泰段公路初步设计的批复》(鲁计交能字〔1999〕1068号)。

省公路局批复《关于莱新高速公路施工图设计预算的批复》(鲁路基〔2003〕70号)。

省交通厅批准调整概算为15.91亿元。

2)合同段划分

根据各专业的工程内容划分标段如下：

设计标段：主体工程和房建工程各1个标段。

施工标段：主体工程3个,房建工程4个,交通安全设施工程8个。

监理标段：设1个总监办公室,2个主体工程监理办公室。

3)招投标

1999年12月,通过公开招标、评标,确定山东省公路工程总公司莱芜分公司等主体工程2家单位中标主体工程;滨州公路工程监理咨询公司为总监办公室,淄博市交通工程监理公司、青岛交通工程监理咨询有限公司中标监理办公室。

2002年3月,莱新高速公路交通安全设施、房建、绿化工程招标。分别由泰安鲁中建筑安装集团公司等3家单位中标承建房建工程;由潍坊筑路机械厂等8家单位中标承建交通安全设施工程。

2.项目实施阶段

主体工程于2000年4月开工,2002年9月建成通车。

交通安全设施工程于2002年7月开工,2002年8月完工。

房建及绿化工程于2002年9月开工,2003年8月完工。

2002年9月,山东省交通厅质监站对项目进行了交工验收质量检测,并出具了《工程质量鉴定书》。

2002年11月,省交通厅对该项目进行交工验收,工程质量总评分97.53分,质量等级为优良。

2004年9月24~27日,省交通厅对该项目进行竣工验收。

(三)运营养护管理

1.服务设施

全线设莱芜服务区1处。

2.收费设施

本路段设置莱芜东和钢城收费站 2 处,采用人工加计算机收费方式。截至 2016 年底,共有收费车道 19 条,其中 ETC 车道 6 条。

3.养护管理设施

全线设置莱芜东养护工区 1 处,与莱芜东收费站合址办公。

2016 年对全线坑槽部位进行挖补后,罩面 1cm 微表处作为预防性养护。

4.监控设施

全线设置莱芜监控分中心 1 处,与分公司合址办公。

5.运营管理模式的变化

本路段建成通车后由省交通厅公路局负责运营管理,根据省政府鲁政办字〔2015〕148 号文,自 2016 年 1 月 1 日起,本项目由齐鲁交通发展集团运营管理。

四、G2(北京—上海)莱芜至新泰段

(一)项目概况

根据国家公路网规划,S29 滨州至莱芜高速公路莱芜至新泰段调整为 G2 京沪高速公路,S31 泰安至新泰高速公路京沪(两桥庄)枢纽至新泰蒙阴界段 5.136km 列入 G2 京沪高速公路。

1.基本情况

1)技术标准

本项目沿线沟谷纵横,高低起伏变化较大,采用双向四车道高速公路标准,设计速度 100km/h,整体式断面路基宽度 26m;桥涵设计汽车荷载等级汽车—超 20 级,挂车—120。

2)建设规模

本项目全长 32.736km,大桥 2082.22m/6 座,中桥 416.23m/5 座;互通式立交 2 处(服务型互通 1 处,枢纽型互通 1 处),分离式立交 2 座,天桥 21 座;停车区 1 处;养护分中心 1 处。

3)主要控制点

新泰互通、京沪(两桥庄)枢纽。

4)投资规模与资金筹措

项目概算投资 7.11 亿元,竣工决算投资 7.03 亿元。由省交通厅出资建设。

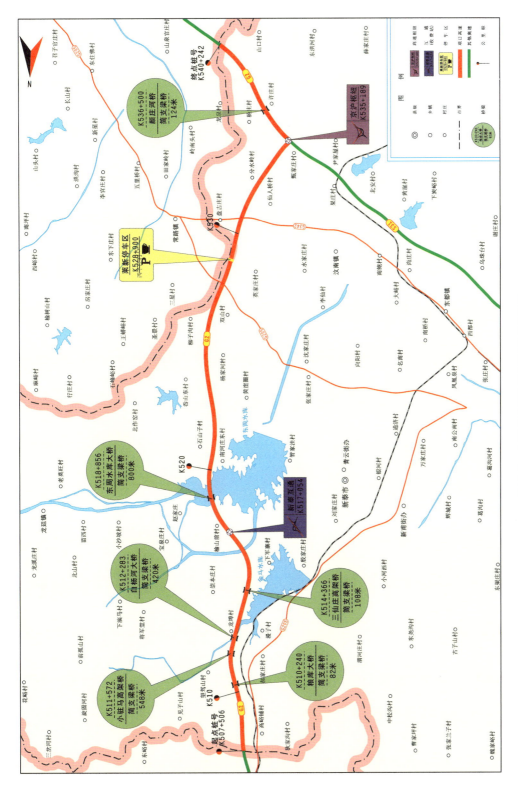

G2（北京—上海）莱芜至新泰段路线总体平面图

5）开工及通车时间

2000年9月开工建设,2002年9月建成通车,2003年9月完成竣工验收。

2.前期决策情况

1998年11月,省计委下发《关于国道205线莱芜至新泰公路项目建议书的批复》(鲁计交能字〔1998〕1127号)。

1999年11月,省计委下发《关于国道205线莱芜至新泰公路可行性研究报告的批复》(鲁计交能字〔1999〕1068号)。

2000年1月,省环保局印发《关于对〈205国道莱芜至新泰高速公路环境影响报告书〉的批复》(鲁环发字〔2000〕023号)。

2000年1月,省地矿厅印发《关于印发对国道205线莱芜至新泰高速公路地质灾害危险性评估报告评审意见的函》(鲁地字〔2000〕6号)。

3.参建单位主要情况

1）建设单位

山东省公路管理局。

2）设计单位

中交第一公路勘察设计研究院。

3）施工单位

主体工程4家单位,房建工程3家单位,交通安全设施工程14家单位,绿化工程4家单位。

4）监理单位

本项目由滨州市公路工程监理咨询公司作为总监单位,下设2个监理处,分别是江苏华宁交通工程咨询监理公司和青岛交通工程监理咨询公司。

(二)建设情况

1.项目准备阶段

1）项目审批

1999年11月,省环保局下发《关于莱芜至新泰段公路初步设计的批复》(鲁交计字〔1999〕130号)。

2002年3月,省公路局下发《关于莱新高速公路交通、绿化、房建、网架工程施工招标定标情况的批复》(鲁路基〔2002〕16号)。

2002年7月,省公路局下发《关于莱新高速公路施工图设计预算的批复》(鲁路基〔2002〕70号)。

2）合同段划分

根据各专业的工程内容划分标段如下：

设计标段：1个标段。

施工标段：根据工程内容的不同，主体工程4个标段，房建工程4个标段，绿化工程4个标段，交通安全设施工程19个标段。

监理标段：根据工程内容设1个总监代表处，2个主体工程驻地监理标段。

3）招投标

1999年12月，通过公开招标，确定主体工程由山东省公路工程总公司淄博公司等4家单位中标。总监单位由滨州市公路工程监理咨询公司中标，监理单位分别由江苏华宁交通工程咨询监理公司和青岛交通工程监理咨询公司中标。

2002年3月，确定25个施工单位中标交通安全设施、房建、绿化工程施工。其中，主体工程有中铁十二局集团一处等4家单位，房建工程有泰安市鲁中建筑安装集团公司等3家单位，交通安全设施工程有潍坊市筑路机械厂、济南创安交通设施有限公司等14家单位，绿化工程有山东省济青高速公路绿化工程有限公司4家单位。

2.项目实施阶段

主体工程于2000年4月开工，2002年9月完工。

房建、机电和交通安全工程于2002年7月开工，2002年8月完工。

绿化工程于2002年9月开工，2003年8月完工。

2002年9月，省交通厅质监站对项目进行了交工验收质量检测，并出具了《工程质量鉴定书》。

2002年9月，举行通车仪式。

2002年11月，省交通厅组织对该项目进行交工验收，工程质量总评分97.53分，质量等级为优良。

2004年9月，省交通厅组织对该项目进行竣工验收。

（三）运营养护管理

1.服务设施

全线设置莱新停车区1处。

2.收费设施

全线设置新泰收费站1处，采用人工加计算机收费方式。截至2016年底，共有收费车道11条，其中ETC车道2条。

3.养护管理设施

本项目设置养护应急救援新泰分中心。

4. 监控设施

全线设置新泰东信息监控中心一处，与收费站合建。

5. 运营管理模式的变化

本路段建成通车后由省厅公路局负责运营管理，根据省政府鲁政办字〔2015〕148号文，自2016年1月1日起，本项目由齐鲁交通发展集团运营管理。

五、G2（北京—上海）新泰至临沂（义堂）段

（一）项目概况

本项目原名为"北京—上海公路化马湾—临沂段"，起点位于新泰市与蒙阴县交界处，终点位于临沂市义堂镇与G327相交处。

1. 基本情况

1）技术标准

项目北段地处相间的低山丘陵区和山间河谷阶地，相对高差较大，山丘呈浑圆状、平缓，大部分基岩裸露、植被稀少，地形起伏大，河流较多。南段地貌由山间谷地过渡到冲洪积平原区，谷地和平原区土地肥沃，村镇密集。

采用双向四车道高速公路标准，设计速度120km/h，路基宽度28.0m，桥涵设计汽车荷载等级公路—Ⅰ级。

2）建设规模

本项目全长86.201km，其中大桥2624.185m/10座，中桥1309.006m/20座；互通式立交4处，分离式立交8座，天桥31座；收费站5处；服务区2处；管理中心1处。

3）主要控制点

蒙阴互通（S231）、垛庄互通（G205）、义堂互通（G327）。

4）投资规模

项目概算投资17.905亿元，竣工决算投资15.862亿元。由省交通厅出资建设。

5）开工及通车时间

1996年12月开工建设，1999年9月建成通车，2002年10月完成竣工验收。

2. 前期决策情况

1994年9月，省交通厅印发《关于报送北京—上海公路化马湾—临沂段"预可报告"审查意见及项目建议书的函》（鲁交公〔1994〕36号）。

1994年12月，交通部下发《关于化马湾至临沂公路项目建议书的批复》（交计发〔1994〕1167号）。

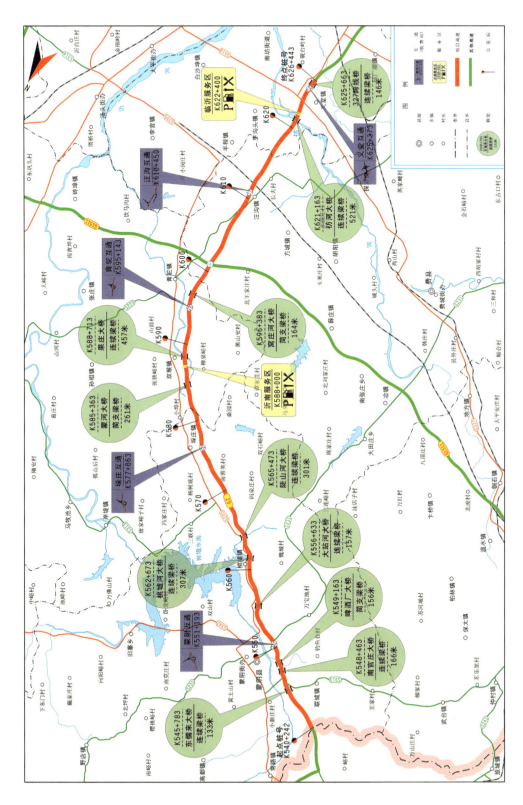

G2(北京—上海)新泰至临沂(义堂)段路线总体平面图

1995年10月,交通部以交计发〔1995〕957号文批复工可。

3. 参建单位主要情况

1)建设单位

本项目建设单位为山东省公路管理局,临沂市公路局为业主代表。

2)设计单位

主体工程和机电工程:交通部第一公路勘察设计院。

房建工程:济南市建筑设计院、临沂市建筑设计院、山东省建筑设计院、机械工业部第四设计院、潍坊高新开发区建筑规划设计院。

交通工程:临沂公路勘察设计院。

绿化工程:临沂公路勘察设计院。

3)施工单位

主线工程6家单位,房建工程6家单位,交通工程附属设施工程6家单位,交通安全设施工程17家单位,绿化工程6家单位。

4)监理单位

通过招投标,山东省交通监理总公司滨州公路工程监理咨询公司作为总监单位,负责全线施工监理工作;西安公路交通大学建设监理咨询有限公司和临沂市公路局监理处作为驻地监理单位,负责监理区段内路基路面工程、交通安全设施工程、绿化工程的施工监理工作;北京育才交通工程咨询监理公司北方分公司和滨州公路工程监理咨询公司作为房建工程监理单位,负责全线的房建工程施工监理。

(二)建设情况

1. 项目准备阶段

1)项目审批

1996年2月,交通部以交公路发〔1996〕30号文批复本项目的初步设计。

1996年12月,省公路管理局下发《关于北京至上海公路山东境内化马湾至临沂段高速公路设计审查意见的函》(鲁路工〔1996〕67号)。

1997年12月,省公路管理局下发《京沪高速公路化马湾至临沂段一期工程预算的批复》(鲁路工〔1997〕72号)。

2)合同段划分

根据各专业的工程内容划分标段如下:

设计标段:主体工程2个标段,房建工程4个标段,绿化工程6个标段。

施工标段:主体工程6个标段,房建工程6个标段,绿化工程6个标段,交通安全设施工程23个标段。

监理标段:设1个总监办公室,3个主体工程驻地监理标段,2个房建工程监理标段。

3)招投标

1996年12月,主体工程通过公开招标确定交通部第二公路工程局第四工程处等6家中标单位。

1998年10月,交通安全设施工程通过公开招标确定临沂市公路局筑路机械厂、济南创安交通设施有限公司等17家中标单位。

1999年6月,绿化工程通过公开招标确定浙江乐清市园林工业有限公司等6家中标单位。

1999年7月,交通附属设施工程通过公开招标确定山东天元建设集团总公司一公司等6家中标单位。

2. 项目实施阶段

主体工程于1996年12月开工,1999年9月建成通车。

房建工程于1998年7月开工,1999年8月完工。

机电工程于1999年6月开工,1999年6月完工。

交通安全设施工程于1999年6月开工,1999年12月完工。

绿化工程于1999年7月开工,2000年1月完工。

交通工程附属设施于1999年10月开工,2000年8月完工。

1999年9月,山东省交通厅质监站等质检部门对项目进行了竣工质量鉴定,评分为97.28分,等级为优良。

1999年9月,进行了交工验收。

(三)运营养护管理

1. 服务设施

全线设置沂南、临沂服务区2处。

2. 收费设施

本项目在临沂、临北(汪沟,2010年1月增设)、青驼、孟良崮、蒙阴设置匝道收费站5处,采用人工加计算机收费方式。截至2016年底,共设置37条收费车道,其中ETC车道10条。

3. 养护管理设施

本项目设蒙阴、临沂2处养护工区。

2003—2009年期间每年分幅、分段进行大修。

4.监控设施

本项目设置临北监控中心1处,与临北管理处合址办公。

5.运营管理模式的变化

本路段建成通车后由省交通厅公路局负责运营管理,根据省政府鲁政办字〔2015〕148号文,自2016年1月1日起,本项目由齐鲁交通发展集团运营管理。

六、G2(北京—上海)临沂(义堂)至红花埠(鲁苏界)段

(一)项目概况

1.基本情况

1)技术标准

项目属平原微丘地貌,多为黏土、亚黏土,地势北高南低。采用双向四车道高速公路标准,设计速度120km/h,路基宽度28.0m。桥涵设计汽车荷载等级公路—Ⅰ级。

2)建设规模

本项目全长83.737km,特大桥6461.48m/3座,大桥1735.56m/7座,中桥1256.4m/22座;互通式立交4处,分离式立交9座,天桥6座;主线收费站1处(鲁苏界),匝道收费站4处;服务区1处;养护工区2处;监控分中心5处。

3)主要控制点

罗庄互通、苍山互通(G206)、郯城互通、红花埠互通(G205)、红花镇(鲁苏界)。

4)投资规模与资金筹措

项目总概算为20.5亿元。项目资本金13.22亿元,其中,中央拨国债专项资金0.500亿元,交通部拨款0.870亿元,省交通厅统筹8.6005亿元,国债转贷3.25亿元。竣工决算为18.34亿元,投资节约2.24亿元。

5)开工及通车时间

1998年9月开工,2000年11月建成通车,2002年11月竣工验收。

2.前期决策情况

1993年5月,交通部下发《临沂至红花埠(鲁苏省界)公路项目建议书的批复》(交计发〔1993〕470号)。

1996年11月,交通部下发《关于临沂至红花埠公路可行性研究报告的批复》(交计发〔1996〕937号)。

3.参建单位主要情况

1)建设单位

山东省公路管理局。

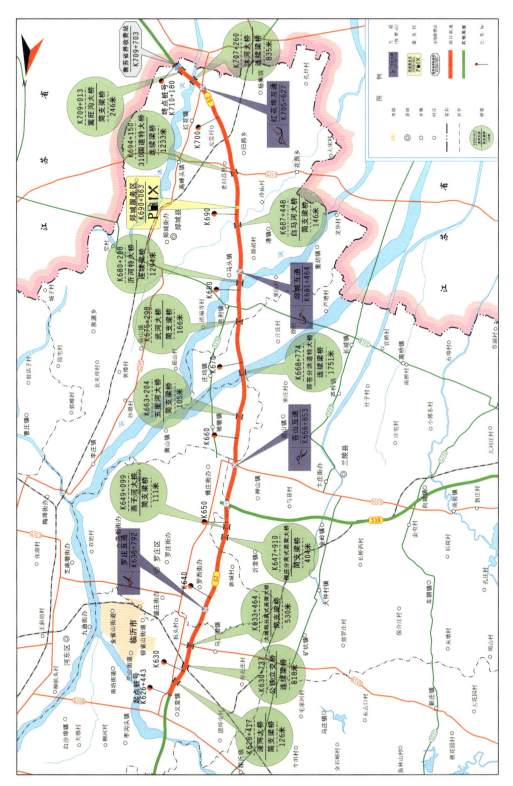

G2(北京—上海)临沂(义堂)至红花埠(鲁苏界)段路线总体平面图

2）设计单位

主体和房建工程：山东省交通规划设计院。

交通安全设施和绿化工程：临沂市公路勘察设计院。

机电工程：中创公司。

3）施工单位

主线工程 8 家单位，房建工程 6 家单位，交通安全设施及机电工程 14 家单位，绿化工程 6 家单位。

4）监理单位

通过招投标，确定由北京育才交通工程咨询监理公司北方分公司组建总监代表处，负责全线的监理工作，下设 5 个监理处，分别由育才—布朗交通咨询监理有限公司、山东省交通工程监理咨询公司、北京育才交通工程咨询监理公司北方分公司、上海斯美监理咨询有限公司负责。

（二）建设情况

1. 项目准备阶段

1）项目审批

1997 年 10 月，交通部下发《关于临沂至红花埠公路初步设计》（交公路发〔1997〕652 号）。

2）合同段划分

根据各专业的工程内容划分标段如下：

设计标段：主体工程、交通工程、绿化工程和机电工程各 1 个标段。

施工标段：主体工程 8 个标段，房建工程 6 个标段，绿化工程 6 个标段，交通安全设施工程 14 个标段。

监理标段：设 1 个总监代表处，5 个驻地监理处。

3）招投标

1998 年 6 月，省交通厅公路局在临沂公开开标，最终确定交通部第一公路工程局等 8 家单位中标主体工程施工，确定石家庄市交通设施厂、济南安全交通设施厂等 14 家单位中标交通工程施工，确定山东省对外建设总公司临沂分公司等 6 家单位中标房建工程施工，确定山东省光合科技有限公司等 6 家单位中标绿化工程施工，确定北京育才交通工程咨询监理公司北方分公司等 4 家单位中标本项目施工监理。

2. 项目实施阶段

主体工程于 1998 年 5 月开工，2000 年 11 月建成。

房建工程于1999年6月开工,2000年7月完工。

机电工程于1999年10月开工,2000年8月完工。

交通安全设施于1999年11月开工,2000年11月完工。

绿化工程于1999年11月开工,2000年10月完工。

2000年11月,省公路局组织专家进行了交工验收。

2004年1月,交通部质量监督总站联合山东省公路工程质量安全监督站,对本项目进行了竣工质量鉴定,合格率100%。

(三)运营养护管理

1. 服务设施

项目设郯城服务区1处。

2. 收费设施

本项目在鲁苏界设置主线收费站1处,在红花埠、郯城、苍山和罗庄设置匝道收费站4处,采用人工加计算机收费方式。截至2016年底,共设置收费车道78条,其中ETC车道12条。

3. 养护管理设施

本项目设置苍山、郯城养护工区2处。

2004—2009年分幅、分段进行了路面大修;2006年和2008年分别对罗庄、苍山、郯城收费站进行扩建;2011年对所有独柱墩桥梁进行加固;2012年对全程监控系统进行提升。

4. 监控设施

本项目设置苏鲁省界、红花埠、郯城、苍山和罗庄5个监控分中心,分别与收费站合址办公,负责本路段的运营监管。

5. 运营管理模式的变化

本路段建成通车后由省厅公路局负责运营管理,根据省政府鲁政办字〔2015〕148号文,自2016年1月1日起,本项目由齐鲁交通发展集团运营管理。

第三节　G3(北京—台北)高速公路山东段(德州—枣庄)

G3(北京—台北)高速公路是国家高速公路网"71118"中的"放射线三",起自首都北京,途经河北、天津、山东、安徽、浙江、福建,终于台北市。京台高速公路将中国华北、华东以及东南沿海地区连为一体,加强了京津冀与东南沿海地区之间的经济联系与合作,对于完善国家高速公路网、促进沿线地区乃至全国经济社会发展具有重要意义。

山东段起自德州市梁庄(鲁冀界),终于枣庄市张山子镇(鲁苏界),是山东省高速公路中长期规划"9517"网中的"纵七",全长360.658km,设计速度120km/h,双向四、六、八车道,1994—2001年各路段相继建成通车并全线贯通,沿线途经德州、济南、泰安、济宁、枣庄等市。京台高速公路作为南北向大通道,在山东省与京津冀、长三角以及东南沿海地区之间形成了一条经济、便捷、快速的公路运输大通道,促进了山东省与京津冀、长三角以及东南沿海地区的经济社会交流与合作,加快了沿线经济发展。

G3(北京—台北)高速公路山东段由德州(鲁冀界)至齐河段、齐河至济南段、济南第二黄河公路大桥、济南至泰安段、泰安至曲阜段、曲阜至界河段和界河至张山子段7个路段组成。

2001年8月,山东高速集团挂牌成立,按照省政府文件批复,对G3(北京—台北)高速公路山东段进行运营管理。

G3(北京—台北)高速公路山东段(德州—枣庄)项目信息见表2-1-3。

一、G3(北京—台北)德州(鲁冀界)至齐河段

(一)项目概况

1.基本情况

1)技术标准

项目属平原地貌,采用双向四车道高速公路标准,设计速度120km/h,路基宽度26.0m。桥涵设计汽车荷载等级公路—Ⅰ级。

2)建设规模

项目建设里程长91.284km,大桥1473.38m/6座,中桥1495.8m/25座;互通式立交7处(其中服务型互通6处,枢纽型互通1处),分离式立交4座;主线收费站1处,匝道收费站6处;服务区3处,管理中心1处。

3)主要控制点

梁庄(鲁冀界)、德州互通、德州南互通(S353)、平原互通(S315)、平原南互通、禹城互通(S316)、齐河北枢纽(G20)、齐河互通(G308)。

4)投资规模与资金筹措

项目概算投资16.3307亿元。项目资本金,交通部补助3.08亿元,专项补助1000万元,省交通厅自筹拨款1亿元,银行贷款10.83亿元。竣工决算为15.5492亿元,投资节约7816.16万元。

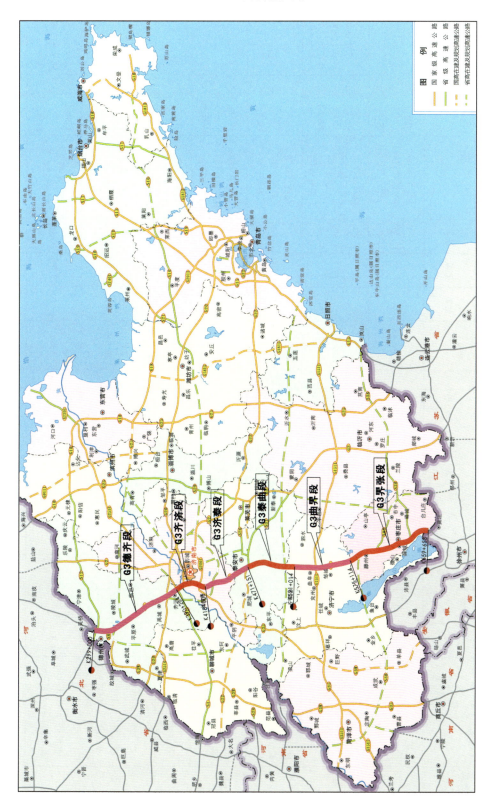

G3(北京—台北)高速公路山东段(德州—枣庄)位置示意图

山 东

G3（北京—台北）高速公路山东段（德州—枣庄）项目信息采集表

表 2-1-3

序号	国高/地高	工程分段	路段起止桩号 起点桩号	止点桩号	规模（km）小计	八车道及以上	六车道	四车道	建设性质（新建/改扩建）	设计速度（km/h）	路基宽度（m）	永久占地（亩）	投资情况（亿元）估算	概算	决算	资金来源	建设时间（开工～通车）	4A级以上主要景区名称	备注
1	国高	德州（鲁冀界）至齐齐河段	K299+000	K390+284	91.284			√	新建	120	35.5	8840.89		16.331	15.549	交通部补助、省交通厅自筹、银行贷款	1994.11～1997.11		
2		齐河至济南段	K390+284	K418+005	21.971		√		新建	√	28	6407.692		13.7	8.679	交通部补助、省交通厅基建拨款、国债转贷、银行贷款	1997.1～1999.7		概算包含济德、济青连接线
3		济南第二黄河公路大桥	K393+880	K399+630	5.75		√		新建	√	26	901.86		6.800	6.126	交通部补助、国债拨款、银行贷款	1996.10～1999.7		
4		济南至泰安段	K418+005	K471+151	53.146			√	新建	√	√	7822.14		16.462	16.346	交通部补助、省交通厅拨款、银行借款	1998.1～1999.10		
5		泰安至曲阜段	K471+151	K521+014	49.863			√	新建	√	√	5505.5		15.351	13.869	交通部补助、省交通厅拨款、银行借款	1999.10～2001.6		
6		曲阜至界河段	K521+014	K575+114	54.10			√	新建	√	√	5603.0		14.646	12.350	交通部补助、省交通厅拨款、银行借款	1998.10～2000.11		
7		界河至张山子段	K575+114	K659+658	84.544			√	新建	√	√	8376	19.109	22.283	18.511	交通部补助、省交通厅自筹	1998.9～2000.12		里程未含枣木汽车专用线
合计					360.658														

第二篇/第一章
国家高速公路

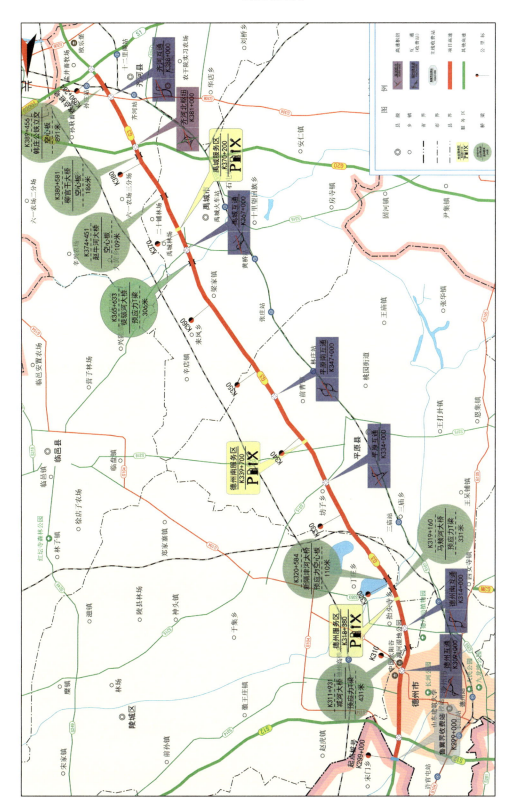

G3(北京—台北)德州(鲁冀界)至齐河段路线总体平面图

5）开工及通车时间

1994年11月开工建设,1997年11月建成通车,2000年11月完成竣工验收。

2. 前期决策情况

交通部印发《关于德州至济南公路德州至齐河段项目建议书的批复》(交计发〔1992〕274号)。

1992年7月,省计委上报《关于报〈济南至德州公路预可性研究报告〉的报告》(鲁交计〔1992〕91号)。

交通部印发《关于德州至齐河可行性研究报告的批复》(交计发〔1993〕907号)。

3. 参建单位主要情况

1）建设单位

山东省京福高速公路建设管理办公室。

2）设计单位

主体工程、交通工程、绿化工程:山东省交通规划设计院。

房建工程:煤炭工业部济南设计研究院、山东省能源建筑设计院、山东省交通规划设计院、济南市建筑设计院。

3）施工单位

通过招投标,本项目有29个施工单位参与建设,其中主体工程5个,房建工程8个,交通安全设施工程16个。

4）监理单位

本项目设置1个总监办公室,负责全线施工监理工作;5个土建监理办公室,负责监理区段内路基路面工程、交通安全设施工程、绿化工程的施工监理工作。

(二)建设情况

1. 项目准备阶段

1）有关批复

1993年11月,交通部下发《关于德州至济南高速公路德州至齐河段初步设计的批复》(交工发〔1993〕1246号)。

1993年12月,交通部下发《关于济德高速公路(德州段)建设项目开工报告的批复》(交工发〔1993〕1364号)。

1994年7月,省环保局印发《关于济南—德州高速公路工程建设环境报告书的批复》(鲁环管二〔1994〕68号)。

2）合同段划分

根据各专业的工程内容划分标段如下：

设计标段：主体工程1个标段，房建工程14个标段，绿化工程1个标段。

施工标段：根据工程内容的不同，主体工程5个标段，房建工程14个标段，交通安全设施工程5个标段。

监理标段：根据工程内容设1个总监办公室，5个主体工程驻地监理标段。

3）招投标

1994年9月，确定北京城建集团总公司等5家单位中标主体工程施工，德州市第四建筑公司等8家单位中标房建工程施工，德州通力实业公司、山西阳远公路工程有限公司等16家单位中标交通安全设施工程施工。

2.项目实施阶段

主体、交通安全设施和绿化工程分别于1994年11月开工，1999年11月完工。

房建工程于1996年10月开工，1998年11月完工。

1997年10月，省济德高速公路工程建设项目领导小组委托省交通工程检测中心对德州至齐河段进行交工质量检测，质量总评分97.13分，质量等级为优良。

1998年4月，济德高速公路建设管理办公室专项组织对德州至齐河段进行交工验收。

1998年11月，济德高速公路建设管理办公室专项组织对德州至齐河段进行缺陷责任期验收。

（三）科技创新

本项目在施工过程中，积极推广使用新技术、新工艺，注重以科研、试验指导施工。经过试验研究和实践论证，成功使用了粉煤灰填筑路堤，此举减少公路建设征用土地，缓解电厂存灰占地的困难，降低其占地、污染环境的费用，使得工业废渣变废为宝。

（四）运营养护管理

1.服务设施

全线设置德州、平原、禹城3处服务区。

2.收费设施

本项目共设置收费站7处，其中在冀鲁界设置双向主线收费站1处，在德州、陵县、平原、禹城、齐河设置匝道收费站6处，采用人工加计算机收费方式。收费车道数量截至2016年底共计92条，其中ETC车道13条。

3. 养护管理设施

本项目设置德州、禹城 2 处养护工区。

本项目分别在 2005 年、2009 年进行全线路面大中型维修。

4. 监控设施

本项目设置德州监控中心,与德州分公司合址办公,负责德州区域运营监管。

二、G3(北京—台北)齐河至济南段

(一)项目概况

1. 基本情况

1)技术标准

本项目地处平原微丘地貌,鲁北冲积、洪冲积平原,鲁中山区与华北平原交界处。采用双向六车道高速公路标准,设计速度 120km/h,路基宽度 35.5m。桥涵设计汽车荷载等级公路—Ⅰ级。

2)建设规模

本项目建设里程长 21.971km(本项目内济南第二黄河公路大桥 K393+880~K399+630 单独立项,不包含在其中)。大桥 208.06m/1 座,中桥 639.68m/12 座;互通式立交 3 处(其中服务型互通 1 处,枢纽型互通 2 处),分离式立交 4 座(其中公铁立交 2 座),天桥 1 座;匝道收费站 1 处;管理中心 1 处。

3)主要控制点

晏城枢纽(S1)、济南槐荫枢纽(G35)、济南西互通(G220)。

4)投资规模与资金筹措

本项目概算与济德、济青连接线(G35 济南零点互通至济南槐荫枢纽段)组成作为一个项目,总投资 13.7 亿元。基建拨款 5.2 亿元(交通部补助资金 2.73 亿元,省交通厅基建拨款 1.75 亿元,国债转贷资金 0.72 亿元),银行借款 8.5 亿元。本路段竣工决算投资 8.6787 亿元。

5)开工及通车时间

1997 年 1 月开工建设,1999 年 7 月建成通车。2001 年 8 月完成竣工验收。

2. 前期决策情况

1989 年,济南至德州公路(含济德、济青连接线)作为一个整体项目开始进行规划。

1992 年 4 月完成"预可报告",省交通厅组织审查后上报交通部审批。后由于黄河大桥桥位影响,1992 年 12 月,交通部对济德公路德州至齐河段项目建议书进行了批复(交计发〔1992〕1274 号)。

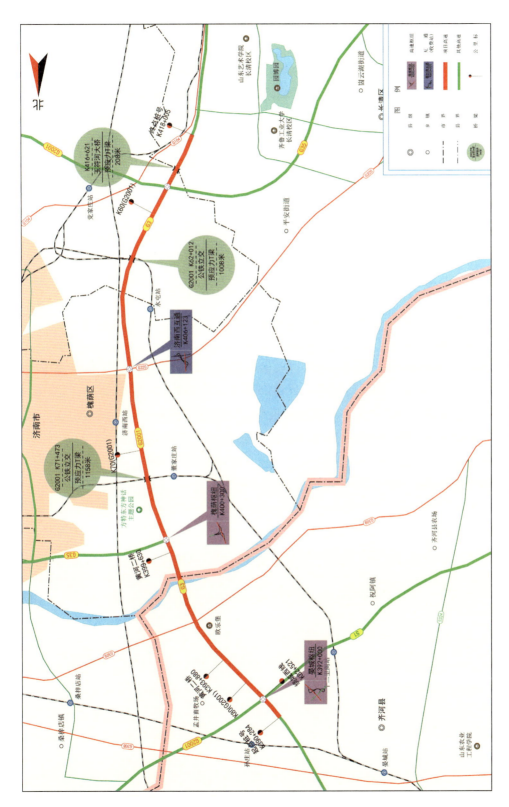

G3(北京—台北)齐河至济南段路线总体平面图

1993年9月,交通部对济德公路德州至齐河段"工可报告"进行了批复(交计发〔1993〕907号),本工程被暂缓执行。

1995年8月,黄河大桥桥位确定后,本工程再次进入实施阶段。

1995年8月,完成"工可报告",省计委组织审查后上报交通部审批。

1996年1月,交通部对"工后报告"进行了批复(交计发〔1996〕21号)后,委托设计单位进行初步设计,由于京沪高速铁路黄河大桥桥位没有确定,因此连接线东段仅做了平面线形设计,未做具体方案。

1997年7月,经省计委的协调,交通、铁路两部门在空间使用上达成共识,使连接线东段具备了实施的条件。

工程的环保评价报告于1994年3月完成,同年7月,省环保局组织专家审查后进行了批复。

交通部下发《关于齐河至济南公路可行性研究报告的批复》(交计发〔1996〕21号)。

3. 参建单位主要情况

1)建设单位

在省政府成立的以分管副省长为组长,由省计委、省建委、省交通厅及有关厅局分管领导为成员的"山东省济德高速公路工程建设项目领导小组"和省交通厅的领导下,山东省济德高速公路工程建设办公室代表省政府领导小组和省交通厅行使政府组织协调和项目建设业主的双重职能。济南市及沿线各区(县)成立了相应的工程建设指挥部,作为项目的执行业主。

2)设计单位

省交通规划设计院。

3)施工单位

通过招投标本项目路桥工程有3个施工单位参与建设,交通安全设施及沿线设施工程有6个施工单位参与建设。

4)监理单位

本项目设置齐济段和D标段2个监理处,负责全线施工监理工作。其中,齐济段监理处负责A、B、C三个施工合同段的监理工作,每个施工合同段设置一个监理组。

(二)建设情况

1. 项目准备阶段

1)有关批复

1994年7月,省环保局印发《关于济南—德州高速公路工程建设环境报告书的批复》(鲁环管二〔1994〕68号)。

交通部印发《关于齐河至济南高速公路初步设计的批复》(交公路发〔1996〕808号)。

省交通厅印发《关于济德、济青路连接线东段初步设计的批复》(鲁交计〔1997〕157号)。

齐河至济南公路开工报告(1996年12月批复)。

2)合同段划分

根据各专业的工程内容划分标段如下:

设计标段:1个标段。

施工标段:根据合同段的不同,设置六、七、八、九4个合同段。

监理标段:根据工程内容设1个监理处,4个监理组。

3)招投标

1996年10月,确定山东省交通工程总公司等3家单位中标主线主体工程施工,1999年3月和7月确定山东省济德高速公路开发有限公司等6家单位中标交通安全工程施工。

2.项目实施阶段

齐河至济南段工程于1997年1月和1998年1月分两次开工建设,六合同段于1998年12月完工,七、八、九合同段于1999年7月建成通车。

1999年6月和9月,项目建设主管单位省交通厅主持,成立由省京福办、省交通厅质监站、设计、监理、施工、运营接管等单位组成的交工验收委员会对齐济段进行了交工验收。该项目总评分为96.6分,工程质量为优良等级。

2001年11月,省交通厅组织对该项目进行竣工验收,工程质量评分为96.6分,等级为优良。

(三)科技创新

凤凰山路堑的防护第一次在山东省采用了预应力锚索技术,为今后高速公路挖方路段的边坡防护积累了宝贵经验。

在沥青路面上面层施工中,运用Superpave理论对沥青混合料进行配合比设计,配备大吨位双轮双振压路机压实,现场则采用孔隙率和压实度双控指标进行,保证了路面施工质量,各项指标达到并优于规范要求。此项科研技术获得山东省科学技术一等奖。

(四)运营养护管理

1.收费设施

本项目在济南西设置匝道收费站1处,采用人工加计算机收费方式。收费车道数量截至2016年底共计14条,其中ETC车道4条。

2. 养护管理设施

本项目设置济南1处养护工区。

2002年开展绿色大通道建设工程;2006年部分路面维修,桥梁限高门式架;2010年标志牌改造;2011年迎检前养护维修,养护维修;2013年护栏改造,玉符河大桥桥墩桩基加固;2015年济南西收费站办公楼装修、收费站标志改造;2016年济南绕城高速公路西线K71+473公铁立交抢修。

3. 监控设施

本项目设置济南监控中心,与养护工区合建,负责德州区域和济南区域的运营监管。

三、G3(北京—台北)济南第二黄河公路大桥

(一)项目概况

1. 基本情况

为加快济南黄河大桥的建设步伐,经省政府和建设项目领导小组批准,该工程在全国首次采用项目总承包方式,即承包单位(山东省交通规划设计院)是以设计为龙头,设计、施工单位为一体的联合体,进行本项目的施工图设计和施工。使工程施工图设计和实际施工达到最佳结合。本项目在我国交通行业重点大型工程中,实行设计、施工总承包责任管理模式获得了成功,获得工程总承包银钥匙奖。

1)技术标准

采用双向六车道高速公路标准,设计速度120km/h,路基宽度35.5m。桥涵设计汽车荷载等级公路—Ⅰ级。

通航水位:1992年相应水位40.32m。

通航净空:通航水位以上8m,再加30年淤高。

2)建设规模

项目建设里程长5.75km,主桥为跨径210m的预应力混凝土连续刚构—连续梁体系,跨径为(62+160+210+160+65)m,大堤内主桥全长947.66m,引桥采用35m预应力混凝土T形梁,北引桥共104孔,长3647.66m,南堤外引桥共13孔,长470.83m,跨黄河大堤的引道长382.68m,跨二道坝的引道长301.17m,全长5750m。

3)主要控制点

德州市晏城枢纽、济南市槐荫枢纽。

4)投资规模与资金筹措

项目概算投资,批复总投资6.7995亿元,竣工决算投资6.1255亿元。

第二篇/第一章
国家高速公路

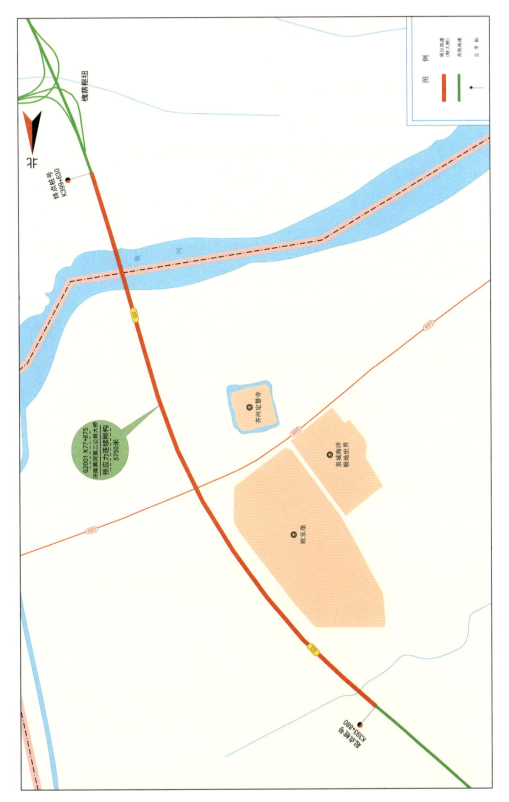

G3（北京—台北）济南第二黄河公路大桥路线总体平面图

交通部补助资金 2.62 亿元,国债资金拨款 0.33 亿元,银行贷款 2.825 亿元。竣工财务决算基本建设支出总额为 6.1255 亿元,概算投资节余 0.6740 亿元。

5)开工及通车时间

1996 年 10 月开工建设,1999 年 7 月建成通车,2001 年 7 月完成竣工验收。

2. 前期决策情况

1995 年 3 月,国家计委下发《关于济南黄河公路大桥项目建议书批复》(计交能〔1995〕320 号)正式批准立项,同时被列为交通部"九五"计划重点建设项目。

国家计委下发《印发〈国家计委关于审批济南黄河公路大桥可行性研究报告的请示〉的通知》(计交能〔1995〕2193 号)。

1995 年 8 月,工程可行性研究报告通过由国家计委委托中国国际工程咨询公司组织的专家评估,于 1995 年 12 月经国务院办公会议批准。

3. 参建单位主要情况

1)建设单位

山东省京福高速公路建设管理办公室。

2)设计单位

山东省交通规划设计院。

3)施工单位

通过招投标本项目有 4 个施工单位参与建设,其中主体工程 2 个,安全设施工程 1 个,照明工程 1 个。

4)监理单位

设置 1 个总监代表处,负责整个大桥工程监理工作的统一安排和管理,下设 A、B 段 2 个监理处。

(二)建设情况

1. 项目准备阶段

1)有关批复

交通部下发《关于对济南黄河公路大桥初步设计的批复》(交公路发〔1996〕185 号)。

1996 年 10 月,国家计委以《国家计委关于下达 1996 年基本建设单项新开工大中型项目计划的通知》(计投资〔1996〕2032 号)批复开工计划。

2)合同段划分

设计标段:主体工程划分 2 个标段,安全设施工程划分 1 个标段,照明工程划分 1 个标段。

施工标段：主体工程划分2个标段，安全设施工程1个标段，照明工程1个标段。

监理标段：设1个总监代表处，下设A、B段2个监理处。

3）招投标

为加快济南黄河大桥的建设步伐，省政府和建设项目领导小组分管领导批准项目采取总承包方式。据此，山东省济德办确定以国家公路桥梁设计大师李守善为院长的、具有4座黄河特大桥设计经验、技术力量雄厚的省交通规划设计院与交通部第一公路工程总公司、省交通工程总公司组成的联合体参加中标。

本项目主体工程施工由交通部第一公路工程总公司和省交通工程总公司中标；1996年4月，确定山东省济德高速公路开发有限公司和山东交通工程新技术开发咨询设计事务所中标安全设施和照明工程施工。

2. 项目实施阶段

主体工程于1996年10月开工，1999年7月6日通车。

1999年7月，由省交通厅主持，京福办、交通厅质监站、设计、施工、监理、运营接管单位组成交工验收委员会对济南黄河二桥进行了交工验收。

1999年8月，由省交通厅质监站对项目进行了交工质量鉴定，评分为97.33分，等级为优良。

(三)技术复杂工程

1998年，在京福高速公路济南黄河公路二桥的箱梁施工时，采用自行设计的橱架式挂篮，行走方便，操作简单。大桥合龙时两侧主梁的自然高差仅为1.6cm，合龙精度和线形均达到国际先进水平。在大桥直径为2m的百米深桩施工中，采用回旋钻反循环进行成孔，针对有异物的桩位，采用锥凿钻头和牙轮钻头组合钻进工艺，解决不同地质条件下的钻孔，从根本上保证了桩基础的完整性。

1. 百米深桩施工

济南黄河公路二桥主墩桩基设计桩长93.5m，桩径2.0m，实际钻孔深度达102m。桩基施工采用钢板桩围堰，在钢管桩和混凝土方桩搭设的工作平台上进行，平台四周插打钢板桩围堰，以便桩基和承台施工。钻孔用护筒采用厚壁长体钢护筒，入土深度9～12m，护筒下缘贴焊厚钢板刃脚箍，以提高其穿土能力。护筒采用中型振动打桩锤振动下沉，利用平台纵横梁和导向框架进行平面定位。依靠导向框架内侧紧逼和调整振动锤液压夹头的夹持位置，竖向垂直度得到很好的控制。

桩基钻孔采用锥笼梳齿形和平头牙轮两种钻头，根据不同地质情况交替使用，充分发挥其性能优点。在砂性土和黏土层用梳齿钻头钻进;在姜石层和硬砂层用牙轮钻头配重加压钻进。此种方法钻进速度快,成孔质量高。孔的垂直度(0.8‰)、扩孔率(<5%)都控制在较高的水平。在钻孔泥浆方面,重点控制更换钻头前后泥浆的相对密度和黏度。尤其在粉砂层钻进时,泥浆的相对密度必须控制在1.35以上,黏度大于20s,使粉砂层的孔壁具有足够的护壁厚度和可靠的稳定性,同时孔内水头与围堰的水平面高差控制在3.0m左右。泥浆选用优质黏土加入少量碳酸钠配制而成,具有较好的性能。在钻进姜石、硬砂层和黏土层时,泥浆相对密度相应减小。

百米深桩成孔后,采用换浆清孔。清孔后,泥浆的相对密度控制在1.16以内,泥浆的砂含量小于3%,达到下钢筋笼灌注混凝土的要求。另外,为保证水下混凝土顺利灌注,混凝土灌注前进行二次清孔处理。成桩后,经超声波整桩长检测及上部15m取芯检验,所有钻孔灌注桩均达到Ⅰ类桩标准。

2. 大体积混凝土承台施工

济南黄河二桥主墩承台尺寸:22m×13.6m×4.5m。单个承台混凝土1176.5m³,属大体积混凝土施工。大桥招标文件技术规范限定承台所用水泥为普通硅酸盐水泥,并不允许掺加除外加剂以外的其他填料。基于以上限制,只有在降低混凝土水化热和混凝土内部降温两方面采取措施。

首先,优化泵送混凝土的配合比。优化的途径以减少水泥和水的用量,增大集料用量,以降低水化热。经优化后的泵送混凝土,其水泥用量380kg,水用量152kg,坍落度16cm。

其次,采用内降、外保温措施减小承台内外温差。根据热力学计算,在承台内合理布置冷却水管,循环冷却水排出反应水化热。水管在竖向不等距布三层,水平间距1.25~1.5m。为使承台中心部位水化热能更有效地排出,各进出口的水流量根据承台内部的观测温度和出水口的水温情况,通过控制阀门进行及时调节,控制承台混凝土温度与外界温差在25℃以内。承台表面以草帘和塑料薄膜覆盖,达到更好的保温、保湿、防止表面开裂的效果。

最后,承台混凝土按25cm厚分层浇注,当混凝土浇筑超过最下层冷却管1m时,下部混凝土温度上升较大,此时开通下层冷却管阀门开始降温,并观测温度、控制水流量。承台经7d的循环水降温,内外温差不超过10℃,此时停止循环水降温,进行常规养护。虽然承台内部温度会再上升5℃左右,但内外温差不超过15℃。

3. 悬臂挂篮

主桥箱梁最大节段重210t,设计要求施工挂篮总重量不超过100t。考虑到挂篮行走过程的安全及操作要简便迅速,对运行系统进行了较大的改进。

1)挂篮构造

挂篮由主桁梁,联系梁,上、下横梁,运行及模板等部分组成。主桁梁为梯形钢框架,联系梁为加强菱形框架,上、下横梁为组合型钢,运行部分由滑板及框架钢轮组构成。

2)挂篮试拼

挂篮施工前在地面进行试拼并检验杆件焊接质量及挂篮各部位受力变形情况,为悬臂施工控制提供可靠数据。试验方法:挂篮的主桁梁、联系梁及上横梁拼装成整体,后锚点设挖孔桩锚固,前上横梁吊挂下横梁及底模配载。加载采用在前上横梁上对吊杆用千斤顶反向施力,加载总吨位按设计荷载的1.5倍分四级进行,卸载也按对应加载吨位分级进行。每级加、卸载后,对挂篮观测点进行变形测量,并检查大吨位时主要受力部位的变形和焊缝情况。本试验重复3次,数据基本一致,挂篮吊点位置的最大弹性变形1.7cm,主要受力部位无变形,焊缝可靠。

3)挂篮悬臂施工

拼装挂篮在墩顶0号段上。挂篮的滑移纵梁、主桁梁、锚固运行系统及上横梁依次安装就位。挂篮的底模系统在桥下拼装成形后,用穿心千斤顶张拉钢绞线与外侧模同时提升,后端分别锚固于已浇注完成的箱梁前端的底板和顶板上,前端锚固于挂篮前横梁上。然后调整挂篮各细部构造并定位,达到使用状态。

箱梁施工段的立模高程由桥梁施工控制计算值叠加挂篮系统的变形值进行控制。挂篮系统的变形值包括了主桁梁、锚杆、吊杆、托滑架以及各部位连接的全部变形值。

挂篮悬臂施工的主要程序为:安装挂篮系统→调整前吊杆使底模达到立模高程→固定外侧模板→底、腹板钢筋及预应力筋安装→内模安装调整→顶板钢筋及预应力筋安装调整→浇筑箱梁混凝土→张拉预应力筋及压浆→模板脱离、悬挂→前移挂篮至下一施工节段。

本桥在进行箱梁挂篮悬臂浇注混凝土施工时主要做好两个对称:一是悬臂两端挂篮荷载相对于墩顶的对称,要求混凝土由墩顶位置对称向两端挂篮均衡泵送混凝土。二是箱梁节段相对于桥轴线的横向对称。混凝土由软泵管向箱梁两侧腹板摆动下料,使挂篮横向受力基本均衡,防止箱梁节段发生扭曲变形。同时,控制混凝土浇筑由箱梁前端向后根部按坡度推进,以使挂篮的较大变形及早发生,箱梁交接面新老混凝土接合更加可靠。

箱梁预应力施工中,采取了纵向波纹管内加PVC衬管防止漏浆堵管和竖向预应力二次张拉锚固两项技术措施:在浇筑的箱梁段纵向波纹管中加入临时内衬管,防止了波纹管可能漏浆堵塞管道,避免"开膛"处理影响施工进度和工程质量。大桥所施工的近30000m纵向波纹管管道无一处发生堵塞,证明此法是非常有效的;为了解决螺纹齿距间隙过大及螺帽与锚垫板表面接触不良,引起较大预应力损失问题,对竖向精轧螺纹钢筋采取两次张拉锚固。具体做法是:张拉精轧螺纹至控制应力,备紧螺帽后,放松千斤顶。再张拉至设计锚固应力,持荷后备紧螺帽,放松千斤顶,完成整个张拉。济南黄河二桥在通车一年半后,对箱梁所有关键腹板部位进行检查,未发现有裂纹出现。

4. C55 泵送防冻混凝土

箱梁防冻混凝土试验按三步进行:首先按照防冻剂检验标准进行冷冻试验,筛选出合格的防冻剂;第二步进行配合比试验,选出减水率高、坍落度损失小、泵送性能好的防冻剂,并确定优化配合比;最后进行冷冻检验,验证混凝土的防冻效果。

C55 防冻混凝土试验配合比为:水泥:砂:碎石 = 1:1.325:1.831。525 号水泥用量为 545kg,水灰比为 0.31,外加剂掺量 3.5%。

混凝土的冷冻试验按 3 种方式进行:恒温冷冻、模拟自然环境冷冻和自然环境冷冻。恒温冷冻是将试件在 -10℃ 的冰柜内恒温冷冻 7d,再标准养护;模拟自然环境冷冻以 24h 为周期,温度从 5~10℃ 循环降温、升温,14d 后进行标准养护;自然环境冷冻在冬季选择较大一次寒流天气,最低气温在 -10℃ 以下进行,试件在露天遮阴处放置。防冻混凝土浇筑选在白天气温回升时开始进行,并对完成箱梁外露表面遮严防风,改善养护条件。通过在 -8℃ 时箱梁混凝土施工实践证明,C55 泵送防冻混凝土的试验和实际应用是非常成功的。

临时固定后对伸缩装置的高程应复测一遍,确认在临时固定过程中未出现任何变形、偏差后,将伸缩装置上两侧的锚固筋与预埋钢筋最好一次全部焊牢,如有困难,可先将一侧焊牢,待达到已确定的安装气温时再将另一侧的锚固筋全部焊牢。随后再将水平钢筋和锚固钢筋焊牢。伸缩装置焊牢后应尽快将出厂时用于预先设定的门架或临时卡具去掉,使其自由伸缩,此时伸缩装置已产生效用。

安装模板及浇筑混凝土。上述工序完成后,安装模板,模板应牢固、严密,在混凝土振捣时不出现移动,并能防止浆液流入梁端的缝隙,以免影响伸缩功能。

按设计图纸的要求,在预留槽内浇筑高强度等级低收缩量混凝土,浇注时应加强对伸缩缝边梁下锚固筋周围混凝土的振捣,确保密实,并防止混凝土溅在密封橡胶缝中及表面上。然后对混凝土进行覆盖保湿养生。

连接伸缩缝的桥面上面层,必须与伸缩装置的顶面平齐。任何情况下桥面层都不得低于边梁(其高度差不得大于1mm),过高、过低都会对伸缩装置的使用造成不良的影响。待伸缩装置两侧预留槽混凝土强度满足设计要求后,方可开放交通。未达到要求强度时,伸缩缝不得承受交通负荷,若必须通过车辆可做临时塔板。

(四)科技创新

管理创新:在建设济南黄河二桥时,首次在全国采用了以设计为龙头,设计、施工为一体的总承包方式,使工程施工图设计和实际施工达到了最佳结合。在我国交通行业重点大型工程中是首次实行设计、施工总承包责任管理模式并获得成功的典型,获得工程总承包银钥匙奖。

技术创新:该桥共取得各类科研成果20多项,主桥自然合龙精度、桥面摊铺平整度都大大超过了全国纪录。

全面采用计算机与辅助设计技术。结构设计过程中,通过变动多种设计参数,优选出最佳的结构内力和几何尺寸;在施工过程中,提供最优的施工控制参数,以确保桥梁的纵向线形,结构安全和施工质量。

结构各截面的控制应力,充分考虑了施工中的不确定因素,使各工况的应力得到有效控制。

设计中充分考虑了大跨径预应力混凝土箱形结构的温度效应。

针对主梁竖向预应力(特别是长度较短的竖向预应力束)效果难以控制的特点,除加大对竖向预应力施工管理力度,在结构上采取相应措施,降低主梁的主拉应力。

在主梁合龙程序及工艺上反复验算、比较,确保合龙时施工简便,结构受力明确,避免合龙引起的结构次内力。

运用计算机数据处理手段,进行计量支付与统计工作,施工网络计划编制与调整,资料文件的计算机辅助管理,减少报表人工的编制,提高计算、统计工作质量和速度,并随工程进度变更和调整,也便于查询和文件存档。

主梁采用新的部署方式和大吨位预应力群锚体系及高强度低松弛钢绞线,使锚固简便并减轻结构自重,节约钢材和混凝土。

为解决承台大体积混凝土水化热问题,采用在混凝土内部预埋冷却水管,管内注入河水,加速混凝土内部温度的散发,使水化热被冷水吸收后排出,避免在大体积承台内产生过大有害的温度裂缝。

在承台迎冰面的前缘设置多根辅助防冰撞棱体(高度与承台同),在低于承台高程的流冰水位时,该防冰撞棱体首先将冰块肢解和缓冲,当高于承台水位时与破冰体共同组成防冰构造体系。

在黄河大堤的高填土处,采用水泥粉喷桩新技术,在地基深处利用固化剂和软土之间所发生的一系列物理、化学反应,对地基进行稳定处理。

(五)运营养护管理

1.养护管理设施

本项目与齐河至济南段共用1个养护工区。

2009年,针对检测发现的主桥上部箱梁结构、部分桥墩以及引桥T梁、下部结构及支座等附属设施结构的主要病害,进行了加固维修;2010年进行了桥面专项维修,采用了密水型高模量沥青混凝土结构,提高了桥面质量和行车安全性、舒适性。

2. 监控设施

本项目与齐河至济南段共用济南监控中心,负责整个大桥的运营监管。

四、G3(北京—台北)济南至泰安段

(一)项目概况

1. 基本情况

1)技术标准

济泰高速公路地处鲁中山区,地形复杂,地势多变,沿线地表土层多为陆相黏土质、粉砂沉淀物,中下部以砂质黏土和黏土为主,底部砾石层以石灰岩为主,并混杂有大量粗砂和黏土。

全线采用设计速度120km/h,桥涵设计汽车荷载等级公路—Ⅰ级标准。从起点至泰山枢纽,采用双向六车道高速公路标准,路基宽度35.5m;泰山枢纽至泰安至化马湾高速公路起点,采用双向四车道高速公路标准。

2)建设规模

本项目全长53.146km,特大桥1055.16m/1座,大桥1388.71m/7座,中桥899.08m/11座;互通式立交4处(其中服务型互通3处,枢纽型互通1处),分离式立交4座,天桥9座;匝道收费站3处;服务区2处;管理中心2处。

3)主要控制点

崮山互通(G104)、万德互通(G104)、泰安西互通(S329)、泰山枢纽(G22)。

4)投资规模与资金筹措

项目概算投资16.4624亿元,竣工决算投资16.35亿元。

项目累计到位建设资金15.03亿元;其中交通部补助3亿元,省交通厅拨款1.53亿元,省交通厅委托借款4.9亿元,银行借款4.85亿元,国债资金0.75亿元。

5)开工及通车时间

1998年1月开工建设,1999年10月建成通车,2001年10月完成竣工验收。

2. 前期决策情况

交通部下发《关于济南至泰安公路项目建议书的批复》(交计发〔1996〕138号)。

交通部下发《关于济南至泰安公路可行性研究报告的批复》(交计发〔1996〕938号)。

第二篇/第一章

国家高速公路

G3(北京—台北)济南至泰安段路线总体平面图

考虑到泰安市的长远发展规划及省交通厅即将立项建设泰肥路,交通部公路管理司于1997年12月对省交通厅《对于济泰高速公路泰安段、金牛山互通立交建设规模及相关问题的请示》(鲁交计〔1997〕158号)进行了批复,同意济泰路泰安段的局部改线及将金牛山互通由丁字交叉改为十字交叉。

3. 参建单位主要情况

1) 建设单位

山东省京福高速公路建设管理办公室

2) 设计单位

山东省交通规划设计院。

3) 施工单位

通过招投标本项目有27个施工单位参与建设,其中路桥工程5个,沿线设施工程4个,护栏工程5个,隔离栅工程5个,标志工程4个,标线工程4个。

4) 监理单位

在监理单位的选择上首次引进了招标机制,当时在全省高速公路建设历史上是第一次。

本项目设置1个监理处,负责全线施工监理工作;5个合同段分别设置1个监理组。5个监理组分别负责各自监理区段内路基、路面、桥涵、交通工程的施工监理工作。

(二)建设情况

1. 项目准备阶段

1) 有关批复

1997年3月,交通部发布《关于济南至泰安高速公路初步设计的批复》(交公路发〔1997〕113号)。

交通部公路管理司下发《关于济泰高速公路初步设计变更的批复》(公设字〔1997〕295号)。

国家环保总局发布《关于北京—上海高速公路济南至泰安段工程建设环境影响报告书的批复》(环发〔1998〕38号)。

济南至泰安高速公路工程开工报告(1997年12月批复)。

省交通厅下发《关于加快济泰高速公路建设的实施意见》(〔1998〕纪要第27号)的专题会议纪要。

省交通厅发布《关于同意济泰高速公路设计变更的通知》(鲁交计发〔1998〕170号)。

交通部公路管理司于1997年12月对省交通厅《对于济泰高速公路泰安段、金牛山互通立交建设规模及相关问题的请示》(鲁交计〔1997〕158号)进行了批复。

2)合同段划分

工程设计:路桥工程划分5个标段,沿线设施工程划分4个标段,护栏工程划分5个标段,隔离栅工程划分5个,标志工程划分4个,标线工程划分4个。

施工标段:路桥工程划分5个标段,沿线设施工程划分4个标段,护栏工程划分5个标段,隔离栅工程划分5个,标志工程划分4个,标线工程划分4个。

监理标段:根据合同段设1个总监处,下设一个中心试验室和5个监理组。

3)招投标

本工程项目采取邀请招标的方式。

1997年10月,确定铁道部第十二工程局等3家单位中标主体工程施工;1998年3月,确定铁道部第十四工程局和省公路工程总公司泰安分公司中标主体工程施工。

1999年7月,确定徐州安达交通设施有限公司、山东天长高速公路交通器材厂、杭州宏远交通设施有限公司等18家单位中标护栏、隔离栅、标志、标线工程施工。

1999年9月,确定中铁十四局第一建筑安装公司等4家单位中标泰安管理处、泰安服务区、济泰路收费站施工。

2.项目实施阶段

济南段工程于1998年1月开工,泰安段于1998年5月开工,全线1999年10月建成通车。

1999年10月,由省交通厅主持,成立由项目建设单位省京福高速公路建设管理办公室,交通厅质量监督站、设计、监理、施工、运营接管等单位组成的交工验收组对济南至泰安高速公路进行了交工验收。

1999年10月,省交通厅质监站对项目进行了交工质量鉴定,评分为98.02分,等级为优良。

2002年4月,对该项目进行竣工验收,工程质量评分为98.02分,等级为优良。

(三)科技创新

山东省第一次在高速公路中,针对自重湿陷性黄土地基采用了土桩挤密措施。

中央分隔带用防渗土工布底层隔水,并在底部设纵向软式透水管将水引出,使中央分隔带既可绿化,又能妥善解决排水,使路面及路基都加了一道屏障。

根据深路堑不同地质情况采用了预应力锚索、挂网喷浆、护面墙等多种防护和支挡措施,以及护面墙顶采用平台创造了挖方地段的绿化条件。

在沥青路面上面层施工中,运用Superpave理论对沥青混合料进行配合比设计,配备大吨位双轮双振压路机压实,现场则采用孔隙率和压实度双控指标进行,提高了路面高低温的稳定性及抗水损害的能力,各项指标达到并优于规范要求。此项科研技术获得山东省科学技术一等奖。

2016年,在 K421+000~K423+000 段进行路面厂拌热再生工艺的试点,使再生沥青混合料由 30% 提高到 35%,提高了路面旧材料利用率。

(四)运营养护管理

1. 服务设施

全线设置崮山、泰安2处服务区。

2. 收费设施

本项目在崮山、万德、泰安西、泰肥设置匝道收费站4处,采用人工加计算机收费方式。收费车道数量截至2016年底共计41条,其中ETC车道10条。

3. 养护管理设施

设置济南、泰安2处养护工区。

2002年高速公路绿色大通道建设;2004年崮山服务区停车场硬化,路面维修,路面热再生;2007年K136大上坡路面改造,桥梁维修;2010年标志牌改造,迎检前养护维修;2011年万德收费站改扩建,崮山服务区西区维修车间前广场水泥混凝土路面维修;2013年崮山互通立交改造、立交岗亭安装,护栏改造。

4. 监控设施

本项目设置济南监控中心、泰安监控中心。其中泰安监控中心与泰安管理处合建,负责济南区域和泰安区域的运营监管。

五、G3(北京—台北)泰安至曲阜段

(一)项目概况

1. 基本情况

1)技术标准

路线所经区域地处鲁中南山区,区域断裂构造发育。采用双向四车道高速公路标准,设计速度120km/h,路基宽度28.0m。桥涵设计汽车荷载等级公路—Ⅰ级。

2)建设规模

本项目全长49.863km,其中特大桥4965.90m/4座,大桥2017.18m/9座,中桥406.2m/5座;互通式立交3处,分离式立交5座,匝道收费站3处;服务区1处;管理中心1处。

第二篇/第一章
国家高速公路

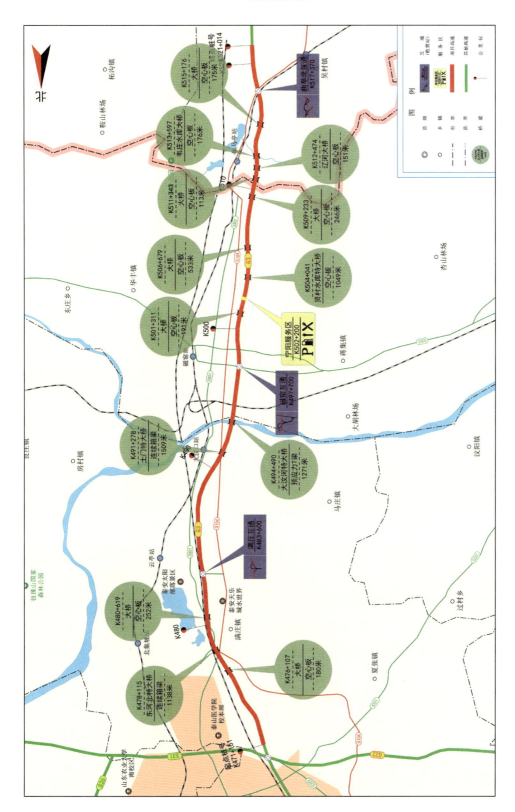

G3（北京—台北）泰安至曲阜段路线总体平面图

3) 主要控制点

泰山枢纽(G22)、满庄互通(G104)、磁窑互通(S333)、曲阜北互通(G104)。

4) 投资规模与资金筹措

项目概算投资15.351亿元,竣工决算投资13.869亿元。其中交通部拨款1.92亿元,省交通厅拨款1.585亿元,银行借款9.362亿元。

5) 开工及通车时间

1999年10月开工建设,2001年6月建成通车,2002年6月完成竣工验收。

2. 前期决策情况

1998年12月,完成《北京至福州公路泰安至曲阜段工程可行性研究报告》。

1999年2月,交通部印发《关于京福国道主干线泰安至曲阜公路可行性研究报告的批复》(交规划发〔1999〕86号)。

3. 参建单位主要情况

1) 建设单位

本项目建设单位是山东省京福高速公路工程建设管理办公室(现已并入山东高速集团有限公司),项目执行机构是泰安市京福高速公路工程建设办公室。

2) 设计单位

主体工程:山东省交通规划设计院。

房建工程:泰安城乡规划设计院、济宁市建筑设计研究院。

交通工程:山东省交通规划设计院、中国公路工程监理咨询总公司。

绿化工程:山东东岳公路工程有限公司。

3) 施工单位

通过招投标本项目有22个施工单位参与建设,其中主体工程4个,房建工程3个,交通安全设施12个,绿化工程3个。

4) 监理单位

本项目监理组织机构实行二级管理模式:一级为监理处,负责全线监理工作;二级为各合同段监理组,负责合同段的路基、桥涵、路面、交通工程等现场施工的日常监理工作,共设综合、技术、试验3个处室,4个监理组。

(二) 建设情况

1. 项目准备阶段

1) 有关批复

1999年3月,完成本项目初步设计工作。

1999年6月,交通部印发《关于京福国道主干线泰安至曲阜公路初步设计的批复》(交公路发〔1999〕282号)。

2)合同段划分

设计标段:主体工程划分1个标段,房建工程2个标段,绿化工程1个标段。

施工标段:主体工程4个标段,房建工程3个标段,绿化工程3个标段,交通安全设施工程12个标段。

监理标段:设1个驻地监理处,4个主体工程监理标段,1个房建工程监理标段。

3)招投标

1999年9月,确定山东泰山路桥工程公司等4家单位中标主体工程施工。

1999年8月,确定山东省交通工程监理咨询公司中标监理。

2.项目实施阶段

主体工程于1999年10月开工,2001年6月完工。

交通安全设施工程于2001年4月开工,2001年6月完工。

2001年6月,由省交通厅主持,成立由项目建设单位省京福高速公路建设管理办公室、交通厅基本建设工程监督站、设计、监理、施工、运营接管、造价管理等单位组成的交工验收委员会,对京福高速公路泰曲段工程进行了交工验收。

根据交通部《公路工程质量鉴定办法》的有关规定,对项目进行交工质量鉴定,评分为97.82分,等级为优良。

2002年10月23~24日,国家环保总局监督管理司会同交通部环保办组织省环保局、省交通厅、泰安市环保局、济宁市环保局对京福高速公路国道主干线泰曲高速公路工程进行检查验收,验收组经现场检查,认真审阅相关资料,充分讨论后认为,工程基本符合环保验收条件,同意通过竣工验收。

(三)技术复杂工程

复杂技术工程主要为大汶河特大桥。

1.工程概况

大汶河特大桥位于泰山南麓,是跨越大汶河的一座特大桥,桥梁布孔为42×30m,桥梁总长1270.56m。

上部结构形式为42×30m的装配式预应力钢筋混凝土简支T形梁。

下部结构形式为钢筋混凝土实心双柱式墩,埋置式桥台(0号台),浆砌片石U形桥台(42号台);钢筋混凝土钻孔灌注桩基础。

2.技术难点

大汶河特大桥地下水异常丰富,80%有流沙,而且溶洞密布,覆盖率近20%,此外,还有极易卡钻头的强风化岩和暗流等,桩基础施工采用正循环旋转钻机成孔,导管法灌注混凝土。

(四)科技创新

1.建设时期

针对沥青路面抗滑表层水损坏现象,在京福高速公路及其他路段,借助美国Superpave设计理论对沥青路面上面层沥青混合料配合比进行优化设计的基础上,利用SBS改性沥青,对沥青路面上面层沥青混合料的配合比进一步进行优化,使沥青路面上面层的使用性能得到进一步提高。

2.运营时期

2012年7月,在本项目泰安辖段K461+900~K463+000东幅进行了冷再生技术的试验。该段路面结构有罩面路段及未罩面路段两种,未罩面段原路面结构为:4cm AC-16+5cm AC-20+6cm AC-30+28cm水稳基层+34cm石灰土(K461+900~K462+585),罩面段原路面结构为:4cm AC-13改性+4cm AC-16+5cm AC-20+6cm AC-30+28cm水稳基层+34cm石灰土(K462+585~K463+000)。

试验段证明,使用冷再生施工工艺处理路面病害不仅使原铣刨混凝土废料重新再利用,节约原材料使用,取得较高的环保效益,而且取得的经济效益也很可观。京台高速公路泰安段每年处理的路面病害在30km以上,每年至少可节省养护费用2000多万元。

跟踪验证,经冷再生技术维修的路面,至2014年,冷再生路段除有轻微车辙、裂缝外,并无其他病害产生。其路面主要性能指标经连续3年跟踪验证,均能达到优良标准,说明应用冷再生技术后,基层不仅有较好的强度,且因为沥青材料的存在,使其具有防止反射裂缝发展的功能,改善了水泥稳定基层易发生干缩、温缩裂缝的缺点,具有很好的路用效果。

(五)运营养护管理

1.服务设施

全线设置宁阳服务区1处。

2.收费设施

本项目在满庄、磁窑、曲阜北设置匝道收费站3处,采用人工加计算机收费方式。收费车道数量截至2016年底共计14条,其中ETC车道6条。

3.养护管理设施

本项目与济南至泰安段共用泰安养护工区。

2005年对磁窑互通Ⅰ、Ⅱ桥进行加固维修并对部分路面进行了病害挖补后罩面处理;2008年对部分桥梁病害进行治理并对磁窑互通进行了微表处处理;2009年对大桥桥梁重做桥面防水;2014年对路面病害、桥面病害进行综合整治及沿线设施进行改善;2015年对部分路段病害进行铣刨重铺处理,部分路段进行微表处处理。

4. 监控设施

本项目设置泰安监控中心,与泰安管理处合建,负责泰安区域的运营监管。

六、G3(北京—台北)曲阜至界河段

(一)项目概况

1. 基本情况

1)技术标准

项目地处平原微丘区,多为亚砂土、亚黏土、风化砂性土。采用双向四车道高速公路标准,设计速度120km/h,路基宽度28.0m。桥涵设计汽车荷载等级公路—Ⅰ级。

2)建设规模

本项目建设里程长54.10km,大桥2407.04m/6座,中桥598.54m/9座;互通式立交3处,分离式立交9座,天桥6座;匝道收费站3处;服务区1处,停车区1处;管理中心1处。

3)主要控制点

曲阜互通(G327)、邹城互通(S342)、峄山互通。

4)投资规模与资金筹措

项目概算投资14.6461亿元,资金来源为省交通厅拨款、交通部补助资金、基建投资借款。竣工决算投资12.3497亿元,实际到位资金11.52亿元,其中基建拨款4.41亿元(省厅拨款0.52亿元,交通部补助资金3.89亿元),银行借款7.11亿元。未到位资金0.831亿元。

5)开工及通车时间

1998年10月开工建设,2000年11月建成通车,2002年11月完成竣工验收。

2. 前期决策情况

1993年7月,省交通厅委托省交通规划设计院编制预可行性研究报告。

1993年10月,省计委委托省工程咨询院对预可行性研究报告进行评估。

省交通厅以《北京至福州公路曲阜至界河段项目建设的请示》(鲁交计〔1997〕67号)报请交通部。

G3（北京—台北）曲阜至界河段路线总体平面图

1997年10月,交通部印发《关于曲阜至界河公路项目建设书的批复》(交计发〔1997〕414号)。

1998年3月,省交通厅会同有关部门,对工程可行性研究报告进行评估,并以《关于报审北京至福州公路曲阜至界河段可行性报告的请示》(鲁交计〔1998〕32号)上报交通部。

交通部印发《关于曲阜至界河公路可行性研究报告的批复》(交计发〔1998〕360号)。

3. 参建单位主要情况

1)建设单位

本项目建设单位是山东省京福高速公路工程建设管理办公室(现已并入山东高速集团有限公司),项目执行机构是山东省济宁市京福高速公路工程建设办公室。

2)设计单位

省交通规划设计院。

济宁市建筑设计研究院。

3)施工单位

通过招投标本项目有26个施工单位参与建设,其中主体工程11个,房建工程2个,交通安全设施工程13个。

4)监理单位

本项目实行两级监理机制,设监理处1个,下设1个中心试验室及4个监理组,负责监理区段内路基桥涵工程、交通安全设施工程、绿化工程的施工监理工作。

(二)建设情况

1. 项目准备阶段

1)有关批复

1998年8月,省交通厅以鲁交计〔1998〕94号文上报交通部,交通部以《关于曲阜至界河公路初步设计的批复》(交公路发〔1998〕593号)批复。

1998年11月,交通部公路管理司批复曲阜至界河高速公路工程开工报告。

国家环保总局印发《关于国道主干线北京至福州公路曲阜至张山子段工程建设环境影响报告书的批复》(环函〔2000〕192号)。

2)合同段划分

设计标段:主体工程1个标段,房建工程1个标段。

施工标段:主体工程14个标段,房建工程3个标段,交通安全设施16个标段。

监理标段:设1个总监办公室,6个主体工程驻地监理标段,1个房建工程监理标段。

3）招投标

1998年10月，确定铁道部第四工程局、铁道部第三工程局等11家单位中标主体工程施工，2000年，确定其中的铁道部第三工程局和省交通工程总公司进行路面施工。

2000年7月，确定山东富博公司、山东省济德开发公司等13家单位中标交通安全设施工程施工。

2.项目实施阶段

主体工程于1998年10月开工，2000年11月完工。

房建工程于2000年2月开工，2001年12月完工。

交通安全设施工程于2000年7月开工，2000年10月完工。

2000年11月，省交通厅组织专家对京福高速公路进行了交工验收。

2000年11月，省交通厅质监站对项目进行交工质量鉴定，评分为97.90分，等级为优良。

(三) 科技创新

1998年，在曲界段修筑时采用粉喷桩处理软湿地基。

2006—2008年，分别在曲阜段进行了沥青路面现场热再生技术应用。

2006年，在曲阜段维修工程中进行了岩沥青改性沥青的应用。

2006年，在曲阜段进行了大粒径透水性沥青混凝土在路面基层中的应用。

2008—2011年和2015年，分别在曲阜段进行了微表处预防性养护施工技术的应用。

2016年，在曲阜段进行了现场施工的低温再生施工工艺、薄层罩面工艺及封层同步摊铺工艺的试验，还进行了高聚合物改性AC-20沥青混合料下面层试验。

(四) 运营养护管理

1.服务设施

全线设置邹城停车区、曲阜服务区2处。2007年，根据交通流量的增长情况，运营管理单位将邹城停车区的功能升级为服务区功能。

2.收费设施

本项目在曲阜、邹城、峄山设置匝道收费站3处，采用人工加计算机收费方式。收费车道数量截至2016年底共计18条，其中ETC车道6条。

3.养护管理设施

本项目设置曲阜养护工区，与曲阜管理处合址办公。

2003年，对曲阜段进行了部分罩面和沥青路面现场热再生技术施工、微表处施工养护；2008年，对险河大桥加固施工和曲阜互通2号桥进行了裂缝封闭处理；2009—2010

年,主要针对路面的铣刨挖补、服务区的维修、路面的微表处、桥梁铺装重建、桥梁裂缝的处理以及更换支座;2011年,对部分路面病害进行铣刨挖补、微表处处治;2012年,对峄山收费站车道进行扩建;2014年,对部分路段护栏进行加高;2016年,对曲阜互通2号桥等桥梁进行了裂缝封闭、局部修补、更换止水橡胶条等专项加固维修工作。

4. 监控设施

本项目设置曲阜监控中心,与曲阜管理处合址办公,负责济宁区域的运营监管。

七、G3(北京—台北)界河至张山子段

(一)项目概况

1. 基本情况

1)技术标准

项目所经地带地形比较复杂,山丘、平原、低洼地此起彼伏,整个地形东北高、西南低。采用双向四车道高速公路标准,设计速度120km/h,路基宽度28.0m。桥涵设计汽车荷载等级公路—Ⅰ级。

2)建设规模

项目全长84.544km,大桥2910.82m/12座;中桥2238.89m/33座;互通式立交4处,分离式立交2座,天桥1座;主线收费站1处,匝道收费站4处;服务区3处,管理中心1处。

3)主要控制点

滕州南互通(S83)、枣庄互通(S352)、峄城互通(S245)、张山子镇(鲁苏界)。

4)投资规模与资金筹措

项目概算投资22.283亿元,竣工决算投资18.511亿元。主线申请交通部补助3.1亿元,省交通建设基金解决19.18亿元。枣木汽车专用线作为本项目连接线,投资估算3044万元,申请交通部补助。

5)开工及通车时间

1998年9月开工,2000年12月建成通车,2002年8月完成竣工验收。

2. 前期决策情况

1996年10月,省交通规划设计院受省交通厅委托,完成了《北京至福州公路枣庄段预可行性研究报告》的编制工作,经省交通厅组织审查后上报交通部。

1996年11月,交通部印发《北京至福州公路枣庄段项目建议书的批复》(交计发〔1996〕940号)。

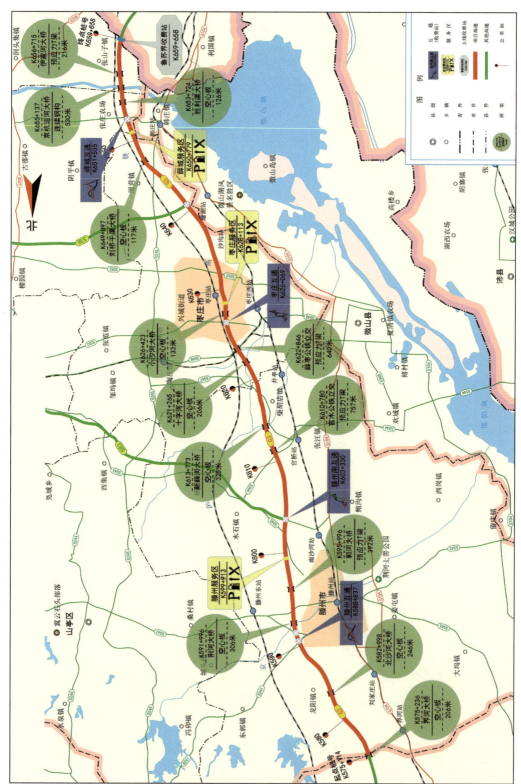

G3(北京—台北)界河至张山子(鲁苏界)段路路线总体平面图

1997年3月,交通部印发《关于界河至张山子公路可行性研究报告的批复》(交计发〔1997〕144号)。

3. 参建单位主要情况

1)建设单位

省京福高速公路建设管理办公室为项目业主,枣庄市京福办作为业主代表对工程进行全面管理。

2)设计单位

山东省交通规划设计院。

3)施工单位

5家主包、7家分包单位承担本项目主体工程的施工任务。

4)监理单位

工程监理实行两级监理机制,设置总监及5个驻地监理处。

(二)建设情况

1. 项目准备阶段

1)有关批复

交通部印发《关于界河至张山子公路初步设计的批复》(交公路发〔1998〕45号)。

国家环保总局印发《关于国道主干线北京至福州公路曲阜至张山子段工程建设环境影响报告书的批复》(环函〔2000〕192号)。

1998年11月,批复《界河至张山子高速公路工程开工报告》。

2)合同段划分

工程设计:主体工程1个标段。

施工标段:主体工程5个标段,交通安全设施工程16个标段。

监理标段:设1个总监办公室,5个主体工程驻地监理标段。

3)招投标

1998年8月,确定山东省交通工程总公司(主包)、北京城建集团有限公司(主包)等12家单位中标主体工程施工,深圳华科交通工程有限公司等12家单位中标交通安全设施工程施工,省交通工程监理咨询公司等12家单位中标监理。

2. 项目实施阶段

主体工程于1998年9月开工,2000年11月完工。

2000年11月3日,由省交通厅主持,成立由项目建设单位省京福高速公路建设管理办公室、交通厅基本建设工程质量监督站、设计、监理、施工、运营接管、造价管理等单位组成的交工验收委员会对京福高速公路界张段进行了交工验收。

2002年8月,由交通部基本质量监督总站联合河北省公路工程质量安全监督站,根据《公路工程质量鉴定办法》对项目进行了竣工质量鉴定,评分为96.58分,等级为优良。

(三)科技创新

研究、修筑煤矸石填筑路基试验路段,掌握了煤矸石路基的施工特点,总结出了施工工艺,首次在省内高速公路路基施工中采用了煤矸石填筑。

对沥青路面上面层的材料、集料级配及施工工艺优化并进一步完善,在满足现有规范的基础上有效地防止了路面抗滑表层水损害。

采用"密排炮眼微震予裂爆破"新技术,在临近高压线及果园、地表岩石强风化并夹有大块孤石的不利情况下,有效地使挖方段边坡成形并防止爆破飞石。

在现浇连续梁的施工中,采用"轻质水泥芯模",有效地防止了芯模的上浮,保证了现浇连续梁的施工质量。

(四)运营养护管理

1. 服务设施

全线设置薛城停车区1处,滕州、枣庄服务区2处,2004年,将薛城停车区升级为服务区。

2. 收费设施

本项目在鲁苏界设置单向主线收费站1处,在滕州互通、滕州南互通、枣庄互通、峄城互通设置匝道收费站4处,采用人工加计算机收费方式。收费车道数量截至2016年底共计39条,其中ETC车道10条。

3. 养护管理设施

本项目设置枣庄1处养护工区。

2004年,对滕州南收费站进行迁站;2009年,进行路面全线微表处工程;2012年,对滕州收费站进行重新选址建设;2013年,对鲁苏界收费站收费雨棚进行改造;2016年,对路面进行现场热再生及部分病害挖补处置。

4. 监控设施

本项目设置枣庄监控中心,与枣庄管理处合址办公,负责京台高速公路枣庄区域的运营监管。

第四节　G3W(德州—上饶)高速公路山东段(德州—菏泽)

G3W(德州—上饶)高速公路是国家高速公路网"71118"中"放射线三"京台高速公路的并行线,起自山东省德州市,途经河南、安徽,终于江西省上饶市。德上高速公路形成了河南、安徽、江西等中部省份向北通往山东和环渤海经济区、向南通往海西经济区和珠三角经济区的重要通道,跨越黄河、长江、淮河、新安江四大流域,覆盖国土面积3.2万km^2。它的建成必将促进区域经济的快速发展,并标志着在G3京台高速公路、G35济广高速公路之间又加密了一条纵贯4省的南北大通道。

G3W(德州—上饶)高速公路是山东省高速公路中长期规划"9517"网中"纵八"和"一环"的重要组成部分,也是国家高速公路G3京台高速公路、G20青银高速公路、G22青兰高速公路、G1511日兰高速公路的重要连接线。山东段起自德州市德城区,途经德州、聊城、菏泽3市,并在聊城、菏泽之间穿越河南省范县,止于菏泽市单县(鲁皖界),全长约420.374km(其中山东省已建成284.537km、河南省建成19.635km)。德上高速公路山东段的建设,向北连接河北省衡水至德州高速公路,联网大广高速公路,对接京津冀经济区;联网济广、日兰、濮范等高速公路,对接河南省;向南连接安徽省高速公路网直达江西上饶,融入内陆经济腹地,是山东省西部贯穿南北的一条大动脉,有利于加强山东省西部地区与京津冀地区和河南、安徽等内陆经济腹地的联系和交流,对促进沿线地区资源开发和经济社会快速发展具有重要意义。

G3W(德州—上饶)高速公路山东段由德州至夏津段、夏津至聊城段、聊城至范县段、鄄城黄河公路大桥段、鄄城至菏泽段、菏泽至巨野(王官屯枢纽)段和巨野(王官屯枢纽)至单县段7个路段组成,河南范县段位于聊城、菏泽之间。

其中,德州至菏泽段(含河南范县段)以德州至商丘高速公路进行立项建设,根据2013年5月国家公路网规划,调整为G3W(德州—上饶)高速公路;菏泽至巨野(王官屯枢纽)段与G35济广高速公路、G1511日兰高速公路共线,该段具体内容包含在"第十二节 G1511(日照—兰考)高速公路山东段(日照—菏泽)曲阜至菏泽段"中;巨野(王官屯枢纽)至单县段在建设中,河南范县段由河南省组织实施。

G3W(德州—上饶)高速公路山东段项目信息见表2-1-4。

G3W（德州—上饶）高速公路山东段位置示意图

G3W(德州—上饶)高速公路山东段项目信息采集表

表 2-1-4

序号	国高/地高	工程分段	路段起止桩号 起点桩号	路段起止桩号 止点桩号	规模(km) 小计	规模(km) 八车道及以上	规模(km) 六车道	规模(km) 四车道	建设性质(新建/改扩建)	设计速度(km/h) 120	设计速度(km/h) 100	设计速度(km/h) …	路基宽度(m) 28	路基宽度(m) 26	路基宽度(m) …	永久占地(亩)	投资情况(亿元) 估算	投资情况(亿元) 概算	投资情况(亿元) 决算	资金来源	建设时间(开工~通车)	4A级以上主要景区名称	备注
1		德州至夏津段	K19+620	K80+958	61.338			√	新建		√			√		6112.48	32.1	35.19		中央专项基金、项目业主自筹资本金、银行贷款	2013.11~2016.12		建设里程64.426km(含支线23.384km),其中鲁冀省界约3.1km划入S87
2		夏津至聊城段	K80+958	K143+086	62.128			√	新建	√				√		5510	33.79	33.81		项目业主自筹25%资本金、银行贷款	2013.11~2016.7		
3	国高	聊城至范县段	K143+086	K212+028	68.942			√	新建	√				√		6334.24		37.43		交通运输部补助、省交通运输厅自筹25%资本金、银行贷款	2012.10~2015.10		河南省组织实施,路线长19.635km
4		河南范县至郓城黄河公路大桥段	K212+028	K231+663	5.587			√	新建	√				√		2119.64	11.16	12.167		项目业主自筹35%资本金、银行贷款	2011.12~2015.11		
5		郓城至菏泽段	K231+663	K237+250	44.646			√	新建	√				√		387.00	6.73	9.08	12.1	项目业主自筹	2007.7~2015.12		
6		菏泽至巨野(王官屯枢纽)段	K237+250	K281+896	41.896			√	新建	√				√		4630.45		25.87		项目业主自筹65%、银行贷款	2007.10~2015.12		与G1511、G35共线,见G1511
7		巨野(王官屯枢纽)至单县段	K281+896	K323+792				√	新建	√				√						省交通厅自筹、银行贷款	1999.11~2002.5		在建
合计			K323+792		284.537																		

一、G3W（德州—上饶）德州至夏津段

（一）项目概况

1. 基本情况

德上公路德州至夏津段是国家高速公路网 G3W 德州至上饶高速公路的起始路段。交通部在初步设计阶段批复的项目名称是"德州（鲁冀界）至夏津公路"，包括主线和德州支线两段，该段的修建，使山东省高速公路通车里程达到 5700km，也实现了德州市"县县通高速"的目标。

1）技术标准

项目位于鲁西北黄泛冲积平原地区，地质为第四系冲积物，以低液限粉土、低液限黏土及粉土质砂为主。

全线采用双向四车道高速公路标准，设计速度 120km/h，主线路基宽度 28.0m，支线为 26.0m，桥涵设计汽车荷载等级公路—Ⅰ级。

2）建设规模

建设里程长 64.426km（其中主线 41.039km，支线 23.387km，根据规划调整，原主线鲁冀省界至漳南枢纽约 3.1km 划入 S87，支线 23.387km 调整入主线中），特大桥 1557m/1 座，大桥 1542m/6 座，中桥 1288.13m/21 座；互通式立交 5 处（其中服务型 3 处，枢纽型 2 处），分离式立交 7 座，天桥 4 座；主线收费站（鲁冀界）1 处，匝道收费站 3 处；服务区 1 处；停车区 1 处；管理中心 1 处。

3）主要控制点

主线：四女寺互通、漳南枢纽（S87）、武城西互通（G340）、夏津西枢纽（G20）。

支线：辛厂（鲁冀界）、漳南枢纽（S87）。

4）投资规模与资金筹措

项目概算总投资 35.19 亿元，中央专项基金 1.3 亿元，项目资本金 6.73 亿元由山东金鲁班集团有限公司负责筹措，其余资金申请银行贷款。

5）开工及通车时间

2013 年 11 月开工建设，2016 年 8 月鲁冀界至夏津枢纽段建成通车，2016 年 12 月武城东收费站至漳南枢纽段建成通车。

2. 决策过程

2009 年 7 月，国家发改委印发《关于山东省德州（鲁冀界）至夏津公路项目建议书的批复》（发改基础〔2009〕804 号）。

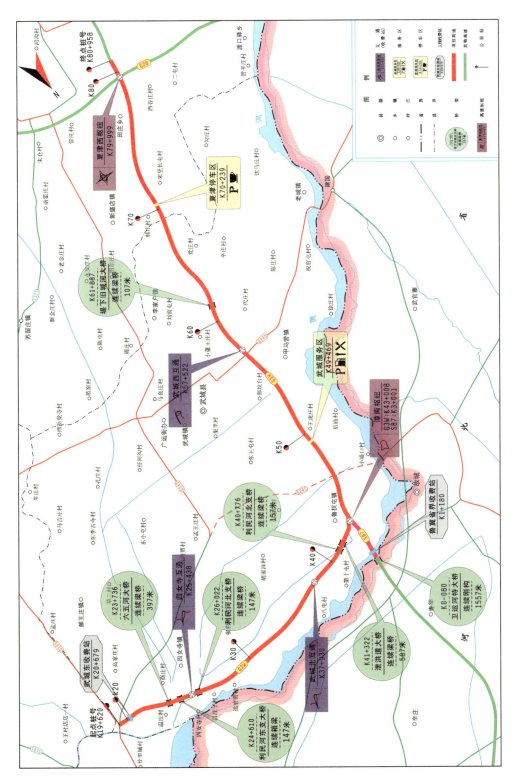

G3W(德州—上饶)德州至夏津段路线总体平面图

2009年12月,环保部下发《关于德商公路德州(鲁冀界)至夏津段建设工程环境影响报告书的批复》(环审〔2009〕581号)。

2010年3月,国土资源部下发《关于山东省德州(鲁冀界)至夏津公路项目建设用地预审意见的复函》(国土资预审字〔2010〕58号)。

2011年7月,国家发改委下发《关于山东省德州(冀鲁界)至夏津公路可行性研究报告的批复》(发改基础〔2011〕1588号)。

在前期工作进行中,建设主体由山东省交通运输厅公路局变为德州市公路管理局。

3. 参建单位主要情况

建设单位:德州市公路管理局。

设计单位:山东省交通规划设计院。

咨询单位:中国公路工程咨询集团有限公司。

施工单位:本项目有22个施工单位参与建设,其中主体工程6个,房建工程4个,机电工程2个,交通安全设施工程7个,绿化工程3个。

监理单位:本项目设置1个总监理办公室;3个土建驻地监理办公室;2个房建工程监理办公室;1个机电工程监理办公室。

(二)建设情况

1. 项目准备阶段

1)有关批复

2012年1月,交通运输部以《关于德州(冀鲁界)至夏津公路初步设计的批复》(交公路发〔2012〕28号)批复初步设计。

2013年9月,省交通运输厅以《关于德州(冀鲁界)至夏津公路主线施工图设计的批复》(鲁交建管〔2013〕86号)批复主线施工图。

2014年9月,国土资源部印发《国土资源部关于德商公路德州(鲁冀界)至夏津段工程建设用地的批复》(国土资函〔2014〕467号)。

2016年8月,省交通运输厅印发《山东省交通运输厅关于德上公路德州(鲁冀界)至夏津段沿线设施及绿化工程施工图设计文件的批复》(鲁交建管〔2016〕73号)。

2016年9月,省交通运输厅印发《关于德商公路德州(鲁冀界)至夏津段德州支线初步设计的批复》(鲁交建管〔2016〕99号)。

2016年10月,省交通运输厅印发《关于德商公路德州(鲁冀界)至夏津段德州支线施工图设计文件的批复》(鲁交建管〔2016〕118号)。

2)合同段划分

设计标段:1个标段。

施工单位：本项目有21个施工单位参与建设，其中主体工程5个，房建工程4个，机电工程2个，交通安全设施工程7个，绿化工程3个。

监理标段：设1个总监办公室，3个主体工程驻地监理标段，2个房建工程监理标段，1个机电工程监理标段。

3）招投标

2013年7月，有43家主体工程施工单位通过资格预审，参加本项目主体工程6个合同段的投标。最终确定德州市公路工程总公司等5家中标单位。

2014年11月，确定4家单位中标房建工程施工。

2016年3月，确定2家单位中标机电工程施工。

2015年6~12月，确定滕州市金恒大交通设施有限责任公司等7家单位中标交通安全设施工程施工。

2016年2月，确定德州市公路工程总公司中标护栏工程施工。

2016年3月，确定龙口泛亚园林工程公司等3家中标绿化工程施工。

2. 项目实施过程

工程于2013年11月开工，主线2016年8月完工，支线2016年12月完工。

房建工程于2015年1月开工，2016年8月完工。

机电工程于2016年4月开工，2017年3月完工。

交通安全设施工程于2016年1月开工，2016年8月完工。

绿化工程于2016年4月开工，2017年4月完工。

2016年12月，德州市公路管理局组织专家对德商高速公路进行了交工验收。

(三)科技创新

1. 管理创新

拓展检测范围与方式。大力推进第三方检测的力度和广度，树立检测标准权威。

推行"甲控"材料管理。本项目对外加剂、支座等主要材料，实施"甲控"管理，由业主、监理、承包人三方共同考察确定供应品牌、型号和标准，确保工程所用材料符合要求。

深入标准化管理。从驻地、场站建设，到施工现场，全面实施标准化，保证用于工程的材料满足标准化要求。

2. 技术创新

科技创新与工程建设相结合。与同济大学合作开展了"鲁西北多变地质环境下路基变形控制技术及其工程应用"，有效解决鲁西北黄泛冲积平原多变地质条件下路基不均匀变形。

与省交通规划设计院合作研究"高速公路柔性挡墙技术应用",优化了高填土柔性挡墙设计参数等。

与长安大学合作研究"生态环保型自融雪沥青混合料研究"改善沥青路面冬季表面结冰致使抗滑能力下降。

(四)运营养护管理

1.服务设施

全线设置武城服务区1处,夏津停车区1处。

2.收费设施

本项目在鲁冀界设置单向收费站1座,在武城东设置主线收费站1座,在四女寺、武城西和武城北设置匝道收费站3座,采用人工加计算机收费方式。截至2016年底,收费车道数量共计40条,其中ETC车道10条。

3.养护管理设施

本项目设置武城西养护工区1处,与武城西收费站合址办公。

4.监控设施

本项目设置监控通信分中心1处。

二、G3W(德州—上饶)夏津至聊城段

(一)项目概况

1.基本情况

1)技术标准

项目区域为鲁西南—鲁西北平原,由黄河泛滥冲积而成,主要为黏土、粉砂、砂及砾石层。采用双向四车道高速公路标准,设计速度120km/h,路基宽度28.0m,桥涵设计汽车荷载等级公路—I级。

2)建设规模

项目全长62.128km,其中大桥1495.2m/3座,中桥711.26m/11座;互通式立交4处,分离式立交13座,天桥2座;匝道收费站3处;服务区1处,停车区1处;管理中心1处。

3)主要控制点

夏津西互通(G308)、临清枢纽(G2516)、临清互通(S245)、聊城北互通(S246)、京九铁路、济邯铁路。

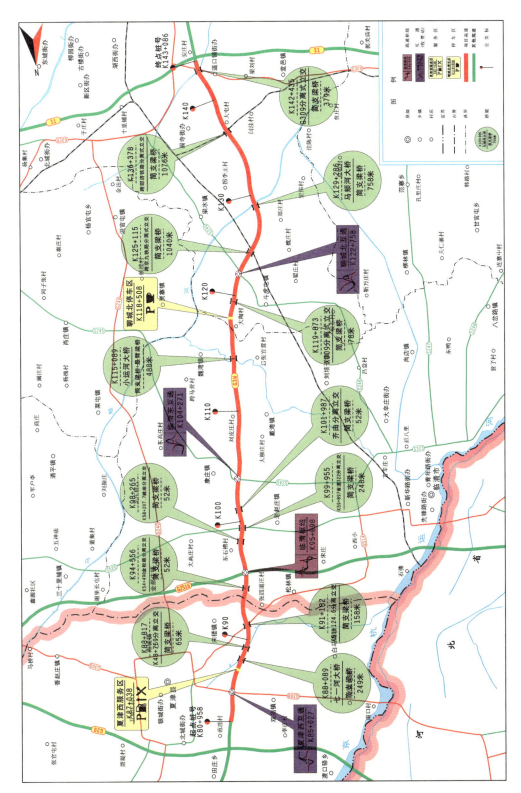

G3W(德州—上饶)夏津至聊城段路线总体平面图

4）投资规模及资金筹措

项目概算总投资 33.81 亿元,由中铁建(山东)德商高速公路有限公司负责筹措。

5）开工及通车时间

2013 年 11 月开工建设,2016 年 7 月建成通车。

2. 前期决策情况

2009 年 7 月,省环保局印发《关于德商公路夏津至聊城段工程环境影响报告书的批复》(鲁环审〔2009〕48 号)。

2009 年 7 月,省水利厅印发《关于德商高速公路夏津至聊城段工程水土保持方案报告书的批复》(鲁水保字〔2009〕21 号)。

2010 年 8 月,省发改委印发《山东省发展和改革委员会关于德商公路夏津至聊城段工程可行性研究报告的批复》(鲁发改能交〔2010〕987 号)。

3. 参建单位主要情况

1）建设单位

中铁建(山东)德商高速公路有限公司。

2）设计单位

中交第一公路勘察设计研究院有限公司。

3）施工单位

有 6 个施工单位参与本工程建设。其中主体单位 4 个,机电工程 1 个,房建工程 2 个。

4）监理单位

山东交通工程监理咨询公司等 4 家单位承担本项目的施工监理工作。

(二)建设情况

1. 项目准备阶段

1）项目审批

2010 年 9 月,省交通运输厅印发《关于德商公路夏津至聊城段初步设计的批复》(鲁交规划〔2010〕179 号)。

2011 年 12 月,国土资源部印发《国土资源部关于德商高速公路夏津至聊城段工程建设用地的批复》(国土资函〔2011〕925 号)。

2012 年 7 月,省交通运输厅印发《关于德商高速公路夏津至聊城段施工图设计文件的批复》(鲁交建管〔2012〕50 号)。

2015 年 12 月,省文物局印发《关于德商高速公路夏津至聊城段建设工程准予施工的通知》(鲁文保办〔2015〕第110号)。

2)合同段划分

设计标段:1个标段。

施工标段:路桥工程3个,路面工程2个,机电交安工程1个,绿化工程1个,房建工程2个,交通安全设施工程1个。

监理标段:设1个总监办公室,5个驻地监理标段。

3)招投标

山东省交通运输厅公路局招标确定设计单位。2009年7月,省交通运输厅公路局与中交第一公路勘察设计研究院(以下简称"中交一院")签订勘察设计合同书。后因投资人变更,2014年10月,德商公司与中交一院签订《德商高速夏津至聊城段工程勘察设计合同补充协议书》。

中国铁建股份有限公司(以下简称"中国铁建")作为特许单位以招标方式选定具有相应资质和能力的投资人,依法自行建设本项目,施工单位通过招标在中国铁建系统内选定。

监理、中心试验室等单位通过公开招标,选定济南北方交通工程咨询监理有限公司等5家监理单位承担本项目的主体工程、交通安全工程和房建工程的施工监理,确定山东铁正工程试验检测中心有限公司承担中心试验室工作。

2.项目实施阶段

2009年7月,省交通厅公路局与中交一院签订勘察设计合同书。

2013年11月,路桥工程开工,2015年12月完工。

2014年10月,因投资人变更,德商公司与中交一院签订补充合同。

2015年3月,路面工程开工,2016年4月底完工。

2015年10月,机电交安工程开工,2016年5月底完工。

2016年6月,完成交工质量检测。

2016年7月,中铁建(山东)德商高速公路有限公司组织进行交工验收。

(三)运营养护管理

1.服务设施

本段设置夏津西服务区和聊城北停车区。

2.收费设施

本项目共设置聊城北、临清东、夏津西收费站3处,采用人工加计算机收费方式。截至2016年底,收费车道数量共计21条,其中ETC车道6条。

3. 养护管理设施

本项目设置聊城北养护工区1处。

4. 监控设施

本项目设置聊城北监控中心1处，与养护工区合址办公。

三、G3W（德州—上饶）聊城至范县段

（一）项目概况

1. 基本情况

1）技术标准

项目区域为鲁西南—鲁西北平原区，地貌单元属黄河冲积平原，地势平坦，土层深厚，坡度平缓，海拔高度在30.6～49.0m。采用双向四车道高速公路标准，设计速度120km/h，路基宽度28.0m，桥梁设计汽车荷载等级公路—Ⅰ级。

2）建设规模

项目全长68.942km，其中大桥2833.26m/7座，中桥1161.52m/17座；互通式立交6处（枢纽型1处，服务型5处），分离式立交14座，天桥6座；收费站5处；服务区1处，停车区1处。

3）主要控制点

聊城西枢纽（S1）、聊城南互通（G240）、莘县互通（S249）、莘县南互通（G341）、古城互通。

4）投资规模与资金筹措

项目概算总投资37.43亿元，由省交通运输厅出资建设。

5）开工及通车时间

2012年10月开工建设，2015年10月建成通车。

2. 前期决策情况

2009年4月，国家发改委印发《关于山东省聊城至范县（鲁豫界）公路项目建议书的批复》（发改基础〔2009〕805号）。

2010年7月，国家发改委印发《关于山东省聊城至范县（鲁豫界）公路可行性研究报告的批复》（发改基础〔2010〕1640号）。

交通运输部印发《关于德商高速公路聊城至范县（鲁豫界）段环境影响报告书预审意见的函》（交环函〔2009〕69号）。

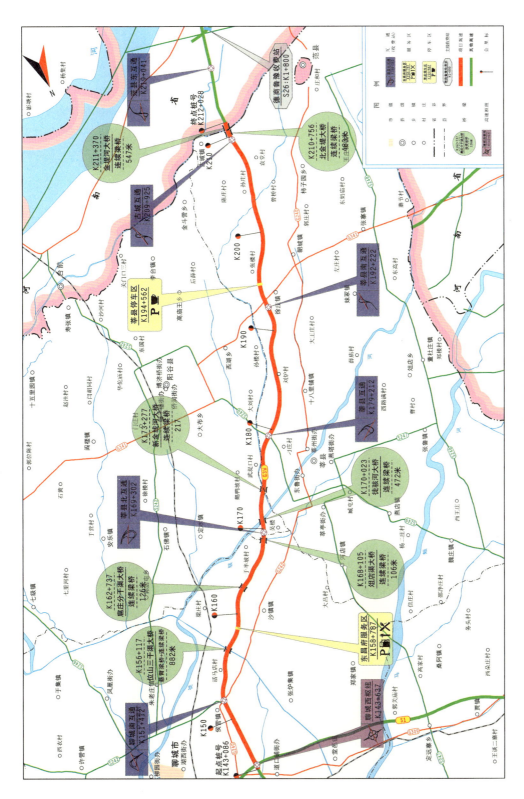

G3W(德州—上饶)聊城至范县段路线总体平面图

国家环保部印发《关于德商公路聊城至范县(鲁豫界)段工程环境影响报告书的批复》(环审〔2009〕580号)。

国土资源部印发《关于德商高速公路聊城至范县(鲁豫界)段工程建设用地预审意见的复函》(国土资预审字〔2010〕59号)。

交通运输部印发《关于聊城至范县(鲁豫界)公路可行性研究报告的审查意见》(交函规划〔2010〕33号)。

3. 参建单位主要情况

1)建设单位

项目法人为省交通运输厅公路局。

2)设计单位

中交公路规划设计院有限公司。

3)施工单位

本项目有25家施工单位。5家单位承担主体工程施工,2家单位承担房建工程施工,2家单位承担机电工程施工,12家单位承担交通安全设施工程施工,4家单位承担绿化工程施工。

4)监理单位

本项目总监办公室工作由山东恒建工程监理咨询有限公司承担,山东省德州市交通工程监理公司等3家监理单位承担驻地监理工作。

(二)建设情况

1. 项目准备阶段

1)项目审批

2011年1月,交通运输部印发《关于聊城至范县(鲁豫界)公路初步设计的批复》(交公路发〔2011〕30号)。

2011年,国土资源部下发《关于德商高速公路(鲁豫界)聊城至范县段控制性工程先行用地的复函》(国土资厅函〔2011〕655号)。

2012年,国土资源部下发《关于德商高速公路聊城至范县(鲁豫界)段工程建设用地的批复》(国土资函〔2012〕390号)。

2012年7月,省交通运输厅印发《关于德商高速公路聊城至范县(鲁豫界)段施工图设计文件的批复》(鲁交建管〔2012〕49号)。

2012年9月,省交通运输厅批准《德商高速公路聊城至范县(鲁豫界)段施工许可申请书》。

2014年,水利部黄委下发《关于德商高速公路聊城至范县(鲁豫界)段工程通过北金堤施工许可证》(鲁黄水政字〔2014〕3号)。

2015年,省交通运输厅印发《关于德商高速公路聊城至范县段(鲁豫界)房建工程施工图设计文件的批复》(鲁交建管〔2015〕58号)。

2)合同段划分

设计标段:1个标段。

施工标段:主体工程(路基路面工程)5个,机电工程2个,房建工程2个,绿化工程4个,交通安全设施12个。

监理标段:1个总监办公室,4个驻地办公室,1个机电工程监理标段。

3)招投标

2012年5月,确定山东省公路建设(集团)有限公司等5家主体工程施工单位及3家监理单位。

2014年3月,确定中咨泰克交通工程集团有限公司和山东博安智能科技股份有限公司中标机电工程施工,山东省交通工程监理咨询公司中标机电工程监理。

2014年12月,确定盛世国际路桥建设有限公司、山东泰山路桥工程公司等12家单位中标交通安全设施工程施工,山东东泰工程咨询有限公司等4家单位中标绿化工程施工。

2015年3月,确定济宁宁建集团有限公司和河北省第二建筑工程有限公司中标房建工程施工,山东省德州市交通工程监理公司和山东格瑞特监理咨询有限公司中标房建工程监理。

2.项目实施阶段

主体工程于2012年10月开工,2015年10月完工。

房建工程于2014年10月开工,2015年9月完工。

机电工程于2015年6月开工,2015年10月完工。

交通安全设施工程于2015年4月开工,2015年10月完工。

绿化工程于2015年4月开工,2015年10月完工。

2015年10月,齐鲁交通发展集团有限公司组织交工验收。

(三)运营养护管理

1.服务设施

聊城至范县段设置东昌府服务区和莘县停车区。

2.收费设施

本段在聊城西、聊城南、莘县北、莘县、莘县南、莘县古城设置收费站6处,其中聊城西收费站设置于 S1 济聊高速公路 K89+816 处。采用人工加计算机收费方式。截至 2016 年底,收费车道数量共计 42 条,其中 ETC 车道 12 条。

3. 养护管理设施

本项目设莘县养护分中心,与莘县收费站合址办公。

4. 监控设施

本项目设德上高速公路监控分中心 1 处,与聊城西收费站合址办公。

5. 运营管理模式的变化

本路段建成通车后由省交通运输厅公路局负责运营管理,根据省政府鲁政办字〔2015〕148 号文,自 2016 年 1 月 1 日起,本项目由齐鲁交通发展集团运营管理。

四、G3W(德州—上饶)鄄城黄河公路大桥段

(一)项目概况

1. 基本情况

鄄城黄河公路大桥位于山东、河南两省交界处,是 G3W(德州—上饶)高速公路跨越黄河的控制性工程。

1)技术标准

大桥位于黄河中下游冲积平原,主要是缓坡平地、缓岗地及河槽洼地地貌特征。因黄河泥沙常年淤积,河床逐年抬高,是典型的地上悬河。

采用双向四车道高速公路标准,设计速度 120km/h,桥梁全宽 28m,桥梁设计汽车荷载等级公路—I 级。

2)建设规模

项目全长 5.586km,其中黄河特大桥长 4819m,大桥 218.2m/1 座,路基引道长 548.8m。

3)主要控制点

河南省范县陈庄乡、黄河北大堤、黄河南大堤、山东鄄城县李进士堂乡。

4)投资规模与资金筹措

项目概算投资 9.08 亿元,山东鄄城黄河公路大桥投资有限公司自筹资金 35%,其余 65% 为银行贷款。项目决算投资 12.1 亿元。

5)开工及通车时间

2007 年 7 月开工,2015 年 12 月建成通车。

第二篇/第一章
国家高速公路

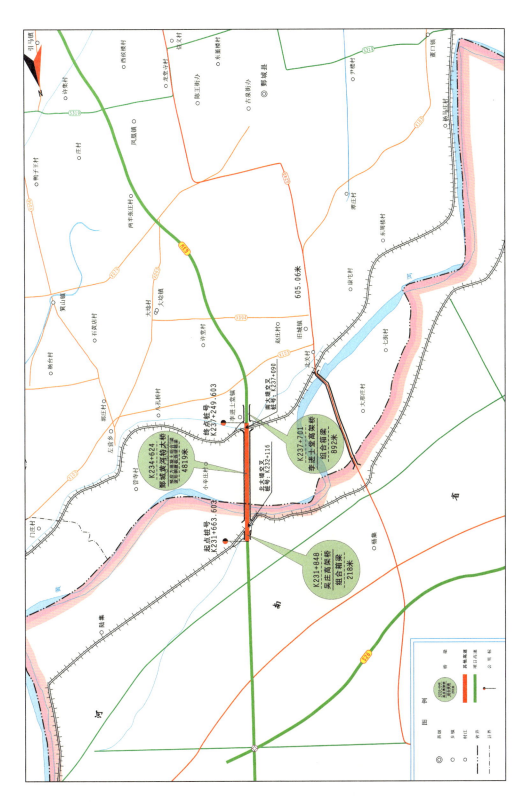

G3W（德州—上饶）鄄城黄河公路大桥路线总体平面图

2. 前期决策情况

1）决策背景

鲁西、豫东车辆通过黄河区域时，只能依靠宽约7m的浮桥，浮桥两端接线长约5km，为条石硬化的四级公路，位于黄河河槽滩地内。每年汛期到来时浮桥停渡泄洪，直接影响过往车辆通行。由于浮桥路段卡脖子严重，导致山东省公路主框架"五纵"之一的临清至梁堤头公路改走平阴黄河公路大桥，致使该路线曲折前行，增长约80km的里程。上述情况严重制约当地黄河两岸地区的经济社会发展，因此黄河公路大桥的建设成为打通这一运输障碍的关键。

2）决策过程

2003年8月，中交第二公路勘察设计研究院完成鄄城黄河公路大桥工程可行性研究报告的编制。

2003年11月，省计委以鲁计基础〔2003〕1168号文对工可报告进行了批复。

3. 参建单位主要情况

1）建设单位

山东鄄城黄河公路大桥投资有限公司为杭州道远（现杭州瑞成辉）化纤有限公司全资子公司。

2）设计单位

初步设计：河南省交通规划勘察设计院。

施工图设计：中国公路工程咨询集团有限公司。

咨询单位：中交公路规划设计院有限公司及日本长大公司。

3）施工单位

山东通达路桥工程有限公司、中交第二公路工程局有限公司、中铁二局股份有限公司、浙江省大成建设集团有限公司。

4）监理单位

湖南省交通建设工程监理有限公司。

（二）建设情况

1. 项目准备阶段

1）项目审批

2005年6月，省发改委批复《关于山东省德州至河南省商丘干线公路鄄城黄河公路大桥初步设计》（鲁计重点〔2005〕406号）。

2007年5月，省发改委下发《关于鄄城黄河公路大桥项目业主确认的函》（鲁发改能交〔2007〕439 号）。

2009 年 6 月，省交通运输厅批复《关于山东省德州至河南省商丘干线公路鄄城黄河公路大桥施工图设计》（鲁交规划〔2009〕75 号）。

2）合同段划分

主体工程划分为 4 个施工标段，路面和交通工程各 1 个标段，1 个监理标段。

工程设置 1 个总监办公室，4 个驻地监理办公室，1 个总监办综合试验室，1 个路面和交通工程监理办公室。

3）招投标

项目共划分为 5 个施工标段和 1 个监理标段，第 1～4 施工标段中标单位依次为山东通达路桥工程有限公司、中交第二公路工程局有限公司、中铁二局股份有限公司、浙江省大成建设集团有限公司；路面施工单位为山东通达路桥工程有限公司；监理单位为湖南省交通建设工程监理有限公司。

2. 项目实施工程

2007 年 7 月开工，2015 年 12 月交工验收。

（三）技术复杂工程

1. 黄河大桥主桥

主桥上部结构为波形钢腹板预应力混凝土箱形连续梁，桥跨布置（70 + 11 × 120 + 70）m，大跨度波形钢腹板预应力混凝土箱形连续梁的施工，在我国是第一次。主桥采用上、下行分离式桥梁。主跨 120m，边跨 70m，单幅上部箱梁为单箱单室，顶宽为 13.5m，箱梁底宽 6.5m，墩顶根部梁高为 7.0m，跨中梁高为 3.0m，梁高按二次抛物线变化。波形钢腹板采用 Q345c 钢材，直腹板，波长 1.6m，波高 22cm，水平面板宽 43cm，水平折叠角度为 30.7°，弯折内径为 120cm，钢板厚度 8～14mm。主梁支点、跨中合龙段、距支点 30m 左右设横隔板。

2. 黄河大桥引桥

引桥上部结构为 50m 预应力混凝土 T 梁，桥跨布置为 9 × 50m + 主桥 + 58 × 50m，T 梁采用了折线配筋的先张法预应力混凝土新技术，为我国首次。

（四）科技创新

1. 波形钢腹板 PC 连续箱梁桥

鄄城黄河公路大桥主桥跨布置为（70 + 11 × 120 + 70）m。上部结构采用波形钢腹板预应力混凝土箱形连续梁。2013 年 12 月，依托本项目进行的"波形钢腹板混凝土连续刚构桥梁设计与施工技术研究"课题被中国公路学会评为科学技术一等奖。

此项新技术共获得四项国家专利：

《波形钢腹板运送平车》（专利号：200920308465.8）；

《悬臂施工桁车后端吊装波形钢腹板装置》（专利号：201020300254.2）；

《波形钢腹板箱梁桥面混凝土浇筑波形组合钢模板》（专利号：201020300252.3）；

《悬臂施工桁车前端吊装波形钢腹板装置》（专利号：201020300285.8）。

2.50m 预应力先张 T 梁折线配筋

鄄城黄河大桥引桥上部结构采用 50m T 梁的先张折线配筋工艺。每根 T 梁设两道端横梁、7 道中横梁，采用 270 级 $\phi15.24mm$ 钢绞线作预应力筋，中梁配直线束 32 根、弯起束 18 根，边梁配直线束 34 根、弯起束 18 根，考虑到预制工作的便利，T 梁按短线法预制，短线法台座利用 T 梁侧模，先预制 T 梁的横隔，再浇制于 T 梁。

（五）运营养护管理

本项目在鄄城县设置养护工区 1 处。

五、G3W（德州—上饶）鄄城至菏泽段

（一）项目概况

1. 基本情况

1）技术标准

项目所在地属黄河冲积平原地貌，多为粉砂土、粉质黏土、粉土，地形平坦，村庄密集，河流、沟渠较多。采用双向四车道高速公路标准，设计速度120km/h，路基宽度28.0m，桥涵设计汽车荷载等级公路—I级。

2）建设规模

本项目全长 44.646km，其中特大桥 1109.4m/1 座，大桥 2085m/8 座，中桥 234m/6 座；互通式立交 5 处（服务型 4 处，枢纽型 1 处），分离式立交 3 座，天桥 1 座；监控通信分中心与养护工区 1 处；服务区 1 处；匝道收费站 4 处。

3）主要控制点

鄄城北互通、鄄城互通（S319）、鄄城南互通（S327）、菏泽北互通（G220）、日东枢纽（G1511）。

4）投资规模与资金筹措

项目概算投资 25.87 亿元，由山东高速集团有限公司出资建设。

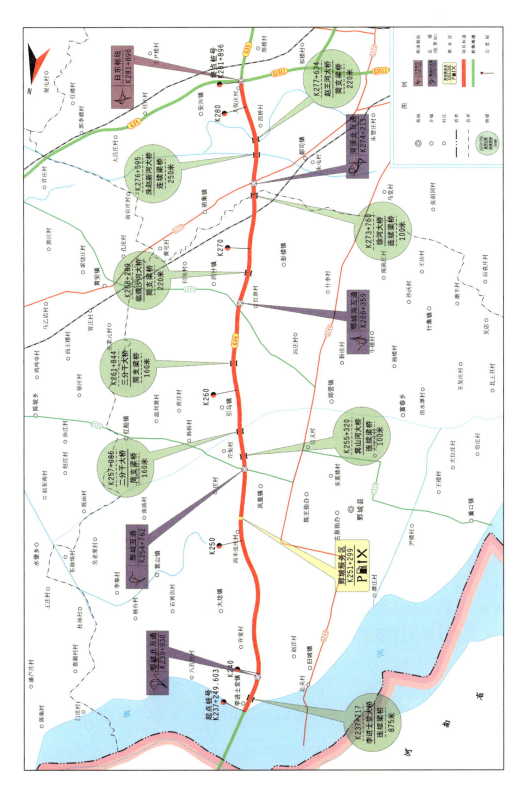

G3W(德州—上饶)鄄城至菏泽段路线总体平面图

5) 开工及通车时间

2007年10月开工建设,2015年12月建成通车。

2. 前期决策情况

2003年11月,省计委印发《关于德州至商丘(鲁豫界)高速公路路线方案的批复》(鲁计基础〔2003〕1209号)。

2004年5月,省环保局印发《关于山东省鄄城至菏泽高速公路项目环境影响报告书的批复》(鲁环审〔2004〕210号)。

2004年6月,省发改委印发《关于鄄城至菏泽高速公路项目可行性研究报告的批复》(鲁计基础〔2004〕941号)。

2004年9月至11月,菏泽市通过公开招标选定科达集团为鄄城至菏泽段高速公路项目业主,成立科达(菏泽)基建有限公司负责项目管理。

2005年6月,省水利厅印发《山东省水利厅关于德商高速公路菏泽段(鄄城—菏泽、菏泽—曹县)水土保持方案的批复》(鲁水保字〔2005〕20号)。

2005年6月,省国土资源厅印发《关于德州商丘高速公路菏泽段建设项目压覆矿产资源情况的函》(鲁国土资字〔2005〕290号)。

2005年11月,省国土资源厅印发《转发国土资源部〈关于德州至商丘高速公路菏泽段工程建设用地的批复〉的通知》(鲁国土资字〔2005〕781号)。

2007年2月,科达集团将该项目转让给山东鲁能工程有限责任公司(现为山东电力工程咨询院有限公司),按照BOT模式进行投资建设。

2009年7月,山东电力工程咨询院有限公司收购其他股权。

2010年7月,省发改委印发《山东省发展改革委关于同意调整山东鄄菏高速公路有限公司鄄城至菏泽高速公路项目资本金比例的函》(鲁发改能交函〔2010〕74号),将项目资本金比例由总投资的35%调整为25%,余下75%资金申请银行贷款解决。

2015年,山东高速集团有限公司与山东电力工程咨询院有限公司就鄄城至菏泽高速公路项目股权进行转让,确定了工程管理职责划分。

3. 参建单位主要情况

1) 建设单位

山东鄄菏高速公路有限公司(山东电力工程咨询院有限公司全资子公司),山东高速集团有限公司。

2) 设计单位

中国公路工程咨询集团有限公司。

3）咨询单位

河南省交通规划勘察设计院负责主体工程施工图设计咨询，山东省交通规划设计院负责交通工程与沿线设施施工图设计咨询。

4）施工单位

本项目有10个施工单位参与建设，其中主体工程6个，房建工程1个，机电工程1个，交通安全设施工程1个，绿化工程1个。

5）监理单位

本项目设置2个总监办公室；1个房建工程监理办公室；1个机电工程监理办公室。

(二)建设情况

1.项目准备阶段

1）项目审批

2005年4月，菏泽市发改委印发《关于呈报〈山东省鄄城至菏泽高速公路两阶段初步设计〉的报告》（菏发改重点〔2005〕119号）。

2005年6月，省发改委印发《关于山东省德州至河南省商丘干线公路鄄城至菏泽段高速公路初步设计的批复》（鲁计重点〔2005〕407号）。

2011年10月，省交通运输厅印发《关于德商高速公路鄄城至菏泽段施工图设计文件的批复》（鲁交建管〔2011〕104号）。

2014年8月，省发改委印发《山东省发展和改革委员会关于德州至商丘干线公路鄄城至菏泽段初步设计概算调整的批复》（鲁发改重点〔2014〕878号），批复初步设计概算调整为25.87亿元。

2014年10月，省交通运输厅印发《山东省交通运输厅关于德商高速公路鄄城至菏泽段房建、机电、交通安全设施及绿化工程施工图设计的批复》（鲁交建管〔2014〕60号）。

2）合同段划分

设计共1个标段。

施工标段：路基、桥涵工程4个标段，路面工程2个标段，机电、房建、绿化、交通安全设施工程各1个标段。

监理标段：设2个总监办公室，1个房建工程监理标段，1个机电工程监理标段。

3）招投标

（1）路基桥涵工程经过两次招标：

2007年11月，第一次施工、监理招标，确定6家中标施工单位为：1标中国水电建设集团路桥工程公司，2标中铁十四局集团第四工程有限公司，3、4标中铁十三局集团第五工程有限公司，5标山东通达路桥工程有限公司，6标山东黄河工程局与山东鲁能工程有限责任公司联合体。确定两家中标监理单位为:第一总监山东菏泽通达交通工程监理有限公司;第二总监山东恒建工程监理咨询有限公司。

由于1、2、3、4施工标一直未履行合同,2011年5月,山东鄄菏高速公路有限公司向其发出了解除合同的通知。

2011年6月,山东鄄菏高速公路有限公司启动第二次施工重新招标工作,将原1、2标合并为1标,3、4标合并为2标。

2011年7月,确定中标单位为:1标山东黄河工程集团有限公司,2标中铁十局集团有限公司。

(2)路面工程招标:

2014年11月,完成路面工程招标,确定两家中标施工单位分别为:7标山东鲁中公路建设有限公司,8标山东省路桥集团有限公司。

(3)房建、机电、绿化、交安工程招标:

2015年7月,完成了房建、机电、绿化、交安工程招标。

2. 项目实施阶段

主体工程于2007年10月开工,2015年11月完工。

房建工程于2015年7月开工,2015年12月完工。

机电、交安工程于2015年9月开工,2015年12月完工。

绿化工程于2015年9月开工,2016年6月完工。

2015年12月,省交通运输厅质监站委托省公路检测中心对本项目路基、路面、桥梁、交安和环保工程质量进行检测,山东置基工程检测有限公司对房建工程质量进行检测。

2015年12月,山东鄄菏高速公路有限公司组织对鄄菏高速公路进行交工验收。

(三)运营养护管理

1. 服务设施

全线设置鄄城服务区1处。

2. 收费设施

本项目共设置鄄城北、鄄城、鄄城南、菏泽北收费站4处,采用人工加计算机收费方式。截至2016年底收费车道数量共计32条,其中ETC车道6条。

3. 养护管理设施

本项目设置鄄城养护中心。

4. 监控设施

本项目设置鄄城监控分中心,与鄄城养护中心合址办公。

第五节　G15(沈阳—海口)高速公路山东段(烟台—日照)

G15(沈阳—海口)高速公路是国家高速公路网"71118"中的"纵五",起自辽宁省沈阳市,途经山东、江苏、上海、浙江、福建、广东,终于海南省海口市。沈海高速公路是唯一一条贯通中国东南沿海地区的高速公路,将中国东南沿海地区连为一体,加强了胶东半岛、长三角、珠三角等地区之间的经济联系与合作,对于完善国家高速公路网、促进东南沿海地区乃至中国的社会经济发展具有重要意义。

山东段立项时为同江至三亚高速公路,起自烟台市烟台港,终于日照市岚山区(鲁苏界),是山东省高速公路中长期规划"9517"网中的"纵一",1998—2003年各路段相继建成通车并全线贯通,沿线途经烟台、青岛、日照3市,区域内覆盖人口为1100万,地区生产总值为6500亿元。沈海高速公路作为东南沿海地区的大通道,连接了我国主要的经济发达区域,在山东省与长三角、珠三角地区之间形成了一条经济、便捷、快速的公路运输大通道,促进了山东省与上述地区的经济交流与合作,促进沿线区域港口运输、海洋产业、旅游业的发展,对于进一步推动半岛蓝色经济区发展具有重要意义。

G15沈海高速公路山东段全长359.079km,由烟台港至荣乌高速公路(大杨家枢纽)段、大杨家枢纽至栖霞(松山)段、栖霞(松山)至青岛莱西(潍莱高速公路)段、莱西(潍莱高速公路)至日照两城段和两城至汾水(鲁苏界)段5个路段组成。

G15(沈阳—海口)高速公路山东段项目信息见表2-1-5。

一、G15(沈阳—海口)烟台港至荣乌高速公路(大杨家枢纽)段

(一)项目概况

1. 基本情况

G15(沈阳—海口)烟台港至荣乌高速公路(大杨家枢纽)段,即原国道主干线同江—三亚公路山东境首段四突堤至大杨家段。起于烟台市环海路,设芝罘岛(零点)互通立交连接,向西南沿黄海海岸布线,至芦上后折向西南沿G204线至终点大杨家(烟台绕城公路),该路段也被称为烟台疏港高速公路。

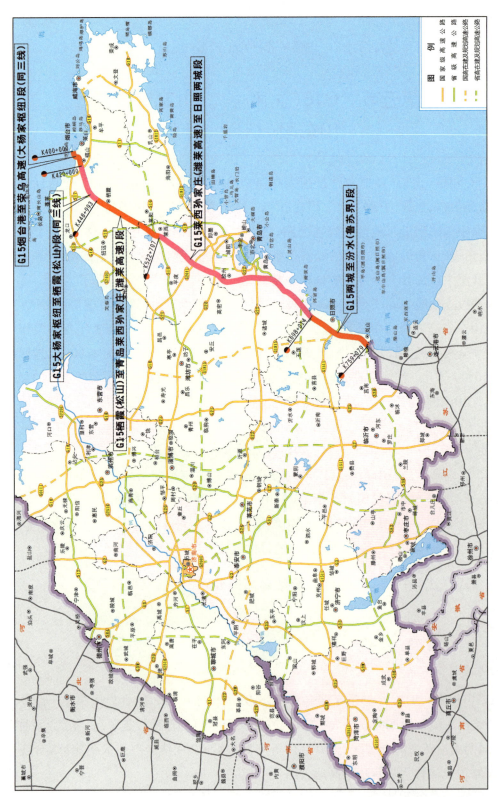

G15（沈阳—海口）高速公路山东段位置示意图

G15（沈阳—海口）高速公路山东段项目信息采集表

表 2-1-5

序号	国高/地高	工程分段	路段起止桩号		规模（km）				建设性质（新建/改扩建）	设计速度（km/h）		路基宽度（m）		永久占地（亩）	投资情况（亿元）				建设时间（开工~通车）	4A级以上主要景区名称	备注
			起点桩号	止点桩号	小计	八车道及以上	六车道	四车道		120	100	28	...		资金来源	估算	概算	决算			
1		烟台港至荣乌高速公路（大杨家枢纽）段	K400+000	K420+000	20			√	新建		√		...	1495.49	5.0179	4.3254	5.2847	交通部补助、省交通厅自筹、银行贷款	1998.11~2000.10		原同三线烟台疏港高速公路
2		大杨家枢纽至栖霞（松山）段	K420+000	K448+993	28.993			√	左幅新建、右幅改建	√		√		1958		6.249		交通部补助、省交通厅自筹、银行贷款	1999.12~2001.9		原同三线烟栖高速公路
3	国高	栖霞（松山）至青岛莱西（潍莱高速公路）段	K448+993	K522+707	73.714			√	新建		√		√	9123.38		18.356	18.189	交通部补助、省交通厅自筹、银行贷款	1998.12~2000.11		原同三线栖莱高速公路
4		莱西（潍莱高速公路）至日照两城段	K522+707	K698+014	175.307			√	新建		√		√	21511.67		49.0336	42.2824	交通部补助、青岛市自筹、银行贷款	2001.12~2003.12		
5		日照两城至汾水（鲁苏界）段	K698+014	K759+079	61.065			√	新建		√		√	7595		17.74	17.46	交通部补助、省交通厅自筹、银行贷款	2001.11~2003.12		
		合计			359.079									41683.54							

1）技术标准

项目区域以平原及低山丘陵区为主，山丘起伏和缓，地貌属海岸地貌；本区河网较发育，中小河流众多，河床比降较大。采用双向四车道高速公路标准，设计速度100km/h，路基宽度28.0m；桥涵设计汽车荷载等级汽车—超20级、挂车—120。

2）建设规模

路线全长20km，大桥450.4m/1座，中桥55.0m/1座；互通式立交5处，分离式立交4座。

3）主要控制点

芝罘岛互通（起点）、幸福互通、宫家岛互通、福海路互通、福山互通（G228）。

4）投资规模与资金筹措

项目概算投资4.3254亿元，其中交通部补助0.59亿元，省交通厅自筹1.0185亿元，其余通过银行贷款解决。

5）开工及通车时间

1998年11月开工建设，2000年10月建成通车。

2. 前期决策情况

1997年7月，交通部印发《关于烟台四突堤至大杨家公路可行性研究报告的批复》（交计发〔1997〕400号）。

3. 参建单位主要情况

1）建设单位

山东省公路管理局。

2）设计单位

中交第二公路勘察设计研究院、烟台公路勘察设计研究院、铁道部第三公路勘察设计研究院。

3）施工单位

中港第二航务工程局等16家单位。

4）监理单位

潍坊市交通工程监理中心。

（二）建设情况

1. 项目准备阶段

1）项目审批

1997年10月，交通部印发《关于烟台四突堤至大杨家公路初步设计的批复》（交公路发〔1998〕44号）。

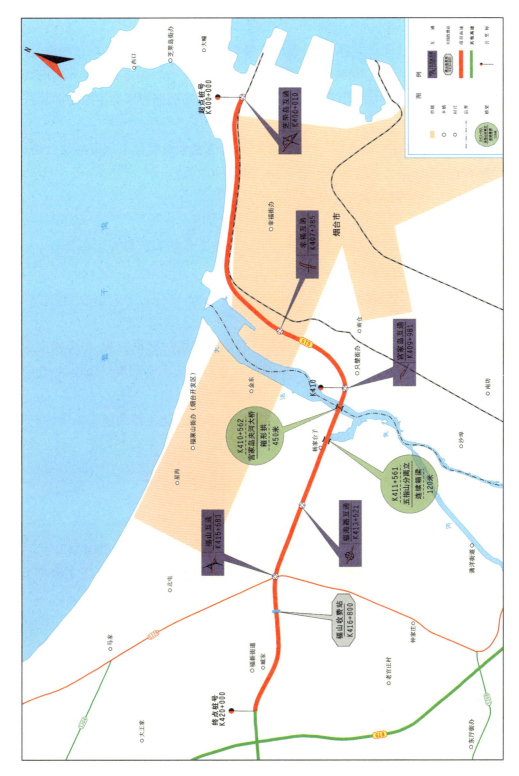

G15（沈阳—海口）烟台港至荣乌高速公路（大杨家枢纽）段路线总体平面图

1998年7月,交通部印发《关于环海路(四突堤)互通式立交初步设计的批复》(交公路发〔1998〕802号)。

1998年9月,省交通厅印发《同江至三亚公路烟台四突堤至大杨家(烟台疏港公路)施工图设计的批复》(鲁路工〔1998〕51号)。

1998年12月,省政府印发《山东省人民政府关于烟台市公路管理局用地的批复》(鲁政字〔1998〕384号)。

2000年11月,省环保局印发《关于同江至三亚国道主干线烟台至栖霞高速公路(含烟台疏港线)环境影响报告书的批复》(鲁环函〔2000〕408号)。

1998年11月,交通部批复开工报告。

2)合同段划分

一期土建工程划分4个合同段,二期交通工程共分7个合同段,绿化工程共分4个合同段,房建工程分1个合同段。

监理单位通过议标择优确定。

3)招投标

1998年10月,一期工程经公开招投标,最终确定各标段中标单位为:A合同交通部一局五公司,B1合同中港二航局一公司,B2合同北京城建集团有限责任公司,C合同山东省公路工程总公司烟台分公司。

二期工程经公开招投标,确定了交通安全设施、绿化和房建工程的施工单位,并分别于2000年3月、2000年7月签订了施工合同。

2. 项目实施阶段

1998年11月开工,2000年10月建成通车。

2000年11月,通过省交通厅质监站交工验收质量评定。

2001年7月,通过省档案局工程档案验收工作,批复文件为鲁档发〔2001〕12号。

2004年2月,通过省环保局《建设项目竣工环境保护验收合格证书》,证书编号为鲁环验〔2004〕001号。

(三)运营养护管理

1. 收费设施

本项目共设置主线收费站1处,采用人工加计算机收费方式。截至2016年底,共有收费车道12条,其中ETC车道2条。

2. 养护管理

2007年,对宫家岛互通部分匝道实施改造;2009年和2010年对宫家岛夹河大桥主拱圈、腹拱(含立柱、盖梁)、桥面系进行维修加固;对垆上互通进行改建,更名为福山互通。

3.运营管理模式的变化

本路段建成通车后由省交通厅公路局负责运营管理,根据省政府鲁政办字〔2015〕148号文,自2015年9月起,本项目由齐鲁交通发展集团运营管理。

二、G15(沈阳—海口)大杨家枢纽至栖霞(松山)段

(一)项目概况

1.基本情况

1)技术标准

沿线通过地带位于胶东半岛中部,属低山丘陵地貌单元,地势较为平坦,海拔高度在30~100m。采用双向四车道高速公路标准,设计速度100km/h,路基宽度28.0m。桥涵设计汽车荷载等级汽车—超20级,挂车—120。

2)建设规模

本路段全长28.993km。设大桥108.44m/1座,中桥321.86m/5座;互通式立交3处(服务型2处,枢纽型1处),分离式立交8座,天桥15座;服务区1处。

3)主要控制点

大杨家枢纽(G18)、三菱互通、臧家庄互通、丰粟大桥。

4)投资规模与资金筹措

项目概算投资6.249亿元,其中,交通部补助和省交通厅筹集资金共1.3256亿元,其余采用银行贷款。

5)开工及通车时间

1999年12月开工建设,2001年9月建成通车。

2.前期决策情况

1998年9月,省交通厅公路局委托中交第二公路勘察设计研究院承担项目勘察设计。

1999年6月,交通部以交规划发〔1999〕255号文批复了本工程可行性研究报告。

3.参建单位主要情况

1)建设单位

山东省交通厅公路局。

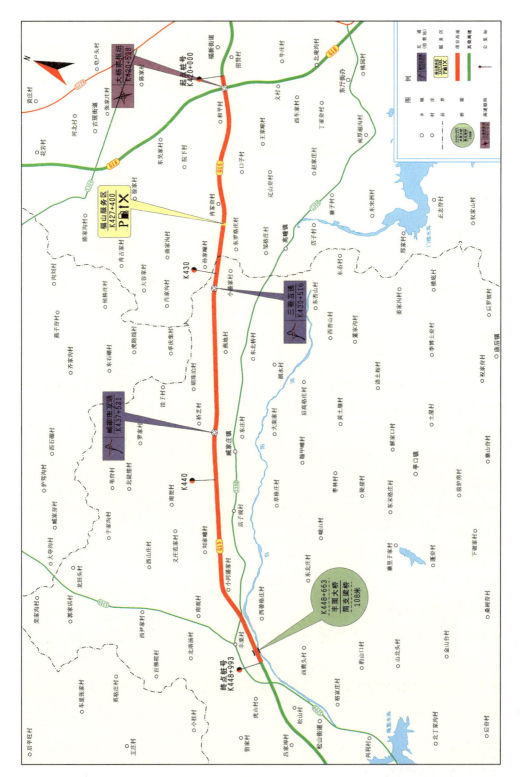

G15（沈阳—海口）大杨家枢纽至栖霞（松山）段路线总体平面图

2）设计单位

中交第二公路勘察设计研究院。

3）施工单位

16家施工单位参与建设。

4）监理单位

2家单位。

(二)建设情况

1.项目准备阶段

1）项目审批

1999年7月,交通部印发《关于大杨家至栖霞公路初步设计的批复》(交公路发〔1999〕388号)。

2000年1月,交通部公路司批准烟栖路开工报告。

2000年4月,省环保局印发《关于同江至三亚国道主干线烟台—栖霞公路环境影响评价执行标准的函》(鲁环〔2000〕074号)。

2000年11月,国家环保总局印发《关于同江至三亚国道主干线烟台至栖霞公路(含烟台疏港线)环境影响报告书的批复》(环函〔2000〕408号)。

2002年11月,国土资源部印发《关于同三国道主干线大杨家至栖霞公路工程建设用地的批复》(国土资函〔2002〕458号)。

2）合同段划分

一期工程分为2个监理标段,5个土建标段,二期工程分为2个护栏工程标段,2个隔离栅工程标段,1个标志工程标段,一个标线工程标段,3个绿化工程标段。

3）招投标

本项目为公开招标,实行资格预审,招标内容为土建、工程监理隔离网安装、标志工程、标线工程、绿化工程及房建工程施工和监理。

1999年11月,择优确定山东省公路工程公司滨州公司、铁道部第十一工程局第二工程处等16家单位中标工程施工,烟台市公路工程监理咨询公司和潍坊市交通工程监理中心中标监理。

2.项目实施阶段

主体工程于1999年12月开工,2001年9月完工。

路基工程于1999年12月开工,2001年4月完工。

桥涵、防护工程于1999年12月开工,2001年5月完工。

路面工程于1999年12月开工,2001年8月完工。

交通安全设施工程于2001年4月开工,2001年9月完工。

房建工程于2000年10月开工,2002年6月完工。

2001年9月,省交通厅公路局组织有关单位对项目交工验收。

2004年2月,省环保局颁发《建设项目竣工环境保护验收合格证书》。

(三)运营养护管理

1. 服务设施

设置福山服务区1处。

2. 收费设施

本项目共设置收费站2处,采用人工加计算机收费方式。截至2016年底,共有收费车道12条,其中ETC车道4条。

3. 养护管理设施

设置臧家庄养护工区1处。

2008年,新增臧家庄收费站;2009年,新建沈海路烟台段养护工区,建筑面积1050m^2;2014年,烟栖路全线路面罩面,更换防撞护栏。

4. 监控设施

本路段设置栖霞信息监控分中心1处,与栖霞管理处合址办公。

5. 运营管理模式的变化

本路段建成通车后由省交通厅公路局负责运营管理,根据省政府鲁政办字〔2015〕148号文,自2015年9月起,本项目由齐鲁交通发展集团运营管理。

三、G15(沈阳—海口)栖霞(松山)至青岛莱西(潍莱高速公路)段(烟台段)

(一)项目概况

G15(沈阳—海口)栖霞(松山)至青岛莱西(潍莱高速公路)段,全长73.714km,立项时为一个项目,建设时按行政区划分为烟台段和青岛段,其中烟台段长51.058km,青岛段长22.656km。本文叙述烟台段。

1. 基本情况

1)技术标准

本项目位于胶东半岛中部,属低山丘陵地貌,地势北高南低,沟壑纵横交错,丘间谷地发育,谷地为第四系冲击覆盖,海拔80~180m。采用双向四车道高速公路标准,设计速度120km/h,路基宽度28.0m,桥涵设计汽车荷载等级汽车—超20级、挂车—120。

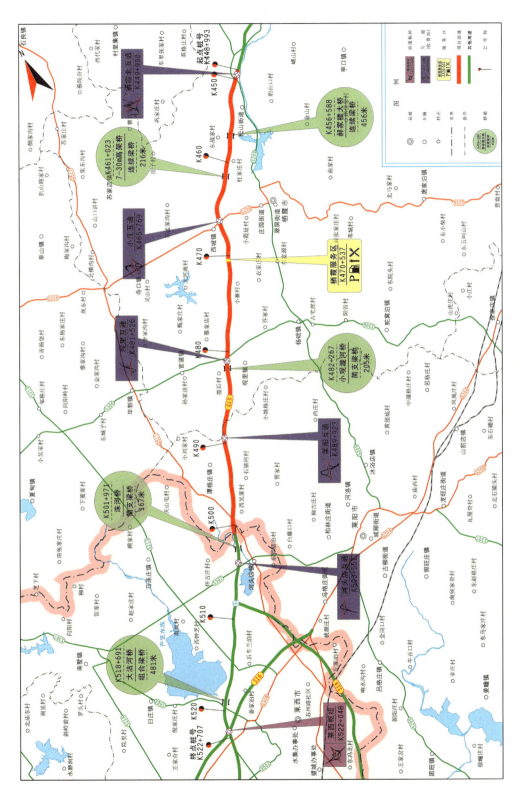

G15(沈阳—海口)栖霞(松山)至青岛莱西(潍莱高速公路)段(烟台段)路线总体平面图

2) 建设规模

本项目长 51.058km,设大桥 877.44m/3 座,中桥 283.4m/4 座;互通式立交 4 处,天桥 31 处;服务区 1 处。

3) 主要控制点

栖霞北互通(S209)、小庄互通(G206)、观里互通(S306)、莱阳互通。

4) 投资规模与资金筹措

项目概算投资 12.71 亿元,交通部补助及省交通厅筹集资金共 2.919 亿元,其余采用银行贷款。

5) 开工及通车时间

1998 年 12 月开工建设,2000 年 10 月建成通车。

2. 前期决策情况

1997 年 5 月,交通部印发《关于栖霞至莱西公路项目建议计划书的批复》(交计发〔1997〕274 号)。

1998 年 2 月,交通部印发《关于栖霞至莱西公路可行性研究报告的批复》(交计发〔1998〕89 号)。

3. 参建单位主要情况

1) 建设单位

山东省交通厅公路局。

2) 设计单位

本项目初步设计由中国公路工程咨询监理总公司完成,烟台段施工图设计由烟台市公路勘察设计院和泰安公路勘察设计室完成。

3) 施工单位

通过招标选定 30 家施工单位承担本路段的主体工程、交通安全设施、房建和绿化工程的施工。

4) 监理单位

本项目施工监理单位 2 家。

(二)建设情况

1. 项目准备阶段

1) 项目审批

1998 年 9 月,交通部印发《关于栖霞至莱西公路初步设计的批复》(交公路发〔1998〕540 号)。

1998年9月,省交通厅公路管理局印发《同江至三亚公路栖霞至莱西段工程项目施工图设计有关问题的意见》(鲁路工函〔1998〕39号)。

2000年1月,国土资源部下发《关于同三公路栖霞至莱阳段工程建设用地的批复》(国土资函〔2000〕73号)。

1998年12月,交通部通过了开工报告审查。

2)合同段划分

本项目烟台段一期工程划分5个标段,二期工程划分3个标段,三期交通工程划分1个标段,四期绿化工程划分4个标段,房建工程划分7个标段。

本项目烟台段设总监办公室,总监办下设栖莱高速公路烟台段总监代表处,总监代表处下设监理处。

3)招投标

通过招投标,本项目主体工程选定山东省公路工程公司烟台分公司等5家单位中标主体施工,河北冀州实业总公司、徐州安达交通设计有限公司等13家单位中标交安设施施工,邹平县园林工程公司等6家单位中标绿化工程施工,海阳民主建筑公司等7家单位中标房建工程施工;选定烟台市公路工程监理咨询公司和滨州地区公路工程监理咨询公司中标监理。

2. 项目实施阶段

主体工程于1998年11月开工,2000年10月完工。

路基桥涵工程于1998年11月开工,2000年4月完工。

路面工程于1999年7月开工,2000年10月完工。

交安设施工程于2000年6月开工,2000年10月完工。

房建工程于2000年9月开工,2001年10月完工。

2000年11月,省交通厅公路局和烟台市公路局组织有关单位进行了交工验收。

2004年1月,省交通厅质监站进行质量评定,达到优良等级。

(三)运营养护管理

1. 服务设施

设置栖霞服务区1处。

2. 收费设施

本项目共设置栖霞北、栖霞、栖霞南和莱阳收费站4处,采用人工加计算机收费方式。截至2016年底,共有收费车道23条,其中ETC车道8条。

3. 养护管理

2010年,本路段全线路面罩面。

4. 监控设施

设有栖霞信息监控分中心,与栖霞管理处合址办公。

5. 运营管理模式的变化

本路段建成通车后由省交通厅公路局负责运营管理,根据省政府鲁政办字〔2015〕148号文,自2015年9月起,本项目由齐鲁交通发展集团运营管理。

四、G15(沈阳—海口)栖霞(松山)至青岛莱西(潍莱高速公路)段(青岛段)

G15(沈阳—海口)栖霞(松山)至青岛莱西(潍莱高速公路)段全长73.714km,立项时为一个项目,建设时按行政区划分为烟台段和青岛段,其中烟台段长51.058km,青岛段长22.656km。本文叙述青岛段。

(一)项目概况

1. 基本情况

1)技术标准

项目区域属平原地貌,多为粉质黏土、粉土及中、粗砂,地势北高南低。采用双向四车道高速公路标准,设计速度120km/h,路基宽度28.0m,桥涵设计汽车荷载等级汽车—超20级、挂车—120。

2)建设规模

青岛段全长22.656km,其中大桥647.6m/2座,中桥600.69m/10座;互通式立交2处(其中枢纽型1处),分离式立交5座,天桥3座;匝道收费站1处。

3)主要控制点

莱阳市与莱西市交界的安里村(起点)、河头店互通(S307)、莱西枢纽(潍莱高速公路)。

4)投资规模与资金筹措

项目概算投资5.6457亿元。竣工决算投资金额为5.495亿元。其中省交通厅自筹1.7602亿元,商业银行贷款3.6494亿元。

5)开工及通车时间

1998年12月开工建设,2000年11月建成通车。

2. 前期决策情况

1997年5月,交通部印发《关于栖霞至莱西公路项目建议书的批复》(交计发〔1997〕274号)。

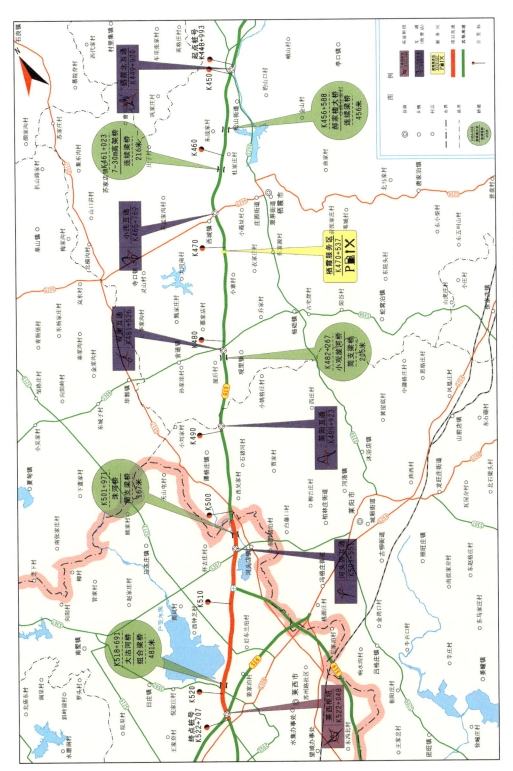

G15(沈阳—海口)栖霞(松山)至青岛莱西(潍莱高速公路)段(青岛段)路线总体平面图

1998年2月,交通部印发《关于栖霞至莱西公路可行性研究报告的批复》(交计发〔1998〕89号)。

3. 参建单位主要情况

1)建设单位

山东省公路管理局。

2)设计单位

中国公路工程监理咨询总公司。

3)施工单位

11家施工单位参与本路段施工建设。

4)监理单位

西安方舟监理咨询公司三山分公司等单位。

(二)建设情况

1. 项目准备阶段

1)项目审批

1998年9月,交通部印发《关于栖霞至莱西公路初步设计的批复》(交公路发〔1998〕540号)。

1999年1月,省公路管理局印发《关于明确同三公路栖霞至莱西(青岛)段工程监理单位的通知》(鲁路监〔1999〕2号)。

1998年12月,交通部同意同江—三亚公路栖霞至莱西段高速公路开工。

2)合同段划分

设计标段:主体工程划分1个标段。

施工标段:主体工程4个标段,交通安全设施工程8个标段。

监理标段:设1个总监办公室,4个主体工程驻地监理标段。

3)招投标

1998年12月,经过公开招标,青岛市公路总段确定了山东省公路工程总公司青岛分公司等4家施工单位承担本路段的施工,青岛路鑫和实业发展有限公司等7家单位中标交通安全设施工程;确定西安方舟监理咨询公司三山分公司等单位承担本项目的施工监理工作。

2. 项目实施阶段

主体工程于1998年12月开工,2000年9月完工。

交通安全设施工程于1999年3月开工,2000年10月完工。

(三)运营养护管理

1. 收费设施

设收费站 1 处,采用人工加计算机收费方式。截至 2016 年底,共有收费车道 4 条,其中 ETC 车道 2 条。

2. 养护管理设施

设置莱西养护工区 1 处。

2011 年,实施安装声屏障专项工程;2013 年,实施路面大修工程。

3. 监控设施

设莱西监控分中心,与莱西管理处合址办公,负责莱西段的运营监管。

4. 运营管理模式的变化

本路段建成通车后由省交通厅公路局负责运营管理,根据省政府鲁政办字〔2015〕148 号文,自 2015 年 9 月起,本项目由齐鲁交通发展集团运营管理。

五、G15(沈阳—海口)莱西(潍莱高速公路)至日照两城段

(一)项目概况

1. 基本情况

1)技术标准

路线区域为丘陵和平原的过渡地带,呈倾斜平缓地貌。采用双向四车道高速公路标准,设计速度 120km/h,路基宽度 28.0m,桥涵设计汽车荷载等级汽车—超 20 级、挂车—120。

2)建设规模

本项目全长 175.307km,其中特大桥 1496m/2 座,大桥 6458.57m/29 座,中桥 2712.96m/40 座;互通式立交 12 处,分离式立交 20 座,天桥 60 座;匝道收费站 10 处,服务区 3 处,管理中心 4 处。

3)主要控制点

牛溪埠互通(S202)、院上互通、仁兆互通(S309)、南村互通、胶济铁路、胶州互通、九龙互通、王台互通(S311)、胶南互通、泊里互通、大场互通。

4)投资规模与资金筹措

项目概算 49.0336 亿元。其中交通部补助 7.39 亿元,青岛市交通委自筹 14.3436 亿元,国开行贷款 27.30 亿元。

5)开工及通车时间

2001 年 12 月开工建设,2003 年 12 月建成通车。

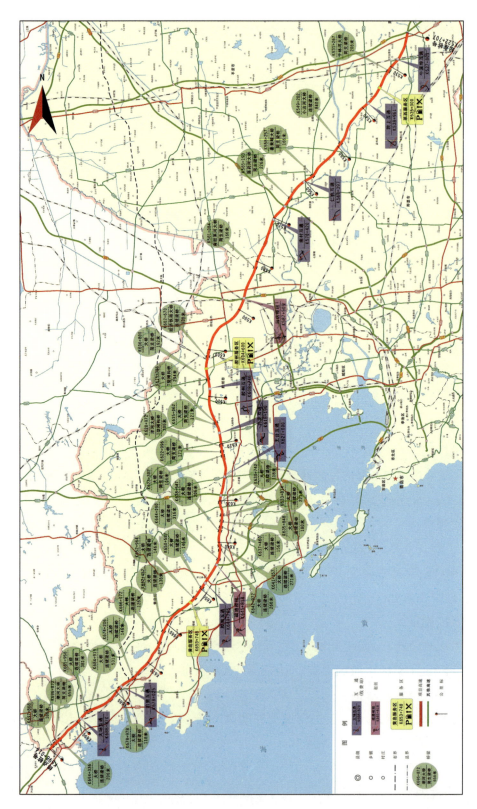

G15（沈阳—海口）莱西（潍莱高速公路）至日照两城段路线总体平面示意图

2. 前期决策情况

1999年2月,山东省交通规划设计院完成《国道主干线同江至三亚公路同三线青岛段工程可行性研究报告》和《国道主干线同江至三亚公路前湾港疏港连接线补充报告》。

2001年4月,国家计委印发《印发国家计委关于审批同江至三亚国道主干线山东莱西至汾水公路工程可行性研究报告的请示的通知》(计基础〔2001〕572号)。

3. 参建单位主要情况

1)建设单位

青岛市公路建设指挥部。

2)设计单位

主体工程、交通工程:山东省交通规划设计院。

房建工程:青岛腾远设计事务所。

绿化工程:北京交科公路勘察设计院。

机电工程:山东中创软件工程股份有限公司。

3)咨询单位

中创软件工程股份有限公司、中交京华公路技术公司、中交公路规划设计院。

4)施工单位

共有中国铁道建筑总公司等92家施工单位参与本项目施工建设。

5)监理单位

山西省交通建设工程监理总公司等6家监理单位。

(二)建设情况

1. 项目准备阶段

1)项目审批

2001年8月,交通部印发《关于同江至三亚国道主干线山东莱西至汾水公路初步设计的批复》(公路发〔2001〕428号)。

2)合同段划分

设计标段:主体工程1个标段,机电工程1个标段。

施工标段:主体工程24个标段,机电工程4个标段,交通安全设施等49个标段,房建工程18个标段。

监理标段:3个主体工程驻地监理标段,1个机电工程监理标段。

3)招投标

2001年9~11月,确定中国铁道建筑总公司、中铁十三局集团有限公司等17家单位为主体工程施工中标单位;2001年10月,确定山西省交通建设工程监理总公司等6家单位为监理中标单位;2002年10月,确定中铁十五工程局第一工程处等7家单位为路面工程施工中标单位;河北中通交通设施有限公司、成都双羽实业股份有限公司、北京深华科交通工程有限公司等49家单位为交通安全设施工程施工中标单位;2003年4月,确定中铁十四局、青岛弘海建设有限公司等18家单位为房建工程施工中标单位;2003年10月,确定江苏安防科技有限公司等4家单位为机电工程施工中标单位。

2. 项目实施阶段

2004年3月,青岛市公路建设指挥部组织相关单位对项目交工验收。

2005年4月,青岛市公路建设指挥部组织有关单位对机电工程交工验收。

(三)运营养护管理

1. 服务设施

全线设置莱西、胶州、黄岛服务区3处。

2. 收费设施

项目共设置牛溪埠、院上、仁兆、南村、沈海胶州、九龙、王台、原胶南、泊里、大场匝道收费站10处,采用人工加计算机收费方式。截至2016年底,收费车道数量共计50条,其中ETC车道18条。

3. 养护管理

2014年实施部分路段大修工程。

4. 监控设施

本项目设置莱西、平度、胶州、胶南4个分中心,分别管理行政区域内下辖的运营监控。

六、G15(沈阳—海口)两城至汾水(鲁苏界)段

(一)项目概况

1. 基本情况

1)技术标准

本项目位于鲁东丘陵区,地势西北部高,东南部低,西部和西北部多为低山和丘陵,东部和东南部多为山前冲积平原。采用双向四车道高速公路标准,设计速度120km/h,路基宽28m,桥涵设计荷载为汽车—超20级,挂车—120。

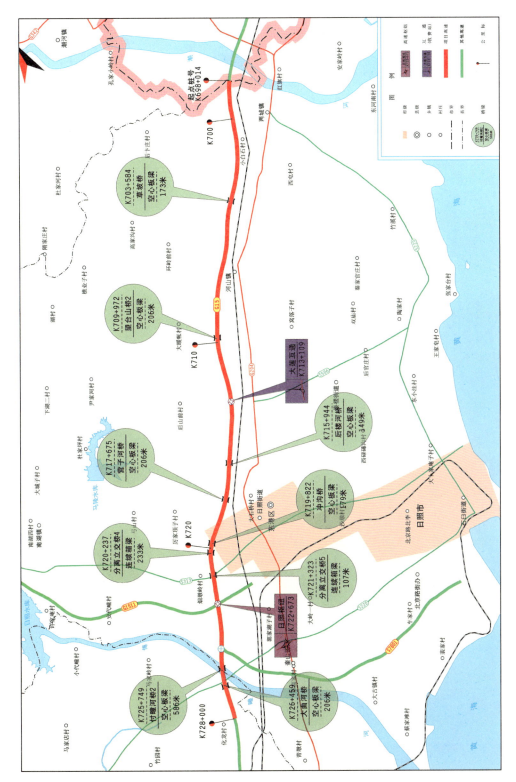

G15(沈阳—海口)两城至汾水(鲁苏界)段路线平面示意图(一)

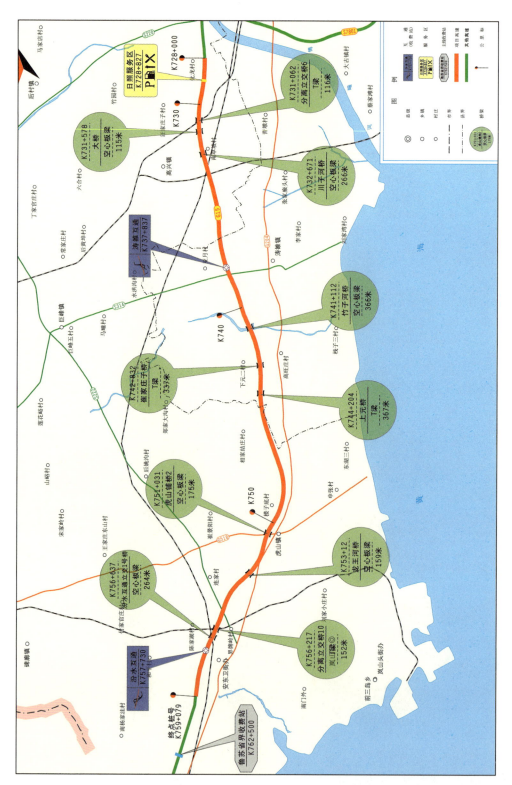

G15（沈阳—海口）两城至汾水（鲁苏界）段路线平面示意图（二）

2)建设规模

本项目全长61.065km,其中大桥3490.8m/14座,中桥1688.62m/28座;互通式立交4处(服务型3处,枢纽型1处),分离式立交9座,天桥14座;主线收费站1处,匝道收费站3处;服务区1处。

3)主要控制点

大莲互通、涛雒互通(S314)、汾水互通、日照仁家村(鲁苏界)。

4)投资规模与资金筹措

项目概算投资17.74亿元。其中交通部补助2.48亿元,省交通厅自筹6.4832亿元,其余采用银行贷款。

5)开工及通车时间

2001年11月开工建设,2003年11月建成通车。

2.前期决策情况

1999年9月,国家环保总局对同三高速公路日照段环境影响评估大纲进行评审。

1999年10月,中国国际工程咨询公司出具《关于国道主干线同江至三亚公路莱西至汾水段可行性研究报告的评估》。

2001年3月,国务院总理办公会通过同三高速公路莱西至汾水段项目立项。

2001年4月,国家计委上报国务院《国家计委关于审批同江至三亚国道主干线山东莱西至汾水公路工程可行性研究报告的请示》(计基础〔2001〕186号)。

2001年4月,国家计委印发《印发国家计委关于审批同江至三亚国道主干线山东莱西至汾水公路工程可行性研究报告的请示的通知》(计基础〔2001〕572号)。

3.参建单位主要情况

1)建设单位

项目法人为山东省交通厅公路局,项目法人代表是日照市公路管理局。

2)设计单位

主体工程、交通工程和绿化工程:山东省交通规划设计院。

房建工程和机电工程:临沂市建筑设计院。

3)施工单位

主体工程施工为7家单位,网架工程施工为3家单位,收费亭工程施工为1家单位,挡车器信号灯工程施工为1家单位,房建工程施工为6家单位,交通安全设施工程(标志、标线、护栏、隔离栅等)施工为15家单位。

4)监理单位

淄博东泰交通监理有限公司等6家监理单位承担了本项目的工程监理工作。

（二）建设情况

1. 项目准备阶段

1）项目审批

2001年8月，交通部印发《关于同江至三亚国道主干线山东莱西至汾水公路初步设计的批复》（〔2001〕428号）。

2002年3月8日，国土资源部印发《关于同三高速公路两城至汾水段工程建设用地的批复》（〔2002〕80号）。

2）合同段划分

设计标段：主体工程1个标段，房建工程1个标段，绿化工程1个标段，机电工程1个标段。

施工标段：土建主体工程7个，标志工程3个，标线工程3个，护栏工程7个，隔离栅工程4个，防眩设施2个，房建工程6个，网架工程3个，收费亭工程2个，挡车器信号灯工程2个，绿化工程10个。

监理标段：设1个总监办公室，4个主体工程驻地监理标段，1个房建工程监理标段。

3）招投标

2001年8月，通过招标，确定一期工程分别由山东省公路工程总公司等7家单位中标承建。

2003年5月，通过招标，确定二期交通、绿化、房间、网架等工程由临沂市公路建筑机械厂、济南创安交通设施有限公司、山东省济青高速绿化工程有限公司、潍坊市公路局筑路机械厂等34家单位中标承建。

通过招标，确定淄博东泰交通监理公司等5家监理单位负责本项目施工监理工作。

2. 项目实施阶段

路基、桥涵工程于2001年11月开工，2003年11月完工。

路面工程于2003年10月完工。

附属工程于2003年11月完工。

房建工程于2003年6月开工，2003年12月完工。

2003年11月，省交通厅公路局组织相关单位进行交工验收。

2003年12月26日，本项目建成通车。

（三）运营养护管理

1. 服务设施

设置日照服务区1处。

2.收费设施

本项目在鲁苏界设置单向主线收费站 1 处,在大莲(日照北)、涛雒(日照南)、汾水(岚山)设置匝道收费站 3 处,采用人工加计算机收费方式。截至 2016 年底,共有收费车道 56 条,其中 ETC 车道 11 条。

3.养护管理设施

本项目设置涛雒养护工区 1 处。

4.监控设施

本项目设置日照监控分中心 1 处,负责日照境内路段的运营监管。

5.运营管理模式的变化

本项目建成通车后由省厅公路局负责运营管理,根据省政府鲁政办字〔2015〕148 号文,自 2015 年 7 月起,本项目由齐鲁交通发展集团运营管理。

第六节　G18(荣成—乌海)高速公路山东段(荣成—滨州)

G18(荣成—乌海)高速公路是国家高速公路网"71118"中的"横四",起自山东省荣成市,途经河北、天津、山西,终于内蒙古乌海市。荣乌高速公路贯通华东、华北地区,为华东区进入华北区提供了便捷的交通,对于完善国家高速公路网、进一步促进东西部密切交流、实现经济互补具有十分重要的意义。

山东段起自威海市荣成市滕家镇北 S301 石烟线,终于滨州市无棣县漳卫新河(鲁冀界),是山东省高速公路中长期规划"9517"网中"横一"和"一环"的重要组成部分,全长 619.146km。沿线途经威海、烟台、青岛、潍坊、东营、滨州 6 市,覆盖人口约 1300 万人。荣乌高速公路山东段的建设,连通了威海港、烟台港、潍坊港、滨州港以及东营港 5 个港口,促进了山东省和华北省份的经济交流与合作,加快了山东半岛经济发展和商品流通,对于开发胜利油田、黄河三角洲和推动半岛蓝色经济区海洋产业发展有重要的意义。

G18(荣成—乌海)高速公路山东段(荣成—滨州)项目信息见表 2-1-6。

G18(荣成—乌海)高速公路山东段由荣成至文登宋村镇段、宋村镇至草庙子镇段、草庙子镇至威海段、威海至烟台(轸格庄)段、烟台绕城(轸格庄)至八角段、烟台(八角)至黄山馆段、烟台黄山馆至青岛新河段(烟台段)、烟台黄山馆至青岛新河段(青岛段)、青岛新河至东营辛庄子段(青岛段)、青岛新河至东营辛庄子段(潍坊、东营段)、辛庄子至邓王段(辛庄子至东营黄河大桥段)、辛庄子至邓王段(东营黄河公路大桥段)、辛庄子至邓王段(东营黄河公路大桥至邓王段)和邓王至鲁冀界段(津汕高速公路大高至鲁冀界段)14 个路段组成。

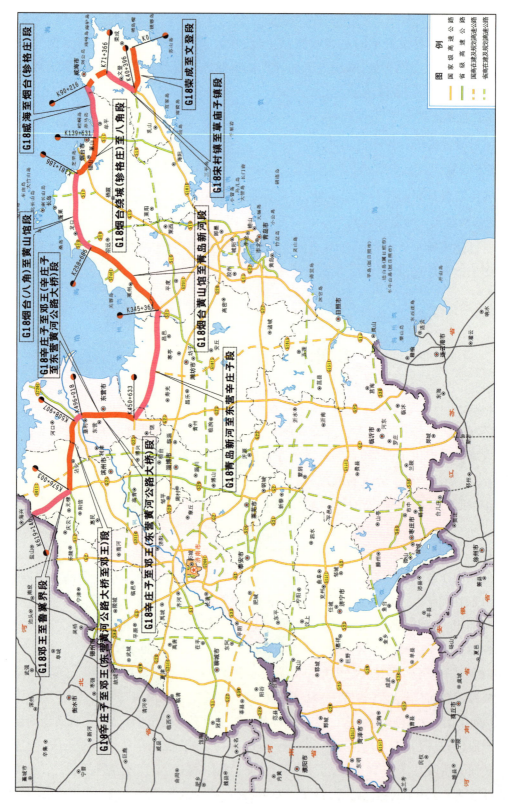

G18（荣成—乌海）高速公路山东段（荣成—滨州）位置示意图

表 2-1-6

G18（荣成—乌海）高速公路山东段（荣成—滨州）项目信息采集表

序号	国高/地高	工程分段	路段起止桩号 起点桩号	路段起止桩号 止点桩号	规模(km) 小计	规模(km) 四车道	建设性质（新建/改扩建）	设计速度(km/h) 120	设计速度(km/h) 100	设计速度(km/h) …	路基宽度(m) 28	路基宽度(m) 26	路基宽度(m) 24.5	永久占地（亩）	投资情况（亿元）估算	投资情况（亿元）概算	投资情况（亿元）决算	资金来源	建设时间（开工~通车）	4A级以上主要景区名称	备注
1	国高	荣成至文登段	K0+000	K40+396	40.396	√	新建	√					√	5873		21.975			2013.6~2015.12		
2		文村镇至草庙子镇段	K40+396	K71+366	30.97	√															与G1813威青高速公路共线,详见G1813高速公路
3		草庙子镇至威海段	K71+366	K90+216	18.85	√															未建
4		威海至烟台（羊格庄）段	K90+216	K139+631	49.415	√	新建	√				√		525 2.58	11	4.1	4.1	交通部补助、省交通厅自筹、银行贷款	1992.4~1994.10		
5		烟台绕城（羊格庄）至八角段	K139+631	K181+186	41.555	√	新建	√				√		4635		9.85		交通部补助21580万元,烟台市自筹64740万元,国内银行贷款21580万元	1995.4~1998.9		
6		烟台（八角）至黄山馆段	K181+186	K258+686	77.5	√	新建	√			√			11651.612		22.447	22.126		2001.8~2005.11		
7-1		烟台黄山馆至青岛新河段（烟台段）	K258+686	K335+921	77.235	√	新建	√			√			8698.94		22.588			2002.3~2003.11		外加S7402西港高速公路3.4km

续上表

序号	国高/地高	工程分段	路段起止桩号 起点桩号	路段起止桩号 止点桩号	规模(km) 小计	规模(km) 四车道	建设性质(新建/改扩建)	设计速度(km/h) 120	设计速度 100	路基宽度(m) 28	路基宽度 26	路基宽度 24.5	永久占地(亩)	投资情况(亿元) 估算	投资情况 概算	投资情况 决算	资金来源	建设时间(开工~通车)	4A级以上主要景区名称	备注
7-2		烟台黄山馆至青岛新河段(青岛段)	K335+921	K345+361	9.44	√	新建	√			26				2.396	2.24		2002.3~2003.12		
8-1		青岛新河至东营辛庄子段(青岛段)	K345+361	K352+291	6.93	√	新建	√		√			1369		4.0057	4.5105	交通部补助、省自筹、银行贷款	2005.7~2008.8		
8-2		青岛新河至东营辛庄子段(潍坊、东营段)	K352+291	K450+633	98.342	√	新建	√		√			10740		37.6767	37.5832	交通部补助、省自筹、银行贷款	2005.7~2008.8		
9	国高	辛庄子至邓王(辛庄子至东营黄河大桥)(原东营至青州部分路段)	K450+633	K496+018	45.385	√	新建		√			√	5963.01		16.1919	14.378	地方自筹、银行贷款	1998.4~2000.9		
10		辛庄子至邓王(东营黄河大桥)段	K496+018	K508+907	12.889	√	新建		√		√		2392.6		8.59	7.12		2002.8~2005.8		
11		辛庄子至邓王(东营黄河公路大桥)段	K508+907	K576+003	67.096	√	新建	√		√			7988		24.2097	25.5042	省厅自筹、其余银行贷款	2005.3~2007.12		
12		邓王至鲁冀界段	K576+003	K619+146	43.143															与G25长深高速公路共线,详见G25长深高速公路
合计					619.146															

其中,宋村镇至草庙子镇段与 G1813 共线,内容包含在"第十三节 G1813(荣成—乌海)高速公路联络线威海至乳山段"中;草庙子镇至威海段尚未建设;邓王至鲁冀界段与 G25 共线,工程内容包含在"第八节 G25(长春—深圳)高速公路山东段(滨州—临沂)鲁冀界至大高段"中。

一、G18(荣成—乌海)荣成至文登段

(一)项目概况

项目所在地为平原地貌,多为亚砂土、亚黏土、粉砂亚砂土,地势西高东低。

1.技术标准

1)技术标准

项目所在地为平原地貌,多为亚砂土、亚黏土、粉砂亚砂土,地势西高东低。采用双向四车道高速公路标准,设计速度 100km/h,路基宽度 26.0m。桥涵设计汽车荷载等级公路—Ⅰ级。

2)建设规模

项目全长 40.396km,其中:大桥 1338.17m/7 座,中桥 835.53m/11 座;互通式立交 4 处(其中枢纽型 1 处,服务型 3 处),分离式立交 10 座,天桥 24 座;主线收费站 1 处,匝道收费站 3 处;服务区 1 处,停车区 1 处。

3)主要控制点

大疃互通(S201)、张家产互通(S204)、宋村西枢纽(G1813)。

4)投资规模与资金筹措

本项目概算总投资 21.975 亿元,威海市人民政府筹资 3 亿元,省交通厅筹集 4.8 亿元,作为项目资本金,其余申请国内银行贷款 14.5 亿元。

5)开工及通车时间

2013 年 6 月开工建设,2015 年 12 月建成通车。

2.前期决策情况

国家发改委下发《国家发展改革委关于山东省荣成至文登公路项目建议书的批复》(发改交运[2006]1696 号)。

国家环保总局下发《关于国家高速公路网荣成—乌海线荣成至文登段工程环境影响报告表的批复》(环审[2007]517 号)。

省交通厅印发《关于荣成至文登高速公路项目法人的批复》(鲁交规划[2007]242 号)。

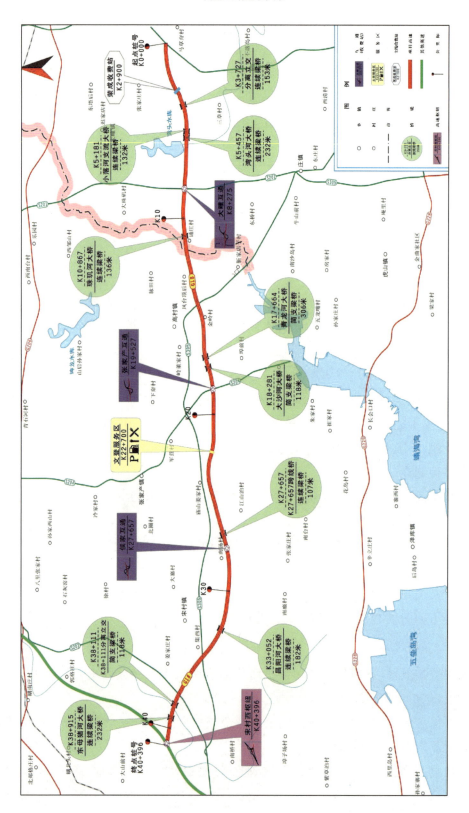

G18（荣成—乌海）荣成至文登段路线总体平面示意图

省国土资源厅印发《关于国家荣乌高速公路荣成至文登段及连接线工程建设用地预审的初审意见》(鲁国土资字〔2008〕179号)。

省国土资源厅印发《山东省国家高速公路荣成—乌海线荣成至文登段及起点连接线工程地质灾害危险性评估成果备案证明》(鲁国土资灾评备字〔2007〕32号)。

省文化厅印发《关于荣成乌海线荣成至文登段工程文物保护的意见》(鲁文物〔2007〕61号)。

文登市政府印发《文登市人民政府关于国家高速公路网荣成至乌海线荣成至文登段路线走向的意见》(文政发〔2006〕12号)。

荣成市国土资源局印发《荣乌高速公路项目用地土地利用总体规划修改方案》。

荣成市国土资源局印发《荣乌高速公路项目建设用地对土地利用总体规划对规划实施的影响评估报告》。

3. 参建单位主要情况

1) 建设单位

建设单位为山东高速集团有限公司,2007年变更为省交通厅公路局,2015年10月变更为齐鲁交通发展集团有限公司。

2) 设计单位

山东省交通规划设计院。

3) 施工单位

通过招投标,本项目有22个施工单位参与建设,其中主体工程4个,房建工程4个,机电工程1个,交通安全设施工程10个,绿化工程3个。

4) 监理单位

本项目设置1个总监办公室,负责全线施工监理工作。

(二) 建设情况

1. 项目准备阶段

1) 有关批复

2007年11月,国家环保总局批复《关于国家高速公路网荣成—乌海线荣成至文登段工程环境影响报告表的批复》(环审〔2007〕517号)。

2009年12月,交通运输部批复《关于荣成至文登公路初步设计的批复》(公路发〔2009〕741号)。

2013年7月,国土资源部复函省国土资源厅《关于青岛至银川国道主干线公路控制工期的单体工程先行用地》(国土资厅函〔2013〕661号)。

2013年9月,省交通运输厅批复《山东省交通运输厅关于山东省荣成至文登高速公路施工图设计文件的批复》(鲁交建管〔2013〕91号)。

2014年9月,国土资源部批复《关于荣成至文登公路工程建设用地的批复》(国土资函〔2014〕463号)。

2)合同段划分

根据各专业的工程内容划分标段如下:

施工单位共22个标段,其中主线路桥工程3个标段,房建工程4个标段,标志工程2个标段,标线工程2个标段,隔离栅工程3个标段,护栏工程3个标段,绿化工程3个标段,机电工程1个标段,荣成连接线路面工程1个标段。

施工监理标段划分:根据工程内容设1个总监办公室。

3)招投标

本项目由山东高速集团于2009年进行了设计招标,中标单位为山东省交通规划设计院。省交通运输厅公路局于2013年进行了施工招标,中标施工单位共22家,其中主线路桥工程为山东省昆仑路桥工程有限公司等4家单位,房建工程为山东省路桥集团有限公司等4家单位,交通安全设施工程为中交路桥建设有限公司、山东泰山路桥工程公司等10家单位,绿化工程为山东中天元科技有限公司等3家单位,机电工程为山东博安智能科技股份有限公司;监理单位为济南北方交通工程咨询监理有限公司。

2. 项目实施阶段

主体工程于2013年7月开工,2015年11月完工。
房建工程于2014年9月开工,2015年12月完工。
机电工程于2015年7月开工,2015年12月完工。
交通安全设施工程于2015年7月开工,2015年12月完工。
绿化工程于2015年3月开工,2015年12月完工。

(三)运营养护管理

1. 服务设施

全线设置文登服务区1处。

2. 收费设施

本项目在大疃、张家产和侯家设置匝道收费站3处,在荣成设置主线收费站1处,采用人工加计算机收费方式。截至2016年底,共设收费车道31条,其中ETC车道8条。

3. 养护管理设施

本项目设置养护工区1处。

4. 监控设施

本项目设置信息监控中心1处。

5. 运营管理模式的变化

本路段建成通车后由省厅公路局负责运营管理,根据省政府鲁政办字〔2015〕148号文,自2015年10月起,本项目由齐鲁交通发展集团运营管理。

二、G18(荣成—乌海)威海至烟台(轸格庄)段

(一)项目概况

1. 基本情况

1)技术标准

全线为近海的平原微丘地形,越岭处起伏较大,大河处地势较低洼,整个地形向海边倾斜。土质大部分为砂性土,少部分为黏性土。

采用双向四车道高速公路标准,设计速度100km/h,路基宽度23.0m。桥涵设计汽车荷载等级公路—Ⅰ级。

2)建设规模

本项目全长49.415km,大桥1407.62m/5座,中桥175.0m/3座;互通式立交4处,天桥5座;主线收费站1处,匝道收费站4处。

3)主要控制点

双岛海湾大桥、北海互通(S204)、牟平互通(S206)。

4)投资规模与资金筹措

项目总投资4.1亿元,资本金来源分为交通部拨款和省交通厅从养路费中解决,其余资金采用银行贷款。

5)开工及通车时间

威海境于1991年6月开工建设,1993年12月建成通车;烟台境于1992年4月开工建设,1994年10月建成通车。

2. 前期决策情况

1988年6月,省交通厅印发《关于呈报烟台—威海汽车专用公路设计任务书的函》(鲁交公字〔1988〕33号)。

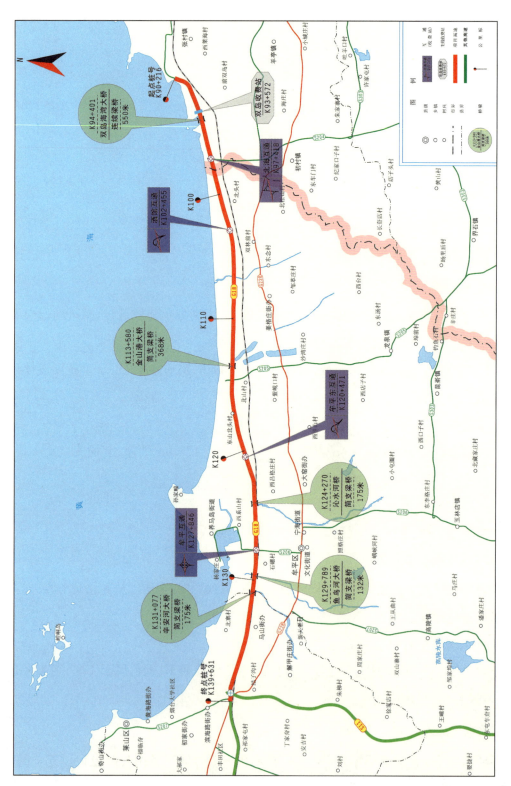

G18（荣成—乌海）威海至烟台（桃格庄）段路线总体平面示意图

3. 参建单位主要情况

1）建设单位

项目建设单位为省公路管理局，执行单位是烟台市公路管理局和威海市公路管理局。

2）设计单位

烟台段由烟台市公路勘察设计院设计；威海段由威海市公路勘察设计院设计；其中，双岛海湾大桥主要由上海市政工程研究所设计。

3）施工单位

威海段路面工程施工单位为威海市公路管理局环翠公路管理站，双岛海湾大桥工程施工单位为交通部第一航务工程局第二工程公司。

烟台段工程施工主要由烟台市公路管理段承担。

4）监理单位

威海段由威海市公路管理局负责，烟台段由烟台市公路管理局负责。

（二）建设情况

1. 项目准备阶段

1）有关批复

1988年8月，省计委批复《关于烟台—威海汽车专用公路设计任务书》[(88)鲁计基字第469号]。

1990年1月，省交通厅批复《关于烟台至威海汽车专用公路初步设计》（鲁交公〔1990〕6号）。

1990年12月，省计委批复《烟台—威海公路计划任务书》[(90)鲁计工—(基)字第1134号]。

1991年9月，省交通厅批复《烟台至威海汽车专用公路初步设计及概算》（鲁交公〔1991〕61号）。

2）合同段划分

威海段共分3个合同标段，路基桥涵及路面2个标段，大桥1个标段。

烟台段共分27个合同标段，路基桥涵及路面26个标段，大中桥11个标段。

3）招投标

1991年7月，威海段双岛海湾公路大桥评标会议在威海市召开，确定了各中标单位。

烟台段工程施工采用议标的方式由烟台市公路管理段承担，工程质量监理由烟台市公路管理局负责。

2. 项目实施阶段

威海段主体工程于1991年5月开工,1993年9月完工,1993年12月建成通车。

烟台段主体工程于1992年4月开工,1994年10月完工,1994年12月建成通车。

1995年11月,省交通厅质量监督检测中心对该工程进行了检测,路面工程质量等级为优良,桥梁工程质量等级为合格,并以鲁交安监工〔1995〕7号文发布《关于发布对烟台—威海一级路工程质量等级鉴定意见的函》。

(三)技术复杂工程

复杂技术工程主要为双岛海湾大桥。

双岛海湾跨海大桥全长557.62m,宽23m,中间设1.5m宽分隔带,为11×50m灌注桩预应力钢筋混凝土简支T梁结构,横跨双岛海湾,是烟威一级公路上最大的桥梁,也是山东省第一座跨海大桥。

(四)科技创新

本项目烟台段引进FIDIC条款,并结合烟台的实际情况制订了一套行之有效的现代化管理办法,为烟台的工程队伍走向国内、国际市场创造了条件。

该工程沿海岸选线,全线路基跨越大量的虾池、鱼塘和大口井,路基采用海砂填筑,创造了山东省填海砂路基设计与施工的先例,为工程节约了大量的资金,同时还加快了进度。

(五)运营养护管理

1. 收费设施

本项目共设置收费站5处,双岛海湾大桥东设置主线收费站1处,匝道收费站4处,采用人工加计算机收费方式。截至2016年底,共设收费车道37条,其中ETC车道9条。

2. 养护管理设施

本项目设置轸格庄、双岛2处养护工区。2008年对K113+320～K138+258段进行了大修改造;2010年对K98+33～K113+320段下行路段进行了大修改造。

3. 监控设施

全线设双岛、北海和烟台3处监控中心。

(六)运营管理模式的变化

由马龙高速公路有限公司负责运营管理。

三、G18(荣成—乌海)烟台绕城(轸格庄)至八角段

(一)项目概况

1. 基本情况

1)技术标准

本路段通过地带位于胶东半岛西北部,环绕黄海南海岸,属低山丘陵地貌单元,地势较为平坦,海拔高度在 10~100m。

采用双向四车道高速公路标准,设计速度 120km/h,路基宽度 26.0m。桥涵设计汽车荷载等级公路—Ⅰ级。

2)建设规模

烟台绕城(轸格庄)至八角段建设里程 45.755km(包括现 S7402 西港区疏港高速公路的 3.4km 与改建的 0.8km 侯家互通)。运营里程全长 41.555km,大桥 415.79m/2 座,中桥 410.38m/7 座;互通式立交 5 处。

3)主要控制点

莱山互通(S208)、杜家疃互通(G204)、崇义互通(S210)、东厅互通(S308)。

4)投资规模与资金筹措

项目概算投资 9.85 亿元。交通部补助 2.158 亿元,占总造价的 20%,山东省及烟台市自筹 6.474 亿元,占总造价的 60%,国内银行贷款或发行公路债券 2.158 亿元,占总造价的 20%。

5)开工及通车时间

1996 年 5 月开工建设,1998 年 9 月建成通车。

2. 前期决策情况

省交通厅以《关于报送〈同江—三亚国道主干线烟台过境线公路项目建议书〉的请示》(鲁交计〔1994〕209 号)报送交通部。

1994 年 12 月,交通部以《关于烟台绕城公路项目建议书的批复》(交计发〔1994〕1254 号)批准建设烟台绕城公路。

1995 年 3 月,交通部批复《关于烟台绕城公路可行性研究报告的批复》(交计发〔1995〕269 号)。

3. 参建单位主要情况

1)建设单位

项目建设单位为省公路管理局,执行单位是烟台市公路管理局。

山 东
高速公路建设实录

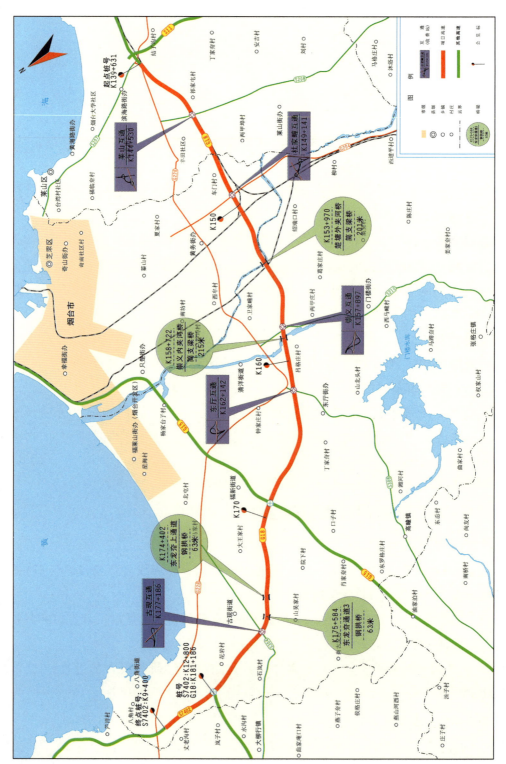

G18（荣成—乌海）烟台绕城（辛格庄）至八角段路线总体平面示意图

2）设计单位

烟台市公路勘察设计院。

3）施工单位

21个施工单位参与建设,其中主体工程8个,交通安全设施13个。

4）监理单位

天津道桥监理公司和省交通工程监理咨询公司。

(二)建设情况

1. 项目准备阶段

1）有关批复

1995年9月,交通部下发《关于烟台绕城公路初步设计的批复》(交公路发〔1995〕868号)。

1996年5月,交通部下发《关于烟台绕城公路开工批复》(交公路发〔1996〕414号)。

2）合同段划分

设计1个合同段,土建施工8个合同段,监理2个合同段。

3）招投标

招标时间为1995年11月,交通部第一公路工程总公司第五工程公司等7家单位为主体工程施工中标单位,山东省交通监理咨询公司烟台公司为监理中标单位。

2. 项目实施阶段

主体工程于1996年5月开工,1998年7月完工。

水泥混凝土路面于1996年10月开工,1998年5月完工。交通安全设施于1996年10月开工,1998年7月完工。

1998年9月,省交通厅建设质量监督站安排省公路检测中心和山东交通建设检测中心,根据《公路工程质量鉴定办法》,对该项目进行交工质量鉴定,评分为92.55分,工程质量等级为优良。

2002年11月,省交通质监站发布烟台绕城高速公路质量监督报告,工程质量评分为92.56分,工程质量等级为优良级。

(三)运营养护管理

1. 收费设施

本项目共设置收费站5处,采用人工加计算机收费方式。截至2016年底,设置收费车道数31条,其中ETC车道10条。

2. 养护管理设施

设置杜家疃养护工区。2001年,增设东厅互通;2002年,增设蓝烟复线公铁立交(楚塘桥1);2003年,K153+780~K173+000段路面大修;2004年,K173+000~K181+186段大修;2009年,崇义内夹河大桥维修加固,拆除原桥面铺装后浇筑厚度平均约14cm的C45聚丙烯纤维混凝土,莱山互通B、H、I匝道续建;2010年,K139+631~K153+78段水泥混凝土路面大修;2012年,莱山收费站迁建,由主线迁往匝道;2014年,因荣威青烟城际铁路工程需要,对莱山互通部分匝道改建。

3. 监控设施

本项目设置莱山监控中心1处,与莱山管理处合址办公。

4. 运营管理模式的变化

本路段建成通车后由省厅公路局负责运营管理,根据省政府鲁政办字〔2015〕148号文,自2015年9月起,本项目由齐鲁交通发展集团运营管理。

四、G18(荣成—乌海)烟台(八角)至黄山馆段

(一)项目概况

1. 基本情况

1)技术标准

项目所属地貌单元为低山丘陵区和河流冲积平原区。总体地形特征为东西部高,中部低,最大高程132m,最低高程30m。低山丘陵区内地形起伏变化大,沟谷发育,冲积平原区地形平缓,河流较为发育。

采用双向四车道高速公路标准,设计速度120km/h,路基宽度28.0m。桥涵设计汽车荷载等级公路—Ⅰ级。

2)建设规模

项目起自烟台绕城高速公路八角枢纽,止于烟台黄山馆,全长77.5km。设互通式立交5处,分离式立交17座;大桥3447.14m/17座,中桥2642.57m/36座;管理处1处;服务区1处;收费站4处。

3)主要控制点

烟台绕城高速公路八角枢纽(S7402)、大辛店互通(S209)、于家庄互通(G517)、黄城互通(S213)、龙口互通(S304)。

4)投资规模与资金筹措

项目概算投资22.447亿元,竣工决算投资22.126亿元。其中交通部拨款1.54亿元,省交通厅自筹拨款7.4312亿元,省交通厅委托贷款拨款0.3533亿元,省交通厅拨统

第二篇/第一章
国家高速公路

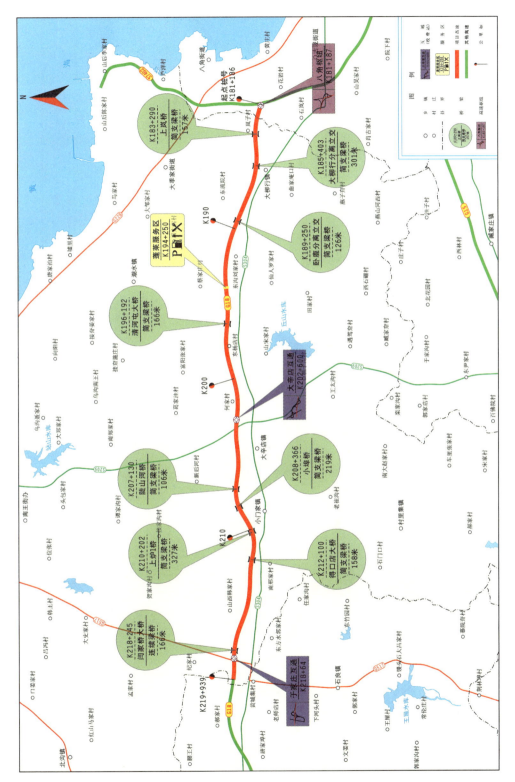

G18(荣成—乌海)烟台(八角)至黄山馆路段路线总体平面示意图(一)

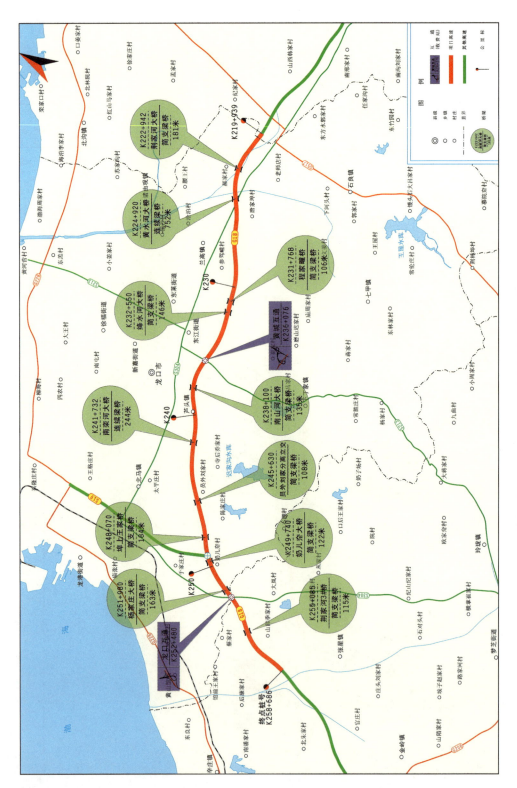

G18（荣成—乌海）烟台（八角）至黄山馆段路线总体平面示意图（二）

贷款12.605亿元。

5）开工及通车时间

2001年8月开工建设,2005年11月建成通车。

2. 前期决策情况

1999年,交通部下发《关于国道206线烟台至黄山馆公路项目建议书的批复》(交规划发〔1999〕365号)。

2000年9月,交通部下发《关于国道206线烟台至黄山馆公路可行性研究报告的批复》(交规划发〔2000〕495号)。

3. 参建单位主要情况

1）建设单位

项目建设单位为省公路管理局,执行单位是烟台市公路管理局。

2）设计单位

山东省交通规划设计院。

3）施工单位

山东东方路桥建设总公司等9家单位。

4）监理单位

山东省交通工程监理咨询公司等5家单位。

(二) 建设情况

1. 项目准备阶段

1）有关批复

2001年3月,交通部下发《关于国道206线烟台至黄山馆公路初步设计的批复》(交公路发〔2001〕98号)。

2004年8月,省交通厅下发《关于国道206线高速公路烟黄段工程施工图预算的批复》(鲁路基〔2004〕70号)。

2）合同段划分

设计1个合同段,施工、监理各8个合同段。

3）招投标

施工一期工程主要包括路基、路面、桥涵工程。2001年6月,确定山东东方路桥建设总公司等9家单位为承建中标单位;2002年12月,确定山东中天元科技有限公司等35家单位为承建二期工程(含交通工程、绿化工程、房建工程)中标单位;2003年9月,确定潍坊市筑路机械厂等11家单位为承建三期工程(含雨棚、活动护栏、挡车器、收费亭、高杆灯、信号灯）共9个施工合同段中标单位；2003年7月，招标确定中铁十四局集团等5家单位承建招远连接线工程共5个施工合同段。

2001年6月，确定省交通工程监理咨询公司中标组建总监代表处，滨州市公路工程监理有限公司、山东格瑞特监理咨询有限公司、聊城三山公路工程监理有限公司和潍坊华潍公路工程监理处4单位中标组建驻地监理处。2003年7月，烟台市方正公路工程监理咨询有限公司中标组建招远连接线驻地监理处。

2. 项目实施阶段

路基主体工程于2001年8月开工，2003年6月完工。

桥梁主体、小型构造物于2001年8月开工，2002年11月完工。

桥面铺装和附属工程于2001年8月开工，2003年6月完工。

防护工程于2001年8月开工，2003年6月完工。

路面工程于2001年8月开工，2003年8月完工。

（三）运营养护管理

1. 服务设施

设置蓬莱服务区1处。

2. 收费设施

本项目共设置收费站4处，采用人工加计算机收费方式。截至2016年底，收费车道数量共计26条，其中ETC车道8条。

3. 养护管理设施

设置蓬莱养护工区。

4. 监控设施

本项目设置蓬莱监控中心1处，中心与蓬莱管理处合址办公。

5. 运营管理模式的变化

本路段建成通车后由省厅公路局负责运营管理，根据省政府鲁政办字〔2015〕148号文，自2015年9月起，本项目由齐鲁交通发展集团运营管理。

五、G18（荣成—乌海）烟台黄山馆至青岛新河段（烟台段）

（一）项目概况

1. 基本情况

烟台黄山馆至青岛新河段即原G206线黄山馆至新河公路，全长86.675km，其中烟台段77.235km，青岛段9.44km。

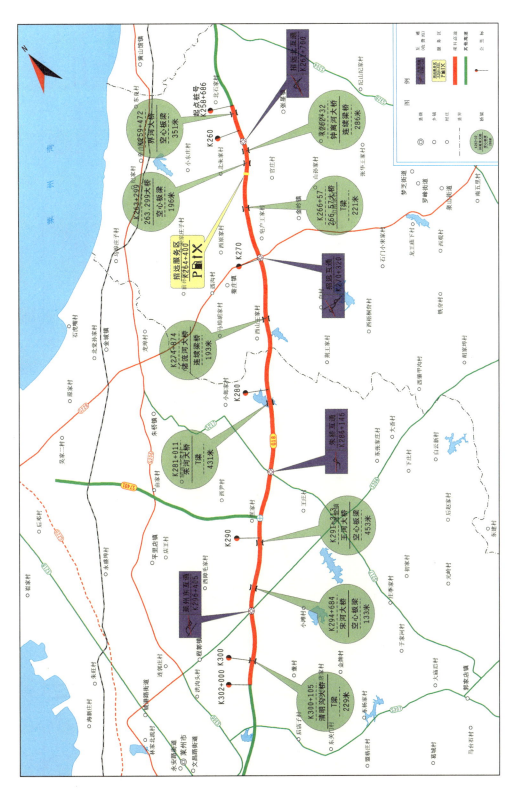

G18(荣成—乌海)烟台黄山馆至青岛新河段(烟台段)路线总体平面示意图(一)

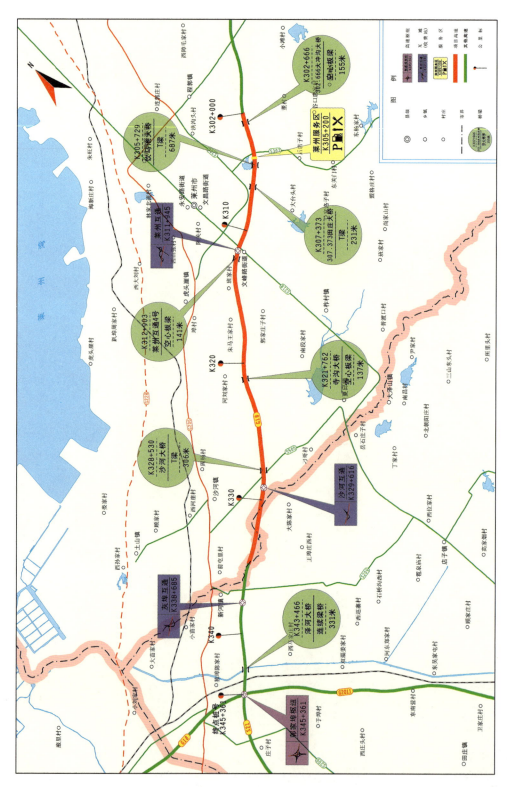

G18(荣成—乌海)烟台黄山馆至青岛新河段(烟台段)路线总体平面示意图(二)

1）技术标准

项目所属的地貌单元为低山丘陵区和河流冲积平原区。低山丘陵区内地形起伏变化大，沟谷发育，冲积平原区地形平缓，河流水系较为发育。

采用双向四车道高速公路标准，设计速度120km/h，路基宽度28.0m。桥涵设计汽车荷载等级公路—Ⅰ级。

2）建设规模

烟台段全长77.235km。大桥4010.22m/14座，中桥723.44m/10座；互通式立交6处；收费站6处；服务区2处。

3）主要控制点

招远互通（G228）、朱桥互通（S217）、莱州东互通（S306）、沙河互通（S505）。

4）投资规模与资金筹措

项目概算投资22.588亿元。项目到位资金18.880亿元，其中：交通部拨款1.78亿元；省交通厅自筹拨款6.540亿元；省交通厅委托贷款0.576亿元；省交通厅拨统贷款9.984亿元。

5）开工及通车时间

2002年3月开工建设，2003年11月建成通车。

2. 前期决策情况

2000年1月，交通部以交规划发〔2000〕25号文批复G206线黄新段高速公路项目建议书。

2001年6月以交规划发〔2001〕281号文、2001年9月以交规划发〔2001〕551号文批复G206线黄新段高速公路可行性研究报告。

3. 参建单位主要情况

1）建设单位

项目建设单位为省公路管理局，执行单位是烟台市公路管理局。

2）设计单位

山东省交通规划设计院。

3）施工单位

本项目有8个施工单位参与建设，其中主体工程8个。

4）监理单位

项目设置1个总监办公室、4个驻地监理办公室。

（二）建设情况

1. 项目准备阶段

1）有关批复

2001年9月,交通部以交公路发〔2001〕570号文批复G206线黄新段高速公路初步设计。

2)合同段划分

设计标段:划分1个标段。

施工标段:划分8个主体工程合同段。

监理标段:划分4个合同段。

3)招投标

山东省交通规划设计院中标本项目初步设计和施工图设计工作。

2002年1月,确定山东省公路工程总公司滨州分公司等8家单位为主体工程(路基、桥涵、路面、互通、防护、排水)8个合同段施工中标单位。

2002年1月,确定山东省圣地公路工程监理咨询中心等4家单位为主体工程监理中标单位。

房建工程招标情况按鲁路基函〔2003〕8号和22号文的有关事宜和有关问题的批复执行。

2. 项目实施阶段

路基桥涵工程于2002年3月开工,于2003年5月完工。

路面工程于2003年3月开工,于2003年9月完工。

附属工程于2002年3月开工,于2003年9月完工。

(三)科技创新

五合同饮马池大桥沥青混凝土铺装掺加德兰尼特(DolAnit)AS道路专用纤维,路面抗渗能力和抗车辙能力有了较大提高;全线大中桥伸缩缝混凝土均掺入了聚丙烯纤维,增强了混凝土抗裂缝、抗磨损能力,提高了耐久性;全线几处大挖方路段均采用予列爆破和光面爆破相结合的施工方案,减少了对岩体的破坏。

对沥青路面面层,采用当时国际上比较先进的改性沥青SMA路面结构,使全线沥青路面面层达到了抗高温、抗车辙、抗滑、抗噪声能力及增加透水能力,既提高了路面工程质量,又延长了使用寿命。

为预防危化物品污染桥下水体,于沿线4座长大桥处增设了径流排污收集系统,防止产生突发恶性水污染事故。

(四)运营养护管理

1. 服务设施

全线设置招远和莱州2个服务区。

2. 收费设施

本项目共设置收费站 6 处,采用人工加计算机收费方式。截至 2016 年底,收费车道数量共计 31 条,其中 ETC 车道 12 条。

3. 养护管理设施

设置莱州养护工区 1 处。

4. 监控设施

本项目设置莱州监控中心,与管理处合址办公,负责 G18 荣乌高速公路黄山馆至新河(烟台段)的运营监管。

5. 运营管理模式的变化

本路段建成通车后由省厅公路局负责运营管理,根据省政府鲁政办字〔2015〕148 号文,自 2015 年 9 月起,本项目由齐鲁交通发展集团运营管理。

六、G18(荣成—乌海)烟台黄山馆至青岛新河段(青岛段)

(一)项目概况

1. 基本情况

烟台黄山馆至青岛新河段即原 G206 线黄山馆至新河公路,全长 86.675km,其中烟台段 77.235km,青岛段 9.44km。

1)技术标准

项目属平原地貌,多为黏土、亚黏土、粉土,地势南高北低。采用双向四车道高速公路标准,设计速度 120km/h,路基宽度 28.0m。桥涵设计汽车荷载等级公路—Ⅰ级。

2)建设规模

本项目全长 9.44km,大桥 331.06m/1 座,中桥 298.23m/4 座;互通式立交 1 处。

3)主要控制点

灰埠互通、郭家埠枢纽(G2011)。

4)投资规模与资金筹措

项目概算投资 2.3957 亿元,竣工决算投资 2.2404 亿元。资金来源:省交通厅公路局拨款 0.833 亿元,省交通厅统贷资金 1.320 亿元。

5)开工及通车时间

2002 年 3 月开工,2003 年 12 月建成通车。

2. 前期决策情况

2000 年 1 月,交通部以交规划发〔2000〕25 号文批复 G206 线黄新段高速公路项目建议书。

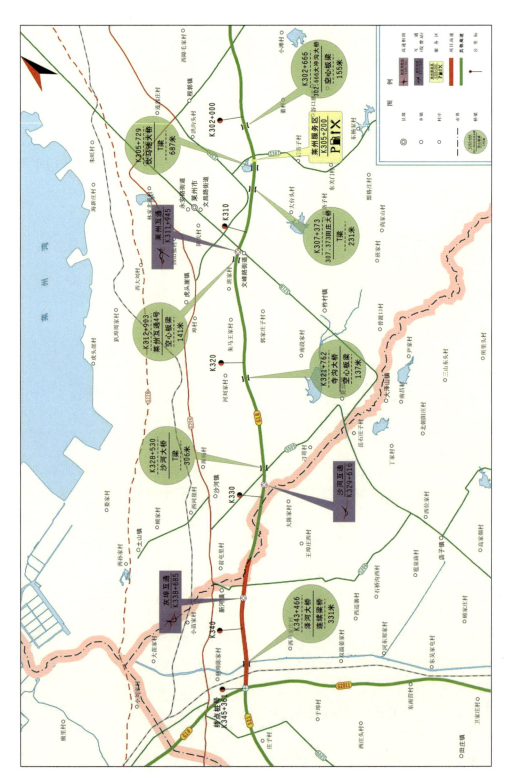

G18（荣成—乌海）烟台黄山馆至青岛新河段（青岛段）路线总体平面示意图

2001年6月以交规划发〔2001〕281号文、2001年9月以交规划发〔2001〕551号文批复G206线黄新段高速公路可行性研究报告。

3. 参建单位主要情况

1）建设单位

山东省交通厅公路局。

2）设计单位

山东省交通规划设计院。

3）施工单位

本项目有8个施工单位参与建设，其中主体工程1个，房建工程1个，绿化工程6个。

4）监理单位

本项目设置1个总监办公室，负责全线施工监理工作。

（二）建设情况

1. 项目准备阶段

1）有关批复

2001年9月，交通部以交公路发〔2001〕570号文批复G206线黄新段高速公路初步设计。

2）合同段划分

根据各专业的工程内容划分标段如下：

设计标段：划为1个标段。

施工标段：划分主体工程1个标段，房建工程1个标段，绿化工程5个标段。

监理标段：设1个总监办公室。

3）招投标

山东省交通规划设计院中标本项目初步设计和施工图设计工作。

山东省公路工程总公司为第9合同段主体工程中标单位，青岛太行环境工程有限公司等5家单位为绿化工程施工中标单位。

泰安市公路工程监理咨询公司为工程监理中标单位。

房建工程招标情况按鲁路基函〔2003〕8号和22号文的有关事宜和有关问题的批复执行。

2. 项目实施阶段

主体工程和房建工程分别于2002年3月和6月开工，2003年12月路段建成通车。

（三）运营养护管理

1. 收费设施

本项目共设置收费站1座，采用人工加计算机收费方式。截至2016年底，收费车道数量共计4条,其中ETC车道2条。

2.养护管理设施

设置新河养护工区1处。

2010年对灰埠收费站雨棚进行专项改造;2016年对K336+839通道桥进行专项维修加固。

3.监控设施

本项目与莱西管理处合址设置莱西监控分中心,负责青岛段的运营监管。

4.运营管理模式的变化

本路段建成通车后由省厅公路局负责运营管理,根据省政府鲁政办字〔2015〕148号文,自2015年9月起,本项目由齐鲁交通发展集团运营管理。

七、G18(荣城—乌海)青岛新河至东营辛庄子段

（一）项目概况

1.基本情况

荣成至乌海高速公路新河至辛庄子段建设里程全长105.272km,其中:青岛段长6.93km,潍坊段长85.72km,东营段长12.622km。潍坊、东营两段共长98.342km。

1）技术标准

项目属平原地貌,路线经过的地区为冲洪积平原及滨海洼地。采用双向四车道高速公路标准,设计速度120km/h,路基宽度28.0m。桥涵设计汽车荷载等级公路—Ⅰ级。

2）建设规模

本项目全长6.93km,中桥129.5m/2座;互通式立交2处（其中服务型互通1处,枢纽型互通1处),分离式立交1座;主线收费站1处。

3）主要控制点

郭家埠枢纽(G2011)。

4）投资规模与资金筹措

项目概算投资4.0057亿元,竣工决算投资4.5105亿元。

资金筹措:资金来源总计为4.400亿元,其中省交通运输厅自筹拨款1.336亿元,贷款3.064亿元。

5）开工及通车时间

2005年7月开工,2008年9月建成通车。

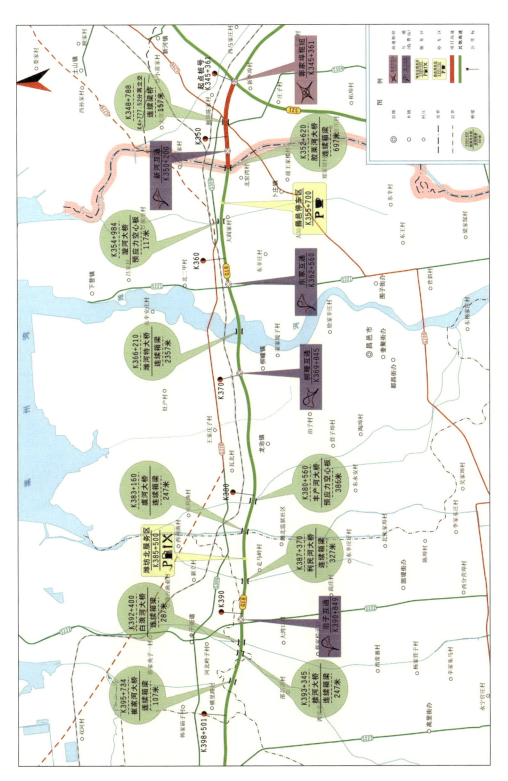

G18（荣成—乌海）青岛新河至东营辛庄子段（青岛段）路线总体平面示意图

2. 前期决策情况

2003年,省交通厅以《关于报送国家重点公路威海至乌海线新河至辛庄子段项目建议书的请示》(鲁交规划〔2003〕68号)报送交通部。

2003年,交通部印发《关于新河至辛庄子公路项目建议书的批复》(交规划发〔2003〕535号)。

2004年,青岛市交委以《关于呈报〈国家重点公路威海至乌海线青岛境段工程可行性研究报告〉的请示》(青交规划〔2004〕6号)报送交通部。

2004年,交通部印发《关于威海至乌海公路青岛段可行性研究报告的批复》(交规划发〔2004〕679号)。

3. 参建单位主要情况

1) 建设单位

省交通厅公路局、青岛市公路管理局。

2) 设计单位

主体、房建、机电及交通工程:山东省交通规划设计院。

绿化工程:山东省济青高速绿化工程有限公司、山东光合园林设计事务所有限公司。

3) 施工单位

本项目有6个施工单位参与建设,其中主体工程1个,房建工程1个,机电工程1个,交通安全设施工程2个,绿化工程1个。

4) 监理单位

本项目设置1个总监代表处,路桥驻地、房建工程驻地和机电工程驻地监理处各1处。

(二) 建设情况

1. 项目准备阶段

1) 有关批复

2005年,交通部印发《关于威海至乌海公路青岛段初步设计的批复》(交公路发〔2005〕125号)。

2006年,省交通厅印发《关于国家重点高速公路荣成至乌海线新河至辛庄子段高速公路施工图设计的批复》(鲁交规划〔2006〕182号)。

2006年,国土资源部下达《关于威乌线青岛段新河至辛庄子段高速公路建设用地的批复》(国土资函〔2006〕676号)。

2)合同段划分

设计标段:主体工程1个标段,房建工程1个标段,绿化工程1个标段,机电工程1个标段。

施工标段:主体工程1个标段,机电工程1个标段,房建工程1个标段,绿化工程1个标段,交通安全设施工程2个标段。

监理标段:设1个总监办公室,1个主体工程驻地监理标段,1个房建工程监理标段,1个机电工程监理标段。

3)招投标

2004年5月,确定青岛路桥建设集团有限公司为主体工程施工中标单位。2005年6月,确定东营市信诚监理咨询有限公司为施工监理中标单位。

确定青岛胶城建设集团有限公司为房建主体工程施工中标单位,山东东泰交通建设监理咨询有限公司为房建工程监理中标单位。

确定中咨泰克交通工程公司为机电项目施工中标单位,青岛路桥集团有限公司为护栏、隔离栅施工中标单位,山西路达实业总公司为标志、标线施工中标单位,山东沂河源园林发展有限公司为绿化施工中标单位,省交通工程监理咨询公司为机电等项目监理中标单位。

2.项目实施阶段

主体工程于2005年7月开工,2008年8月完工。

房建工程于2007年8月开工,2008年8月完工。

交通安全设施和绿化工程于2008年3月开工,2008年8月完工。

2008年9月,省交通厅公路局及青岛市公路管理局组织质监、设计、监理、施工、接养单位对该项目进行了交工验收,工程质量等级为合格。

2010年11,省交通厅基本建设工程质量监督站根据《公路工程竣(交)工验收办法》对项目进行了竣工质量鉴定。

(三)科技创新

对沥青路面面层,采用当时国际上比较先进的改性沥青SMA路面结构,使全线沥青路面面层达到了抗高温、抗车辙、抗滑、抗噪声能力及增加透水能力,既提高了路面工程质量,又延长了使用寿命。

(四)运营养护管理

1.收费设施

本项目共设置收费站1座,采用人工加计算机收费方式。截至2016年底,收费车道数量共计6条,其中ETC车道2条。

2.养护管理设施

与新河养护工区合址办公。

2008年扩建养护工区管理用房;2016年对新河收费站进行更新改造。

3.监控设施

莱西监控分中心负责本路段的运营监管。

4.运营管理模式的变化

本路段建成通车后由省厅公路局负责运营管理,根据省政府鲁政办字〔2015〕148号文,自2015年9月起,本项目由齐鲁交通发展集团运营管理。

八、G18(荣成—乌海)新河至东营辛庄子段(潍坊、东营段)

(一)项目概况

荣成至乌海高速公路新河至辛庄子段全长105.272km,其中:青岛段长6.93km,潍坊、东营段共长98.342km。

1.基本情况

1)技术标准

项目属潍坊北部沿海滩涂,地势低平,多为盐渍粉砂土。采用双向四车道高速公路标准,设计速度120km/h,路基宽度28.0m。桥涵设计汽车荷载等级公路—Ⅰ级。

2)建设规模

本路段全长98.342km,特大桥3564.12m/2座,大桥3520.16m/15座,中桥1465.34m/20座;互通式立交7处,分离式立交12座,天桥3座;服务区2处,停车区2处;管理处1处;收费站6处。

3)主要控制点

东冢互通(S221)、泊子互通(S222)、侯镇互通(S224)、卧铺互通(S226)、辛庄子枢纽(G25)。

4)投资规模与资金筹措

项目概算投资总额为37.68亿元。工程决算37.58亿元。

资金筹措:项目资本金来源为交通部补助及省交通厅自筹拨款,其他款项来源为银行贷款。

5)开工及通车时间

2005年7月开工建设,2008年9月建成通车。

第二篇/第一章
国家高速公路

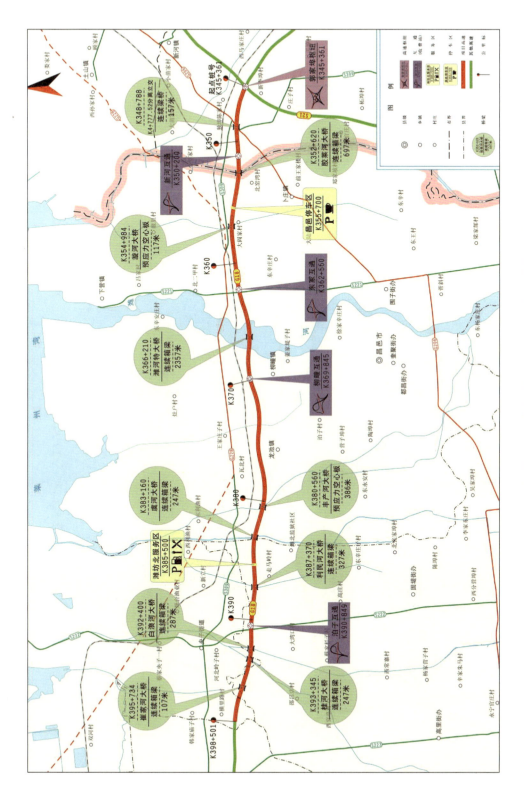

G18（荣成—乌海）青岛新河至东营辛庄子段（潍坊、东营段）路线总体平面示意图（一）

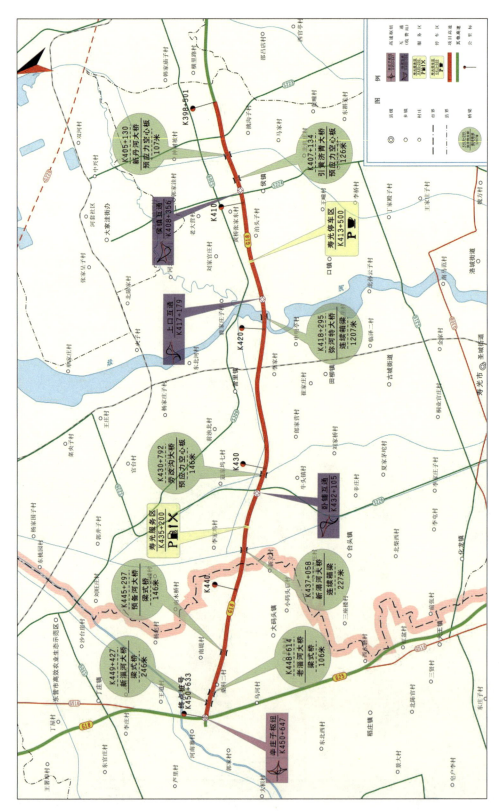

2. 前期决策情况

2003年,省交通厅以《关于报送国家重点公路威海至乌海线新河至辛庄子段项目建议书的请示》(鲁交规划〔2003〕68号)报送交通部。

2003年,交通部印发《关于新河至辛庄子公路项目建议书的批复》(交规划发〔2003〕535号)。

2004年,交通部印发《关于威海至乌海公路青岛段可行性研究报告的批复》(交规划发〔2004〕679号)。

2004年7月,省环保局印发《关于国家重点公路威海至乌海线新河至滨州段公路建设工程环境影响报告书的批复》(鲁环审〔2004〕58号)。

2004年,交通部印发《关于新河(青潍界)至辛庄子公路可行性研究报告的批复》(交规划发〔2004〕680号)。

3. 参建单位主要情况

1)建设单位

项目建设单位为省交通运输厅公路局,执行单位为潍坊市公路局和东营市公路局。

2)设计单位

主体、房建、交通工程设计单位:山东省交通规划设计院。

绿化工程设计单位:山东省济青高速绿化工程有限公司、山东光合园林设计事务所有限公司。

3)咨询单位

中国公路工程咨询集团有限公司。

4)施工单位

共分12个合同段。主体工程12家承建,机电工程1家,房建工程10家,绿化工程12家,交通安全设施工程20家,配套设施34家。

5)监理单位

监理单位:总监代表处为山东恒建工程监理咨询有限公司;6个驻地监理处为东营市信诚监理咨询中心等;房建驻地监理处为山东东泰交通建设监理咨询有限公司等3家单位;机电驻地监理处为省交通工程监理咨询公司。

(二)建设情况

1. 项目准备阶段

1)有关批复

2005年,交通部下发《关于新河(青潍界)至辛庄子公路初步设计的批复》(交公路发

〔2005〕126号）。

2006年，省交通厅印发《关于国家重点公路荣成至乌海线新河至辛庄子段高速公路施工图设计的批复》（鲁交规划〔2006〕182号）。

2006年，国土资源厅印发《关于威乌线青岛段新河至辛庄子段高速公路建设用地的批复》（〔2006〕676号）。

2）合同段划分

设计标段：主体工程1个标段，房建工程1个标段，绿化工程2个标段，机电工程1个标段。

施工标段：主体工程12个标段，房建工程9个标段，交通工程24个标段，绿化工程12个标段，机电工程、配套设施49个标段。

监理标段：设1个总监办公室，6个驻地监理标段，3个房建监理处及1个机电监理处。

3）招投标

2005年5月，主体工程开标，确定青岛路桥建设集团有限公司、省公路工程总公司等10家施工单位和山东恒建工程监理咨询有限公司等7家监理单位为中标单位。

2007年4月，确定青岛胶城建设集团有限公司、山东正兴建筑安装公司等10家房建施工单位和山东东泰交通建设监理咨询有限公司等3家房建监理单位为中标单位。

确定山东沂河源园林发展有限公司、山东艺宛园林绿化工程有限公司等12家单位为绿化工程施工中标单位，青岛路桥建设集团有限公司、潍坊绿达公路工程有限公司、山东省路桥集团有限公司等20家单位为交通安全设施工程施工中标单位，山东康桥交通科技有限公司、山东巨匠装饰工程有限公司、江苏英泰机电有限公司等34家单位为配套设施工程施工中标单位。

2. 项目实施阶段

主体工程于2005年8月开工，2008年8月完工。

房建工程于2007年8月开工，2008年8月完工。

交通安全、配套设施和绿化工程于2008年3月开工，2008年8月完工。

2008年9月，由交通部基本质量监督总站根据《公路工程质量鉴定办法》对项目进行了竣工质量鉴定，评分为98.16分，等级为合格。

2009年12月，交通运输部完成专项验收。

2010年1月，省环保厅完成环评专项验收。

2011年12月底，交通运输部组织专家成立竣工验收委员会，对该项目进行竣工验收，工程质量评分为93.4分，等级为优良。

(三)运营养护管理

1. 服务设施

全线设置昌邑、寿光2处停车区,潍坊北、寿光2处服务区。

2. 收费设施

本项目共设置6处收费站,采用人工加计算机收费方式。截至2016年底,收费车道数量共计38条,其中ETC车道12条。

3. 养护管理设施

全线设置昌邑、柳疃2处养护工区。

2010年3月,本项目K448+252拖通11号右幅通道桥因油罐车交通事故起火,桥面和上部结构烧毁,同年对大桩号侧左右幅的一孔桥面板进行更换,桥面进行了大修。

4. 监控设施

本项目设置1处监控信息中心。

5. 运营管理模式的变化

本路段建成通车后由省厅公路局负责运营管理,根据省政府鲁政办字〔2015〕148号文,自2015年7月起,本项目由齐鲁交通发展集团运营管理。

九、G18(荣成—乌海)辛庄子至邓王段(辛庄子至东营黄河大桥段)

(一)项目概况

1. 基本情况

荣成至乌海高速公路辛庄子至邓王段,起自东营辛庄子,利用已建成的原东营至青州高速公路,在垦利跨越黄河,迄于滨州邓王。包含辛庄子至东营黄河大桥段、东营黄河公路大桥段、东营黄河大桥至邓王段3个路段。

辛庄子至东营黄河公路大桥段利用东营至青州高速公路辛庄子至东营黄河大桥45.385km。辛庄子至济青高速公路43.415km计入G25长深高速公路广饶至青州段。

东营至青州高速公路是一个完整立项项目,所以,本文叙述的即是全长88.8km的东营至青州高速公路。

1)技术标准

该路段地处山东省中北部,地形起伏较小,地势平缓,地面高程东营境内为6.8~21.7m,青州境内为21.7~38.7m,是冲积平原基本地貌特征;主要为平坦的平原耕地,总趋势南高北低。

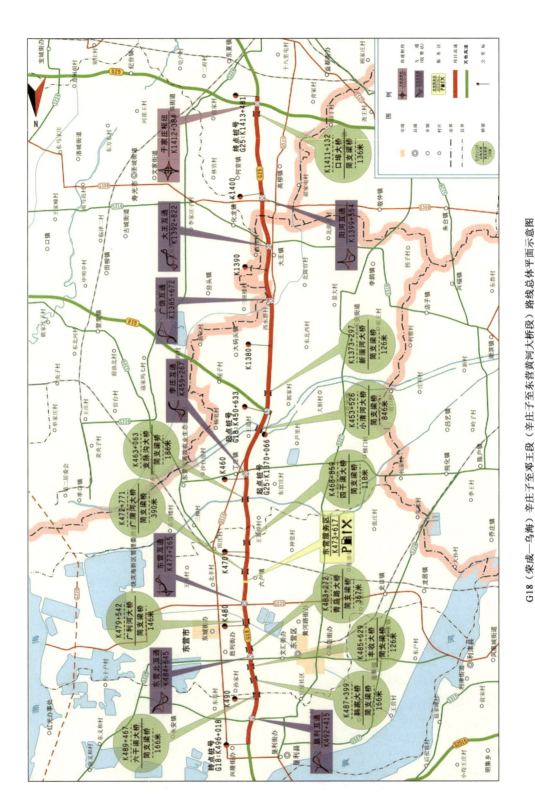

G18（荣成—乌海）辛庄子至邓王段（辛庄子至东营黄河大桥段）路线总体平面示意图

采用双向四车道高速公路标准,设计速度100km/h,路基宽度24.5m。桥涵设计汽车荷载等级公路—Ⅰ级。

2)建设规模

东青高速公路全长88.8km,其中:大桥3086m/12座,中桥647.62m/12座;互通式立交8处(其中服务型互通7处,枢纽型互通1处),分离式立交22座,天桥3座;匝道收费站7处;服务区1处;管理中心2处。

3)主要控制点

东营黄河大桥、垦利互通(S227)、东营北互通(S228)、东营互通(G220)、辛庄子、广饶互通(G516)、大王互通(S316)、于家庄枢纽(济青高速公路)。

4)投资规模与资金筹措

项目概算投资16.1919亿元,竣工决算投资14.378亿元。采用内部融资的形式筹集建设资金,分别由省公路局、胜利石油管理局、东营市公路管理局和潍坊市公路管理局筹资约10亿元,其余部分由山东东青公路有限公司贷款解决。

5)开工及通车时间

1998年4月开工建设,2000年9月建成通车。

2. 前期决策情况

1996年,省交通厅以《关于报送东红公路东营至济青路段工程项目建议书的报告》(鲁交计〔1996〕5号)报送省计委。

1996年10月,省计委印发《关于东红公路东营至青州段工程项目建议书的批复》[鲁计工—(基)字〔1996〕794号]。

1997年1月,省计委印发《关于东红公路东营至青州段工程可行性研究报告的批复》(鲁计交能字〔1997〕69号)。

3. 参建单位主要情况

1)建设单位

山东省交通厅公路局。

2)设计单位

华杰工程咨询有限公司,东营市、潍坊市公路勘察设计院。

3)施工单位

山东省公路工程总公司东营公司等9家公司承建项目施工。

4)监理单位

潍坊市交通工程监理中心组建总监代表处,下设北京育才交通工程监理咨询公司北方公司等5个驻地监理处。

(二)建设情况

1. 项目准备阶段

1)有关批复

1997年9月,省交通厅、省计委批复《关于东营至青州一级汽车专用公路的初步设计》(鲁交公〔1997〕15号)。

1997年11月,省政府发布《关于增列济南绕城高速公路东环线等项目为省重点建设项目通知》(鲁政字〔1997〕276号),明确东营至青州一级汽车专用公路为省重点工程。

1998年3月,省土地管理局印发《关于东营至青州一级汽车专用公路东营段用地执行计划的批复》(鲁土规字〔1998〕16号)。

1999年7月,国土资源部印发(国土资函〔1997〕337号),同意省政府《关于东红公路东营至青州段东营境内工程征用土地的请示》(鲁政发〔1998〕53号)。

2009年12月,省发改委以鲁发改能交〔2009〕1600号文件批复同意建设垦利互通立交工程。

2)合同段划分

施工标段:土建工程及交通工程各划为10个标段(含:粉喷桩标段1处),绿化工程划分19个标段,房建工程划分13个标段,收费网架划分7个标段,交通安全设施工程划分15个标段。

监理标段:设1个总监办公室,5个主体工程驻地监理标段,房建工程和机电工程监理各1个标段。

3)招投标

东青高速公路一期工程共分为9个合同段,其中东营境内为1~7合同段,潍坊段为8、9合同段。1998年3月,确定省公路工程公司东营公司等9家单位为路基、桥涵、路面工程施工中标单位,确定山东省公路工程总公司为粉喷桩施工中标单位。

东青高速公路建设项目管理办公室分别于1999年11月、2000年3月、2000年7月确定了交通工程、绿化工程及收费站网架工程招标施工单位,东营、潍坊两市业主代表与当地建委组织房建工程施工招标。

1998年4月,通过公开招标确定了潍坊市交通工程监理中心等5家监理单位。

2. 项目实施阶段

主体工程于1998年4月开工,2000年7月完工。

房建工程于1999年12月开工,2000年12月完工。

交通安全设施工程于2000年1月开工,2000年12月完工。

绿化工程于2000年4月开工,2000年8月完工。

2000年9月,省公路局和省公路建设项目管理办公室、东营、潍坊市公路局组织专家对东青高速公路进行了交工验收。

2000年9月,省厅质量监督站对项目进行了评定,评分为97.07分,质量等级为优良级。

2002年4月,省交通厅对该项目进行竣工验收,等级为优良。

(三)技术复杂工程

1. 小清河大桥

在大桥施工期间,现场安装蒸气锅炉,供冬季混凝土拌和用水及预应力空心板蒸气养生,同时加大保温措施,设置保温棚、迎风帐等各种冬季施工措施,取得了较为理想的效果。

2. 粉喷桩加固不良地基

本项目北部地处滨海海积、冲积平原及近代黄河三角洲冲积区,区内粉性土呈松软、饱和状,处软流塑状,大部分具有高压缩性及较低容许承载力的现象,承载力低。工程中对填土高度大于3m的大、中、小桥及通道桥头、鱼池及地质条件较差路段采用粉喷桩加固处理,提高了地基承载力。

(四)运营养护管理

1. 服务设施

全线设置东营服务区1处。

2. 收费设施

本项目共设置匝道收费站7处,其中东营境内6处,青州境内1座,采用人工加计算机收费方式。截至2016年底,收费车道数量共计44条,其中ETC车道12条。

3. 养护管理设施

本项目在大王镇设置养护工区1处。

2010年实施全程监控系统;2014年增设港湾式停车带。

4. 监控设施

本项目设置东营监控指挥中心1处。

5. 运营管理模式的变化

本路段建成通车后由省厅公路局东青公司负责运营管理,根据省政府鲁政办字

〔2015〕148号文,自2015年10月起,本项目由齐鲁交通发展集团东青公司运营管理。

十、G18(荣成—乌海)辛庄子至邓王段(东营黄河公路大桥)

(一)项目概况

1. 基本情况

1)技术标准

项目所处地区地形平坦、开阔,呈舒缓波状,受人为活动影响,沟渠密布。地面高程一般在6.0~7.0m之间。地貌较单一,属黄河冲积平原之前端,微地貌较发育。

采用双向四车道高速公路标准,设计速度100km/h,路基宽度26m。桥涵设计汽车荷载等级公路—Ⅰ级。

2)建设规模

本项目全长12.889km,其中:特大桥(东营黄河公路大桥)2743.1m/1座,主桥为(116+200+220+200+116)m预应力混凝土刚构—连续梁;大桥722m/2座;中桥277m/5座;互通式立交2处(其中,服务型1处,枢纽型1处),分离式立交1座;匝道收费站1处。

3)主要控制点

黄河、东港路枢纽(S7201)。

4)投资规模与资金筹措

项目概算投资8.59亿元,竣工决算投资7.12亿元。项目资本金3.2亿元,由省厅公路局和科达集团股份有限公司双方负责筹措,其余4亿元由东营黄河公路大桥有限责任公司自筹资金(银行贷款)。

5)开工及通车时间

2002年8月开工建设,2005年8月建成通车。

2. 前期决策情况

2000年2月,省河务局批复《关于建设东营黄河公路大桥》(鲁黄管发〔2000〕12号)。

2000年2月,黄河水利委员批复《关于建设东营黄河公路大桥有关问题》(黄水政〔2000〕1号)。

2000年7月,省计委批复《关于东红公路东营黄河大桥接线工程项目建议书》(鲁计交能字〔2000〕682)和《关于东红公路东营黄河大桥项目建议书》(鲁计交能字〔2000〕683)。

2000年8月,利津黄河河务局批复《关于同意东红公路东营黄河大桥地质勘察等工作》(利黄水政便函字〔2000〕7号)。

2000年8月,垦利黄河河务局批复《关于东红公路东营黄河大桥地质勘察等工作》(垦黄水政发〔2000〕10号)。

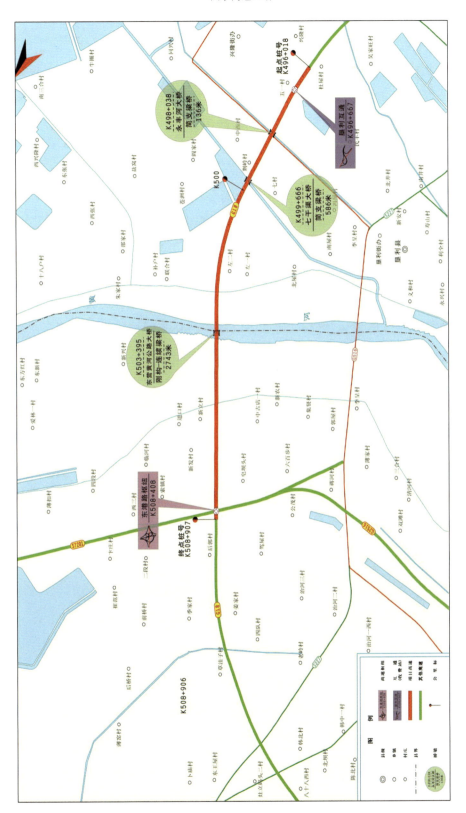

G18（荣成—乌海）辛庄子至邓王（东营黄河公路大桥）段路线总体平面示意图

2000年10月,黄河水利委员会批复《关于东营黄河公路大桥桥位及桥梁有关技术指标》(黄河务[2000]39号)。

2000年10月,东营市环保局批复《关于东红公路东营黄河大桥及接线工程环境影响评价标准》(东环发[2000]129号)。

2000年12月,省环保局批复《关于东红公路东营黄河大桥接线工程环境影响评价大纲》(鲁环发[2000]435号)和《关于东红公路东营黄河大桥环境影响评价大纲》(鲁环发[2000]436号)。

2001年6月,省计委批复《关于东营黄河公路大桥可行性研究报告》(鲁计基础[2001]568号)和《关于东营黄河公路大桥接线工程可行性研究报告》(鲁计基础[2001]570号)。

3. 参建单位主要情况

1)建设单位

本项目采用BOT建设运营模式,省厅公路局和科达集团股份有限公司各出资50%,依法组建东营黄河公路大桥有限责任公司(建设期为东营大桥工程建设项目办公室)。

2)设计单位

主体工程设计单位:铁道部第一勘察设计院、东营市公路勘察设计院。

房建工程设计单位:山东省城镇建筑设计院。

交通、绿化工程设计单位:东营市公路勘察设计、东营市政工程设计院。

3)咨询单位

中交公路规划设计院。

4)施工单位

本项目共有15个施工单位参与建设,其中主体工程6个,房建工程1个,交通安全设施工程4个,绿化工程2个,收费设施1个,管理区道路1个。

5)监理单位

本项目设置1个总监办公室,监理服务采用一级监理机构。

(二)建设情况

1. 项目准备阶段

1)有关批复

2001年11月,省计委批复《关于东营黄河公路大桥接线工程初步设计》(鲁交规划[2001]150号)。

2002年3月,省交通厅批复《关于东营黄河公路大桥初步设计》(鲁交规划[2002]37号)。

2003年10月,东营市国土资源局印发《利津县国土资源局关于东营黄河公路大桥及接线工程征用土地审查意见》。

2004年10月,国土资源部批复《关于东营黄河公路大桥及连接线工程建设用地》(国土资函〔2004〕360号)。

2)合同段划分

根据各专业的工程内容划分标段。

设计标段:主体工程4个标段,房建工程1个标段,绿化工程1个标段。

施工标段:主体工程5个标段,房建工程1个标段,绿化工程2个标段,交通安全设施工程5个标段。

监理标段:设1个总监办公室;监理服务采用一级监理机构。

3)招投标

2002年5月,确定省公路工程总公司等4家施工单位为主体工程施工中标单位,确定潍坊市交通工程监理中心为施工监理中标单位。

2004年5月,确定山东泰安建筑工程有限公司为房建工程施工中标单位。

2004年9月,确定山东华龙交通设施有限公司等6家单位为附属项目施工中标单位。

确定潍坊市绿达标线绿化有限公司和烟台萌兴园林绿化工程有限公司为绿化工程施工中标单位。

2. 项目实施阶段

主体工程于2002年8月开工,2005年7月完工。

房建工程于2004年7月开工,2005年5月完工。

交通安全设施工程于2004年12月开工,2005年6月完工。

绿化工程于2004年12月开工,2004年6月完工。

2005年7月,省厅质监站、股东单位、设计、监理、项目办和各施工单位对东营黄河公路大桥及接线工程进行了交工验收。

2007年7月,省交通厅基本建设工程质量监督站对项目进行了竣工质量鉴定,等级为优良。

2007年11月,东营黄河公路大桥工程建设项目办公室负责组织对该项目进行竣工验收,等级为优良。

(三)技术复杂工程

1. 大体积混凝土承台浇筑

东营黄河公路大桥主墩承台尺寸为25.9m×25.9m×5m钢筋混凝土结构。为有效控制大体积混凝土水化热所产生的裂缝,从混凝土内部温度变化及散热规律出发,采取从原材料、混凝土的配合比开始控制。采用矿物质超细粉等量代换一定量的水泥并掺加一定量的高效缓凝减水剂、合理设置降温系统,采取严格的施工过程控制和周密的养护措施确保大体积混凝土顺利浇筑完成。

2. 混凝土耐久性设计和应用

该项目位于盐碱腐蚀严重地带,腐蚀介质和气象条件交互作用,对混凝土结构构成综合性的破坏。工程施工中,为保持工程耐久性,采取了以下措施。

混凝土的防腐与养护:适当增加钢筋混凝土的保护层,采用掺加高效减水剂和多功能超细粉的"双掺"技术,以增加混凝土的致密性。同时对建成的桥梁外表面涂刷防腐涂料或涂层,对箱梁内部的潮湿空气进行定期排除。

严格控制早强剂使用,不得掺加含氯盐的任何外加剂,并在预应力管道、锚端、湿接头处适当掺加钢筋阻锈剂等,减少混凝土裂缝的出现。

3. 主桥超长群桩施工控制

通过安装特殊钻孔平台,改善钢护筒制作及埋设工艺,合理布置钻机,优化设备组合,改进钻进工艺等措施,经对主桥 206 根超长群桩桩基进行 100% 无破损检测及 3% 抽检钻芯取样检验,其结果均为 I 类桩。为复杂地质条件下超长群桩施工,积累了丰富的经验。

4. 真空灌浆技术在预应力混凝土结构中的应用

东营黄河公路大桥引进真空灌浆技术,对所有后张法预应力结构都采用真空灌浆工艺,并在浆体中掺加了瑞典生产的 SikA-901 钢筋阻锈剂,取得了良好的效果。

(四)科技创新

开展了"预防混凝土耐久性病害综合征技术研究及应用"课题。经专家鉴定,整体达到国际先进水平、国内领先水平;在混凝土中集料碱溶出研究方面有重大创新,在氯离子吸附剂、碱离子吸附剂研究方面达到国际领先水平。研究成果获得 2003 年度山东省科技进步二等奖,中国公路学会科技进步三等奖。

(五)运营养护管理

1. 收费设施

本项目设置收费站 1 处,采用人工加计算机收费方式。截至 2016 年底,垦利收费车道包含入口 MTC 车道 2 条,ETC 车道 1 条;出口 MTC 车道 3 条,ETC 车道 1 条。

2. 养护管理设施

本项目在 2010 年、2011 年对主桥、引桥进行了防腐涂装;2013 年对黄河公路大桥 6

处桥梁搭板进行脱空注浆处理;2015年对路面更新改造、桥梁维护、健康监测系统升级、大型情报板加密、安全生命防护工程专项整治、路面震荡标线划设等升级改造。

3. 监控设施

本路段设置东营黄河公路大桥监控分中心。

4. 运营管理模式的变化

本路段建成通车后由省厅公路局负责运营管理,根据省政府鲁政办字〔2015〕148号文,自2015年7月起,本项目由齐鲁交通发展集团运营管理。

十一、G18(荣成—乌海)辛庄子至邓王段(东营黄河公路大桥至邓王段)

(一)项目概况

1. 基本情况

1)技术标准

项目属平原地貌,地势低平,多为盐渍粉砂土。采用双向四车道高速公路标准,设计速度120km/h,路基宽度28.0m。桥涵设计汽车荷载等级公路—Ⅰ级。

2)建设规模

本项目全长67.94km,其中东营22.7km,滨州45.24km,目前运营里程为67.096km(部分里程计入滨州至德州高速公路)。大桥2248.88m/9座,中桥1500.58m/24座;互通式立交6处(其中服务型5处,枢纽型1处),分离式立交11座;匝道收费站5处;服务区1处,停车区1处。

3)主要控制点

陈庄互通(S227)、沾化东互通(G340)、沾化西互通(S236)、滨州港互通(S233)、辛庄子。

4)投资规模

项目概算投资24.20972亿元,竣工决算投资25.5042亿元。

5)开工及通车时间

2005年3月开工建设,2007年12月建成通车。

2. 前期决策情况

2003年11月,省计委印发《关于国家重点公路威海至乌海线辛庄子至邓王段项目开展前期工作的函》(鲁计基础〔2003〕1193号)。

省计委印发《关于报送国家重点公路威海至乌海线辛庄子至邓王段工程可行性研究报告的批复》(鲁计基础〔2003〕1522号)。

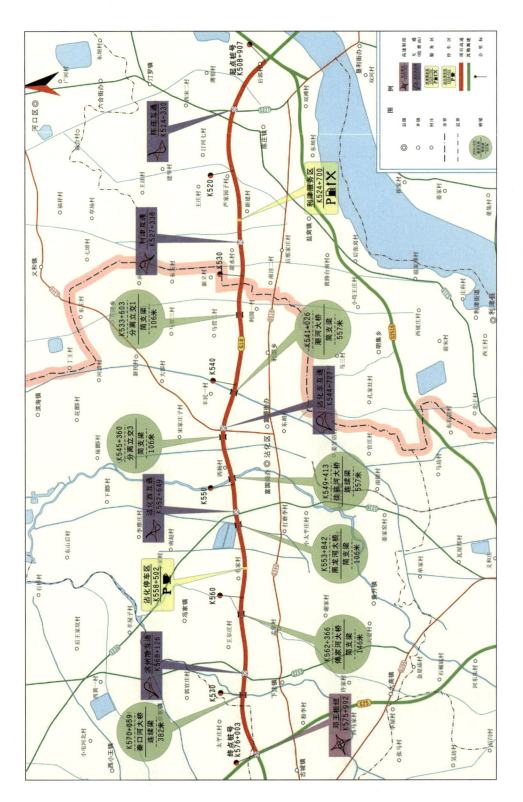

G18（荣成—乌海）辛庄子至邓王段（东营黄河公路大桥至邓王段）路线总体平面示意图

2004年7月,省环保厅印发《关于国家重点公路威海至乌海线新河至滨州段公路建设工程环境影响报告书的批复》(鲁环审〔2004〕58号)。

3. 参建单位主要情况

建设单位:山东省交通厅公路局。

勘察设计单位:山东省交通规划设计院。

施工单位:通过招投标本项目共有26个施工单位参与建设,其中主体工程2个,房建工程6个,交通安全设施15个,绿化工程2个,信息工程1个。

监理单位:本项目设置1个总监代表处,负责全线施工监理工作;3个驻地监理处,负责监理区段内路基路面工程、交通安全设施工程、绿化工程的施工监理工作;3个房建工程监理处;1个信息工程监理处,负责全线的信息工程施工监理。

(二)建设情况

1. 项目准备阶段

1)项目审批

2004年7月,省交通厅、省发改委联合印发《关于辛庄子至邓王高速公路初步设计的批复》(鲁交规划〔2004〕99号)。

2004年8月,滨州市水利局印发《关于对津汕线大高至鲁冀界段及威乌线辛庄子至邓王段跨越滨州市境内河流建桥方案审查意见的函》(滨水函字〔2004〕13号)。

2005年5月,国家林业局批复《使用林地审核同意书》(林资许准林地审字〔2005〕091号)。

2005年10月,国土资源部印发《关于国家重点公路威海至乌海线山东辛庄子至邓王段工程建设用地的批复》(国土资函〔2005〕992号)。

2)合同段划分

根据各专业的工程内容划分标段。

设计标段:主体工程1个标段,房建工程1个标段,绿化工程1个标段,机电工程1个标段。

施工标段:主体工程7个标段,机电工程1个标段,房建工程11个标段,绿化工程6个标段,交通安全设施工程22个标段。

监理标段:设1个总监办公室,3个主体工程驻地监理标段,3个房建工程监理标段,1个机电工程监理标段。

3)招投标

2004年11月,确定山东宏昌路桥工程有限公司等6家单位为主体工程施工中标单位,山东东泰交通建设监理咨询有限公司等4家单位为工程监理中标单位;2006年11月,确定东营市诚信建筑安装有限公司等7家单位为房建工程施工中标单位,东营市诚信公路工程监理咨询中心和山东宏润工程建设监理有限公司为工程监理中标单位;2007年8月完成房建设备和交通工程检测服务工作招标工作,2007年9月完成房建工程精装修招标工作。根据省厅公路局的授权,其中主线工程、房建工程、二期工程招标工作由威乌高速公路东营段和滨州段工程建设项目办公室负责,精装修、设备、交通检测招标委托山东正大工程咨询有限公司负责。

2. 项目实施阶段

主体工程于2005年3月开工,2007年11月完工。

房建工程于2006年11月开工,2007年11月完工。

机电工程、交通安全设施工程和绿化工程于2007年7月开工,2007年11月完工。

2007年12月,威海至乌海线辛庄子至邓王段高速公路进行交工验收。

2011年10月,威海至乌海线辛庄子至邓王段高速公路通过了竣工验收。

(三)运营养护

1. 服务设施

全线设置利津1处服务区,沾化停车区1处。

2. 收费设施

本项目共设置收费站5座,采用人工加计算机收费方式。收费车道数量截至2016年底共计30条,其中ETC车道10条。

3. 养护管理设施

本项目设置沾化养护工区1处,与沾化西收费站合址办公。

4. 运营管理模式的变化

本路段建成通车后由省厅公路局负责运营管理,根据省政府鲁政办字〔2015〕148号文,自2015年7月起,本项目由齐鲁交通发展集团运营管理。

第七节 G22(青岛—兰州)高速公路山东段(青岛—聊城)

G22(青岛—兰州)高速公路是国家公路网"71118"中的"横六",起自山东省青岛市,途经河北、山西、陕西、宁夏,终于甘肃省兰州市。青兰高速公路贯通华东、华中以及西北地区,是我国战略运输通道之一,也是东部沿海地区联系内陆地区的重要出海通道,对于完善国家高速公路网、促进沿线经济社会发展具有重要意义。

G22(青岛—兰州)高速公路山东段(青岛—聊城)项目信息、见表2-1-7。

G22（青岛—兰州）高速公路山东段（青岛—聊城）位置示意图

山　东

G22（青岛—兰州）高速公路山东段项目信息采集表

表 2-1-7

序号	国高/地高	工程分段	路段起止桩号 起点桩号	路段起止桩号 止点桩号	规模(km) 小计	规模(km) 八车道及以上	规模(km) 六车道	规模(km) 四车道	建设性质(新建/改扩建)	设计速度(km/h) 120	设计速度(km/h) 100	路基宽度(m) 34.5	路基宽度(m) 33.5	路基宽度(m) 28	路基宽度(m) 26	路基宽度(m) 23	永久占地(亩)	投资情况(亿元) 估算	投资情况(亿元) 概算	投资情况(亿元) 决算	资金来源	建设时间(开工~通车)	备注
1	国高	青岛八号码头至管家楼（黄岛东枢纽段）	K0+000	K61+223	61.223			√	新建	√		√						7.8	11.26	23.63	上级政府各种补助、利用外资和银行贷款等	1991.12~1995.12	里程未含黄岛东枢纽至管家楼段
2		青岛段（不含S7601段1.068km）	K61+223	K98+173	36.950		√		新建		√		√				6308	17.8	18.83	17.39	交通部补助、省厅自筹、银行贷款	2005.04~2007.12	造价、占地含S7601
3		潍坊段	K98+173	K160+299	62.126		√		新建		√		√				7430	22.59	22.81	21.23	交通部补助、省厅自筹、银行贷款	2005.04~2007.12	
4		临沂段	K160+299	K208+582	48.283		√		新建		√		√				6087.7	58.5	36.13	22.52	交通部补助、省厅自筹、银行贷款	2005—2007	
5		淄博段	K208+582	K266+699	58.117		√		新建		√		√				6725.38	15.42	15.42	30.62	交通部补助、省厅自筹、银行贷款	2005.03~2007.12	
6		莱芜段	K226+699	K287+351	20.652		√		新建		√		√				2642			15.2	交通部补助、省厅自筹、银行贷款	2005.04~2007.12	

续上表

序号	国高/地高	工程分段	路段起止桩号 起点桩号	路段起止桩号 止点桩号	规模(km) 小计	规模(km) 八车道及以上	规模(km) 六车道	规模(km) 四车道	建设性质(新建/改扩建)	设计速度(km/h)	路基宽度(m) 34.5	路基宽度(m) 33.5	路基宽度(m) 28	路基宽度(m) 26	路基宽度(m) 23	永久占地(亩)	投资情况(亿元) 估算	投资情况(亿元) 概算	投资情况(亿元) 决算	投资情况(亿元) 资金来源	建设时间(开工~通车)	备注
7		莱芜枢纽至莱芜颜庄枢纽段	K287+351	K298+351	11			∨	新建	120												与G2京沪高速公路共线
8		莱芜颜庄枢纽至泰安徕芜枢纽段	K298+351	K310+351	12		∨		新建												在建	
9	国高	泰安徕芜枢纽至泰安金牛山枢纽段	K310+351	K330+351	20	∨			改建												在建	
10		泰安金牛山枢纽至聊城段	K330+351	K407+351	77		∨		新建												在建	
11		聊城至鲁冀界段	K407+351	K492+351	85		∨		新建												在建	
合计					492.351																	

山东段起自青岛市八号码头,讫于聊城市莘县(鲁冀界),规划全长约492km,是山东省高速公路中长期规划"9517"网中的"横三"。已建成路段起自青岛市八号码头,讫于莱芜市莱芜枢纽,全长约304.277km。沿线自东向西途径青岛、潍坊、临沂、淄博、莱芜5市,覆盖人口580.9万人。青兰高速公路山东段的建设,构成了山东省中部腹地东西向的运输通道,促进了山东省与华中、西北地区省份的经济交流与合作,形成了全省经济发展的主轴和引导省会城市群经济圈、半岛蓝色经济区一体化发展的通道,对于加快省会城市群经济圈建设和促进半岛蓝色经济区一体化发展等有重要作用。

青兰高速公路山东段已建成青岛八号码头至管家楼(黄岛东枢纽)段、黄岛东枢纽至莱芜(莱芜枢纽)段(青岛段)、黄岛东枢纽至莱芜(莱芜枢纽)段(潍坊段)、黄岛东枢纽至莱芜(莱芜枢纽)段(临沂段)、黄岛东枢纽至莱芜(莱芜枢纽)段(淄博段)、黄岛东枢纽至莱芜(莱芜枢纽)段(莱芜段)和莱芜枢纽至莱芜颜庄枢纽段7个路段。

其中,青岛八号码头至管家楼(黄岛东枢纽)段建设时以环胶州湾一级汽车专用公路立项,路线全线长67.149km。其中,自八号码头至双埠段,长约15.6km,已于2008年拓宽改造为双向八车道城市快速路,并取消该段匝道出入收费站,主线收费位置移至青岛西(双埠)主线收费站,但本段仍按G22传递里程。从黄岛东枢纽至管家楼段,长约5.926km,调整为S7601(青岛前湾港区疏港高速公路)的组成路段,因此本段讫点桩号调整为K61+223。青岛八号码头至管家楼段按照环胶州湾高速公路进行叙述。

莱芜枢纽至莱芜颜庄枢纽段与G2京沪高速公路共线长约11km。该路段具体内容包含在"第二节 G2(北京—上海)山东段莱芜枢纽至莱芜段"中。

尚有莱芜颜庄枢纽至泰安徂徕枢纽段、泰安徂徕枢纽至泰安金牛山枢纽段、泰安金牛山枢纽至聊城段和聊城至鲁冀界段正在建设中。其中,泰安金牛山枢纽至聊城段利用S31泰安至化马湾高速公路改扩建。

一、G22(青岛—兰州)青岛八号码头至管家楼(黄岛东枢纽)段

八号码头至管家楼高速公路长67.149km,另有管家楼至薛家岛旧路改造17.3km(非高速公路),全长84.45km,以环胶州湾公路批复立项。国家高速公路网调整后,作为G22青兰高速公路起始路段的八号码头至管家楼段67.149km调整为八号码头至黄岛东枢纽段61.223km,黄岛东枢纽至管家楼段约5.926km调入S7601中,本文按照立项的环胶州湾高速公路进行叙述。

(一)项目概况

1.基本情况

1)技术标准

项目地处山东半岛胶州湾畔,平原微丘区地形。采用双向四车道高速公路标准,设计

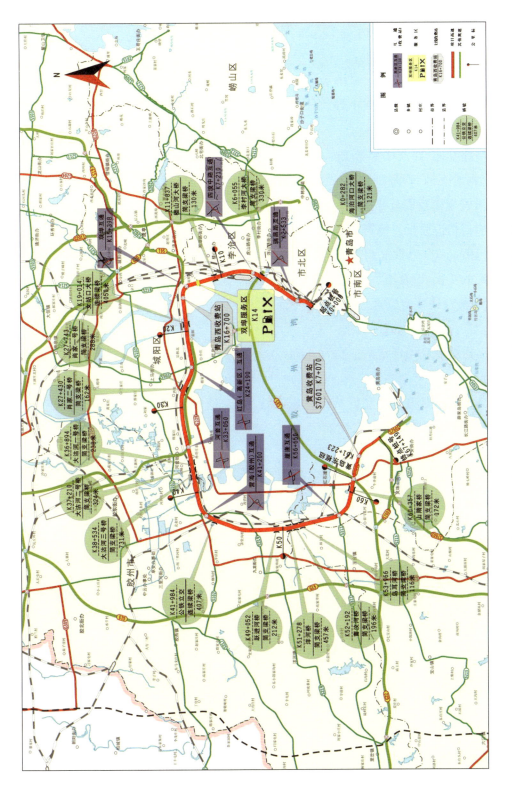

G22（青岛—兰州）青岛八号码头至管家楼（黄岛东枢纽）段路线总体平面示意图

速度100km/h。其中八号码头至双埠村15.4km,路基宽度24.5m。双埠村至管家楼52.3km,路基宽度23m。桥涵设计汽车荷载等级汽车—超20级,挂车—120。

2）建设规模

本项目全长67.149km,设特大桥4050m/1座,大桥3475.88m/13座,中桥490.2m/8座;互通式立交7处;服务区1处。

3）主要控制点

瑞昌路互通、四流中路互通、双埠互通(S218)、女姑山跨海桥、红岛(高新区)互通(S503)、河套互通、营海(胶州)互通(S219)、崖逢互通(S311)、管家楼。

4）投资规模及资金筹措

本项目初设原批复概算7.8102亿元。因物价上涨及政策性调整,工程建设中交通部以交工〔1992〕700号批复调整概算为11.2568亿元。由于该公路为利用日元贷款项目,加之汇率的变化,以及增加交通工程及沿线设施等工程内容,2000年交通部以交公路发〔2000〕55号最终核定概算为23.6298亿元。

资金来源由以下部分组成：

青岛市政府利用日本第三次海外协力基金贷款陆域部分5300万美元,折合人民币约2.0亿元。

青岛市政府对该公路建设给予优惠政策(如交通能源基金返还,缓交征地税和营业税,免交征地管理费等)2.4亿元。

申请上级主管部门补助1.2亿元。

国内贷款0.4亿元。

工程建设的前三年由市"城维税"中安排暂借3000万元。

在后海开发区内,向已自行围填用地的单位收取造地配套费6000万元,用于该公路建设。

其余9000万元由后海开发的土地出让费解决。

5）开工及通车时间

1991年12月开工建设,1995年12月建成通车。

2. 前期决策情况

1988年,青岛市计委印发《关于对胶州湾环海公路工程项目建议书的批复》(青计能交〔1988〕45号)。

1989年5月,青岛市环境保护局批复了本项目建设工程环境影响评价报告。

1990年,国家计划委员会以(计工〔1990〕247号)批复了工程可行性研究报告。

3. 参建单位主要情况

1）建设单位

八号码头至双埠海域段,由青岛后海岸滩指挥部负责建设;双埠至管家楼陆域段,由青岛市公路建设指挥部负责建设。工程建成后,青岛后海岸滩指挥部于1995年将海域段工程统一交青岛市公路建设指挥部管理。

2)设计单位

主体设计单位为上海市政工程设计研究总院(集团)有限公司和山东省交通规划设计院。其中海域段施工图设计由上海市政工程设计研究总院(集团)有限公司负责,陆域段由山东省交通规划设计院负责。

3)咨询单位

青岛市工程投资咨询公司。

4)施工单位

主体工程由10家施工单位参与建设。

(二)建设情况

1.项目准备阶段

1)项目审批

1989年,交通部以交函计字〔1989〕655号文批复设计任务书的审查意见。

1990年,交通部以交工字〔1990〕657号文批复初步设计。

1991年,交通部以交工字〔1991〕837号文批复开工报告。

1994年,省土地管理局以鲁土征字〔1994〕第74号文对该工程的土地使用予以批复。

2)合同段划分

主体工程设计1个标段,施工10个标段。

3)招投标

根据交通部规定采用邀请招标,利用预算定额批复结算的形式,择优选择铁道部第十六工程局、中国建筑第一工程局等10家单位为主体施工单位。

本项目采用建设单位向施工单位派驻代表的形式履行工程建设管理职能。

2.项目实施阶段

主体工程1991年12月开工,1995年12月完工。

(三)技术复杂工程

青岛女姑山跨海大桥是当时国内最长的跨海大桥,跨越胶州湾北部,位于地质断裂带上,全长4050m,主桥为3060m,引桥为900m。上部结构采用单箱单室截面的50m预应力混凝土连续箱梁,上顶板宽13m,底板宽4.76m,梁高3m。施工采用自移式滑模新工艺施工方案。下部结构桥台采用肋式台桩基础,桥墩采用柱式桥墩桩基础。抗震按7度设防。

本项目的技术特征及难点：上部结构为海上施工作业，该桥箱梁施工采用当时国内先进的施工工艺——滑移式模架施工，利用整体移动滑模，以前后移动和双向错位技术，解决了海上施工中遇到的支架作业难题，减小了水上作业难度，突破了传统支架作业在海上施工的局限性，探索实践了新的海上作业模式，走在了国内前列。为适应海面施工的特点，桥面连续铺装长度实现了突破，最长达到了 740 余米，为当时国内领先水平。整桥采用全套进口的原产德国毛勒伸缩缝。

本桥荣获山东省建筑工程质量"泰山杯"奖。

（四）科技创新

在女姑山跨海大桥建设中，水下施工使用回旋钻作业，突破常规使用的冲击钻的单一作业模式，是当时较早应用先进设备的范例。在模板上用电热加温实现冬季连续施工作业，实现了技术的突破创新，保证了连续施工的正常进行，实现了冬季施工措施的创新。

以天津港湾研究所作为技术支撑，主要方案为塑料排水板加超载预压的软基处理模式，另外桥头施工率先采用强夯碎石桩作业，以路面结构减少一层和设置软基试验段等方式防止工后沉降，取得了显著成效。

建立大型拌和站，实现混凝土集中拌和，处于当时的国内领先水平。

（五）运营养护管理

1. 服务设施

本项目原设置 6 个公交车停靠区和双埠服务区，后因进行海域段拓宽，双埠服务区撤销，改造为市区道路。

2. 收费设施

本项目原设置管家楼、崖逢、营海、河套、红岛、双埠、四流中路、瑞昌路和海泊河 9 处收费站。根据发展需求，改建为收费站 6 处，其中，设置高新区、河套、胶州、崖逢匝道收费站 4 处，设置青岛西（双埠）、黄岛主线站 2 处，采用人工加计算机收费方式。截至 2016 年底，收费车道数量共计 68 条，其中 ETC 车道 7 条。

3. 养护管理设施

本项目设胶州湾养护工区 1 处。

2013—2015 年，分路段进行路面、桥梁、交安设施、站房大修工程；2014 年 4 月～2015 年 7 月，对黄岛区原管家楼收费站 K4+150（S7601 桩号）至双埠互通收费站 K16+830（胶州湾高速公路 G22 桩号）段进行了大修。

4. 监控设施

本项目设置胶州湾监控中心，与养护工区合址办公，负责胶州湾高速公路区域的运营监管。

5.运营管理模式的变化

本项目建成通车后,一直由青岛市高速公路管理处运营管理。2011年6月30日,胶州湾大桥建成通车,根据《青岛海湾大桥特许经营权协议》,胶州湾高速公路由山东高速集团租赁经营。

二、G22(青岛—兰州)黄岛东枢纽至莱芜(莱芜枢纽)段(青岛段)

(一)项目概况

1.基本情况

1)技术标准

项目地处黄岛区北部、胶州市南部,属低山丘陵区地貌,采用双向六车道高速公路标准,设计速度120km/h,路基宽度34.5m,桥涵设计汽车荷载等级公路—Ⅰ级。

2)建设规模

本项目起自黄岛东枢纽,讫于青岛潍坊界,全长38.018km(含S7601段1.068km),其中大桥1715.8m/8座,中桥1268.35m/16座;互通式立交4处(其中,服务型2处,枢纽型2处),分离式立交10座,天桥22座;匝道收费站2处;服务区1处;管理中心1处。

3)主要控制点

黄岛东枢纽(S7601)、王台南互通(G204)、黄岛北枢纽(G15)、里岔互通(S219)。

4)投资规模与资金筹措

本项目概算投资18.834亿元,其中交通部补助1.33亿元,省交通运输厅自筹资金3.4022亿元,银行贷款12.656亿元。竣工决算投资17.388亿元。

5)开工及通车时间

2005年4月开工建设,2007年12月建成通车,2010年8月完成竣工验收。

2.前期决策情况

2003年12月,省计委下发《关于国家重点公路青岛—红旗拉甫线青岛段可行性研究报告的批复》(鲁计基础〔2003〕1518号)。

2004年2月,省计委下发《关于国家重点公路青岛—红旗拉甫线青岛至莱芜段高速公路项目开展前期工作的函》(鲁计基础〔2004〕127号)。

3.参建单位主要情况

1)建设单位

本项目建设单位是省交通运输厅公路局,项目执行机构是青岛市公路管理局。

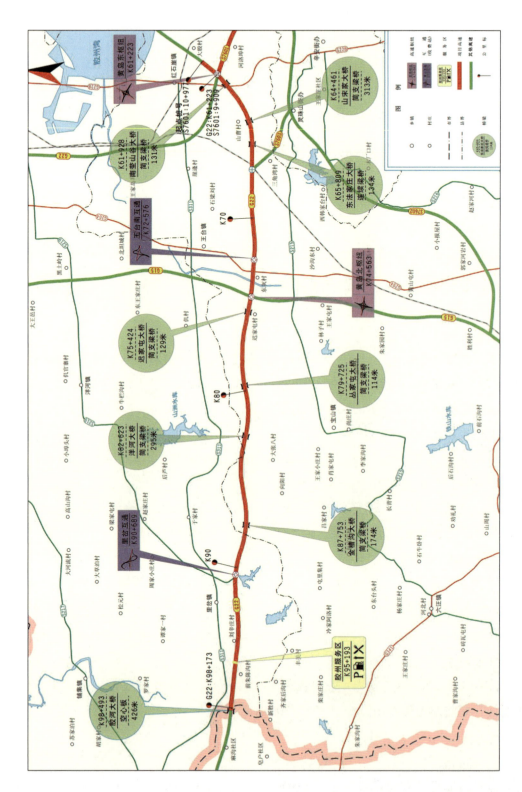

G22（青岛—兰州）黄岛东枢纽至莱芜（莱芜枢纽）段（青岛段）路线总体平面示意图

2)建设计单位

主体工程、房建工程、交通工程和机电工程:山东省交通规划设计院。

绿化工程:北京中交国路环境景观园林工程技术有限公司。

3)咨询单位

山东省交通科学研究院、中国公路工程咨询集团公司。

4)施工单位

主体工程为4家单位,房建工程为6家单位,房建设备工程为9家单位,机电工程为3家单位,交通安全设施工程为17家单位,绿化工程为5家单位。

5)施工监理单位

工程监理由山东东泰工程咨询有限公司、山东圣地公路工程监理咨询中心(第一监理处)、山东省通达交通工程监理中心(第二监理处)、山东省通达交通工程监理中心(房建工程第一监理处)和重庆中宇工程监理咨询中心(机电监理处)等单位承担。

(二)建设情况

1. 项目准备阶段

1)项目审批

2004年6月,省发改委、省交通厅下发《关于青岛至红其拉甫线青岛端公路初步设计的批复》(鲁交规划〔2004〕89号)。

2004年8月,省环保局下发《关于国家重点公路青岛—红其拉甫线青岛段高速公路建设项目环境影响报告书的批复》(鲁环审〔2004〕79号)。

2005年4月,省交通厅公路局印发《关于济南至青岛高速公路控制工期的单体工程先行用地的通知》(鲁路基函〔2005〕7号)。

2006年9月,省交通厅印发《关于国家高速公路青岛至兰州线青岛段施工图设计的批复》(鲁交规划〔2006〕175号)。

2)合同段划分

根据各专业的工程内容划分标段。

设计标段:主体工程1个标段,房建工程1个标段,绿化工程1个标段,机电工程1个标段。

施工标段:主体工程4个标段,机电工程3个标段,房建工程4个标段,房建装修2个标段,房建设备11个标段,绿化工程5个标段,交通安全设施18个标段。

监理标段:设1个总监办公室,2个主体工程驻地监理标段,1个房建工程监理标段,1个机电工程监理标段。

3)招投标

2004年11月,确定主体工程由中铁十四局集团第五工程有限公司等4家单位承建,房建工程由山东万平置业有限公司等6家单位承建,房建设备工程由上海凯泉泵业(集团)有限公司等9家单位承建。

完成主体工程施工和监理单位招标工作。

2007年3月,确定绿化工程由南京钟山园林工程有限公司等5家单位承建。

2007年6月,确定机电工程由中咨泰克交通工程有限公司等3家单位承建。

2007年8月,确定交通安全设施工程由四川金城栅栏工程有限公司、山东科瑞德交通工程有限公司等17家单位承建。

2. 项目实施阶段

主体工程于2005年4月开工,2007年10月完工。

房建工程于2007年4月开工,2007年12月完工。

机电工程于2007年8月开工,2007年12月完工。

交通安全设施工程于2007年8月开工,2007年12月完工。

绿化工程于2007年7月开工,2007年12月完工。

2007年12月,省交通厅公路局组织有关单位对本项目进行交工验收。

(三)运营养护管理

1. 服务设施

全线设置胶州服务区1处。

2. 收费设施

本项目设置里岔、黄山匝道收费站2处,采用人工加计算机收费方式。收费车道数量截至2016年底共计11条,其中ETC车道4条。

3. 养护管理设施

本项目设胶南养护工区1处,与管理处合址办公。

2010年对王台南收费站收费广场进行扩建;2013年10月,对南茔山谷大桥、K76+288中桥进行维修改造(鲁路养〔2013〕138号);2016年8月～2017年1月,实施了安全设施综合整治工程(标线、护栏板增设、声屏障等)。

4. 监控设施

本项目设置胶南监控中心,与胶南管理处合址办公,负责黄岛区和胶州市的运营监管。

5. 运营管理模式的变化

本路段建成通车后由省厅公路局负责运营管理,根据省政府鲁政办字〔2015〕148号文,自 2015 年 7 月起,本项目由齐鲁交通发展集团运营管理。

三、G22(青岛—兰州)黄岛东枢纽至莱芜(莱芜枢纽)段(潍坊段)

(一)项目概况

1. 基本情况

1)技术标准

项目地处胶东半岛平原地带和鲁中低山丘陵山前平原区,属平原微丘区地貌。采用双向六车道高速公路标准,其中青岛界至孟疃互通段,设计速度 120km/h,路基宽度 34.5m;孟疃互通至临沂界段,设计速度 100km/h,路基宽度 33.5m。桥涵设计汽车荷载等级公路—Ⅰ级。

2)建设规模

本项目起于青岛潍坊界,讫于潍坊临沂界,全长 62.126km,设大桥 1848.44m/6 座,中桥 928.67m/15 座;互通式立交 5 处,分离式立交 13 座,天桥 36 座;匝道收费站 5 处;服务区 1 处;停车区 2 处;管理中心 2 处。

3)主要控制点

辛兴互通(S217)、诸城东互通(S220)、胶新铁路、诸城互通(G206)、诸城西互通(S222)、孟疃互通。

4)投资规模与资金筹措

项目概算投资 22.5910 亿元,项目资本金 11.1 亿元,由交通部补助和省厅自筹解决,其余资金申请银行贷款。竣工决算投资 21.2303 亿元。

5)开工及通车时间

2005 年 4 月开工建设,2007 年 12 月建成通车,2010 年 4 月完成竣工验收。

2. 前期决策情况

2003 年 12 月,省计委下发《关于国家重点公路青岛—红其拉甫线青岛潍坊界至马站段可行性研究报告的批复》(鲁计基础〔2003〕1516 号)。

2004 年 2 月,省计委下发《关于国家重点公路青岛—红其拉甫线青岛至莱芜段高速公路项目开展前期工作的函》(鲁计基础〔2004〕127 号)。

3. 参建单位主要情况

1)建设单位

本项目建设单位是省交通厅公路局,项目执行机构是潍坊市公路管理局。

2)设计单位

主体工程、房建工程、交通工程和机电工程:山东省交通规划设计院。

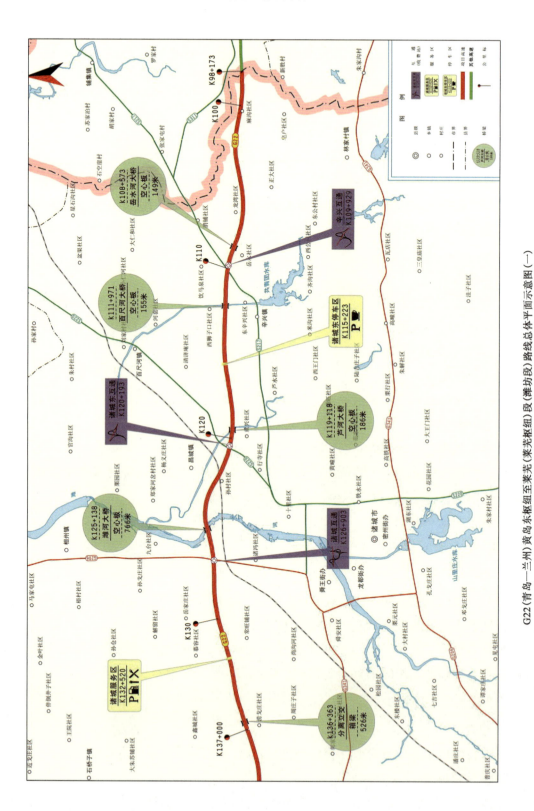

G22（青岛—兰州）黄岛东枢纽至莱芜（莱芜枢纽）段（潍坊段）路线总体平面示意图（一）

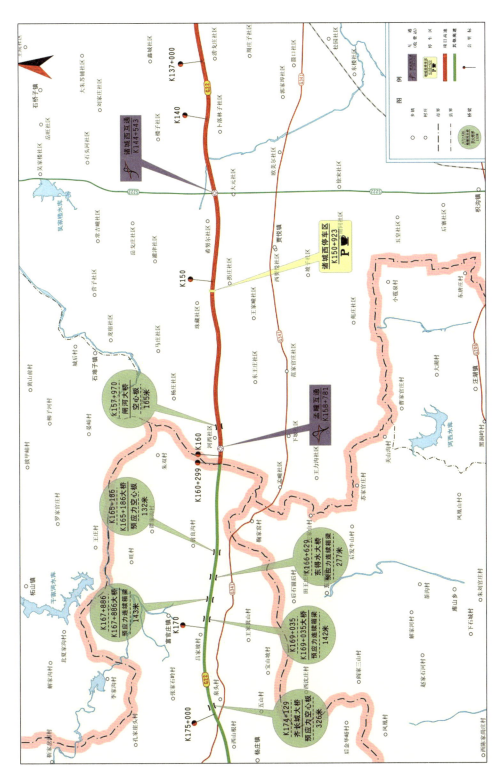

G22（青岛—兰州）黄岛东枢纽至莱芜（莱芜枢纽）段（潍坊段）路线总体平面示意图（二）

绿化工程:山东光合园林设计事务所有限公司。

3)咨询单位

中国公路工程咨询监理总公司、中交公路规划设计院。

4)施工单位

主体工程为5家单位,房建工程为7家单位,机电工程为3家单位,交通安全设施工程为27家单位,绿化工程为13家单位。

5)监理单位

本项目施工监理工作由山东东泰交通建设监理咨询有限公司等单位承担。

(二)建设情况

1.项目准备阶段

1)项目审批

2004年6月,省发改委、省交通厅印发《关于青岛潍坊界至马站公路初步设计的批复》(鲁交规划〔2004〕90号文)。

2006年9月,省交通厅印发《关于国家高速公路青岛至兰州线青潍坊界至马站段施工图设计的批复》(鲁交规划〔2006〕174号)。

2005年1月,国土资源部下发《关于青岛至红旗拉甫线山东境高速公路项目建设用地预审意见的复函》(国土资厅函〔2005〕23号)。

2005年1月,国土资源部下发《关于青岛至红旗拉甫线青岛潍坊界至马站段高速公路工程建设用地的批复》(国土资函〔2005〕1177号)。

2)合同段划分

设计标段:主体工程1个标段,房建工程1个标段,绿化工程1个标段,机电工程1个标段。

施工标段:主体工程设5个标段,房建工程设8个标段,机电工程设3个标段,交通安全设施工程设30个标段,绿化工程设13个标段。

监理标段:设1个总监办公室,4个主体工程驻地监理标段,2个房建工程监理标段,1个机电工程监理标段。

3)招投标

通过招标,确定主体工程由山东省公路工程总公司威海公司等5家单位承建,确定房建工程由山东菏建建筑集团有限公司等7家单位承建,确定机电工程由山东省对外建设工程总公司等3家单位承建,确定交通安全设施工程由山西路桥第一工程有限责任公司、山东省路桥集团有限公司等26家单位承建,确定绿化工程由东营旭东园林有限公司、潍坊绿达公路工程有限公司等13家单位承建。

2. 项目实施阶段

主体工程于 2005 年 1 月开工,2007 年 12 月完工。

房建工程于 2007 年 3 月开工,2007 年 12 月完工。

机电工程于 2007 年 8 月开工,2007 年 12 月完工。

交通安全设施工程于 2007 年 9 月开工,2007 年 12 月完工。

绿化工程于 2007 年 7 月开工,2007 年 12 月完工。

2007 年 12 月,省交通厅公路局组织对本项目进行了交工验收。

2010 年 12 月,省交通厅质监站对本项目进行了竣工质量鉴定,评分为 98.09 分,等级为优良。

(三) 运营养护管理

1. 服务设施

本路段设置诸城东、诸城西停车区各 1 处以及诸城服务区。

2. 收费设施

本项目共设置辛兴、诸城东、诸城、诸城西、孟疃匝道收费站 5 处,采用人工加计算机收费方式。截至 2016 年底,收费车道数量共计 32 条,其中 ETC 车道 10 条。

3. 养护管理设施

本项目设诸城东养护工区 1 处。

2016 年,实施交通安全设施综合整治工程。

4. 监控设施

本项目设置诸城监控中心,负责 G22 青兰高速公路潍坊段的运营监管。

5. 运营管理模式的变化

本路段建成通车后由省厅公路局负责运营管理,2016 年 1 月,根据省政府鲁政办字〔2015〕148 号文,由齐鲁交通发展集团运营管理。

四、G22(青岛—兰州)黄岛东枢纽至莱芜(莱芜枢纽)段(临沂段)

(一) 项目概况

1. 基本情况

1) 技术标准

项目地处临沂市沂水县南部,属低山丘陵区地形,采用双向六车道高速公路标准,设计速度 100km/h,路基宽度 33.5m,桥涵设计汽车荷载等级公路—Ⅰ级。

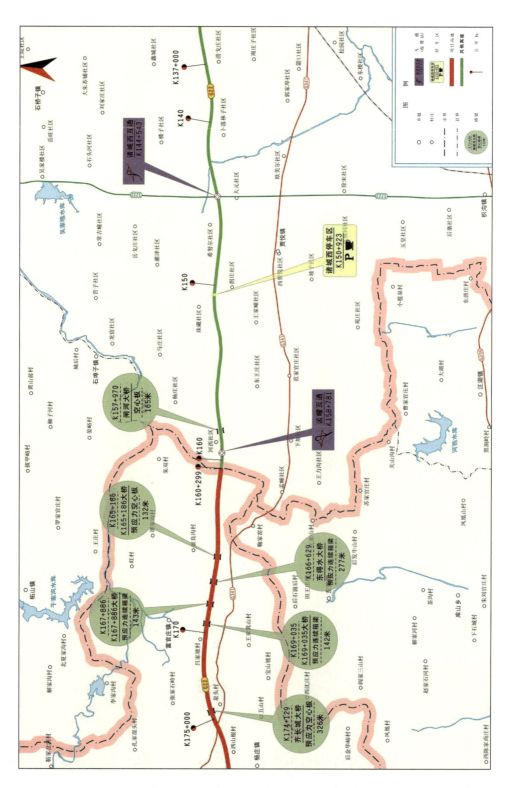

G22（青岛—兰州）黄岛东枢纽至莱芜（莱芜枢纽）段（临沂段）路线总体平面示意图（一）

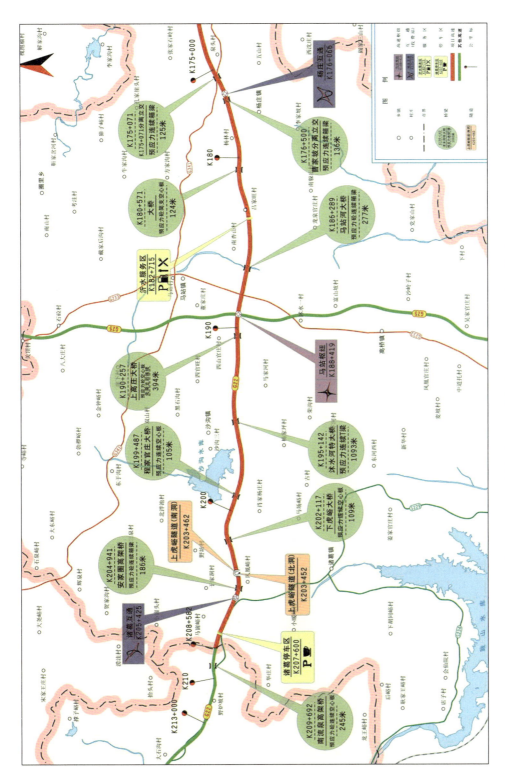

G22（青岛—兰州）黄岛东枢纽至莱芜（莱芜枢纽）段（临沂段）路线总体平面示意图（二）

2）建设规模

本项目起自孟疃（潍坊临沂界），迄于沂源（临沂淄博界），全长48.283km，其中特大桥1093.40m/1座，大桥2346.43m/15座，中桥652.61m/9座；长隧道2760m/2座；互通式立交3处（服务型2处，枢纽型1处），分离式立交13座，天桥35座；匝道收费站2处；服务区1处；停车区1处；管理中心1处。

3）主要控制点

杨庄互通（S341）、马站枢纽（G25）、上虎峪隧道、诸葛互通（S229）。

4）投资规模与资金筹措

项目概算投资22.81亿元。项目资本金7.980亿元，由交通部补助和省交通厅筹措，其余14.83亿元申请银行贷款。竣工决算为22.52亿元。

5）开工及通车时间

2005年3月开工建设，2007年12月建成通车，2008年5月竣工验收。

2.前期决策情况

2003年12月，省计委下发《关于国家重点公路青岛—红其拉甫线青岛潍坊界至马站段可行性研究报告的批复》（鲁计基础〔2003〕1516号）。

3.参建单位主要情况

1）建设单位

项目建设单位为省交通厅公路局，执行单位临沂市公路局。

2）设计单位

主体工程、交通工程、绿化工程和机电工程：山东省交通规划设计院、湖南省交通规划勘察设计院。

房建工程：山东省交通规划设计院。

3）咨询单位

中交公路规划设计院。

4）施工单位

主体工程为5家单位，机电工程为6家单位，交通安全设施工程为27家单位，房建工程及相关工程为15家单位，绿化工程为5家单位。

5）施工监理单位

山东东泰交通建设监理咨询有限公司。

（二）建设情况

1.项目准备阶段

1）项目审批

2004年,省交通厅、省发改委印发《关于青岛潍坊界至马站公路初步设计的批复》(鲁交规划〔2004〕90号)。

2005年1月,国土资源部印发《关于青岛至红其拉甫线山东境高速公路项目建设用地预审意见的函复》(国土资厅函〔2005〕23号)。

2)合同段划分

设计标段:主体工程设2个标段,房建工程设2个标段,绿化工程设2个标段,机电工程设2个标段。

施工标段:主体工程设5个标段,机电工程设6个标段,房建工程设4个标段,绿化工程设5个标段,交通安全设施设29个标段。

监理标段:设2个总监办公室,5个主体工程驻地监理标段,5个房建工程监理标段,5个机电工程监理标段。

3)招投标

2004年11月~2005年1月,确定主体工程由山东宏昌路桥有限公司等5家单位承建。

2006年10月~2007年4月,确定山东沂源建筑有限公司、山东省对外建设工程总公司等15家单位承担房建工程、精装修工程和房建配套设备的施工。

2007年4月~2007年8月,确定西安金路交通工程科技发展有限责任公司等6家单位承担机电工程施工,陕西高速交通工贸有限公司、山东鲁中公路建设有限公司等27家单位承担安全设施工程施工,江都古典园林工程公司等5家单位承担绿化工程施工。

2.项目实施阶段

2005年3月开工,2007年12月完工。

(三)运营养护管理

1.服务设施

全线设置诸葛停车区、沂水服务区各1处。

2.收费设施

本段共设杨庄、诸葛收费站2处,采用人工加计算机收费方式。截至2016年底,收费车道数量共计12条,其中ETC车道4条。

3.养护管理设施

本段设杨庄养护工区与上虎峪隧道管理所,杨庄养护工区与杨庄收费站合建,上虎峪隧道管理所与诸葛收费站合建。

2016年对隧道照明系统、消防系统进行提升改造,对沿线护栏板线形进行调整,更新标志标牌、标线工程,提高限速。

4. 监控设施

本段设置杨庄监控中心,与杨庄收费站合址办公,负责临沂段的运营监管,2016年底监控中心合并,由临沂监控中心统一监控。

5. 运营管理模式的变化

本路段建成通车后由省厅公路局负责运营管理,2016年1月,根据省政府鲁政办字〔2015〕148号文,由齐鲁交通发展集团运营管理。

五、G22(青岛—兰州)黄岛东枢纽至莱芜(莱芜枢纽)段(淄博段)

(一)项目概况

1. 基本情况

1)技术标准

项目地处淄博市沂源县,地貌类型为低山丘陵和山前倾斜平地,采用双向六车道高速公路标准,设计速度100km/h,路基宽度33.5m,桥涵设计汽车荷载等级公路—Ⅰ级。

2)建设规模

本项目起自沂水(临沂淄博界),讫于莱芜钢城区(淄博莱芜界)。全长58.12km,其中特大桥(双幅)2532.00m/2座,大桥6465.55m/18座,中桥214.64m/3座;长隧道5787m/4座,中隧道1415m/2座;互通式立交4处,分离式立交4座,天桥34座;匝道收费站4处;服务区1处;管理中心1处。

3)主要控制点

黄家峪隧道、张家坡互通(S229)、亳山峪隧道、沂源东互通(G341)、沂源互通、沂源隧道、鲁村互通。

4)投资规模与资金筹措

项目概算投资36.13亿元。资本金由交通部补助和省交通厅自筹解决,其余通过银行贷款解决。

竣工决算审计认定总金额为30.62亿元,平均每公里造价5270万元。

5)开工及通车时间

2005年4月开工建设,2007年12月建成通车,2011年12月竣工验收。

2. 前期决策情况

2003年12月,省计委下发《关于国家重点公路青岛至红其拉甫线马站至莱芜段可行性研究报告的批复》(鲁计基础〔2003〕1517号)。

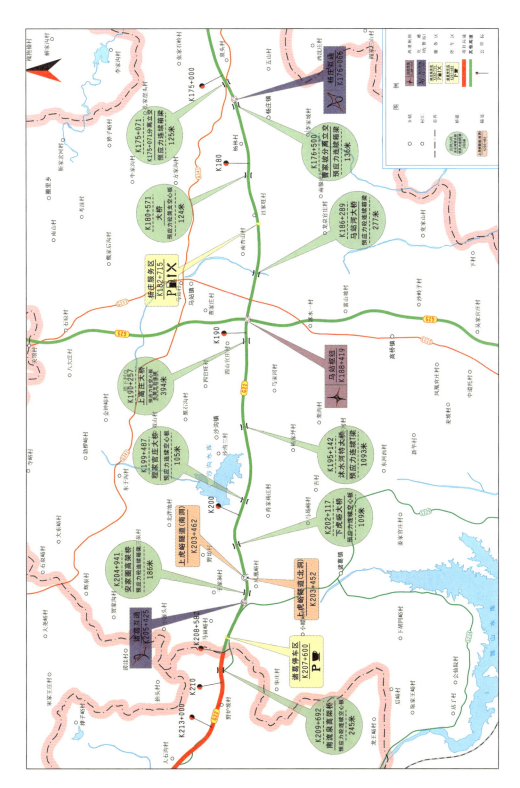

G22(青岛—兰州)黄岛东枢纽至莱芜(莱芜枢纽)段(淄博段)路线总体平面示意图(一)

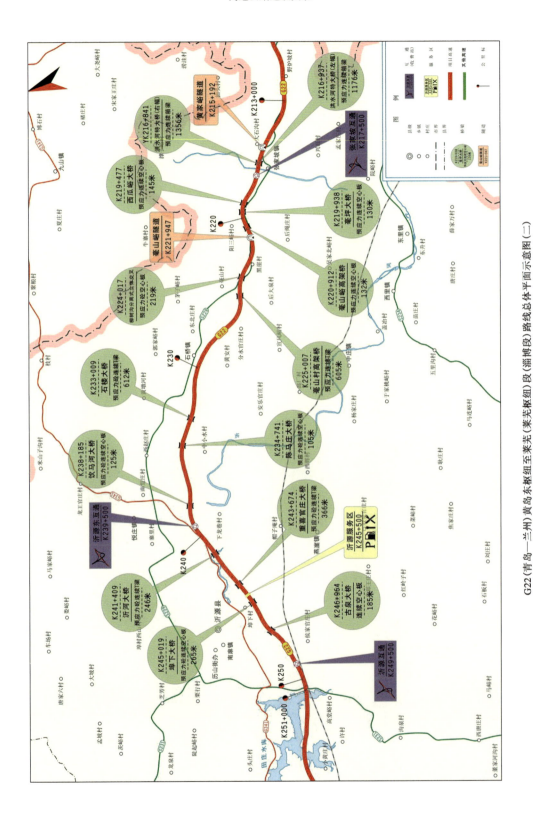

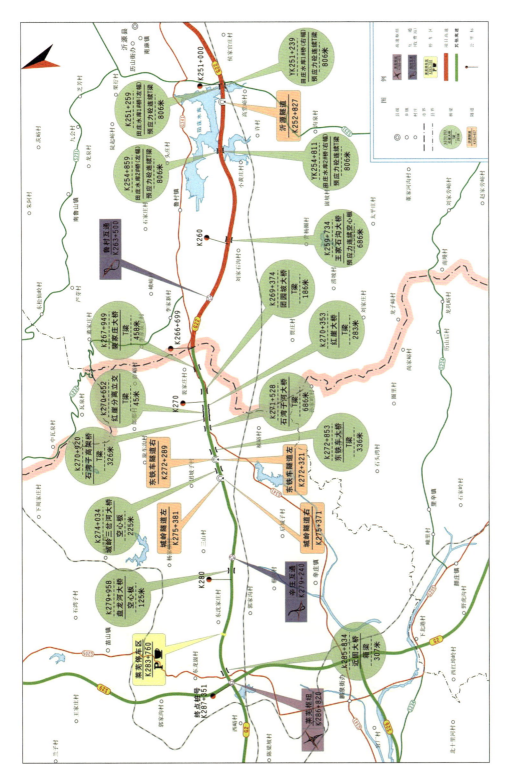

G22(青岛—兰州)黄岛东枢纽至莱芜(莱芜枢纽)段(淄博段)路线总体平面示意图(三)

2004年2月,省计委下发《关于国家重点公路青岛—红其拉甫线青岛至莱芜段高速公路项目开展前期工作的函》(鲁计基础〔2004〕127号)。

3. 参建单位主要情况

1) 建设单位

本项目建设单位是省交通厅公路局,执行机构是淄博市公路管理局。

2) 设计单位

主体工程、机电工程:湖南省交通规划勘察设计院。

房建工程:山东省交通规划设计院。

交通工程:湖南省交通规划勘察设计院、山东省交通规划设计院。

绿化工程:山东光合园林设计事务所。

3) 咨询单位

主体工程:中交公路规划设计院。

机电工程:中国公路工程咨询集团有限公司。

4) 施工单位

主体工程为8家单位,房建工程为5家单位,机电工程为5家单位,交通安全设施工程为17家单位,绿化工程为10家单位。

5) 施工监理单位

本项目施工监理工作由山东恒建工程监理咨询有限公司等7家单位承担。

(二)建设情况

1. 项目准备阶段

1) 项目审批

2004年6月,省交通厅、省发改委印发《关于马站至莱芜段高速公路初步设计的批复》(鲁交规划〔2004〕91号)。

2005年1月,国土资源部印发《关于青岛至红其拉甫线山东境高速公路项目建设用地预审意见的函复》(国土资厅函〔2005〕23号)。

2005年12月,国土资源部印发《关于青岛至红其拉甫线马站至莱芜高速公路工程建设用地的批复》(国土资厅函〔2005〕1179号)。

2006年9月,省交通厅印发《关于国家高速公路青岛至兰州线马站至莱芜段施工图设计的批复》(鲁交规划〔2006〕173号)。

2) 合同段划分

设计标段:主体工程设1个标段,房建工程设1个标段,绿化工程设1个标段,机电工程设1个标段。

施工标段：主体工程设8个标段,机电工程设5个标段,房建工程设5个标段,绿化工程设10个标段,交通安全设施设19个标段。

监理标段：设1个总监办公室,4个主体工程驻地监理标段,1个房建工程监理标段,1个机电工程监理标段。

3）招投标

2004年12月,确定主体工程由中铁十三局集团有限公司等8家单位承建。

2006年4月至11月,确定房建工程由淄川区城二建筑公司等5家单位承建。

2007年4月至7月,确定机电工程由西安金路交通工程科技发展有限责任公司等5家单位承建,交通安全设施工程由济南金宇公路产业发展有限公司、江苏中路交通工程有限公司等17家单位承建。

2007年5月,确定绿化工程由天津市北方创业园林工程有限公司、山东祥泰建设集团有限公司等10家单位承建。

2. 项目实施阶段

主体工程于2005年4月开工,2007年10月完工。

房建工程于2007年4月开工,2007年12月完工。

机电和交通安全设施工程于2007年8月开工,2007年12月完工。

绿化工程于2007年7月开工,2007年12月完工。

2007年12月,省交通厅公路局组织交工验收。

2007年12月,省交通厅质监站对该工程进行了交工质量鉴定,质量等级为优良。

（三）科技创新

一是为避免半刚性基层引起的反射裂缝等问题,在路面结构层的基层顶面增加15cm厚的大粒径透水性沥青混合料柔性基层,能够有效地防止反射裂缝的发生,并且能够排除路面结构内部的水分,避免水分对下层或沥青面层的破坏。

二是在桥梁深水基础施工中,水中浮吊采用自制的350t大型驳船上放设45t的汽车吊,作为水中作业的起重设备,此方法在水中行走方便快捷,起重吊装转动角度大,运转灵活,加快了施工进度,现已作为一种工法广泛推广。

三是采用直径73cm粗的钢管桩作为支撑,钢管桩上横担军用贝雷梁,形成水中撞击钻机施工平台,此方法在水上拼装、拆卸贝雷梁架都很方便,而且钢管桩、贝雷梁可循环利用,钢管桩可作为现浇梁的施工,贝雷梁可用来拼装龙门吊、架桥机等,提高了经济效益、节约了施工成本。

四是发明了牛腿支撑架。以往水中系梁混凝土施工,都是采用吊箱的施工方法,此方法工序复杂,使用周转材料多,施工周期长、进度慢,而且需要潜水员水下作业,安全隐患多。经过反复研究验算,在水中桩基钻孔用的钢护筒上焊设牛腿作为系梁施工模板的支撑,解决了水中系梁施工的难题,加快了施工进度。

五是采用控制爆破技术。由于部分路段距离村庄仅50m左右,同时地质情况为"土包石"。通过反复研究,对爆破参数进行试验、调整,总结出了一套适合"土包石"爆破的爆破参数,有效地控制了飞石、震动波等对附近民房的影响。

(四)运营养护管理

1.服务设施

本路段设置沂源服务区1处。

2.收费设施

本项目共设置张家坡、沂源东、沂源、鲁村设置匝道收费站4处,采用人工加计算机收费方式。收费车道数量截至2016年底共计25条,其中ETC车道8条。

3.养护管理设施

本项目设养护救援中心沂源分中心1处、沂源隧道管理所1处。

2014年,对全线收费站计重设施进行提升;2015年,对全程监控系统进行提升;2016年,对隧道安全设施进行完善提升。

4.监控设施

本项目设置信息监控中心1处,负责沂源段的运营监管。

5.运营管理模式的变化

本路段建成通车后由省厅公路局负责运营管理,2016年1月,根据省政府鲁政办字〔2015〕148号文,本路段由齐鲁交通发展集团运营管理。

六、G22(青岛—兰州)黄岛东枢纽至莱芜(莱芜枢纽)段(莱芜段)

(一)项目概况

1.基本情况

1)技术标准

项目地处莱芜市境内,地貌类型为低山丘陵和山前倾斜平地,采用双向六车道高速公路标准,设计速度100km/h,路基宽度33.5m,桥涵设计汽车荷载等级公路—Ⅰ级。

2)建设规模

本路段起自莱芜钢城区(淄博莱芜界),讫于本项目与G2京沪高速公路相交的莱芜

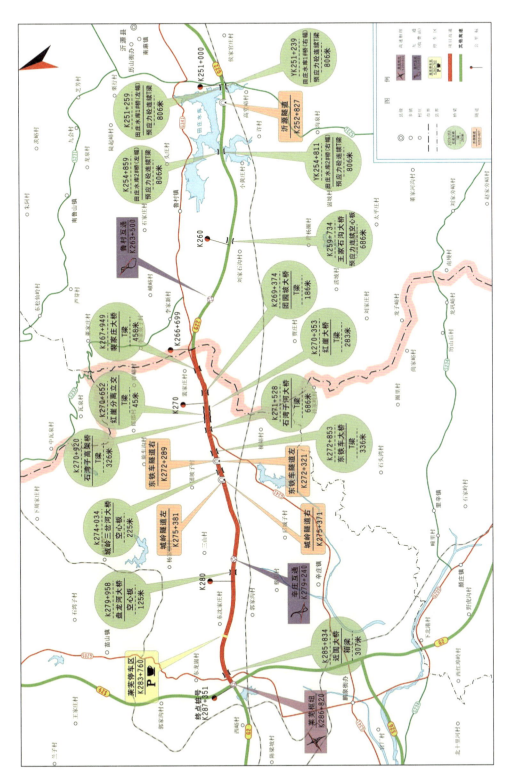

G22(青岛—兰州)黄岛东枢纽至莱芜(莱芜枢纽)段(莱芜段)路线总体平面示意图

枢纽,全长20.652km,其中大桥2894.9m/10座,中桥433m/6座;隧道5495m/4处;互通式立交2处(枢纽型1处、服务型1处),天桥7座;收费站1处;停车区1处。

3)主要控制点

东铁车隧道、城岭隧道、辛庄互通、莱芜枢纽(S29)。

4)投资规模与资金筹措

本段概算总投资15.421452亿元,项目资本金来源交通部补助和省交通厅自筹,其余通过银行贷款解决。竣工决算审计认定总金额15.2亿元。

5)开工及通车时间

2005年4月开工建设,2007年12月建成通车,2011年12月竣工验收。

2. 前期决策情况

2003年12月,省计委下发《关于国家重点公路青岛至红其拉甫线马站至莱芜段可行性研究报告的批复》(鲁计基础〔2003〕1517号)。

2005年12月,省发改委以鲁发改能字〔2005〕1243号文对青红高速公路莱钢连接线工程可行性研究报告进行批复。

3. 参建单位主要情况

1)建设单位

本项目建设单位是省交通厅公路局,项目执行机构是莱芜市公路管理局。

2)设计单位

主体工程、机电工程:湖南省交通规划勘察设计院。

房建工程:山东省交通规划设计院。

交通工程:湖南省交通规划勘察设计院、山东省交通规划设计院。

绿化工程:山东光合园林设计事务所。

3)咨询单位

中国公路工程咨询集团有限公司。

4)施工单位

主体工程为4家单位,房建工程为2家单位,交通安全设施工程为10家单位,绿化工程为4家单位。

5)监理单位

本项目施工监理工作由山东恒建工程监理咨询有限公司等单位承担。

(二)建设情况

1. 项目准备阶段

1)项目审批

2004年6月,省交通厅、省发改委印发《关于马站至莱芜段高速公路初步设计的批复》(鲁交规划〔2004〕91号)。

2005年1月,国土资源部印发《关于青岛至红其拉甫线山东境高速公路项目建设用地预审意见的函复》(国土资厅函〔2005〕23号)。

2005年12月,省交通厅以鲁交规划〔2005〕178号文对青红高速公路莱钢连接线初步设计批复。

2005年12月,国土资源部印发《关于青岛至红其拉甫线马站至莱芜高速公路工程建设用地的批复》(国土资厅函〔2005〕1179号)。

2006年9月,省交通厅印发《关于国家高速公路青岛至兰州线马站至莱芜段施工图设计的批复》(鲁交规划〔2006〕173号)。

2)合同段划分

设计标段:主体工程设1个合同段,交通工程设1个合同段,机电工程设1个合同段,房建工程设1个合同段,绿化工程设1个合同段。

施工标段:主体工程设4个合同段,房建工程设2个合同段,绿化工程设4个合同段,交通安全设施设10个合同段。

监理标段:设1个总监办公室,1个主体工程驻地监理合同段,1个房建工程监理合同段,1个机电工程监理合同段。

3)招投标

通过公开招投标,确定主体工程由科达集团股份有限公司等4家单位承建,房建工程由山东信联建设集团有限公司和泰安市锦城建筑安装工程有限公司承建,交通安全设施工程由莱芜市德立交通设施有限公司、山东省公路建设集团有限公司等10家单位承建,绿化工程由山东沂河源园林发展有限公司等4家单位承建。

2. 项目实施阶段

主体工程于2005年4月开工,2007年12月完工。

房建工程于2007年4月开工,2007年12月完工。

机电和交通安全设施工程于2007年8月开工,2007年12月完工。

绿化工程于2007年7月开工,2007年12月完工。

2007年12月20日,省交通厅公路局对本项目进行了交工验收。

2007年12月,省交通厅质监站对本项目进行了交工质量鉴定,质量鉴定等级为优良。

(三)运营养护管理

1. 服务设施

本路段设莱芜停车区1处。

2.收费设施

本段共设置辛庄收费站1处,采用人工加计算机收费方式。截至2006年底,共有收费车道9条,其中ETC车道2条。

3.监控设施

本路段设置莱芜监控分中心1处,与管理处合址办公。

4.运营管理模式的变化

本路段建成通车后由省厅公路局负责运营管理,2016年1月,根据省政府鲁政办字〔2015〕148号文,本路段由齐鲁交通发展集团运营管理。

第八节 G25(长春—深圳)高速公路山东段(滨州—临沂)

G25(长春—深圳)高速公路是国家高速公路网"71118"中的"纵三",起自吉林省长春市,途径辽宁、北京、天津、河北、山东、江苏、上海、浙江,讫于广东省深圳市。长深高速公路连通环渤海湾、长三角、珠三角等发达地区,是中国沿海的经济大通道,形成了我国东北、华北和华东沿海地区的南北纵向主要运输通道,在较长时间内承担国家沿海综合运输通道的主要功能,作为有效分流京沪高速公路交通压力的运输通道,是沿线区域经济发展的重要支撑,对于完善国家高速公路网、促进沿线经济社会发展具有重要意义。

G25(长春—深圳)高速公路山东段起自滨州市无棣县(鲁冀界),讫于临沂市临沭县(鲁苏界),是山东省高速公路中长期规划"9517"网中的"纵三",也是国道主干线G18荣乌高速公路、G20青银高速公路、G22青兰高速公路、G1511日兰高速公路的重要连接线,沿线途径滨州、东营、潍坊、日照、临沂5市,区域覆盖人口为900万人,地区生产总值6900亿元人民币。长深高速公路山东段的建设,促进了山东省与东三省、京津冀、长三角等地区经济社会交流,对于加快省会城市群经济圈建设和促进区域经济发展有重要意义。

G25(长春—深圳)高速公路山东段项目信息见表2-1-8。

山东段全长约437.415km,已建成383.002km,由鲁冀界至大高段、大高至滨州段、滨州黄河公路大桥段、滨州黄河公路大桥至高青段、高青至广饶(辛庄子枢纽)段、广饶(辛庄子枢纽)至青州段和青州至临沭(鲁苏界)段7个路段组成。

其中,滨州黄河公路大桥至高青段(K1304+586~K1315+664,长11.078km)与S29(滨州—博山)高速公路共线,具体内容包含在"第八节 S29(滨州—莱芜)高速公路滨州至博山段"中;高青至广饶(辛庄子枢纽)段正在建设中;广饶(辛庄子枢纽)至青州段项目立项时为全长88.800km的东营至青州公路,广饶(辛庄子枢纽)至青州段长43.415km,其北段45.385km划归G18荣乌高速公路,具体内容包含在"第六节 G18(荣成—乌海)高

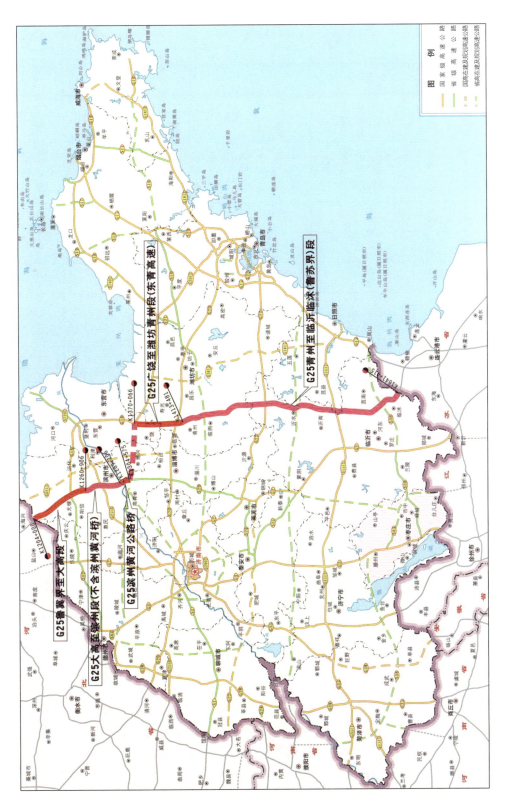

G25（长春—深圳）高速公路山东段位置示意图

表 2-1-8

G25（长春—深圳）高速公路山东段项目信息采集表

序号	国高/地高	工程分段	路段起止桩号 起点桩号	路段起止桩号 止点桩号	规模(km) 小计	规模(km) 八车道及以上	规模(km) 六车道	规模(km) 四车道	建设性质（新建/改扩建）	设计速度(km/h)	路基宽度(m)	路基宽度(m)	路基宽度(m)	永久占地（亩）	投资情况（亿元）估算	投资情况（亿元）概算	投资情况（亿元）决算	资金来源	建设时间（开工~通车）	4A级以上主要景区名称	备注
										120	100	34.5	28	27	24.5							
1	国高	鲁冀界至大高段	K1204+000	K1260+906	56.906			√	新建	√					6398	19.307	21.376	22.37	省交通厅自筹资本金，其余部分银行贷款	2005.4~2007.12		与G18荣乌高速公路重合
2		大高至滨州段	K1260+906	K1289+706	28.800			√	新建	√		√			3551	7.7	8.454	9.6213	交通部补助，省交通厅拨款、银行贷款	2003.5~2005.12		
3		滨州黄河公路大桥	K1289+706	K1304+575	14.869			√	新建	√		√			1845.95	6.721	6.96	7.056	交通部补助，省交通厅拨款、银行贷款	2001.2~2004.7		
4		滨州黄河公路大桥至高青段	K1304+575	K1315+653	11.078			√	新建	√		√									2000.4~2002.9		详见S29滨博高速公路
5		高青至广饶（辛庄子枢纽）段	K1315+653	K1370+066	54.413			√	新建	√				√					山东高速集团筹集，部分银行贷款	2017.1至今		建设中

续上表

序号	国高/地高	工程分段	路段起止桩号		规模（km）				建设性质（新建/改扩建）	设计速度（km/h）			路基宽度（m）			永久占地（亩）	投资情况（亿元）				建设时间（开工~通车）	4A级以上主要景区名称	备注
			起点桩号	止点桩号	小计	八车道及以上	六车道	四车道		120	100		34.5	28	27	24.5		估算	概算	决算	资金来源			
6	国高	广饶（辛庄子枢纽）至青州段	K1370+066	K1413+481	43.415			∨	新建		∨											1998.4~2000.9		详见G18荣乌高速公路辛庄子至邓王段（辛庄子至东营黄河大桥段）
7	国高	青州至临沭（鲁苏界）段	K1413+481	K1641+415	227.934		∨		新建	∨			∨				27619.99		117.5	124.3	国家安排中央专项基金（车购税）、扩大内需新增中央投资、省厅自筹、银行贷款	2009.6~2013.1	云门山驼山黄龙溪	
合计					437.415																			

速公路山东段(荣成—滨州)高速公路辛庄子至邓王段(辛庄子至东营黄河公路大桥段)"中;青州至临沭(鲁苏界)建设里程为228.330km,与原东青高速公路讫点段重合396m。

一、G25(长春—深圳)鲁冀界至大高段

(一)项目概况

1. 基本情况

1)技术标准

本项目所经区域位于黄河三角洲腹地,地貌特征为冲积平原,海拔高程在1~10m之间,地势向东北倾斜。采用双向六车道高速公路标准,路基宽度34.5m,设计速度均为120km/h,桥涵设计汽车荷载标准公路—Ⅰ级。

2)建设规模

建设里程长56.906km(其中鲁冀界至邓王枢纽段与G18荣乌高速公路共线),大桥2150.2m/10座,中桥572.56m/9座;互通式立交2处,分离式立交9座,天桥3座;主线收费站1处,匝道收费站2处;服务区1处,停车区1处。

3)主要控制点

小泊头(鲁冀界)、无棣互通(S511)、古城互通(G340)。

4)投资规模与资金筹措

项目概算总投资22.37亿元,项目资本金5.6119亿元,由省交通厅自筹,其余16.7857亿元为商业银行贷款。

5)开工及通车时间

2005年4月开工建设,2007年12月建成通车。

2. 前期决策情况

2003年11月,省计委印发《关于国家重点公路天津至汕尾线大高至鲁冀界段项目开展前期工作的函》(鲁计基础〔2003〕1194号)。

2004年3月,省计委印发《关于国家重点公路天津至汕尾线大高至鲁冀界段项目可行性研究报告的批复》(鲁计基础〔2004〕145号)。

3. 参建单位主要情况

1)建设单位

山东省交通厅公路局。

2)勘察设计单位

主体、交通、房建工程:山东省交通规划设计院。

绿化工程:山东省济青高速绿化工程有限公司。

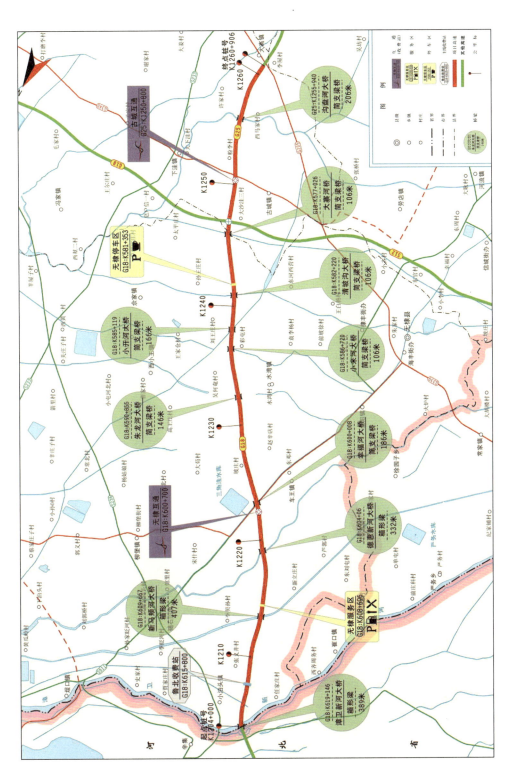

G25(长春—深圳)鲁冀界至大高段路线总体平面示意图

3）咨询单位

路面工程：山东省交通科学研究所。

信息工程：中咨泰克交通工程有限公司。

4）施工单位

本项目有 35 家施工单位参与建设，其中主体工程 6 家，房建工程 6 家，网架、照明、场区各 2 家，精装修工程 3 家，交通安全设施工程 10 家，机电工程 1 家，绿化工程 3 家。

5）监理单位

本项目施工监理由山东省通达交通工程监理中心等 4 家单位承担。

（二）建设情况

1. 项目准备阶段

1）项目审批

2004 年 5 月，省交通厅和省发改委联合印发《关于国家重点公路天津至汕尾线大高至鲁冀界段初步设计的批复》（鲁交规划〔2004〕97 号）。

2005 年 10 月，国土资源部印发《关于国家重点公路天津至汕尾线大高至鲁冀界段工程建设用地的批复》（国土资函〔2005〕993 号）。

2）合同段划分

设计标段：主体工程设 1 个标段，绿化工程设 1 个标段。

施工标段：主体工程设 6 个标段，房建工程设 15 个标段，交通安全设施工程设 14 个标段，机电工程设 1 个标段，绿化工程设 3 个标段。

监理标段：设 1 个总监办公室，3 个主体工程驻地监理标段，1 个房建监理标段，1 个机电工程监理标段。

3）招投标

2004 年 11 月～2005 年 1 月，确定中铁五局集团第三工程有限责任公司等 6 家单位为主体工程施工单位和山东省通达交通工程监理中心等 4 家单位为监理单位。

2006 年 12 月～2007 年 9 月，确定山东滨州城建集团公司等 6 家单位为房建工程施工中标单位。

2007 年 5 月，二期工程公开招标，确定淄博玉泰公路设施有限公司和山东康桥交通科技有限公司为网架工程施工中标单位，滨州市黄河灯具交通设施制造有限公司和潍坊青欣公路工程有限公司为照明工程施工中标单位，山东省滨州公路工程总公司和山东桓台鲁泰道路工程有限公司为场区工程施工中标单位，北京洲际建筑装饰设计与工程有限责任公司等 3 家单位为精装修施工中标单位，山东中创软件工程股份有限公司为机电工程施工中标单位，滨州市路达工程有限责任公司等 10 家单位为交通安全设施工程施工中标单位,东营旭东园林有限公司等3家单位为绿化工程施工中标单位。

2.项目实施阶段

主体工程于2005年4月开工,2007年12月完工。

房建工程于2007年1月开工,2007年12月完工。

二期工程于2007年7月开工,2007年12月完工。

2007年11月,省厅公路局对本项目进行交工验收。

2010年4月,省交通运输厅对本项目进行竣工验收。

(三)运营养护管理

1.服务设施

设置无棣服务区、无棣停车区各1处。

2.收费设施

本项目在鲁冀界设置单向主线收费站1处,无棣设置匝道收费站1处,采用人工加计算机收费方式。截至2016年底,共有收费车道数量26条,其中ETC车道5条。

3.养护管理设施

本项目设古城养护工区1处。管养本项目27.527km和S12滨德高速公路28.2km共55.727km的公路。

2016年对无棣收费站车道进行扩建。

4.监控设施

本项目设置滨州监控分中心1处,监控中心与管理处合址,负责鲁冀界至滨州淄博界的运营监管。

5.运营管理模式的变化

项目建成后,由省交通运输厅公路局负责运营管理,根据省政府鲁政办字〔2015〕148号文,2016年1月起,本项目由齐鲁交通发展集团有限公司运营管理。

二、G25(长春—深圳)大高至滨州段

(一)项目概况

1.基本情况

1)技术标准

项目地处山东北部、黄河下游鲁北平原,海拔高程在1~20m之间,地势向东北倾斜。

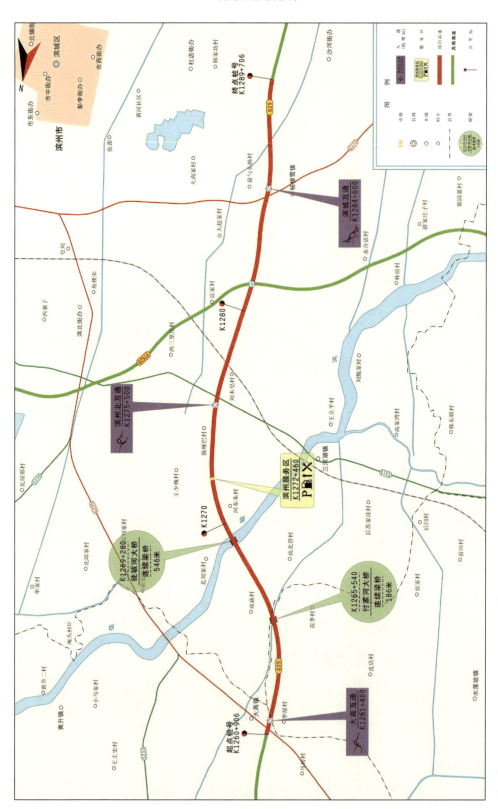

G25（长春—深圳）大高至滨州段路线总体平面示意图

采用双向四车道高速公路标准,路基宽度 28.0m,设计速度 120km/h,桥涵设计汽车荷载等级为汽车—超 20 级,挂车—120。

2)建设规模

本项目建设里程 28.8km,其中大桥 732.2m/2 座,中桥 1090.34m/18 座,互通式立交 3 处,分离式立交 3 座;匝道收费站 3 处;服务区 1 处。

3)主要控制点

大高互通(G205)、滨州北互通(S315)、滨城互通(G220)。

4)投资规模与资金筹措

项目概算总投资 8.45 亿元。其中交通部补助 0.58 亿元,省交通厅拨款 2.1807 亿元,其余采用银行贷款。

5)开工及通车时间

2003 年 5 月开工建设,2005 年 12 月建成通车。

2. 前期决策情况

2001 年 12 月,省计委印发《关于滨州至大高公路项目建议书的批复》(鲁计基础〔2001〕1395 号)。

2002 年 9 月,省计委印发《关于滨州至大高公路可行性研究报告的批复》(鲁计基础〔2002〕1026 号)。

3. 参建单位主要情况

1)建设单位

山东省交通厅公路局。

2)勘察设计单位

主体、交通、房建工程:山东省交通规划设计院。

绿化工程:山东光和园林设计事务所有限公司。

3)施工单位

本项目主体工程为 5 家单位,机电工程为 1 家单位,交通安全设施工程为 7 家单位,房建工程及相关工作为 12 家施工单位,绿化工程为 3 家单位。

4)监理单位

本项目施工监理为山东省交通工程监理咨询公司和泰安志诚公路工程监理咨询公司。

(二)建设情况

1. 项目准备阶段

1)项目审批

2002年12月,省交通厅和省发展计划委员会印发《关于国道205线滨州至大高段公路初步设计的批复》(鲁交规划〔2002〕132号)。

2005年7月,国土资源部下发了《关于国道205线滨州至大高段公路建设用地的批复》(国土资函〔2005〕617号)。

2)合同段划分

设计标段:主体工程设1个标段,绿化工程设1个标段。

施工标段:主体工程设5个标段,房建工程设5个标段,精装修工程设3个标段,机电工程设1个标段,交通安全设施工程设9个标段,网架工程设2个标段,照明工程设2个标段,绿化工程设3个标段。

监理标段:设1个总监办公室,2个驻地监理办公室。

3)招投标

2002年12月～2003年3月,确定山东省公路工程总公司滨州公司等5家单位为主体工程施工单位和山东省交通工程监理咨询公司等2家单位为监理单位。

2003年12月～2004年3月,确定山东滨州城建集团公司等8家单位为房建工程和精装修工程施工单位;2004年11月～2005年6月,二期工程招标确定山东宝冶钢构有限公司等4家单位为网架和照明工程施工单位;确定高密市顺达交通工程有限公司等7家单位为交通安全设施工程施工单位;确定山东中创软件工程股份有限公司为机电工程施工中标单位;确定日照万鑫园林工程有限公司等3家单位为绿化工程施工单位。

2. 项目实施阶段

主体工程、房建工程分别于2003年5月、2004年3月开工,2005年12月完工。

二期工程(交通工程、绿化工程、网架、照明、信息工程)于2005年6月开工,12月完工。

2005年11月交工验收。

2007年9月竣工验收。

(三)运营养护管理

1. 服务设施

设置滨州服务区1处。

2. 收费设施

本项目共设置滨城、滨州北、大高收费站3处,采用人工加计算机收费方式。截至2016年底,共有收费车道17条,其中ETC车道6条。

3. 养护管理设施

本项目设置滨州养护工区1处,与管理处合址办公。

2015年进行防撞护栏的升级改造。

4. 监控设施

本项目设置滨州监控分中心，与管理处合址办公，负责鲁冀界至淄博界的运营监管。

5. 运营管理模式的变化

本路段建成通车后由省厅公路局负责运营管理，根据省政府鲁政办字〔2015〕148号文，自2016年1月1日起，本项目由齐鲁交通发展集团运营管理。

三、G25（长春—深圳）滨州黄河公路大桥段

（一）项目概况

1. 基本情况

1）技术标准

本项目位于鲁北平原的东部，为黄河冲洪积平原地区，整体地势由西南向东北倾斜，呈南高北低。项目采用双向四车道高速公路标准，路基宽度28.0m，设计速度120km/h，桥涵设计汽车荷载等级为汽车—超20级，挂车—120。

2）建设规模

项目建设里程14.869km，其中特大桥1698.4m/1座，中桥649.66m/11座，互通式立交2处，分离式立交7座，天桥1座；匝道收费站2处。

3）主要控制点

滨州互通（G220）、滨州南互通、滨州黄河公路大桥。

4）投资规模

项目概算总投资6.96亿元。交通部拨款0.42亿元，交通厅拨款1.3066亿元，其余采用银行贷款筹集。

5）开工及通车时间

2001年2月开工建设，2004年7月建成通车。

2. 前期决策情况

国家计委印发《国家计委关于审批国道205线滨州黄河公路大桥项目建议书的请示的通知》（计基础〔1998〕2436号）。

1999年10月，水利部黄委印发《关于滨州黄河公路大桥工程可行性研究报告有关问题的批复》（黄河务〔1999〕48号）。

国家计委印发《国家计委关于审批国道205线滨州黄河公路大桥工程可行性研究报告的请示的通知》（计基础〔2000〕265号）。

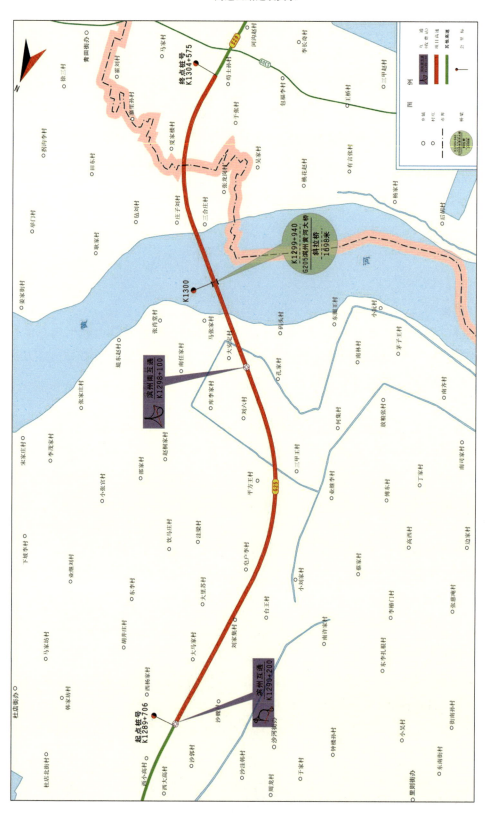

G25(长春—深圳)滨州黄河公路大桥段路线总体平面示意图

3.参建单位主要情况

1)建设单位

山东省交通厅公路局。

2)设计单位

中交公路规划设计院。

3)施工单位

本项目主体工程为5家单位,房建工程为1家单位,机电工程为3家单位,交通安全设施工程为6家单位,绿化工程为2家单位。

4)监理单位

山东省交通工程监理咨询总公司。

(二)建设情况

1.项目准备阶段

1)有关批复

2000年11月,交通部印发《关于国道205线滨州黄河公路大桥初步设计的批复》(交公路发〔2000〕560号)。

2001年8月,国土资源部印发《关于黄河公路大桥工程建设用地的批复》(国土资函〔2001〕372号)。

2000年9月,省发改委印发《关于下达国道205线滨州黄河公路大桥用地计划的通知》(〔2000〕1007号)。

2000年4月,省林业厅出具《关于国道205线滨州黄河公路大桥南北连接线项目建设征用林地批复》(鲁林政字〔2000〕20号)。

2000年11月,国土资源部印发《关于山东省205国道滨州黄河公路大桥等控制性工程先行用地的复函》(国土资厅函〔2000〕258号)。

2001年8月,国土资源部印发《关于黄河公路大桥工程建设用地的批复》(国土资函〔2001〕372号)。

2)合同段划分

设计标段:1个标段。

施工标段:主体工程设5个标段,机电工程设3个标段,房建工程设1个标段,绿化工程设2个标段,交通安全设施设6个标段。

监理标段:设1个总监办公室。

3)招投标

本项目勘察设计由省交通厅公路局委托中交公路规划设计院完成。

2000年11月~2001年1月,确定山东省公路工程总公司滨州公司等5家单位为主体工程施工单位和1家单位为监理单位。

2002年10月~2002年12月,确定济南创安交通安全设施有限公司等6家单位为交通安全设施工程施工单位;确定山东中天元科技有限公司和山东省济青高速公路绿化工程有限公司为绿化工程施工中标单位;确定滨州建安集团有限公司为房建工程施工中标单位;山东淄博交通灯具公司等3家单位为机电工程施工中标单位。

2. 项目实施阶段

主体工程于2001年2月开工,2004年6月完工。

二期工程于2004年6月完工。

2004年7月,本项目通过交工验收。

2006年7月,本项目通过竣工验收。

(三)技术复杂工程

1. 基本情况

滨州黄河公路大桥全长1698m,主桥为(42+42+300+300+42+42)m=768m,采用对称形式的三塔斜拉桥,桥宽32.8m;北引桥为6孔×42m的预应力混凝土连续箱梁,南引桥为16孔×42m的预应力混凝土连续箱梁,全宽27.5m,设计洪水位25.961m,通航水位为25.461m;通航等级内河Ⅳ—(2)级;设计风速为20m高处百年一遇10min最大风速28.7m/s;地震基本烈度为6度,按7度设防。

2. 技术特征及难点

滨州黄河公路大桥在建设过程中创造了我国建桥史上五个"第一":一是最深的钻孔灌注桩达120m,为全国之最;二是中塔高达125m,为黄河上之最;三是大桥桥塔梁固结的设计方案为全国斜拉桥中首例;四是按照设计尺寸所做的主梁节段,与塔柱节段工程试验为国内首次;五是采取了国内最先进的液压爬模技术,是国内所建成的桥梁中最宽的预应力混凝土箱形桥梁,梁宽达32.8m。大桥2007年获得国家优质工程银质奖。

(四)科技创新

滨州黄河公路大桥多项科研项目取得了科技创新成果。一是复合地基加固技术在高填土路堤地基处理中的应用;二是大桥高性能混凝土制备与性能研究;三是大跨径预应力混凝土三塔斜拉桥关键技术研究;四是桥梁工程深长灌注工作性能研究;五是主梁节段足尺模型实验研究;六是大桥工程运营健康监测系统;七是大桥沥青混凝土桥面铺装结构形式及施工工艺研究;八是 G205 线滨州黄河公路大桥斜拉索振动磁流变阻尼器智能控制系统。

复合地基加固技术在高填土路堤地基处理中的应用。在现场试验及模型试验的基础上,对粉喷桩与土工格栅联合加固作用效果、加固机理、理论计算方法、设计施工指导原则等进行深入研究,分为 6 项子课题:联合处理技术加固效果的研究、土工格栅界面特性的试验研究、联合处理技术作用机理的研究、沉降变形特点及应力场分布规律的研究分析、沉降计算方法理论研究、加筋土体稳定性计算及设计施工方法研究。

(五)运营养护管理

1. 收费设施

本项目共设滨州南、滨州收费站 2 处,采用人工加计算机收费方式。截至 2016 年底收费车道数量共计 14 条,其中 ETC 车道 4 条。

2. 养护管理

2007 年,本项目新增滨州南出口(滨州南收费站);2014 年,进行路面罩面工程;并于 2016 年进行扩建。

3. 运营管理模式的变化

本路段建成通车后由省厅公路局负责运营管理,根据省政府鲁政办字〔2015〕148 号文,自 2016 年 1 月 1 日起,本项目由齐鲁交通发展集团运营管理。

四、G25(长春—深圳)青州至临沭(鲁苏界)段

(一)项目概况

1. 基本情况

1)技术标准

项目所在区域为鲁中南低山丘陵区,属山地、丘陵地貌,地形起伏较大,海拔在 200~400m。采用双向六车道高速公路标准,设计速度 120km/h,路基宽度 34.5m,桥涵设计汽车荷载等级汽车—超 20 级,挂车—120。

2)建设规模

项目建设里程 228.33km,其中特大桥 1525.869m/1 座,大桥 11019.38m/46 座,中桥 4525.90m/64 座,隧道 837.50m/2 座,互通式立交 17 处(服务型 15 处,枢纽型 2 处),分离式立交 33 座,天桥 100 座;主线收费站 1 处,匝道收费站 15 处;服务区 5 处,停车区 5 处;监控通信分中心 1 处。

G25（长春—深圳）青州至临沭（鲁苏界）段路线总体平面示意图（一）

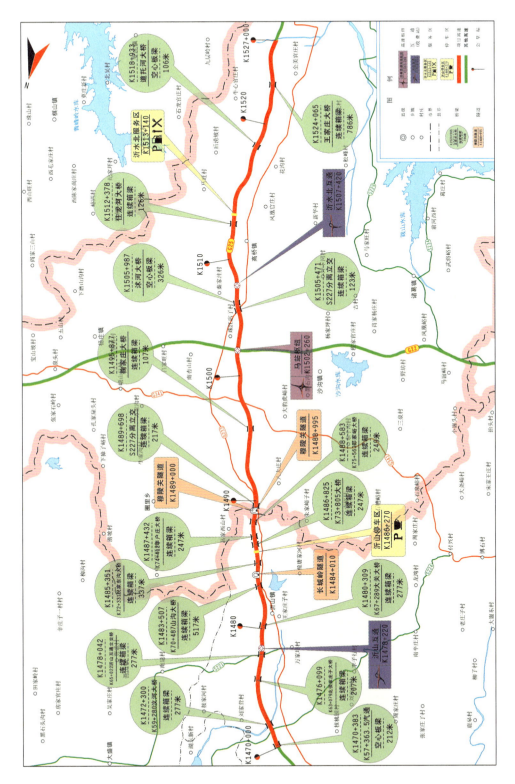

G25(长春—深圳)青州至临沭(鲁苏界)段路线总体平面示意图(二)

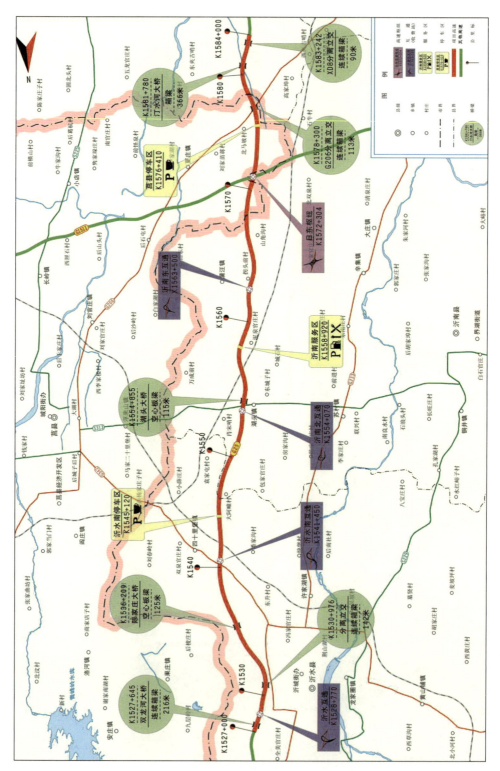
G25(长春—深圳)青州至临沭(鲁苏界)段路线总体平面示意图(三)

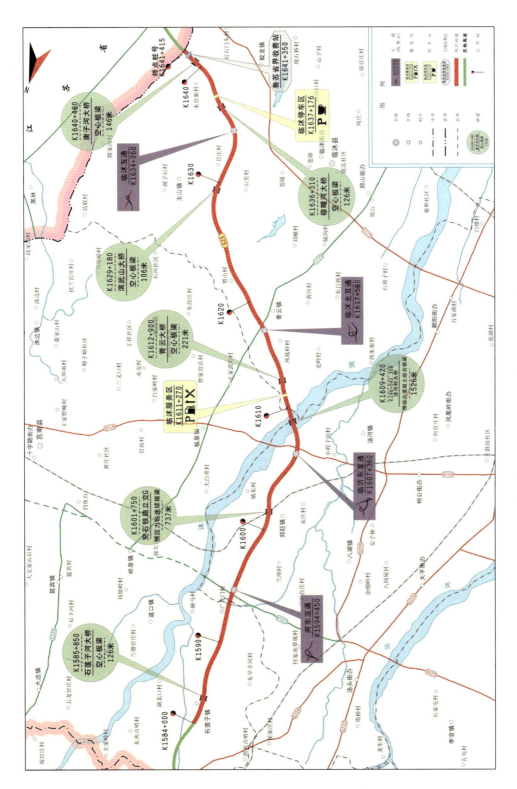

G25（长春—深圳）青州至临沭（鲁苏界）段路线总体平面示意图（四）

3) 主要控制点

青州北互通、青州互通(G309)、青州南互通、临朐互通(S223)、临朐南互通、沂山互通(S221)、穆棱关、济青高速南线枢纽(G22)、沂水南互通(G342)、沂南北互通(S313)、日东高速枢纽(G1511)、河东互通(S314)、临沂东互通(G518)、临沭北互通(S225)、鲁苏界。

4) 投资规模与资金筹措

项目概算投资124.30亿元(含建设期贷款利息6.8亿元)。其中国家安排中央专项基金(车购税)11.81亿元,中央扩大内需补助1.1亿元,省厅自筹资金25.61亿元,商业银行贷款78.98亿元。

5) 开工及通车时间

2009年6月开工建设,2013年1月建成通车。

2. 前期决策情况

2006年1月,鲁苏两省交通厅经协商签订了《国家高速公路长春至深圳线鲁苏省界接点协议》,明确了鲁苏省际接口位置。

2006年8月,国家发改委印发《国家发展改革委关于山东省青州至临沭(鲁苏界)公路项目建议书的批复》(发改交运〔2006〕1796号)。

2008年4月,国土资源部批复用地预审申请。

2008年5月,环保部批复工可环境保护方案。

2008年6月,水利部批复工可水土保持方案。

2008年8月,国家发改委印发《国家发展改革委关于山东省青州至临沭(鲁苏界)公路可行性研究报告的批复》(发改交运〔2008〕2237号)。

3. 参建单位主要情况

1) 建设单位

项目法人单位为山东省交通运输厅公路局,执行机构为山东省青州至临沭高速公路建设项目办公室。

2) 设计单位

主体工程:山东省交通规划设计院,中交公路规划设计院有限公司。

房建工程:山东省交通规划设计院,江苏省交通规划设计院有限公司。

交通工程:北京交科公路勘察设计研究院有限公司。

绿化工程:天津市北方园林市政工程设计院有限公司,济南市市政工程设计研究院有限责任公司。

机电工程:中交公路规划设计院有限公司。

3)咨询单位

中国公路工程咨询集团有限公司。

4)施工单位

本项目有146个施工单位参与建设,其中路桥工程施工单位24个,房建工程16个,房建装修6个,收费站天棚10个,收费亭3个,设备供应14个,机电工程5个,安全设施及环保工程49个,绿化工程19个。

5)监理单位

采取两级监理机构,设2个总监办,下辖9个路桥驻地办、7个房建驻地办和1个机电驻地办。

(二)建设情况

1. 项目准备阶段

1)项目审批

2009年2月,交通运输部印发《关于青州至临沭(鲁苏界)公路初步设计的批复》(交公路发〔2009〕62号)。

2009年4月,国土资源部批复单体工程先行用地。

2009年,省交通运输厅印发《关于长深线青州至临沭(鲁苏界)公路施工图设计文件的批复》(鲁交规划〔2009〕113号)。

2)合同段划分

设计标段:主体工程设3个标段,房建工程设3个标段,绿化工程设3个标段,交安工程设1个标段,机电工程设1个标段。

施工标段:主体工程设27个标段,机电工程设6个标段,房建工程设16个标段,绿化工程设24个标段,交通安全设施工程设54个标段,精装修工程设6个标段,收费站及加油站天棚设10个标段,收费亭供应设3个标段,设备供应设14个标段。

监理标段:设2个总监办公室,9个主体工程驻地监理,7个房建工程监理,1个机电工程监理。

3)招投标

2009年2月,确定22家施工单位为1~24标段和27标段主体工程施工中标单位。

2011年1月,确定2家施工单位为25、26标段主体工程施工中标单位;确定山东方明建设集团有限公司、中国新兴建设开发总公司等16家单位为房建工程施工中标单位;确定山东高速齐鲁建设集团公司等6家单位为房建装修施工中标单位;确定山东鲁杰建工集团有限公司、山东省路桥集团有限公司等10家单位为收费站天棚工程施工中标单位;确定上海鼎新电气(集团)有限公司、广州威能机电有限公司等14家单位为发电机设备、加油设备、污水设备、广场照明、电梯食梯施工中标单位；确定太原市易欣交通工程有限公司等3家单位为收费亭施工中标单位。

2011年7月，确定5家单位为机电工程施工中标单位。

2012年4月，确定49家单位为交通安全设施及部分环保工程施工中标单位。

2011年9月，确定19家单位为绿化工程施工中标单位。

2．项目实施阶段

主体工程于2009年6月开工，2013年1月完工。

房建工程于2011年2月开工，2013年1月完工。

机电工程于2011年9月开工，2013年1月完工。

交通安全设施工程于2012年6月开工，2013年1月完工。

绿化工程于2011年11月开工，2013年1月完工。

2013年1月，省交通运输厅公路局组织交工验收。

(三)技术复杂工程

青临高速公路建设技术难点有穆陵关隧道下穿国家文物保护单位齐长城遗址、大跨度铁路框构桥顶进施工。

1．超浅埋大跨度双连拱隧道施工

长城岭隧道下穿齐长城复线遗址，设计为双连拱隧道，最大埋深5m，长75m，其中暗洞为30m。整体超浅埋，地质条件差，采用整体式中隔墙，施工工艺复杂，中隔墙顶与主洞二次衬砌结合部为防水薄弱点，防排水问题处理难度大。省青临项目办与山东大学联合开展了"双连拱隧道三维地质力学模型试验与数值模拟研究"科研课题。

2．大跨度铁路框构桥顶进施工

青临高速公路下穿胶新铁路，设计为(16.5+16.5)m钢筋混凝土框构下穿立交桥，公路、铁路夹角约46°，桥长46.14m，框构桥高6.8m，采用C40钢筋混凝土顶进框构结构。采用工便梁法加固既有线路进行顶进施工，具有进度快、安全性大、不受跨度限制等特点。

(四)运营养护管理

1．服务设施

设置青州、临朐、沂水北、沂南、临沭服务区5处，设置临朐、沂山、沂水南、莒县、临沭停车区5处。

2．收费设施

本段在鲁苏界设置单向主线收费站1处，在青州、临朐、沂水、沂南、莒县、莒南、河东、临沭设置匝道收费站15处,采用人工加计算机收费方式。截至2016年底,收费车道共计126条,其中ETC车道32条。

3.养护管理设施

本段设置临朐、沂南、临沭3处分中心和1处隧道管理所。

4.监控设施

在管理处设信息监控中心,负责全线监管。

5.运营管理模式的变化

本项目建成通车后由省厅公路局负责运营管理,根据省政府鲁政办字〔2015〕148号文,自2016年1月1日起,本项目由齐鲁交通发展集团运营管理。

第九节　G35(济南—广州)高速公路山东段（济南—菏泽）

G35(济南—广州)高速公路是国家高速公路网"71118"中的"纵四",起自山东省济南市,途经河南、安徽、江西,讫于广东省广州市。济广高速公路纵贯华东、华中、华南,直达珠三角,是中国贯穿南北又一条大通道,增进了中部地区与华南省份的社会交流和物资交流,对于完善国家高速公路网、促进沿线经济社会发展具有重要意义。

山东段起自济南市历城区唐王镇G20青银高速公路唐王枢纽处,讫于菏泽市曹县仵楼(鲁豫界),是山东省高速公路中长期规划"9517"网中"纵九""连五"和"一环"的重要组成部分,全长335.220km,1989—2008年各路段相继建成通车。沿线途经济南、泰安、济宁、菏泽4市,覆盖人口约1200万人。济广高速公路的建设形成了山东省的又一出省大通道,促进了山东省与珠三角地区的经济社会交流,对于加快省会城市群经济圈建设、推动沿线经济带发展战略实施和促进区域经济快速发展具有重要作用。

G35(济南—广州)高速公路山东段由济南唐王枢纽至济南零点互通段、济南零点互通至济南槐荫枢纽段、济南槐荫枢纽至济南殷家林枢纽段、济南殷家林枢纽至菏泽王官屯枢纽段、菏泽王官屯枢纽至菏泽王桥枢纽段和菏泽王桥枢纽至商丘(鲁豫界)段6个路段组成。

G35(济南—广州)高速公路山东段项目信息见表2-1-9。

其中,济南唐王枢纽至济南零点互通段为原济青高速公路的组成部分,路线长21.685km,现划归G35济广高速公路,工程内容包含在"第一节 G20(青岛—银川)山东段西元庄至唐王枢纽段"中;济南槐荫枢纽至济南殷家林枢纽段路线长15.809km,与G3(北京—台北)高速公路共线,工程内容包含在"第三节 G3(北京—台北)高速公路山东段(德州—枣庄)齐河至济南段"中;菏泽王官屯枢纽至菏泽王桥枢纽段路线长41.896km,为原曲阜至

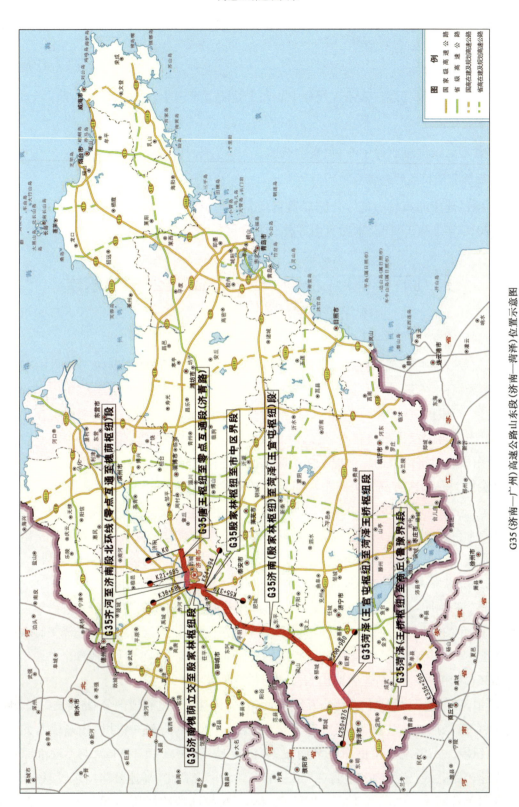

第二篇/第一章 — 国家高速公路

G35（济南—广州）高速公路山东段项目信息采集表

表2-1-9

序号	国高/地高	工程分段	路段起止桩号 起点桩号	路段起止桩号 止点桩号	规模(km) 小计	规模(km) 六车道及以上	规模(km) 四车道	建设性质（新建/改扩建）	设计速度(km/h)	路基宽度(m)	永久占地(亩)	投资情况(亿元) 估算	投资情况(亿元) 概算	投资情况(亿元) 决算	资金来源	建设时间（开工~通车）	4A级以上主要景区名称	备注
1		济南唐王枢纽至济南零点互通段	K0+000	K21+685	21.685	√		新建	120	35.5	26					1989.12~1993.12		详见第一节 G20（青岛—银川）高速公路山东段西元庄至唐王枢纽段
2		济南零点互通至济南槐荫枢纽段	K21+685	K38+585	16.9	√		新建	√	√	1699.8		6.934	6.118	交通部补助、山东省交通厅基建拨款、国债转贷、银行借款	1997.1~1999.9		
3	国高	济南槐荫枢纽至济南殷家林枢纽段	K38+585	K54+394	15.809		√	新建	√	√								详见第三节 G3（北京—台北）高速公路山东段齐河至济南段
4		济南殷家林枢纽至菏泽王官屯枢纽段	K54+394	K208+980	153.601		√	新建	√	√	15822.0		47.75	45.97	济菏高速公路有限公司自筹资金、银行借款	2004.12~2007.9		里程未含划入G2001济南绕城高速公路的0.985km
5		菏泽王官屯枢纽至菏泽王桥枢纽段	K208+980	K250+876	41.896		√	新建	√	√								详见第十二节 G1511（日照—兰考）高速公路曲阜至菏泽（菏泽段）

续上表

序号	国高/地高	工程分段	路段起止桩号		规模(km)				建设性质(新建/改扩建)	设计速度(km/h)	路基宽度(m)	永久占地(亩)	投资情况(亿元)			资金来源	建设时间(开工~通车)	4A级以上主要景区名称	备注
			起点桩号	止点桩号	小计	八车道及以上	六车道	四车道					估算	概算	决算				
6		菏泽王桥枢纽至商丘(鲁豫界)段	K250+876	K336+205	85.329			√	新建	120	35.528	1334	32.94	31.69	29.72	中国中铁股份有限公司和中铁十局集团有限公司自筹资本金,35%资本金,65%银行贷款	2006.5~2008.11		
合计					335.220														

490

菏泽高速公路的组成部分,工程内容包含在"第十二节 G1511(日照—兰考)高速公路山东段(日照—菏泽)曲阜至菏泽段(菏泽段)"中。

一、G35(济南—广州)济南零点互通至济南槐荫枢纽段

(一)项目概况

1. 基本情况

G35(济南—广州)济南零点互通至济南槐荫枢纽段是北京至台北、青岛至银川两条高速公路的连接线。

1)技术标准

项目属平原微丘地貌,采用双向四车道高速公路标准,设计速度120km/h,路基宽度26m。桥涵设计汽车荷载等级公路—Ⅰ级。

2)建设规模

项目全长16.9km,其中:特大桥7526.3m/2座,中桥101.88m/2座;互通式立交2处(其中服务型互通1处,枢纽型互通1处),分离式立交4座,天桥4座;主线收费站1处,匝道收费站1处。

3)主要控制点

零点互通(G104)、天桥互通(济南西环)、槐荫枢纽(G3)。

4)投资规模与资金筹措

本项目概算与G3(北京—台北)高速公路齐河至济南段作为一个项目,总投资13.7亿元。基建拨款5.2亿元(交通部补助资金2.73亿元,省交通厅基建拨款1.75亿元,国债转贷资金7200万元),银行借款8.5亿元。本路段竣工决算投资6.118亿元。

5)开工及通车时间

1997年1月开工,1999年9月建成通车,2001年9月完成竣工验收。

2. 前期决策情况

1989年,济南至德州公路(含济德、济青连接线)作为一个整体项目开始进行规划。

1992年4月完成的"预可报告"经省交通厅组织审查后上报交通部审批。

1995年8月黄河大桥桥位确定后,本工程再次进入实施阶段,1995年8月完成"工可报告",同月,省计委组织审查后上报交通部审批。

交通部印发《关于齐河至济南公路可行性研究报告的批复》(交计发〔1996〕21号)。

工程的环保评价报告于1994年3月完成,7月省环保局组织专家审查后进行了批复。

1997年7月,经省计委的协调,交通、铁路两部门在空间使用上达成共识,使连接线东段具备了实施的条件。

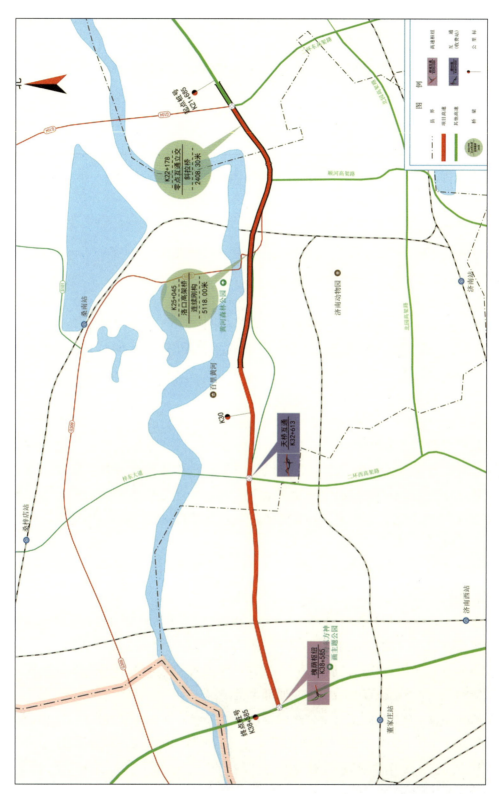

G35（济南—广州）济南零点互通至济南槐荫枢纽段路线总体平面示意图

3. 参建单位主要情况

1) 建设单位

在省政府成立的以分管副省长为组长,由省计委、省建委、省交通厅及有关厅局分管领导为成员的"山东省济德高速公路工程建设项目领导小组"和省交通厅的领导下,山东省济德高速公路工程建设办公室代表省政府领导小组和省交通厅行使政府组织协调和项目建设业主的双重职能。济南市及沿线各区(县)成立了相应的工程建设指挥部,作为项目的执行业主。

2) 设计单位

山东省交通规划设计院。

3) 施工单位

路桥工程为3个单位,交通安全设施工程为2个单位,沿线设施工程为2个单位。

4) 监理单位

本项目设置齐济段和D标段2个监理处,负责全线施工监理工作。其中,齐济段监理处负责A、B、C共3个施工合同段的监理工作,每个施工合同段设置了一个监理组。

(二)建设情况

1. 项目准备阶段

1) 有关批复

1994年7月,省环保局印发《关于济南—德州高速公路工程建设环境影响报告书的批复》(鲁环管(二)〔1994〕68号)。

交通部印发《关于齐河至济南高速公路初步设计的批复》(交公路发〔1996〕808号)。

省交通厅印发《关于济德、济青路连接线东段初步设计的批复》(鲁交计〔1997〕157号)。

齐河至济南公路开工报告于1996年12月批复。

2) 合同段划分

设计标段:7个合同段。

施工标段:A、B、C、D共4个合同段。

监理标段:齐济段和D标段2个监理处。

3) 招投标

1997年12月,确定山东省交通工程总公司等3家单位中标主体工程施工,1999年3月和7月,确定山东省济德高速公路开发有限公司和郑州彩达交通设施工程有限公司为交通安全工程施工中标单位。

2. 项目实施阶段

本项目于1997年1月开工建设,于1999年9月建成通车。

1999年6月和9月,省交通厅质监站对齐河至济南段进行交工验收。该项目总评分为96.6分,工程质量为优良等级。

(三)技术复杂工程

复杂技术工程主要为改造零点互通。

1. 工程概况

零点互通主桥为(67.5+62.5)m 的独塔单索面斜拉桥,全长2408.3m,其中主桥长130m,墩、塔、梁固结,共布设32根斜拉索。主梁为单箱三室的等截面预应力混凝土箱梁,梁高1.60m;桥塔为钢筋混凝土结构,内有型钢焊接而成的刚性骨架;桥墩采用三柱式钢筋混凝土桥墩;基础为8根直径180cm的群桩。引桥全长2278.3m,上部结构的主要形式有钢筋混凝土连续板梁,预应力混凝土连续板梁,预应力混凝土等截面连续刚构,预应力混凝土变截面连续刚构。

2. 技术特征及难点

斜拉桥施工中斜拉索的索力,是斜拉桥设计的一个重要参数,因此,在施工过程中准确控制索力很重要。本项目索力调整监控项目采用SL-2型多通道索力仪,配有笔记本电脑直接测出索力值,快速准确的测试,在索力施工监控中得到了充分的验证。

根据要求对施工各阶段的索力进行监控测试,通过选择这种频率法测索力,为施工和成桥提供了准确可靠的索力值。

零点互通

(四)科技创新

零点互通跨线桥为单索独塔斜拉桥,这种形式在山东省是首次采用。它既满足了功能要求,又有新的创意。简洁的装饰美观大方,达到了良好的景观效果。

2015年为提高护栏的防撞能力,在高架桥混凝土护栏改造中,对原桥混凝土护栏部分进行凿除,保留原有钢筋,通过钢筋焊接加高,重新浇筑混凝土的方式,既能达到SS级防撞护栏等级要求,又能减少混凝土用量和钢筋用量,绿色经济、节能环保,在高速路上得到了具体体现。

（五）运营养护管理

1. 收费设施

本项目设置济南北主线收费站1处、天桥匝道收费站1处,采用人工加计算机收费方式。收费车道数量截至2016年底共计21条,其中ETC车道6条。

2. 养护管理设施

本项目设置济南养护工区1处。

2002年实施京福高速公路绿色大通道建设工程;2003年济南北绕城高速公路(本路段)路面罩面工程;2008年实施山东省济南绕城高速公路照明工程;2009年实施天桥互通绿化;2010年实施标志牌改造;2015年实施济南北收费站雨棚连廊改造,收费站标志改造。

2008年、2009年、2010年,对零点互通板底部分细小裂缝、混凝土麻面、钢筋外露锈蚀、支座老化开裂等病害进行了维修加固;2009—2010年,对零点互通桥的沥青混凝土路面全面铣刨处理后进行了病害修复及防水处理后重新铺设了沥青混凝土路面;2011年特殊检查中对大桥斜拉索系统进行了全面细致的检查,发现斜拉桥中央分隔带凹槽内的聚氨酯发泡沫失效,下导管表面锈蚀,斜拉索锚头渗水严重,锚固端防腐密封系统功能丧失,斜拉索受力状态产生了严重的退化;2012年大桥维修加固工程中对斜拉索进行了上、下锚头维护,修复了破损的PE保护层。

3. 监控设施

本项目设置济南监控中心,与养护工区合址,负责全路段的运营监管。

4. 运营管理模式的变化

2001年8月26日,山东高速集团挂牌成立,按照省政府文件批复,对济广高速公路零点互通至槐荫枢纽段进行经营管理。

二、G35(济南—广州)济南殷家林枢纽至菏泽王官屯枢纽段

（一）项目概况

1. 基本情况

本路段建设里程154.586km,其中0.985km划入G2001济南绕城高速公路南线,余

153.601km 计入济南至菏泽高速公路,在此仅叙述济南至菏泽高速公路。

1) 技术标准

路线所经区域主要为侵蚀、剥蚀构造低山丘陵和黄泛冲积平原,土质主要为黏土、亚黏土、亚砂土等,基岩以石灰岩为主,间杂有沙眼及泥砂岩。采用双向四车道高速公路标准,设计速度120km/h,路基宽度28m。桥涵设计汽车荷载等级为公路—Ⅰ级。

2) 建设规模

济菏高速公路全长153.601km。其中特大桥3533m/1座,大桥4544.3m/20座,中桥3394.18m/54座;互通式立交8处(其中服务型互通7处、枢纽型互通1处),分离式立交50座,天桥6座;配套设施有收费站7个;服务区3处,停车区2处。

3) 主要控制点

大学城、长清互通(S104)、孝里互通、平阴互通、平阴南互通、东平互通、梁济运河、梁山互通(S321)、嘉祥互通(S319)、王官屯枢纽(G1511)。

4) 投资规模与资金筹措

本项目核定概算调整总投资额为47.747亿元,竣工决算报送数为46.017亿元,审定数为45.974亿元(其中建安投资34.287亿元,设备及工器具投资0.747亿元,待摊投资10.940亿元),到位建设资金46.305亿元,其中济菏公司以资本金投资14.805亿元,银行借款31.50亿元。

5) 开工及通车时间

2004年12月开工,2007年9月建成通车,2012年8月完成竣工验收。

2. 前期决策情况

省计委印发《关于济南至菏泽公路项目建议书的批复》(鲁计交能字〔1997〕163号)。

省计委印发《关于济南至菏泽高速公路潘村至大羊段可行性研究报告的批复》(鲁计基础〔2003〕53号)。

省计委印发《关于济南至菏泽高速公路大羊至王官屯段可行性研究报告的批复》(鲁计基础〔2003〕54号)。

3. 参建单位主要情况

1) 建设单位

济菏高速公路采用BOT模式运作,由省交通厅公路局与鲁能建设集团共同出资成立了山东济菏高速公路有限公司,全权负责济菏高速公路的设计、建设、养护与运营。

2) 设计单位

主体工程:山东省交通规划设计院和吉林省公路勘测设计院。

房建工程:北京交科公路勘察设计研究院有限公司及山东省建筑设计研究院。

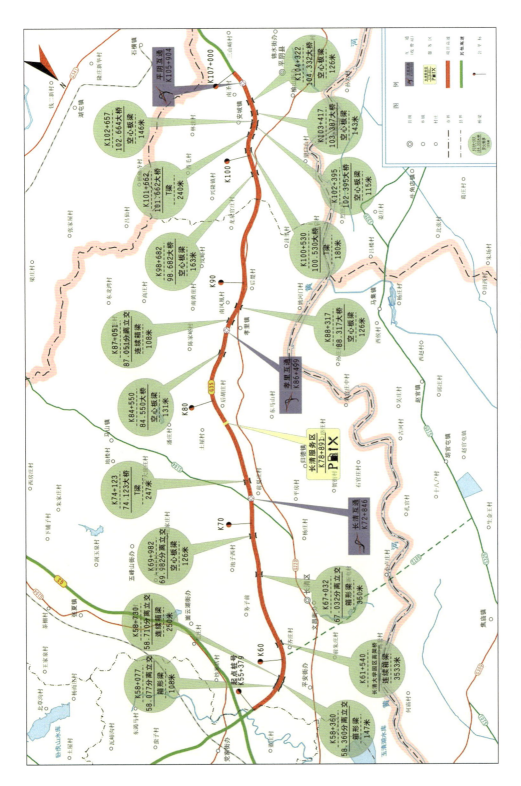

G35（济南—广州）济南晏家林枢纽至菏泽王官屯枢纽路线总体平面示意图（一）

G35（济南—广州）济南殷家林枢纽至菏泽王官屯枢纽段路线总体平面示意图（二）

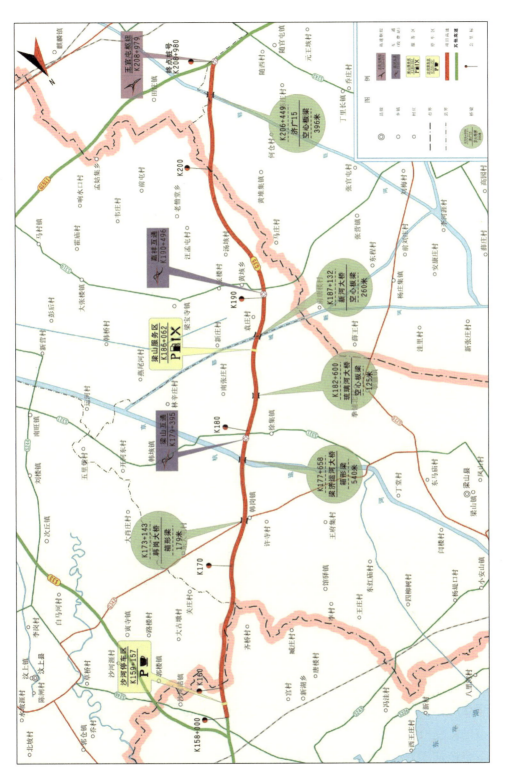

G35(济南—广州)济南胶家林枢纽至菏泽王官屯枢纽段路线总体平面示意图(三)

交通工程：北京交科公路勘察设计院。

绿化工程：山东农业大学勘察设计研究院。

机电工程：北京交科公路勘察设计研究院有限公司。

3）咨询单位

山东大学、山东交通学院、山东省交通科学研究所。

4）施工单位

本项目有68个施工单位参与建设，其中主体工程11个，房建工程17个，机电工程1个，交通安全设施30个，绿化工程9个。

5）监理单位

本项目设置1个总监办公室，负责全线施工监理工作；6个土建监理办公室，负责监理区段内路基路面工程、交通安全设施工程、绿化工程的施工监理工作；5个房建工程监理办公室，负责全线17个标段的房建工程施工监理工作；1个机电工程监理办公室，负责全线的机电工程施工监理工作。

（二）建设情况

1. 项目准备阶段

1）有关批复

省交通厅、省计委印发《关于济南至菏泽高速公路潘村至大羊段初步设计的批复》（鲁交规划〔2003〕127号）。

省交通厅、省计委印发《关于济南至菏泽高速公路大羊至王官屯段初步设计的批复》（鲁交规划〔2003〕128号）。

省交通运输厅、省发改委印发《关于济南至菏泽高速公路潘村至大羊段初步设计概算调整的批复》（鲁交建管〔2010〕61号）。

省交通运输厅、省发改委印发《关于济南至菏泽高速公路大羊至王官屯段初步设计概算调整的批复》（鲁交建管〔2010〕60号）。

国土资源部印发《关于济南至菏泽高速公路工程建设用地的批复》（国土资函〔2005〕1175号）。

省交通运输厅、省发改委印发《关于济南至菏泽高速公路潘村至大羊段初步设计概算调整的批复》（鲁交建管〔2010〕61号）。

省交通运输厅、省发改委印发《关于济南至菏泽高速公路大羊至王官屯段初步设计概算调整的批复》（鲁交建管〔2010〕60号）。

国土资源部印发《关于济南至菏泽高速公路工程建设用地的批复》（国土资函〔2005〕1175号）。

2）合同段划分

设计标段：主体工程设 2 个标段，房建工程设 2 个标段，绿化工程设 1 个标段，机电工程设 1 个标段。

施工标段：根据工程内容的不同，主体工程设 14 个标段，机电工程设 1 个标段，房建工程设 17 个标段，绿化工程设 9 个标段，交通安全设施工程设 33 个标段。

监理标段：根据工程内容设 1 个总监办公室，6 个主体工程驻地监理标段，5 个房建工程监理标段，1 个机电工程监理标段。

3）招投标

2004 年 5 月，确定山东省公路工程总公司、中铁十三局集团有限公司等 11 家单位为主线施工中标单位，山东恒建工程监理咨询有限公司等 7 家单位为监理中标单位。

2006 年 5 月，确定山东正兴建筑安装工程有限公司、济南建工总承包集团有限公司等 17 家单位为房建工程施工中标单位，济宁市东方建设工程监理公司等 3 家单位为房建工程监理中标单位。

2006 年 8 月和 2006 年 10 月，分两批次确定潍坊东方交通设施工程有限公司、杭州萧山金鹰交通设施有限公司等 30 家单位为交通设施施工中标单位。

2007 年 1 月，确定山东中创软件工程股份有限公司为机电工程施工中标单位，浙江天泰园林建设有限公司等 9 家单位为绿化工程施工中标单位。

2007 年 3 月，确定重庆中宇工程咨询监理有限责任公司为机电工程监理中标单位。

2. 项目实施阶段

主体工程于 2004 年 12 月开工，2007 年 8 月完工。

房建工程于 2006 年 5 月开工，2007 年 9 月完工。

机电工程于 2007 年 6 月开工，2007 年 9 月完工。

交通安全设施工程于 2007 年 3 月开工，2007 年 9 月完工。

绿化工程于 2007 年 3 月开工，2008 年 3 月完工。

2007 年 9 月，工程通过了交工验收。

2010 年 6 月，通过山东省环保厅环保验收。

2012 年 1 月，通过山东省档案局组织的档案验收。

2012 年 5 月，通过竣工决算审计。

（三）技术复杂工程（桩号为建设桩号）

复杂技术工程主要为齐长城文物保护、湿地水淹段施工。

1. 齐长城文物保护

在 K36+700～K38+260 段，济南市长清区孝里镇南侧、G220 长清区收费站附近，为保全有 2560 年历史的"中国长城之祖"之称的岭子头齐长城,经国家文物局同意,确定通过架设高架桥的方式跨过齐长城。仅此一项,工程预算资金就多出了 1000 万元。

2. 湿地水淹段施工

路线在 K87+128~K90+048 段穿越东平湖湿地保护区,环保要求高,施工难度大。针对稻屯洼湿地路基填筑进行科技攻关,采用了对湿地淤泥清除下挖,用石方和风化岩进行填筑的"围堰清淤换填"施工法,保证了稻屯洼湿地的生态环境。

(四)科技创新

1. 高速公路在建项目工程管理系统

利用互联网技术,采用三层 B/S 结构,开发出统一的服务平台,将高速公路在建项目工程活动中的各类数据进行采集、加工、处理,并通过表格、图形以及 WebGis 等形式进行体现,供参与者根据权限查看。系统成果达到国内领先水平,产生良好的社会经济效益。该系统为济菏高速公路建设节省的费用超过 200 万元。

2. 黄河冲积平原高速公路桥头粉喷桩复合地基试验研究及随机可靠度分析

通过对黄河冲积平原地区土类分布、成因、特性和物理性质的分析,得出亚砂土、亚黏土、黏土三种土质的水泥土强度随水泥用量的变化规律和水泥用量的最优配合比,总结了侧向位移与沉降的速率、桩土应力比的变化规律,建立了粉喷桩复合地基沉降的极限状态方程,提出了桥头粉喷桩复合地基沉降的随机可靠度计算方法,首次突出复合地基沉降模糊可靠度区间,并建立了桥头粉喷桩复合地基在一定置信度下置信区间的计算模型。该模型引入的参数可靠,概念明确,可操作性强,根据该方法编制的软件方便可靠。

研究成果具有很好的应用价值,总体达到了国内先进水平。

3. 两体式小秤台动态汽车称重系统的研究与应用

获得实用新型专利两项,分体式动态汽车衡:专利号 ZL200720020396.1,接触式开关型轮胎识别传感器:专利号 ZL200620087013.8。

分体式动态汽车衡,较好消除秤台振动干扰,动态称重准确获得国家专利;轮胎识别传感器,防水防沙防冻寿命长,获实用新型专利;邓氏振弦传感动态称重技术,是山东科技大学的研究成果,为我国独创,适合动态车辆称重。整个系统具有自主知识产权,技术上达到国际先进水平的动态车辆称重系统。成果具备一定理论创新和技术创新,推广应用前景良好,研究成果达到国际先进水平。

4. 高速公路服务区高性能纤维混凝土路面技术研究与应用

通过室内配合比和性能试验,分析得出了适用于服务区路面的聚丙烯纤维水泥混凝土的优化配比,形成了聚丙烯纤维水泥混凝土组成设计方法。

在实地调研、理论分析和力学计算的基础上,提出了适用于服务区水泥混凝土路面的轴载换算公式和板角应力计算公式,优化了服务区路面结构设计方法。

5. 鲁西南黄河冲积平原地区路基沉降演化规律及处理技术

该研究建立了推算黄河冲积平原地基沉降的数学模型,验证了黄河冲积平原地基沉降演化的规律;提出了黄河冲积平原软基加固处理方案优选方法,为该地区高速公路建设提供了技术支撑。

6. 湿地地区路基处理技术与生态保护措施

提出了基于湿地生态保护的软基处理技术措施,为湿地地基加固提供了有效的技术支撑;应用多层次模糊综合评判等技术确定了湿地软基处理方案;应用 GIS 技术研究了公路建设对湿地滞洪功能的影响,并提出了针对依托工程的生态保护技术措施。

本项目的研究成果大部分已在"国家城市湿地公园"——稻屯洼地区的济菏高速公路 K87+128~K90+048 路段建设中得到了应用。

7. 软土地基沉降预测数据库平台的开发与应用研究

在传统灰色理论的基础上提出采用缓冲弱化算子的概念,将填土期间的沉降速率进行某种"弱化",排除了系统行为数据序列所受到的冲击干扰,获得了比较精确的预测结果。

在分析各种单项预测方法的基础上,提出了基于预测有效度的组合预测模型,并在双曲线法和神经网络的基础上采用预测区间上的组合预测模型进行计算,利用 LinGo 规划软件对模型进行求解,经过对比分析证明了组合预测模型的精度要高于各个单项预测模型,所产生的相对误差远小于单项预测模型。

基于数据库系统有关的基本原理和概念,研究并设计了地基沉降预测系统功能模块及结构。采用 Java 建立了地基沉降预测系统的几个主要界面和主菜单及其子目录,为用户提供了友好的人机界面,并建立了系统的数据库。系统实现了调用 Matlab,实现了访问数据库,读取数据库中的信息数据并将运算的结果返回存储在数据库中,最终实现了系统的集成和运作。

8. 大型桥梁桥面铺装层结构与防水技术研究

研究了混凝土桥梁桥面沥青铺装层结构受力和桥面防水材料性能对比,并对实体工程进行了检测与跟踪观测,取得以下创新性成果:

基于车辆荷载作用下应力、应变分析,提出了针对混凝土桥梁桥面沥青铺装层结构设计的控制指标和设计方法。

应用新的试验方法,对比分析了四种不同防水材料的性能。

提出并验证了新型复合改性沥青作为混凝土桥面防水材料,揭示了其防水性能改善的机理,确定了合理掺配比例。

9. 梁济运河大桥混凝土性能实时监测系统与智能预测新技术的开发应用

针对梁济运河大桥工程建设,系统研究高性能混凝土早期力学性能,研制了混凝土性能测试系统。主要创新点如下：

针对影响混凝土性能的主要因素，提出了混凝土设计试验方案。选择不同温度、不同龄期养护对混凝土试块进行养护和试验，建立了基于成熟度理论的混凝土强度、弹性模量等重要性能的预测模型。

结合自动化技术和计算机技术开发了混凝土温度和成熟度实时监测系统，改变了以往混凝土性能监测仪器的易受外界干扰的状况。包括环境适应性强的埋入式传感记录仪和多功能数据采集系统，可以准确获得信号并长期保持通信，方便施工现场使用。

开发了与监测系统相配套的基于 Windows 的混凝土性能预测分析软件系统。该系统将对混凝土性能的分析预测结果可视化，能够以图形或文本方式显示温度、成熟度、强度等信息。该套仪器具有精度高、适用性强、成本低的特点，可长期跟踪工程项目内部数据的变化，为现场无损检测开辟了一条新路径。

自主研发的智能成熟度测试系统对梁济运河大桥主箱梁的施工过程的指导作用尤为突出。其结合大量的设计施工规范对模板、支架的拆卸时间，施加预应力的最佳时机都给出了综合建议与指导，在保障施工安全质量的同时缩短施工周期，提高了经济效益。

10. 中国高速公路 BOT 运作模式存在问题与发展对策研究

针对 BOT 模式在我国高速公路项目中的应用研究深入透彻；对济菏高速公路 BOT 项目的实证分析论证翔实，具有较高的参考和应用价值；所提出的中国高速公路 BOT 模式发展对策符合当前我国高速公路建设的实际情况，措施得当，有利于提高资金利用效率。

11. 高速公路运营管理模式及综合管理技术的研究与应用

引入扁平化管理概念，采用"中心—业务部门"的扁平化管理模式。

设计并建立了专业化的运营管理模式。

对监控、通信、收费等子系统进行相应的统一规划和设计，形成了三大机电系统的协调机制，为扁平化管理系统提供了系统支持和技术支撑。

研究采用先进的综合管理技术，形成了一整套针对不同情况的处理流程，生成应对紧急事件的处理预案，并通过了制度规章使得业务处理流程规范化。

课题研究成果达到国内领先水平，适用于山东省乃至全国的高速公路管理。结合本课题研究与公司的实际情况建立了扁平化管理模式组织结构、扁平化管理模式技术支撑系统和扁平化管理业务及其流程。

（五）运营养护管理

1. 服务设施

本项目设有长清、东平和梁山 3 处服务区，平阴和沙河 2 处停车区。

2. 收费设施

济菏高速公路分别在长清、孝里、平阴、平阴南、东平、梁山、嘉祥设置7座匝道收费站,采用人工加计算机收费方式。截至2016年底,收费车道数量共计46条,其中ETC车道14条。

3. 养护管理设施

本项目共设置7个管理处,在东平设置养护应急处,负责全线部分养护施工作业及应急处置工作。

2011年起,逐步完成了沿线7个匝道收费站的ETC车道改造任务并全部投入使用;2015年对东平段BK0+298独柱墩桥梁进行加固。

4. 监控设施

本项目设置济菏运营调度中心,负责济菏路沿线收费站及所有设施的运营监管。

2007年建设伊始,全线大约每两公里设置一套道路监控摄像机,共计88套,实现了道路全程监控。且摄像机全部可实现360°旋转和远近调焦的监控,其中65路为太阳能供电。另外,分别在长清、平阴南、东平、梁山段设置门架式大型可变信息标志4处,7个收费站各设置F形可变信息标志7处,小型可变信息标志6处。

5. 运营管理模式的变化

2011年4月1日,公司新一届董事会、监事会成立并召开第一次会议,标志着公司股权变更工作顺利完成。1月28日,省交通运输厅公路局与中远(香港)集团有限公司签订了《产权交易合同》,中远(香港)集团有限公司收购山东济菏高速公路有限公司40%的股权,济菏公司三大合资方即省交通运输厅公路局、中远(香港)集团有限公司、山东鲁能建设集团有限公司之间的股权比例为51.9:40:8.1。

三、G35(济南—广州)菏泽王桥枢纽至商丘(鲁豫界)段

(一)项目概况

1. 基本情况

G35(济南—广州)高速公路菏泽王桥枢纽至商丘(鲁豫界)段,为原德州至商丘高速公路菏泽至曹县段,是中国中铁股份有限公司通过市场化运作以BOT模式在山东省投资的工程项目,也是山东省高速公路建设领域完全由企业投资经营的第一个BOT项目。

1)技术标准

项目属平原地貌,采用双向四车道高速公路标准,设计速度120km/h,路基宽度28m。桥涵设计汽车荷载等级公路—Ⅰ级。

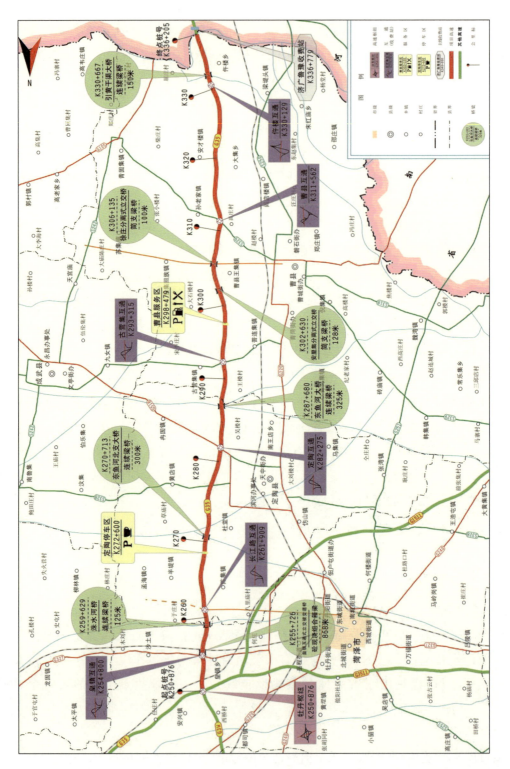

G35（济南—广州）菏泽王桥枢纽至商丘（鲁豫界）段路线总体平面示意图

2）建设规模

本项目全长85.329km。其中，大桥3426.4m/13座，中桥3087.0m/68座；互通式立交7处（其中枢纽型互通1处，服务型互通6处），分离式立交10座，天桥3座；主线收费站1处，匝道收费站6处；管理中心1处；服务区1处，停车区1处。

3）主要控制点

牡丹枢纽（G3W）、皇镇互通（G327）、长江路互通、定陶互通（G518）、古营集互通（S348）、曹县互通（S329）、仵楼互通、仵楼乡（鲁豫界）。

4）投资规模与资金筹措

本项目设计概算为31.69亿元。按照高速公路BOT建设规定，35%为自有资金，由中国中铁股份有限公司和中铁十局集团有限公司共同出资，剩余的65%通过银行贷款解决。竣工决算为29.72亿元。

5）开工及建成通车时间

2006年5月开工建设，2008年11月建成通车，2012年11月30日完成竣工验收。

2. 前期决策情况

2003年6月，德州市交通局、聊城市交通局、菏泽市交通局以《关于加快德商公路建设的报告》（德交计〔2003〕7号）、（聊交字〔2003〕118号）、（菏交呈〔2003〕27号）上报省交通厅。

2003年11月，濮阳市政府致函菏泽市、聊城市、德州市人民政府《关于加快德州至商丘高速公路建设有关问题的函》（濮政文〔2003〕197号）。

2003年11月，省计委批复《关于鄄城黄河公路大桥项目可行性研究报告》（鲁计基础〔2003〕1168号）。

2003年11月，省计委批复《关于德州至商丘（鲁豫界）高速公路路线方案》（鲁计基础〔2003〕1209号）。

2004年6月，省发改委批复《关于菏泽至曹县高速公路项目可行性研究报告》（鲁计基础〔2004〕942号）。

3. 参建单位主要情况

1）建设单位

中铁菏泽德商高速公路建设发展有限公司。

2）设计单位

河南省交通规划勘察设计院。

3）咨询单位

中铁第三勘察设计院公路分院。

4）施工单位

本项目有17个施工单位参与建设,其中主体工程12个,房建工程2个,机电工程1个,交通安全设施工程1个,绿化工程1个。

5）监理单位

本项目设置3个总监办公室,负责全线施工监理工作;负责监理区段内路基路面工程、交通安全设施工程、绿化工程、房建、机电的施工监理工作。

(二)建设情况

1. 项目准备阶段

1）有关批复

2004年5月,省环保厅印发《关于山东省菏泽至曹县高速公路项目环境影响报告书的批复》(鲁环审〔2004〕211号)。

2005年6月,省发改委批复《关于山东省德州至河南省商丘干线公路菏泽至曹县段（鲁豫界）高速公路初步设计》(鲁计重点〔2005〕408号)。

2005年11月,国土资源部批复《关于德州至商丘高速公路菏泽段工程建设用地》(国土资函〔2005〕1088号)。

2005年11月,省国土资源厅印发《转发国土资源部〈关于德州至商丘高速公路菏泽段工程建设用地〉的批复》(鲁国土资字〔2005〕781号)。

2006年4月,菏泽市政府批复《关于为中铁菏泽德商高速公路建设发展有限公司办理建设用地手续》(菏政复〔2006〕27号)。

2006年9月,省交通厅同意山东省德州至商丘(鲁豫界)干线公路菏泽至曹县高速公路施工许可申请书。

2013年1月,以鲁交建管〔2013〕8号文批复《山东省交通运输厅、山东省发展和改革委员会关于印发山东省德州至商丘(鲁豫界)干线公路菏泽至曹县高速公路竣工验收鉴定书的通知》。

2）合同段划分

工程设计:划分1个标段。

施工标段:根据工程内容的不同,土建工程设11个标段,路面工程设3个标段,机电工程设1个标段,房建工程设2个标段,绿化工程设1个标段,交通安全设施工程设1个标段。

监理标段:根据工程内容设3个总监办公室,11个主体工程驻地监理标段。

3）招投标

2006年2～4月,确定中铁十五局集团第二工程有限公司、中铁三局集团第二工程有限公司等12家单位为桥梁路基工程施工中标单位,省交通工程监理咨询公司等3家单位为监理中标单位。

2006年10~12月,确定中铁十局集团第二工程有限公司等3家单位为路面工程施工中标单位。

2007年5~7月,确定中铁建工集团有限公司和中铁六局集团有限公司为房屋建筑工程施工中标单位。

2007年11~12月,确定中铁五局电务工程有限公司/中铁四局电气化工程有限公司联合体、中铁四局集团南昌机电设备安装有限公司和常州市绿美艺园林绿化工程有限公司分别为机电、安全设施及绿化工程施工中标单位。

2. 项目实施阶段

主体工程:2006年5月开工,2008年10月完工。

房建工程:2007年5月开工,2008年11月完工。

机电和交通安全设施工程:2007年12月开工,2008年11月完工。

绿化工程:2008年2月开工,2008年11月完工。

2008年10月,省交通厅质监站组织专家对该项目进行了交工验收。

2008年11月,省交通厅质监站对项目进行竣工质量鉴定,评分为98.53分,等级为优良。

2012年11月,省交通运输厅组织竣工验收委员会,对该项目进行竣工验收,工程质量评分为95.81分,等级为优良。

(三)科技创新

为充分提高通车后的运营管理效率,在本项目建设初期,公司对通信系统、收费系统、监控系统及供配电系统的特点和架构进行通盘考虑,经多次考察调研及专家论证,采用了收费业务集中管理的扁平化管理模式。根据"集中监控、统一调度"的理念和思路,建成了目前正在使用的信息管理系统,并形成了自己的特色。

通信系统主干线网络采用了当时先进的千兆以太网,使信息系统具备了极大的可扩展性,实现了监控、收费、通信三网合一。为IP电话、全路段集中监控等系统的接入和使用提供了灵活、可靠、稳定的通信环境。

(四)运营养护管理

1. 服务设施

全线设置定陶停车区和曹县服务区各1处。

2. 收费设施

本项目设置菏泽新北、菏泽新东、定陶、古营集、曹县、件楼（未开通）匝道收费站6处，济广鲁豫主线收费站1处，采用人工加计算机收费方式。截至2016年底，收费车道数量共计61条，其中ETC车道14条。

3. 养护管理设施

本项目未设置养护工区。

日常小修保养是通过公开招标形式选择养护队伍。本项目自通车以来未进行过大修。

4. 监控设施

本项目设置济广鲁豫主线收费站监控室、定陶监控中心，监控中心与管理中心合址，负责主线区域和该路段区域的运营监管。

5. 运营管理模式的变化

根据鲁交财审函〔2008〕97号文件批复，济广高速公路菏泽至曹县段自2008年11月28日起实行全省联网收取通行费，收费截止日期为2033年9月30日。中国中铁旗下中铁交通投资集团对该路段行使全部运营管理权。

第十节　G2001济南绕城高速公路

G2001济南绕城高速公路是国家高速公路网地区环线的重要组成部分，也是山东省高速公路中长期规划"9517"网和济南交通枢纽的重要组成部分。该项目对于完善国家高速公路网、加快山东省会城市群经济圈建设、改善区域交通条件、发展旅游事业、推动省会城市济南及山东省的经济社会发展起到极大的促进作用。

济南绕城高速公路东线起自济南遥墙国际机场，至机场枢纽后，继续南行联结G35济广高速公路至邢村互通转入南线，于济南南部山区西行至G3京台高速公路济南殷家林枢纽转向北，进入与G3京台高速公路共线的西线，跨越黄河，接齐河南枢纽进入北线，与G20青银高速公路联络线共线至表白寺枢纽转向东，与G20青银高速公路唐王枢纽至齐河段共线至机场枢纽，全长120.307km。

G2001济南绕城高速公路信息见表2-1-10。

济南绕城高速公路西线包含在"第三节 G3（北京—台北）高速公路山东段（德州—枣庄）齐河至济南段"中。

济南绕城高速公路北线包含在"第一节 G20（青岛—银川）高速公路山东段（青岛—德州）高速公路唐王至齐河段（含连接线）"中。

本节主要叙述济南绕城高速公路东线和南线。东线机场枢纽至邢村互通段和南线邢

G2001济南绕城高速公路位置示意图

山 东

G2001 济南绕城高速公路项目信息采集表

表 2-1-10

序号	国高/地高	工程分段	路段起止桩号 起点桩号	路段起止桩号 止点桩号	规模(km) 小计	规模(km) 八车道及以上	规模(km) 六车道	规模(km) 四车道	建设性质(新建/改扩建)	设计速度(km/h)	路基宽度(m)	永久占地(亩)	投资情况(亿元) 估算	投资情况(亿元) 概算	投资情况(亿元) 决算	资金来源	建设时间(开工~通车)	4A级以上主要景区名称	备注
1	国高	绕城东线	K0+000	K19+539	19.539			√	新建	120	28	2865	5.6	6.12	7.11	交通部补助8000万;济南市筹资6000万;余额由省交通厅筹集	1997.12~1999.9		与G2京沪高速公路共线15.06km
2	国高	绕城南线一期工程(邢村互通至殷家林枢纽)	K19+539	K58+523	38.984			√	新建	100	√	4784	10.5	15.65	14.69	交通部拨款20200万元,省交通厅拨款103248万元;公路局抵拨水泥款1600万元;公路局贷款	1999.10~2002.5		与G2京沪高速公路共线6.1km
	国高	绕城南线二期工程(殷家林枢纽与济菏高速公路衔接)	K54+394	K55+379	0.985			√	新建	…	…			0.5	0.347	省交通厅拨款	2004.12~2007.9		G35济广高速公路桩号
合计					59.508														

512

村互通至港沟枢纽段与 G2 京沪高速公路共线。

一、G2001 济南绕城高速公路东线

（一）项目概况

1. 基本情况

1）技术标准

项目所经区域地形地貌为平原微丘，采用双向四车道高速公路标准，设计速度 120km/h，路基宽度 28m；桥涵设计荷载等级汽—超 20 级，挂车—120。

2）建设规模

项目全长 19.577km，其中大桥 331.06m/1 座，中桥 250.97m/5 座；互通式立交 3 处，分离式立交 5 座，天桥 2 座；服务区 1 处；匝道收费站 2 处、主线收费站 1 处；管理中心 1 处。

3）主要控制点

济南遥墙国际机场、小许家枢纽（G35）、郭店互通（S102）、邢村互通（G309）。

4）投资规模与资金筹措

本工程项目概算投资 6.12 亿元。投资来源：交通部补助 8000 万元，济南市筹集 6000 万元，余额由山东省交通厅筹集。

5）开工及通车时间

1997 年 12 月开工建设，1999 年 9 月建成通车，2001 年 9 月竣工验收。

2. 前期决策情况

1996 年，省交通厅上报《关于报送国道主干线济南绕城公路项目建议书的报告》（鲁交计〔1996〕35 号）。

1997 年 5 月，交通部下发《关于济南绕城公路项目建议书的批复》（交计发〔1997〕262 号）。

1997 年，交通部下发《关于济南绕城公路东段可行性研究报告的批复》（交计发〔1997〕470 号）。

1999 年 12 月，济南市环保局印发《关于对济南市公路管理局申请办理济南绕城公路建设环境影响评价标准的报告的批复》（济环函〔1999〕59 号）。

2000 年，省环保局印发《关于对国道主干线济南绕城公路工程建设环境影响报告书的批复》（鲁环发〔2000〕011 号）。

3. 参建单位主要情况

1）建设单位

本工程建设单位为省交通厅公路局，项目执行机构是济南市公路局。

山　东
高速公路建设实录

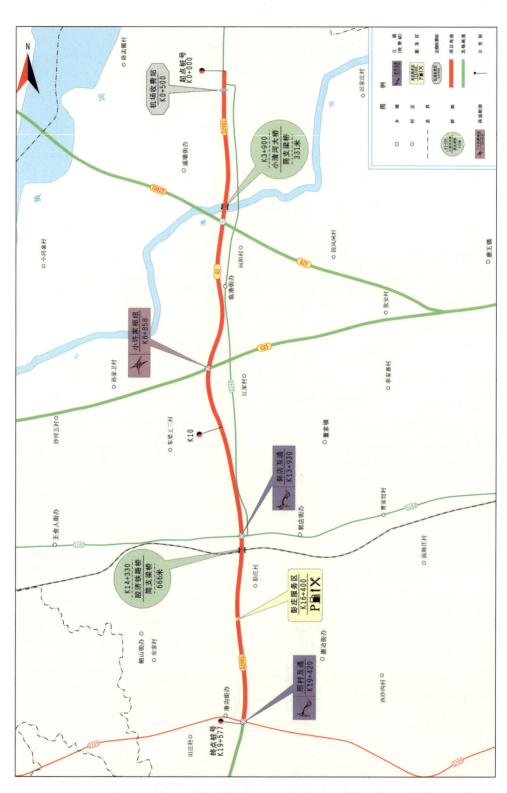

G2001济南绕城高速公路东线路线总体平面示意图

514

2)设计单位

山东省交通规划设计院。

3)施工单位

通过招投标,本项目有30个施工单位,其中路基桥涵工程7个,路面工程3个,绿化工程8个,收费广场建设工程8个,房建工程4个。

4)监理单位

项目设置总监代表处和驻地监理处两级监理机构。

(二)建设情况

1.项目准备阶段

1)项目审批

1997年,省交通厅送交《关于报送济南绕城公路东段初步设计文件的申请》(鲁交公〔1997〕28号)。

1997年,交通部下发《关于济南绕城公路初步设计的批复》(交计发〔1997〕645号)。

1997年12月,交通部公路管理司批复济南绕城高速公路东线开工报告。

1998年5月,省公路局印发《关于济南绕城高速公路东线工程变更及单价的批复》(鲁路工函〔1998〕16号)。

1998年8月,省公路局印发《关于济南绕城公路东线工程(一期)预算的批复》(鲁路工〔1998〕76号)。

1998年10月26日,省公路局印发《关于济南绕城公路东线工程二期工程预算的批复》(鲁路工〔1998〕78号)。

2001年7月,省环境监测中心站印发《济南绕城高速公路东线工程建设环境保护设施竣工验收监测报告》(省站(建)字2001第01号)。

2)合同段划分

主体设计工程为委托设计。

施工标段:全部工程共分13个主体工程标段,8个交安工程标段,1个房建工程标段,8个绿化工程标段,3个收费广场建设标段。

监理标段:设1个总监代表处,2个驻地监理处。

3)招投标

1997年11月,确定省公路工程总公司泰安公司等7家单位为路基、桥涵工程施工中标单位;1998年7月,确定省公路工程总公司济南公司等3家单位为路面工程施工中标单位;1998年11月,确定临沂公路局筑路机械厂等7家单位为交安工程施工中标单位;1999年2月,确定光合科技有限公司等8家单位为绿化工程施工中标单位;1999年5月,确定中国第五冶金建设公司等3家单位为收费站雨棚工程施工中标单位；1999年7月，确定德力西集团公司济南分公司为收费站广场照明工程施工中标单位；2001年2月，确定光合科技有限公司和省林业学校园林绿化中心为小许家枢纽绿化工程施工中标单位。

1997年11月,确定济南公路工程监理公司等3家监理中标本项目监理。

2. 项目实施阶段

1997年12月路基、桥涵工程开工,1999年9月完工。

1998年8月路面工程开工,1999年8月完工。

1998年12月交通安全设施工程开工,1999年9月完工。

1999年4月绿化工程开工,按各单位合同协议书所列工期完工。

1999年6月收费雨棚和交通设施收费亭工程开工,1999年8月完工。

1999年9月，山东省公路管理局组织有关单位对工程进行了交工验收,工程质量总评分达到98.06分,评定为优良级工程。

2001年3月18日小许家枢纽绿化工程开工,2001年9月完工。2002年9月竣工验收小组评定得分为97分,达到优良等级。

2001年9月竣工验收。工程质量评定得分97.9分,工程质量等级为优良。

(三) 技术复杂工程

本项目复杂技术工程是小许家枢纽。该枢纽位于济南市历城区董家镇境内的小许家村附近,与济青高速公路形成"十"字形交叉,是济南国际机场到市区的必经之路,是济南市对外开放的门户之一,是绕城东线与济青高速公路实现快速流通的交通枢纽。

小许家枢纽于1998年3月开工,1999年8月完工;设计中采用全定向型互通式立交,气势雄伟、美观大方,被誉为华东第一桥。

小许家枢纽为全定向型互通式立交,主要由高架桥组成。枢纽内共有8条匝道;A、C、E、G四条匝道是连接主线与济青高速公路的第二层匝道,既跨主线又跨济青高速公路;B、F两条匝道连接主线与济青高速公路同时又跨第二层的D、H匝道,最高点距地面18.3m。小许家枢纽建设过程中进行了多项创新攻关,在软土地基处理中积极推广应用喷打粉喷桩技术来处理地基承载力不足的问题,此技术获得山东省科技进步三等奖；为加大现浇连续梁支架跨径,减少排架数量,支架采用钢框架结构,支架纵梁采用工字钢。

(四) 科技创新

绕城东线工程在不良地基处理中积极推广应用粉喷桩技术处理地基承载力不足的问题,"水泥粉喷桩在高速公路地基加固中的研究与应用"获得国家科学技术委员颁发的"科学技术成果鉴定证书"(鲁交科鉴字〔2000〕第29号)。

成果的主要创新点：

首次对桩间土的改良影响进行了定量分析,得到了弹性模量变化的计算公式。

对路堤荷载作用下的桩土应力分布规律进行了详细的试验研究,提出了简化的经验计算公式。

采用创新可靠的试验方法对试验桩进行现场足尺试验,揭示了水泥粉喷桩的工作特性和荷载传递规律。

结合水泥粉喷桩的工作特性,推导出单桩桩侧摩阻力的理论计算公式,提出了水泥粉喷桩承载力的计算方法。

建立了加固区复合模量的改进计算公式,提出了 Mindlm 解和 Boussinesq 解联合求解的方法计算水泥粉喷桩复合地基沉降变形的新思路。

该项研究成果结合济南绕城高速公路工程实际,在桩间土的改良影响、荷载传递规律、桩侧摩阻力理论计算、沉降变形计算方法等方面取得了系统性的成果,推动了理论的创新;该项研究总体达到了国内领先水平,部分成果达到了国际先进水平。

(五)运营养护管理

1. 服务设施

全线设置 1 处服务区,占地面积 $53200m^2$,兼作绕城高速公路除雪防滑应急点。

2. 收费设施

本项目分别在机场设置主线收费站,在郭店、济南东设置匝道收费站,采用人工加计算机收费方式。截至 2016 年底,匝道出入口数量共计 74 条,其中 ETC 车道 22 条。

3. 养护管理设施

设置养护应急救援中心 1 处。

2016 年,进行济南东(邢村)收费站土建、交安、机电、天棚等改造。增加 2 条入口车道,将收费站车道改造为 6 进 8 出;新建收费天棚;将收费岗亭更换为智慧岗亭;增设标志标线;更新部分收费及监控等系统。

4. 监控设施

本项目设置信息监控中心,负责所辖路段收费、监控、通信、供配电和办公自动化系统内的机电系统设施设备及沿途的光缆管孔、管道等配套设施的管理和维护工作。

2010 年全线重点路段、桥隧设置监控系统,共计 14 套道路监控。道路监控为一拖二对射模式,采用风光互补供电系统,保证摄像机全年正常运转;机场、济南东收费站入口雨棚设置可变信息标志。

5.运营管理模式的变化

本路段建成通车后由省厅公路局负责运营管理,根据省政府鲁政办字〔2015〕148号文,自2016年1月1日起,本项目由齐鲁交通发展集团运营管理。

二、G2001济南绕城高速公路南线

(一)项目概况

1.基本情况

1)技术标准

项目所经区域地形地貌为平原和鲁中南山地丘陵区,采用双向四车道高速公路标准,桥涵设计荷载汽车—超20级、挂车—120。

一期工程邢村互通至G3京台高速公路殷家林枢纽段,设计速度100km/h,路基宽度26m;二期工程殷家林枢纽西与G35济南至菏泽高速公路衔接段,设计速度120km/h,路基宽度28m。

2)建设规模

本路段全长39.969km;设特大桥1237.5m/1座,大桥3891.16m/13座,中桥1063.64m/16座;长隧道(单洞)2336.49m/1座;互通式立交2处,分离式立交11座,天桥7座;匝道收费站1处;隧道管理所1处。

3)主要控制点

济南南互通(S103)、殷家林枢纽(G2001)。

4)投资规模与资金筹措

一期工程估算投资10.5亿元,概算投资15.65亿元。交通部专项基金1.4亿元,其余资金由山东省自筹解决(含利用国内商业银行贷款)。竣工决算14.69亿元。

二期工程概算投资5000万元,工程决算3465.3605万元。

5)开工及通车时间

一期工程:1999年10月开工,2002年5月建成通车。

2002年12月交工验收,2003年9月竣工验收。

二期工程:2004年12月开工,2007年9月建成通车。

2007年9月交工验收,2010年3月竣工验收。

2.前期决策情况

1997年5月,交通部下发《关于济南绕城公路项目建议书的批复》(交计发〔1997〕262号)。

1998年9月,交通部下发《关于济南绕城公路南段可行性研究报告的批复》(交规划发〔1998〕585号)。

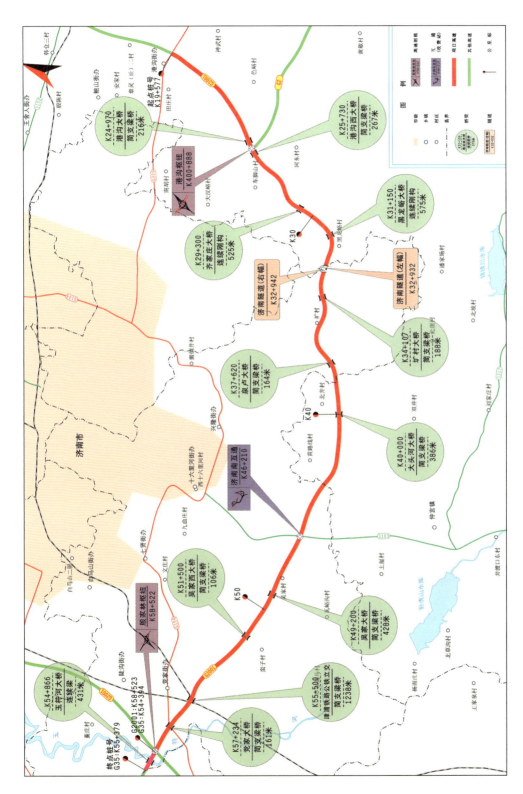

G2001济南绕城高速公路南线路线总体平面示意图

1999年5月,交通部下发《关于济南绕城公路南段可行性研究报告的补充批复》(交规划发〔1999〕197号)。

2000年,省环保局印发《关于对〈国道主干线济南绕城公路工程建设环境影响报告书〉的批复》(鲁环发〔2000〕011号)。

山东省交通厅公路局印发《关于济南绕城高速公路南线工程部分变更项目费用和增加尾工项目的请示》(鲁路基〔2004〕44号)。

山东省交通厅公路局印发《关于补报济南绕城高速公路南线工程征地拆迁费用决算资料的请示》(鲁路基〔2004〕48号)。

2004年9月,山东省交通厅印发《关于济南绕城高速南线工程尾工及有关费用的批复》(鲁交规划〔2004〕155号)。

3. 参建单位主要情况

1)建设单位

建设单位为省交通厅公路局,业主代表为济南市公路局。

2)设计单位

主体工程及沿线设施:山东省交通规划设计院。

交通工程:中国公路工程监理咨询总公司。

3)施工单位

本项目施工通过竞争性招标,共计36个施工单位参与建设。其中土建工程10家单位,交通工程11家单位,房建工程2家单位,绿化工程8家单位,网架工程1家单位,边坡检测1家单位,收费设施3家单位。

4)监理单位

全线设总监代表处和第一、二、三监理处二级监理机构。

(二)建设情况

1. 项目准备阶段

1)项目审批

1999年5月,交通部下发《关于济南绕城公路南段初步设计的批复》(交规划发〔1999〕209号)。

1999年5月,交通部下发《关于济南绕城公路南段工程项目资格预审评审报告的批复》(公建设字〔1999〕99号)。

1999年8月,省交通厅公路局上报《公路工程开工报告》。

2000年,省国土厅复函《关于山东省济南绕城公路南线部分控制性工程先行开工的请示》(鲁国土资发〔2000〕87号)。

2000年8月,省国土资源厅印发《关于山东省济南绕城公路南线部分控制性单体工程先行用地的复函》(函〔2000〕157号)。

2001年,国土资源部下发《关于济南绕城公路南线建设用地的批复》(国土资函〔2001〕226号)。

2003年,省交通厅公路局印发《关于济南绕城公路南线工程施工图设计预算的批复》(鲁路基〔2003〕71号)。

2)合同段划分

主体工程施工:共分为14个合同段,37个施工标段。其中土建工程10个标段,交通工程11个标段,房建工程2个标段,绿化工程8个标段,网架工程1个标段,边坡检测1个标段,收费设施4个标段。

施工监理:全线设1个总监代表处和2个驻地监理处。

3)招投标

1999年7月,确定山东省公路工程总公司等10个单位为土建工程施工中标单位;1999年8月,确定滨州公路工程监理公司等3个单位为监理中标单位;2001年4月,确定河北科力交通设施有限公司、临沂市公路局筑路机械厂等11个单位为交通工程施工中标单位;2001年8月,确定山东省光合科技有限公司等7个单位为绿化工程施工中标单位;2001年9月,确定济南建工总承包集团公司和济南一建集团总公司2个单位为房建工程施工中标单位;2001年8月,确定江苏盐城大鹏交通电力有限公司为收费站网架工程施工中标单位;2001年7月,邀请山东大学为边坡监测与防护工程中标单位。

2. 项目实施阶段

路基工程于1999年10月开工,2001年8月完工。

桥涵工程于1999年10月开工,2001年12月完工。

路面工程于2001年8月开工,2002年5月完工。

交通安全设施工程于2001年10月开工,2002年5月完工。

绿化工程于2001年12月开工,2002年5月完工。

隧道工程于2000年1月开工,2002年5月完工。

2002年5月、10月,省交通厅质监站对公路主体工程、房建工程进行交工验收。工程质量总评为98.10分,达到优良等级。

(三)技术复杂工程

黑龙峪隧道(济南隧道)是济南修建的第一条公路隧道,也是当时山东省最长的公路隧道,按新奥法进行设计。隧道区属区域地下水补给区且全部位于山区,地质复杂,裂隙相当发育。

隧道左线长1147m,右线长1189.49m,最小埋深仅1.36m,左右线之间最窄处为19m;最大开挖跨度为16.02m,最大开挖高度为10.14m;所穿越围岩为薄层灰岩,层厚只有1~3cm,且呈水平状分布;围岩类别为RⅡ类、Ⅱ类、Ⅲ类,破碎程度较重,层间夹泥,稳定性较差;隧址区内有四条断层穿过;因此,黑龙峪隧道洞身围岩稳定性较差,开挖时洞顶可能发生较大规模的坍塌,特别是两洞口段和K33+220附近围岩属浅埋段,加之岩体裂隙特别发育,强风化厚度大,开挖时可能发生较大规模的坍塌,对隧道洞身稳定更为不利。此工程为绕城南线的重点、难点工程。

(四)科技创新

在湿陷性黄土处理施工中,研发了强(重)夯计数器。此计数器集中了电子、计算机、精密机械、抗震技术于一体,使强质量控制克服了各种人为因素,提高了施工质量。

为保证连续梁桥面的防水效果,对刚性防水和柔性防水材料进行了有压防水、无压防水以及与水泥混凝土和沥青混凝土的结合性能的对比试验,并提出了黏结强度和抵抗低温损坏的控制指标;在室内试验取得成功数据的基础上,又进行现场制动试验效果,通过试验研究,合理确定防水剂类型。

在隧道工程施工中,与山东科技大学联合进行了喷浆机器人在公路隧道中的应用试验,采用大型喷浆机器人进行洞内及边仰坡喷射混凝土作业;该机器人具有遥控功能,可以实现拱顶垂直喷射,并自行调整与受喷面的距离,改善了工人的作业环境,提高了施工效率及施工质量。2000年11月,国家863项目评审组顺利通过了对该机器人的评审认可,认为该机器人填充了国内空白,在国际上也属领先水平。

在隧道爆破中,采用了多打眼、多分段的爆破方式,同时预留光爆层作为保护层,周边眼采用异型聚能药卷,左右线之间掌子面间距相隔最少为30m,并且后进掘进面的爆破必须在相邻线同里程处初期支护完成后进行,从而有效地降低了爆破振动,保证了施工的安全。

创新路基填石施工工艺。根据工程实际和业主要求,将传统路基填筑压实施工工艺"四区段、八流程"创新为"三阶段、七区段、十三流程",即在原基础上增加了爆破施工区段、装运区段和二次破碎区段,在施工工艺流程上增加了钻孔—装药引爆—装车—运输—二次破碎等工艺流程,将爆破方案归纳在施工准备阶段,将路堑边坡光爆检验归纳在检测阶段,将路堑边坡及基底整修归纳在整修验收阶段。

(五)运营养护管理

1.收费设施

本项目在济南南设置匝道收费站1处,采用人工加计算机收费方式。截至2016年底,匝道出入口数量共计 14 条,其中 ETC 车道 2 条。

2.养护管理

2014 年,对中央分隔带活动护栏更新;2015 年,对济南隧道路面中修,对桥架铺设、照明、通风、供配电、安全设施等改造提升;2016 年,对殷家林枢纽 5 号桥独柱墩加固。

3.监控设施

本项目设置信息监控中心 1 处,负责所辖路段收费、监控、通信、供配电和办公自动化系统管理和维护工作。2010 年始,对全线重点路段、桥隧设置 14 套监控系统,隧道区域通过设置 18 路监控全面覆盖,机场、济南东收费站入口雨棚设置可变信息标志,济南南出入口雨棚设置可变信息标志、济南南入口匝道设置 F 形可变信息标志,沿线设置 7 处门架式可变信息标志,部分为太阳能供电。

4.运营管理模式的变化

一期工程建成通车后由省厅公路局负责运营管理,根据省政府鲁政办字〔2015〕148 号文,自 2016 年 1 月 1 日起,本项目由齐鲁交通发展集团运营管理。

二期工程自 2016 年 2 月起,养护管理单位由山东济菏高速公路有限公司转为齐鲁交通发展集团有限公司济南分公司。

第十一节　G2011(青岛—新河)高速公路

G2011(青岛—新河)高速公路是国家高速公路网"71118"的组成部分,也是山东省高速公路中长期规划"9517"网的重要路段,是 2008 年奥运会配套项目,是青岛市政府为加速改善青岛市交通环境而拟定的一系列基础建设之一。本项目的建设,有利于加强青岛市与山东省内陆东北部地区、京津塘经济区乃至华北地区的通达能力与经济辐射能力,还能有效改善青岛市区与平度间的交通出行条件。

项目起自 G20 青银高速公路夏庄互通,止于青岛平度市新河,与 G18 荣乌高速公路连接,途经青岛市的城阳、平度、即墨三市,2008 年全线建成通车。

G2011(青岛—新河)高速公路全长 107.938km,按照建设时序分为两段,项目信息见表 2-1-11。

夏庄至即墨段,为青岛至即墨高速公路的一部分。青岛至即墨高速公路全长 31.85km,于 2000 年 12 月 23 日建成通车,其中起点至夏庄段长 14.622km,根据《国家公路网规划(2013 年—2030 年)》,编入 G20(青岛—银川)高速公路,夏庄至即墨段长 17.228km(有效利用长度为 13.662km,3.57km 未利用),纳入 G2011(青岛—新河)高速公路。由于青岛至即墨高速公路立项建设时为一个完整项目,因此,夏庄至即墨段的具体内容包含在"第一

G2011（青岛—漏河）高速公路位置示意图

G2011（青岛—新河）高速公路项目信息采集表

表 2-1-11

序号	国高/地高	工程分段	路段起止桩号 起点桩号	路段起止桩号 止点桩号	规模(km) 小计	规模(km) 八车道及以上	规模(km) 六车道	规模(km) 四车道	建设性质(新建/改扩建)	设计速度(km/h)	路基宽度(m)	永久占地(亩)	投资情况(亿元) 估算	投资情况(亿元) 概算	投资情况(亿元) 决算	资金来源	建设时间(开工~通车)	4A级以上主要景区名称	备注
1	国高	夏庄至即墨段	K0+000	K4+320	4.320	√			新建	120	35.5								该路段在G20中描述
			K4+320	K13+662	9.342			√	新建	√	√						1998.11~2000.12		该路段在G20中描述，其中3.51km未利用
2		即墨至平度(新河)段	K13+662	K107+938	94.276			√	新建	100	28	10539	35.279	34.776	30.8591	中央补贴、地方自筹、银行贷款	2005.4~2008.10		
合计					107.938														

节 G20(青岛—银川)高速公路山东段(青岛—德州)青岛(辽阳东路)至夏庄段"中。

本节仅介绍 G2011(青岛—新河)即墨至平度(新河)段的内容。

(一)项目概况

1. 基本情况

1)技术标准

本项目地处丘陵及冲积平原,采用双向四车道高速公路标准,设计速度120km/h,路基宽度28.0m。桥涵设计汽车荷载等级公路—Ⅰ级。

2)建设规模

本项目全长 94.276km,大桥 1641.52m/6 座,中桥 1059.58m/13 座;互通式立交 8 处(其中服务型互通 6 处,枢纽型互通 2 处),分离式立交 33 座;全线设收费站 6 处;服务区 1 处,停车区 1 处;管理养护中心 1 处;管理处 1 处。

3)主要控制点

即墨西互通(S214)、普东互通、移风店互通、南村枢纽(G15)、郭庄互通(S210)、平度南互通(S219)、门村枢纽(S16)、张舍互通。

4)投资规模与资金筹措

本项目概算总投资 34.776 亿元,项目资本金交通部补助 1.350 亿元,其余由青岛市交通运输委负责筹措。竣工决算为 30.859 亿元。

5)开工及通车时间

2005 年 4 月开工建设,2008 年 10 月建成通车。

2. 前期决策情况

2003 年 10 月,交通部印发《关于即墨至平度(新河)公路项目建议书的批复》(交规划发〔2003〕436 号)。

2004 年 6 月,交通部印发《关于即墨至平度(新河)公路可行性研究报告的批复》(交规划发〔2004〕342 号)。

2004 年 8 月,国家环保总局印发《关于对青岛市即墨至平度高速公路走向方案的复函》(环办函〔2004〕527 号)。

2007 年 12 月,交通部印发《关于即墨至平度(新河)公路可行性研究报告的补充批复》(交规发〔2007〕677 号)。

3. 参建单位主要情况

1)建设单位

青岛市公路管理局为项目法人,即平高速公路建设办公室为执行机构,全过程负责该

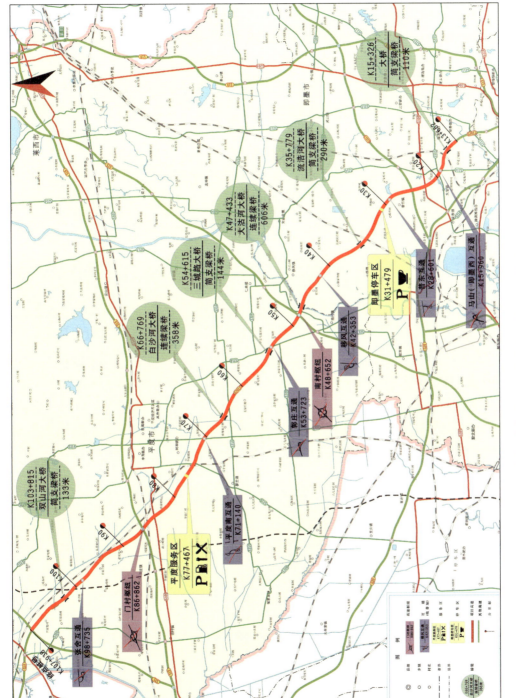

G2011（青岛—新河）即墨至平度（新河）段路线总体平面图

项目实施。

2）设计单位

山东省交通规划设计院。

3）咨询单位

中国公路工程咨询监理总公司。

4）施工单位

主体工程11家,房建工程9家,绿化工程17家,交通安全设施工程17家,机电工程1家。

5）监理单位

青岛市交通工程监理咨询有限公司等8家单位承担施工监理。

（二）建设情况

1. 项目准备阶段

1）有关批复

2004年12月,交通部印发《关于即墨至平度（新河）公路初步设计的批复》（交公路发〔2004〕428号）。

2005年,国土资源部印发《关于即墨至平度（新河）高速公路建设用地的批复》（国土资预审字〔2005〕23号）。

2007年,青岛市交通运输委印发《关于即平路施工图设计文件的批复》（青交规划〔2007〕200号）。

2008年,交通部印发《关于即墨至平度（新河）公路初步设计调整概算的批复》（交公路发〔2008〕9号）。

2）合同段划分

设计标段:1个标段。

施工标段:主体工程11个标段,机电工程1个标段,房建工程9个标段,绿化工程17个标段,交通安全设施工程21个标段。

监理标段:设1个总监办公室,3个主体工程驻地监理标段,2个房建工程监理标段,2个安全设施工程监理标段。

3）招投标

2004年12月,完成主体工程施工招标,确定中铁隧道集团二处有限公司、辽宁省路桥建设总公司等11家单位中标。

2007年7月,完成机电工程施工招标,确定北京公科飞达交通工程发展有限公司中标。

2007年8月,完成交通安全设施工程施工招标,确定烟台诚信交通设施公司、青岛路桥建设集团有限公司等17个单位中标。

2007年11月,完成绿化工程施工招标,确定聊城市华东园林工程有限公司、青岛艺林集团有限公司等17家单位中标。

2. 项目实施阶段

主体工程于2005年4月开工,2008年10月交工。

机电工程于2007年10月开工,2008年1月完工。

2009年1月,青岛市公路管理局组织对本项目进行竣工验收。经综合评定,本项目单位工程合格率100%,工程质量评分为98.45分,质量等级为合格。

2011年3月,青岛市交通工程质监站与青岛市公路管理局共同委托山东省公路桥梁检测中心对青岛市即墨至平度(新河)公路进行竣工验收质量复测。经青岛市交通工程质监站评定,本项目竣工质量鉴定得分92.08分,质量等级为优良。

2011年12月27～30日,山东省交通运输厅组织召开本项目竣工验收会议,竣工验收委员会质量评分94.14分,确定本项目工程质量等级为优良。

(三)运营养护管理

1. 服务设施

全线设置平度服务区(全国百佳示范服务区)及即墨停车区各1处。

2. 收费设施

本项目共设置马山、普东、移风、郭庄、平度南、张舍收费站6处,采用人工加计算机收费方式。截至2016年底,收费车道数量共计28条,其中ETC车道10条。

3. 养护管理设施

本项目设即墨、平度管理分处各1处。

2013年实施青岛市干线公路交通安全设施完善工程,2015年实施平度服务区(全国百佳示范服务区)环境提升工程和高速公路桥梁维修及安保工程。

4. 监控设施

本项目监控中心设在青岛市高速公路管理处即墨分中心和平度分中心。

第十二节 G1511(日照—兰考)高速公路山东段(日照—菏泽)

G1511(日照—兰考)高速公路是国家高速公路网"71118"中"纵五"的支线,起自山东省日照市,终于河南省兰考市。日兰高速公路作为国道主干线G2京沪高速公路、G3京台高速公路和G15沈海高速公路的重要连接线,形成了华东沿海与中部地区的快速通道,是新亚欧大陆桥上一条快捷方便的出海大通道,对完善国家高速公路网、促进沿线经济社会发展具有重要意义。

G1511 日兰高速公路山东段在项目前期和实施阶段称为"日照至东明高速公路",起自日照市东港区孔家湖子,经临沂市、济宁市,终于菏泽市关庄(鲁豫界),是山东省高速公路中长期规划"9517"网中的"横五",1998—2007 年各路段相继建成通车,项目影响区域范围内覆盖人口数量为 1120 万人。日兰高速公路山东段的建设,形成了日照港通往中原腹地的主干线,对于加快山东省新亚欧大陆桥东方桥头堡的建设,打通鲁西南出海快速通道,进一步改善沿线 3 市对外交通条件和投资环境,促进沿途旅游资源开发,加快旅游事业发展都具有积极的推动作用和重要意义。

G1511(日照—兰考)高速公路山东段全长 429.280km,由日照至竹园段、竹园至曲阜段、曲阜至菏泽段和菏泽至关庄(鲁豫界)段 4 个路段组成。

在建设时期,日照至竹园段分为日照段和临沂段;竹园至曲阜段分为临沂段和济宁段;曲阜至菏泽段分为济宁段与菏泽段,K320+232~K362+128 段与 G35 济广高速公路、G3W 德上高速公路共线,菏泽段西端的 8.488km 规划调整后划入 G3511 中。

G1511(日照—兰考)高速公路山东段项目信息见表 2-1-12。

一、G1511(日照—兰考)日照至竹园段(日照段)

(一)项目概况

1. 基本情况

1)技术标准

G1511(日照—兰考)高速公路日照至竹园段(日照段)沿线为鲁东丘陵、山地、丘陵、平原相间分布,地势西高东低。采用双向四车道标准,设计速度 100km/h,路基宽度 26.0m,桥涵设计汽车荷载等级汽车—超 20 级,挂车—120。

2)建设规模

该段建设里程长 78.45km,特大桥 1053.4m/1 座,大桥 2560.09m/10 座,中桥 400.2m/6 座;互通式立交 4 处,分离式立交 5 座,天桥 29 座;主线收费站 1 处,匝道收费站 4 处;服务区 1 处;管理中心 1 处。

3)主要控制点

西湖互通(S222)、龙山互通、莒县东互通(S225)和莒县互通(G206)。

4)投资规模与资金筹措

项目概算投资 16.261 亿元。

5)开工及通车时间

1998 年 10 月开工建设,2000 年 12 月建成通车。

第二篇/第一章
国家高速公路

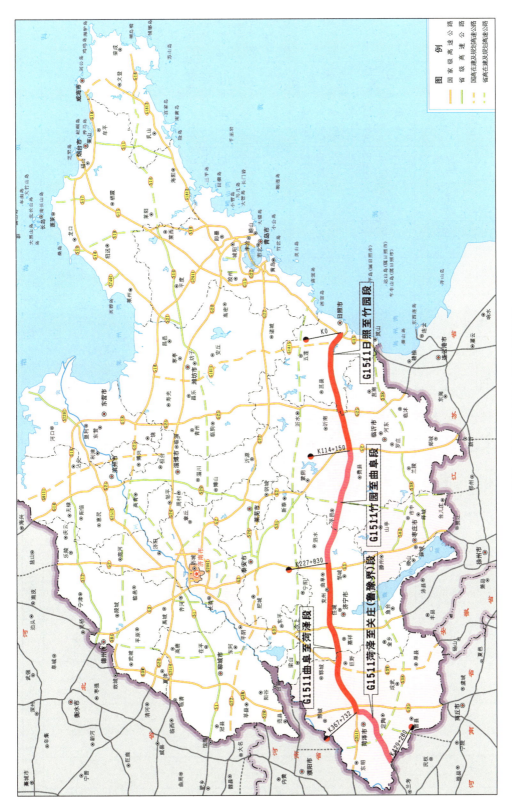

G1511（日照—兰考）高速公路山东段位置示意图

山 东

G1511（日照—兰考）高速公路山东段项目信息采集表

表 2-1-12

序号	国高/地高	工程分段	路段起止桩号 起点桩号	路段起止桩号 止点桩号	规模(km) 小计	规模 六车道	规模 四车道	建设性质（新建/改扩建）	设计速度(km/h)	路基宽度(m) 28	路基宽度(m) 26	永久占地（亩）	投资情况（亿元）估算	投资情况（亿元）概算	投资情况（亿元）决算	资金来源	建设时间（开工~通车）	4A级以上主要景区名称	备注
1	国高	日照至竹园段	K0+000	K114+150	114.150		√	新建	120		√	12492.87	27.15	23.7507	21.68	省厅自筹、银行贷款	1998.10~2000.11	五莲山、浮来山	
2		竹园至曲阜段	K114+150	K227+830	113.680		√	新建	100		√	12772.11		26.249	23.912	省厅自筹、银行贷款	2001.4~2003.8	蒙山景区、天宇博物馆	
3	国高	曲阜至菏泽段	K227+830	K367+732	139.902		√	新建	√	√		15452.31		37.2834	27.654	省厅自筹、银行贷款	1999.11~2002.5	孔府、孔庙、孔林	K320+232~K362+128（41.896km）与G35济广高速公路和G3W德上高速公路共线
4		菏泽至关庄（鲁豫界）段	K367+732	K429+280	61.548		√	新建	√	√		7637.86	16.4868	21.919	20.5828	山东高速自筹	2004.2~2007.4	曹州牡丹园	
合计					429.280							48355.15							

2. 前期决策情况

1998年4月,省计委印发《关于日照至莒县(大官庄)公路项目建议书的批复》(鲁计交能字〔1998〕269号)。

1998年6月,省计委印发《日照至东明公路日照至竹园段工程可行性研究报告审查意见》。

1998年8月,省计委印发《关于日照至莒县(李家官庄)公路可行性研究报告的批复》(鲁计交能字〔1998〕798号)。

1999年12月,日照市环保局批复环境报告(日环发〔1999〕147号)。

3. 参建单位主要情况

1)建设单位

山东省交通厅公路局,执行机构是日照市公路管理局。

2)设计单位

主体工程:华杰工程咨询有限公司、日照市公路勘察设计院、临沂市公路勘察设计院。
房建工程:济南市建筑设计院。
交通工程:交通部北京公路勘察设计所、日照市公路勘察设计院、临沂市公路勘察设计院。
绿化工程:华杰工程咨询有限公司、日照市公路勘察设计院、临沂市公路勘察设计院。
机电工程:济南市建筑设计院。

3)施工单位

主体工程由13家单位承建,房建工程由8家单位承建,交通安全设施工程由23家单位承建,绿化工程由10家单位承建。

4)监理单位

潍坊市华潍公路工程监理处为本项目施工总监单位,山东省交通工程监理咨询公司菏泽分公司等7家单位承担本项目的驻地监理。

(二)建设情况

1. 项目准备阶段

1)有关批复

1998年9月,省计委、省交通厅批复日(照)东(明)公路日照至竹园段初步设计(鲁交公〔1998〕26号)。

2)合同段划分

施工分为三期工程,具体如下:

一期工程包括路基、桥涵和路面等主体工程,共分13个合同段。

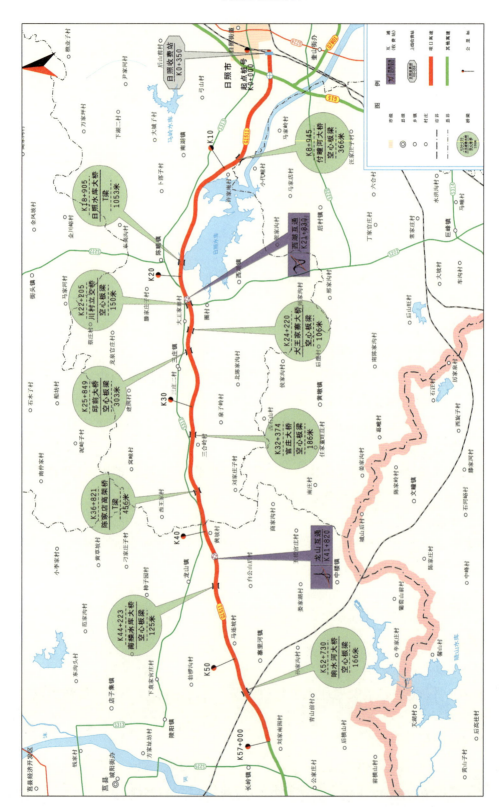

G1511（日照—兰考）日照至竹园段（日照段）路线总体平面图（一）

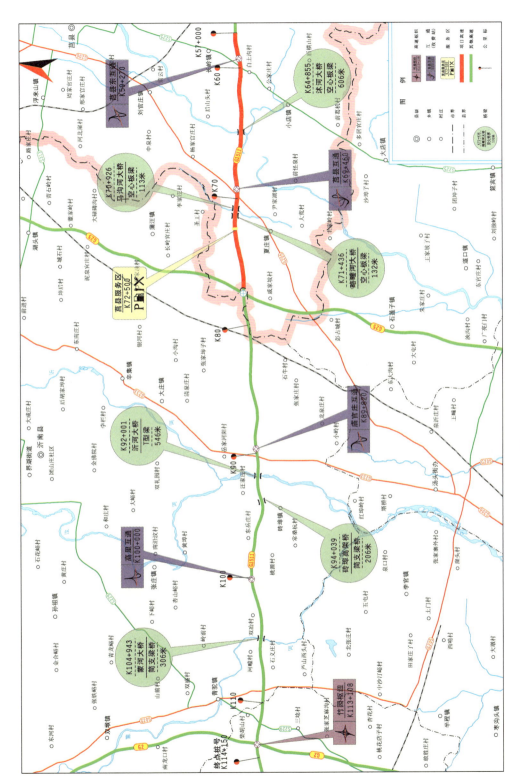

G1511（日照—兰考）日照至竹园段（日照段）路线总体平面图（二）

二期工程为房建工程,工程共分9个合同段。

三期工程交通工程包括标志、标线、防撞护栏、隔离栅,共分26个合同段;绿化工程共分10个合同段。

监理标段划分:设1个总监代表处,7家驻地监理处。

3) 招投标

1998年10~12月,完成主体工程招标工作,确定中铁十四局一处、日东公司等13家单位中标。

1999年8~11月,完成交通安全设施施工单位招标,确定石家庄科力交通有限公司、临沂市筑路机械厂等23家单位中标。

1999年10~2000年1月,确定胶州园林绿化工程站、武进华夏花木园林公司等10家单位中标绿化工程施工。

2000年1~3月,确定日照市锦华建筑集团总公司等8家单位中标房建及收费设施工程施工。

2. 项目实施阶段

一期工程于1998年12月开工,2000年6月完工。

二期工程于1999年8月开工,2000年11月完工。

交通安全设施工程于1999年11月开工,2000年9月底完工。

绿化工程于2000年1月开工,2000年11月完工。

房建及收费设施工程于2000年3月开工,2000年11月完工。

2000年10月,省交通厅质监站进行交工质量鉴定。

2000年11月,省交通厅公路局组织对本路段进行交工验收,本路段建成通车。

(三) 运营养护管理

1. 服务设施

本路段设莒县服务区1处。

2. 收费设施

本路段设置日照、西湖、莒县东和莒县收费站4处,采用人工加计算机收费方式。2013年,增加龙山收费站1处。截至2016年底,收费车道数量共计39条,其中ETC车道10条。

3. 养护管理设施

本路段设东港、莒县养护工区2处,分别负责养护里程38.4km和40.05km。

4. 监控设施

项目设日照监控分中心,负责日照段的运营监管。

5.运营管理模式的变化

本路段建成通车后由省厅公路局负责运营管理,根据省政府鲁政办字〔2015〕148号文,自2015年7月起,本项目由齐鲁交通发展集团运营管理。

二、G1511(日照—兰考)日照至竹园段(临沂段)

(一)项目概况

1.基本情况

1)技术标准

路线所经区域地处沂沭断裂带,地质构造较为复杂,区间断裂较为发育,有郯鄗—葛沟、沂水—汤头大断裂;区域出露地层为山前冲洪积平原、河谷、丘陵、洼地。

采用双向四车道高速公路标准,设计速度100km/h,路基宽度26.0m,桥涵设计汽车荷载等级汽车—超20级,挂车—120。

2)建设规模

本路段建设里程长35.7km,其中大桥1058m/3座,中桥303.61m/6座;互通式立交3处(服务型2处,枢纽型1处),收费站2处(2013年经山东省交通运输厅鲁交规划〔2012〕16号批准增设高里收费站);管理中心1处(与沂南收费站合建)。

3)主要控制点

庙官庄互通(G233)、高里互通、竹园枢纽(G2)。

4)投资规模与资金筹措

本项目概算总投资7.4928亿元。其中,山东省交通厅自筹1.5297亿元,厅统筹贷款4.7408亿元。

5)开工及通车时间

1998年10月开工建设,2000年11月建成通车。

2.前期决策情况

1998年4月,省计委印发《关于莒县(大官庄)至竹园公路项目建议书的批复》(鲁计交能字〔1998〕268号)。

1998年,省计委印发《关于印发〈日照至东明公路日照至竹园段工程可行性研究报告审查意见〉的函》(鲁计交能字〔1998〕513号)。

1998年8月,省计委印发《关于莒县(大官庄)至竹园公路工程可行性研究报告的批复》(鲁计交能字〔1998〕799号)。

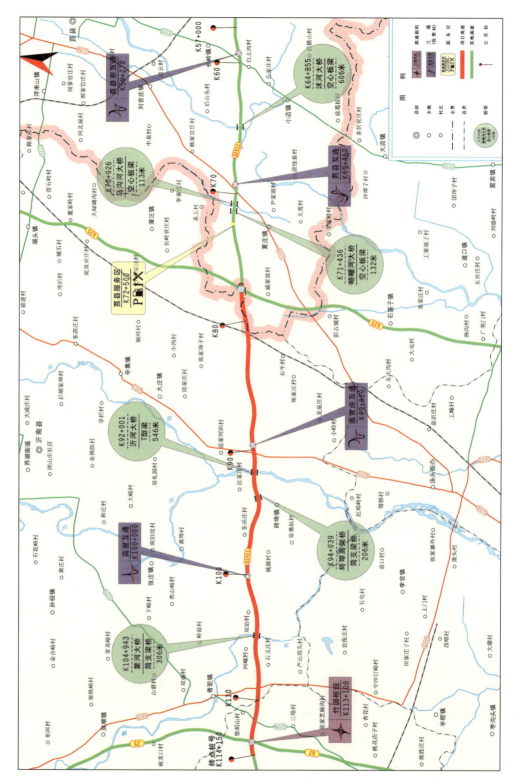

3.参建单位主要情况

1)建设单位

项目法人为山东省交通厅公路局,项目执行单位是临沂市公路局。

2)设计单位

华杰工程咨询有限公司、临沂市公路勘察设计院。

3)施工单位

本项目有18个施工单位参与建设。其中,主体工程5家,交通安全设施工程7家,绿化工程4家,房建、收费设施工程2家。

4)监理单位

潍坊市公路工程监理处等2家监理单位承担本路段的驻地监理工作。

(二)建设情况

1.项目准备阶段

1)项目审批

1998年9月,省计委、省交通厅批复日(照)东(明)公路日照至竹园段初步设计(鲁交规划〔1998〕26号)。

1998年,省交通厅公路局印发《日东公路日照至竹园段施工图设计等有关问题的函》(鲁路工函〔1998〕第42号)。

1998年,省交通厅公路局印发《日东公路日照至竹园段施工图设计审查意见》(鲁路工函〔1998〕第63号)。

2)合同段划分

本项目共分21个施工标段,18家施工单位参与建设。其中路基桥涵工程4个标段,路面工程3个标段,交通工程8个标段,绿化工程4个标段,房建工程1个标段,收费设施1个标段。

本路段设驻地监理处2个,负责路基桥涵监理、路面、交通工程、绿化工程、房屋建设监理。

3)招投标

本路段施工和监理招标与G1511(日照—兰考)高速公路日照至竹园(日照段)共同进行。

1998年10~12月,确定山东东方路桥总公司等5家单位中标主体工程施工。

1999年8~11月,确定临沂市公路局筑路机械厂等7家单位中标交通安全设施工程施工。

1999年10月~2000年1月,确定武进华夏花木园林公司等4家单位中标绿化工程施工。

2000年1~3月,沂南县广厦建筑安装工程有限责任公司和淄博玉泰公路设施有限公司中标房建及收费设施工程施工。

2000年8月,京沪高速公路临红段、化临段,以及日兰高速公路日竹段共同招标房建设备,有39家投标单位,锅炉设施12家投标,泵房供水设施10家投标,污水处理设施7家投标,配电设施7家投标,加油设施4家投标。

2. 项目实施阶段

主体工程于1998年10月开工,2000年10月完工。

房建工程于2000年6月开工,2000年10月完工。

机电工程于2000年7月开工,2005年10月完工。

交通安全设施工程于2000年4月开工,2000年11月完工。

绿化工程于2000年4月开工,2000年9月完工。

2000年12月,省交通厅公路局组织对日照至竹园段高速公路进行交工验收。

2001年2月6日,由省交通厅质监站组织对项目进行了交工质量鉴定,评分为98.08分,等级为优良。

2004年2月,省交通厅对该项目进行竣工验收。

(三)运营养护管理

1. 收费设施

项目共设置庙官庄、高里收费站2处,采用人工加计算机收费方式。截至2016年底,共有收费车道14条,其中ETC车道4条。

2. 养护管理设施

本路段设沂南养护工区1处,与沂南收费站合址办公。

3. 监控设施

项目设置沂南监控中心,与沂南收费站合址办公,负责莒县区域和竹园区域的运营监管。

4. 运营管理模式的变化

本路段建成通车后由省厅公路局负责运营管理,根据省政府鲁政办字〔2015〕148号文,自2016年1月1日起,本项目由齐鲁交通发展集团运营管理。

三、G1511(日照—兰考)竹园至曲阜段(临沂段)

(一)项目概况

1. 基本情况

1)技术标准

项目地处蒙山山脉以南的低山丘陵区南缘,自东向西为鲁中南低山、丘陵区、河谷平原区,总体地势为东高西低,北高南低。区内地层发育齐全,断裂构造发育。

采用双向四车道高速公路标准,设计速度100km/h,路基宽度26.0m,桥涵设计汽车荷载等级汽车—超20级,挂车—120。

2)建设规模

本路段建设里程长76.700km,其中特大桥1072m/1座,大桥2172.52m/8座;互通式立交3处,分离式立交11座;管理处(中心)1处;收费站3处;服务区1处,停车区1处(与收费站合建)。

3)主要控制点

费县互通(S231)、兖石铁路、平邑东互通(G327)。

4)投资规模与资金筹措

本路段概算总投资17.7亿元,建设资金由省交通厅筹集和银行贷款。

5)开工及通车时间

2001年3月开工建设,2003年8月建成通车。

2. 前期决策情况

2000年4月,省计委以鲁计交能〔2000〕314号文批准竹园到平邑公路立项。

2000年11月,省计委以鲁计基础〔2000〕1102号文批复可行性研究报告。

3. 参建单位主要情况

1)建设单位

项目法人为山东省交通厅公路局,执行机构是临沂市公路局。

2)设计单位

华杰工程咨询有限公司、临沂市公路勘察设计院。

3)施工单位

本路段主体工程和房建工程分别由7家施工单位承建,交通工程(包括标志、标线、护栏、隔离栅等)由18家施工单位承建,绿化工程由5家单位承建。

4)监理单位

本路段由潍坊市华潍公路工程监理处等5家监理单位承担施工监理工作。

(二)建设情况

1. 项目准备阶段

1)项目审批

2000年11月,省交通厅和省计委以鲁交规划〔2000〕29号文批复了初步设计。

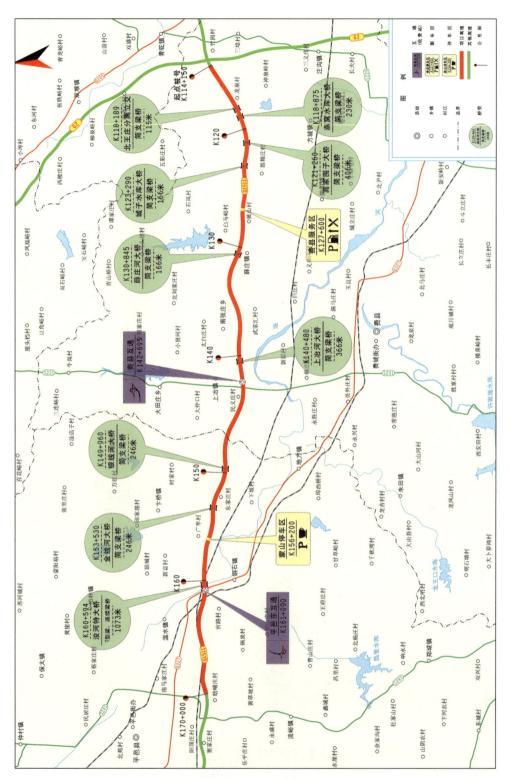

G1511(日照—兰考)竹园至曲阜段(临沂段)路线总体平面图(一)

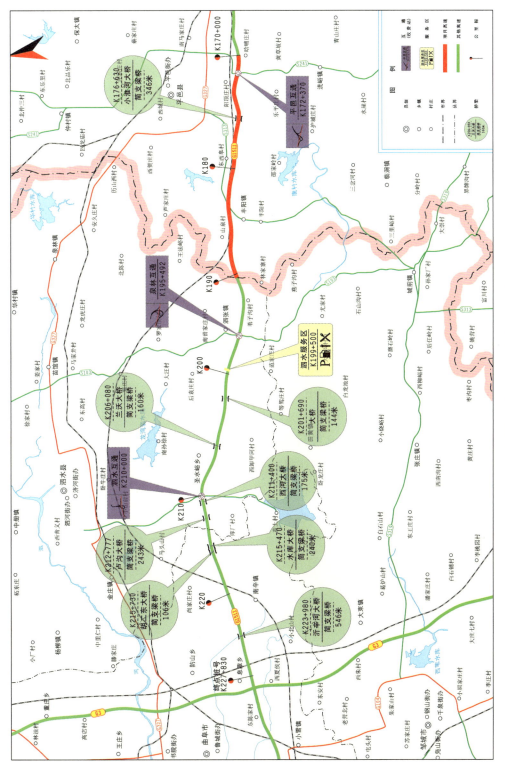

G1511(日照—兰考)竹园至曲阜段(临沂段)路线总体平面图(二)

2000年11月,华杰工程咨询有限公司与临沂市公路勘察设计院联合完成施工图设计。

2)合同段划分

设计标段:1个标段。

施工标段:主体工程9个标段,房建工程7个标段,交通工程(包括标志、标线、护栏、隔离栅等)20个标段,绿化工程5个标段。

监理标段:设1个总监办公室,4个驻地监理处。

3)招投标

2001年1月,山东省交通厅公路局确定中铁五局机械化公司等7家施工单位中标主线工程施工,潍坊市华潍公路工程监理处等5家单位中标监理。

2002年4月,确定山东省临沂市建筑安装工程总承包公司等7家单位中标房建工程施工,青岛绿城机械化工工程有限公司等5家单位中标绿化工程施工,山东莱阳重型机械厂、山西长达交通设施有限公司等18家单位中标交通工程施工。

2.项目实施阶段

主体工程于2001年3月开工,2003年8月完工。

房建工程于2004年10月开工,2005年11月完工。

机电、绿化工程于2003年3月开工,2003年7月完工。

交通安全设施工程于2003年4月开工,2003年7月完工。

2003年7月,省交通厅质监站进行交工质量检测。

2003年8月,省交通厅公路局组织进行交工验收。

2007年1月,省交通厅质监站进行竣工检测。

2007年2月,省交通厅组织进行竣工验收。

(三)运营养护管理

1.服务设施

全线设置费县1处服务区,蒙山1处停车区。

2.收费设施

本项目共设置费县、平邑东、平邑收费站3处,采用人工加计算机收费方式。截至2016年底,共有收费车道16条,增设ETC车道4条。

3.养护管理设施

项目设置平邑1处养护工区,与平邑东收费站合址。

2016年对交通量较大的平邑东1个匝道收费站车道进行扩建。

4.监控设施

项目设置费县监控中心,与费县收费站合址办公,负责费县区域和平邑区域的运营监管。

5.运营管理模式的变化

本路段建成通车后由省厅公路局负责运营管理,根据省政府鲁政办字〔2015〕148号文,自2016年1月1日起,本项目由齐鲁交通发展集团运营管理。

四、G1511(日照—兰考)竹园至曲阜段(济宁段)

(一)项目概况

1.基本情况

1)技术标准

本路段所在区域属低山地貌,地势东高西低。采用双向四车道高速公路标准,设计速度100km/h,路基宽度26.0m,桥涵设计汽车荷载等级汽车—超20级,挂车—120。

2)建设规模

竹曲路济宁段建设里程长36.98km,其中大桥1613.88m/7座,中桥1351.72m/19座;互通式立交2处,分离式立交3座,天桥24座;匝道收费站2处;服务区1处。

3)主要控制点

泉林互通(S103)、泗水互通。

4)投资规模与资金筹措

项目概算投资8.5491亿元,其中资本金2.9亿元由省交通厅筹集,其余通过商业银行贷款解决。

5)开工及通车时间

2001年4月开工建设,2003年8月建成通车。

2.前期决策情况

2000年4月,省计委印发《关于平邑至曲阜公路项目建议书的批复》(鲁计交能字〔2000〕315号)。

2000年11月,省计委印发《关于平邑至曲阜公路可行性研究报告的批复》(鲁计交能字〔2000〕1103号)。

3.参建单位主要情况

1)建设单位

项目法人为山东省交通厅公路局,执行机构为济宁市公路管理局。

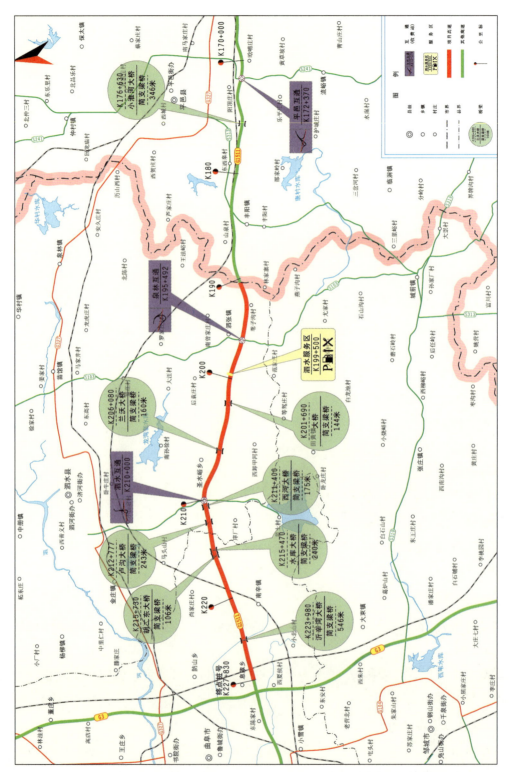

G1511(日照—兰考)竹园至曲阜段(济宁段)路线总体平面图

2）设计单位

山东省交通规划设计院。

3）咨询单位

华杰工程咨询有限公司。

4）施工单位

有 34 个施工单位参与建设,其中土建工程 5 家,交通工程 12 家,绿化环保工程 7 家,房建工程 10 家。

5）监理单位

本项目的施工监理工作由潍坊市华潍公路工程监理处等 4 家单位承担。

(二)建设情况

1. 项目准备阶段

1）项目审批

2000 年 11 月,省交通厅、省发计委下发《关于平邑至曲阜公路初步设计的批复》(鲁交规划〔2000〕30 号)。

2001 年 2 月,省环保局印发《关于〈国道主干线日照至东明公路平邑至曲阜段建设工程环境影响评价大纲〉的批复》(鲁环发〔2001〕36 号)。

2001 年 4 月,省国土厅出具《关于对日东高速公路竹园至曲阜段设计方案是否压覆矿产资源的复函》(鲁国土资〔2001〕75 号)。

2001 年 5 月,省环保局印发《关于日照至东明公路平邑至曲阜段建设工程环境影响报告书的批复》(鲁环发〔2001〕190 号)。

2001 年 8 月,国土资源部下发《关于日照至东明高速公路泗水至曲阜段控制工期的单体工程先行用地的复函》(国土资厅函〔2001〕216 号)。

2001 年 11 月,省林业局出具本项目《使用林地审核同意书》(鲁林地审字〔2001〕119 号)。

2002 年 12 月,国土资源部下发《关于日东高速公路平邑至曲阜段工程建设用地的批复》(国土资函〔2002〕505 号)。

2）合同段划分

设计标段:主体工程划分 1 个标段。

施工标段:土建工程 5 个标段,交通工程 13 个,绿化环保工程 9 个,房建工程 11 个。

监理标段:项目设置 1 个总监办公室,负责全线施工监理工作;2 个监理处,负责监理区段内路基路面工程;2 个交通安全监理处负责设施工程、绿化工程的施工监理工作;2 个房建工程监理办公室,负责全线的房建工程施工监理;共计8个监理单位。

3)招投标

2001年1~3月,一期工程确定山东省公路工程总公司等5家单位中标土建工程施工。

2002年4~8月,二期工程确定潍坊美达交通工程有限公司、沈阳交通工程有限公司等12家单位中标交通工程施工;确定潍坊市绿达标线绿化有限公司等7家单位中标绿化工程施工;确定山东省工业设备安装总公司、济宁市公路工程总公司等10家单位中标房建工程施工。

2.项目实施阶段

施工准备:2001年3~4月中旬。

路基土石方:2001年4月下旬~2002年5月。

桥涵工程:2001年4月下旬~2002年5月。

路面底基层、基层:2002年4~11月。

路面沥青面层:2002年6月~2003年7月。

其他工程:2002年9月~2003年8月。

收尾工程:2003年7~8月。

(三)运营养护管理

1.服务设施

全线设置泗水服务区1处。

2.收费设施

项目共设泉林、泗水收费站2处,采用人工加计算机收费方式。截至2016年底,共有收费车道8条,其中ETC车道4条。

3.养护管理设施

项目设置泗水养护工区1处。

2013年进行了路面大修工程。

4.运营管理模式的变化

本路段建成通车后由省厅公路局负责运营管理,根据省政府鲁政办字〔2015〕148号文,自2016年1月1日起,本项目由齐鲁交通发展集团运营管理。

五、G1511（日照—兰考）曲阜至菏泽段（济宁段）

（一）项目概况

1. 基本情况

1）技术标准

项目属平原地貌，多为亚砂土、亚黏土、砂土，地势东高西低。采用双向四车道高速公路标准，设计速度120km/h，路基宽度28.0m，桥涵设计汽车荷载等级为汽车—超20级，挂车—120。

2）建设规模

本路段建设里程长81.05km，其中特大桥2904.42m/2座，大桥1028.26m/6座，中桥1622.44m/31座；互通式立交7处（服务型6处，枢纽型1处），分离式立交16座；匝道收费站6处；服务区1处；管理中心1处。

3）主要控制点

曲阜枢纽（G3）、兖石公铁立交、曲阜南互通（G104）、兖州互通（G327）、济宁互通、嘉祥互通（S244）。

4）投资规模与资金筹措

项目概算投资21.4097亿元。建设资金由省交通厅筹集并利用商业银行贷款分配。

5）开工及通车时间

1999年11月开工建设，2002年5月建成通车。

2. 前期决策情况

1998年8月，省计委下发《关于曲阜至杨店公路项目建设书的批复》（鲁计交能字〔1998〕850号）。

1998年12月，省计委下发《关于曲阜至杨店公路可行性研究报告的批复》（鲁计交能字〔1998〕1435号）。

3. 参建单位主要情况

1）建设单位

项目法人为省交通厅公路局，执行机构为济宁市公路管理局。

2）设计单位

山东省交通规划设计院、济宁市公路勘测设计院。

3）施工单位

土建工程11家，交通安全设施工程26家，绿化工程10家，网架及挡车器、信号灯工程6家，房建工程7家。

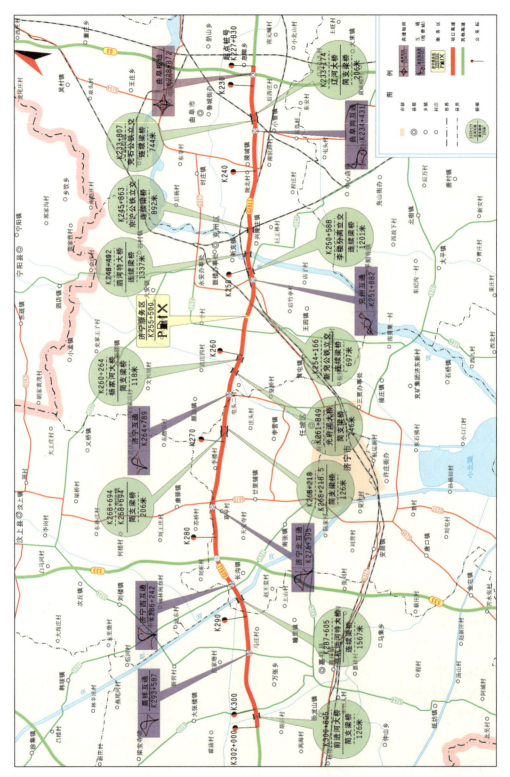

G1511（日照—兰考）曲阜至菏泽段（济宁段）路线总体平面图（一）

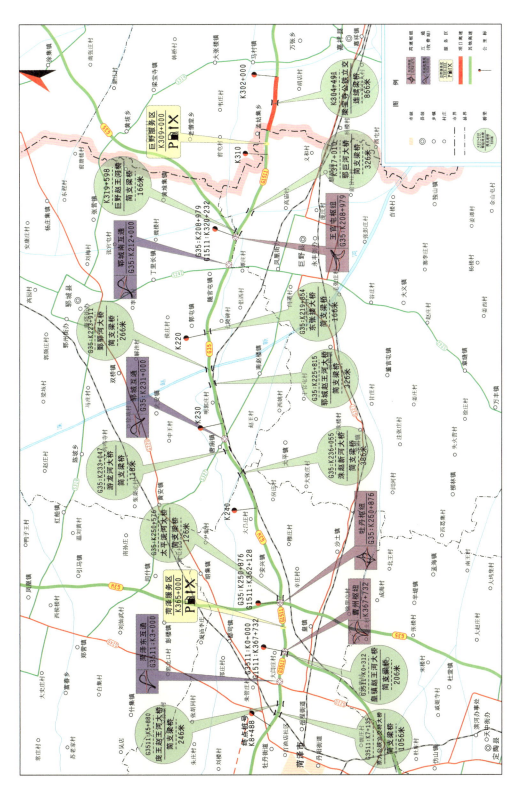

G1511（日照—兰考）曲阜至菏泽段（济宁段）路线总体平面图（二）

4)监理单位

本项目由山东省交通工程监理咨询公司等单位承担工程监理工作。

(二)建设情况

1. 项目准备阶段

1)项目审批

1999年3月,省计委、省交通厅联合下发《关于日照—东明公路曲阜—杨店段初步设计的批复》(鲁计交〔1998〕29号)。

2000年3月,国土资源部印发《关于日照至东明公路曲阜至菏泽段工程建设用地的批复》(国土资函〔2000〕235号)。

2)合同段划分

设计标段:主体工程1个标段。

施工标段:土建工程11个标段,护栏工程8个,隔离栅工程8个,标志标线工程8个,伸缩护栏标段3个,防眩板工程2个,绿化工程10个,网架工程及挡车器、信号灯标段6个,房建工程8个。

监理标段:根据工程内容设1个总监办公室,4个主体工程驻地监理标段。

3)招投标

1999年5月,确定山东泰山路桥工程公司、中铁第二十工程局等11家单位中标土建工程施工;确定莱阳重型机械厂、滕州金恒大交通设施有限公司、山东泰山路桥工程公司等26家单位中标交通安全设施工程施工;确定青岛花林实业有限公司、常州市嘉泽园林绿化公司等10家单位中标绿化工程施工;确定济宁网架公司等5家单位中标网架工程施工;确定北京超前中标信号灯工程施工;确定济宁富通产业开发中心等7家单位中标房建工程施工。

2. 项目实施阶段

1999年11月一期主体工程正式开工,2002年5月完工。

2001年12月二期交通附属设施工程正式开工,2002年5月完工。

2002年4月绿化及房建等工程正式开工,2002年12月完工。

(三)运营养护管理

1. 服务设施

全线设置济宁服务区1处。

2. 收费设施

项目在曲阜南、兖州、济宁、济宁北、济宁西和嘉祥设置收费站6处,采用人工加计算机收费方式。截至2016年底,收费车道共计45条,其中ETC车道12条。

3.养护管理设施

项目设置济宁养护中心1处。

2014年对济宁收费站进行扩建;2015年对济宁西收费站进行扩建;2016年对曲阜南收费站站区进行扩建,并对全线的路面病害进行治理。

4.监控设施

在日东高速公路管理处设置济宁监控中心,对日兰高速公路济宁段进行运营监管。

5.运营管理模式的变化

本路段建成通车后由省厅公路局负责运营管理,根据省政府鲁政办字〔2015〕148号文,自2016年1月1日起,本项目由齐鲁交通发展集团运营管理。

六、G1511(日照—兰考)曲阜至菏泽段(菏泽段)

(一)项目概况

本路段立项建设时为杨店至菏泽公路,建设里程长67.34km。根据国家高速公路"71118"网和山东省高速公路"9517"网规划,其中的8.488km划入G3511菏泽至宝鸡高速公路山东段中,王官屯枢纽至牡丹枢纽段41.896km与G35济南至广州和G3W德州至上饶高速公路共线。

1.基本情况

1)技术标准

项目区域属平原地貌,位于黄河冲积平原,地势平坦,土层深厚,大部分为黄河冲积物。岩性主要为黏土、壤土、砂壤土、粉砂、粉细砂。

采用双向四车道高速公路标准,设计速度120km/h,路基宽度28.0m,桥涵设计汽车荷载等级汽车—超20级,挂车—120。

2)建设规模

本路段建设里程67.34km,大桥2372.4m/10座,中桥1505.9m/29座;互通式立交6处(枢纽型3处,服务型3处),分离式立交31座;收费站3处;服务区2处。

3)主要控制点

王官屯枢纽(G35)、郓城南互通(S242)、郓城互通(S327)、牡丹枢纽(G3W)、曹州枢纽(G3511)、菏泽东互通(G220)、京九铁路特大桥。

4)投资规模与资金筹措

项目概算总投资15.8737亿元。省交通厅拨款3142.6万元,其余采用银行贷款。

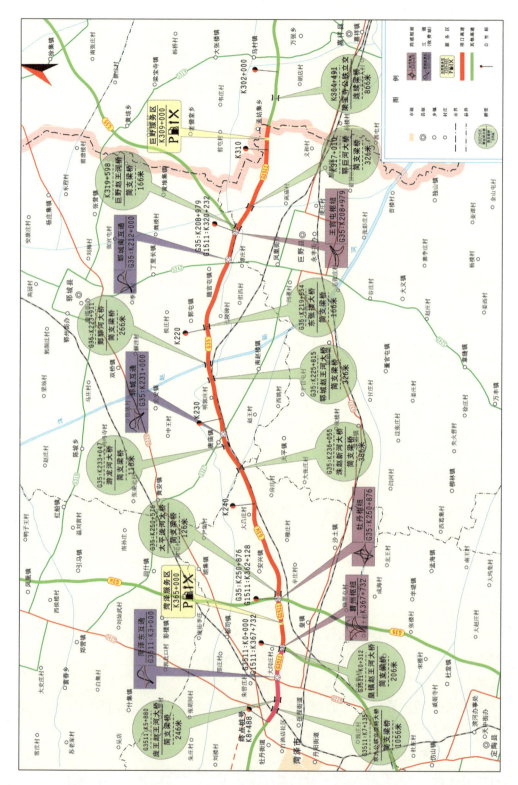

G1511（日照—兰考）曲阜至菏泽段（菏泽段）路线总体平面图

5) 开工及通车时间

1999年12月开工建设,2002年5月建成通车。

2. 前期决策情况

1998年,省计委下发《关于印发〈日照至东明公路曲阜至菏泽段预可行性研究报告审查意见〉的函》(鲁计交能字〔1998〕363号)。

1998年,省计委下发《关于杨店至菏泽公路项目建议书的批复》(鲁计交能字〔1998〕851号)。

1998年,省计委印发《关于杨店至菏泽公路可行性研究报告的批复》(鲁计交能字〔1998〕1436号)。

3. 参建单位主要情况

1) 建设单位

山东省交通厅公路局。

2) 设计单位

主体工程:山东省交通规划设计院。

绿化工程:山东省光合科技有限公司。

交通噪声控制:山东建筑工程学院设计研究院。

3) 施工单位

主体工程7家单位,房建工程5家单位,网架照明工程6家单位,交通安全设施工程18家单位,绿化工程9家单位。

4) 监理单位

本项目监理单位由北京育才监理公司等2家监理单位承担。

(二)建设情况

1. 项目准备阶段

1) 项目审批

1999年,省交通厅、省计委印发《关于日照至东明高速公路杨店—菏泽段初步设计的批复》(鲁交计〔1999〕30号)。

2000年3月,国土资源部印发《关于日照至东明公路曲阜至菏泽段工程建设用地的批复》(国土资函〔2000〕235号)。

2) 合同段划分

设计标段:主体工程1个标段,绿化工程1个标段,交通噪声控制1个标段。

施工标段:主体工程7个,房建工程6个,网架照明工程7个,交通安全设施工程22个,绿化工程9个。

监理标段:设3个监理办公室。

3)招投标

1999年5月,一期工程确定主体工程由铁道部第四工程局等7家施工单位承建。

2001年12月,二期工程确定房建工程由菏泽市建筑工程总公司等5家施工单位承建,网架照明工程由济宁市兴唐装饰工程有限公司等6家单位承建,交通安全设施工程由徐州安达交通设施公司、滕州市金恒大交通设施有限责任公司等18家单位承建,绿化工程由青岛经济技术开发区园林绿化公司9家单位承建。

2. 项目实施阶段

主体工程于1999年12月开工,2002年5月完工。

交安设施工程于2001年12月开工,2002年5月完工。

绿化工程于2002年4月开工,2002年5月完工。

(三)运营养护管理

1. 服务设施

全线设置巨野、菏泽2处服务区。

2. 收费设施

本路段共设置郓城南、郓城、菏泽东收费站3处,采用人工加计算机收费方式。截至2016年底,共有收费车道23条,其中ETC车道6条。

3. 养护管理设施

本路段设置菏泽、郓城2个养护巡查大队。

2005—2012年期间,每年通过大中修及专项工程对全线的路面病害进行处理;2013年对菏泽东收费站站区进行扩建,2011—2015年对郓城南收费站进行了改建。

4. 监控设施

项目设置菏泽分公司监控中心,与分公司合址办公,负责菏泽分公司管辖的高速公路的运营监管。

5. 运营管理模式的变化

本路段建成通车后由省厅公路局负责运营管理,根据省政府鲁政办字〔2015〕148号文,自2016年1月1日起,本项目由齐鲁交通发展集团运营管理。

七、G1511(日照—兰考)菏泽至关庄(鲁豫界)段

(一)项目概况

1. 基本情况

1)技术标准

项目属平原地貌,多为低液限粉土、黏质砂土,地势西高东低。

采用双向四车道高速公路标准,设计速度120km/h,路基宽度28.0m,桥涵设计汽车荷载等级汽车—超20级,挂车—120。

2)建设规模

本项目建设里程61.548km,大桥1161.14m/4座,中桥208.32m/3座;互通式立交5处(服务型4处,枢纽型1处),分离式立交9座,天桥4座;主线收费站1处,匝道收费站4处;服务区1处;管理中心1处。

3)主要控制点

曹州枢纽(S32)、菏泽新区互通、菏泽南互通(S259)、牡丹互通(S261)、曹县西互通(G220)、关庄(鲁豫界)。

4)投资规模与资金筹措

项目概算为21.9195亿元。项目建设资金全部为公司自筹(含商业银行贷款)。

5)开工及通车时间

2004年2月开工建设,2007年4月建成通车。

2. 前期决策情况

2002年5月,省计委下发《关于同意国道220线菏泽至关庄(鲁豫界)段公路开展可行性研究的函》(鲁计基础函[2002]42号)。

2003年4月,省计委下发《关于菏泽至关庄公路可行性研究报告的批复》(鲁计基础[2003]395号)。

3. 参建单位主要情况

1)建设单位

山东省高速公路有限责任公司(现更名为山东高速集团有限公司),执行机构为山东省菏关高速公路工程项目建设办公室。

2)设计单位

山东省交通规划设计院。

山 东
高速公路建设实录

G1511(日照—兰考)菏泽至关庄段路线总体平面图

3)施工单位

主体工程6家单位,机电工程1家单位,交通安全设施工程12家单位,绿化工程7家单位,房建工程7家单位,雨棚工程2家单位,精装修工程5家单位。

4)监理单位

项目主线土建工程实行两级监理模式,由山东省交通工程监理咨询公司等10家单位承担本项目的施工监理工作。

(二)建设情况

1. 项目准备阶段

1)项目审批

2003年7月,省交通厅、省发计委印发《关于国家重点公路日照至南阳线菏泽至关庄段公路初步设计的批复》(鲁交规划〔2003〕85号)。

2003年11月,省环保局印发《关于山东省菏泽—关庄(鲁豫界)高速公路环境影响报告书的批复》(鲁交规划〔2003〕118号)。

2004年2月,省交通厅批复《菏关高速公路项目建设开工报告》。

2005年7月,国土资源部印发《关于日照至南阳国家重点公路菏泽至关庄(鲁豫界)段高速公路工程建设用地的批复》(国土资函〔2005〕512号)。

2006年10月,省交通厅印发《关于国家重点公路日照至南阳线菏泽至关庄段两阶段施工图设计的批复》(鲁交规划〔2006〕168号)。

2)合同段划分

设计标段:1个标段。

施工标段:主线主体工程5个标段,机电工程1个标段,交通安全设施19个标段,房建工程7个标段,精装修5个标段,雨棚3个标段,绿化工程7个标段。

监理标段:5个主体工程驻地监理标段(含1个总监),3个房建工程监理标段,1个机电工程监理标段,1个绿化监理标段。

3)招投标

2006年9月,主体工程施工由山东省路桥集团有限公司等6家中标。

2005年1月,确定中国建筑第八工程局等7家单位中标房建工程施工。

2006年6月,确定北京中交路通交通工程咨询有限公司中标机电工程施工。

2006年8月,确定山东舜泉园林有限公司等7家单位中标绿化工程施工,山西长达交通设施有限公司、山东省鲁西高速公路开发有限公司等12家单位中标交通安全设施工程施工,雨棚工程由淄博东辰空间结构公司等3家单位中标,精装修工程由中国建筑第八工程局等5家单位中标。

2.项目实施阶段

土建工程于2004年2月开工,2006年12月完工。

房建工程于2005年5月开工,2006年12月完工。

机电工程于2006年8月开工,2006年12月完工。

交通安全设施工程于2005年4月开工,2005年11月完工。

2006年12月,进行交工验收。

2012年12月,省交通运输厅对项目进行竣工验收。

(三)运营养护管理

1.服务设施

全线设置曹州服务区1处。

2.收费设施

项目在鲁豫界设置双向主线收费站1座,在定陶陈集、菏泽佃户屯、金堤、曹县庄寨设置匝道收费站4座,采用人工加计算机收费方式。截至2016年底,设置匝道出入口共计47条,其中ETC车道12条。

3.养护管理设施

项目设置1处养护工区,负责全线养护工作。

2012年对鲁豫主线收费站进行了加宽改造。

4.监控设施

本项目设置菏泽分公司监控分中心1处,与菏泽分公司合址办公,负责全线的运营监管和信息传输。

5.运营管理模式的变化

日兰高速公路菏泽至关庄段资产属于山东高速集团有限公司,运营管理单位为山东高速股份有限公司,通车以来一直采用管养分离的模式进行养护管理。

第十三节 G1813(荣成—乌海)高速公路联络线

G1813(荣成—乌海)高速公路联络线是国家高速公路网"71118"中"横四"G18的联络线,起自山东省威海市,终于山东省青岛市。该高速公路形成了胶东半岛地区东西向主要运输通道,对于完善国家高速公路网、促进沿线经济社会发展、推动国家区域发展战略实施有重要意义。

本项目起自威海市环翠区与G18荣成至乌海高速公路交叉枢纽,途经威海、烟台、青岛3市,终于青岛即墨市与G20青银高速公路交叉的王演庄枢纽,是山东省高速公路中长期规划"9517"网中"一环"的重要组成部分。全长208.831km,2002—2007年各路段相继建成通车并全线贯通。与区域内G206、S204、S206、S11烟台至海阳高速公路、S19龙口至青岛高速公路、G2011青岛至新河高速公路、G20青岛至银川高速公路联网,形成了胶东半岛威海、烟台、青岛市快速便捷的区域公路网络,对于加快半岛蓝色经济区建设、促进区域经济社会发展有重要意义。

本项目由威海至乳山段、乳山至海阳段(威海段)、乳山至海阳段(烟台段)、海阳至即墨(烟台段)和海阳至即墨(青岛段)5个路段组成。

乳山至海阳段(威海段)长22.8km,利用一级公路改建。

乳山至海阳段(烟台段)长14.2km,利用一级公路改建,于2003年11月建成通车。

海阳至即墨(烟台段)长56.332km,利用一级公路改建,于2005年8月建成通车。

海阳至即墨(青岛段)为新建工程,长44.949km,于2007年7月建成通车。

G1813(荣成—乌海)高速公路联络线项目信息见表2-1-13。

一、G1813(荣成—乌海)联络线威海至乳山段

(一)项目概况

1. 基本情况

1)技术标准

项目所经区域地形地貌为低山丘陵和平原,采用双向四车道高速公路标准,设计速度120km/h,路基宽28m,桥涵设计汽车荷载等级公路—Ⅰ级。

2)建设规模

本项目由二级公路改建而来,全长70.55km,大桥2746.53m/8座,中桥1556.71m/25座;互通式立交6处,分离式立交7座,天桥19处;主线收费站1处,匝道收费站5处;服务区1处,停车区2处;管理中心1处。

3)主要控制点

环翠区草庙子镇、文登北互通(S204)、文登互通(G206)、威海南海互通(S202)、南黄互通(S206)、乳山东互通(S207)。

4)投资规模与资金筹措

本项目概算总投资23.092亿元(包括江家寨至草庙子9.05km一级公路投资)。交通部补助1.52亿元,山东高速集团有限公司资本金8.48亿元,银行贷款14.93亿元。

5)开工及通车时间

2004年11月开工建设,2007年7月建成通车。

G1813（荣成—乌海）高速公路联络线项目信息采集表

表 2-1-13

序号	国高/地高	工程分段	路段起止桩号 起点桩号	路段起止桩号 止点桩号	规模(km) 小计	规模 八车道及以上	规模 六车道	规模 四车道	建设性质（新建/改扩建）	设计速度(km/h)	路基宽度(m)	永久占地(亩)	投资情况(亿元) 估算	投资情况(亿元) 概算	投资情况(亿元) 决算	资金来源	建设时间（开工~通车）	4A级以上主要景区名称	备注
1	国高	威海至乳山段	K0+000	K70+550	70.55			√	改扩建	120	28	9219	21.00	23.09	25.04	交通部补助，山东高速集团有限公司注入资本金，银行贷款	2004.11~2007.7		占地、估算、概算、决算资金来源情况均包含9.05km的一级路
2		乳山至海阳段（威海段）	K70+550	K93+350	22.8			√	改建	100	26	789	0.7641	0.7641	0.7684	交通部补助，银行贷款	2002.10~2003.11	大乳山风景旅游度假区	
3		乳山至海阳段（烟台段）	K93+350	K107+550	14.2			√	改建	…	√	370.6	0.6286	0.6286	0.5837	交通部补助，银行贷款	2002.10~2003.11		
4		海阳至即墨段（烟台段）	K107+550	K163+882	56.332			√	改建	√	√	2285.34	5.4145	7.8254	6.8557	省交通厅补助，银行贷款	2004.8~2005.8		
5		海阳至即墨段（青岛段）	K163+882	K209+831	44.949			√	新建	√	25.5	5205.28	15.1	12.714	12.593	省交通厅补助，银行贷款	2005.3~2007.12	即墨天泰温泉高尔夫	
合计					208.831														

2. 前期决策情况

2003年3月,省国土资源厅印发《关于威海至乳山高速公路建设用地预审的复函》(鲁国土资字〔2004〕91号)。

2003年5月,省计委下发《关于威海至青岛重点公路开展前期工作函》(鲁计基础〔2003〕448号)。

2003年7月,省环保局印发《关于威海至乳山高速公路建设工程环境影响报告书的批复》(鲁环审〔2003〕64号)。

2004年2月,省发改委批复《国家重点公路威海—乌海线威海至乳山段可行性研究报告》(鲁计基础〔2004〕60号)。

3. 参建单位主要情况

建设单位:本项目建设单位是山东高速集团有限公司,项目执行机构是山东省威海至乳山高速公路工程项目建设办公室。

设计单位:主体工程、交通工程、绿化工程和机电工程设计单位为中国公路工程咨询监理总公司。

房建工程设计单位为青岛城乡建筑设计院有限公司和山东省交通规划设计院。

咨询单位:北京天元泰工程咨询有限公司(山东德勤招标评估造价有限公司)。

施工单位:本项目有47个施工单位参与建设,其中主体工程6个,房建工程10个,机电工程1个,交通安全设施工程18个,绿化工程12个。

监理单位:本项目设置1个总监办公室,6个土建监理办公室,2个房建工程监理办公室,1个机电工程监理办公室。

(二)建设情况

1. 项目准备阶段

1)项目审批

2004年4月,省交通厅、省发改委印发《关于威海至乳山高速公路公路初步设计的批复》(鲁交规划〔2004〕47号)。

2004年9月,省水利厅出具《关于威海至乳山高速公路防洪评价报告的审批意见》(鲁水管字〔2004〕30号)。

2005年1月,国家林业局批复《使用林地审核同意书》(林资许准〔2005〕56号)。

2005年12月,国土部下发《关于威乌高速公路威海至乳山段工程建设用地的批复》(国土资函〔2005〕1171号)。

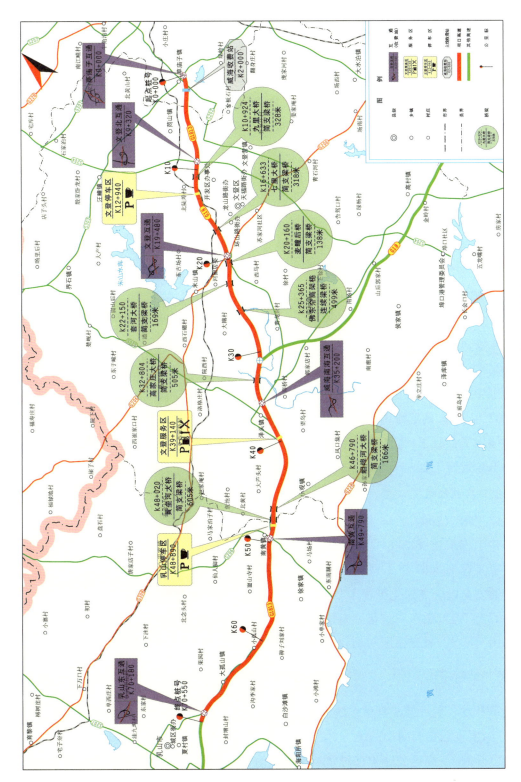

G1813(荣成—乌海)联络线威海至乳山段路线总体平面图

2006年9月,省交通厅印发《关于关于威海至乳山高速公路两阶段施工图设计的批复》(鲁交规划)〔2006〕176号)。

2)合同段划分

根据各专业的工程内容划分标段如下:

设计标段:主体工程、绿化工程、安全设施、机电工程各1个标段,房建工程2个标段。

施工标段:主体工程6个标段,机电工程1个标段,房建工程11个标段,绿化工程12个标段,交通安全设施19个标段。

监理标段:设1个总监办公室标段,6个主体工程驻地监理标段,2个房建工程监理标段,1个机电工程监理标段。

3)招投标

2004年6月,确定山东泰山路桥工程公司等6家单位中标主线主体工程施工;青岛交通工程监理咨询有限公司等7家单位中标主线主体工程监理。

2006年7月,确定山东省路桥集团有限公司、中铁十八局集团第三工程有限公司等11个单位中标房建工程施工;山东恒建工程监理咨询有限公司和莱州市建筑工程建设监理公司2家单位中标监理。

2006年12月,确定北京瑞华赢科技发展有限公司和天津市国腾公路咨询监理有限公司分别中标机电工程施工和监理。

2007年1月,确定潍坊新绿园林绿化工程有限公司、莱西园林开发总公司等12家单位中标绿化工程施工;北京路桥方舟交通科技公司、山东省路桥集团有限公司等19家单位中标安全设施工程施工。

2. 项目实施阶段

主体工程于2004年11月开工,2007年7月完工。

房建工程于2006年8月开工,2007年7月完工。

机电工程于2007年3月开工,2007年7月完工。

交通安全设施和绿化工程于2007年4月开工,2007年7月完工。

2007年7月,山东高速集团有限公司组织专家对高速公路进行了交工验收。

2010年5月,省交通厅对项目进行竣工验收,评分为98.24分,等级为优良。

(三)科技创新

组织开发了现场施工管理系统。利用网络的信息发布、即时传输和计算机数据计算分析功能,实现数据与图形的统一,便于施工控制和指挥决策。

先后开展了"高速公路护栏过渡段与端头合理结构形式的试验研究""新型波形梁端头开发研究""高速公路利用旧路的关键技术研究""旧路沥青混合料再生利用综合技术

的研究"。其中"高速公路护栏过渡段与端头合理结构形式的试验研究"的研究成果系国内首创,总体上达到了国际先进水平,荣获山东省2006年度科技进步二等奖,交通部新修订的安全设施规范中吸收了该课题的研究成果。

(四)运营养护管理

全线设置文登服务区1处,文登、乳山停车区2处。

1. 收费设施

本项目在草庙子设置主线收费站1处,在文登北、文登、南海、南黄和乳山东设置匝道收费站5处,采用人工加计算机收费方式。截至2016年底,收费车道共48条,其中ETC车道12条。

2. 养护管理设施

本项目设置南黄养护工区1处。

2012年对黄垒河大桥桩基进行了加固;2015年对全线独柱墩桥梁进行了抗倾覆加固;为缩短车辆进出口的等待时间,2014年和2015年分别对泽头和乳山东两个收费站站区进行改扩建,泽头收费站扩建后改名为威海南海收费站。

3. 监控设施

本项目设置威海监控中心1处,与威海收费站合址办公。

二、G1813(荣成—乌海)联络线乳山至海阳段(威海段)

(一)项目概况

1. 基本情况

1)技术标准

项目所经区域地形地貌为低山丘陵和平原,采用双向四车道高速公路标准,设计速度100km/h;路基宽25.5m,桥涵设计汽车荷载等级汽车—超20级,挂车—120。

2)建设规模

本项目全长22.8km,位于威海乳山市境内。改建工程新增天桥9座、互通式立交2座。

3)主要控制点

本项目利用一级公路改造升级,主要控制点为乳山互通(S208)、乳山西互通(S202)。

4)投资规模与资金筹措

本项目预算总投资7641万元。项目改建省交通厅补助投资2684万元,银行贷款5000万元。竣工决算为7684万元。

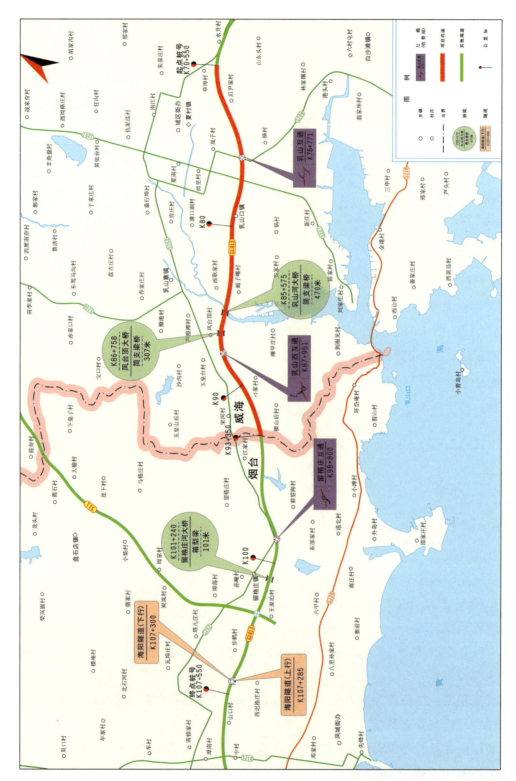

G1813(荣成—乌海)联络线乳山至海阳段(威海段)路线总体平面图

5）开工及通车时间

2002年10月开始改建,2003年12月建成通车,2004年12月竣工验收。

2. 前期决策情况

2002年1月,省交通厅印发《关于下达2002年公路养护改建工程计划的通知》(鲁交规划〔2002〕5号)。

2002年11月,省交通厅印发《关于下达2002年公路养护改建工程调整计划的通知》(鲁交规划〔2002〕152号)。

2003年1月,省交通厅印发《关于下达2003年公路养护改建工程计划的通知》(鲁交规划〔2003〕3号)。

2004年1月,省交通厅印发《关于下达2004年公路养护改建工程计划的通知》(鲁交规划〔2004〕4号)。

3. 参建单位主要情况

建设单位:山东省交通厅公路局,项目执行机构是威海市公路局。

设计单位:山东省交通规划设计院。

施工单位:本项目有8个施工单位参与建设,其中主体工程1个,机电工程1个,交通安全设施工程5个,绿化工程1个。

监理单位:本项目设置1个总监办公室,负责路基路面、交通安全设施、机电、绿化的施工监理工作。

（二）建设情况

1. 项目准备阶段

1）合同段划分

根据各专业的工程内容划分标段如下:

设计标段:1个标段。

施工标段:主体工程1个标段,交通安全设施工程5个标段,机电工程1个标段,绿化工程1个标段。

监理标段:1个标段。

2）招投标

乳山至海阳段共分2个合同段,威海境内为二合同段。2002年9月,确定山东泰山路桥工程公司中标路基、桥涵及路面工程施工。

2003年10月,确定莱阳信远交通设施有限公司等5家单位中标交通安全设施工程施工;威海市公路工程处中标机电工程施工;山东威海昆嵛花卉有限公司中标绿化工程施工。

威海市格瑞特监理咨询有限公司中标工程监理。

2. 项目实施阶段

主体工程于 2002 年 10 月开工,2003 年 12 月完工。

交通安全设施、机电、绿化工程均于 2003 年 9 月开工,2003 年 12 月完工。

2003 年 11 月,省交通厅公路局、省厅质检站、威海市公路局等相关单位对本项目进行了交工验收。

(三)运营养护管理

1. 收费设施

本项目共设置匝道收费站 2 处,采用人工加计算机收费方式。截至 2016 年底,收费车道共 18 条,其中 ETC 车道 6 条。

2. 养护管理设施

本项目设置乳山养护工区 1 处。

2009 年对凤台顶大桥(K95+747)、乳山河大桥(K94+592)桥面铺装、盖梁、部分桩柱进行维修;2015 年对乳山河大桥墩柱、桩基进行维修。

2007 年,乳山收费站、乳山西收费站建成使用,撤销乳山一级公路主线收费站;2013 年,乳山西收费站由 2 进 2 出改建为 3 进 3 出。

3. 监控设施

本项目设置乳山监控分中心 1 处,与乳山收费站合址办公。

2013 年 11 月,对乳山、乳山西收费站监控室进行整合,其业务统一纳入乳山监控分中心。

4. 运营管理模式的变化

本路段建成通车后由省厅公路局负责运营管理,根据省政府鲁政办字〔2015〕148 号文,自 2015 年 8 月起,本项目由齐鲁交通发展集团运营管理。

三、G1813(荣成—乌海)联络线乳山至海阳段(烟台段)

(一)项目概况

1. 基本情况

1)技术标准

项目所经区域地形地貌为低山丘陵,采用双向四车道高速公路标准,设计速度 100km/h,路基宽度 25.5m,桥涵设计汽车荷载等级汽车—超 20 级,挂车—120。

2)建设规模

本路段长 14.2km,位于烟台海阳市境内。新增互通式立交 1 处,天桥 6 座,改造利用分离式立交 1 座。

3)主要控制点

本项目利用一级公路改造升级,主要控制点为留格庄互通(S202)、海阳隧道(帽子山隧道)。

4)投资规模与资金筹措

本项目预算投资 6285.54 万元,项目改建省交通厅补助投资 1000 万元,银行贷款 4000 万元。竣工决算投资 5837 万元。

5)开工及通车时间

该工程自 2002 年 10 月开工建设,至 2003 年 12 月建成通车,2004 年 12 月竣工验收。

2. 前期决策情况

2002 年 1 月,省交通厅印发《关于下达 2002 年公路养护改建工程计划的通知》(鲁交规划〔2002〕5 号)。

2002 年 11 月,省交通厅印发《关于下达 2002 年公路养护改建工程调整计划的通知》(鲁交规划〔2002〕152 号)。

2003 年 5 月,省计委以(鲁计基础〔2003〕448 号)文批复了《威海至青岛公路路线方案研究报告》。根据批复意见,威海至青岛公路威海至乳山段采用利用原二级汽车专用公路段改建为高速公路的方案,乳山—即墨(莱阳与即墨交界)采用对乳山至即墨一级公路进行封闭改建为高速公路的方案,即墨(莱阳与即墨交界)至济青高速公路段采用新建高速公路方案。

3. 参建单位主要情况

1)建设单位

山东省交通厅公路局(项目法人),业主代表为烟台市公路局。

2)设计单位

山东省交通规划设计院。

3)施工单位

通过招投标,本项目有 5 个施工单位参与建设,其中主体工程 1 个,交通安全设施工程 2 个,绿化工程 2 个。

4)施工监理单位

本项目设置 1 个总监办公室,负责全线路基路面、交通安全设施、绿化、机电工程的施工监理工作。

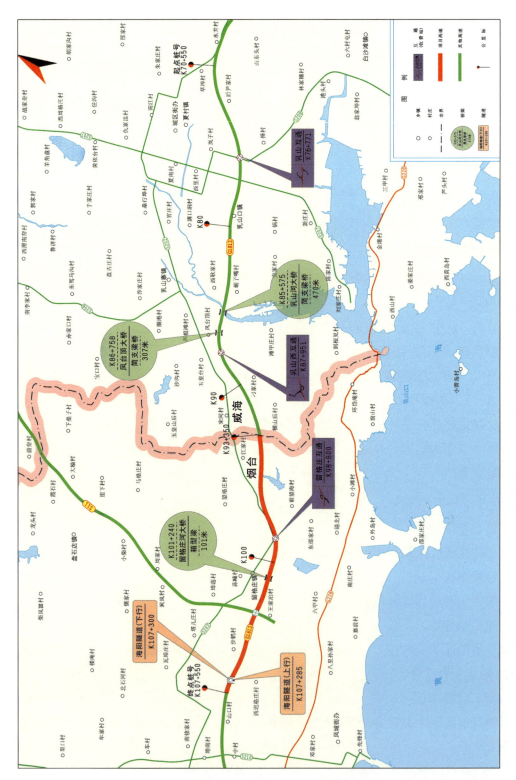

G1813（荣成—乌海）联络线乳山至海阳段（烟台段）路线总体平面图

(二)建设情况

1. 项目准备阶段

1)项目审批

2003年1月,省交通厅印发《关于下达2003年公路养护改建工程计划的通知》(鲁交规划〔2003〕3号)。

2004年1月,省交通厅印发《关于下达2004年公路养护改建工程计划的通知》(鲁交规划〔2004〕4号)。

2004年8月,省交通厅印发《青威公路海阳至乳山段二期工程施工图预算的批复》、省交通运输厅公路局《青威公路海阳至乳山段二期工程招标审查意见》(鲁路基〔2004〕60号)。

2)合同段划分

根据各专业的工程内容划分标段如下:

设计标段:1个标段。

施工标段:主体工程1个标段,交通工程2个标段,绿化工程2个标段。

监理标段:1个标段。

3)招投标

乳山至海阳段共分2个合同段,烟台境内为一合同段。2003年9月,确定烟台市公路工程处中标路基、桥涵及路面工程施工。

2003年10月,确定潍坊筑路机械厂、徐州众安交通设施有限公司中标交通工程施工;山东济南亿禾世纪园林绿化有限公司、聊城市公路产业开发中心中标绿化工程施工。

工程监理中标单位为威海市格瑞特监理咨询有限公司。

2. 项目实施阶段

主体工程于2002年10月开工,2003年11月完工。

交通安全设施、绿化工程于2003年10月开工,2003年12月完工。

2003年11月,省交通厅质监站对本项目进行交工验收,工程质量达到优良等级,工程质量评分为94.09分。

(三)运营养护管理

1. 收费设施

本项目共设置匝道收费站1处,采用人工加计算机收费方式。截至2016年底,收费车道共4条,其中ETC车道2条。

2. 养护管理

2011年对留格庄大桥桩基进行维修，对海阳隧道进行维修；2014年对海阳隧道安全设施进行维修改造。

3. 监控设施

本项目在海阳设监控分中心1处，与海阳管理处合址办公，负责烟台段区域的运营监管。

4. 运营管理模式的变化

本路段建成通车后由省厅公路局负责运营管理，根据省政府鲁政办字〔2015〕148号文，自2015年10月起，本项目由齐鲁交通发展集团运营管理。

四、G1813（荣成—乌海）联络线海阳至即墨段（烟台段）

（一）项目概况

1. 基本情况

1）技术标准

项目地处胶东低山丘陵区，全线按双向四车道高速公路标准对既有一级公路进行改建，设计速度100km/h，路基宽度为25.5m；桥涵设计汽车荷载等级既有桥涵为汽车—超20级，挂车—120，新建桥涵为公路—Ⅰ级。

2）建设规模

本项目全长56.332km，新建互通式立交5处、改建1处，新建分离式立交3座，天桥35座；服务区1处；养护工区2处；管理分中心1处。

3）主要控制点

本项目利用海阳至即墨一级公路改造升级，主要控制点为海阳互通、海阳西互通、辛安互通、行村互通（S202）、羊郡互通、穴坊互通（S209）。

4）投资规模与资金筹措

本项目概算总投资为78253.51万元，竣工决算为68557.84万元（烟台段）。项目资金由省交通厅补助资金和银行贷款两部分构成。

5）开工及通车时间

2005年4月开工建设，2006年12月建成通车。

2. 前期决策情况

2003年5月，省计委以鲁计基础〔2003〕448号文批复了《威海至青岛公路路线方案

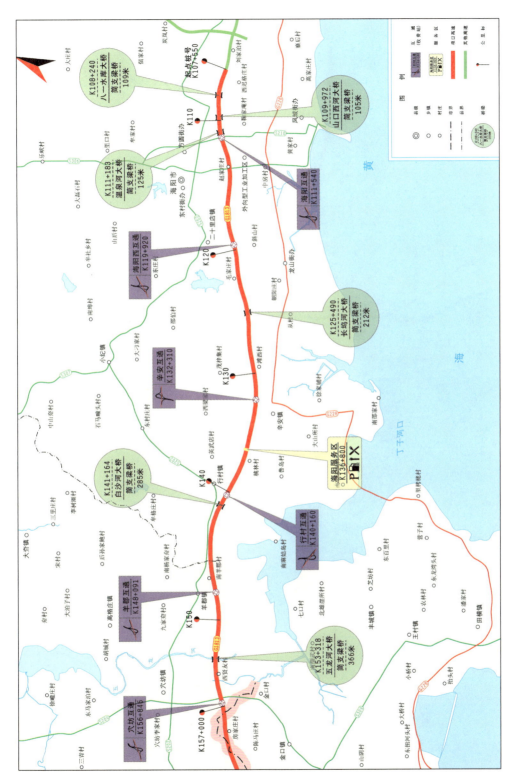

G1813(荣成—乌海)联络线海阳至即墨段(烟台段)路线总体平面图(一)

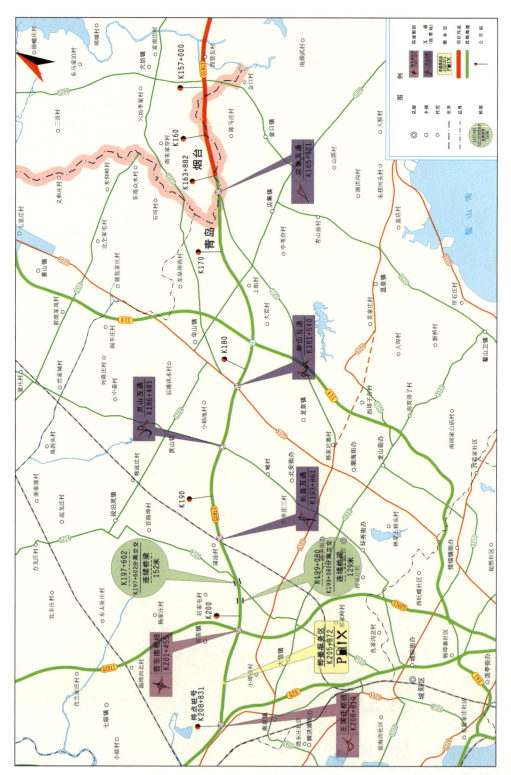

G1813（荣成—乌海）联络线海阳至即墨段（烟台段）路线总体平面图（二）

研究报告》。根据批复意见，威海至青岛公路威海至乳山段采用将原二级汽车专用公路段改建为高速公路方案，乳山至即墨（莱阳与即墨交界）采用对乳山至即墨一级公路进行封闭并改建为高速公路方案，即墨（莱阳与即墨交界）至济青高速公路段采用新建高速公路方案。

2003年12月，省计委印发《关于国家重点公路威海—乌海线威海—青岛支线海阳至即墨段项目可行性研究报告的批复》（鲁计基础〔2003〕1521号）。

2004年6月，省环保局印发《关于国家重点公路威海至乌海线威海至青岛支线海阳至青岛（即墨）段公路建设工程环境影响报告书的批复》（鲁环审〔2004〕80号）。

2004年8月，国家环保总局下发《关于青岛至红其拉甫线青岛潍坊界至马站段等10条高速公路环评批复意见的函》（环办函〔2004〕501号）。

3. 参建单位主要情况

建设单位：省交通厅公路局，项目执行机构是烟台市公路管理局。

设计单位：山东省交通规划设计院。

咨询单位：河北省交通规划设计院。

施工单位：土建施工单位3家，路面改造工程1家，房建工程和机电工程10家，交通安全设施、绿化、照明、收费设施等工程21家。

监理单位：总监处为山东省德州市交通工程监理公司，一合同为烟台市方正公路工程监理咨询有限公司，二合同为山东恒建工程监理咨询有限公司。

（二）建设情况

1. 项目准备阶段

1）项目审批

2004年5月，省交通厅、省发改委印发《关于对国家重点公路威乌线海阳至即墨段高速公路（烟台境）初步设计的批复》（鲁交规划〔2004〕92号）。

2006年11月，省交通厅印发《关于海阳至即墨段公路烟台段两阶段施工图设计的批复》（鲁交规划〔2006〕167号）。

2006年6月，省交通厅印发《关于威乌支线乳山至海阳段高速公路主线路面改造工程施工图设计和招标文件的批复》（鲁交规划〔2006〕94号）。

2）合同段划分

本项目设计划分1个标段；土建施工分3个标段；工程监理分3个标段，设1个总监代表处、2个驻地监标段。

房建工程施工分6个标段和1个驻地监理处;机电工程分3个标段;交通安全设施、绿化、照明、收费设施等工程全线共分为21个标段。

3)招投标

设计招标:经公开招投标,山东省交通规划设计院中标。

2005年1月,确定山东省路通工程集团有限公司、山东沂蒙交通工程有限公司和沈阳市市政建设工程有限公司3家单位中标主体工程施工;山东省德州市交通工程监理公司、烟台市方正公路工程监理咨询有限公司和山东恒建工程监理咨询有限公司3家单位中标主体工程监理。

房建工程分6个施工标段和1个监理标段;机电工程分3个标段。2006年4月,确定山东宏昌路桥工程有限公司等10家单位中标。

路面改造工程分2个标段。2006年6月,确定山东泰华路桥工程公司中标。

交通安全设施、绿化、照明、收费设施等工程,全线共分为21个标段。2006年9月,确定淄博玉泰公路设施有限公司等21家单位中标承建。

2. 项目实施阶段

土建工程、交通工程和机电工程分别于2005年4月、2006年10月和2006年3月开工,均于2006年12月完工。

房建工程于2006年3月开工,2007年1月完工。

绿化工程于2006年10月开工,2007年5月完工。

2006年12月,省交通厅质监站对本工程进行交工验收,工程质量等级为合格,工程项目质量得分98.7分。

(三)运营养护管理

1. 服务设施

本路段设置海阳服务区1处。

2. 收费设施

本项目共设置收费站6处,采用人工加计算机收费方式。截至2016年底,共有收费车道28条,其中ETC车道14条。

3. 养护管理设施

本路段设置海阳和穴坊养护工区各1处。

4. 监控设施

本路段设置海阳监控分中心1处,与海阳管理处合址办公。

5.运营管理模式的变化

本路段建成通车后由省厅公路局负责运营管理,根据省政府鲁政办字〔2015〕148号文,自2015年10月起,本项目由齐鲁交通发展集团运营管理。

五、G1813(荣成—乌海)联络线海阳至即墨段(青岛段)

(一)项目概况

1.基本情况

1)技术标准

项目所经区域地形地貌为平原微丘,采用双向四车道高速公路标准,设计速度100km/h,路基宽度26.0m;桥涵设计汽车荷载等级公路—Ⅰ级。

2)建设规模

本路段全长44.949km,中桥598.58m/10座;互通式立交6处(服务型互通4处,枢纽型互通2处);匝道收费站4处;服务区1处;管理中心1处。

3)主要控制点

店集互通(S211)、华山互通(G204)、普东南枢纽(G2011)、王演庄枢纽(G20)。

4)投资规模与资金筹措

本项目概算总投资12.714亿元,竣工决算为12.593亿元,项目资本金2.986亿元,由省交通厅自筹,银行贷款9.607亿元。

5)开工及通车时间

2005年4月开工建设,2007年12月建成通车,2010年12月竣工验收。

2.前期决策情况

2003年,省交通厅以《关于报送国家重点公路威乌线威海至青岛支线海阳至即墨段可行性研究报告的函》(鲁交规划〔2003〕181号)报送省计委。

2003年12月,省计委印发《关于国家重点公路威海—乌海线威海—青岛支线海阳至即墨段项目可行性研究报告的批复》(鲁计基础〔2003〕1521号)。

2004年6月,省环保局印发《关于国家重点公路威海至乌海线威海至青岛支线海阳至青岛(即墨)段公路建设工程环境影响报告书的批复》(鲁环审〔2004〕80号)。

2004年8月,国家环保总局办公室印发《关于青岛至红其拉甫线青岛潍坊界至马站段等10条高速公路环评批复意见的函》(环办函〔2004〕501号)。

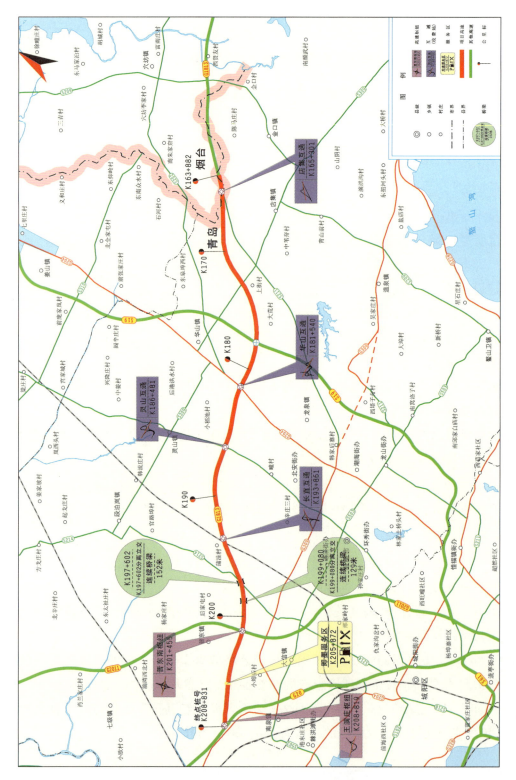

3. 参建单位主要情况

1）建设单位

本项目建设单位是山东省交通厅公路局，项目执行机构是青岛市公路局。

2）设计单位

主体工程、房建、交通工程、机电工程设计单位：山东省交通规划设计院。

绿化工程设计单位：山东光合园林设计事务所有限公司。

装修设计单位：青岛奥林海装饰设计工程有限公司。

3）咨询单位

河北省交通规划设计院。

4）施工单位

通过招投标，本项目有 34 个施工单位参与建设。其中主体工程 3 个，房建工程 3 个，机电工程 1 个，交通安全设施工程 11 个，绿化工程 6 个，附属工程（网架、照明、收费亭）4 个，房建设备工程（发电机组、燃油锅炉、污水处理、净水、加油机设备）5 个，房建装修工程 1 个。

5）监理单位

本项目主体工程设 1 个总监代表处、2 个驻地监理处，房建工程设 1 个驻地监理处，机电工程设 1 个监理处。

（二）建设情况

1. 项目准备阶段

1）项目审批

2004 年 7 月，省交通厅印发《关于海阳至即墨公路青岛段初步设计的批复》（鲁交规划〔2004〕93 号）。

2005 年 12 月，国土资源部印发《关于威乌线海阳至即墨段高速公路工程建设用地的批复》（国土资函〔2005〕1180 号）。

2006 年 1 月，省国土资源厅印发《转发国土资源部〈关于威乌线海阳至即墨段高速公路工程建设用地的批复〉的通知》（鲁国土资字〔2006〕37 号）。

2006 年 10 月，省交通厅印发《关于海阳至即墨公路青岛段两阶段施工图设计的批复》（鲁交规划〔2006〕166 号）。

2009 年 12 月，省交通运输厅和省发改委联合下发《关于威乌支线海阳至即墨高速公路（青岛段）初步设计概算调整的批复》（鲁交规划〔2009〕164 号）。

2）合同段划分

根据各专业的工程内容划分标段如下：

设计标段：主体工程、房建工程各划分1个标段，绿化工程1个标段，精装修工程1个标段。

施工标段：主体工程3个标段，机电工程1个标段，房建工程4个标段，绿化工程6个标段，交通安全设施工程11个标段，附属工程（网架、照明、收费亭）4个标段，房建设备工程5个标段，房建装修工程1个标段。

监理标段：设1个总监办公室，2个主体工程驻地监理标段，1个房建工程监理标段，1个机电工程监理标段。

3）招投标

2005年1月，确定青岛路桥建设集团有限公司等3家施工单位中标主体工程4~6合同标段施工；省交通工程监理咨询公司等3家单位中标监理。

2006年10~12月，山东省鄄城县建筑总公司等3家单位中标房建工程4个合同段施工，青岛华厦建设监理有限公司中标房建工程监理。

2007年4~7月，确定青岛路桥建设集团有限公司、临沂市公路局筑路机械厂等11家单位中标交通安全设施工程施工；中咨泰克交通工程有限公司中标机电工程施工；潍坊宏大园林工程建设有限公司等6家单位中标绿化工程施工；盐城市大鹏交通电力有限公司和徐州精工网架装饰工程有限公司中标网架施工；临沂东正工贸有限公司中标收费亭施工；扬州市安定灯饰制作有限公司中标广场照明施工。

2007年6~9月，江苏星光发电设备有限公司等5家单位中标房建设备（发电机组、燃油锅炉、污水处理、净水、加油机设备）工程施工。

2007年9~10月，青岛奥林海装饰设计工程有限公司中标房建装修工程施工。

2. 项目实施阶段

主体、机电、交通安全设施、房建和绿化工程分别于2005年3月、2007年1月、2007年8月、2007年8月、2007年9月开工，2007年12月完工。

2007年12月，省交通厅质监站对项目进行了交工验收，评分为98.0分，等级为优良。

2010年12月，省交通运输厅组织成立竣工验收委员会，对该项目进行竣工验收，工程质量评分为97.71分，等级为优良。

（三）科技创新

路面结构采用大粒径透水性沥青混合料（简称LSPM）作为柔性基层。为保证工程质量，完善了试验方法，采用大马歇尔试验和旋转压实试验，以提高路面抗疲劳、抗水损害、抗车辙性能及抗反射裂缝能力,并在施工中进一步完善施工设计和配合比,减少反射裂缝、水损坏现象等早期破坏的发生,从而大大提高了路面的使用寿命。

为贯彻全寿命周期成本的理念,提高路面的耐久性,增强柔性基层,在桥面整体化混凝土和沥青路面中掺加柔性化学纤维,以增强结构的疲劳强度和防水抗渗能力。

本项目进行了橡胶沥青应力吸收层的课题研究,铺筑了试验段。试验路面与传统路面相比,不仅有更好的高温稳定性、低温抗裂性和突出的抗老化、抗水损害性,且有利于节约能源和保护环境,改善路面使用性能、提高行车安全系数。

本项目进行了环保型路面(低噪声沥青路面、排水性沥青路面)课题的研究,该环保型路面具有减弱车辆行驶时产生的水雾、溅水现象,减弱夜间眩光现象,提高标志夜间可视性以提高车辆行驶安全性,降低噪声,改善沿线环境,增强高温稳定性,有效延长路面使用寿命等特点。

路基防护采用了植物防护与圬工防护相结合的生态防护方案;挖方路段采用原生态防护,提高了高速公路系统的生态环保效应。

(四)运营养护管理

1. 服务设施

全线设置即墨服务区1处。

2. 收费设施

本项目在店集、华山、灵山、长直设置匝道收费站各1处,采用人工加计算机收费方式。截至2016年底,收费车道数量共计17条,其中ETC车道8条。

3. 养护管理设施

本项目设置灵山养护工区1处,与灵山收费站合址办公。

本项目自通车以来未进行路面大中修工程。

4. 监控设施

本项目设置即墨管理处监控中心1处,设置华山、灵山、长直3个分中心,负责青岛段的运营监管。即墨管理处监控中心与即墨管理处合址办公,华山、灵山和长直3个分中心分别与华山收费站、灵山收费站和长直收费站合址办公。

5. 运营管理模式的变化

本路段建成通车后由省厅公路局负责运营管理,根据省政府鲁政办字〔2015〕148号文,自2016年1月1日起,本项目由齐鲁交通发展集团运营管理。

第十四节　G2516（东营—吕梁）高速公路山东段（东营—临清）

G2516（东营—吕梁）高速公路是国家高速公路网"71118"中"纵三"的支线，起自山东省东营市利津县，途经河北省，终于山西省吕梁汾阳市。东吕高速公路形成了华东与华北的运输通道，对于完善国家高速公路网、促进沿线经济社会发展、推动国家区域发展战略实施有着至关重要的作用。

东吕高速公路山东段起自东营市利津县，终于聊城临清市（鲁冀界），是山东省高速公路中长期规划"9517"网中"横二"和"连四"的重要组成部分，全长303.124km，2009—2016年各路段相继建成通车，沿线经过东营、滨州、济南、聊城等市，覆盖人口1250万人。东吕高速公路山东段的建设，形成了黄河三角洲高效生态经济区与省会城市经济圈联系的重要通道，对于省会城市经济圈建设、黄河三角洲高效生态经济区开发等发展战略实施和促进区域经济快速发展等有重要意义。

G2516（东营—吕梁）高速公路山东段由东营至济南段（济东高速公路）、济阳西枢纽至崔寨西枢纽段、崔寨西枢纽至高唐段和高唐至临清（鲁冀界）段4个路段组成。

其中，济阳西枢纽至崔寨西枢纽段与G2京沪高速公路共线，其内容包含在"第二节G2（北京—上海）高速公路山东段（德州—临沂）乐陵（鲁冀界）至济南绕城北线崔寨枢纽段"中；崔寨西枢纽至高唐段与G20青银高速公路共线，其内容包含在"第一节G20（青岛—银川）高速公路山东段（青岛—德州）唐王枢纽至齐河段（含连接线）"中。

G2516（东营—吕梁）高速公路山东段（东营—临清）项目信息见表2-1-14。

一、G2516（东营—吕梁）济南至东营段

（一）项目概况

1. 基本情况

1）技术标准

本路段又称济南至东营高速公路，路线所经区域为鲁北黄河冲积平原，地势自西南向东北缓倾。采用双向四车道高速公路标准，设计速度120km/h，路基宽度28.0m。桥涵设计汽车荷载等级公路—Ⅰ级。

2）建设规模

建设里程全长162.381km，大桥4458.08m/20座，中桥3423.82m/54座；互通式立交11处，分离式立交32座，公铁立交3座，天桥3座；服务区3处，收费站9处。

第二篇/第一章
国家高速公路

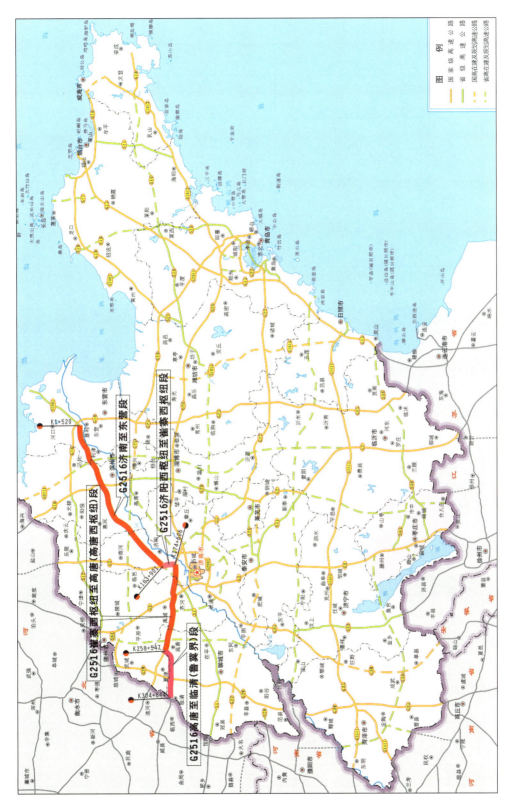

G2516（东营—吕梁）高速公路山东段（东营—临清）位置示意图

G2516（东营—吕梁）高速公路山东段（东营—临清）项目信息采集表

表 2-1-14

序号	国高/地高	工程分段	路段起止桩号 起点桩号	路段起止桩号 止点桩号	规模(km) 小计	规模(km) 八车道及以上	规模(km) 六车道	规模(km) 四车道	建设性质（新建/改扩建）	设计速度(km/h)	路基宽度(m)	永久占地(亩)	投资情况(亿元) 估算	投资情况(亿元) 概算	投资情况(亿元) 决算	资金来源	建设时间（开工～通车）	4A级以上主要景区名称	备注
1	国高	东营至济南段	K1+520	K163+901	162.381			√	新建	120	28	16408.7		102.52		见资金筹措	2014.6～2016.12		
2		济阳西枢纽至崔寨西枢纽段	K163+901	K174+607	10.706					…	…	…						与G2共线
3	国高	崔寨西枢纽至高唐—临清高速公路）高唐西枢纽	K174+607	K258+547	83.940					…	…	…						
4		高唐至临清段	K258+547	K304+644	46.097			√	新建	√	√	4321.49		24.454	19.972	项目资本金35%由山东省交通运输厅自筹，其余为国内银行贷款	2009.6～2012.6.18		与G20共线
合计					303.124														

3) 主要控制点

东营市利津县陈庄镇、盐窝互通(S315)、利津北互通、滨州东互通、滨城北互通(G205)、杨柳雪枢纽(G2516)、惠民互通(G233)、惠民西互通(S234)、济阳东互通、济北开发区互通(S240)、济阳西枢纽(G2)。

4) 投资规模与资金筹措

本项目概算102.52亿元,其中国家安排中央专项基金(车购税)3.5亿元,国家预算资金(燃油税返还)6.54亿元,省交通运输厅自筹资金9.66亿元,企业自筹资金4.29亿元,其余为贷款。

5) 开工及通车时间

2014年6月开工建设,2016年12月建成通车。

2. 前期决策情况

2011年3~4月,省交通运输厅组织专家对工程可行性研究报告进行审查。

2011年10~11月,根据省发改委的要求,省工程咨询院对工程可行性研究报告进行了评估。

2011年11月,省发改委下发《山东省发展和改革委员会关于济南至东营公路工程可行性研究报告的批复》(鲁发改能交〔2011〕1632号)。

3. 参建单位主要情况

1) 建设单位

本项目建设单位为齐鲁交通发展集团有限公司。为探索新形势下高速公路建设管理模式,经山东省政府批准,2013年4月,省交通运输厅公路局委托省交通规划设计院代建,成立山东省济东高速公路项目建设办公室承担济东高速公路项目建设工作。2015年9月,省交通运输厅公路局与齐鲁交通发展集团有限公司签署了高速公路移交协议,济东高速公路建设的所有工作移交齐鲁交通发展集团有限公司,山东省济东高速公路项目建设办公室变更为齐鲁交通发展集团有限公司济东高速公路项目建设办公室;沿线济南市、滨州市、东营市公路(管理)局均成立了市项目建设办公室和4个县级工程建设指挥部。

2) 设计单位

本项目设计单位通过国内公开招标的方式,确定由省交通规划设计院承担本项目的初步设计和施工图设计工作,包括主体工程、房建工程、交通工程、绿化工程、机电工程等设计。

3) 咨询单位

施工图设计双院制审查单位:中国公路工程咨询集团有限公司。

房建工程施工图院制审查单位:江苏省交通规划设计院有限公司。

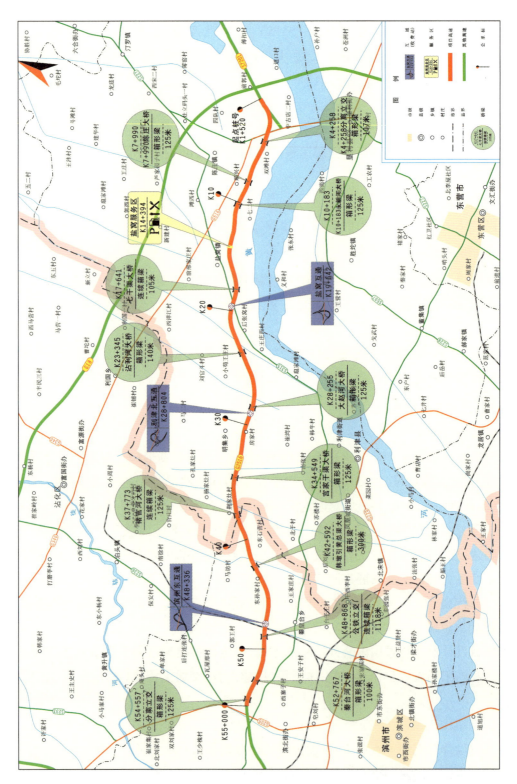

G2516（东营—吕梁）济南至东营段路线总体平面图（一）

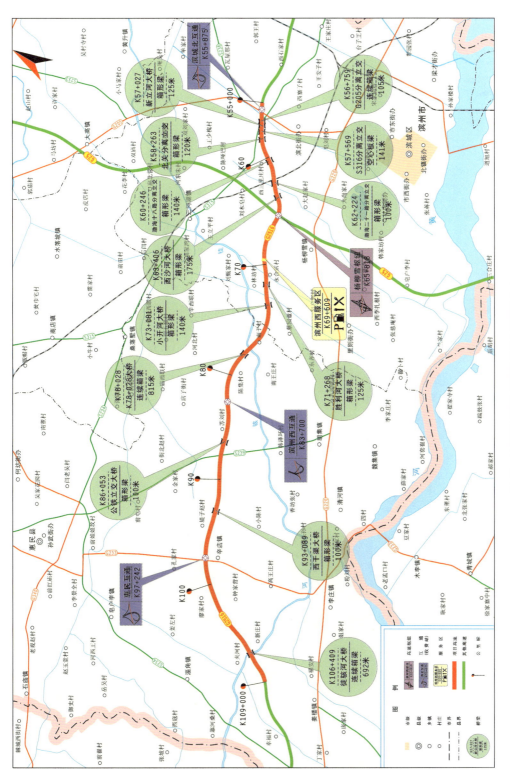

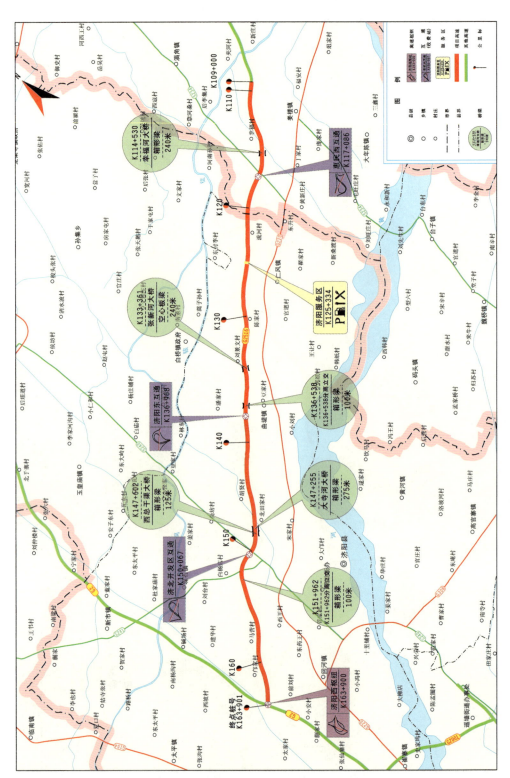

G2516(东营—吕梁)济南至东营段路线总体平面图(三)

4)施工单位

主体工程 18 个,房建工程 7 个,机电工程 3 个,收费亭工程 1 个,交通安全设施工程 20 个,绿化工程 9 个,钢结构工程 4 个。

5)监理单位

济东高速公路采取两级监理机构,设 1 个总监理办公室,下辖 9 个路桥驻地办、3 个房建驻地办和 1 个机电驻地办;路桥驻地办负责 18 个路桥施工标段、9 个绿化施工标段、20 个安全设施施工标段监理工作;房建驻地办负责 7 个房建施工标段、4 个钢结构施工标段、13 个材料设备供应标段监理工作;机电驻地办负责 3 个机电施工标段、1 个收费亭供应标段监理工作。所有监理、施工单位均通过国内公开招标方式选择确定。

(二)建设情况

1. 项目准备阶段

1)有关批复

2011 年 7 月,省国土资源厅印发《山东省济南至东营公路工程建设项目地址灾害危险性评估成果备案证明》(鲁国土资字〔2011〕100 号)。

2011 年 8 月,滨州市规划局印发《关于滨州市公路管理局济南至东营高速公路项目滨州段的选址意见》(滨规函〔2011〕383 号)。

2011 年 9 月,省水利厅印发《关于济南至东营高速公路工程水土保持方案的批复》(鲁水保字〔2011〕108 号)。

2011 年 9 月,省中鲁环境工程评估中心印发《济南至东营高速公路项目环境影响报告书评估报告》(鲁环评估文〔2011〕224 号)。

2011 年 10 月,省文物局印发《关于济南至东营高速公路工程路由选址的意见》(鲁文物〔2011〕193 号)。

2011 年 10 月,省交通规划设计院编制《济南至东营公路固定资产投资项目节能评估报告表》。

2011 年 10 月,省环保厅印发《山东省环境保护厅关于济南至东营高速公路工程环境影响报告书的批复》(鲁环审〔2011〕255 号)。

2011 年 11 月,省国土资源厅印发《关于山东省济南至东营公路工程建设用地压覆矿产资源情况的函》(鲁国土资字〔2011〕1435 号)。

2011 年 11 月,省国土资源厅印发《关于济南至东营高速公路工程项目建设用地预审意见的函》(鲁国土资字〔2011〕1385 号)。

2012 年 10 月,省交通运输厅公路局呈报《关于济南至东营高速公路建设事宜的请示》(鲁路基〔2012〕90 号)。

2012年10月,省交通运输厅、省发改委印发《关于济南至东营高速公路初步设计的批复》(鲁交建管〔2012〕88号)。

2012年11月,省机构编制委员会办公室印发《关于成立济南至东营高速公路建设协调领导小组的审理意见》。

2012年11月,省国土资源厅印发《关于对济南至东营高速公路建设有关事宜的意见》。

2012年11月,省财政厅印发《对省政府第1387号交办件的办理意见》(鲁财交办〔2012〕113号)。

2012年11月,省文物局基本建设工程文物保护办公室印发《关于济南至东营高速公路文物保护工作的函》(鲁文保办〔2012〕第81号)。

2013年9月,省交通运输厅印发《山东省交通运输厅关于济南至东营高速公路施工图设计文件的批复》(鲁交建管〔2013〕80号)。

2014年5月,省政府印发《山东省人民政府关于济南至东营高速公路工程项目农用地转为建设用地的批复》(鲁政土字〔2014〕505号)。

2014年5月,国家林业局批复《使用林地审核同意书》(林资许准〔2014〕195号)。

2014年10月,国土资源部印发《国土资源部关于济南至东营高速公路工程建设用地的批复》(国土资函〔2014〕512号)。

2014年12月,省国土资源厅转发《关于济南至东营高速公路工程建设用地的批复》(鲁国土资函〔2014〕610号)。

2015年6月,省文物局基本建设工程文物保护办公室印发《关于济南至东营高速公路工程准予施工的通知》(鲁文保办〔2015〕第50号)。

2015年8月,省住房和城乡建设厅印发《准予行政许可决定书》(许准〔2015〕2600号)。

2013年4月,省交通运输厅公路局印发《山东省交通运输厅公路局关于成立济东高速公路项目建设办公室的通知》(鲁路基〔2013〕32号)。

2)合同段划分

根据各专业的工程内容划分标段如下:

设计标段:工程(包括主体、房建、绿化、交安、机电工程)标段划分2个标段。

施工标段:根据工程内容不同分主体工程18个标段,机电工程3个标段,房建工程7个标段,钢结构工程4个标段,绿化工程9个标段,交通安全设施20个标段。

监理标段:根据工程内容设1个总监理办公室,9个主体工程驻地监理标段,3个房建工程监理标段,1个机电工程监理标段。

3)招投标

2013年7月,采用有上限投标及综合评估的评标办法,确定中铁十二局集团有限公司、山东鲁东路桥有限责任公司等18家施工单位中标主体工程。

2016年1月,房建工程施工第一次招标,确定山东省建设建工(集团)有限责任公司等6家中标单位。2016年3月,房建工程第二标段二次招标,确定山东诚祥建设集团股份有限公司中标。

2016年4月,确定中咨泰克交通工程集团有限公司等3家单位中标机电工程施工。

2016年5月,确定江西公路交通工程有限公司、盛世国际路桥建设有限公司等18家单位中标交通安全设施工程施工,山东民生建设有限公司等9家单位中标绿化工程施工。

2. 项目实施阶段

2011年12月,济南至东营高速公路于2011年12月进行勘察设计招标。

2013年9月,主线路桥工程签约。

2014年6月,总监理工程师签发主线工程开工令。

2016年3月,总监理工程师签发房建工程开工令。

2016年8月,总监理工程师签发交通安全设施工程开工令。

2016年6月,总监理工程师签发机电工程开工令。

2016年12月,完成交工质量检测。

2016年12月,完成档案自检工作。

2016年12月,济东高速公路顺利通过交工验收委员会验收。

(三)技术复杂工程

复杂技术工程主要为两座跨徒骇河大桥。主桥分别为(58+96+58)m和(50+85+50)m变截面预应力混凝土连续箱梁。

2015年11月18日,两座跨徒骇河大桥全部完成合龙。

(四)科技创新

济东办联合山东大学等单位针对工程特点开展了5项科研课题攻关。

1. 黄泛盐渍土路基聚盐规律与处置技术现场试验研究

针对山东黄泛区盐渍土地区的土质以及地质水文条件,研究黄泛区盐渍土地基条件下路基内部水盐运移规律,提出合理的工程技术措施,为我国盐渍土区路基设计规范的修订提供理论基础。

2. 黄河冲积平原区动力法夯实加固技术研究

研究在不同水文、土质条件下冲积碾压施工工法及工艺参数,获得冲积碾压动应力传播规律,施工工艺及加固效果,指导济东高速公路动力夯实地基,有效地提高路基填筑效率,提高工程建设质量。

3.粉土路基强夯与振动控制技术研究

采用数值模拟、模型试验和现场测试、数值分析和理论分析的方法,研究基于路基强夯技术的黄泛区路基设计方案,优化强夯路基上部支撑均匀过渡层厚度,为强夯技术在黄泛区路基工程中的大规模应用提供理论基础和工程实例,保证路基填筑的质量,预防路基早期病害。

4.黄河冲积平原高速公路桥头跳车综合防治技术研究

针对黄河冲积平原路基工后沉降量大、桥头跳车严重的工程特点,提出基于工后沉降量和沉降速率双重控制标准,研究新型地基处置技术,并辅之以搭板、回填轻质材料等路基差异沉降综合控制技术。

5.交通运输厅质监站在济东高速公路试点试验数据上传管理系统的开发和验证工作

利用现代化管理手段、移动互联网和物联网技术,改进了管理体系,弥补了试验检测工作的不足。

箱梁预应力张拉全部采用智能张拉施工工艺,预应力管道压浆全部采用真空压浆技术;梁板钢筋和现场钢筋绑扎全部使用台架。

全面推行钢筋加工的机械化、自动化,全线推行采用滚焊机、数控钢筋加工机加工钢筋,实现了钢筋加工半制动化。

推广冲击碾压技术。

针对粉土容易松散、震动容易压实的特性,开展了路基冲击碾压科研攻关,取得经验后在全线予以推广,有效地加快了工程进度,保证了路基的碾压质量。

2015年8月,交通运输部将本项目确定为创建绿色公路示范项目(交规划函〔2015〕595号),实施期限为2014年10月~2016年12月。批复的绿色循环低碳共6类、24项,包括绿色能源应用、绿色服务区建设、绿色施工技术、智慧公路、环保和循环利用、能力建设等措施项目,总投资15.03亿元,新增节能减排投资4.07亿元。后根据《山东省交通运输厅转发交通运输部办公厅〈关于做好2016年度车辆购置税收入补贴地方资金支持区域性主体项目申请工作的预通知〉的通知》(鲁交科技函〔2016〕2号)文件的要求,对实施方案进行了调整,原审核单位对调整后的方案重新进行了审核,将原方案实施的24项绿色循环低碳措施调整为22项,内容总投资14.62亿元,新增节能减排投资4.29亿元。

研发了济东高速公路综合管理系统,建立起协同工作平台和环境,实现了管理的自动化、网络化、透明化,切实提高了管理效率,实现了省、市项目建设办公室和各监理、施工单位间的信息交流和共享,提高了项目管理工作的协同办公能力,真正实现了无纸化办公。后期添加了征地拆迁和取土场管理模块,相关资料扫描后,经驻地、总监理办公室、市项目建设办公室逐级审核上传至管理系统,资料可以随时调阅,极大地方便了日后审计工作的开展。

(五)运营养护管理

1.服务设施

全线设置济阳、滨州西、利津3处服务区。

2.收费设施

本项目共设置济北开发区、济阳东、惠民西、惠民、滨州西、滨城北、滨州东、利津北、盐窝匝道收费站9座,采用人工加计算机收费方式。截至2016年底,收费车道数量共计77条,其中ETC车道26条。

3.监控设施

本项目监控均设在济南、滨州、东营3个分公司监控中心处,不单独建设监控中心。

4.运营管理模式的变化

本路段建成通车后由省厅公路局负责运营管理,根据省政府鲁政办字〔2015〕148号文,自2015年9月起,本项目由齐鲁交通发展集团运营管理。

二、G2516(东营—吕梁)高唐至临清(鲁冀界)段

(一)项目概况

1.基本情况

项目原为S14高唐至临清高速公路,2013年国家对高速公路网进行调整,该路段划入G2516(东营—吕梁)高速公路。

1)技术标准

路线所经区域地处鲁西北平原,地形平坦、宽广。采用双向四车道高速公路,设计速度100km/h,路基宽度26.0m。桥涵设计汽车荷载等级公路—Ⅰ级。

2)建设规模

项目全长46.097km,其中:特大桥3253.2m/2座,大桥665m/2座,中桥984.8m/19座;互通式立交4处(其中服务型互通3处,枢纽型互通1处),分离式立交2座,天桥2座;主线收费站1处,匝道收费站3处,停车区1处;管理中心1处。

3)主要控制点

高唐西枢纽(G20)、臧家互通(G308)、金郝庄互通(G240)、临清互通(G514)、临清市

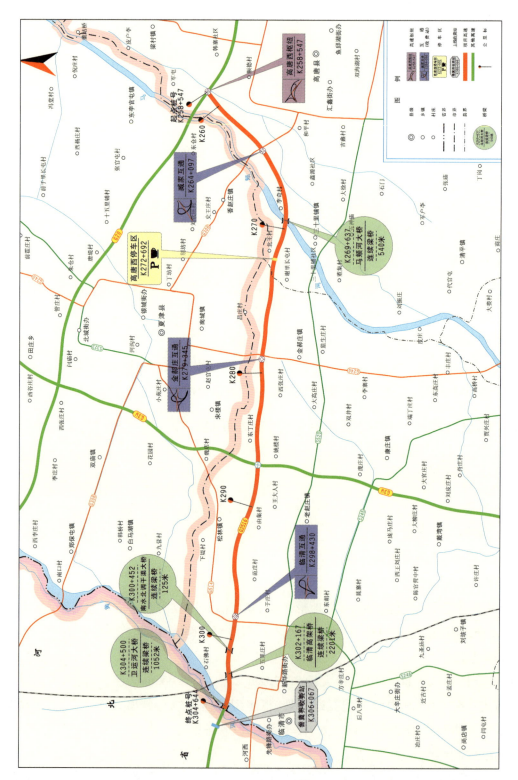

G2516（东营—吕梁）高唐至临清（鲁冀界）段路线总体平面图

北李庄村(鲁冀界)。

4)投资规模与资金筹措

项目概算投资 24.454 亿元,项目资本金 8.559 亿元由省交通运输厅自筹,其余 15.8951 为国内银行贷款。竣工决算投资 19.972 亿元,投资节约 4.482 亿元。

5)开工及通车时间

2009 年 6 月开工建设,2012 年 6 月建成通车,2016 年 1 月完成竣工验收。

2. 前期决策情况

省发改委印发《关于高唐至邢台公路高唐至临清段可行性研究报告的批复》(鲁发改能交〔2008〕875 号)。

省环保局印发《关于高唐至邢台高速公路高唐至临清段环境影响报告书的批复》(鲁环审〔2008〕91 号)。

省水利厅印发《关于高唐至邢台高速公路高唐至临清段工程水土保持方案的批复》(鲁水保字〔2008〕12 号)。

省国土资源厅印发《关于青银高速公路至邢临公路(鲁冀界)连接线工程建设用地压覆矿产资源情况的函》(鲁国土资字〔2008〕136 号)。

济南铁路局印发《关于高唐至邢台高速公路高唐至临清段上跨京九铁路建设立交桥的复函》(济铁总函〔2009〕128 号)。

聊城市防汛抗旱指挥部印发《关于高唐至邢台公路高唐至临清段马颊河大桥防洪评价报告的批复》(聊汛旱字〔2008〕24 号)。

3. 参建单位主要情况

1)建设单位

本项目建设单位是省交通运输厅,项目执行机构是聊城市高唐至临清高速公路建设项目办公室。

2)设计单位

中交第一公路勘察设计研究院有限公司。

3)施工单位

主体工程 5 个,房建工程 3 个,机电工程 1 个,交通安全设施工程 3 个,绿化工程 3 个。

4)监理单位

本项目设置 1 个驻地监理处,负责全线施工监理工作;1 个机电工程监理办公室,负责全线的机电工程施工监理。

(二)建设情况

1. 项目准备阶段

1)有关批复

省交通运输厅、省发改委印发《关于高唐至邢台公路高唐至临清段初步设计的批复》(鲁交规划〔2008〕220号)。

国土资源部印发《国土资源部办公厅关于高唐至邢台高速公路高唐至临清段控制工期的单体工程先行用地的复函》(国土资厅函〔2009〕186号)。

国土资源部印发《关于高唐至邢台高速公路高唐至临清段工程建设用地的批复》(国土资函〔2009〕1231号)。

省交通运输厅印发《关于高唐至邢台公路高唐至临清段施工图设计文件的批复》(鲁交规划〔2009〕127号)。

省交通运输厅公路局印发《关于高唐至邢台公路高唐至临清段房建工程施工图设计的批复》(鲁路基〔2010〕109号)。

省交通运输厅公路局印发《关于高唐至临清高速公路绿化、机电、交通安全、广场设施工程施工图设计的批复》(鲁路基〔2011〕79号)。

2009年12月,省交通运输厅批准《高唐至邢台公路高唐至临清段施工许可申请书》。

2015年5月,省环保厅印发《关于高唐至邢台高速公路高唐至临清段竣工环境保护验收的批复》。

2)合同段划分

根据各专业的工程内容划分标段如下:

设计标段:主体工程划分1个标段,房建工程1个标段,绿化工程1个标段,机电工程1个标段。

施工标段:根据工程内容不同分主体工程5个标段,机电工程1个标段,房建工程2个标段,绿化工程3个标段,交通安全设施工程3个标段。

监理标段:根据工程内容设1个主体工程驻地监理标段,1个房建工程监理标段,1个机电工程监理标段。

3)招投标

中交第一公路勘察设计研究院有限公司中标承担设计任务。

2009年4月,确定沈阳市政集团有限公司等5家施工单位中标路桥工程施工。

2009年4月,确定山东菏泽通达交通工程监理有限公司和省交通工程监理咨询公司为监理中标单位。

2010年10月,确定山东永胜建设集团和莘县信和建筑安装有限公司为房建工程施工中标单位。

2011年7月,威海艺苑园林等3家单位中标绿化工程施工,河南同济路桥工程技术有限公司等3家单位中标交通安全设施及声屏障工程、广场设施工程施工,北京瑞华赢科技发展有限公司中标机电工程施工。省交通工程监理咨询公司为机电监理中标单位。

2.项目实施阶段

主体工程于2009年5月开工,2012年6月完工。

房建工程于2011年3月开工,2012年5月完工。

机电工程于2012年2月开工,2012年6月完工。

交通安全设施工程于2011年11月开工,2012年4月完工。

绿化工程于2012年1月开工,2012年5月完工。

2012年6月,省交通运输厅公路局会同聊城市公路管理局及建设项目办公室组织设计、施工、监理、质量监督及接养单位成立交工验收委员会,对高唐至邢台公路高唐至临清段进行了交工验收。

2012年6月,高临路全线通车。

2014年5月,省交通运输厅质监站委托省公路检测中心对本项目进行工程实体检测、外观检查、内业资料审查,共取得实体检测数据2769个,合格率为99.17%。

2013年1月,省计算中心完成项目机电工程的交工质量检测工作。2014年5月,省交通运输厅质监站委托省计算中心对机电工程进行竣工检测。

2014年5月,省交通运输厅质监站委托省公路检测中心对工程进行竣工验收质量检测,项目竣工验收质量鉴定得分为98.17分,质量鉴定等级优良。

2016年1月,省交通运输厅组织召开本项目竣工验收会,本项目竣工验收工程质量评分为97.80分,质量等级为优良。

(三)科技创新

省交通运输厅公路局组织山东大学、省交通规划设计院、省交通运输厅质监站、省交通科研所及参建单位的专家对本项目正常施工与冲击碾压施工工艺相关检测技术资料进行了鉴定。鉴定认为,冲击碾压施工工艺路基沉降观测路段压实度、弯沉值、沉降量等各项技术指标均优于正常施工工艺(分层碾压施工工艺),尤其对黄泛平原区粉砂型土冲击碾压效果良好,取得了良好的技术、经济和社会效益。

联合东南大学和省交通运输厅公路局开展了缓释型融冰雪路面技术研究。在结合前人研究结果的基础上,提出缓释型融冰雪路面融冰效果评价方法、建立缓释型融冰雪沥青混合料的配合比设计方法,以及建立基于长期使用性能的缓释型融冰雪沥青混合料的评价方法上有所创新。针对山东省气候特点,选用具有代表性的MFL融冰雪剂添加到沥青混合料中,通过对其实用效果和工程效果进行研究,完善了路面除雪技术,提高了高速公路沥青路面在冬季的行车安全性和养护水平。

(四)运营养护管理

1. 服务设施

全线设置高唐西1处停车区。

2. 收费设施

本项目在鲁冀界设置单向主线收费站1处,在臧家、金郝庄、临清设置匝道收费站3处,采用人工加计算机收费方式。截至2016年底,收费车道数量共计26条,其中ETC车道7条。

3. 养护管理设施

本项目设置金郝庄1处养护分中心,与金郝庄收费站合址办公。本项目自2012年通车以来未进行大中修。

4. 监控设施

本项目设置高邢监控分中心,与临清收费站合址办公,负责本项目的运营监管。

5. 运营管理模式的变化

本路段建成通车后由省厅公路局负责运营管理,根据省政府鲁政办字〔2015〕148号文,自2015年9月起,本项目由齐鲁交通发展集团运营管理。

第十五节 G3511(菏泽—宝鸡)高速公路山东段(菏泽—鲁豫界)

G3511(菏泽—宝鸡)高速公路是国家高速公路网"71118"中"纵四"的联络线,起自山东省菏泽市,途经河南、山西两省,终于陕西省宝鸡市。菏泽至宝鸡高速公路连通了华东与西北地区,形成了东西向的运输大通道,促进了东西部省份间的经济社会交流与合作,对于完善国家高速公路网、推动国家区域发展战略实施有着至关重要的作用。

菏泽至宝鸡高速公路山东段位于牡丹之乡菏泽境内,起自菏泽市牡丹区,终于菏泽市东明县(鲁豫界),与河南境G3511长垣至济源段相接,全长69.237km。是山东省高速公路中长期规划"9517"网中的"横五"和"一环"的重要组成部分。该项目的建设,增加了山东省的西出通道,对于加快鲁西经济隆起带发展战略的实施、加强与中原经济区的交通联系和促进区域经济社会快速发展等有重要作用。G3511(菏泽—宝鸡)高速公路山东段项目信息见表2-1-15。

第二篇/第一章
国家高速公路

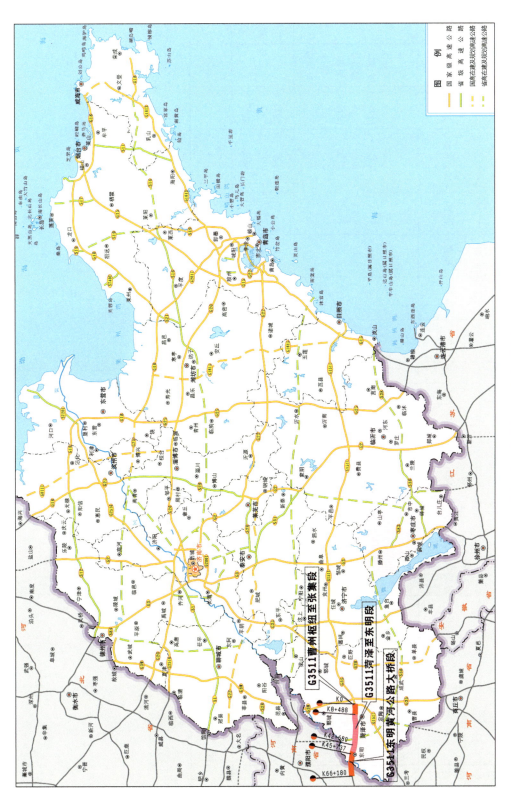

G3511（菏泽—宝鸡）高速公路山东段位置示意图

G3511（菏泽—宝鸡）高速公路山东段项目信息采集表

表 2-1-15

序号	国高/地高	工程分段	路段起止桩号 起点桩号	路段起止桩号 止点桩号	规模（km）小计	规模 八车道及以上	规模 六车道	规模 四车道	建设性质（新建/改扩建）	设计速度（km/h）120	设计速度（km/h）100	路基宽度（m）28	路基宽度（m）24	路基宽度（m）…	永久占地（亩）	投资情况（亿元）估算	投资情况（亿元）概算	投资情况（亿元）决算	资金来源	建设时间（开工~通车）	4A级以上主要景区名称	备注
1	国高	菏泽至东明段	K8+488	K45+737	37.249			√	新建		√		√		8024.58		6.17	4.15	自筹/银行贷款	1995.11~1998.10	郓城水浒好汉城、鄄城孙膑旅游城、曹州牡丹园	
2	国高	东明黄河公路大桥段	K45+737	K69+237	23.5			√	新建		√		√		1630.74		38.67		自筹/银行贷款	2011.8~2017.7		在建
合计					60.749																	

山东段由曹州枢纽至菏泽张集段、菏泽至东明段和东明黄河公路大桥段3个路段组成,其中曹州枢纽至菏泽张集段内容包含在"第十二节 G1511(日照—兰考)高速公路山东段(日照—菏泽)曲阜至菏泽段"中。

一、G3511(菏泽—宝鸡)菏泽至东明段

(一)项目概况

G3511(菏泽—宝鸡)菏泽至东明高速公路起自山东省菏泽市菏泽互通,终点在东明互通式立交,全长37.249km。1998年建成时为一级汽车专用公路,2010年调整为S32,2013年调整为G3511。

1.基本情况

1)技术标准

项目地处黄河冲积平原,地势平坦。全线采用双向四车道高速公路标准,设计速度100km/h,路基宽度24.5m。桥涵设计汽车荷载等级汽车—超20级,挂车—120。

2)建设规模

本项目全长37.249km,中桥147.44m/2座;互通式立交3处,分离式立交3座;主线收费站1处,匝道收费站2处。

3)主要控制点

新兖铁路、菏泽互通(G327)、东明互通(G106)。

4)投资规模与资金筹措

项目概算投资6.1737亿元,省交通厅筹措项目资本金,地方委托贷款2.4亿元,省交通厅统贷1.4341亿元。竣工决算投资4.1471亿元。

5)开工与通车时间

1995年11月开工建设,1998年10月建成通车。

2.前期决策情况

1993年9月,省交通厅印发《关于国道327延长线(菏泽—东明)公路工程可行性研究报告的批复》(鲁交公〔1993〕59号)。

1994年5月,省工程咨询院向省计委提交了《关于报送(菏泽—东明公路工程可行性研究报告)评估意见的函》(鲁工咨询字〔1994〕第26号)。

1994年6月,省计委印发《关于国道327线延长段(菏泽—东明)工程可行性研究报告的批复》(鲁计工(基)字〔1994〕478号)。

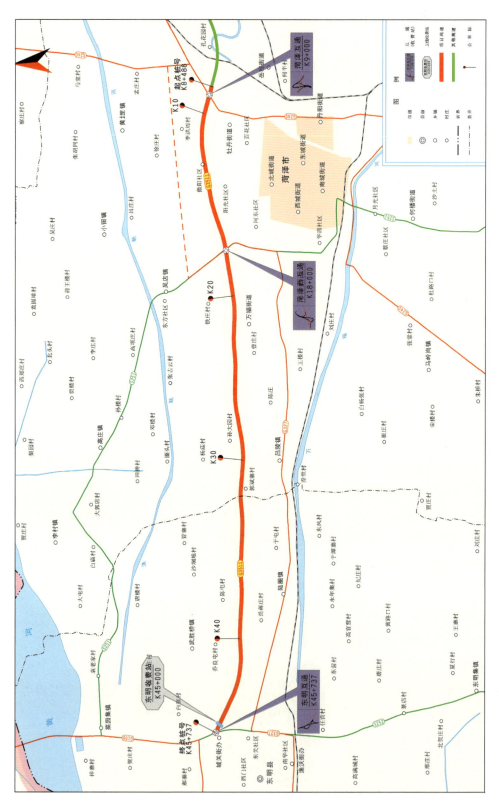

G3511（菏泽—宝鸡）菏泽至东明段路线平面总体图

3. 参建单位主要情况

1）建设单位

建设单位为省交通厅公路局,执行单位菏泽市公路管理局。

2）设计单位

省交通规划设计院、菏泽地区公路勘测设计院。

3）施工单位

主体工程3家,交通安全设施工程13家。

4）监理单位

本项目设置1个总监工程师代表处,下设总监办、中心试验室和3个监理部。

（二）建设情况

1. 项目准备阶段

1）项目审批

1994年10月,省交通厅以《关于327国道延长线菏泽—东明一级汽车专用公路初步设计的批复》（鲁交公〔1994〕52号）对菏东路初步设计报告做了批复。

省交通厅公路局印发《关于国道327延长线菏泽至东明一级公路工程开工的批复》（鲁路工〔1996〕1号）。

省交通厅公路局印发《菏泽—东明一级汽车专用公路施工图设计预算的批复》（鲁路工〔1996〕23号）。

省交通厅公路局印发《关于菏东高速公路沿线设施等二期工程设计预算的批复》（鲁路工〔1998〕25号）。

国土资源部下发《关于菏泽至东明一级公路补办建设用地手续的批复》（国土资函〔1999〕742号）。

2）合同段划分

根据各专业的工程内容划分标段如下：

设计标段：1个标段。

施工标段：3个主体工程标段,13个交通安全设施工程标段。

监理标段：设1个总监理工程师代表处。

3）招投标

1995年9月,确定省公路工程总公司菏泽公司等3家施工单位中标主体工程。项目监理通过议标形式选定。1997年9月,确定徐州宏达交通设施有限公司等13家单位中标交通安全设施工程施工。

2. 项目实施阶段

主体工程于1995年11月开工,1998年10月完工。

1998年12月,通过省交通厅质监站组织的交工验收,单位工程优良率达到100%,工程质量总评分为88.32分,工程质量评定为优良级。

1999年4月省交通厅组织进行了交工验收。

2000年9月进行了竣工验收,经竣工验收委员会评定得分88.51分,达到优良级。

(三)运营养护管理

1. 收费设施

本项目设置收费站3处,其中,在菏泽、菏泽西设置匝道收费站2处,在东明设置主线收费站1处,采用人工加计算机收费方式。截至2016年底,共设收费车道19条,其中ETC车道6条。

2. 养护管理设施

本项目在2005—2012年期间,每年通过大中修及专项工程对全线的路面病害进行处理;2005年对东明收费站进行了扩建;2009年对菏泽收费站站区进行扩建。

3. 监控设施

本项目设置菏泽监控中心1处,与管理处合址办公。

(四)运营管理模式的变化

本路段建成通车后由省厅公路局负责运营管理,根据省政府鲁政办字〔2015〕148号文,自2016年1月1日起,本项目由齐鲁交通发展集团运营管理。

二、G3511(菏泽—宝鸡)东明黄河公路大桥段

(一)项目概况

1. 基本情况

1)技术标准

项目地处黄河下游冲积平原,地势平坦。全线采用双向四车道高速公路标准,设计速度120km/h,路基宽28m,桥涵设计汽车荷载等级公路—Ⅰ级。

2)建设规模

该项目全长23.5km,其中:特大桥15206m/1座,大桥341.5m/3座,中桥209.08m/3座;互通式立交2处(其中服务型1处,枢纽型1处),分离式立交5座;主线收费站1处,匝道收费站1处。

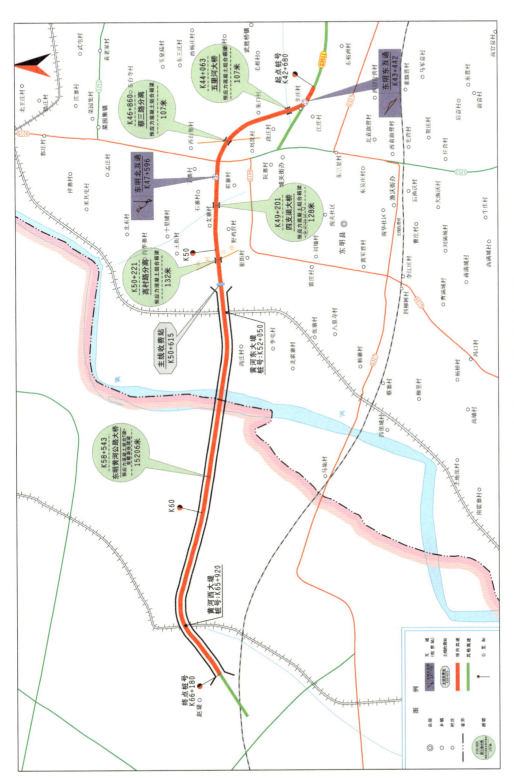

G3511（菏泽—宝鸡）东明黄河公路大桥路线总体平面图

3）主要控制点

主要控制点有：东明东互通、东明北互通、黄河。

4）投资规模与资金筹措

项目概算投资38.6717亿元。该项目采用BOT模式，资本金按投总资额的35%计算，由投资人自筹；剩余总投资额的65%采用申请国内银行贷款方式筹集。

5）开工与通车时间

2011年8月开展先行用地施工，计划于2017年7月交工通车。

2．前期决策情况

2004年3月，菏泽市计委向省计委上报《关于呈报日东公路东明黄河公路桥项目可行性研究报告的报告》（菏计基础〔2004〕86号）。

2004年6月，省发改委向国家发改委提交《关于呈报日东公路东明黄河公路桥项目预可行性研究报告的请示》（鲁发改基础〔2004〕647号）。

2006年7月，省发改委向国家发改委提交《关于日东高速东明黄河公路大桥项目的补充报告》（鲁发改能交〔2006〕678号），确定山东让古戎投资控股集团有限公司全额投资日东高速公路东明黄河公路大桥项目建设。

2007年7月，省发改委向国家发改委上报《关于日东高速公路东明黄河公路大桥开展前期工作的请示》（鲁发改能交〔2007〕725号）。

2008年4月，国家黄委以《关于日东高速公路东明黄河公路大桥桥位的复函》（黄水政函〔2008〕2号）确定大桥跨黄河两岸大堤位置。

2008年4月，国家环保部印发《关于日东高速东明黄河公路大桥项目环境影响报告书的批复》（环审〔2008〕76号）。

2008年7月，省发改委向国家发改委呈报并抄送交通运输部《关于日照至东明高速公路东明黄河公路大桥项目申请报告的请示》（鲁发改能交〔2008〕589号）。

2008年10月，交通运输部印发《关于东明黄河公路大桥建设项目核准的意见》（交函规划〔2008〕200号）。

2009年4月，省政府上报国家发改委《关于日照至东明高速公路东明黄河公路大桥项目业主有关情况的函》（鲁政字〔2009〕51号），明确让古戎集团为该项目投资人；5月，省发改委上报国家发改委《关于山东省日照至东明高速公路东明黄河公路大桥项目投资主体的函》（鲁发改能交〔2009〕592号）。

2009年6月，国家黄委下发《关于日东高速公路东明黄河公路大桥建设项目的函》（黄水政综便〔2009〕8号）同意大桥建设。

2009年6月，国土资源部印发《关于确认日东高速公路东明黄河公路大桥建设用地预审意见有效性的函》（国土资预审字〔2009〕272号）。

2009年8月,国家发改委印发《关于山东省东明黄河公路大桥项目核准的批复》(发改基础〔2009〕2192号)。

2011年1月,国家黄委印发《黄河流域河道管理范围内建设项目审查同意书》(黄水政字〔2011〕1号)。

2011年6月,《公路建设项目法人资格申报》获得省交通运输厅批复。

2012年6月,省交通运输厅签订《东明黄河公路大桥项目特许权协议》。

(二)参建单位主要情况

1)建设单位

山东大钿蒂黄河大桥建设投资有限公司。

2)设计单位

中国公路工程咨询集团有限公司。

3)咨询单位

中交公路规划设计院有限公司。

4)施工单位

4家施工单位参与土建工程施工。

5)监理单位

本项目共设2个总监办。

(三)建设情况

1. 项目准备阶段

1)项目审批

2011年5月,交通运输部印发《关于东明黄河公路大桥初步设计的批复》(交公路发〔2011〕263号)。

2011年7月,大桥项目山东段和河南段分别取得国土资源部《关于东明黄河公路大桥控制工期的单体工程先行用地的复函》(国土资厅函〔2011〕653号、654号)。

2011年8月,省交通运输厅印发《关于山东省东明黄河公路大桥施工图设计文件的批复》(鲁交建管〔2011〕77号)。

2011年8月,交通运输部签发《准予控制工期的单体工程先行施工》(交公路施工许可〔2011〕24号)的施工许可手续。

2012年4月,国土资源部印发《关于东明黄河公路大桥河南段工程建设用地的批复》(国土资函〔2012〕88号)。

2012年6月,国土资源部下发《关于日照至东明高速公路东明黄河公路大桥工程建设用地的批复》(国土资函〔2012〕480号),项目山东段获得建设用地批复。

2014年3月,国家黄委批复《黄河流域河道管理范围内建设项目施工许可证》。

2)合同段划分

根据各专业的工程内容划分标段如下:

设计标段:1个合同段。

施工标段:4个合同段。

监理标段:2个合同段。

3)招投标

按照国家发改委核准文件要求,山东大钿蒂黄河大桥建设投资有限公司委托招标代理机构山东普华项目管理有限公司(下称"山东普华")开展了施工招标工作。

2011年8月,确定北京鑫旺路桥建设有限公司等4家施工单位中标主体工程施工,湖北中交公路桥梁监理咨询有限公司和湖南交通建设工程监理有限公司中标施工监理。评标报告于同月分别在省交通运输厅和交通运输部备案。

2. 项目实施阶段

项目主体工程于2013年8月20日开工。

(四)技术复杂工程

本项目重点、难点工程在大桥主桥水中墩施工和悬臂浇筑连续箱梁体系。

1. 水中墩基础施工

根据工地现场的实际情况、施工组织设计的总体安排,结合施工单位,技术装备水平和现有设备、人员情况,主桥墩的水中墩钻孔灌注桩采用搭设水中固定平台施工方案,平台与岸边通过栈桥连接,类似于陆上钻孔作业。主桥墩水下承台、墩身采用钢板桩围堰施工方案。

2. 主桥上部结构连续梁施工

主桥上部结构布置为$(67+7\times120+67)$m$+3\times(67+6\times120+67)$m连续梁体系。施工中委托专业的监控单位采用预测控制法进行线形控制,有效地控制施工,及时发现偏离设计值的现象,及时调整施工误差,以确保成桥状态的线形符合设计要求。

(五)科技创新

钻孔灌注桩桩底压浆技术的应用:

主桥桩基初步设计桩长为110m,属超长桩类。决定采用拉-锚法进行静载试验,确定单桩承载力,对桩长进行优化。

采用桩底注浆加固处理后,单桩承载力提高了 26.89%~33.2%。经推算:注浆加固后,承载力显著提高,注浆后桩顶沉降达 40mm 时的承载力提高约 20%。

试验成果表明,试桩取得了较好的试验效果。后来设计单位按规范公式计算,土侧阻力采用试验推算建议值计算,优化计算桩长,比原设计桩长都减少了二十多米,最长的桩也不超过 85m,既保证了结构安全,又降低了成本。

(六)运营养护管理

1. 收费设施

本项目共设置收费站 2 处,其中在 K50+615 处设置单向主线收费站 1 处,在东明北互通设置匝道收费站 1 处。

2. 养护管理设施

全线设置养护工区 1 处,管理中心 1 处。

3. 运营管理模式

本项目由山东大铷蒂黄河大桥建设投资有限公司负责项目投资、建设、经营和养护管理。经营期内,实施企业化运营管理和维护。经营期满后,将东明黄河公路大桥及相关配套设施无偿移交至地方交通管理部门。

第二章
地方高速公路

第一节 S1（济南—聊城）高速公路

S1（济南—聊城）高速公路是山东省高速公路网中长期规划"9517"网中"连四"的重要组成部分,起自德州市齐河县与济南绕城高速公路西段（京台高速公路）交叉的晏城枢纽,经聊城市茌平区、经济技术开发区、东昌府区,止于聊城市冠县（鲁冀界）,与G22青兰高速公路河北段相接,全长143.629km,于2000年10月全线贯通。

本项目的建设,形成了连通鲁冀两省的重要省际通道,加强了省会济南与鲁西北地区、沿海城市与内地的联结,完善和优化了山东省公路网络,对省会城市群经济圈建设和区域经济社会发展均具有重要的促进作用。

本项目是山东省继济青高速公路之后建成通车的第二条高速公路,同时实现了聊城境内高速公路零的突破。

本项目由济南（晏城枢纽）至聊城德州界段（以下简称德州段）和聊城至馆陶（鲁冀界）段组成,见表2-2-1。

聊城至馆陶（鲁冀界）段又分为一期和二期工程。聊城德州界至聊城段为一期工程（以下简称"一期工程"）,聊城至馆陶（鲁冀界）段为二期工程（以下简称"二期工程"）。

（一）项目概况

1.基本情况

1）技术标准

项目地处黄河冲积平原,地势平缓,地面随河流流势自西南向东北倾斜。全线采用双向四车道高速公路标准,设计速度100km/h,路基宽度24.5m。桥涵设计汽车荷载等级采用汽—超20,挂—120。

2）建设规模

本项目全长143.629km。其中大桥3979.36m/10座,中桥2316.0m/43座;互通式立交11处（均为服务型,其中1处未启用）,分离式立交26座;主线收费站1处,匝道收费站11处;服务区3处;管理中心2处。

第二篇/第二章
地方高速公路

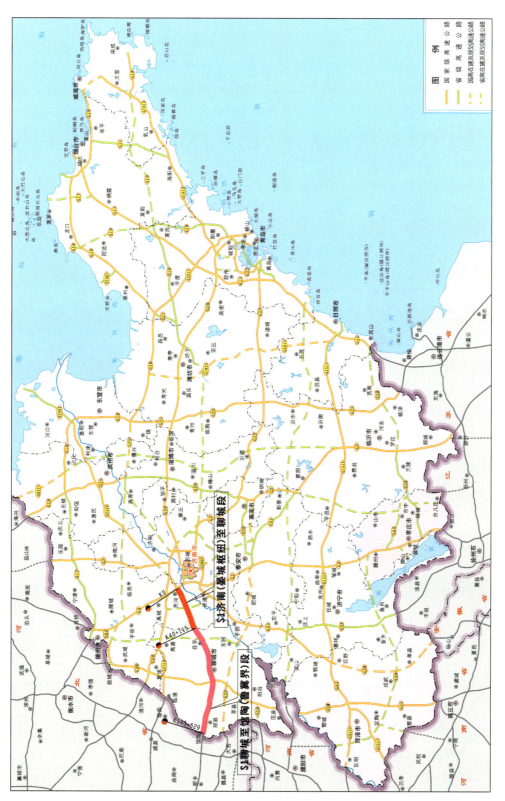

S1（济南—聊城）高速公路位置示意图

山 东
高速公路建设实录

S1（济南—聊城）高速公路项目信息采集表

表 2-2-1

| 序号 | 国高/地高 | 工程分段 | 路段起止桩号 | | 规模（km） | | | | 建设性质（新建/改扩建） | 设计速度（km/h） | | 路基宽度（m） | | 永久占地（亩） | 投资情况（亿元） | | | 资金来源 | 建设时间（开工~通车） | 4A级以上主要景区名称 | 备注 |
			起点桩号	止点桩号	小计	八车道及以上	六车道	四车道		120	100	28	24.5		估算	概算	决算				
1	国高	德州段	K0+000	K40+115	40.115			√	新建	√			24.5	4004		5.79	4.59	省交通厅筹资	1995.11~1998.3		
2	地高	聊城段 聊德界至聊城段	K40+115	K87+570	47.455			√	新建	√			√	6560		4.164	5.9716	省交通厅筹资	1994.5.10~1996.12.20	东昌湖风景区、天沐·江北水城温泉度假村、中国阿胶博物馆、东阿阿胶养生文化苑	
		聊城至馆陶（鲁冀界）段	K87+570	K143+629	56.059			√	新建	√			√	7511.1		10.7424	9.7094	省交通厅筹资	1998.5.10~2000.10.20		占地及投资情况含绕城西连接线8.361km
合计					143.629																

614

3）主要控制点

晏城枢纽（G3、G2001）、晏城互通（S101）、安柳互通（S242）、京九铁路、道口铺枢纽（G3W）、聊城西互通（G240）、定远寨互通（S247）、冠县互通（S248）。

4）投资规模与资金筹措

德州段概算投资5.78997亿元。竣工决算投资为4.59183亿元。

聊城段一期工程概算投资4.164亿元，竣工决算投资5.9716亿元；二期工程概算投资10.7424亿元。

建设资金均由省交通厅筹集。

5）开工及通车时间

德州段于1995年11月开工建设，1997年11月建成通车，2002年6月完成竣工验收。

聊城段一期工程于1993年9月开工建设，1996年12月建成通车，2002年4月竣工验收。

聊城段二期工程于1998年5月开工建设，2000年10月建成通车，2002年10月竣工验收。

2. 前期决策情况

1993年，省交通厅向省计委呈报《关于报送〈国道309线济南—馆陶公路工程可行性研究报告〉的函》（鲁交工〔1993〕17号）。

1993年4月，省计委印发《关于国道309线济南—馆陶公路工程可行性研究报告的批复》〔（93）鲁计工—（基）字第312号〕。

1994年11月，省环境保护局对济南至馆陶一级汽车专用公路环境影响报告书进行了批复。

3. 参建单位主要情况

1）建设单位

项目法人单位为省公路管理局，执行机构为德州市公路管理局和聊城地区（现聊城市）公路管理局。

2）设计单位

德州段：德州市公路勘测设计院。

聊城段一期工程：聊城地区公路勘察设计室。

聊城段二期工程：交通部第一公路勘察设计院、德州市公路勘测设计院和聊城市公路勘察设计院。

3）施工单位

德州段主体工程由省公路工程总公司等7家施工单位承建，交通安全设施工程由徐州安达交通设施有限公司、德州通力实业公司等10家施工单位承建。

聊城段一期工程的主体工程由聊城地区公路工程总公司等7家施工单位承建，交通安全设施工程由北京交通运输科技服务公司等13家施工单位承建。

聊城段二期工程的主体工程由铁道部第十四工程局等8家施工单位承建，交通安全

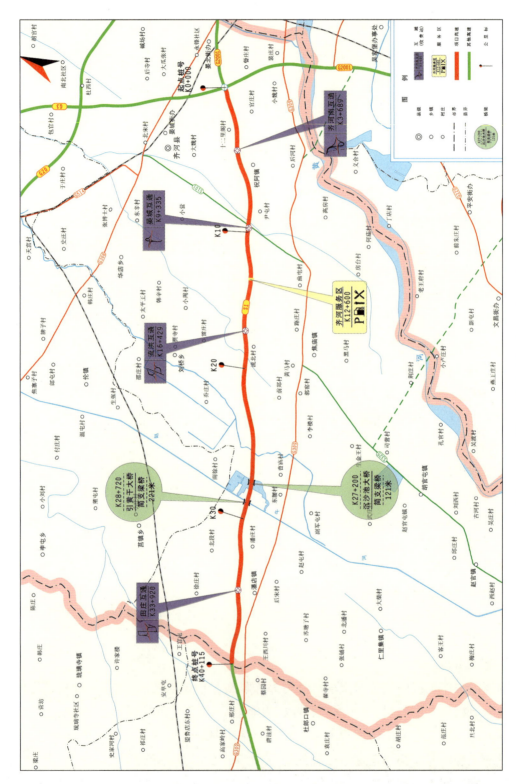

S1(济南—聊城)高速公路济南(晏城枢纽)至聊城段路线总体平面图

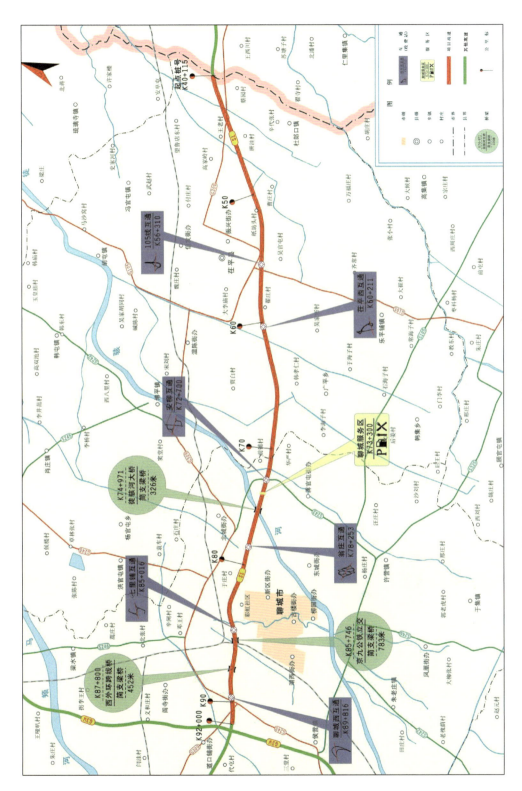

S1(济南—聊城)高速公路聊城至馆陶(鲁冀界)段路线总体平面图(一)

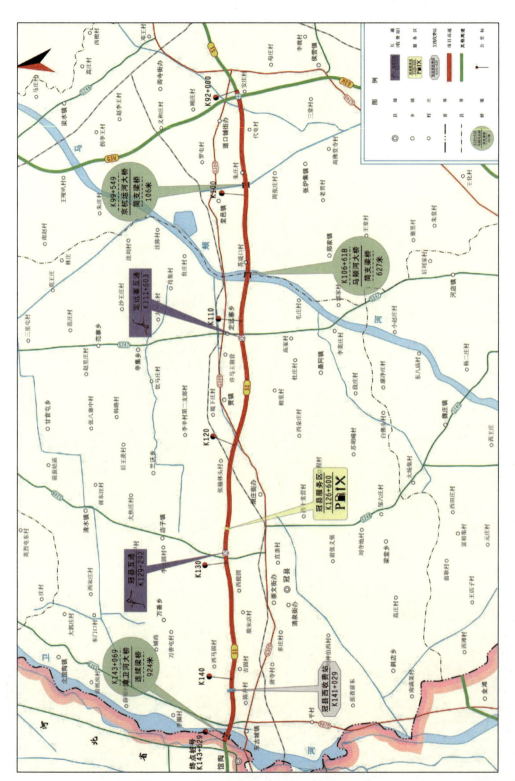

S1(济南—聊城)高速公路聊城至馆陶(鲁冀界)段路线总体平面图(二)

设施工程由北京路达交通设施有限公司等25家施工单位承建,漳卫运河特大桥工程由铁道部大桥局施工。

4）监理单位

德州段由省交通工程监理咨询公司、德州市交通工程监理公司、北京育才北方监理公司承担。

聊城段由省交通工程监理咨询公司淄博分公司、省交通工程监理咨询公司济宁分公司、聊城市公路工程监理总公司等承担。

（二）建设情况

1. 项目准备阶段

1）项目审批

1993年7月,省交通厅以《关于济聊一级汽车专用公路一期工程初步设计及概算的批复》(鲁交公〔1993〕第46号),对济南至聊城公路一期工程初设和概算进行了批复。

1994年10月,省公路管理局以《济聊一级汽车专用公路德聊交界至聊城段施工图设计预算的批复》(鲁路工〔1994〕181号),对项目一期工程施工图设计及预算进行批复。

1994年12月,省交通厅印发《关于济南至馆陶一级汽车专用公路德州地区齐河段初步设计的批复》(鲁交公〔1994〕63号)。

1995年7月,省交通厅印发《关于济聊一级汽车专用公路德州段工程征地拆迁等有关问题的通知》(鲁交公〔1995〕22号)。

国家土地管理局以国土批〔1995〕42号文件对济聊一级汽车专用公路一期工程建设用地进行了批复。1995年12月,聊城地区行署以聊政土征字〔1995〕30号文件对济聊一级汽车专用公路一期工程建设用地进行批复。

1997年6月,省交通厅印发《国道309线聊城至馆陶一级汽车专用公路初步设计》(鲁交公〔1997〕4号)。

1997年8月,聊城地区行署以聊政土征字〔1997〕12号文对聊馆高速公路工程建设用地进行批复。

1997年11月,省政府以鲁政字〔1997〕276号文将聊城至馆陶一级汽车专用公路等8个项目增列为省重点建设项目。

1998年12月,省交通厅批复《聊城市人民政府关于请求修建聊城绕城高速公路西段的报告》(鲁交公〔1998〕35号)。

2000年10月,国土资源部印发《关于济南至聊城一级汽车专用公路齐河段补办建设用地手续的批复》(国土资函〔2000〕69号)。

2002年4月,省交通厅印发《关于国道309线济南至聊城高速公路德州段竣工决算的审计决定》(鲁交财审〔2002〕59号)。

2）合同段划分

德州段根据各专业的工程内容划分标段如下：

设计标段：主体设计1个标段。

施工标段：主体工程4个标段，交通安全设施11个标段，收费站及房建2个标段。

监理标段：设1个总监理工程师代表处，2个驻地监理处。

聊城段根据各专业的工程内容划分标段如下：

施工标段：主体工程16个标段，其中一期工程分为7个标段，二期工程分为9个标段；交通设施（标志、标线、护栏、收费房等）39个标段，其中一期工程分为14个标段，二期工程分为25个标段。

主体工程设计标段划分2个标段，房建工程设计2个标段，绿化工程设计1个标段，机电工程设计1个标段。

3）招投标

1995年9月，德州段完成施工和监理的招标工作。

1993年，聊城段一期工程通过邀请招标方式确定了主体施工单位。

1995年6月，完成聊城段一期工程交通安全设施工程的施工招标工作。

1997年12月，完成聊城段二期工程主体工程和交通安全设施工程的施工招标工作。

1998年3月，完成了全路监理单位的招标工作。

1998年8月，确定铁道部大桥局中标漳卫运河特大桥工程施工。

2. 项目实施阶段

德州段：

主体工程于1995年11月开工，1997年10月完工。

交通安全设施工程于1997年9月开工，1997年12月完工。

1998年3月，省公路局组织对济南至聊城高速公路德州段进行了交工验收。

2002年6月，省交通厅对济南至聊城高速公路德州段进行竣工验收，工程质量评分为96.58分，等级为优良。

聊城段：

1993年9月，济南至聊城高速公路聊城段一期工程举行奠基仪式。11月10日，京九公铁立交桥开工建设；1993年12月，徒骇河大桥开工建设。

1994年5月，济南至聊城高速公路聊城段一期工程1~5合同段正式开工。

1996年10月，济南至聊城高速公路聊城段一期工程46.7km路段全线贯通。

1996年11月，省公路管理局和省交通厅质监站对本路段进行了交工验收。

1998年5月，济南至聊城高速公路聊城段二期工程举行开工仪式。

1998年10月，漳卫运河特大桥工程开工。

2000年10月,济南至聊城高速公路聊城段二期工程通过了省公路局、省交通厅质监站的交工验收。

2000年10月,济南至聊城高速公路聊城段二期工程举行通车仪式。

2002年6月,济南至聊城高速公路聊城段二期工程通过省交通厅组织的竣工验收。

（三）运营养护管理

服务设施:本项目设置齐河服务区、聊城服务区、冠县服务区3处服务区。2011年,对齐河服务区北区进行了升级改造。

收费设施:全线设置收费站11处。其中在鲁冀界设置冠县西主线收费站1处,在齐河南、晏城、齐河西、茌平、茌平西、聊城开发区、聊城东、聊城、聊城西、冠县东、冠县设置匝道收费站10处。2003年、2011年分别增设聊城开发区、茌平西2处互通式立交式收费站;2013年4月,侯营收费站(临时)因G3W德上高速公路建设停止收费并撤销;2015年11月聊城西收费站改建东迁3km至K90处,划归G3W德上高速公路。截至2016年底,收费车道数量计104条,其中ETC车道26条。

养护管理设施:本项目设德州齐河养护应急救援中心和聊城养护应急救援中心各1处。2003—2006年德州段陆续进行了大修改造,部分路段设置了刚性基层沥青路面;2005—2006年,聊城段进行大修改造,路面结构全部更换为5cm的SBS改性SMA面层+6cm的MAC改性中粒式沥青混凝土+12cm的MAC改性大粒径碎石+2×18cm水泥稳定碎石+12cm级配碎石+18cm石灰土,同时对聊城、聊城东收费站进行扩建改造。

监控设施:济南至聊城高速公路德州段在原齐河管理处设置济聊高速公路齐河监控分中心,负责德州段的运营监管;聊城段在原聊城管理处设置济聊高速公路聊城监控分中心,负责聊城段的运营监管。

运营管理模式变化:本路段建成通车后由省厅公路局负责运营管理,根据省政府鲁政办字〔2015〕148号文,自2016年1月1日起,本项目由齐鲁交通发展集团运营管理。

第二节　S11(烟台—海阳)高速公路

S11(烟台—海阳)高速公路是山东省高速公路网中长期规划"9517"网中的"连一",起自烟台市莱山区轸格庄与G18荣乌高速公路交叉枢纽处,北与观海路连接,沿线经过烟台市莱山区、牟平区,威海市乳山市,止于烟台市海阳市留格庄,与G1813威海至青岛高速公路交叉后向南通过主线收费站与地方道路连接,全长80.60km,于2012年11月全线贯通,见表2-2-2。

本项目是山东半岛城市群和胶东半岛制造业基地的重要基础设施,它的建设,连通了G18荣乌高速公路与G1813威青高速公路,形成了山东半岛城市群烟台市东部与威海市

山 东
高速公路建设实录

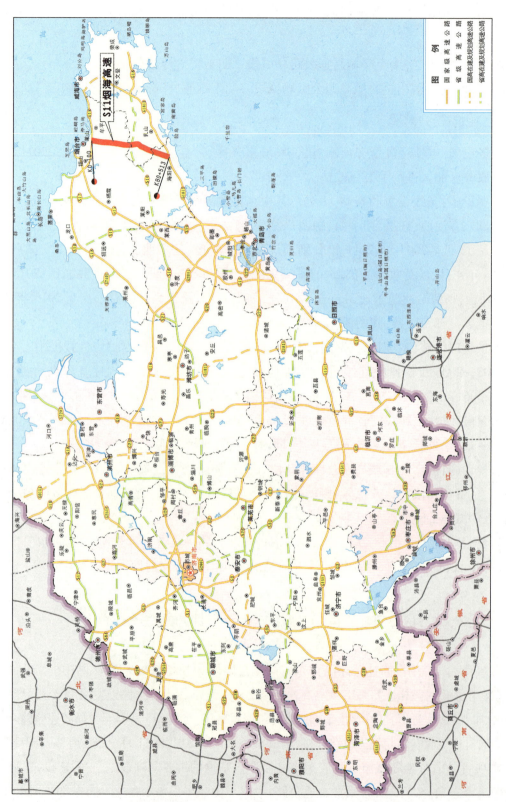

S11（烟台—海阳）高速公路位置示意图

S11（烟台—海阳）高速公路项目信息采集表

表2-2-2

序号	国高/地高	工程分段	路段起止桩号		规模（km）				建设性质（新建/改扩建）	设计速度（km/h）			路基宽度（m）			永久占地（亩）	投资情况（亿元）			资金来源	建设时间（开工~通车）	备注 4A级以上主要景区名称
			起点桩号	止点桩号	小计	八车道及以上	六车道	四车道		120	100	…	28	26	…		估算	概算	决算			
1	地高	烟台至海阳段	K0+100	K80+500	80.60			√	新建			√			√	8927	39.7855	43.7267		山东高速自筹	2010.6 ~ 2012.11	
合计					80.60																	

西部之间的重要通道,对于加快半岛蓝色经济区建设和促进区域经济发展等有重要意义。

本项目由山东高速集团有限公司投资、建设、运营和管理,全线双向四车道,设计速度100km/h,路基宽度26.0m,于2012年11月建成通车。

(一)项目概况

1. 基本情况

1)技术标准

项目地处低山丘陵区,全线采用双向四车道高速公路标准,设计速度100km/h,路基宽度26.0m,桥涵设计汽车荷载等级为公路—Ⅰ级。

2)建设规模

本项目全长80.6km。其中特大桥1199.56m/2座,大桥6229.05m/29座,中桥1955.27m/28座,小桥1459.82m/71座,中隧道800m/1座;互通式立交7处(其中服务型6处,枢纽型1处),分离式立交15座,天桥41座;主线收费站1处,匝道收费站6处;服务区1处,停车区2处;管理中心1处。

3)主要控制点

轸格庄枢纽(G18)、徐村互通(XF043)、解甲河隧道、王格庄互通(S304)、育黎互通(G309)、诸往互通(XF06)、盘石店互通(XF06)、留格庄西枢纽(G1813)。

4)投资规模与资金筹措

本项目概算总投资43.7267亿元,由山东高速集团有限公司自筹资金解决。

5)开工及通车时间

2010年6月开工建设,2012年11月建成通车。

2. 前期决策情况

2008年12月,省交通厅上报省政府《关于烟台至海阳高速公路投资人的请示》(鲁交规划〔2008〕211号)。

2009年4月,省政府印发《山东省人民政府关于烟台至海阳高速公路投资人的批复》(鲁政字〔2009〕64号),同意山东高速集团有限公司作为本项目投资人,并依法设立项目法人,具体负责项目的设计、建设、经营和管理。

2009年8月,省环境保护厅印发《关于烟台—海阳公路项目环境影响报告书的批复》(鲁环审〔2009〕66号)。

2009年9月,省国土资源厅印发《关于烟台至海阳高速公路工程项目建设用地预审意见的函》(鲁国土资字〔2009〕877号)。

2009年10月,省国土资源厅印发《山东省烟台—海阳高速公路建设项目地质灾害危险性评估成果备案证明》(鲁国土资灾评备字〔2009〕99号)。

第二篇/第二章
地方高速公路

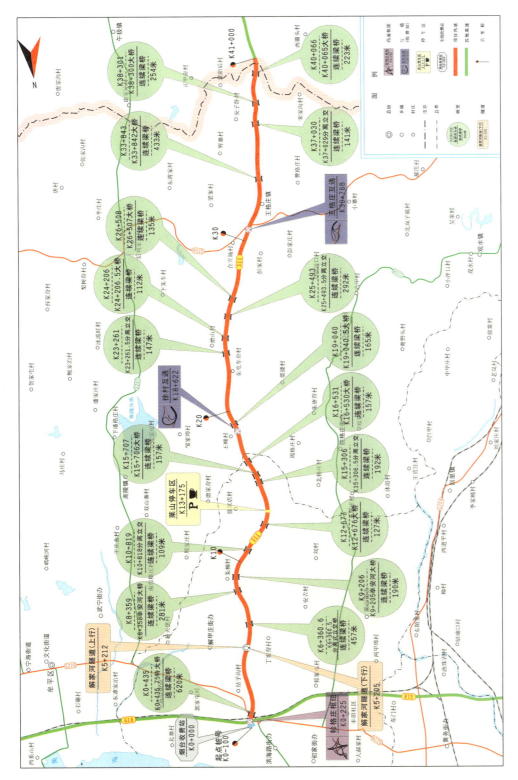

S11（烟台—海阳）高速公路路线总体平面图（一）

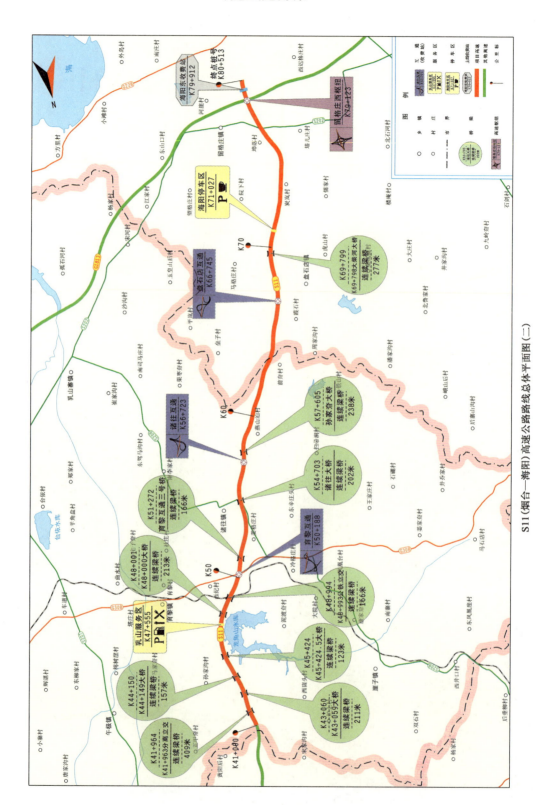

2009年12月，省国土资源厅印发《关于山东省烟台—海阳高速公路工程建设用地压覆矿产资源情况的函》（鲁国土资字〔2009〕1180号）。

2009年12月，省发改委印发《山东省发展和改革委员会关于烟台至海阳公路项目申请报告的核准意见》（鲁发改能交〔2009〕1634号）。

3. 参建单位主要情况

1）建设单位

本项目建设单位为山东高速集团有限公司，项目执行机构是山东高速建设集团有限公司烟海路项目办公室。

2）设计单位

山东省交通规划设计院。

3）施工单位

主体工程施工由中铁十四局集团第五工程有限公司等10家单位承担，房建工程由山东诚祥建安集团有限公司等4家承建，收费雨棚工程由潍坊市工程建设监理有限责任公司等2家单位承建，机电工程由紫光捷通科技股份有限公司承建，交通安全设施工程由山东省高速路桥养护有限公司等12家单位承建，绿化工程由山东万路达园林科技有限公司承建。

4）监理单位

本项目施工监理由山东高速工程咨询有限公司等8家单位承担。

（二）建设情况

1. 项目准备阶段

1）项目审批

2010年1月，省交通运输厅、省发改委联合印发《关于烟台至海阳高速公路初步设计的批复》（鲁交规划〔2010〕1号）。

2010年2月，省水利厅印发《关于烟台至海阳高速公路工程水土保持方案的批复》（鲁水保字〔2010〕5号）。

2010年2月，国土资源厅印发《关于烟台至海阳公路控制工期的单体工程先行用地的函》（国土资厅函〔2010〕151号）。

2011年1月，省交通运输厅、省发改委联合印发《关于烟台至海阳高速公路轸格庄立交设计变更及项目概算调整的批复》（鲁交建管〔2011〕2号）。

2011年2月，国家林业局印发《使用林地审核同意书》（林资许准〔2011〕028号）。

2011年6月，省交通运输厅印发《关于烟台至海阳高速公路施工图设计文件的批复》（鲁交建管〔2011〕61号）。

2011年9月,国土资源部印发《关于烟台至海阳公路烟台段工程建设用地的函》(国土资函〔2011〕639号)。

2)合同段划分

设计标段:主体工程、房建工程、绿化工程、机电工程设计共1个标段。

施工标段:主体工程13个标段,机电工程1个标段,房建工程4个标段,收费雨棚2个标段,绿化工程1个标段,交通安全设施工程12个标段。

监理标段:设1个总监办公室,5个主体工程和安全设施驻地监理标段,2个房建工程、收费雨棚、绿化工程监理标段,1个机电工程监理标段。

3)招投标

2010年5~6月,完成主体工程的施工和监理招标工作。

2011年5月,完成房建工程施工和监理的招标工作。

2011年11月,完成安全设施、机电、收费雨棚等工程的施工和监理工作。

2012年2月,完成绿化工程施工的招标工作。

2. 项目实施阶段

主体工程于2010年6月开工,2012年9月完工。

房建工程于2011年6月开工,2012年11月完工。

收费雨棚工程于2012年5月开工,2012年10月完工。

机电工程于2012年3月开工,2012年12月完工。

交通安全设施工程于2012年3月开工,2012年9月完工。

绿化工程于2012年10月开工,2013年5月完工。

2012年9月28日,山东高速集团有限公司组织对烟台至海阳高速公路进行了交工验收。

(三)技术复杂工程

作为本项目唯一的隧道工程,解家河隧道左线起止桩号K4+805~K5+605,长800m,右线起止桩号K4+800~K5+625,长825m,隧道两幅间净距约24m,属中隧道。隧道位于烟台市莱山区解家庄镇解家河村北约500m处,受选线条件制约,洞身存在多处浅埋偏压段,且地质条件较为复杂,施工难度相对较大,成为制约烟台至海阳高速公路顺利贯通的关键性节点工程。

为保证施工安全,实现工程预期的安全、质量和工期目标,根据动态设计,信息化施工理念,施工过程中根据地质情况,采取了以下工程措施:

1. 大管棚进洞

隧道烟台端设计为双层小导管预支护进洞,受楔形滑落体影响,在施工完3榀工字钢以后,隧道拱部出现垮塌。为保证施工安全,经各参建单位研究讨论,进洞改为ϕ108mm

大管棚支护,保证了后续施工安全。

2. 洞身浅埋偏压段地表注浆

隧道洞身多处浅埋偏压,其中尤以 K5+130～K5+240 更为突出,偏压侧埋深小于 8m,围岩为中风化云母片岩,节理裂隙较发育,岩芯呈长、短柱状,围岩级别为 V 级。为保证施工安全,对洞身开挖范围及洞身两侧 3m 范围内,采用地表劈裂式注浆加固处理。注浆管采用 φ83×5mm 钢管,间距 1.5m×1.5m,梅花形布置,浆液为水泥单液浆。

2011 年 12 月,解家河隧道实现右幅贯通

(四)运营养护管理

服务设施:全线设乳山和海阳停车区 2 处,莱山停车区 1 处。

收费设施:本项目共设收费站 7 处,其中在项目终点设海阳东主线收费站 1 处,在烟台、烟台南、牟平南、乳山北、诸往、海阳北设置匝道收费站 6 处。截至 2016 年底,收费车道数量共计 46 条,其中 ETC 车道 15 条。

养护管理设施:本项目在乳山北收费站合址建设乳山养护工区 1 处。

监控设施:本项目设置烟台监控分中心,与烟台收费站合建,负责烟台至海阳高速公路的运营监管。

第三节　S12(滨州—德州)高速公路

S12(滨州—德州)高速公路是山东省高速公路网中长期规划"9517"网中"横一"和"一环"的重要路段,起自滨州市沾化县与 G25 长深高速公路和 G18 荣乌高速公路交叉的邓王枢纽,经滨州市无棣县、阳信县、德州市庆云县、乐陵市、宁津县、陵城区,止于德州市德城区(鲁冀界)与德衡高速公路相接处,全长 145.188km,于 2012 年 6 月全线贯通,见表 2-2-3。

山　东
高速公路建设实录

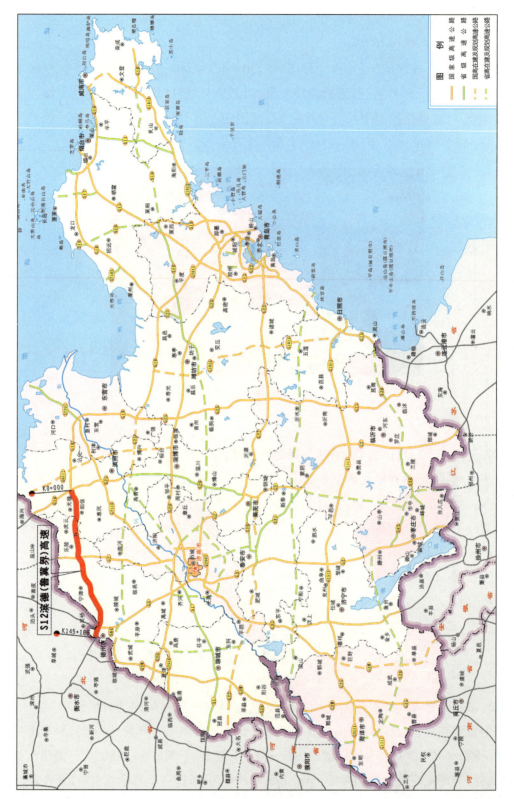

S12（滨州—德州）高速公路位置示意图

S12（滨州—德州）高速公路项目信息采集表

表 2-2-3

序号	国高/地高	工程分段	路段起止桩号		规模（km）				建设性质（新建/改扩建）	设计速度（km/h）	路基宽度（m）	永久占地（亩）	投资情况（亿元）			资金来源	建设时间（开工~通车）	4A级以上主要景区名称	备注
			起点桩号	止点桩号	小计	八车道及以上	六车道	四车道					估算	概算	决算				
1	地高	滨州至德州北枢纽	K0+000	K131+720	131.720			√	新建	120	28								
										100	26	12685.42	46	68.21	68.16	省交通厅自筹、银行贷款	2008.12~2012.6		
2	地高	德州北枢纽至德州（鲁冀界）	K131+720	K145+188	13.468			√	新建	√	√								
	合计				145.188							12685.42	46	68.21	68.16				

本项目的建设,形成了连接环渤海湾经济区尤其是胶东半岛北部沿海港口及其经济腹地的高速出海通道,对于促进黄河三角洲高效生态经济区、山东半岛蓝色经济区、省会城市群经济圈与西部经济隆起带的融合发展,以及沿线地区经济社会发展等具有重要意义。

(一)项目概况

1. 基本情况

1)技术标准

本项目采用双向四车道高速公路标准建设。其中路线起点至德州北枢纽(G3 京台高速公路)段,设计速度 120km/h,路基宽度 28m;德州北枢纽至终点(鲁冀界)段,设计速度 100km/h,整体式路基宽 26m,分离式路基宽 13m;桥涵设计汽车荷载等级采用公路—I级。

2)建设规模

项目全长 145.188km。特大桥 15543.12m/2 座,大桥 4673.7m/18 座,中桥 4065.58m/61 座;互通式立交 9 处(其中服务型 8 处,枢纽型 1 处),分离式立交 22 座,天桥 4 座;主线收费站 1 处,服务区 2 处,养护工区 2 处;监控分中心 1 处。

3)主要控制点

起点的邓王枢纽、无棣东互通(G205)、庆云互通(G233)、乐陵互通(S240)、乐陵京沪枢纽、德州北枢纽(G3)、津浦铁路、于庄互通(G105)、德衡高速公路(鲁冀界)。

4)投资规模与资金筹措

项目概算投资 68.21 亿元,竣工决算投资 68.16 亿元,平均每公里造价 4731.3 万元。交通运输部补助 4.84 亿元,省交通厅自筹 21.8164 亿元,其余通过商业银行贷款。

5)开工及通车时间

2008 年 12 月开工建设,2012 年 6 月正式通车。

2. 前期决策情况

2007 年,国家发改委印发《国家发展改革委关于山东省滨州至德州(鲁冀界)公路项目建议书的批复》(发改交运〔2007〕2106 号)。

2007 年,国家发改委印发《国家发展改革委关于审批山东省滨州至德州(鲁冀界)公路可行性研究报告的请示的通知》(发改交运〔2007〕2432 号)。

3. 参建单位主要情况

1)建设单位

山东省交通厅公路局。

2)设计单位

山东省交通规划设计院。

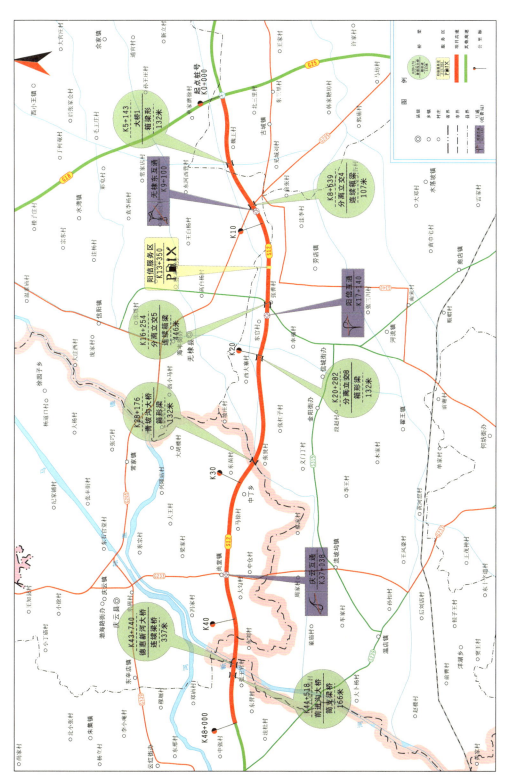

S12（滨州—德州）高速公路路线总体平面图（一）

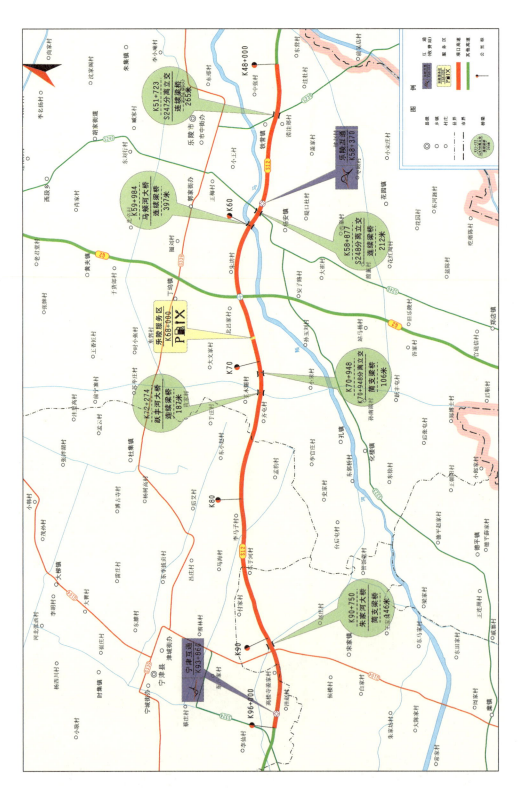

S12（滨州—德州）高速公路路线总体平面图（二）

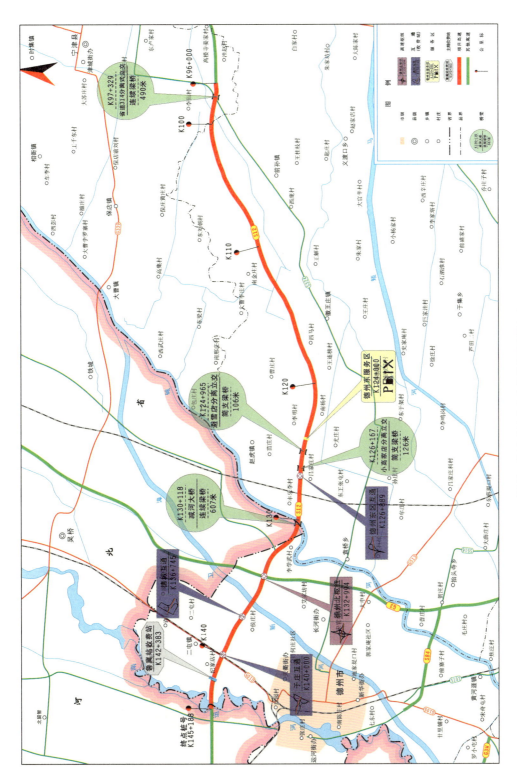

3）施工单位

主线工程由山东省公路建设集团有限公司等14家单位承建,房建工程由山东滨州城建集团等7家单位承建,机电工程由河北远东通信系统工程有限公司等2家单位承建,交通安全设施工程由陕西高速诚信交通工程有限公司等33家单位承建,绿化工程由山东省济青高速公路绿化工程有限公司等10家单位承建。

4）监理单位

本项目总监单位为山东恒建工程监理咨询有限公司,负责全线施工监理工作;山东省德州市交通工程监理公司等7家单位为驻地监理,负责监理区段内路基路面工程、桥梁涵洞、交通安全设施、绿化工程的施工监理;山东省建筑工程监理公司等3家单位为房建工程驻地监理,负责全线的房建工程施工监理;重庆中宇工程咨询监理有限责任公司担任负责全线的机电工程施工监理。

（二）建设情况

1. 项目准备阶段

1）项目审批

2007年,交通部印发《关于滨州至德州（鲁冀界）公路初步设计的批复》（交公路发〔2007〕746号）。

2009年,省交通厅印发《关于滨州至德州（鲁冀界）高速公路施工图设计文件的批复》（鲁交规划〔2009〕74号）。

2009年,国土资源部印发《国土资源部关于滨州至德州（鲁冀界）高速公路工程建设用地的批复》（国土资函〔2009〕789号）。

2011年,省水利厅印发《关于滨州至德州（鲁冀界）高速公路水土保持方案的批复》（鲁水保字〔2011〕109号）。

2012年,交通运输部印发《关于滨州至德州（鲁冀界）公路调整概算的批复》（交公路发〔2012〕211号）。

2）合同段划分

设计标段:1个标段。

施工标段:路基路面桥涵工程15个标段,房建工程7个标段,机电工程2个标段,交通安全工程35个标段,绿化工程10个标段。

监理标段:设置1个总监办公室,7个主体工程驻地监理标段,3个房建工程监理标段,1个机电工程监理标段。

3）招投标

2008年9月,省交通厅公路局组织施工招标,共有69家施工单位中标。

2. 项目实施阶段

主体工程于 2009 年 4 月开工,2012 年 6 月完工。

房建工程于 2010 年 8 月开工,2012 年 6 月完工。

机电工程、交通安全设施工程和绿化工程于 2011 年 9 月开工,2012 年 6 月完工。

2012 年 5 月,本项目建成通车。

2016 年 1 月,本项目通过竣工验收。

(三)技术复杂工程

本项目技术复杂工程主要为上跨京沪铁路立交桥转体施工。

德州北高架桥主线桥在南线 K139+430.4、北线 K139+418.5 处与京沪铁路相交叉。南、北线跨京沪铁路主桥采用 50m+50m 的 T 形刚构,主梁采用转体法施工。为不侵占两幅桥之间现有高架桥桥面行车道空间,两幅桥转体长度均采用 38m+38m,分步转体。北线桥顺时针转体 82°到位;南线桥顺时针转体 78°到位。南、北线桥的转体质量约为 4500t。

(四)运营养护管理

服务设施:本项目全线设置阳信、乐陵、德州东服务区 3 处。

收费设施:本项目共设置收费站 9 处,其中在冀鲁界设置分址合建主线收费站 1 处,

滨德高速公路上跨京沪铁路立交桥转体施工

在互通设置匝道收费站8处。截至2016年底,共有收费车道78条,其中ETC车道20条。

养护管理设施:本项目设乐陵和德州东养护工区2处。

监控设施:本项目设德州监控中心,与德州管理处合建,负责本项目德州段的运营监管。

运营管理模式的变化:本路段建成通车后由省厅公路局负责运营管理,根据省政府鲁政办字〔2015〕148号文,自2016年1月1日起,本项目由齐鲁交通发展集团运营管理。

第四节 S16(荣成—潍坊)高速公路

S16(荣成—潍坊)高速公路是山东省高速公路网中长期规划"9517"网中的"连三",起自威海荣成市崂山镇宁家村西北部与S908交叉处,经威海市文登区、乳山市、烟台海阳市、莱阳市、青岛莱西市、平度市、潍坊昌邑市、寒亭区,止于潍坊市坊子区坊城,与G206相接,全长约314.733km。

本项目的建设,连接G20青银高速公路、G15沈海高速公路、G1813威青高速公路、G2011青新高速公路和S11烟海高速公路,完善了区域高速公路网络,形成山东半岛最东端威海市及烟台、青岛部分县市区西向潍坊、济南及以远地区的便捷高速通道,对于加快省会城市群经济圈、山东半岛蓝色经济区一体化发展具有重要意义。

本项目由3段组成,分别是:荣成至文登段、文登至莱阳段和莱阳至潍坊段,见表2-2-4。其中,荣成至文登段与G18荣乌高速公路共线,其内容详见"第六节G18(荣成—乌海)高速公路山东段(荣成—滨州)荣成至文登段"相关内容;文登至莱阳段正在建设中。

本节详述S16(荣成—潍坊)莱阳至潍坊段内容。

(一)项目概况

1.基本情况

1)技术标准

项目地处平原微丘,全线采用双向四车道高速公路标准,设计速度120km/h,路基宽度28.0m。桥涵设计汽车荷载等级采用汽车—超20级,挂车—120。

2)建设规模

本项目全长140.637km,其中特大桥736.08m/1座,大桥4844.94m/22座,中桥3263.64m/55座;互通式立交11处(其中服务型9处,枢纽型2处)。分离式立交18座,天桥39座;主线收费站2处,匝道收费站9处;服务区3处;管理中心3处。

S16（荣成—潍坊）高速公路位置示意图

S16（荣成—潍坊）高速公路项目信息采集表

表 2-2-4

国高/地高	序号	工程分段	路段起止桩号		规模（km）				建设性质（新建/改扩建）	设计速度（km/h）		路基宽度（m）		永久占地（亩）	投资情况（亿元）			资金来源	建设时间（开工~通车）	备注
			起点桩号	止点桩号	小计	八车道及以上	六车道	四车道		120	100	28	26		估算	概算	决算			4A级以上主要景区名称
国高	1	荣成至文登段	K0+000	K040+396	40.396			√	新建		…		…	5873		21.97		交通部补助、省交通厅自筹、银行贷款	2013.6 ~ 2015.12	与G18荣乌高速公路共线
	2	文登至莱阳段			133.7			√	新建		√		√							在建
地高	3	莱阳至潍坊段	K169+943	K310+580	140.637			√	新建	√		√		15299.89		25.94	25.75	交通部补助、省交通厅自筹、银行贷款	1997.3 — 1999.7	
合计					314.733															

3）主要控制点

烟台莱阳市冯格庄镇、云山互通（S307）、平度互通（S219）、明村（S603）、胶莱河、石埠互通（S221）、涌泉枢纽（G20）、潍坊市坊子区坊城。

4）投资规模与资金筹措

本项目概算总投资 25.9439 亿元，竣工决算投资为 25.7465 亿元。资本金 5.9848 亿元，由交通部补助及省交通厅筹集，其余 19.9591 亿元申请银行贷款。

5）开工及通车时间

本项目于 1997 年 3 月开工建设，1999 年 7 月建成通车。

2. 前期决策情况

1994 年，省交通厅以《关于报送国道 309 潍坊—莱阳公路项目建议书的报告》（鲁交工〔1995〕1 号）上报交通部。

1995 年，交通部以《关于潍坊至莱阳公路项目建议书的批复》（交计发〔1995〕410 号）批准潍莱高速公路项目立项。

1995 年，省交通厅将《关于报送国道 309〈潍坊至莱阳公路工程可行性研究报告〉的报告》（鲁交计〔1995〕139 号）上报交通部，交通部以《关于潍坊至莱阳公路可行性研究报告的批复》（交计发〔1995〕955 号）批准了潍莱高速公路工程可行性研究报告。

3. 参建单位主要情况

1）建设单位

山东省潍莱高速公路工程建设指挥部办公室。

2）设计单位

山东省交通规划设计院。

3）施工单位

主体工程由山东省交通工程总公司等 10 家单位承建，房建工程由潍坊市第四建筑公司等单位承建，交通安全设施工程由淄博玉泰公路设施有限公司等单位承建，绿化工程由山东省光合科技有限公司等 9 家单位承建。

4）监理单位

本项目监理工作由山东省交通工程监理咨询公司等单位承担。

（二）建设情况

1. 项目准备阶段

1）项目审批

1995 年，省交通厅以《关于报送潍坊至莱阳公路初步设计文件的报告》（鲁交公〔1995〕33 号）向交通部上报潍莱高速公路初步设计。

▶ 642

1996年，交通部印发《关于潍坊至莱阳高速公路初步设计的批复》（交公路发〔1996〕31号），批准了潍莱高速公路初步设计。

1996年11月，省交通厅向交通部报送开工申请，12月交通部批准同意开工建设。

2）合同段划分

设计：1个标段。

施工：主体工程9个标段，隔离栅网工程9个标段，标线工程8个标段，边坡植草工程10个标段，标志牌工程5个标段，房建工程19个标段。

监理：主线工程1个标段，房建工程3个标段。

3）招投标

1996年12月，完成主体工程、交通安全设施工程和绿化工程的施工与监理招标工作。

1998年9月，完成房建工程的施工和监理招标工作。

监控、通信、收费等工程由省交通厅统一组织实施。

2. 项目实施阶段

主体工程于1997年3月开工，1999年6月完工。

护栏工程于1998年12月开工，1999年6月完工。

隔离栅网工程于1998年11月开工，1999年6月完工。

标线工程于1999年4月开工，1999年6月完工。

绿化工程于1998年9月开工，1999年6月完工。

标志牌工程于1998年9月开工，1999年6月完工。

收费站房建工程于1998年10月开工，1999年5月完工。

管理处及服务区房建工程于1999年11月开工，2000年6月完工。

1999年6月，省厅质监站对项目主体工程质量进行了检验、检测，质量评分值为97.15分，评定质量等级为优良。

1999年7月，省交通厅组织对潍坊至莱阳段高速公路进行了交工验收。

2001年2月，本项目与济南至德州高速公路德州至齐河段、济南黄河二桥一同顺利通过了交通部组织的竣工验收，工程质量等级被评为优良。

（三）运营养护管理

服务设施：本项目全线设坊子、平度和莱西服务区3处。

收费设施：本项目设收费站11处，其中在周格庄和坊子各设置单向主线收费站1处，在莱西、武备、云山、平度东、平度、田庄、明村、石埠和朱里设匝道收费站9处。截至2016年底共设置收费车道67条，其中ETC车道24条。

养护管理设施：本项目设坊子、平度和莱西养护工区3处，分别与原管理处合建。

2009年、2010年分别实施了路面大修工程。

监控设施：本项目设鲁东信息中心，负责全线的运营监管。

运营管理模式的变化：1999年7月由山东高速集团鲁东分公司管理。2007年划归山东高速潍莱公路有限公司运营管理，养护工区划归山东高速路桥养护有限公司。

2008年，山东高速股份有限公司收购潍莱公司41%的股权，同时，省交通厅、财政厅、物价局联合下发文件，同意本项目收费期限延长至2024年7月31日，收费年限为25年。2011年，山东高速股份有限公司再次收购潍莱公司51%的股权。

2014年，撤销山东高速潍莱公路有限公司，成立山东高速股份有限公司潍坊分公司，负责项目全线运营管理。

第五节　S19（龙口—青岛）高速公路

S19（龙口—青岛）高速公路是山东省高速公路网中长期规划"9517"网中的"连二"，起自烟台龙口市龙口港区，经烟台招远市、莱阳市、青岛莱西市、即墨市，止于青岛市城阳区与G2011青岛至新河高速公路交叉的城阳南立交。

本项目的建设，连接了G18荣乌高速公路、G15沈海高速公路、G1813威青高速公路以及G2011青新高速公路，形成了胶东半岛中部的南北向大通道，对于加快山东半岛蓝色经济区建设和促进区域经济社会发展等具有重要意义。

本项目全长约167.254km，由三段组成，分别是：烟台港龙口港区疏港公路段，长10.916km，2013年8月建成通车；龙口至莱西段，目前在建；莱西至城阳段，长89.608km，2015年9月建成通车，见表2-2-5。

一、S19（龙口—青岛）烟台港龙口港区疏港公路段

（一）项目概况

1. 基本情况

1）技术标准

项目所经区域为低山丘陵和平原，采用双向四车道高速公路标准，设计速度100km/h，路基宽度26.0m。桥涵设计汽车荷载等级采用公路—I级。

2）建设规模

项目全长10.916km，大桥510.1m/3座，中桥106.88m/2座；互通式立交3处（其中服务型2处，枢纽型1处），分离式立交4座，通道9道；主线收费站1处；连接线15.43km（其中四车道一级公路11.98km、六车道一级公路3.45km）。

第二篇/第二章
地方高速公路

S19(龙口至青岛)高速公路位置示意图

S19（龙口—青岛）高速公路项目信息采集表　　　　　表2-2-5

序号	国高/地高	工程分段	路段起止桩号		规模(km)				建设性质(新建/改扩建)	设计速度(km/h)	路基宽度(m)	永久占地(亩)	投资情况(亿元)			资金来源	建设时间(开工~通车)	4A级以上主要景区名称	备注
			起点桩号	止点桩号	小计	八车道及以上	六车道	四车道					估算	概算	决算				
1		烟台港龙口港区疏港公路	K15+425	K26+341	10.916			√	新建	120	34.5	1768	10.2	10.7	8.5	省交通运输厅和龙口市政府筹措	2010.10~2013.8		
2	地高	龙口至莱西段							在建										在建
3	地高	莱西至青岛段	K78+019	K167+627	89.608		45.775	43.833	新建	100	26	11430.4	67.697	71.0381		青岛青龙高速公路建设有限公司自筹、银行贷款	2012.5~2015.9		
合计					100.524		45.775	54.749			27								

3）主要控制点

中村互通（G206）、北马互通（S104）、龙港南枢纽（G18）。

4）投资规模与资金筹措

烟台港龙口港区疏港公路概算投资10.7亿元，其中山东省交通运输厅筹资9.5亿元（高速路8亿元，一级路投资1.5亿元），其余部分由龙口市政府负责。

5）开工及通车时间

2010年10月开工建设，2013年8月建成通车。

2. 前期决策情况

2008年8月，省发改委印发《山东省发展改革委关于烟台港龙口港区疏港公路可行性研究报告的批复》（鲁发改能交〔2008〕874号）。

3. 参建单位主要情况

1）建设单位

本项目法人为山东省交通厅公路局，项目执行机构是烟台市公路管理局。

2）设计单位

山东省交通规划设计院。

3）咨询单位

安徽省交通规划设计研究总院股份有限公司。

4）施工单位

本项目施工单位主体工程为中铁十四局集团有限公司，房建工程为中交第四公路工程局有限公司，绿化工程为山东百卉园林科技有限公司，交通安全设施工程为山东泰华路桥工程有限公司和烟台鲁东设备安装有限公司，机电工程为山东博安智能科技有限公司。

5）监理单位

本项目主体工程监理单位为山东恒建工程监理咨询有限公司，机电工程施工监理为山东省交通工程监理咨询公司。

（二）建设情况

1. 项目准备阶段

1）项目审批

2008年12月，省交通厅、省发改委印发《关于烟台港龙口港区疏港公路初步设计的批复》（鲁交规划〔2008〕222号）。

2010年1月，省交通运输厅、省发改委印发《关于烟台港龙口港区疏港公路压覆煤矿路段设计变更的批复》（鲁交规划〔2010〕10号）。

S19(龙口—青岛)烟台港龙口港区疏港公路段路线总体平面图

2010年2月,国土资源部下发《国土资源部关于烟台港龙口港区疏港公路工程建设用地的批复》(国土资函〔2010〕74号)。

2010年8月,省交通运输厅印发《关于烟台港龙口港区疏港公路施工图设计文件的批复》(鲁交建管〔2010〕1号)。

2)合同段划分

设计标段:主体工程1个标段,房建工程1个标段,绿化工程1个标段,机电工程1个标段。

施工标段:主体工程1个标段,机电工程1个标段,房建工程1个标段,绿化工程1个标段,交通安全设施2个标段。

监理标段:主体工程驻地监理1个标段,机电工程监理1个标段。

3)招投标

省交通运输厅公路局通过公开招标,选择省交通规划设计院负责本项目的勘察设计;分三次组织了路桥工程施工及驻地监理招标,房建、绿化工程招标,交通安全设施、机电工程及机电监理招标,确定施工中标单位6家、监理中标单位2家。

2. 项目实施阶段

土建工程于2010年4月开工,2013年5月完工。

房建工程于2012年3月开工,2013年11月完工。

机电工程于2013年4月开工,2013年9月完工。

2013年8月,省交通运输厅公路局对本工程进行交工验收。

2015年7月,省交通运输厅对本工程进行竣工验收,质量得分为95.84分,质量等级为优良。

(三)运营养护管理

收费设施:本项目设主线收费站1处,收费车道共12条,其中ETC车道2条。

运营管理模式的变化:本路段建成后由省厅公路局负责运营管理;2015年8月,根据省政府鲁政办字〔2015〕148号文,本路段由齐鲁交通发展集团运营管理。

二、S19(龙口—青岛)莱西至青岛段

(一)项目概况

1. 基本情况

1)技术标准

项目所经区域地形地貌为平原微丘。沈海高速公路至姜山互通段43.487km,采用双向四车道高速公路标准,路基宽度28m;姜山互通至城阳南枢纽段46.121km,为双向六车道高速公路标准,路基宽34.5m;全线设计速度采用120km/h;桥涵设计汽车荷载等级采用公路—Ⅰ级。

2) 建设规模

项目全长 89.608km,特大桥 7056m/1 座、大桥 810m/5 座、中桥 1017.46m/15 座;互通式立交 11 处(其中服务型 8 处,枢纽型 3 处),分离式立交 23 座,天桥 19 座;匝道收费站 8 处;服务区 1 处,停车区 2 处;管理中心 1 处。

3) 主要控制点

沈海枢纽(G15)、莱阳西互通(G308)、蓝烟铁路及青荣城际铁路、姜山互通(S202)、华山南枢纽(G1813)、龙泉互通(S211)、城阳南枢纽(G2011)。

4) 投资规模与资金筹措

本项目概算总投资 71.0381 亿元,项目资本金 17.7595 亿元,由青岛青龙高速公路建设有限公司自筹,其余 53.2785 亿元申请银行贷款。

5) 开工及通车时间

2012 年 5 月开工建设,2015 年 9 月建成通车。

2. 前期决策情况

2009 年 11 月,省政府办公厅印发《关于青岛交通开发投资中心作为龙口至青岛高速公路青岛段项目投资人的批复》(鲁政字〔2009〕293 号)。

2010 年 3 月,省文物局印发《关于龙口—青岛公路莱西至城阳段工程路由选址的意见》(鲁文物〔2010〕60 号)。

2010 年 4 月,省交通运输厅印发《关于龙口至青岛公路莱西(沈海高速)至城阳段工程可行性研究报告审查意见的函》(鲁交规划〔2010〕63 号)。

2010 年 5 月,省国土厅印发《关于龙口至青岛公路莱西至城阳段工程项目建设用地预审意见的函》(鲁国土资字〔2010〕422 号)。

2010 年 5 月,省环保厅印发《关于龙口至青岛公路莱西(沈海高速)至城阳段环境影响报告书的批复》(鲁环审〔2010〕118 号)。

2010 年 6 月,省国土资源厅印发《关于山东省龙口—青岛高速公路莱西(沈海高速)至城阳段建设用地压覆矿资源情况的函》(鲁国土资字〔2010〕592 号)。

2010 年 6 月,省发改委下发《关于龙口至青岛公路莱西(沈海高速)至城阳段项目的核准意见》(鲁发改能交〔2010〕757 号)。

2010 年 11 月,省政府办公厅印发《关于龙青高速公路莱西(沈海高速)至城阳段项目特许权协议的批复》(鲁政字〔2010〕294 号)。

3. 参建单位主要情况

1) 建设单位

建设单位是青岛青龙高速公路建设有限公司,项目执行机构是青龙高速公路建设指挥部。

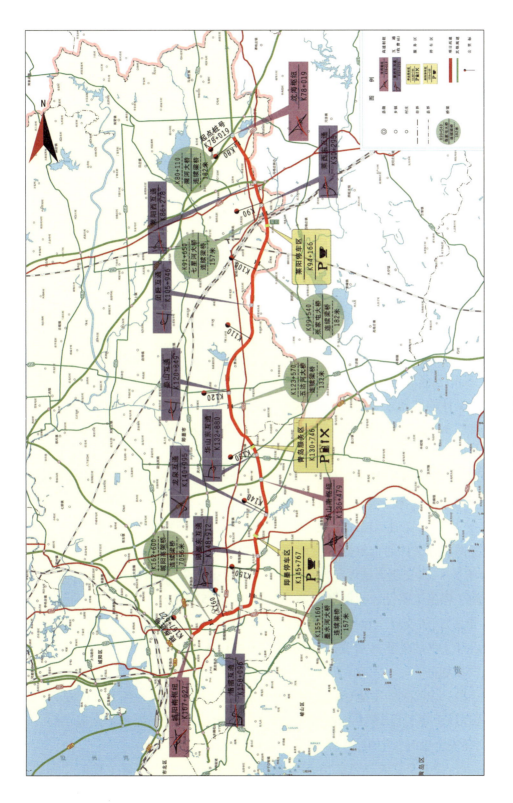

2）设计单位

山东省交通规划设计院。

3）咨询单位

河北省交通规划设计院。

4）施工单位

中铁四局集团有限公司等15家单位承担本项目土建工程施工，山东省路桥集团有限公司等6家单位承担本项目的房建工程施工，青岛海信网络科技股份有限公司承担本项目机电工程施工，青岛路桥建设集团有限公司承担本项目交通安全设施及中央分隔带绿化施工，青岛路惠通实业有限公司等2家单位承担本项目绿化工程施工。

5）监理单位

青岛交通工程监理咨询有限公司等10家单位承担本项目的施工监理工作。

（二）建设情况

1．项目准备阶段

1）项目审批

2010年9月，省交通运输厅、省发改委印发《关于龙口至青岛公路莱西（沈海高速）至城阳段初步设计的批复》（鲁交建管〔2010〕7号）。

2011年7月，省交通运输厅印发《关于龙口至青岛公路莱西（沈海高速）至城阳段两阶段施工图设计文件的批复》（鲁交建管〔2011〕70号）。

2011年12月，国土资源部印发《关于龙口至青岛高速公路莱西（沈海高速）至城阳段工程建设用地的函》（国土资函〔2011〕1006号）。

2014年7月，省交通运输厅印发《关于龙口至青岛公路莱西（沈海高速）至城阳段房建工程施工图设计文件的批复》（鲁交建管〔2014〕42号）。

2014年8月，省交通运输厅印发《关于龙口至青岛莱西（沈海高速）至城阳段机电、交通安全设施工程施工图设计的批复》（鲁交建管〔2014〕57号）。

2016年8月，省交通运输厅印发《关于龙口至青岛莱西（沈海高速）至城阳段绿化工程施工图设计文件的批复》（鲁交建管〔2016〕74号）。

2）合同段划分

设计标段：土建主体、房建、绿化、交通安全设施、机电工程设计各1个标段。

施工标段：土建工程15个标段、机电工程1个标段、房建工程8个标段、绿化工程3个标段、交通安全设施及中央分隔带绿化1个标段。

监理标段：设1个总监办公室、6个土建工程监理标段、4个房建工程监理标段、1个机电工程监理标段、1个交安及中分带绿化工程监理标段。

3）招投标

2010年7月,完成勘察设计招标,确定省交通规划设计院为中标人。

2011年3月,完成土建工程施工和监理招标,确定15家土建工程中标人,7家土建工程施工监理中标人。

2014年8月,完成房建工程施工和监理招标,确定8家房建工程施工中标人,4家房建施工监理中标人。

2016年10月,完成绿化工程施工和监理招标,确定2家绿化工程施工单位,1家绿化工程施工监理单位。

2014年11月,完成交通安全设施及中央分隔带绿化工程施工和监理招标,确定了施工中标人和施工监理中标人。

2014年12月,完成机电工程施工和监理招标,确定机电工程施工中标人和施工监理中标人。

2. 项目实施阶段

土建工程于2012年5月开工,2015年8月完工。

房建一期工程于2014年9月开工,2016年1月完工。

房建二期工程于2015年3月开工,2016年7月完工。

机电工程于2015年3月开工,2016年1月完工。

交通安全设施及中分带绿化工程于2014年12月开工,2015年8月完工。

绿化工程于2016年10月开工,2017年5月完工。

2015年8月,龙青高速公路建设指挥部办公室、青岛青龙高速公路建设有限公司组织专家对龙口至青岛公路莱西(沈海高速公路)至城阳段土建、交安及中分带绿化工程进行了交工验收。

2016年1月,青龙高速公路建设指挥部办公室、青岛青龙高速公路建设有限公司组织专家对龙口至青岛公路莱西(沈海高速公路)至城阳段房建一期、机电工程进行了交工验收。

2016年7月,青龙高速公路建设指挥部办公室、青岛青龙高速公路建设有限公司组织专家对龙口至青岛公路莱西(沈海高速公路)至城阳段房建二期工程进行了交工验收。

(三)技术复杂工程

本项目复杂技术工程为城阳高架桥。

城阳高架桥位于青岛市城阳区,起点桩号为K158+742.5(惜福互通式立交终点),终点桩号为K165+798.5(城阳南互通式立交起点)。主要技术特征及难点为:

高架桥跨越青岛市机动车驾驶员考试中心路段,为避开训练道路、既有硕阳路,采用上部横梁外伸的组合式门形墩方案,外伸横梁将左右幅桥连为一体。

为满足长桥应急救援、上下行交通调流、调头等,中央分隔带开口要求,左右幅桥桥面在第17联箱梁处箱梁翼板直连,左右幅桥宽幅共连,共同受力。

为提高高架桥整体刚度,各连续联采用连续墩和固结墩布置的方式。

(四)运营养护管理

服务设施:全线设置青岛服务区1处,莱阳、即墨停车区2处。

收费设施:本项目共设置莱西东、团旺、姜山、华山东、龙泉、即墨东、惜福、城阳收费站8处。截至2016年底,收费车道数量共计43条,其中ETC车道16条。

养护管理设施:本项目设养护工区1处。

监控设施:本项目设置监控通信分中心1处,负责全线运营监管。

第六节　S21(新河—潍坊)高速公路

S21(新河—潍坊)高速公路是山东省高速公路网中长期规划"9517"网中"横一"的重要组成部分,本项目的建设,形成了环渤海高速公路与荣成至潍坊高速公路之间的快速连接通道,是胶东半岛北部与山东内陆地区联系的重要纽带,对于促进区域经济发展具有重要意义。

项目起自青岛平度市新河境内的G18荣乌高速公路黄山馆至新河段郭家埠枢纽,止于平度市明村镇S16荣潍高速公路的明村西枢纽,全长22.413km,见表2-2-6。

(一)项目概况

1.基本情况

1)技术标准

项目所经区域地形地貌为冲积平原,采用双向四车道高速公路标准,设计速度120km/h,路基宽度28m;桥涵设计汽车荷载等级为汽车—超20级、挂车—120。

2)建设规模

本项目全长22.413km(由于路网调整,原G206黄山馆至新河段2.2km并入本路),建设里程20.213km;大桥803.54m/3座,中桥1073.07m/16座,互通式立交1处;分离式立交2座;停车区1处。

3)主要控制点

起点(G18)、马戈庄、逯家庄、明村西枢纽(S16)。

4)投资规模与资金筹措

项目概算投资5.1871亿元(不含调整到本项目的原G206黄山馆至新河段高速公路2.2km);省交通厅自筹16220.84万元,其余为银行贷款。

5)开工及通车时间

本项目于2002年3月开工建设,2003年12月建成通车。

S21（新河—潍坊）高速公路位置示意图

表 2-2-6 S21（新河—潍坊）高速公路项目信息采集表

国高/地高	序号	工程分段	路段起止桩号		规模（km）				建设性质（新建/改扩建）	设计速度（km/h）	路基宽度（m）	永久占地（亩）	投资情况（亿元）			资金来源	建设时间（开工~通车）	4A级以上主要景区名称	备注
			起点桩号	止点桩号	小计	八车道及以上	六车道	四车道					估算	概算	决算				
地高	1	S21（新河—潍坊）高速公路联络线工程	K0+000	K22+413	22.413			√	新建	120	28	…		5.18	4.11	省交通厅自筹、银行贷款	2002.3~2003.12.27		
		合计			22.413			√			√								

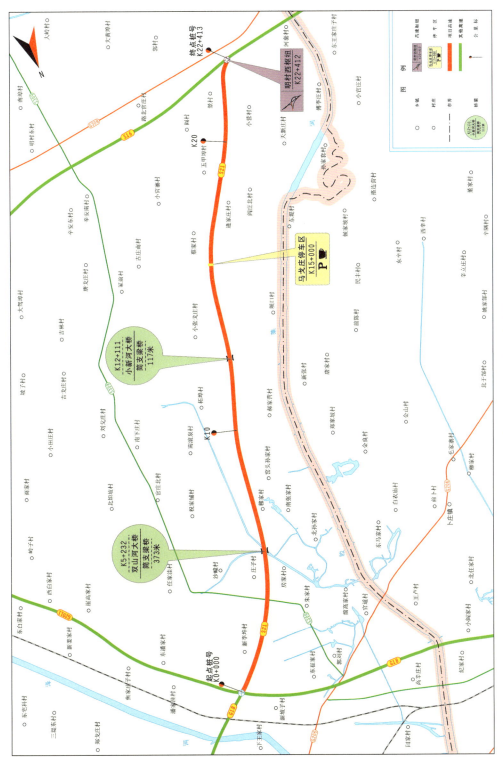

2. 前期决策情况

2001年7月,省计委以鲁计基础〔2001〕774号文件对该工程的可行性研究报告进行了批复。

3. 参建单位主要情况

1)建设单位

本项目建设单位是山东省交通厅公路局,项目执行机构是青岛市公路局(业主代表)。

2)设计单位

山东省交通规划设计院。

3)咨询单位

中交第一公路勘察设计研究院有限公司。

4)施工单位

主体工程标由山东省公路工程总公司等2家单位承担,交通安全设施由高密市顺达交通工程有限公司等6家单位承担,绿化工程由青岛太行环境工程有限公司等2家单位承担。

5)监理单位

本项目施工监理工作由泰安市公路工程监理咨询公司承担。

(二)建设情况

本项目规划设计、建设与原G206黄山馆至新河高速公路项目同步进行。

1. 项目准备阶段

1)项目审批

2001年12月,省交通厅、省计委以鲁交规划〔2001〕164号文件对该工程的初步设计进行了批复。

2)合同段划分

根据各专业的工程内容划分标段如下:

主体工程设计、房建工程设计、交通工程设计1个标段,绿化工程设计1个标段。

施工标段:根据工程内容的不同,主体工程3个标段、绿化工程2个标段、交通安全设施6个标段。

监理标段:根据工程内容设1个总监办公室。

3)招投标

本项目施工、监理招标由法人单位组织进行,公开招标。

2. 项目实施阶段

本项目于2002年3月开工建设,2003年12月建成通车。

(三)运营养护管理

服务设施:设马戈庄停车区1处。

养护管理设施:本项目设新河养护工区1处(与G18荣乌高速合用)。

监控设施:本项目由G18荣乌高速公路莱西监控分中心一并管理。

运营管理模式的变化:本路段建成通车后由省交通厅公路局负责运营管理,2015年8月,根据省政府鲁政办字〔2015〕148号文件,由齐鲁交通发展集团有限公司运营管理。

第七节　S26(莱芜—泰安)高速公路

S26(莱芜—泰安)高速公路是山东省高速公路网中长期规划"9517"网中"横三"的重要组成部分,起自莱芜市莱城区地理沟村与G2京沪高速公路交叉的莱芜东枢纽,经莱芜市莱城区、泰安市岱岳区,止于泰山区上高乡,与S31相接,全长59.067km,于2002年8月全线贯通。

本项目的建设,连接了G2京沪高速公路与G3京台高速公路,形成了鲁中地区省会城市群莱芜至泰安的便捷高速通道,对于加快省会城市群经济圈建设和促进区域经济发展具有重要意义。

本项目由两段组成,莱芜段29.093km,泰安段29.974km,见表2-2-7。

一、S26(莱芜—泰安)莱芜段

(一)项目概况

1. 基本情况

1)技术标准

莱芜段地处鲁中地区平原微丘和鲁中山区腹地,泰山、蒙山交接地带,所经地区为冲洪积平原。

采用双向四车道高速公路标准,设计速度80km/h。路基宽度26m,桥涵设计汽车荷载等级公路—Ⅰ级。

本段从建设序列上分为两段,分别是1993年建成的K13+500~K29+093段,该段2005年又进行了改建;2002年建成的K0+000~K13+500段。

2)建设规模

路段全长29.093km。其中特大桥1084.4m/1座,大桥1354.58m/7座,中桥1055.4m/17座;互通式立交4处,天桥225.4m/4座;收费站3处。

S26（莱芜—泰安）高速公路位置示意图

表 2-2-7

S26（莱芜—泰安）高速公路项目信息采集表

序号	国高/地高	工程分段	路段起止桩号 起点桩号	路段起止桩号 止点桩号	规模(km) 小计	规模(km) 八车道及以上	规模(km) 六车道	规模(km) 四车道	建设性质（新建/改扩建）	设计速度(km/h) 120	设计速度(km/h) 100	路基宽度(m) 27	路基宽度(m) 26	路基宽度(m) 25	路基宽度(m) 23	永久占地(亩)	投资情况(亿元) 估算	投资情况(亿元) 概算	投资情况(亿元) 决算	资金来源	建设时间（开工~通车）	备注
1	地高	莱芜段	K0+000	K13+500	13.5			√	新建	√								1.9761	1.9655	省交通厅筹资	1999.4~2002.8	
			K13+500	K29+093	15.593			√	新建		√			√		3789.88				省交通厅筹资	1988.8~1993.9	
			K13+500	K29+093	15.593			√	改建		√			√		195.772		2.7	2.286	省交通厅筹资、银行贷款	2005年改建	改建资金
2	地高	泰安段	K29+093	K53+347	24.254			√	新建		√			√		1601.1				省交通厅筹资	1988.8~1993.9	
			K29+093	K53+347	24.254			√	改建		√		√			145.13			2.7534	省交通厅筹资、银行贷款	2005.5~2005.12	改建资金
			K53+347	K59+067	5.72		√ 0.486	√ 5.234	扩建		√	√				114.46			0.0586	省交通厅筹资	2014.5~2014.10	
合计					59.067																	

3) 主要控制点

莱芜东枢纽(S29)、莱西互通(G341)、杨庄互通(S241)。

4) 投资规模与资金筹措

新建时期：莱芜段和泰安段总投资19655.34万元。建设资金由省交通厅筹措。

改建时期：K13+500~K29+093段改建工程共投资27071.02万元。建设资金为省交通厅筹集和银行贷款。

5) 开工及通车时间

K0+000~K13+500段1999年开工建设，2002年建成通车。

K13+500~K29+093段1988年开工建设，1993年建成通车。2005年5月开始改建，2007年1月改建完成。

2. 前期决策情况

1986年，省公路局以鲁路计字〔1986〕183号文下达"七五"重点公路工程前期工作计划，确定泰安至莱芜一级公路列入建设计划。

1987年1月，泰安市公路勘察设计室编写了《泰安至莱芜公路改建工程可行性研究报告》。

1987年12月，省计委和省公路局主持召开泰安至莱芜一级公路可行性论证会。

1988年，省计委印发《关于泰安至莱芜设计任务书的批复》〔鲁计能(基)〔1988〕168号〕。

1998年10月，省计委以鲁计交能字〔1998〕1127号文对项目建议书批复。

3. 参建单位主要情况

1) 建设单位

本项目法人单位为省厅公路局，泰安市公路局和莱芜市公路局为业主代表。

2) 设计单位

新建时期：泰安市公路勘察设计院。

改建时期：山东省交通规划设计院。

3) 施工单位

新建时期：泰安市政府主导，泰安市公路局组织实施。莱芜市公路局(原莱芜公路站)、泰安市公路局工程一处、工程二处共同完成。

改建时期：山东泰山路桥工程公司等单位承建。

4) 监理单位

新建时期泰安市公路局设置四个监理组：大中桥组，主要负责大中桥工程监理；泰安市泰山区组，负责泰安市泰山区段路基小桥涵及混凝土路面工程监理；泰安市岱岳区组，负责泰安市岱岳区段路基小桥涵及混凝土路面工程监理；莱芜市组，负责莱芜市段路基小桥涵及混凝土路面工程监理。

第二篇/第二章
地方高速公路

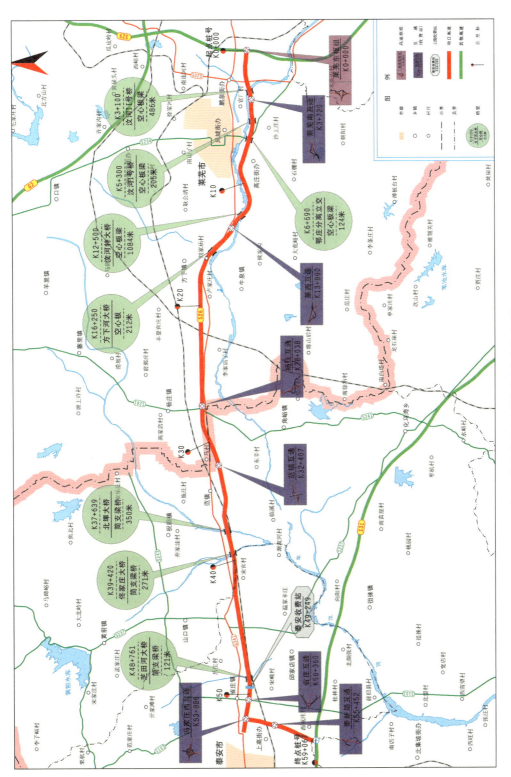

S26（莱芜—泰安）高速公路莱芜段路线总体平面图

改建时期分一期、二期工程。一期工程为主体工程,由潍坊华潍公路工程监理处负责监理工作;二期工程为房建及安全设施工程,由天津市国腾公路咨询监理有限公司负责监理工作。

(二)建设情况

1. 项目准备阶段

1)项目审批

2003年,省交通厅下达《关于对泰莱公路改建工程初步设计的批复》(鲁交计〔2003〕号)及《泰莱公路改造工程初步设计专家评审意见》。

2005年,省交通厅下达《关于印发2005年高速公路养护投资计划的通知》(鲁交规划〔2005〕41号)。

2001年12月,省交通厅以鲁交规划〔2001〕177号文对莱新高速公路莱芜连接线变更路段初步设计批复。

2)合同段划分(改建)

施工标段:一期主体工程划分2个标段;二期房建工程划分2个标段,交通安全设施工程划分4个标段。

监理标段:一期和二期分别为1个工程监理处。

3)招投标(改建)

2005年4月,招标确定山东泰山路桥工程公司和山东公路工程总公司莱芜公司中标主体工程施工。

2005年7月,招标确定潍坊市筑路机械厂等4家单位中标交通安全设施工程施工。

2005年9月,招标确定泰安宏岳建设发展有限公司和淄博东辰空间结构有限公司中标附属设施(房建部分)施工;山东泰山路桥工程公司三分公司中标收费广场照明施工。确定泰安市格润苑装饰工程有限公司中标房屋装修工程设计与施工;武汉市花木公司和山东华林景观规划有限公司中标绿化工程施工;山东中创软件工程有限公司中标机电工程施工。确定潍坊市华潍公路工程监理处中标主体工程、附属设施、房建(装修)和绿化监理;天津市国腾公路咨询监理有限公司中标机电工程监理。

2. 项目实施阶段

K0+000~K13+500段于1999年与莱新高速公路同时开工建设,2002年通车。

K13+500~K29+093段于1988年开工建设,1993年建成通车。

K13+500~K29+093段改建工程:

主体工程于2005年5月开工,2005年10月完工。

房建工程于2005年6月开工,2005年12月完工。

机电工程于 2005 年 10 月开工,2005 年 12 月完工。

交通安全设施工程于 2005 年 9 月开工,2005 年 10 月完工。

绿化工程于 2005 年 9 月开工,2005 年 10 月完工。

2005 年 10 月,该项目进行交工验收,工程质量总评分 98.5 分,质量等级为优良。

2006 年 9 月,省交通厅组织对该项目进行竣工验收,工程质量总评分 96.7 分,质量等级为优良。

(三)运营养护管理

收费设施:本项目设莱芜南、莱芜西、杨庄收费站 3 处。截至 2016 年底,收费车道数量共计 19 条,其中 ETC 车道 6 条。

养护管理设施:本项目设莱芜西养护巡查大队,与莱芜西收费站合址办公。2005 年,将原 K13+500~K29+093 段一级汽车专用线提升改造为高速公路。

监控设施:本项目设莱芜监控分中心,与分公司合址办公。

运营管理模式的变化:本路段建成通车后由省厅公路局负责运营管理,根据省政府鲁政办字〔2015〕148 号文,自 2015 年 9 月起,本项目由齐鲁交通发展集团运营管理。

二、S26(莱芜—泰安)泰安段

(一)项目概况

1. 基本情况

1)技术标准

项目为鲁中地区平原微丘段,地处鲁中山区腹地,泰山、蒙山交接地带,所经过地区为冲洪积平原,整个地势呈西低东高之势。

采用双向四车道高速公路标准,设计速度 100km/h,桥涵设计汽车荷载等级公路—Ⅰ级。K29+093~K53+347 段,路基宽度 23m(改建后路基宽度 25m);K53+347~K59+067 段,路基宽度 27m。

2)建设规模

项目全长 29.974km,大桥 741.44m/3 座,中桥 641.02m/11 座;互通式立交 4 处,分离式立交 1 座,天桥 2 座;主线收费站 1 处,匝道收费站 1 处。

3)主要控制点

范镇互通、泰安收费站、省庄互通(S243)、冯家庄西互通、泰新路互通。

4)投资规模与资金筹措

新建时期:莱芜段和泰安段总投资 19655.34 万元。建设资金由省交通厅筹措。

山 东
高速公路建设实录

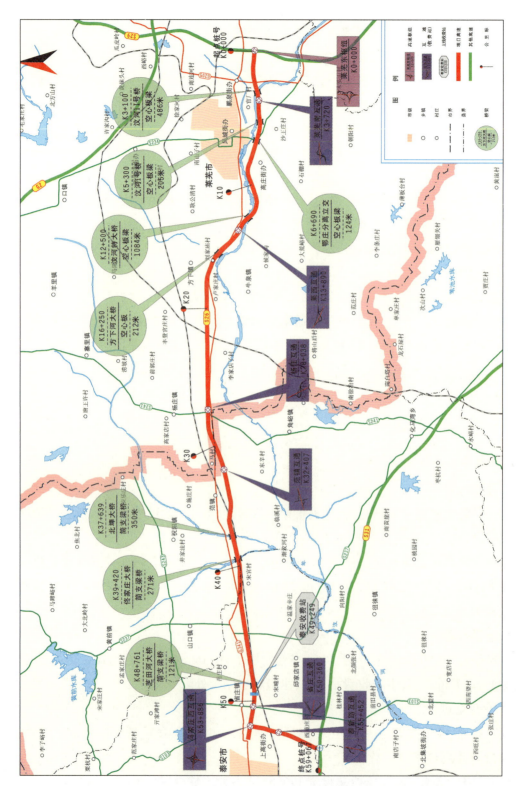

S26（莱芜—泰安）高速公路泰安段路线总体平面图

改建时期:2005年工程改建投资27534.3158万元。改建资金由省交通厅筹集和银行贷款解决。

5)开工及通车工时间

项目于1989年4月开工,1993年9月建成通车。2005年5月进行改建,2007年1月完工。

2. 前期决策情况

决策过程与本项目莱芜段相同。

3. 参建单位主要情况

1)建设单位

项目建设单位是山东省公路管理局,泰安市公路管理局为业主代表。

2)设计单位

新建时期设计单位为泰安市公路勘察设计室,改建时期设计单位为山东省交通规划设计院。

3)施工单位

新建时期:

路基小桥涵由泰安市公路局将设计预算下达给各市、区公路站,各市、区组织施工。路基土石方用行政手段分配给沿线乡镇。小桥涵等构造物,承包给具有一定施工能力的乡镇建筑(队)施工;大中桥、路面工程由泰安市公路局将计划下达给泰安市公路局第一、二工程处施工。

改建时期:

一期工程:第一合同段由山东泰山路桥工程公司承建,第二合同段由山东公路工程总公司莱芜公司承建。

二期工程:第一合同段由潍坊市筑路机械厂承建,第三合同段由潍坊美达交通工程有限公司承建,第五合同段由潍坊宝利交通设施工程有限公司承建,第七合同段由山东省邹平县神正建设有限公司承建。

附属设施(房建部分):第一合同段由泰安宏岳建设发展有限公司承建,第三合同段由淄博东辰空间结构有限公司承建。

收费站广场照明:由山东泰山路桥工程公司三分公司承建。

房屋装修工程设计与施工:由泰安市格润苑装饰工程有限公司承建。

绿化工程:第一合同段由武汉市花木公司承建,第二合同段由山东华林景观规划有限公司承建。

4)监理单位

新建时期,为确保泰莱一级公路工程质量,按照交通部颁发的公路工程质量监理暂行办法,省公路管理局设置了四个监理组:大中桥组,负责大中桥工程监理;泰安市泰山区组,负责泰安市泰山区段路基小桥涵及混凝土路面工程监理;泰安市岱岳区组,负责泰安市岱岳区段路基小桥涵及混凝土路面工程监理;莱芜市组,负责莱芜市段路基小桥涵及混凝土路面工程监理。

改建时期,一期和二期工程的监理单位为潍坊市华潍公路工程监理处;机电工程由山东中创软件工程有限公司中标承建,机电工程监理单位为天津市国腾公路咨询监理有限公司。

(二)建设情况

1. 项目准备阶段

1)项目审批

与本项目莱芜段相同。

2)合同段划分(改建)

设计标段:一期主体工程2个标段;二期房建工程4个标段,机电工程1个标段。

施工标段:主体工程2个标段、交通安全设施4个标段、机电工程1个标段、房建工程3个标段、绿化工程2个标段。

监理标段:一期、二期、附属设施及收费站工程1个标段,机电工程1个标段。

3)招投标(改建)

2005年4月,招标确定主体工程施工和监理中标单位。

2005年7月,招标确定交通安全设施工程施工单位。

2005年9月,招标确定机电工程、附属设施(房建部分)施工单位,收费广场照明、房屋装修、绿化工程等施工单位和机电工程监理单位。

2. 项目实施阶段

新建时期:1989年4月开工,1993年9月竣工。

改建时期:

主体工程于2005年5月开工,2005年10月完工。

房建工程于2005年6月开工,2005年12月完工。

机电工程于2005年10月开工,2005年12月完工。

交通安全设施工程于2005年9月开工,2005年10月完工。

绿化工程于2005年9月开工,2005年10月完工。

2005年10月,省交通厅公路局组织对本路段进行交工验收,工程质量总评分98.5分,质量等级为优良。

2006年9月,省交通厅组织对本路段进行竣工验收,工程质量总评分96.7分,质量等级为优良。

（三）运营养护管理

收费设施：本项目共设置收费站2处，其中在泰安站设单向主线收费站1处，在范镇设置匝道收费站1处。截至2016年底，收费车道数量共计14条，其中ETC车道4条。

养护管理设施：本项目设泰安养护工区1处。

监控设施：本项目设范镇监控中心1处，与收费站合建。

运营管理模式的变化：本路段建成通车后由省厅公路局负责运营管理，根据省政府鲁政办字〔2015〕148号文，自2015年9月起，本项目由齐鲁交通发展集团有限公司运营管理。

第八节　S29（滨州—莱芜）高速公路

S29（滨州—莱芜）高速公路是山东省高速公路网中长期规划"9517"网中"纵五"的重要路段，起自淄博市高青县赵家店，与滨州黄河大桥相接，经淄博市高青县、桓台县、张店区、周村区、淄川区、博山区，止于莱芜市莱城区G2京沪高速公路莱芜北枢纽，全长116.432km，于2002年9月全线贯通。

本项目的建设，是G2京沪高速公路在山东省境内的重要补充，也是连接环渤海经济圈与长江三角洲经济圈间便捷的陆路通道的重要组成部分，促进了全省与京津冀地区、长三角地区的经济联系，对于加快省会城市经济圈和黄河三角洲生态区建设有重要意义。

本项目由两段组成（表2-2-8）：高青至博山段；博山至莱芜段。博山至莱芜段又根据项目建设期间的具体情况，分为博山段和莱芜段。

一、S29（滨州—莱芜）滨州至博山段

（一）项目概况

高青至博山段为原滨州至博山高速公路的组成路段，现划归S29；其北段滨州至高青段62.8km划归G25。本节完整描述滨州至博山高速公路，在G25中仅描述其与滨州至博山高速公路的关系。

1. 基本情况

1）技术标准

路段地处平原地区，为黄河冲积、山前坡积、洪积平原和丘陵地貌组成，地势较为平坦，南高北低。路线采用双向四车道高速公路标准，滨州至高青段设计速度为120km/h，路基宽28m；高青至博山段设计速度为100km/h，路基宽26m。

2）建设规模

本路段全长84.468km，其中互通式立交7处，分离式立交17座，特大桥3512.33m/2座，

S29（滨州—莱芜）高速公路位置示意图

第二篇/第二章 地方高速公路

S29（滨州—莱芜）高速公路项目信息采集表

表 2-2-8

序号	国高/地高	工程分段	路段起止桩号 起点桩号	路段起止桩号 止点桩号	规模(km) 小计	规模(km) 八车道及以上	规模(km) 六车道	规模(km) 四车道	建设性质（新建/改扩建）	设计速度(km/h) 120	100	80	60	路基宽度(m) 28	26	23	…	永久占地（亩）	投资情况（亿元）估算	概算	决算	资金来源	建设时间（开工~通车）
1	地高	高青至博山段	K14+770	K77+570	62.8			√	新建	√				√				9026.574	25	22.2	20.6	交通部补助、省交通运输厅自筹、银行贷款	2000.4~2002.9
2	地高	博山至莱芜段	K77+570	K99+238	21.668			√	新建		√				√					3.73	3.80		1996.10~1999.9
			K99+238	K108+579	9.341			√	新建				√			√		969.41	4.53	5.42	5.28		
			K108+579	K131+202	22.623			√	新建			√				√		3054.35					1996.1~1999.8
		合计			116.432													13050.334		31.35	29.68		

大桥 3663.33m/19 座,中桥 3188.18m/48 座,小桥 128.02m/6 座,天桥 23 座,设服务区 2 处,收费站 6 处,养护工区 1 处。

3) 主要控制点

滨州黄河大桥(黄河)、高青北互通(S309)、高青互通(S316)、桓台互通(G308)、淄博西枢纽(G20)、胶济铁路、淄博新区互通(G309)、淄川互通(S102)、博山互通。

4) 投资规模及资金筹措

本路段概算投资 22.2 亿元,竣工决算投资 20.6 亿元,平均每公里造价 2439 万元。建设资金由省交通厅自筹和银行贷款解决。

5) 开工及通车时间

2000 年 4 月开工建设,2002 年 9 月建成通车。

2. 前期决策情况

1998 年 4 月,省计委以《关于国道 205 线滨州至博山公路项目建议书的批复》(鲁计交能字〔1998〕338 号)批准立项。

1999 年 2 月,省工程咨询院印发《205 国道滨州至博山段工程可行性研究报告评估报告》(鲁工咨能〔1999〕10 号)。

1999 年 9 月,省计委印发《关于国道 205 线滨州至博山段公路可行性研究报告的批复》(鲁计交能〔1999〕873 号)。

3. 参建单位主要情况

1) 建设单位

本项目法人为山东省交通厅公路局,淄博市公路管理局为业主代表。

2) 设计单位

山东省交通规划设计院。

3) 施工单位

本项目有 65 个施工单位参与建设,其中主体工程 10 个,房建工程 6 个,绿化工程 11 个,交通安全设施 26 个,网架工程 3 个,收费设施 5 个,接线工程 4 个。

4) 监理单位

本项目设 1 个总监办公室,7 个主体工程驻地监理办公室,1 个房建工程监理办公室。

(二) 建设情况

1. 项目准备阶段

1) 有关批复

1999 年 10 月,省交通厅、省计委印发《关于国道 205 线滨州至博山段公路初步设计批复》(鲁交计〔1999〕63 号)。

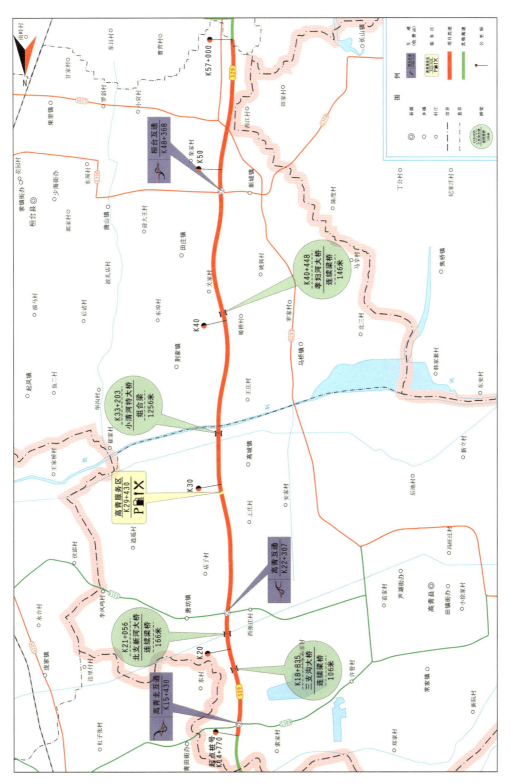

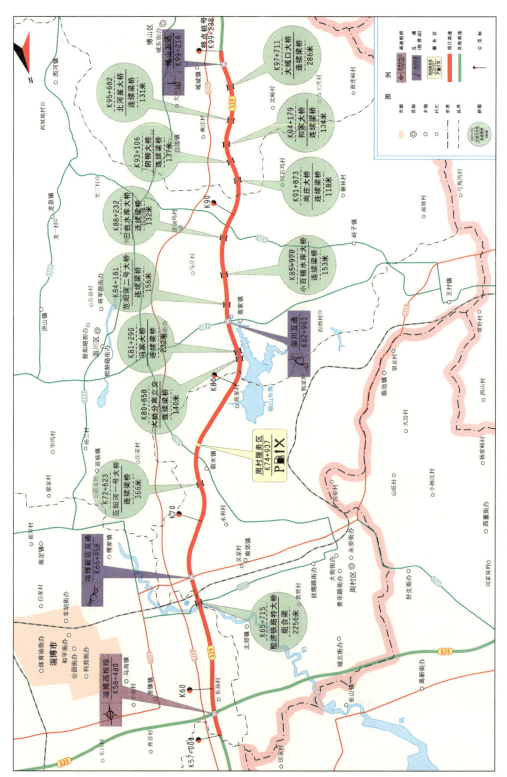

S29（滨州—莱芜）高速公路滨州至博山段路线总体平面图（二）

1999年11月,省环保厅印发《滨博高速公路环境影响评价大纲》(鲁环法〔1999〕415号)。

2000年1月,省环保厅印发《滨博高速公路环境影响报告书》(鲁环法〔2000〕012号)。

2000年4月,省国土资源厅印发《关于205国道滨州至博山高速公路淄博段控制性工程先行用地的复函》(国土资耕函〔2000〕017号)。

2000年4月,省国土资源厅印发《关于征求对205国道滨州至博山公路淄博段建设项目批准立项有效性意见的函》(国土资耕函〔2000〕020号)。

2000年8月,省国土资源厅印发《关于205国道滨博公路淄博段工程建设用地的批复》(国土资函〔2000〕433号)。

2)合同段划分

设计标段:主体工程、房建工程、绿化工程和交通安全工程各1个标段。

施工标段:主体工程10个标段,房建工程6个标段,绿化工程11个标段,交通安全设施26个标段,网架工程3个标段,收费设施5个标段,广青路、胶王路连接线4个标段。

监理标段:设1个总监办公室,7个主体工程驻地监理标段,1个房建工程监理标段。

3)招投标

1999年12月,本路段完成了一期工程(包括路基、路面、桥涵、互通、防护、排水工程)10个合同段的施工和监理招标。确定中铁第二十工程局、中建第八工程局、山东科达集团公司等11家单位为一期主体工程施工单位;确定泰安市公路工程监理咨询公司、江苏交通工程监理咨询总公司等8家监理单位承担本项目主体工程的施工监理工作。

2001年7月,完成了二期工程(交通工程、绿化工程、房建工程)55个合同段的施工和监理招标。确定淄博市建筑工程公司等6家单位承担本项目的房建工程施工;确定青岛花林实业有限公司等11家单位承担本项目的绿化工程施工;确定临沂市公路局筑路机械厂等26家单位承担本项目的交通安全设施工程施工;确定山东省同济建筑结构工程有限公司等3家单位承担本项目的网架工程施工;确定山东省高密市顺达交通设施有限公司等5家单位承担本项目的收费设施工程施工。

2. 项目实施阶段

主体工程于2000年4月开工,2002年9月完工。

房建工程于2002年5月开工,2002年11月完工。

交通安全设施工程于2002年4月开工,2002年8月完工。

绿化工程于2002年3月开工,2002年9月完工。

2002年8月,省交通厅基本建设工程质量监督站进行了交工质量鉴定,工程质量等级评定为优良。

2002年11月,省交通厅公路局组织设计、施工、监理、质监及接养单位组成交工验收组对滨博高速公路进行了交工验收。

(三)运营养护管理

服务设施:本项目设置高青、周村服务区各1处。

收费设施:本路段设高青北、高青、桓台、淄博新区、淄川和博山匝道收费站6处。截至2016年共有收费车道45条,其中ETC车道12条。

养护管理设施:本项目设养护应急救援中心滨莱分中心和滨莱桥隧管理所各1处。

监控设施:本项目设监控中心1处。

运营管理模式的变化:本路段建成通车后由省交通厅公路局负责运营管理,2016年1月,根据省政府鲁政办字〔2015〕148号文件,由齐鲁交通发展集团有限公司运营管理。

二、S29(滨州—莱芜)博山至莱芜段(博山段)

(一)项目概况

1. 基本情况

S29滨莱高速公路博山至莱芜段按建设单位辖区分博山段和莱芜段,两段同期建设,本段为博山段。本项目是全省第一条山区高速公路,也是当时全省技术含量最高、地质最复杂、施工难度最大的公路建设项目之一。

1)技术标准

项目地形总体南高北低,北部为山前倾斜平原,地势平坦,缓缓向东倾斜;南部为低山丘陵区,地形起伏变化较大,冲沟发育,局部地形较破碎。采用双向四车道山岭重丘区高速公路标准,设计速度60km/h,路基宽度23m,桥涵设计汽车荷载等级采用汽车—超20级,挂车—120。

2)建设规模

本项目长9.341km,其中大桥706.7m/3座,中桥364.06m/5座,中隧道1344(1333)m/2处,短隧道333m/1处,分离式立交2座。

3)主要控制点

凤凰山隧道、乐疃隧道、樵岭前大桥、青石关隧道。

4)投资规模及资金筹措

项目概算投资3.73亿元,竣工决算投资3.8亿元,平均每公里造价4068万元。建设资金由省交通厅自筹和银行贷款解决。

5)开工及通车时间

1996年10月开工建设,1999年9月通车。

第二篇/第二章
地方高速公路

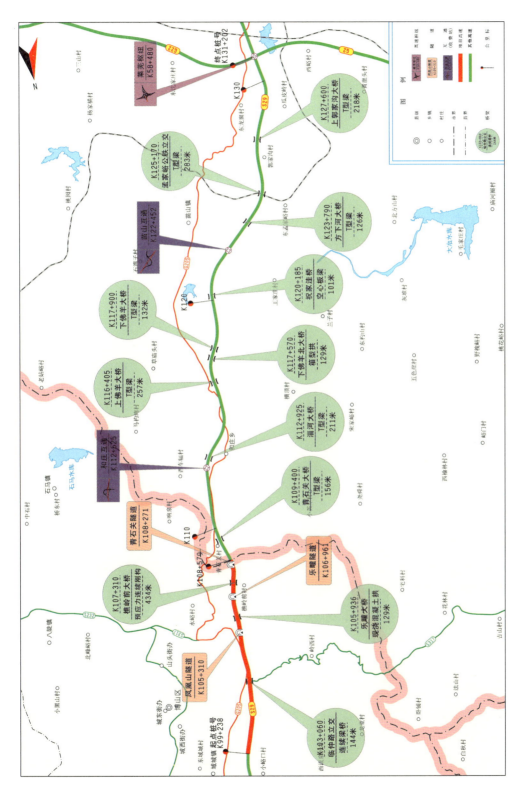

S29(滨州—莱芜)高速公路博山至莱芜段(博山段)路线总体平面图

2. 前期决策情况

1995年1月,省计委印发《关于国道205线博山—莱芜段公路工程可行性研究报告的批复》[鲁计工—(基)字〔1995〕32号]。

1995年8月,省公路管理局印发《关于加强几个重点公路工程项目前期工作及实施管理的通知》(鲁交公〔1995〕24号)。

3. 参建单位主要情况

1)建设单位

本项目建设单位是省公路管理局,淄博市公路管理局为业主代表。

2)设计单位

主体工程设计单位为省交通规划设计院和铁道部第三设计院、冶金部勘察研究总院边坡研究所。

房建工程、机电工程设计:省交通规划设计院、淄博市规划设计院。

交通工程、绿化工程设计:省交通规划设计院。

3)施工单位

本项目有16家施工单位参与建设。其中主体工程5个、房建工程3个、绿化工程1个、机电工程2个,交通安全设施5个。

4)监理单位

工程设1个总监办公室,1个主体工程驻地监理办公室,1个房建工程监理办公室。

(二)建设情况

1. 项目准备阶段

1)有关批复

1995年9月,省公路管理局印发《关于潍坊—莱阳、滨州—莱芜公路初步设计审查意见的函》(鲁路计〔1995〕206号)。

1996年2月,省公路管理局印发《关于变更国道205线滨州—莱芜段路基设计宽度的通知》(鲁交公〔1996〕4号)。

1996年5月,省公路管理局印发《关于印发一九九六年交通投资项目计划的通知》(鲁交计〔1996〕72号)。

1996年8月,淄博市人民政府办公厅印发《关于博(山)莱(芜)公路工程征地拆迁等有关问题的通知》(淄政办发〔1996〕82号)。

1996年9月,省公路管理局印发《关于国道205线博山至莱芜段高速公路工程开工报告的批复》(鲁路工〔1996〕72号)。

1997年1月,省政府印发《山东省人民政府关于淄博市博山区土地矿产管理局征用收回土地并向淄博市公路管理局划拨土地使用权的批复》(鲁政字〔1997〕46号)。

1997年4月,省公路管理局印发《关于印发一九九七年交通计划的通知》(鲁交计〔1997〕54号)。

1997年5月,省公路管理局印发《关于国道205线博山至莱芜高速公路工程设计预算的批复》(鲁路工〔1997〕27号)。

1998年5月,省环保局印发《关于博莱公路工程环境影响报告书的批复》(鲁环发〔1998〕174号)。

2)合同段划分

设计标段:主体工程5个标段,房建工程3个标段,绿化工程1个标段。

施工标段:主体工程5个标段,房建工程3个标段,绿化工程1个标段,机电工程2个标段,交通安全设施5个标段。

监理标段:设1个总监办公室,1个主体工程驻地监理标段,1个房建工程监理标段。

3)招投标

博山段主体工程第一、二、四合同段于1996年9月招标。确定中铁十七局等3个施工单位中标;第三合同段于1997年7月招标,确定中铁十二局二处中标;路面工程合同段于1998年8月招标,确定山东省公路工程总公司淄博公司中标。二期工程交通安全设施工程、房建工程、收费站雨棚工程于1998年9月招标,由济南高新技术产业开发建设总公司建安公司等施工单位中标。

2. 项目实施阶段

主体工程于1996年10月开工,1999年9月完工。

房建工程于1999年1月开工,1999年6月完工。

机电工程、绿化工程于1999年9月开工,1999年10月完工。

交通安全设施工程于1998年11月开工,1999年9月完工。

1999年9月,省交通厅基本建设工程质量监督站对项目进行了质量鉴定,评分为96.54分,工程质量等级评定为优良。

1999年11月,省交通厅公路局组织设计、施工、监理、质监及接养单位组成交工验收组对博莱高速公路进行了交工验收。

(三)技术复杂工程

1. 樵岭前大桥

1)工程概况

樵岭前大桥长460m,处于博山二号隧道与三号隧道之间,桥两端均为山坡,地形起伏很大,桥面至最低地面约85m。上部结构采用(75+135+75+135)m预应力混凝土连续刚构,箱梁采用单箱单室结构,桥墩采用钢筋混凝土双薄壁桥墩,桥台为重力式和简易桥台形式,基础采用钻孔灌注桩基础和扩大基础。

2)技术特征及难点

由于桥址处于U形峡谷,地形起伏较大,选用大跨径桥梁,减少桥墩工程量,也使跨径与桥高相匹配,与自然环境相协调。大桥2号墩处桥面与地面高差达69.5m,1号、3号墩设在两侧台地上,桥面与地面高差亦达37.8m、47.8m,采用(75+135+135+75)m连续刚构体系的跨径组合。由于墩身较高,通过墩梁固结调整墩身柔度,使桥梁在承受温度、混凝土收缩徐变等产生内力的方面得到优化。

该桥中墩桩基穿过溶洞,嵌入底部于一风化岩石上,嵌入深度大于3.6m,为防止桩中部侧向受力,在桩穿越溶洞顶部岩石时,采用油毛毡作隔层,保证桩与岩石间分开,使桩基承受的轴向荷载全部作用于桩底的坚固岩石上。

2. 青石关隧道

1)工程概况

博山青石关隧道全长330m,为联体式双洞。上、下行由两座单独隧道组成,两洞行车道中线之间距离为48.46m。隧道净空为单跨内净宽10.61m,衬砌内净高7.21m,双跨净宽23.12m,中隔墙1.9m,出口设明洞20m。

2)技术难点

青石关隧道中隔墙渗漏水问题是本项目的一个技术难点,建设单位先后与西南交通大学、交通部重庆公路科学研究所、浙江省交通规划设计院、西安公路交通大学、铁道部第三设计院等国内知名的大学及科研设计单位合作,较好地解决了这一隧道通病,确保了工程质量,并为今后隧道施工积累了经验。

隧道偏压施工、隧道浅埋地表处理问题,是本项目的又一个技术难点。青石关隧道进口段由于受线形设计、樵岭前大桥的影响和限制,傍山为洞,右侧边坡极陡,左洞拱部位于地面线以上,两侧高差极大,呈明显偏压态势。施工前,通过核对地形、复核地质情况,发现进口段岩石极度风化,节理发育,松散破碎,且护拱基础坐于土质地基上,难以承受来自右侧山体巨大的偏压作用,针对这一情况,经充分论证比选,提出了"减载反压"方案。即刷方降坡以减载,并对坡面进行防护;将右侧刷减的土石方反压回填至左侧洞顶范围,并压实,之后进行注浆固结,以减少偏压影响。青石关隧道采用了花管注浆地表预加固,超前小导管注浆,侧壁导坑等先进施工工艺。

(四)运营养护管理

养护管理设施:本段的养护管理机构设置与前段相同。

监控设施:本段的养护管理机构设置与前段相同。

运营管理模式的变化:本路段建成后由省厅公路局负责运营管理;2016年1月,根据省政府鲁政办字〔2015〕148号文,本路段由齐鲁交通发展集团有限公司运营管理。

三、S29(滨州—莱芜)博山至莱芜段(莱芜段)

(一)项目概况

1. 基本情况

S29滨莱高速公路博山至莱芜段按建设单位辖区分博山段和莱芜段,两段同期建设,本段为莱芜段。

1)技术标准

本路段地处鲁中山岭重丘区。采用双向四车道高速公路标准,设计速度80km/h,路基宽度23m,桥涵设计汽车荷载等级为汽车—超20级,挂车—120。

2)建设规模

本项目长22.623km,其中大桥1614.5m/9座,中桥634.2m/12座,互通式立交2处,天桥3座。

3)主要控制点

青石关隧道、和庄互通(G205)、苗山互通、莱芜枢纽。

4)投资规模与资金筹措

项目概算投资4.53亿元,2003年11月省交通厅以鲁交规划〔2003〕19号文件批复莱芜段概算调整为5.42亿元,省交通厅负责建设资金的筹措。竣工决算投资5.28亿元。

5)开工及通车时间

1996年1月开工建设,1999年8月建成通车。

2. 前期决策情况

1995年1月,省计委印发《关于国道205线博山—莱芜段公路工程可行性研究报告的批复》[鲁计工(基)字〔1995〕32号]。

3. 参建单位主要情况

1)建设单位

本项目建设单位是省交通厅公路管理局,莱芜市公路管理局为业主代表。

2)设计单位

山东省交通规划设计院。

山 东
高速公路建设实录

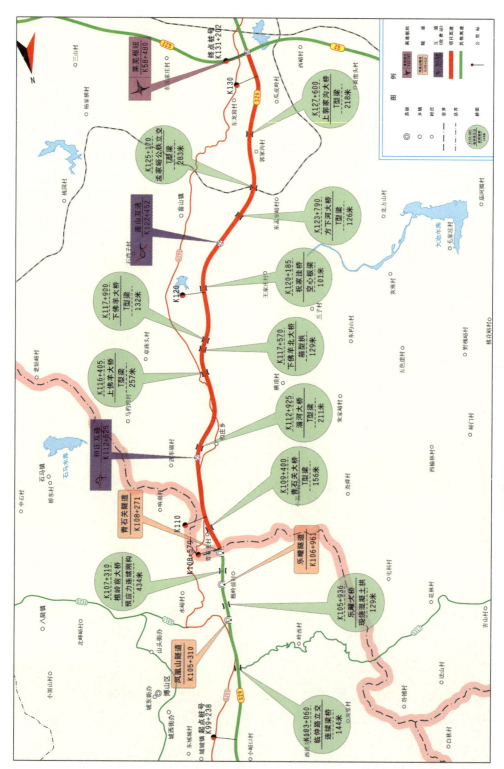

S29(滨州—莱芜)高速公路博山至莱芜段(莱芜段)路线总体平面图

682

3) 施工单位

本项目由 11 个施工单位参与建设。其中主体工程 3 个,房建工程 3 个,交通工程 5 个。

4) 监理单位

潍坊交通监理中心。

(二) 建设情况

1. 项目准备阶段

1) 有关批复

1995 年 9 月,省公路管理局印发本项目初步设计审查意见(鲁路计〔1995〕206 号)。

1996 年 3 月,莱芜市政府印发《关于博山至莱芜一级汽车专用公路工程征地拆迁等有关问题的通知》(莱政发〔1996〕7 号)。

1996 年 9 月,省公路管理局印发《博山至莱芜段高速公路工程开工报告批复》(鲁路工〔1996〕72 号)。

1996 年 11 月,省公路管理局印发《莱芜段建设工程征用土地批复》(鲁路工〔1996〕68 号)。

2) 合同段划分

设计标段:主体工程 1 个标段,房建工程 1 个标段。

施工标段:主体工程 3 个标段、房建工程 3 个标段、交通安全设施 5 个标段。

监理标段:设 1 个总监办公室。

3) 招投标

1996 年 9 月,一期工程完成招标。确定中国人民武装警察交通第一总队、省交通工程总公司和山东公路工程总公司莱芜分公司承担本路段主体工程施工;确定潍坊交通工程监理中心为本路段的监理单位。

1998 年 10 月,进行博莱路二期工程招标。确定省交通工程总公司、山东公路工程总公司承担本路段房建工程施工;确定莱芜德立交通设施有限公司、潍坊宏达公路设施有限公司和山东泰山路桥工程公司等 5 家单位承担本路段的交通安全设施工程施工。

2. 项目实施阶段

主体工程于 1996 年 1 开工,1999 年 8 月完工。

房建工程于 1997 年 1 月开工,1999 年 5 月完工。

交通安全设施工程于 1999 年 1 月开工,1999 年 8 月完工。

绿化工程于 1999 年 4 月开工,1999 年 8 月完工。

2004 年 2 月进行竣工验收,质量总评分 95.95 分,工程质量等级评定为优良。

(三)运营养护管理

收费设施:本路段设置苗山、和庄收费站2处,收费车道总数为6条,其中ETC车道为1条。

养护管理设施:本路段设和庄养护巡查大队,与和庄收费站合址办公。

监控设施:本路段设莱芜监控分中心,与管理处合址办公。

运营管理模式的变化:本路段建成通车后由省交通厅公路局负责运营管理,2016年1月,根据省政府鲁政办字〔2015〕148号文件,由齐鲁交通发展集团有限公司运营管理。

第九节　S31(泰安—新泰)高速公路

S31(泰安—新泰)高速公路是山东省高速公路网中长期规划"9517"网中"纵七"的支线,起自泰安市下水泉与G3京台高速公路交叉的泰山枢纽,经泰安市泰山区、岱岳区,止于新泰市与G2京沪高速公路交叉的新泰枢纽,路线全长87.724km。

本项目由三段组成(表2-2-9)。

泰山枢纽至泰化高速公路起点段,长6.4km,与G3京台高速公路济南至泰安段同步立项建设,相关内容包含在G3京台高速公路中。

泰安至化马湾段,长35.378km,1996年12月建成通车。

化马湾至新泰段,建设里程长51.082km,1999年11月建成通车。本段包含纳入G2京沪高速公路的新泰(两桥庄)至临沂界段约5.136km,对应G2里程桩号为K535+106~K540+242,调整后的化马湾至新泰(两桥庄)段运营里程为45.946km。

本项目的建设,连接了G3京台高速公路与G2京沪高速公路,形成了泰安市东南部城区之间的便捷高速通道,对于促进区域经济发展、加快山东省旅游及物产资源的开发具有重要意义。

一、S31(泰安—新泰)泰安至化马湾段

(一)项目概况

1. 基本情况

1) 技术标准

项目地处低山丘陵区,采用双向四车道高速公路标准,设计速度120km/h,下水泉至苑庄段路基宽度27.0m,苑庄至化马湾段路基宽度26.0m,泰化连接线路基宽度24.5m;桥涵设计汽车荷载等级采用公路—Ⅰ级。

第二篇/第二章
地方高速公路

S31（泰安—新泰）高速公路位置示意图

表2-2-9

S31（泰安—新泰）高速公路项目信息采集表

序号	国高/地高	工程分段	路段起止桩号		规模（km）				建设性质（新建/改扩建）	设计速度（km/h）	路基宽度（m）			永久占地（亩）	投资情况（亿元）			资金来源	建设时间（开工～通车）
			起点桩号	止点桩号	小计	八车道及以上	六车道	四车道			28	27	26	24.5		估算	概算	决算		
1		泰山枢纽—泰化高速公路起点段	K0+000	K6+400	6.400			√	新建	120				√						本路段内容包含在G3京台高速公路中
2	地高	泰安—化马湾	K6+400	K41+778	35.378			√	新建	100		√			8618		2.8	2.4	交通部补助、交通厅自筹和银行贷款	1994.11.10～1996.12.26
3		化马湾—新泰（两桥庄）段	K41+778	K87+724	45.946			√	新建	…	√				9580		8.5	8.0	交通部补助、交通厅自筹和银行贷款	1997.1.9～1999.11.8
合计					87.724										18198		11.3	10.4		

2）建设规模

本项目建设里程长 35.378km，其中大桥 1380m/4 座，中桥 2563.6m/27 座，互通式立交 3 处，分离式立交 9 座，天桥 8 座，匝道收费站 3 处，服务区 1 处。

3）主要控制点

G104、苑庄枢纽（S26）、化马湾互通（S241）。

4）投资规模与资金筹措

本项目概算投资 6.4 亿元，竣工决算投资 5.6 亿元。资金筹措为交通部补助 1.24 亿元，省交通厅自筹资金 0.25 亿元，银行贷款 4.14 亿元。

5）开工与通车时间

1994 年 11 月开工建设，1996 年 12 月建成通车。

2. 前期决策情况

1993 年，交通部印发《关于泰安下水泉至化马湾段项目建议书的批复》（交计发〔1993〕699 号）。

1993 年，交通部印发《关于泰安下水泉至化马湾段可行性研究报告的批复》（交计发〔1993〕1034 号）。

3. 参建单位主要情况

1）建设单位

本项目建设单位是省公路管理局，执行机构是泰安市公路管理局。

2）设计单位

山东省交通规划设计院、泰安市公路勘察设计研究院。

3）施工单位

本项目有 24 个施工单位参与建设，其中主体工程由沈阳铁路局沈阳工程公司等 7 家单位承建，房建工程由山东泰山路桥工程公司二分公司等 4 家单位承建，交通安全设施由省公路工程公司泰安公司等 10 家单位承建，绿化工程由京沪高速公路泰安管理处办公室承担。

4）监理单位

本项目的施工监理工作由滨州市公路工程监理咨询公司和泰安市公路局监理处承担。

（二）建设情况

1. 项目准备阶段

1）有关批复

1993 年，交通部下达《关于泰安下水泉至化马湾段初步设计的批复》（交工发〔1993〕1247 号）。

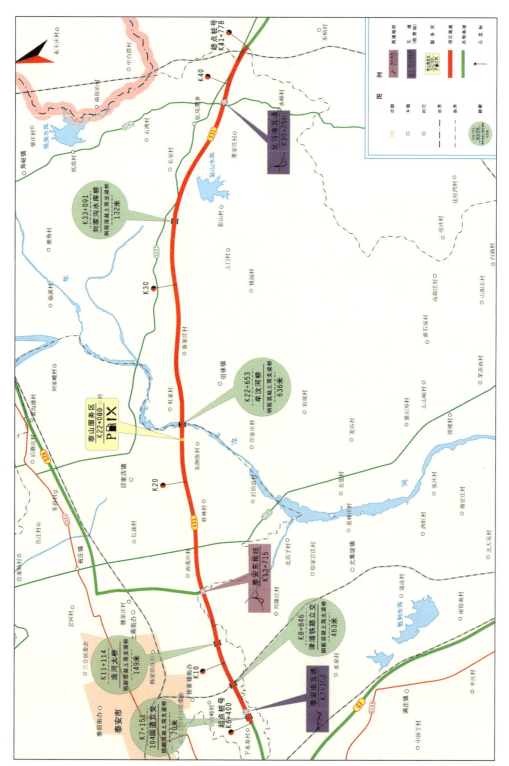

S31(泰安—新泰)高速公路泰安至化马湾段路线总体平面图

1994年,省公路局下达《关于京沪高速公路泰安下水泉至化马湾段初步设计的批复》(鲁路工字〔1994〕91号)。

2)合同段划分

根据各专业的工程内容划分标段如下:

设计标段:1个标段。

施工标段:主体工程7个标段、房建工程4个标段、交通安全设施12个标段、绿化工程1个标段。

监理标段:设置2个监理处。

3)招投标

通过招投标确定了施工和监理单位。

2. 项目实施阶段

主体工程于1994年11月开工,1996年12月完工。1998年1月竣工验收。省交通厅质监站进行质量鉴定,质量综合评分92.75分,工程质量等级评定为优良。

交通安全设施工程于1996年8月开工,1996年11月完工。1997年12月5日至6日,省交通厅质监站进行质量鉴定,综合评分92.25分,工程质量等级评定为优良。

房建工程于1998年2月开工,1998年12月完工。省交通厅质监站进行质量鉴定,房建工程质量等级评定为合格。

(三)运营养护管理

服务设施:本路段设泰山服务区1处。

收费设施:本路段共设置匝道收费站3处。截至2016年底,收费车道数量共计24条,其中ETC车道6条。

养护管理设施:本路段设置养护应急救援泰山分中心。2002年、2003年对泰安至化马湾段进行了大修,原路面为24cm水泥混凝土路面,碎石化后加铺18cm沥青混凝土。

监控设施:本路段设泰安南、泰安东和化马湾信息监控中心3处,分别与收费站合建。

运营管理模式的变化:本路段建成通车后由省交通厅公路局负责运营管理,2015年8月,根据省政府鲁政办字〔2015〕148号文件,由齐鲁交通发展集团有限公司运营管理。

二、S31(泰安—新泰)化马湾至新泰段

(一)项目概况

1. 基本情况

1)技术标准

项目地处低山丘陵区,采用双向四车道高速公路标准,设计速度120km/h,路基宽度

28.0m,桥涵设计汽车荷载等级采用公路—Ⅰ级。

2）建设规模

本项目建设里程长 51.082km,其中大桥 1340.5m/5 座,中桥 3101.0m/36 座,互通式立交 2 处,分离式立交 5 座,天桥 19 座,匝道收费站 2 处,服务区 1 处。

3）主要控制点

化马湾、新泰西互通（G342）、新泰南互通（S241）。

4）投资规模与资金筹措

本项目概算总投资 9.5 亿元,竣工决算投资 8.9 亿元,其中交通部补助 2.0271 亿元,省交通厅自筹 0.8548 亿元,其余为银行贷款。

5）开工及通车时间

1997 年 1 月开工建设,1999 年 11 月通车。

2. 前期决策情况

1994 年 12 月,交通部下发《关于化马湾至临沂公路项目建议书的批复》（交计发〔1994〕1167 号）。

1995 年 10 月,交通部下发《关于化马湾至临沂公路可行性研究报告的批复（交计发〔1995〕957 号）》。

3. 参建单位主要情况

1）建设单位

本项目建设单位是省公路管理局,执行机构是泰安市公路管理局。

2）设计单位

本项目由交通部第一公路勘察设计院、泰安公路勘察设计院和临沂公路勘察设计院共同完成。交通部第一公路勘察设计院为总体设计单位。

3）施工单位

本项目有 20 个施工单位参与建设,其中主体工程 3 个、房建工程 4 个、交通安全设施 10 个、绿化工程 3 个。

4）监理单位

本项目设 1 个总监代表处,2 个驻地监理处。

（二）建设情况

1. 项目准备阶段

1）项目审批

1996 年 4 月,交通部下达《关于化马湾至临沂公路初步设计的批复》（交公路发〔1996〕30 号）。

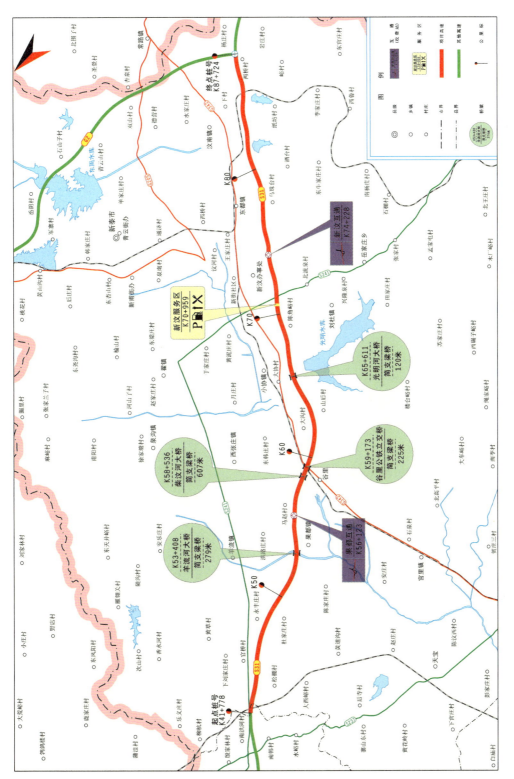

S31(泰安—新泰)高速公路化马湾至新泰段路线总体平面图

1999年11月,省环保局印发《关于北京—上海高速公路化马湾至临沂段建设工程环境影响报告书的批复》(鲁环发〔1999〕437号)。

2000年1月,国土资源部下达《关于化马湾至临沂高速公路补办建设用地手续的批复》(国土资函〔2000〕8号)。

2)合同段划分

勘察设计:1个标段。

施工标段:主体工程3个标段,房建工程4个标段,交通安全设施10个标段,绿化工程3个标段。

监理标段:设2个监理处。

3)招投标

经评标,确定省公路工程总公司等3家单位承担主体工程施工,中铁十四局一建公司等4家单位承担房建工程施工,青岛市花林工程公司等3家单位承担绿化工程施工,山东省潍坊公路机械厂等5家单位承担交通安全设施工程施工。

监理单位由滨州公路工程监理咨询公司等3家单位中标。

2. 项目实施阶段

主体工程于1996年12月开工,1999年9月完工。

房建工程于1999年6月开工,1999年9月完工。

交通工程设施(包括标志、标线、护栏、隔离栅等)于1999年6月开工,1999年9月完工。

绿化工程于1999年7月开工,1999年9月完工。

交通工程附属设施于1999年10月开工,2000年8月完工。

1999年11月建成通车,经省厅质监站检测评定,工程优良率100%,质量总评分97.28分。

2000年10月竣工验收。

(三)科技创新

本项目沥青路面抗滑表层部分采用了SBS改性沥青材料和SMA结构,获得山东省科技进步三等奖,山东省交通厅科技进步一等奖。

(四)运营养护管理

服务设施:本路段设置新汶服务区1处。

收费设施:本路段共设置新泰西、新泰南匝道收费站2处。截至2016年底,共有收费车道数量16条,其中ETC车道4条。

养护管理设施:本路段设置养护应急救援新汶分中心1处,与新汶服务区合址建设。2006—2010年对化马湾至临沂段进行了大修,挖除原沥青路面后增加12cm的LSPM柔性基层，再加铺18cm沥青路面，大修后的路面结构为4cm的SMA-13+6cm的AC-20+8cm的AC-25+12cm的LSPM-30。

监控设施：本路段设新汶信息监控中心，与新泰南收费站合建。

运营管理模式的变化：本路段建成后由省厅公路局负责运营管理；2015年8月，根据省政府鲁政办字〔2015〕148号文，本路段由齐鲁交通发展集团有限公司运营管理。

第十节　S33（济南—徐州）高速公路

S33（济南—徐州）高速公路是山东省高速公路网中长期规划"9517"网中的"连六"，起自济南市东北部历城区唐王镇G20唐王枢纽，经济南市历城区、天桥区、槐荫区、长清区、平阴县，泰安市东平县，济宁市汶上县、任城区、嘉祥县、金乡县，止于济宁市鱼台县（鲁苏界），与江苏省高速公路相接，全长266.16km，于2016年12月全线贯通。

本项目的建设，形成了G3京台高速公路济南至徐州段的分流路线，对于促进鲁苏两省经济交流、加快鲁西南地区的发展有着重要的意义。

本项目由三段组成（表2-2-10），分别是：

唐王枢纽至东平南互通段，路线长156.529km，该段与G35济广高速公路共线，工程内容包含在G35中。

东平至济宁段，路线长36.192km，其中泰安段长6.092km，济宁段长30.1km。

济宁至鱼台（鲁苏界）段，路线长73.441km。

本节详述东平至济宁段和济宁至鱼台（鲁苏界）段的内容。

一、S33（济南—徐州）东平至济宁段

（一）项目概况

1. 基本情况

1) 技术标准

项目属冲积平原地貌，地势自东北向西南微倾。采用双向四车道高速公路标准，设计速度120km/h，路基宽度28.0m。桥涵设计汽车荷载等级采用公路—Ⅰ级。

2) 建设规模

本项目全长36.192km，由泰安段和济宁段组成，其中泰安段6.092km，济宁段30.571km；大桥1332.2m/4座，中桥1865.0m/31座，互通式立交4处，分离式立交1座，收费站和养护工区合并设置2处，停车区1处，监控通信分中心1处。

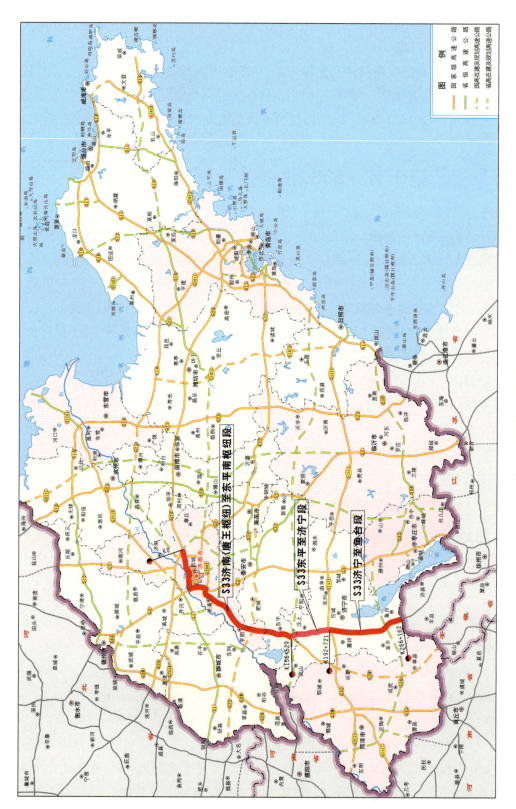

S33（济南—徐州）高速公路位置示意图

S33（济南—徐州）高速公路项目信息采集表

表 2-2-10

序号	国高/地高	工程分段	路段起止桩号		规模（km）				建设性质（新建/改扩建）	设计速度（km/h）	路基宽度（m）	永久占地（亩）	投资情况（亿元）			资金来源	建设时间（开工~通车）	4A级以上主要景区名称	备注
			起点桩号	止点桩号	小计	八车道及以上	六车道	四车道					估算	概算	决算				
1		唐王枢纽至东平南互通段	K0+000	K156+529	156.529			√	新建	120	28								与G35共线
2	地高	东平至济宁段	K156+529	K192+721	36.192			√	新建	√	√	4657.92		19.22	17.86	省交通运输厅自筹、银行贷款	2009.12~2013.1.		
3		济宁至鱼台段	K192+721	K266+162	73.441			√	新建	√	√	7482.084	45.06	51.77		中铁建自筹、银行贷款	2014.4~2016.12	"三孔"	
合计					266.162														

3）主要控制点

东平南互通、沙河站互通（S246）、汶上西互通（G342）、汶上南互通（S244）。

4）投资规模与资金筹措

项目总投资19.22亿元。资金来源为交通部补助和省交通厅筹资59689.8万元，银行贷款99608.2万元。

竣工决算投资19.35亿元。其中泰安段4.34亿元；济宁段15.01亿元。

5）开工及通车时间

2009年12月开工建设，2013年1月建成通车。

2. 前期决策情况

2008年，省国土资源厅印发《关于济南至徐州公路东平至济宁段建设项目用地预审意见的函》（鲁国土资字〔2008〕630号）。

2008年11月，省环保局印发《关于济南至徐州公路东平至济宁段环境影响报告书的批复》（鲁环审〔2008〕270号）。

2009年2月，省发改委印发《山东省发展改革委关于济南至徐州公路东平至济宁段可行性研究报告的批复》（鲁发改能交〔2009〕166号）。

2009年3月，省国土资源厅印发《济南至徐州公路东平至济宁段建设项目地质灾害危险评估成果备案的证明》（鲁国土资灾评备字〔2009〕10号）。

2009年4月，省水利厅印发《关于济南至徐州公路东平至济宁段水土保持方案的批复》（鲁水保字〔2009〕8号）。

2009年4月，省国土资源厅印发《关于济南至徐州高速公路东平至济宁段建设用地压覆矿产资源情况的函》（鲁国土资字〔2009〕318号）。

3. 参建单位主要情况

1）建设单位

本项目法人是省交通厅公路局，泰安和济宁市公路管理局代表省厅公路局对本项目进行建设管理。

2）设计单位

山东省交通规划设计院。

3）咨询单位

中国公路工程咨询集团有限公司。

4）施工单位

通过招投标，泰安段有5个施工单位参与建设，其中主体工程1个，房建工程1个，广场工程1个，交通安全设施1个，绿化工程1个。

第二篇/第二章
地方高速公路

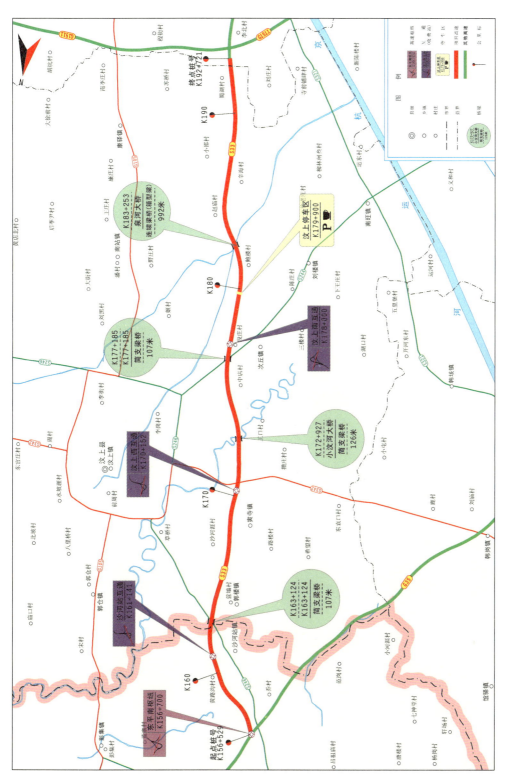

S33（济南—徐州）高速公路东平至济宁段路线总体平面图

济宁段有 12 个施工单位参与建设,其中主体工程 2 个,房建工程 2 个,机电工程 1 个,交通安全设施 4 个,广场设施 1 个,绿化工程 2 个。

5)监理单位

泰安:设置 1 个主体工程施工监理,1 个机电工程监理。

济宁:采用一级监理模式,设驻地监理处 1 个,机电监理处 1 个。

(二)建设情况

1. 项目准备阶段

1)有关批复

2009 年 6 月,省文物局批复《关于济南至徐州公路工程东平至济宁段路由选址的意见》(鲁文物〔2009〕80 号)。

2009 年 6 月,省交通运输厅、省发改委批复《关于济南至徐州公路东平至济宁段初步设计的批复》(鲁交规划〔2009〕2 号)。

2009 年 6 月,省交通运输厅港航局印发《关于济南至徐州公路东平至济宁段跨越泉河通航论证的复函》(鲁交港航港〔2009〕118 号)。

2009 年 9 月,国土资源部批复《国土资源部办公厅关于济南至徐州公路东平至济宁段控制工期的单体工程先行用地的复函》(国土资厅函〔2009〕877 号)。

2010 年 3 月,省交通运输厅印发《关于济南至徐州公路东平至济宁段施工图设计文件的批复》(鲁交规划〔2010〕47 号)。

2010 年 4 月,省交通运输厅批准《济南至徐州公路东平至济宁段施工许可申请书》(鲁交公路施工许可〔2010〕1 号)。

2010 年 12 月,国土资源部印发《国土资源部办公厅关于济南至徐州公路(东平至济宁段)工程建设用地的批复》(国土资函〔2010〕1101 号)。

2012 年 7 月,省交通运输厅公路局印发《关于济南至徐州公路东平至济宁段房建、绿化、机电、交安、广场设施等工程施工图设计的批复》(鲁基〔2012〕62 号)。

2)合同段划分

设计标段:主体工程划分 1 个标段。

施工标段:泰安段主体、绿化、房建、交通安全设施、收费亭及收费天棚各 1 个标段。济宁段主体工程 2 个标段,房建工程 2 个标段,绿化工程 2 个标段,交通安全设施工程 4 个标段,广场设施 1 个标段,机电工程 1 个标段。

监理标段:采用一级监理模式,设驻地监理各 1 个,机电监理 1 个。

3)招投标

2009 年 3 月,招标确定省规划设计院中标勘察设计工作。

2009年9月,招标确定山东省公路建设集团有限公司等4家单位中标主体工程施工,山东圣地公路工程监理咨询中心和省交通工程监理咨询公司中标施工监理工作。

2012年3月,招标确定兖州市建筑安装工程总公司等3家单位中标房建工程施工,烟台市萌兴园林绿化有限公司等3家单位中标绿化工程施工。

2012年7月,招标确定中咨泰克交通工程集团有限公司等8家单位中标交通安全设施、广场设施、机电工程施工。

2.项目实施阶段

路桥工程于2009年12月开工,2012年12月完工。

绿化工程于2012年进场施工,2012年12月完工。

交通安全设施工程和广场设施工程于2012年7月开工,2012年12月完工。

2012年12月,省厅公路局对本项目进行交工验收,工程质量评分为98.32分,工程质量等级评定为合格。

(三)科技创新

结合项目实施,本项目开展了不良土质填筑路基技术及路用性能研究,提出了不良土质的改良措施、压实工艺、强度保障措施等,并直接用于指导工程实践,取得了显著的经济和社会效益。

(四)运营养护管理

收费设施:本项目设收费站3处。截至2016年底,收费车道数量共计25条,其中ETC车道8条。

养护管理设施:本路段设置东平南养护工区1处。

监控设施:本路段设置东平南信息监控中心和汶上西监控分中心各1处,其中,东平南信息监控中心与东平南收费站合建,汶上西监控分中心与汶上西收费站合建。

运营管理模式的变化:本路段建成通车后由省厅公路局负责运营管理,根据省政府鲁政办字〔2015〕148号文,自2015年8月起,本项目由齐鲁交通发展集团有限公司运营管理。

二、S33(济南—徐州)济宁至鱼台(鲁苏界)段

(一)项目概况

1.基本情况

1)技术标准

路线所经区域地势平坦,起伏高差较小,为典型的冲积平原地貌。采用双向四车道高速

公路标准,设计速度120km/h,路基宽度28.0m,桥涵设计汽车荷载等级采用公路—I级。

2)建设规模

本项目全长73.44km,其中特大桥8826.14m/4座,大桥8270.2m/16座,中桥135.44m/3座,互通式立交6处(其中服务型5处,枢纽型1处),分离式立交14座,匝道收费站5处,主线收费站1处,服务区2处,停车区1处,监控通信分中心1处。

3)主要控制点

济宁枢纽(G1511)、济宁经济开发区、新兖铁路、济宁机场互通、济宁南互通(G105)、鱼台西互通(S318)、济徐鲁苏收费站。

4)投资规模与资金筹措

本项目概算总投资51.77亿元。项目资本金12.95亿元,由中国铁建投资有限公司负责筹措,其余37.62亿元申请银行贷款。

5)开工及通车时间

2014年4月开工建设,2016年12月建成通车。

2.前期决策情况

2009年4月,省国土资源厅出具《关于山东省济南至徐州公路济宁至鱼台(鲁苏界)段工程建设用地压覆矿产资源情况的函》(鲁国土资字〔2009〕317号)。

2010年1月,国家环保部下发《关于济南至徐州公路济宁至鱼台(鲁苏界)段环境影响报告书的批复》(环审〔2010〕14号)。

2010年3月,国土资源部印发《关于济宁至徐州公路山东段工程建设用地预审意见的复函》(国土资预审字〔2010〕57号)。

2010年10月,国家发改委下发《关于山东省济宁至鱼台(鲁苏界)公路可行性研究报告的批复》(发改基础〔2010〕2554号)。

3.参建单位主要情况

1)建设单位

中铁建山东济徐高速公路济鱼有限公司。

2)设计单位

山东省交通规划设计院。

3)咨询单位

中交第一公路勘察设计研究院有限公司。

4)施工单位

本项目有18家施工单位参与与建议。其中有5家路桥施工单位、2家路面施工单位、1家机电工程施工单位、5家房建工程施工单位、5家绿化工程施工单位。

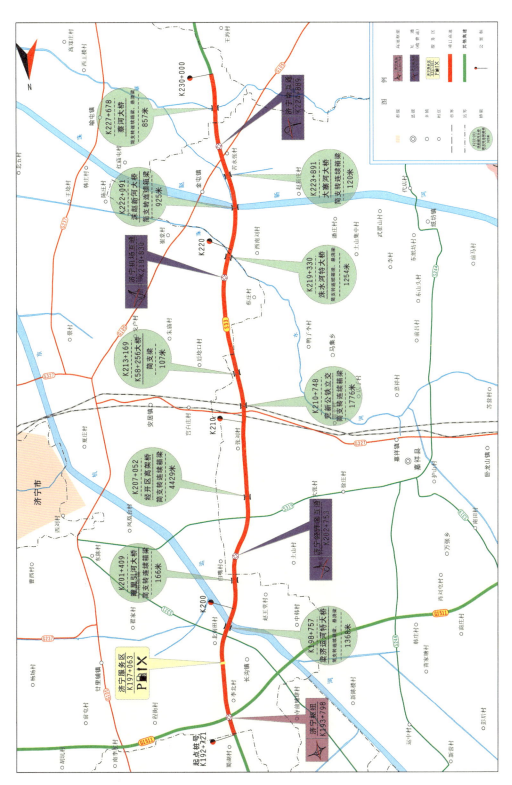

S33（济南—徐州）高速公路济宁至鱼台段路线总体平面图（一）

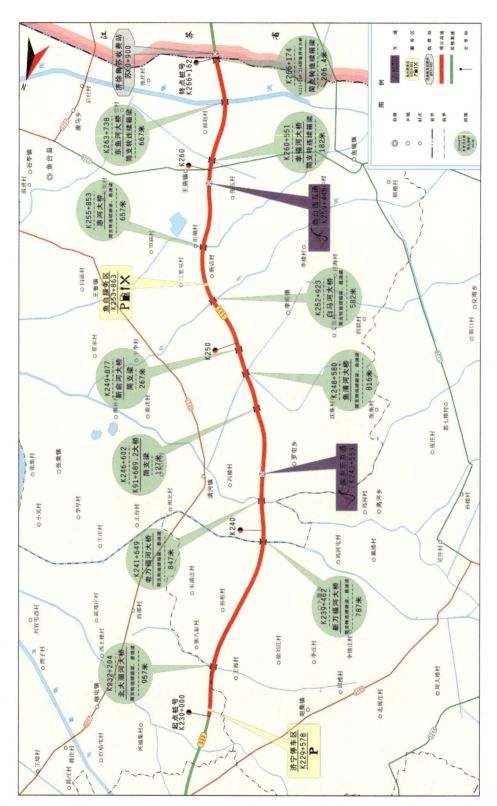

S33（济南—徐州）高速公路济宁至鱼台段路线总体平面图（二）

5）监理单位

本项目设1个总监办公室,5个驻地监理办公室,1个中心试验室。第一驻地办负责路桥一标、二标的监理工作,第二驻地办负责路桥四标、五标的监理工作,第三驻地办负责路桥三标、路面一标、路面二标的监理工作,房建驻地办负责各路桥标段房建工程的监理工作,机电驻地办负责机电标的监理工作,第一、二、三驻地办负责相应路段交通安全标的监理工作。

（二）建设情况

1. 项目准备阶段

1）有关批复

2011年7月,交通运输部印发《关于济宁至鱼台（鲁苏界）公路初步设计的批复》（交公路发〔2011〕349号）。

2013年6月,省发改委印发《山东省发展和改革委员会关于变更济宁至鱼台高速公路项目单位的复函》（鲁发改能交〔2013〕722号）。

2013年9月,中国铁建投资集团有限公司印发《关于济南至徐州高速公路济宁至鱼台（鲁苏界）段BOT项目施工招标方案的批复》（铁建投资企发函〔2013〕88号）。

2013年9月,中国铁建投资集团有限公司印发《关于济南至徐州高速公路济宁至鱼台（鲁苏界）段BOT项目监理招标方案的批复》（铁建投资企发函〔2013〕77号）。

2013年9月,中国铁建投资集团有限公司以铁建投资纪要〔2013〕37号文同意济徐项目监理、施工招标评标委员会推荐的各标段综合评分第一名的中标候选人为中标人。

2013年12月,省交通运输厅印发《山东省交通运输厅关于济宁至鱼台（鲁苏界）公路施工图设计文件的批复》（鲁交建管〔2013〕122号）。

2015年7月,国土资源部批复《关于济宁至鱼台（鲁苏界）公路工程建设用地》（国土资函〔2015〕444号）。

2015年8月,省交通运输厅印发《关于济南至徐州公路济宁至鱼台（鲁苏界）段房建工程施工图设计的批复》（鲁交建管〔2015〕51号文）。

2016年1月,中国铁建投资集团有限公司印发《关于济鱼高速公路BOT项目机电交安工程施工招标方案的批复》（铁建投招标办函〔2016〕14号）。

2016年6月,省交通运输厅印发《关于济宁至鱼台（鲁苏界）高速公路绿化工程施工图设计的批复》（鲁交建管〔2016〕48号）。

2）合同段划分

根据各专业的工程内容划分标段如下。

设计标段：主体工程1个标段,房建工程1个标段,绿化工程1个标段,机电交通安全工程1个标段。

施工标段：主体工程7个标段，机电交通安全工程1个标段，房建工程5个标段，绿化工程5个标段。

监理标段：设1个总监办公室，3个主体工程驻地监理标段，1个房建工程监理标段，1个机电工程监理标段。

3）招投标

2013年9月，招标确定中铁十四局集团有限公司等7家单位中标主体工程施工。

2016年4月，招标确定中国铁建电气化局集团有限公司和湖南湘筑工程有限公司中标机电交安工程施工。

2013年9月，招标确定北京中港路通工程管理有限公司等4家单位中标主体工程监理工作。

2015年7月，招标确定山东能建建设管理有限公司和山东省交通工程监理咨询公司中标房建、机电工程监理工作。

2. 项目实施阶段

主体工程于2014年4月开工，2015年12月完工。

房建工程于2015年8月开工，2016年12月完工。

机电、交通安全设施和绿化工程均于2016年8月开工，2016年12月完工。

2016年12月，中铁建山东济徐高速公路济鱼有限公司组织对本项目进行了交工验收，工程质量评分为97.9，工程质量等级评定为合格。

（三）运营养护管理

服务设施：本项目设置济宁和鱼台服务区2处。

收费设施：本项目共设置收费站6处，其中在鲁苏界设置单向主线收费站1座，济宁经开区、济宁机场、济宁南、金乡东、鱼台西设置匝道收费站5座。收费车道数量共计48条，其中ETC车道12条。

养护管理设施：本项目设置济宁经开区、金乡东养护工区2处。

监控设施：本项目设置监控通信分中心1处。

运营管理模式的变化：2013年5月，省长专题会议研究确定，本项目由政府收费还贷公路转变更为企业经营性公路，由中国铁建股份有限公司独资建设。

2013年6月日，省发改委以《山东省发展和改革委员会关于变更济宁至鱼台高速公路项目单位的复函》（鲁发改能交〔2013〕722号），函复同意由中国铁建股份有限公司作为独资人，组建项目公司负责该项目的筹资、建设、经营和管理，原批复项目单位省交通运输厅公路局不再负责该项目的建设、经营和管理。并于2014年1月签订《济南至徐州高速公路济宁至鱼台（鲁苏界）段建设项目投资协议之补充协议》。

中铁建山东济徐高速公路济鱼有限公司作为中国铁建投资有限公司的全资公司,于 2013 年 6 月经工商注册,并于 2013 年 8 月在省交通运输厅作为该项目法人进行了备案,具体负责项目的筹资、建设、经营和管理。

2015 年 2 月,中铁建山东济徐高速公路济鱼有限公司与山东省交通运输厅签订了《济南至徐州高速公路济宁至鱼台(鲁苏界)段特许权协议》。

第十一节　S38(岚山—菏泽)高速公路

S38(岚山—菏泽)高速公路是山东省高速公路网中长期规划"9517"网中"一环"的重要组成部分,起自日照市岚山区,经临沂市莒南县、临沭县、罗庄区、兰陵县,枣庄市峄城区、薛城区,滕州市,济宁市微山县、鱼台县、金乡县,菏泽市单县、成武县、曹县、定陶区,止于菏泽市牡丹区,与 G1511 日兰高速公路相接。

本项目的建设,形成了鲁南地区横向交通大动脉,对于促进山东半岛蓝色经济区与西部经济隆起带的融合及沿线地区经济社会发展等具有重要意义。

本项目由四段组成(表 2-2-11),分别是:岚山至临沂罗庄段、临沂至枣庄段、与京台高速公路共线段和枣庄至菏泽段。其中岚山至临沂罗庄段、枣庄至菏泽段正在建设;与京台高速公路共线段,相关内容包含在 G3(北京—台北)山东段(德州—枣庄)界河至张山子段中;临沂至枣庄段东起 G2 京沪高速公路,终止于 G3 京台高速公路,全长 88.633km。

本节详述 S38(岚山—菏泽)临沂至枣庄段相关内容。

(一)项目概况

1. 基本情况

1)技术标准

项目所经区域地形地貌为山前丘陵区和剥蚀平原、冲积平原,采用双向四车道高速公路标准,设计速度 120km/h,路基宽度 28.0m。桥涵设计汽车荷载等级采用公路—Ⅰ级。

2)建设规模

本项目全长 88.633km,其中大桥 4068.52m/18 座,中桥 3735m/60 座,互通式立交 8 处(服务型 6 处,枢纽型 2 处),分离式立交 26 座,天桥 25 座,匝道收费站 6 处,服务区 2 处,停车区 1 处,管理、养护工区各 1 处。

3)主要控制点

京沪枢纽、兰陵北互通、拟建枣临铁路、兰陵西互通(G206)、峄城东互通、峄城南互通(S241)、峄城西互通(G206)、枣庄新城互通(S238)、京台枢纽。

S38（岚山—菏泽）高速公路位置示意图

S38（岚山—菏泽）高速公路项目信息采集表

表 2-2-11

序号	国高/地高	工程分段	路段起止桩号 起点桩号	路段起止桩号 止点桩号	规模（km）小计	规模（km）八车道及以上	规模（km）六车道	规模（km）四车道	建设性质（新建/改扩建）	设计速度（km/h）	路基宽度（m）	永久占地（亩）	投资情况（亿元）估算	投资情况（亿元）概算	投资情况（亿元）决算	资金来源	建设时间（开工~通车）	4A级以上主要景区名称	备注
1		岚山至临沂			104.502			√	新建	120	28								在建
2		临沂至枣庄（京台枢纽）段	K113+742	K202+375	88.633			√	新建	…	…	9906.645	28.5	35.5	41.6	山东高速集团自筹	2009.11~2012.10	兰陵国家农业公园、台儿庄古城	
3	地高	与京台高速公路共线段			57.434			√		…	27								与G3共线
4		枣庄至菏泽段			177.148			√	新建	…	…								在建
合计					427.717														

4）投资规模与资金筹措

项目概算投资35.5亿元，竣工决算投资41.6003亿元。项目资本金16.180亿元，由山东高速集团有限公司负责筹措，其余30.058亿元申请银行贷款。

5）开工及通车时间

2009年11月开工建设，2012年10月建成通车。

2. 前期决策情况

2005年6月，省发改委印发《关于临沂至枣庄高速公路项目开展前期工作的函》（鲁计基础〔2005〕409号）。

2005年9月，省国土资源厅以鲁国土资灾评备字〔2005〕82号文对本项目的地质灾害危险性评估报告及有关材料进行了批复。

2005年11月，省国土资源厅印发《山东省临沂至枣庄公路建设工程地址灾害危害性评估成果备案证明》（鲁国土资字〔2006〕704号）。

2006年1月，国家地震局印发《临沂至枣庄公路工程场地地震安全性评价报告的批复》（中震安评〔2006〕62号）。

2006年5月，省发改委上报《山东省发展和改革委员会关于呈报临沂至枣庄公路工程可行性研究报告的请示》（鲁发改能交〔2006〕454号）。

2006年6月，省文化厅印发《关于临沂至枣庄公路工程文物保护工作的函》（鲁文物〔2006〕59号）。

2006年8月，省林业局印发《山东省林业局关于临沂至枣庄公路建设占用林地可行性的批复》（鲁林政字〔2006〕136号）。

2006年10月，省水利厅印发《关于临沂至枣庄公路工程水土保持方案的批复》（鲁水保字〔2006〕39号）。

2006年11月，国家环保总局印发《关于临沂至枣庄公路环境影响报告书的批复》（环审〔2006〕557号）。

2006年12月，国土资源部印发《关于临枣路工程项目建设用地预审意见的复函》（国土资预审字〔2006〕334号）。

2008年9月，国家发改委印发《国家发展改革委关于山东省临沂至枣庄公路项目核准的批复》（发改交运〔2008〕2383号）。

3. 参建单位主要情况

1）建设单位

项目建设单位是山东高速集团有限公司，执行机构是山东省临沂至枣庄高速公路工程项目建设管理办公室。

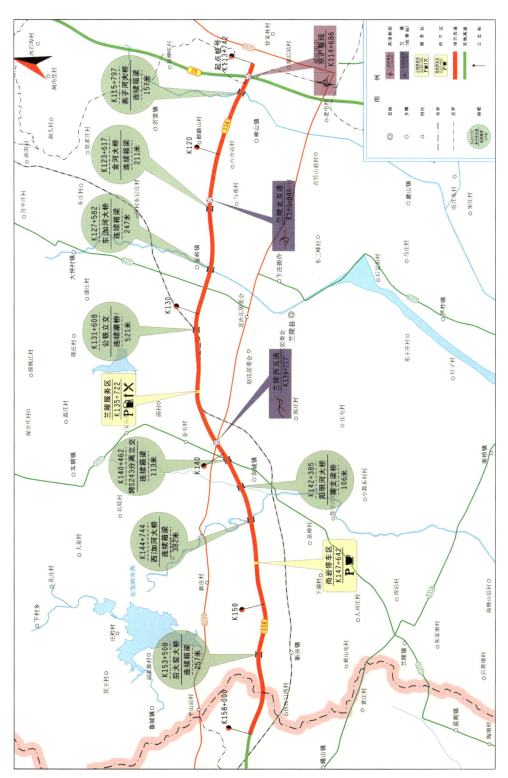

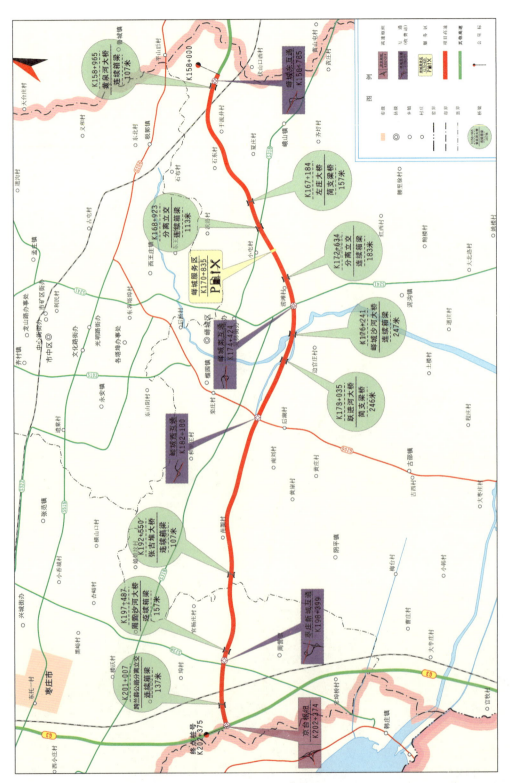

S38(岚山—菏泽)高速公路临沂至枣庄段路线平面总体图(二)

2)设计单位

山东省交通规划设计院。

3)咨询单位

河北省交通规划设计院。

4)施工单位

本项目有 24 个施工单位参与建设,其中主体工程 6 个,房建工程 4 个,机电工程 1 个,交通安全设施 13 个。

5)监理单位

本项目设置 1 个总监办公室,6 个土建监理办公室,2 个房建工程监理办公室,1 个机电工程监理办公室。

(二)建设情况

1. 项目准备阶段

1)项目审批

2009 年 5 月,交通运输部印发《关于临沂至枣庄公路初步设计的批复》(交公路发〔2009〕245 号)。

2010 年 1 月,省交通运输厅印发《关于临沂至枣庄公路施工图设计文件的批复》(鲁交规划〔2010〕16 号)。

2009 年 8 月,国土资源部印发《国土资源部关于临沂至枣庄公路控制工期的单位工程先行用地的批复》(国土资函〔2009〕717 号)。

2010 年 10 月,国土资源部印发《国土资源部关于临沂至枣庄公路枣庄段工程建设用地的批复》(国土资函〔2010〕909 号)。

2010 年 11 月,国土资源部印发《国土资源部关于临沂至枣庄公路临沂段工程建设用地的批复》(国土资函〔2010〕1100 号)。

2)合同段划分

根据各专业的工程内容划分标段如下。

设计标段:主体工程、交通工程、房建工程及机电工程共划分 1 个标段。

施工标段:根据工程内容的不同,主体工程 6 个标段,机电工程 1 个标段,房建工程 4 个标段,交通安全设施 13 个标段。

监理标段:根据工程内容设 1 个总监办公室,6 个主体工程驻地监理标段,2 个房建工程监理标段,1 个机电工程监理标段。

3)招投标

2009 年 8 月,确定山东路桥集团等 6 家单位中标主体工程施工。

2011年5月,确定山东合乐建设有限公司等4家单位中标房建工程施工。

2011年11月,确定紫光捷通科技股份有限公司中标机电工程施工。

2011年11月,确定南京金长江交通设施有限公司等13家单位中标交通安全设施工程施工。

2.项目实施阶段

主体工程于2009年11月开工,2012年10月12日完工。

房建工程于2011年6月开工,2012年11月完工。

机电工程于2012年5月开工,2012年12月完工。

交通安全设施工程于2012年4月开工,2012年10月完工。

2012年10月,山东省临沂至枣庄高速公路工程项目建设管理办公室组织专家对临枣高速公路进行了交工验收。

(三)科技创新

本项目建设单位与山东大学合作开展了"软质石料填筑高速公路路基的工程控制标准与施工工艺"课题研究,成果获山东高速集团2011年度创新成果技术类一等奖。

(四)运营养护管理

服务设施:全线设置尚岩停车区1处,设兰陵、峄城服务区各1处。

收费设施:共设置收费站6座,在兰陵北、兰陵西、峄城东、峄城南、峄城西、枣庄新城设置匝道收费站6座。截至2016年底,收费车道数量共计41条,其中ETC车道12条。

养护管理设施:本项目设置峄城养护工区1处,与峄城西收费站合址建设。

监控设施:本项目设置临枣路监控中心1处,负责本路段的运营监管。

运营管理模式的变化:2012年10月项目通车,由山东高速集团负责运营管理。

第十二节　S61青岛流亭机场高速公路

S61青岛流亭机场高速公路为原双埠—流亭高速公路,是连接G20青银高速公路和G22青兰高速公路的重要路段,是环胶州湾高速公路的续建项目,北接流亭互通,西连环胶州湾高速公路双埠互通,全长7km(表2-2-12)。

S61青岛流亭机场高速公路位置示意图

表 2-2-12

S61 青岛流亭机场高速公路项目信息采集表

序号	国高/地高	工程分段	路段起止桩号		规模(km)			建设性质(新建/改扩建)	设计速度(km/h)			路基宽度(m)			永久占地(亩)	投资情况(亿元)				建设时间(开工~通车)
			起点桩号	止点桩号	小计	八车道及以上	六车道	四车道		120	100	…	24.5	…	…		估算	概算	决算	资金来源	
1	地高	双埠至流亭段	K0+000	K7+000	7			√		√			√				2.8	2.8071		交通部补助,日元贷款,国内贷款、养路费列支	1996.10~1998.10
合计					7																

(一)项目概况

1. 基本情况

1)技术标准

项目地处青岛环胶州湾畔,平原微丘区地形,采用双向四车道高速公路标准,设计速度 100km/h,路基宽度 24.5m,桥涵设计汽车荷载等级采用汽车—超 20 级,挂车—120。

2)建设规模

本项目全长 7.0km,其中特大桥 584.7m/1 座,大桥 367.3m/1 座,互通式立交 1 处,分离式立交 5 座,收费站 1 处。

3)主要控制点

夏庄、流亭立交、仙山路、胶济铁路、双埠立交。

4)投资规模与资金筹措

项目概算总投资 2.8071 亿元。其中交通部补助 0.61 亿元,养路费列支 0.6971 亿元,日元贷款 0.5 亿元,国内银行贷款 1.0 亿元。

5)开工及通车时间

1996 年 10 月开工,1998 年 10 月通车。

2. 前期决策情况

1993 年 8 月,青岛市计委批复《流亭至双埠立交桥公路建设项目建议书》(计能交字〔1993〕307 号)。

1995 年,交通部批复《流亭至双埠立交桥公路项目建议书》(交计发〔1995〕378 号)。

1995 年,交通部批复《流亭至双埠立交桥公路可行性研究报告》(交计发〔1995〕1114 号)。

3. 参建单位主要情况

1)建设单位

青岛市公路建设指挥部。

2)设计单位

山东省交通规划设计院。

3)施工单位

北京市第三城市建设工程公司等 5 个单位参与路基桥涵工程建设。

(二)建设情况

1. 项目准备阶段

1)项目审批

1995 年,交通部批复《流亭至双埠立交桥公路工程初步设计》(交计发〔1995〕1223 号)。

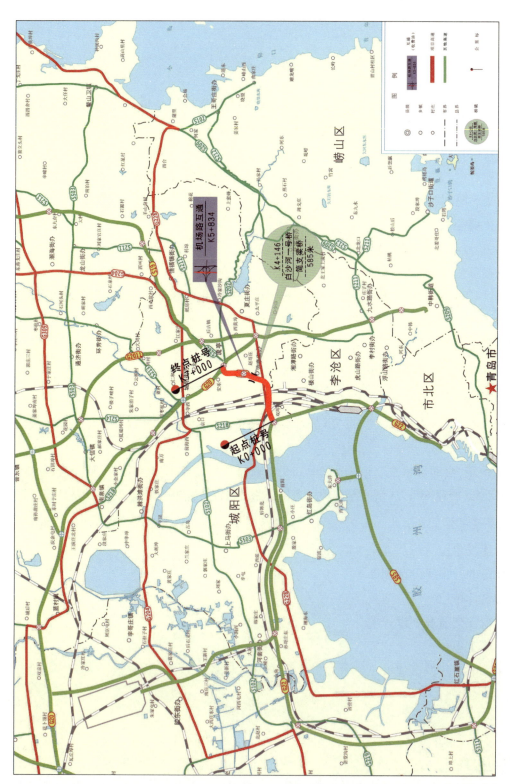

S61青岛流亭机场高速公路路线总体平面图

1996年10月,青岛市交通局印发《关于流亭至双埠立交桥公路工程的开工报告》(青交计字〔1995〕1号)。

2)合同段划分

设计标段为1个,施工标段划分为5个。

3)招投标

通过招投标,确定施工由北京市第三城市建设工程公司等5家施工单位中标。

2. 项目实施阶段

项目于1996年10月开工,1998年10月完工。

(三)运营养护管理

收费设施:项目原设置双埠收费站1处,现迁移至跨海桥东侧双埠西山村。

养护管理设施:本项目设置养护工区机场路分处1处。

第十三节　S7201东营港疏港高速公路

S7201东营疏港高速公路是山东省高速公路网中长期规划"9517"网的重要组成部分,起自东营市东营港,经河口区,止于利津县胜利大桥,全长60.167km,于1995年12月全线贯通(表2-2-13)。该项目立项时名称为S227东营至红花埠高等级公路东营港至胜利大桥段工程。本项目的建设,形成了东营港疏港大动脉,对于提升东营港集疏运系统、适应港口吞吐量快速增长需求、支撑港口建设、推动港城一体化发展具有重要意义。

(一)项目概况

1. 基本情况

1)技术标准

项目地处黄河入海口,海相冲、海积平原区地形。采用双向四车道高速公路标准,设计速度100km/h,路基宽度24.5m。桥涵设计汽车荷载等级采用汽车—超20级,挂车—120。

2)建设规模

项目建设里程60.167km,其中大桥202.5m/1座,中桥202.08m/3座,互通式立交4处,分离式立交4座,主线收费站2处(东吕高速公路与其联网后,终点主线站改为集贤立交匝道站),匝道收费站3处,养护工区1处。

3)主要控制点

东营港、仙河互通、孤岛互通、马场互通、黄河故道大桥、集贤互通。

山 东
高速公路建设实录

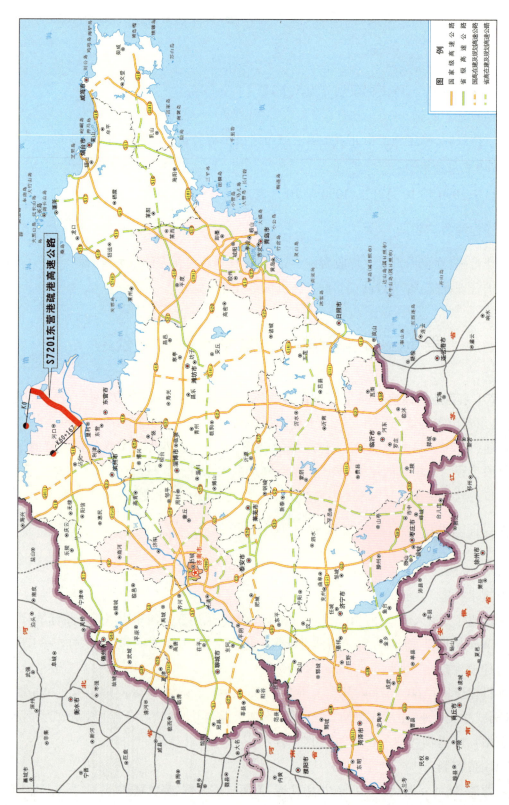

S7201东营港疏港高速公路网位置示意图

718

S7201 东营港疏港高速公路项目信息采集表

表 2-2-13

序号	国高/地高	路段起止桩号			规模(km)					建设性质(新建/改建/扩建)	设计速度(km/h)			路基宽度(m)				永久占地(亩)	投资情况(亿元)			资金来源	建设时间(开工~通车)	备注 4A级以上主要景区名称
		工程分段	起点桩号	止点桩号	小计	八车道及以上	六车道	四车道			120	100	…	28	26	24.5	…		估算	概算	决算			
1	地高	东营港—胜利大桥	K0+000	K60+167	60.167			√		新建		√				√			4.74295	5.19607		省交通厅筹措	1993.10~1995.12	
合计					60.167																			

4) 投资规模与资金筹措

项目概算投资 5.1960 亿元。由省交通厅筹措。

5) 开工及通车时间

1993 年 11 月开工建设,1995 年 12 月建成通车。

2. 前期决策情况

1993 年,省交通厅印发《关于东红线东营港至东营黄河大桥段公路工程可行性研究报告的函》(鲁交工〔1993〕18 号)。

1993 年 5 月,省计委印发《关于东红线东营港至黄河大桥段公路工程可行性研究报告的批复》[鲁计工〔1993〕(基)字第 313 号]。

3. 参建单位主要情况

1) 建设单位

本项目建设单位是山东省公路管理局,项目执行机构是东营市公路管理局。

2) 设计单位

主体工程:东营公路勘测设计院。

交通工程:东营公路勘测设计院。

3) 施工单位

本项目有 19 个施工单位参与建设,其中主体工程由东营市公路局公路工程处等 10 家单位承建,交通安全设施由博山道路标线材料厂等 9 家单位承建。

4) 监理单位

本项目设置 1 个总监办公室,负责全线施工监理工作;4 个驻地监理办公室,负责监理区段内路基路面工程、交通安全设施工程的施工监理工作。

(二) 建设情况

1. 项目准备阶段

1) 项目审批

1993 年 09 月,省交通厅印发《关于东红线东营港至黄河大桥段一级汽车专用公路初步设计及概算的批复》(鲁交公〔1993〕第 53 号)。

1993 年 08 月,黄河水利委员会黄河河口管理局印发《关于东红公路穿越黄河故道问题的批复》(黄管发〔1993〕第 23 号)。

1993 年 11 月,省公路管理局印发《东营港至胜利大桥一级汽车专用公路路基小桥涵工程施工图设计预算的批复》(鲁路工〔1993〕第 231 号)。

2) 合同段划分

施工:路基工程分为 6 个合同段,路面工程为 4 个合同段,交通设施为 9 个合同段。

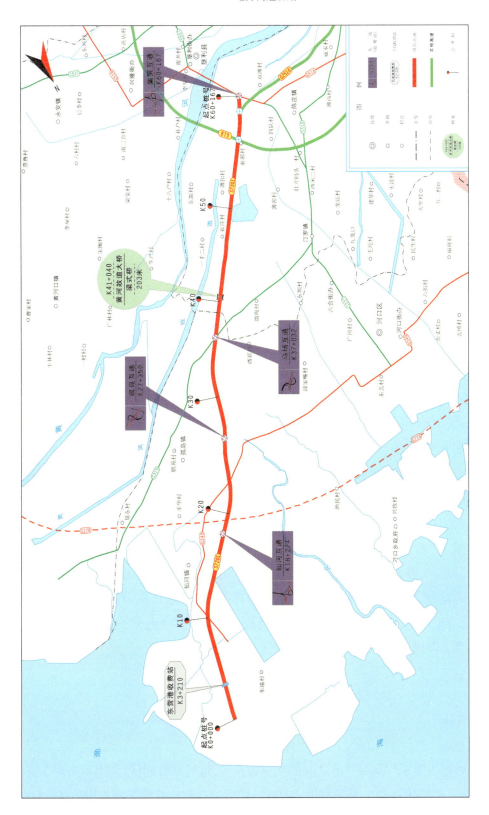

S7201东营港疏港高速公路路线总体平面图

监理:设1个总监处和4个驻地监理处。

3)招投标

1993年8月,东营市公路建设指挥部组织开展了本项目施工招标工作,分别按路基工程和大中桥分离式立交、路面工程、交通安全设施工程分阶段进行招标。

2.项目实施阶段

主体工程1993年11月开工,1995年10月完工。

(三)运营养护管理

收费设施:本项目共设置收费站5处,其中在集贤乡、东营港经济开发区设主线收费站2座(与东吕高速公路联网后,集贤主线站改为匝道站),在马场、孤岛、仙河镇设置匝道收费站3处。截至2016年底,收费车道数量共计28条,其中ETC车道10条。

养护管理设施:本项目设置1处劳动服务公司。

运营管理模式的变化:本路段建成通车后由省交通厅公路局负责运营管理,2016年1月,根据省政府鲁政办字〔2015〕148号文件,由齐鲁交通发展集团有限公司运营管理。

第十四节　S7401烟台港莱州港区疏港高速公路

山东省拥有3000多公里的海岸线,非常重视沿海港口的发展。2005年以来,在充分调研的基础上,山东省委、省政府连续召开了全省沿海港口工作会议和沿海港口现场观摩会,研究确立了全省港口发展战略思路、战略规划、战略目标和战略措施,明确了"十一五"港航发展的任务目标。

2007年5月,山东省委、省政府召开了全省海洋经济会议,确定了推进海洋经济又好又快发展的新思路,新目标,进一步明确了沿海港口发展思路,并提出了新的更高的要求。

本项目的建设,对加快沿海港口集疏运通道体系建设、拓宽港口腹地、改善集疏运条件、促进和适应港口快速发展奠定了坚实的基础。S7401烟台港莱州港区疏港高速公路项目信息见表2-2-14。

(一)项目概况

1.基本情况

1)技术标准

项目地处低山微丘与滨海平原之间的平原微丘区,地势略有起伏,采用双向四车道高速公路标准,设计速度100km/h,路基宽度26.0m。桥涵设计汽车荷载等级采用公路—I级。

第二篇/第二章
———————————
地方高速公路

S7401烟台港莱州港区疏港高速公路位置示意图

S7401 烟台港莱州港区疏港高速公路项目信息采集表

表 2-2-14

序号	国高/地高	工程分段	路段起止桩号		规模（km）				建设性质（新建/改扩建）	设计速度（km/h）	路基宽度（m）	永久占地（亩）	投资情况（亿元）			资金来源	建设时间（开工~通车）	4A级以上主要景区名称	备注
			起点桩号	止点桩号	小计	八车道及以上	六车道	四车道					估算	概算	决算				
1	地高	烟台港莱州港区疏港公路	K3+860	K19+869	16.009			√	新建	120100…	28…	2202.64	7.9454	7.7643	5.8560	交通运输部补助、省交通运输厅自筹、银行贷款	2009.12~2012.2		
合计					16.009														

724

2）建设规模

本项目全长16.009km，其中大桥1254.2m/4座，中桥317.64m/6座，互通式立交1处，分离式立交4座，天桥3座，收费站1处。

3）主要控制点

G237、大莱龙铁路、G206、G18荣乌高速公路（梁郭枢纽）。

4）投资规模与资金筹措

项目概算总投资7.2798亿元，其中交通部补助和省交通厅自筹2.4436亿元，其余由省交通厅申请银行贷款。竣工决算投资5.8560亿元，平均每公里造价3657.94万元。

5）开工及通车时间

2009年12月开工建设，2012年2月建成通车。

2. 前期决策情况

2008年11月，省发改委印发《关于烟台港莱州港区疏港公路可行性研究报告的批复》（鲁发改交能〔2008〕857号）。

3. 参建单位主要情况

1）建设单位

本项目法人单位为山东省交通厅公路局，烟台市公路管理局为业主代表。

2）设计单位

山东省交通规划设计院。

3）施工单位

本项目有7个施工单位参与建设，其中主体工程2个，房建工程1个，绿化工程1个，交通安全设施1个，收费设施1个，机电工程1个。

4）监理单位

本项目设2个驻地监理办公室。

（二）建设情况

1. 项目准备阶段

1）有关批复

2008年，省交通厅和省发改委印发《关于烟台港莱州港区疏港公路初步设计的批复》（鲁交规划〔2008〕222号）。

2）合同段划分

设计标段：主体工程2个标段，房建工程1个标段，绿化工程1个标段，机电工程1个标段。

山 东
高速公路建设实录

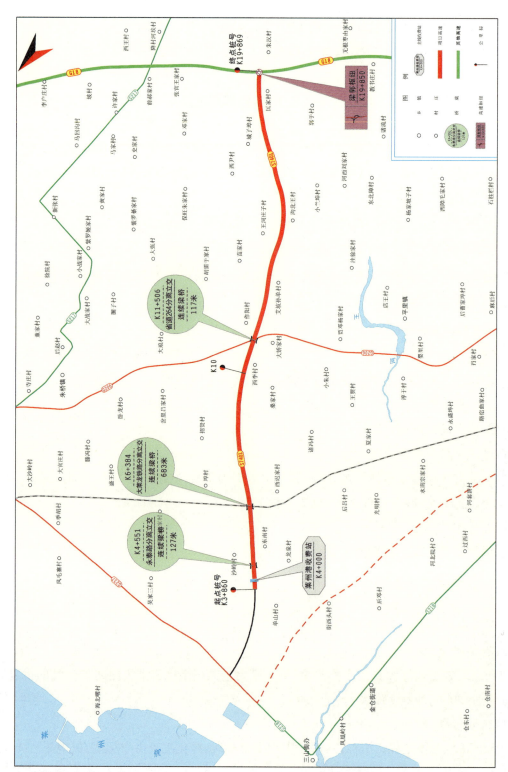

S7401烟台港莱州港区疏港高速公路路线总体平面图

施工标段：主体工程2个标段，机电工程1个标段，房建工程1个标段，绿化工程1个标段，交通安全设施2个标段。

监理标段：设1个主体工程驻地监理标段，1个机电工程监理标段。

3）招投标

通过公开招标，确定本项目设计单位为山东省交通规划设计院。确定沈阳市政集团有限公司和山东宏昌路桥工程有限公司为主体工程施工单位；确定紫光捷通科技股份有限公司为机电工程施工单位；确定烟台市德福建筑工程有限公司为房建工程施工单位；确定山东省高速路桥养护有限公司为绿化工程施工单位；确定四川西都交通配套设施有限责任公司、烟台鲁东设备安装有限公司为交通安全设施工程施工单位；确定济南金诺公路工程监理有限公司、天津市国腾公路咨询监理有限公司为本项目施工监理单位。

2.项目实施阶段

2011年12月，完成主体、房建、交通安全设施、收费广场、机电工程交工验收。

2012年2月，完成绿化工程交工验收。

（三）运营养护管理

收费设施：本项目设置莱州港收费站1处，截至2016年底，共有收费车道8条，其中ETC车道2条。

运营管理模式的变化：本路段建成后由省厅公路局负责运营管理；2016年2月，根据省政府鲁政办字〔2015〕148号文，本路段由齐鲁交通发展集团运营管理。

第十五节　S7402烟台港西港区疏港高速公路

S7402烟台港西港区疏港高速公路是山东省高速公路网中长期规划"9517"网的组成部分，是进出烟台西港区的交通要道。起点位于西港区大门附近，终点接G18荣乌高速公路八角枢纽（原烟台绕城高速公路终点），全长12.8km。本项目的建设，形成了进出烟台西港区的快速通道，使港区和山东省公路网有机连接，对于实现烟台西港区功能、促进区域经济快速发展具有重要意义。

本项目共包含2段：烟台港西港区疏港高速公路段，长9.4km；八角至侯家段，路段长3.4km，为路网调整后从G18荣乌高速公路划入，相关内容包含在G18荣乌高速公路中（表2-2-15）。

本节详述S7402烟台港西港区疏港高速公路段的内容。

山东
高速公路建设实录

S7402 烟台港西港区疏港高速公路位置示意图

表 2-2-15

S7402 烟台港西港区疏港高速公路项目信息采集表

序号	国高/地高	工程分段	路段起止桩号		规模（km）					建设性质（新建/改扩建）	设计速度（km/h）	路基宽度（m）	永久占地（亩）	投资情况（亿元）			资金来源	建设时间（开工~通车）	4A级以上主要景区名称	备注
			起点桩号	止点桩号	小计	八车道及以上	六车道	四车道						估算	概算	决算				
1	地高	烟台港西港区疏港高速	K0+000	K9+400	9.4			√	新建	120	28	1305	3.82	4.63	4.13	交通运输部补助，省交通运输厅自筹，银行贷款	2008.12 ~ 2011.11		
2	地高	八角至侯家段	K9+400	K12+800	3.4			√		100	26								
	合计				12.8					…	…								包含在G18中

(一)项目概况

1. 基本情况

1)技术标准

项目所经区域地形地貌为低山丘陵,采用双向四车道高速公路标准,设计速度100km/h,路基宽度26.0m,桥涵设计汽车荷载等级采用公路—Ⅰ级。

2)建设规模

项目全长9.4km,大桥127.06m/1座;中桥243.0m/4座;互通式立交2处;分离式立交2座;天桥4座;主线收费站1处,匝道收费站1处。

3)主要控制点

侯家互通(G228)、芦洋互通、烟台港西港区东门。

4)投资规模与资金筹措

工程概算投资4.11亿元,竣工决算投资4.13亿元。建设资金由交通运输部补助、省交通运输厅自筹,以及银行贷款。

5)开工及通车时间

2008年12月正式开工建设,2011年11月建成通车。

2. 前期决策情况

2007年5月,省发改委印发《关于烟台港西港区疏港公路工程可行性研究报告的批复》(鲁发改能交〔2007〕274号)。

2007年,省环保局出具《山东省环境保护局对烟台港西港区疏港公路的批复》(鲁环报告表〔2007〕19号)。

3. 参建单位主要情况

1)建设单位

建设单位为山东省交通厅公路局,业主代表为烟台市公路管理局。

2)设计单位

山东省交通规划设计院。

3)咨询单位

山东通达路桥规划设计有限公司。

4)施工单位

本项目主体工程由山东泰华路桥工程有限公司和山东省公路建设集团有限公司承建;机电工程由紫光捷通科技股份有限公司承建;房建工程由烟台市只楚建筑工程有限公司承建;绿化工程由烟台芳草地绿化工程有限公司承建;交通安全设施工程由滁州海通交通

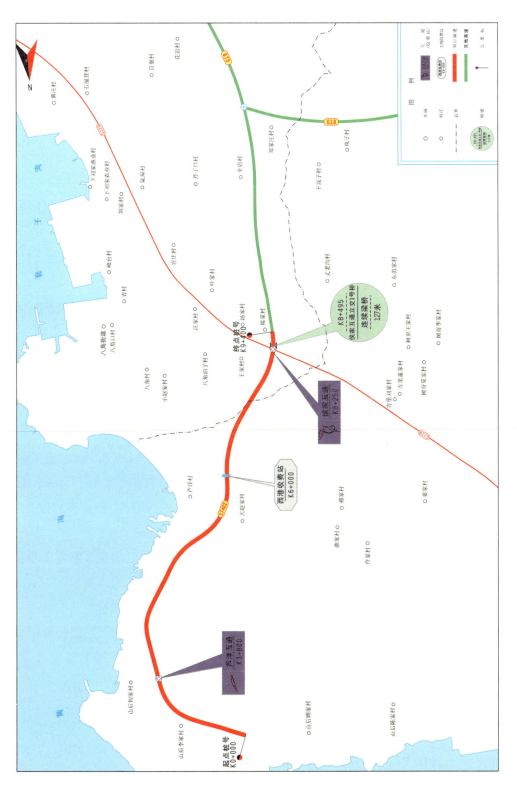

S7402烟台港西港区疏港高速公路路线总体平面图

设施有限公司和江苏省建工集团有限公司承建。

5)监理单位

本项目主体工程施工由烟台市方正公路工程监理咨询有限公司监理,机电工程施工由天津市国腾公路咨询监理有限公司监理。

(二)建设情况

1. 项目准备阶段

1)项目审批

2007年7月,省交通厅、省发改委印发《关于烟台港西港区疏港公路初步设计的批复》(鲁交规划〔2007〕113号)。

2008年11月,省交通厅印发《关于烟台港西港区疏港高速两阶段施工图设计文件的批复》(鲁交规划〔2008〕200号)。

2008年8月,国土资源部印发《国土资源部关于烟台港西港区疏港公路工程建设用地的批复》(国土资函〔2008〕552号)。

2008年,省交通厅批复《施工许可申请书》。

2)合同段划分

根据各专业的工程内容划分标段如下:

设计标段1个。

施工标段:根据工程内容的不同,主体工程2个标段,机电工程1个标段,房建工程1个标段,绿化工程1个标段,交通安全设施2个标段。

监理标段:根据工程内容设1个主体工程驻地监理标段,1个机电工程监理标段。

3)招投标

主体工程施工、监理:2008年11月主体工程、驻地监理公开招标,确定2家施工单位、1家监理单位中标。

房建工程:2010年9月26日完成了招标工作,确定1家施工单位中标。

绿化、交通安全、广场设施、机电工程及机电监理处:2011年3月绿化工程公开招标,确定1家单位中标;2011年8月交通安全设施、房建工程、机电工程及机电监理公开招标,各有1家单位中标。

2. 项目实施阶段

主线土建工程于2008年12月开工,2011年11月完工。

房建工程于2010年10月开工,2011年9月完工。

2011年11月,省交通厅质监站对本工程进行交工验收质量评定,得分99.1分,工程质量等级为合格。

（三）科技创新

结合本项目,长安大学在 K0+829.8~K1+163.77 段右幅完成了季冻冰海地区高弹性桥面铺装抑制冻结技术课题研究。2013 年 12 月,研究成果通过专家鉴定,达到国际领先水平。

（四）运营养护管理

收费设施:本项目共设置收费站 2 座,其中主线收费站 1 座、匝道收费站 1 座。截至 2016 年底,收费车道共 12 条,其中 ETC 车道 4 条。

运营管理模式的变化:本路段建成后由省厅公路局负责运营管理,2015 年 8 月,根据省政府鲁政办字〔2015〕148 号文,本路段由齐鲁交通发展集团运营管理。

第十六节　S7601 青岛前湾港区 1 号疏港高速公路

S7601 青岛前湾港区 1 号疏港高速公路全长 11.234km,按照建设时序可分为三段（表 2-2-16）。

黄岛东枢纽至胶州湾大桥终点段,长 1.068km,该路段内容包含在 G22 青兰高速公路环胶州湾段中。

管家楼至黄岛东枢纽段（原环胶州湾高速公路）,长约 5.926km,该路段内容包含在 G22 青兰高速公路青岛段中。

前湾港区西大门至管家楼段（原青岛前湾港区疏港高速公路）,长 4.24km。本路段起自青岛前湾港区西大门,终点位于环胶州湾高速公路终点——管家楼收费站。本项目主要解决青岛港外贸集装箱西移前湾港造成的黄岛区（开发区）疏港交通紧张及其与城市交通分离问题,缓解了黄岛区"二纵三横"主框架城市道路的压力,对促进区域国民经济发展和推动社会经济交流都具有重要意义。

本节详述 S7601 青岛前湾港区疏港高速公路段的内容。

（一）项目概况

1. 基本情况

1）技术标准

项目地处鲁东丘陵区,采用双向四车道高速公路标准,设计速度 80km/h,路基宽度

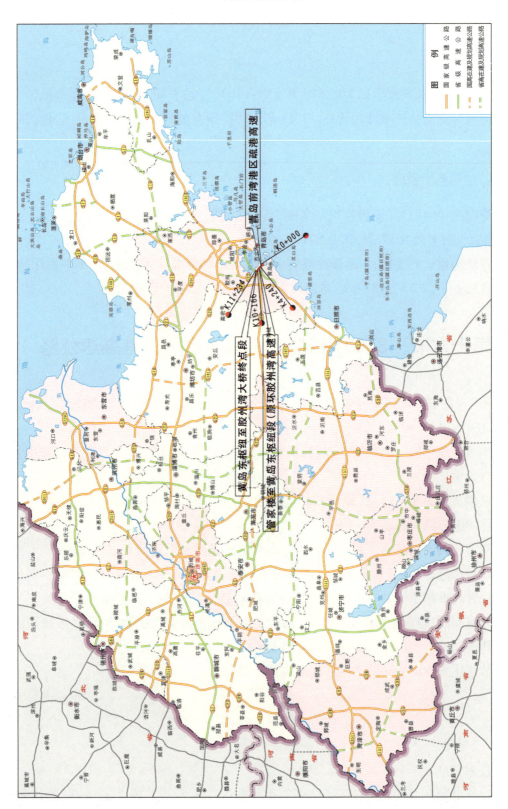

S7601 青岛前湾港区1号疏港高速公路位置示意图

S7601 青岛前湾港区 1 号疏港高速公路项目信息采集表

表 2-2-16

序号	国高/地高	工程分段	路段起止桩号		规模 (km)				建设性质(新建/改扩建)	设计速度 (km/h)	路基宽度 (m)	永久占地(亩)	投资情况(亿元)			建设时间(开工~通车)	4A 级以上主要景区名称	备注
			起点桩号	止点桩号	小计	八车道及以上	六车道	四车道					估算	概算	决算	资金来源		
1		青岛前湾港区疏港高速公路段	K0+000	K4+240	4.24			√	新建	100	35		2.7	2.5		青岛市自筹,银行贷款	2003.1~2003.10		
2	地高	管家楼至黄岛东枢纽(原环胶州湾高速公路)段	K4+240	K10+166	5.926		√			80	23								包含在 G22 中
3		黄岛东枢纽至胶州湾大桥终点段	K10+166	K11+234	1.068			√		40	…								包含在 G22 中
合计					11.234					…	…								

23.0m;桥涵设计汽车荷载等级采用公路—Ⅰ级。

2）建设规模

本项目建设里程4.24km,其中特大桥4012m/1座。

3）主要控制点

前湾港西大门、辛安路、胶黄铁路、淮河路、江山路、原管家楼收费站。

4）投资规模与资金筹措

本项目估算总投资2.7亿元,竣工决算投资为2.5亿元。项目资本金1.0亿元由青岛市负责筹措,其余申请银行贷款。

5）开工及通车时间

2002年12月开工建设,2003年10月建成通车。

2. 前期决策情况

2002年12月,青岛市发展计划委员印发《关于青岛疏港专用公路项目建议书的批复》（青计基础〔2002〕601号）。

3. 参建单位主要情况

1）建设单位

青岛市公路管理局。

2）设计单位

山东省交通规划设计院。

3）施工单位

黄岛区公路管理段、青岛市公路工程处、胶南市公路管理局、青岛市市区公路管理处。

4）监理单位

青岛市交通工程监理咨询有限公司。

（二）建设情况

1. 项目准备阶段

1）项目审批

2003年6月,青岛市环境保护局印发《关于疏港专用公路项目环保问题的函》（青环督函〔2003〕1号）。

2）合同段划分

设计1个标段,施工4个标段,监理1个标段。

3）招投标

招标确定4家施工单位中标和1家施工监理单位中标。

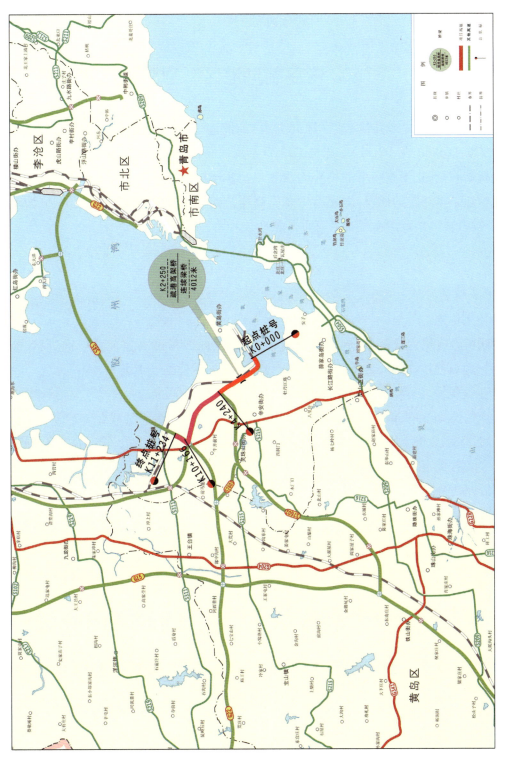

S7601青岛前湾港区1号疏港高速公路路线总体平面图

2. 项目实施阶段

2002年12月开工,2003年10月建成通车。

第十七节　S7602青岛前湾港区2号疏港高速公路

本项目为G15沈海高速公路(原同三线)前湾港疏港连接线,位于山东省胶州湾西岸,全长26.146km(表2-2-17)。起自G22青兰高速公路(原青岛环胶州湾高速公路)管家楼收费站附近,止于胶南市的小邓陶西北,与G15沈海高速公路胶州至两城段相连于胶南北枢纽。本路段的建设,对完善山东省高速公路网和促进沿海地区经济、旅游业发展,以及提升港口集疏运水平都具有重要意义。

（一）项目概况

1. 基本情况

1）技术标准

路线所经区域为丘陵区,地形较为复杂,采用双向四车道高速公路标准,设计速度120km/h,路基宽度28.0m。桥涵设计汽车荷载等级采用公路—Ⅰ级。

2）建设规模

本项目长26.146km,大桥1363.54m/3座,中桥592.52m/9座,互通式立交2处(均为服务型互通),分离式立交1座,天桥22座,主线收费站1处,匝道收费站2处,管理养护分处1处。

3）主要控制点

环胶州湾高速公路、灵珠山互通(S7603)、胶南北互通(G204)、沈海高速公路(G15)。

4）投资规模与资金筹措

本项目概算投资7亿元。交通部补助1.308亿元,青岛市自筹1.143亿元,申请银行贷款4.549亿元。

5）开工及通车时间

2001年12月底开工建设,2003年12月建成通车。

2. 前期决策情况

2001年4月,国家发展计划委员会印发国家批同江至三亚国道主干线山东莱西至汾水公路工程可行性研究报告的请示的通知(计基础〔2001〕572号)。

3. 参建单位主要情况

1）建设单位

本项目建设单位为青岛市交通运输委员会,项目执行机构为青岛市公路建设指挥部。

第二篇/第二章
地方高速公路

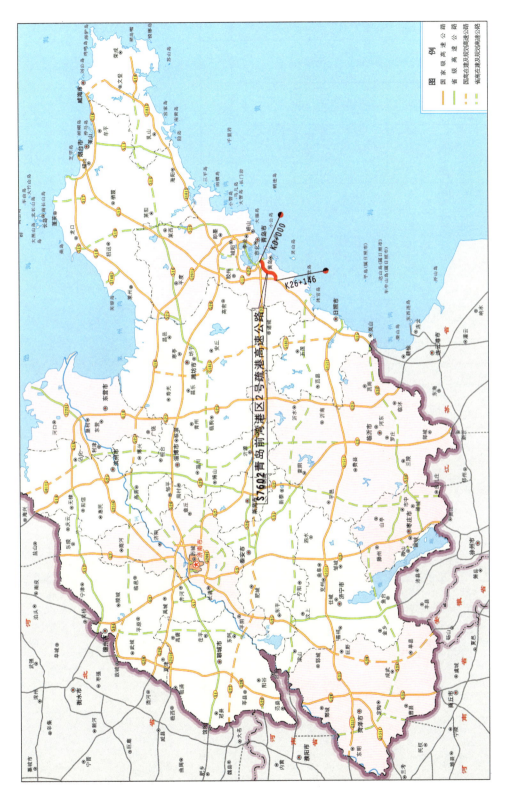

S7602青岛前湾港区2号疏港高速公路位置示意图

S7602 青岛前湾港区 2 号疏港高速公路项目信息采集表

表 2-2-17

序号	国高/地高	工程分段	路段起止桩号		规模(km)				建设性质(新建/改扩建)	设计速度(km/h)	路基宽度(m)	永久占地(亩)	投资情况(亿元)				建设时间(开工~通车)	4A 级以上主要景区名称	备注
			起点桩号	止点桩号	小计	八车道及以上	六车道	四车道					估算	概算	决算	资金来源			
1	地高	S7602 青岛前湾港区 2 号疏港高速公路(原前湾港三线疏港连接线)	K0+000	K26+14626.146				√	√	120 100 …	28 …	…	6.9995			交通部补助,青岛市自筹,银行贷款	2001.12 ~ 2003.12		
合计																			

2）设计单位

主体工程：山东省交通规划设计院。

房建工程：青岛腾远设计事务所。

交通工程：山东省交通规划设计院。

绿化工程：北京交科公路勘察设计院。

机电工程：山东中创软件工程股份有限公司。

3）咨询单位

中创软件工程股份有限公司、北京中交京华公路技术公司、北京中交公路规划设计院。

4）施工单位

本项目有8个施工单位参与建设，其中主体工程3个，机电工程1个，交通安全设施4个。

5）监理单位

主体工程：山东省交通工程监理咨询公司。

机电工程：北京华路捷公路工程技术咨询有限公司。

（二）建设情况

1．项目准备阶段

1）项目审批

2001年8月，交通部印发《关于同江至三亚国道主干线山东莱西至汾水公路初步设计的批复》及其附件《同江至三亚国道主干线山东莱西至汾水公路初步设计审核意见》（交公路发〔2001〕428号）。

2）合同段划分

根据各专业的工程内容划分标段如下：

设计标段：主体工程设计划分1个标段，机电工程设计划分1个标段。

施工标段：根据工程内容不同分主体工程4个标段，机电工程1个标段，交通安全设施5个标段。

监理标段：1个主体工程驻地监理标段，1个机电工程监理标段。

3）招投标

2001年9月，通过公开招标，确定主体工程施工由青岛公路建设集团有限公司等3家单位中标，机电工程施工由江苏安防科技有限公司中标；施工监理由山东省交通工程监理咨询公司和北京华路捷公路工程技术咨询有限公司2家单位中标。

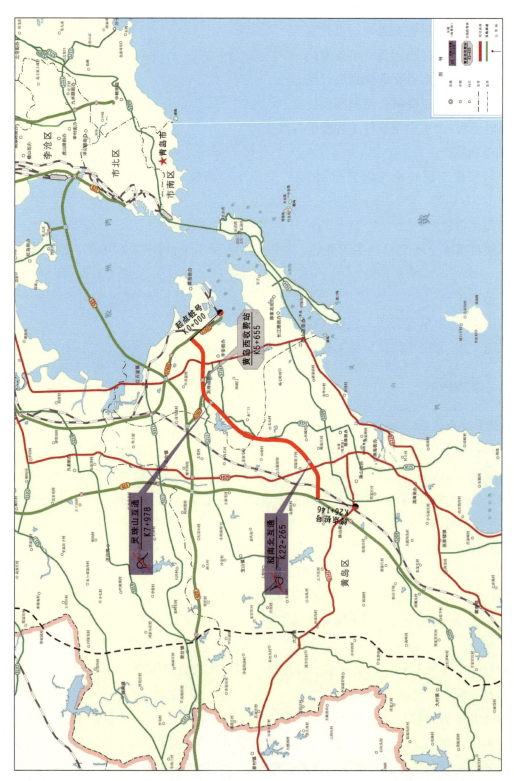

S7602青岛前湾港区2号疏港高速公路路线总体平面图

2002年10月,确定交通安全设施工程施工由广东省交通发展公司等4家单位中标。

2.项目实施阶段

2001年12月底开工建设,2003年12月建成通车。

(三)运营养护管理

收费设施:本项目在黄岛西、灵珠山、胶南北共设置收费站3处。根据黄岛区整体规划需要,在2012年实施了管家楼收费站迁移工程,拆除原前湾港区疏港1号高速公路管家楼收费站,在疏港2号高速公路K5+655处设置了黄岛西主线收费站。截至2016年底,收费车道数量共计22条,其中ETC车道4条。

养护管理设施:本项目设置疏港路管理分处1处。

第十八节　S7603青岛前湾港区3号疏港高速公路

S7603青岛前湾港区3号疏港高速公路是山东省高速公路网中长期规划"9517"网中的重要组成部分,项目起自青岛市黄岛区与G22青兰高速公路交叉的徐村枢纽,止于与S7602青岛前湾港区2号疏港高速公路交叉的辛安枢纽,全长4.187km(表2-2-18)。

该项目原为G22青兰高速公路与S7602青岛前湾港区2号疏港高速公路之间的连接线,与G22青兰高速公路青岛段一并立项建设,由于山东省高速公路路网调整,更名为S7603青岛前湾港区3号疏港高速公路。

本项目的建设,连接了G22青兰高速公路与S7602青岛前湾港区2号疏港高速公路,形成了青岛前湾港快速疏港通道,对于拓宽青岛港港口腹地、改善集疏运条件、促进港口快速发展具有重要作用。

(一)项目概况

1.基本情况

1)技术标准

项目所经区域地形地貌为低山丘陵,采用双向四车道高速公路标准,设计速度120km/h,路基宽度28.0m,桥涵设计汽车荷载等级采用公路—Ⅰ级。

2)建设规模

本项目建设里程4.187km,其中大桥187.45m/1座、中桥78.39m/1座;互通式立交2处;天桥2座。

S7603青岛前湾港区3号疏港高速公路位置示意图

S7603 青岛前湾港区 3 号疏港高速公路项目信息采集表

表 2-2-18

序号	国高/地高	工程分段	路段起止桩号		规模（km）				建设性质（新建/改扩建）	设计速度（km/h）	路基宽度（m）	永久占地（亩）	投资情况（亿元）			资金来源	建设时间（开工～通车）	4A级以上主要景区名称	备注
			起点桩号	止点桩号	小计	八车道及以上	六车道	四车道					估算	概算	决算				
1	地高	S7603	K0+000	K4+187	4.187			√	新建	120	28	6063.58	17.8	18.834	17.388	交通部补助，省交通厅自筹、银行贷款	2005.4～2007.12		项目占地，投资包含在青岛段 G22 S7601（G22 与跨海大桥连接线）高速公路 42.205km 中
合计					4.187														

3）主要控制点

徐村枢纽、辛安枢纽。

4）投资规模与资金筹措

本项目与 G22 青兰高速公路青岛段（原国家重点公路青岛—红旗拉甫青岛段）一并立项建设,项目概算投资 18.834 亿元（含 G22 青兰高速公路青岛段 42.205km）,竣工决算投资 17.388 亿元。其中,交通部补助 1.33 亿元,省交通厅自筹 3.4022 亿元,银行贷款 12.656 亿元。

5）开工及通车时间

2005 年 4 月开工建设,2007 年 12 月建成通车,2010 年 8 月竣工验收。

2. 前期决策情况

2003 年 12 月,省计委印发《关于国家重点公路青岛—红旗拉甫线青岛段可行性研究报告的批复》（鲁计基础〔2003〕1518 号）。

2004 年 8 月,省环保局印发《关于国家重点公路青岛—红其拉甫线青岛段高速公路建设项目环境影响报告书的批复》（鲁环审〔2004〕79 号）。

3. 参建单位主要情况

1）建设单位

本项目建设单位为山东省交通厅公路局,执行机构为青岛市公路管理局。

2）设计单位

主体、房建、交通和机电工程设计单位：山东省交通规划设计院。

绿化工程设计单位：北京中交国路环境景观园林工程技术有限公司。

3）咨询单位

中国公路工程咨询监理总公司。

4）施工单位

本项目与 G22 青兰高速公路青岛段共有 43 个施工单位参与建设,其中主体工程 4 个,房建工程 6 个,机电工程 3 个,交通安全设施 16 个,绿化工程 5 个,房间设备 9 个。

5）监理单位

本项目设置 1 个总监办公室,2 个土建监理办公室,1 个房建工程监理办公室,1 个机电工程监理办公室。

（二）建设情况

S7603 青岛前湾港区 3 号疏港高速公路,与 G22 青兰高速公路青岛段（原青岛—红旗拉甫青岛段）一并实施。

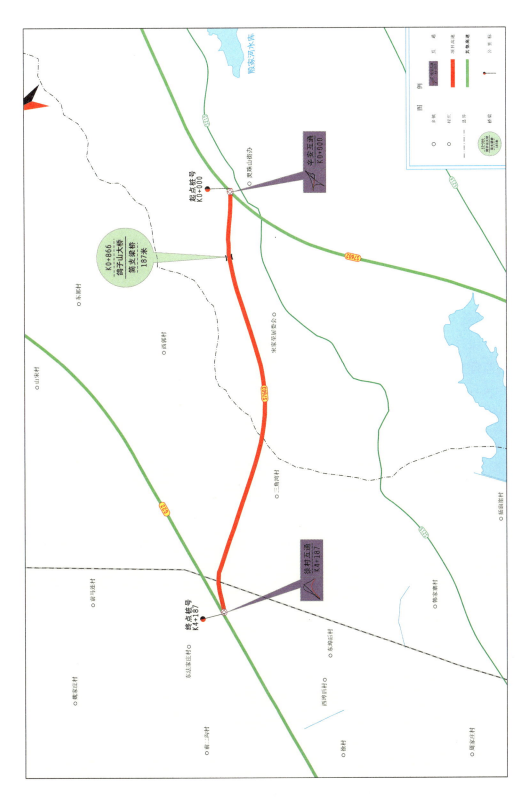

1. 项目准备阶段

1）项目审批

2004年6月,省发改委、省交通厅印发《关于青岛至红其拉甫线青岛端公路初步设计的批复》(鲁交规划〔2004〕89号)。

2005年4月,省交通厅公路局印发《关于济南至青岛高速公路控制工期的单体工程先行用地的通知》(鲁路基函〔2005〕7号)。

2006年9月,省交通厅印发《关于国家高速公路青岛至兰州线青岛段施工图设计的批复》(鲁交规划〔2006〕175号)。

2）合同段划分

根据各专业的工程内容划分标段如下(含G22青兰高速公路青岛段)：

设计标段：主体工程、房建工程、机电工程1个标段,绿化工程1个标段。

施工标段：主体工程4个标段,机电工程3个标段,房建工程4个标段,房建装修2个标段,房建设备11个标段,绿化工程5个标段,交通安全设施18个标段。

监理标段：1个总监办公室,2个主体工程驻地监理标段,1个房建工程监理标段,1个机电工程监理标段。

3）招投标

经过招标,2004年11月,确定中铁十四局集团第五工程有限公司等4家单位中标主体工程;2005年5月,确定南京钟山园林工程有限公司等5家单位中标绿化工程;2007年7月,确定中咨泰克交通工程有限公司等3家单位中标机电工程;2007年9月,确定四川金城栅栏工程有限公司等18家单位中标交通安全设施工程。

2004年12月,确定山东东泰工程咨询有限公司等3家监理单位中标主体工程和房建工程监理;2007年7月,确定重庆中宇工程咨询有限责任公司中标机电工程监理。

2. 项目实施阶段

主体工程于2005年4月开工,2007年10月18日完工。

房建工程于2007年4月开工,2007年12月完工。

机电工程于2007年8月开工,2007年12月完工。

交通安全设施工程于2007年8月开工,2007年12月完工。

绿化工程于2007年7月开工,2007年12月完工。

2007年12月,省交通厅公路局组织进行了交工验收。

(三)运营养护管理

养护管理实施：本项目与G22青岛至兰州高速公路青岛段合并管养,不单独设养护工区。

监控设施:本项目与 G22 青兰高速公路青岛段合并设置胶南监控中心,负责黄岛区区域和胶州市区域的运营监管。

运营管理模式的变化:本路段建成后由省厅公路局负责运营管理;2015 年 8 月,根据省政府鲁政办字〔2015〕148 号文,本路段由齐鲁交通发展集团运营管理。

第十九节　S7801 日照石臼港区疏港高速公路

S7801 日照石臼港区疏港高速公路是山东省高速公路网中长期规划"9517"网中的重要组成部分,起自日照港七号门,止于付疃河以北与 G15 沈海高速公路交叉的日照南枢纽,全长 13.629km,于 2011 年 10 月全线贯通(表 2-2-19)。

本项目的建设,有利于解决日照市疏港道路城市车辆和港口集疏运车辆混行的问题,对于拓宽日照港港口腹地、改善集疏运条件、促进港口快速发展具有重要作用。

(一)项目概况

1. 基本情况

1)技术标准

项目区域属鲁东南丘陵山区,地势西高东低,地质多为亚砂土、粉砂亚砂土。

采用双向六车道高速公路标准,路基宽度 33.5m,设计时速 100km/h,桥涵设计汽车荷载等级采用公路—Ⅰ级。

2)建设规模

本项目全长 13.629km,特大桥 1357m/1 座,大桥 2008.44m/6 座,中桥 652.96m/8 座,互通式立交 1 处,分离式立交 8 座,主线收费站 1 处。

3)主要控制点

石臼港区七号门、奎山、G204、菏日铁路、日照南枢纽(G15)。

4)投资规模

项目概算投资 12.96 亿元。建设资金由交通部补助、省交通厅自筹和银行贷款解决。

5)开工及通车时间

2009 年 5 月开工建设,2011 年 10 月建成通车。

2. 前期决策情况

2008 年 7 月,省发改委印发《山东省发展和改革委员会关于日照港疏港公路可行性研究报告的批复》(鲁发改能交〔2008〕860 号)。

山东
高速公路建设实录

S7801日照石臼港区疏港高速公路位置示意图

S7801 日照石臼港区疏港高速公路项目信息采集表

表 2-2-19

序号	国高/地高	工程分段	路段起止桩号		规模(km)			建设性质(新建/改扩建)	设计速度(km/h)	路基宽度(m)	永久占地(亩)	投资情况(亿元)			资金来源	建设时间(开工~通车)	4A级以上主要景区名称	备注
			起点桩号	止点桩号	小计	六车道	四车道					估算	概算	决算				
1	地高		K0+000	K13+629	13.629	√		新建	120	33.5	1590		12.96	10.84	交通运输部补助,省交通运输厅自筹,银行贷款	2009.05 ~ 2011.10		
									100	28								
									...	...								
合计					13.629													

2008年4～5月,完成环境影响评价、水土保持、压覆矿产、地质灾害评估、土地预审等5个专项报告的审批工作。

3. 参建单位主要情况

1) 建设单位

本项目法人为山东省交通厅公路局,执行机构为日照市公路管理局。

2) 设计单位

中国公路工程咨询集团有限公司。

3) 咨询单位

山东省交通规划设计院。

4) 施工单位

山东省公路建设集团有限公司等3家单位承担本项目主体工程的施工,浙江浙大中控信息技术有限公司承担本项目机电工程的施工,山东锦华建设集团有限公司等2家单位承担本项目房建工程的施工,济南瑞金园林工程有限公司承担本项目绿化工程的施工,山东省公路建设集团有限公司等2家单位承担本项目交通安全设施工程的施工。

5) 监理单位

山东省交通工程监理咨询公司等2家单位承担本项目的施工监理工作。

(二) 建设情况

1. 项目准备阶段

1) 项目审批

2008年12月,国土资源厅批复项目单体工程先行用地报件。

2008年12月,省交通厅印发《关于日照港疏港公路初步设计的批复》(鲁交规划〔2008〕221号)。

2) 合同段划分

本工程划分为9个施工标段,2个施工监理标段。

3) 招投标

2009年12月～2010年5月,完成了施工和监理单位的招标工作,确定了相应的中标单位。

2. 项目实施阶段

主体工程于2008年12月开工,2011年11月完工。

房建工程及机电工程于2010年5月开工,2011年11月完工。

交通安全设施、绿化工程分别于2011年4月、5月开工,2011年11月完工。

2011年11月,省交通运输厅公路局组织本项目交工验收。

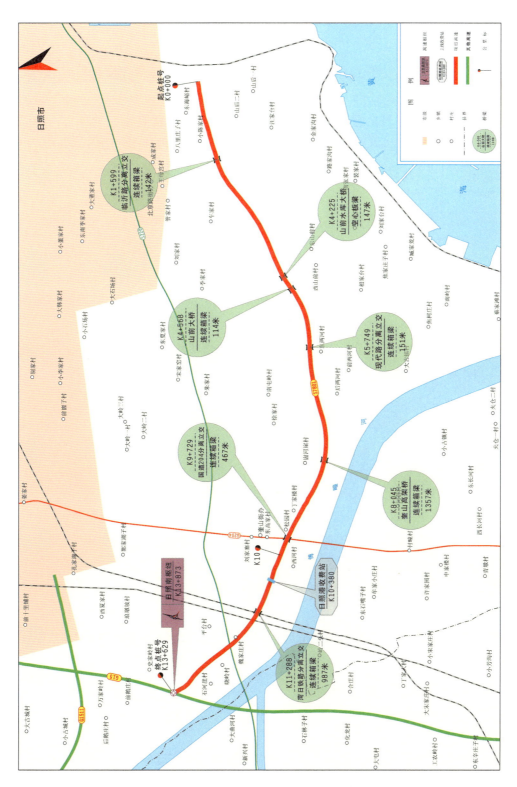

S7801日照石白港区疏港高速公路路线总体平面图

2016年12月,省交通运输厅组织本项目竣工验收。

(三)运营养护管理

收费设施:本项目共设置主线收费站1处。截至2016年底,共有收费车道16条,其中ETC车道2条。

监控设施:由G1511日兰高速公路监控中心负责本项目运营监管。

运营管理模式的变化:本路段建成后由省厅公路局负责运营管理,2016年1月,根据省政府鲁政办字〔2015〕148号文,本路段由齐鲁交通发展集团运营管理。

第二十节　S82济南顺河高架连接线

S82济南顺河高架连接线是山东省高速公路网中长期规划"9517"网中"连五"和"连六"的重要组成部分,起自与G35济广高速公路交叉的济南北互通,止于济南顺河高架路跨胶济铁路桥北端,全长4.102km,于2003年10月全线贯通(表2-2-20)。

本项目的建设,大大改善了济南市的交通环境,缓解了市区交通压力,对于加快省会城市经济圈建设和促进区域经济发展具有重要意义。

(一)项目概况

1. 基本情况

1)技术标准

项目位于济南市区北部,黄河南岸,属黄河下游冲积平原,地形平坦。

本项目起点至主线收费站段采用双向六车道高速公路标准,设计速度为80km/h,宽度为24.5m;收费站至北园互通段采用城市快速路标准,设计速度为60km/h,双向六车道,宽度为24.5m;北园互通以南为过渡段,与济南顺河高架路一致,设计速度为60km/h,双向四车道,宽度为18.5m;桥梁设计汽车荷载等级采用汽车—超20级,挂车—120。

2)建设规模

项目全长4.102km,全部采用高架桥形式,互通式立交2处(其中服务型1处,枢纽型1处),主线收费站1处。

3)主要控制点

济南北枢纽,北园互通,顺河高架跨胶济铁路桥。

4)投资规模与资金筹措

本项目概算总投资10.563亿元。其中地面工程由济南市政府负责筹资;高架桥工程费用5.763亿元,由省交通厅和山东高速集团负责筹资。

第二篇/第二章
地方高速公路

S82济南顺河高架连接线位置示意图

S82 济南顺河高架连接线项目信息采集表

表 2-2-20

序号	国高/地高	工程分段	路段起止桩号		规模（km）				建设性质（新建/改扩建）	设计速度（km/h）	路基宽度（m）	永久占地（亩）	投资情况（亿元）			资金来源	建设时间（开工~通车）	4A级以上主要景区名称	备注
			起点桩号	止点桩号	小计	八车道及以上	六车道	四车道					估算	概算	决算				
1	地高	S82济南顺河高架连接线	K0+000	K4+102	4.102			4.102	新建	80	24.5	19609.9		10.563	10.116	省交通厅和山东高速集团筹集	2002.8~2003.10		
合计					4.102														

5)开工及通车时间

2002年8月开工建设,2003年10月建成通车,2010年5月竣工验收。

2.前期决策情况

2002年2月,省计委以鲁计基础〔2002〕146号文对本项目工可报告及工可补充报告进行批复。

2002年,省环保局印发《关于济南顺河高架桥路至北绕城高速公路连接线工程环境影响报告书的批复》(鲁环审〔2002〕18号)。

3.参建单位主要情况

1)建设单位

山东省高速公路有限责任公司。

2)设计单位

山东省交通规划设计院。

3)施工单位

主体工程由北京城建集团总公司等5家单位承建,房建工程由中建第八工程局承建,收费雨棚、连廊工程由江苏盐城市大鹏交通电力有限公司承建,交通安全设施工程由山东省鲁西高速公路开发有限公司承建,照明工程由济南市光明路灯工程处等3家单位承建。

4)监理单位

本项目的施工监理工作由山东省交通工程监理咨询公司等4家单位承担。

(二)建设情况

1.项目准备阶段

1)项目审批

2002年6月,省交通厅、省计委印发《关于顺河高架桥至北绕城高速公路连接线工程初步设计的批复》(鲁交规划〔2002〕59号)。

2002年8月,省地震局出具《关于济南顺河高架桥北延工程抗震设防要求审批意见的函》(鲁震安评〔2002〕31号)。

2002年8月,省交通厅以《关于济南顺河高架桥至北绕城高速公路连接线工程开工报告的批复》批复本项目开工。

2)合同段划分

设计标段:1个标段。

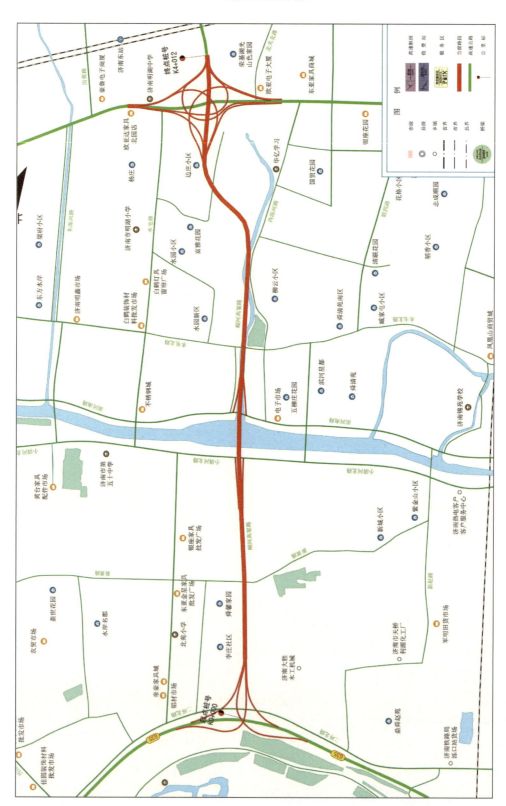

施工标段:主体工程6个标段,房建工程1个标段,收费雨棚、连廊工程1个标段,交通安全设施1个标段,照明工程3个标段。

监理标段:设1个总监办公室,3个主体工程驻地监理标段(含总监办公室),1个房建工程监理标段。

3)招投标

桥梁工程采用公开招标形式。2002年7月,5个合同段共收到标书35份,评审出5家中标单位。

路面工程招标采用邀请招标形式。2003年4月,向6家施工企业出售了招标文件,共收到标书6份,评审出1家中标单位。

主线收费站房建工程招标采用邀请招标形式。2002年9月,共收到标书4份,评审出1家中标单位。

收费雨棚工程招标采用邀请招标形式。2003年1月,共收到标书4份,评审出1家中标单位。

功能、高杆照明工程招标采用邀请招标形式。2003年9月,共收到标书8份,评审出2家中标单位。

景观照明工程招标采用邀请招标形式。2003年9月,共收到标书5份,评审出1家中标单位。

施工监理招标采用邀请招标形式。2002年5月,共收到标书12份,评审出3家中标单位。

2. 项目实施阶段

主体工程于2002年8月开工,2003年10月完工。

2003年10月进行交工验收。

2010年5月省交通厅对项目进行竣工验收。

(三)技术复杂工程

北园路互通为全定向互通立交,由两条城市快速路和8条匝道组成,是当时省内设计标准最高、建设规模最大的城市互通立交。

该互通四条匝道桥均位于小半径平曲线上,最小半径106m,跨北园路为35m+55m+35m,为了探讨预应力损失对结构受力的影响,除了进行理论计算,还在施工中对小半径、大跨径预应力混凝土连续弯桥的施工进行了检测控制研究,获得了宝贵的数据与经验,保证了结构的安全与耐久,对今后同类桥梁的设计与施工具有重要参考价值。

(四)运营养护管理

收费设施:在小清河北K0+670处设主线收费站1处,并在其西侧设收费站办公区。

截至2016年底,收费车道数量共计12条,其中ETC车道4条。

北园路互通夜景

北园路互通

养护管理设施:本项目设济南养护工区1处。

监控设施:本项目设置济南监控中心,与养护工区合建,负责全路段的运营监管。

第二十一节　S83枣庄连接线高速公路

S83枣庄连接线高速公路是山东省高速公路网中长期规划"9517"网中"一环"的重要组成部分,起自枣庄市市中区齐村镇,途经薛城区、山亭区,止于滕州市,全长约52km。

本项目连接G3京台高速公路,形成了枣庄市中部东西向的主要交通干道,对于加快沿线社会经济发展,缓解枣庄市相关区域到G3京台高速公路的交通压力具有重要意义。

本项目由三段组成,分别是:枣庄至木石段、东延段和木石至滕州南枢纽段。其中,枣庄至木石段全长27.922km,以枣庄—木石段一级汽车专用公路立项建设,1995年12月建成通车,2000年进行了高速化改建,本节主要详述该段内容;东延段全长约24km,正在规划建设中;木石至滕州南枢纽段,全长4.647km,与G3京台高速公路同时立项建设,该段工程内容包含在G3京台高速公路中(表2-2-21)。

本节详述S83枣庄连接线枣庄至木石段的内容。

(一)项目概况

1. 基本情况

1)技术标准

项目地处平原微丘区地形,采用双向四车道高速公路标准,设计速度100km/h,路基宽度24.5m,桥涵设计汽车荷载等级采用汽车—超20级,挂车—120。

2)建设规模

项目全长27.922km,其中大桥1051.5m/3座,中桥406.1m/6座;互通式立交2处,分离式立交2座,天桥4座;主线收费站1处,匝道收费站2处。

3)主要控制点

后伏互通(G518)、公铁立交、木石互通(S514)。

4)投资规模与资金筹措

枣庄至木石一级汽车专用公路总投资1.2亿元;枣庄连接线高速化改造项目概算1.475亿元,竣工决算投资1.299亿元。

5)开工及通车时间

枣庄至木石一级汽车专用公路1992年11月开工,1995年12月建成通车。高速化改造2000年7月开工,2000年12月改建完成。

2. 前期决策情况

1990年12月,枣庄至木石汽车一级专用公路工程可行性研究报告编制完成。

3. 参建单位主要情况

1)建设单位

项目法人为省公路管理局,执行单位是枣庄市公路管理局。

2)设计单位

一级汽车专用公路设计单位为枣庄市公路勘察设计院。

高速化改造设计单位为山东省交通规划设计院、枣庄市公路勘察设计院。

山　东
高速公路建设实录

S83枣庄连接线高速公路位置示意图

S83 枣庄连接线高速公路项目信息采集表

表 2-2-21

序号	国高/地高	工程分段	路段起止桩号		规模(km)				建设性质(新建/改扩建)	设计速度(km/h)			路基宽度(m)			永久占地(亩)	投资情况(亿元)			资金来源	建设时间(开工~通车)	4A级以上主要景区名称	备注
			起点桩号	止点桩号	小计	八车道及以上	六车道	四车道		120	100	…	28	27	24.5	…		估算	概算	决算				
1	地高	原一级公路 枣庄至木石段	K0+000	K27+92227.922				√	新建						√		2185		0.75	1.2	其他	1992.11~1995.12	台儿庄古城，冠世榴	新建
		高速化改造	K0+000	K27+92227.922				√	改扩建						√				1.475	1.299	其他	2000.7~2000.12	园仙坛山温泉小镇，熊耳山景区，翼云山石头部落	高速化改造
2	地高	枣庄至木石东延段			24			√	建设中		√			√				25				2017~2020		建设中
3		木石至滕州南枢纽段	K27+922	K32+569 4.647				√			√				√									包含在G3中
合计					56.569																			

3) 施工单位

一级汽车专用公路施工由山东省交通工程公司等 4 家施工单位承担。

高速化改造工程施工由山东省公路工程总公司济南公司等 3 家施工单位承担。

4) 监理单位

一级汽车专用公路建设时,施工监理单位为枣庄市公路局监理处。

高速化改造施工监理单位为山东省圣地公路工程监理咨询中心。

(二)建设情况

1. 项目准备阶段

1) 项目审批

2000 年 6 月,省公路管理局以《关于济枣线木石至枣庄段高速化改造工程预算的批复》(鲁路工〔2000〕54 号)批复了改造工程预算。

2000 年 6 月,省交通厅印发《关于济枣路枣木段和济聊路德州段公路路面改造方案的批复》(鲁交计〔2000〕71 号)。

2) 合同段划分

根据各专业的工程内容划分标段如下。

设计:1 个标段。

施工:一级汽车专用公路建设阶段划分 4 个标段;高速化改造施工阶段划分 3 个标段。

监理:1 个标段。

3) 招投标

一级汽车专用公路施工阶段:1992 年 9 月完成招标,确定 4 家施工单位中标。

高速化改造施工阶段:2002 年 5 月完成招标,确定 3 家单位中标。

2. 项目实施阶段

1992 年 11 月,枣庄至木石一级汽车专用公路工程开工,1995 年 12 月竣工。

2000 年 7 月,枣庄连接线高速化改造工程开工,2000 年 12 月完工。

2002 年 12 月,省厅质监站进行质量鉴定,评分为 95.0 分,等级为优良。

2003 年 3 月,省交通厅对高速化改造工程进行竣工验收,工程质量评分为 94.58 分,等级为优良。

(三)运营养护管理

收费设施:本项目共设置收费站 3 处。其中,设枣庄东城主线收费站 1 处,设山亭南(后伏)、木石匝道收费站 2 处。截至 2016 年底,收费车道数量共计 14 条,其中 ETC 车道 4 条。

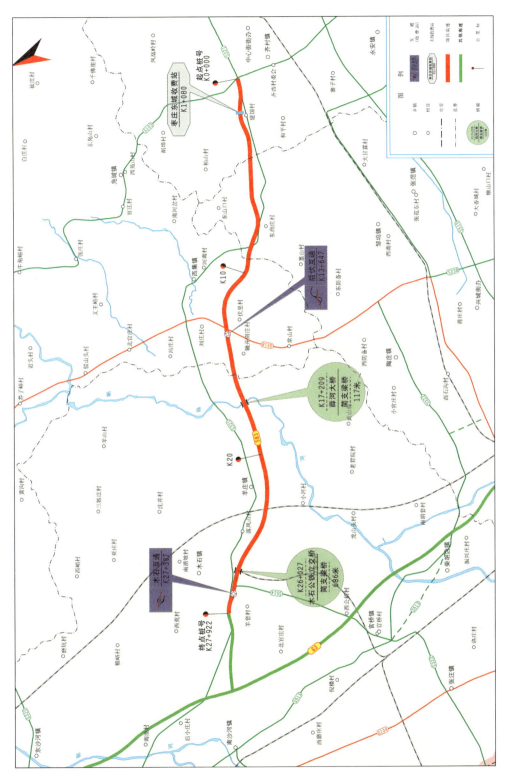

S83枣庄连接线枣庄至木石段路线总体平面图

养护管理设施:本项目设置木石养护工区1处。2007年增设了山亭南收费站;2010年新建了木石公铁立交,新建了木石互通,并对其匝道及收费站进行了改造。

监控设施:本项目设置枣庄信息监控中心,与管理本项目的分公司合建。

运营管理模式的变化:本项目建成通车后由省厅公路局负责运营管理,根据省政府鲁政办字〔2015〕148号文,自2016年1月1日起,本项目由齐鲁交通发展集团运营管理。

第二十二节 S84德州连接线高速公路

S84德州连接线高速公路又称德州南连接线,是德州过境交通绕城的重要路段,是德州市进出G3京台高速公路的主要通道,位于德州市德城区境内,起自德城区抬头寺与G3京台高速公路交叉的德州南互通,自东向西跨减河、京沪铁路、S101、G105附线(德州至平原开发区),止于德城区与G105交叉的黄庄互通,全长7.668km,2000年10月全线贯通(表2-2-22)。

本项目的建成,完善了德州市交通网络,是鲁西北地区交通运输网中的重要组成部分,对于鲁西北地区的经济发展起着重要的带动和促进作用。

(一)项目概况

1. 基本情况

1)技术标准

项目地处德州城郊南部,属鲁北冲积、冲洪积平原区地形,采用双向四车道高速公路标准,设计速度100km/h,路基宽度25.5m,桥涵设计汽车荷载等级采用汽车—超20级,挂车—120。

2)建设规模

项目全长7.668km,其中大桥982m/2座,中桥85m/1座;互通式立交1处,分离式立交1座。

3)主要控制点

德州南互通、京沪铁路、黄庄互通。

4)投资规模与资金筹措

项目概算投资1.85亿元,竣工决算投资1.85亿元。

资金来源为交通部补助和省交通厅自筹,其余为银行贷款。

第二篇/第二章
地方高速公路

S84德州连接线高速公路位置示意图

S84 德州连接线高速公路信息采集表

表 2-2-22

序号	国高/地高	工程分段	路段起止桩号		规模（km）					建设性质（新建/改扩建）	设计速度（km/h）		路基宽度（m）		永久占地（亩）	投资情况（亿元）			资金来源	建设时间（开工~通车）	4A级以上主要景区名称	备注
			起点桩号	止点桩号	小计	八车道及以上	六车道	四车道			120	100	…	28	25.5	…	…	估算	概算	决算				
1	地高	S84德州连接线	K0+000	K0+668	7.668			√		新建		√			√		548.7		1.85		交通部补助，省交通厅自筹、银行贷款	1998.12~2000.11		
合计					7.668																			

5）开工及通车时间

1998 年 12 月开工建设,2000 年 10 月建成通车。

2. 前期决策情况

1996 年,省计委印发《关于济德高速公路德州连接线可行性研究报告的批复》(鲁计工—(基)字〔1996〕422 号)。

3. 参建单位主要情况

1）建设单位

项目法人为省交通厅公路局,执行单位为德州市公路管理局。

2）设计单位

主体工程、交通工程和绿化工程:德州市公路局勘察设计院。

房屋工程:聊城建筑科学设计研究院。

3）施工单位

本项目由 10 家施工单位承建。

4）监理单位

本项目有 2 家施工监理单位。

(二)建设情况

1. 项目准备阶段

1）项目审批

1998 年,省交通厅、省计委印发《关于京福高速公路德州南连接线初步设计的批复》(鲁交规划〔1998〕27 号)。

1998 年,省政府印发《山东省人民政府关于京福高速公路德州南连接线工程领导小组办公用地的批复》(鲁政字〔1998〕371 号)。

1999 年,省公路管理局印发《关于京福高速公路德州南连接线魏庄立交桥设计方案的批复》(鲁路工〔1999〕45 号)。

2000 年,省厅公路局印发《关于德州南连接线设计及预算的批复》(鲁路工〔2000〕42 号)。

2001 年,省厅公路局印发《关于德州南连接线二期工程预算及工程索赔的批复》(鲁路基〔2001〕11 号)。

2002 年,省交通厅印发《关于京福高速公路德州南连接线初步设计变更的批复》(鲁交规划〔2002〕141 号)。

2）合同段划分

设计标段:主体工程 1 个标段,房建工程 1 个标段,绿化工程 1 个标段。

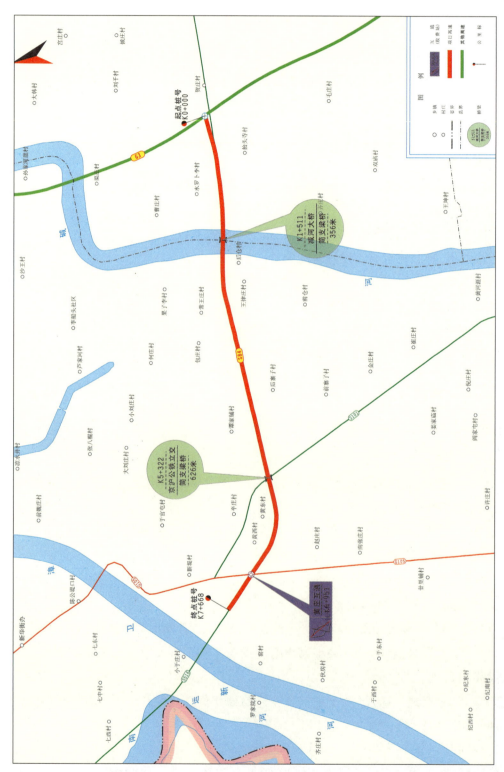

S84德州连接线高速公路路线总体平面图

施工标段:主体工程 2 个标段,房建工程 1 个标段,绿化工程 3 个标段,交通安全设施 4 个标段。

监理标段:2 个标段。

3)招投标

主体工程施工招标于 1998 年 11 月开标,经评审确定山东省公路工程总公司德州公司为中标单位。

京沪公铁立交工程施工招标于 1999 年 1 月开标,经评审确定铁道部大桥局五处为中标单位。

交通安全设施工程施工招标于 2000 年 6 月开标,经评审确定潍坊市筑路机械厂等 4 家单位中标。

绿化工程施工招标于 2000 年 9 月开标,经评审确定德州农业科技创新园等 3 家单位中标。

房建工程由德州市康龄建筑工程公司中标承建。

总监办及主体工程监理分别由潍坊市公路工程监理处和德州市交通工程监理公司中标。

2.项目实施阶段

主体工程于 1998 年 12 月开工,2000 年 11 月完工。

京沪公铁立交工程于 1999 年 4 月开工,2000 年 8 月完工。

交通安全设施工程于 2000 年 7 月开工,2000 年 9 月完工。

2000 年 10 月,省厅质监站出具了《工程质量鉴定书》。

2000 年 11 月,省厅公路局组织进行了交工验收,优良品率 100%,综合评分为 96.58 分,工程质量等级为优良。

(三)运营养护管理

养护管理设施:本路段设养护工区 1 处,与南连接线管理处共建。

运营管理模式的变化:本路段建成后由省厅公路局负责运营管理,2016 年 1 月,根据省政府鲁政办字〔2015〕148 号文,本路段由齐鲁交通发展集团运营管理。

第二十三节　S85 胶州湾大桥

S85 胶州湾大桥是山东省高速公路网中长期规划"9517"网中"一环"的重要组成部分,起自青岛市李沧区,经高新区,止于黄岛区与 S7601 青岛前湾港区 1 号疏港高速公路相接,全长 36.48km(包括青岛段大桥连接线)(表 2-2-23)。

山　东
高速公路建设实录

S85胶州湾大桥位置示意图

772

表 2-2-23

S85 胶州湾大桥项目信息采集表

序号	国高/地高	工程分段	路段起止桩号		规模（km）				建设性质（新建/改扩建）	设计速度（km/h）			路基宽度（m）			永久占地（亩）	投资情况（亿元）			资金来源	建设时间（开工～通车）
			起点桩号	止点桩号	小计	八车道及以上	六车道	四车道									估算	概算	决算		
1	地高	胶州湾大桥	K33+510	K60+247	26.737		√	红岛连接线 2.143	新建	100	80	60	…	35	24.5	…	896.16	99.3751	99.4608	98.8848	由山东高速集团筹集	2006.12 ～ 2011.6
合计					26.737			2.143		主线：青岛至红岛段 80km/h，红岛至黄岛段 100km/h；互通匝道；定向匝道 60km/h，环形匝道 35km/h				主线 35m，红岛连接线 24.5m							

本项目的建设,缩小了青岛、红岛、黄岛之间的时空距离,进一步完善了青岛市东西跨海交通联系,成为山东半岛蓝色经济区及青岛市"环湾保护、拥湾发展"战略中的重要交通枢纽,对于加快半岛蓝色经济区建设发展具有重要意义。

胶州湾大桥是我国北方冰冻海域首座特大型桥梁集群工程,是青岛市规划的胶州湾东西两岸跨海通道"一路、一桥、一隧"中的"一桥"。

大桥共获得国家及省部级科技奖励 22 项,其中国家技术发明二等奖 1 项,山东省科技进步一等奖 3 项;获得国家专利授权 66 项,其中发明专利 24 项;获得国家及省部级施工工法 23 项;EI 及核心期刊发表论文 200 余篇。

2011 年,胶州湾大桥创造了吉尼斯世界纪录,成为《吉尼斯世界纪录大全》中记录的水上桥梁总长度最长的大桥。2011 年 9 月 18 日,胶州湾大桥获选美国著名财经杂志《福布斯》评选的"全球最棒的 11 座桥梁"。《福布斯》指出,胶州湾大桥创造了中国乃至世界的数项桥梁历史纪录,"建立全球最长的跨海大桥实在是一个不小的创举"。2013 年 6 月 4 日,胶州湾大桥工程被第 30 届国际桥梁大会(IBC)授予乔治·理查德森大奖,这是迄今为止我国桥梁工程获得的最高国际奖项。该奖为国际桥梁大会设立最早、影响最大的奖项,被誉为桥梁界的诺贝尔奖。2015 年,胶州湾大桥荣获"中国质量奖卓越项目奖",成为全国首座获得该奖项的桥梁工程。"中国质量奖"是中国质量的最高荣誉,"卓越项目奖"于 2012 年设立,目前已有三峡水利枢纽工程、青藏铁路、神舟十号等 8 个项目获得这一荣誉。

(一)项目概况

1. 基本情况

1)技术标准

本项目地形起伏较大,地貌类型复杂,陆域地貌主要以剥蚀、堆积地貌为主,海底地貌为水下浅滩。

主体工程采用城市快速路兼高速公路标准,双向六车道,主线路基宽度 35m,设计速度:主线青岛至红岛段 80km/h,红岛至黄岛段 100km/h;桥涵设计汽车荷载等级采用城—A 级和公路—Ⅰ级。

红岛连接线采用城市主干路技术标准,双向四车道,设计速度 60km/h,路基宽度 24.5m、23.5m,桥梁宽度 23.5m,桥涵设计汽车荷载等级采用城—A 级和公路—Ⅰ级。

2)建设规模

主线全长 26.737km,其中跨海大桥长 24.430km,青岛侧陆上接线桥梁长 0.560km,黄岛侧陆上接线桥梁长 0.920km,道路长 0.827km。红岛连接线主线长 1.3km。互通式立交 2 处;收费站 4 处(其中主线站 1 处);大桥管理中心 1 处,养护工区 1 处。

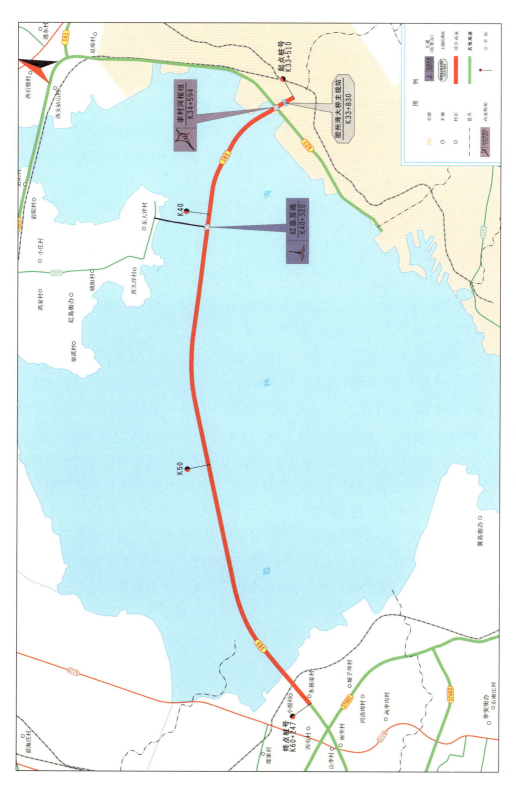

S85胶州湾大桥路线总体平面图

胶州湾大桥包括三座通航孔桥及海上非通航孔桥,其中沧口航道桥为双塔双索面钢箱梁斜拉桥,桥跨布置为(80+90+260+90+80)m=600m,边跨设置辅助墩,采用五跨连续半漂浮结构体系,斜拉索采用平行索布置。

红岛航道桥采用主跨120m独塔平行稀索钢箱梁斜拉桥,其跨径布置为(120+120)m=240m,采用两跨连续半漂浮结构体系,斜拉索采用平行索布置。

大沽河航道桥采用桥跨布置为(80+190+260+80)m=610m的四跨连续半漂浮结构体系。索塔采用独柱式混凝土索塔,主梁采用分离式钢箱梁,主缆采用空间双索面形式,主跨和边跨为悬吊体系。

非通航孔桥为跨径60m整孔预制吊装箱梁和跨径50m移动模架、支架现浇箱梁。

3) 主要控制点

李沧河互通、红岛互通。

4) 投资规模与资金筹措

项目概算投资99.4608亿元,竣工决算为98.8848亿元。项目资本金34亿元,由山东高速集团负责筹措,其余65亿元申请银行贷款。

5) 开工及通车时间

2006年12月开工建设,2011年6月建成通车。

2. 前期决策情况

1999年10月,青岛市政府将胶州湾大桥项目建议书上报国家发展计划委员会。

1999年11月,国家计委向国务院递交了《国家计委关于审批胶州湾大桥项目建议书的请示》(计投资〔1999〕2283号),并经国务院1999年第56次总理办公会研究通过。国家计委以计投资2383号文件批准立项。

2003年6月,经青岛市政府、青岛市交通委授权,青岛市高速公路开发有限总公司委托中交公路规划设计院,对胶州湾大桥北线桥位方案进行进一步深入的工程可行性研究。

2003年9月,青岛市委常委扩大会议听取了市交通委关于青黄高架路有关情况的汇报,并同意按规划路线方案启动国家重点公路青岛—红石崖辅线青黄高架路—胶州湾大桥(北桥位)项目。

2004年2月,省发改委在青岛主持召开了"国家重点公路青岛—红石崖辅线青黄高架路段预可行性研究报告"评审会。

2004年10月,根据国家有关部门要求,青岛市正式将胶州湾大桥(北桥位)项目上报国家发改委申请核准。

2005年3月,国家发改委向青岛市发改委下发《国家发展改革委关于核准胶州湾大桥(北桥位)工程的批复》(发改投资〔2005〕327号)。

3. 参建单位主要情况

1）建设单位

本项目建设法人单位是山东高速集团。山东高速集团 2006 年 10 月 30 日依法全资设立山东高速青岛公路有限公司,注册资本 10 亿元人民币,于 12 月 26 日正式签署了胶州湾大桥特许经营协议。

2）设计单位

主体工程:中交公路规划设计院有限公司、山东省交通规划设计院。

房建工程:济南同圆建筑设计研究院有限公司。

交通工程及沿线设施:江苏省交通规划设计院有限公司。

绿化工程:中交公路规划设计院有限公司。

3）咨询单位

航道桥施工监控单位:交通部公路科学研究所、长安大学。

桩基检测技术服务单位:中交桥梁技术有限公司、山东省公路桥梁检测中心。

动静载试验单位:交通部公路科学研究所、上海同济建设工程质量检测站、西安长大公路工程检测中心。

钢箱梁焊缝无损检测单位:杭州华安无损检测技术有限公司、山东汇科工程检测有限公司。

4）施工单位

本项目主体工程有 11 个单位,钢箱梁加工制造工程 2 个,机电工程 1 个,房建工程 3 个,交通安全设施工程 3 个单位等参与施工建设。

5）监理单位

本项目采用二级监理模式,设置 1 个总监处,负责全线施工监理工作;10 个土建监理办公室;2 个房建工程监理办公室;1 个机电工程监理办公室;1 个桥面铺装工程监理办公室;1 个结构监测巡检养护管理系统监理。

（二）建设情况

1. 项目准备阶段

1）有关批复

2005 年 9 月,青岛市发改委印发《青岛市发展和改革委员会关于青岛海湾大桥（北桥位）主线工程初步设计的批复》（青发改投资〔2005〕454 号）。

2006 年 11 月,青岛市交通委印发《关于青岛海湾大桥第十合同段施工图设计的批复》（青交规划〔2006〕112 号）。

2007年4月,青岛市交通委印发《关于青岛海湾大桥非通航孔桥下部结构施工图设计文件的批复》(青交规划〔2007〕67号)。

2007年10月,青岛市交通委印发《关于青岛海湾大桥部分施工图设计文件的批复》(青交规划〔2007〕199号)。

2007年10月,青岛市交通委印发《关于青岛海湾大桥部分施工图设计文件的批复》(青交规划〔2007〕201号)。

2008年10月,青岛市交通委印发《关于青岛海湾大桥第九合同段施工图设计文件的批复》(青交规划〔2008〕181号)。

2009年4月,青岛市交通委印发《关于青岛海湾大桥部分施工图设计文件的批复》(青交规划〔2009〕17号)。

2009年12月,青岛市交通委印发《关于青岛海湾大桥李村河互通立交变更设计的批复》(青交规划〔2009〕205号)。

2)合同段划分

根据各专业的工程内容划分标段如下。

设计标段:主体工程1个标段,房建工程3个标段,绿化工程1个标段,机电工程1个标段。

施工标段:主体工程13个标段,机电工程1个标段,房建工程3个标段,交通安全设施3个标段,钢箱梁加工与制造3个标段。

监理标段:设1个总监办公室,10个主体工程驻地监理标段,2个房建工程监理标段,1个机电工程监理标段,1个结构健康监测系统设计与实施监理标段。

3)招投标

经过公开招标,2006年12月~2007年3月,分两批确定青岛路桥建设集团有限公司、中交第三公路工程局有限公司等10家单位中标主体工程施工;2008年4月,确定中铁山桥集团有限公司等3家单位中标钢箱梁加工与制造;2010年3月,确定紫光捷通科技股份有限公司中标机电工程施工;2011年3月,确定盛世国际路桥建设有限公司等3家中标交通工程与沿线设施工程施工。

2. 项目实施阶段

主体工程于2007年5月开工,2011年6月完工。

房建工程于2008年10月开工,2011年4月完工。

机电工程于2010年4月开工,2011年6月完工。

交通安全设施工程于2011年3月开工,2011年6月完工。

2011年6月,山东高速青岛公路有限公司组织专家对胶州湾大桥进行了交工验收,工程质量得分为99.06分。

2014年3月,青岛市交通工程质量监督站对项目进行了竣工质量鉴定,评分为96.43分,等级为优良。

(三)技术复杂工程

1. 胶州湾大桥防腐体系

胶州湾大桥所处海洋环境氯离子含量高,含盐度在29.4‰~32.9‰。为了确保大桥满足100年设计基准期的要求,构建了胶州湾大桥防腐体系。该防腐体系总体上是根本措施、补充措施和辅助措施的有机结合。根本措施是结构采用高性能混凝土;补充措施主要是采用混凝土表面防护、阴极保护等技术措施;辅助措施主要是采用诸如纤维混凝土或透水模板布等技术措施。

2. 大沽河航道桥

大沽河航道桥是海上独柱塔自锚式悬索桥,是胶州湾大桥三座航道桥中规模最大、设计和施工难度最高的一座桥。该桥采用自锚结构,边跨两侧各布置80m的辅助跨,主跨和边跨为悬吊体系,主跨矢跨比为1/12.53,边跨矢跨比为1/18。

本桥技术特征及难点分以下几个方面:

1)大节段钢箱梁吊装方案

大沽河航道桥主梁大节段有整体箱梁段、分体箱梁段等,节段类型多,规格多。发明了四点起吊、三点平衡的索梁组合结构吊具,全面解决了各种规格、有纵横坡度要求的大节段钢箱梁起吊与安装问题。

2)大节段钢箱梁装船出海方案

采用将船首与岸边相对固定,利用岸上液压小车进行钢箱梁移运,箱梁悬臂端移运至船甲板上方后,由船上小车接力将节段移运至运输船舶上,通过多次岸上与船上液压小车的接力移运,将超大节段跨障移运到船上,同时利用船舶自身压载水对船舶浮态进行调整,克服因潮汐影响造成运输船舶甲板与船台地面存在高差的问题,实现超大节段潮汐条件下的跨障装船。

(四)科技创新

胶州湾大桥是我国北方冰冻海域建设的第一座现代化特大型桥梁,也是世界上屈指可数的桥梁集群工程。大桥所处的胶州湾海域地质条件复杂、气候条件多变、水深差异较大、风雾影响明显,自然条件对大桥的建设影响很大。先后围绕建设条件、设计方案与施工工艺、结构安全性与耐久性、运营管理等方面开展了70多项专题研究,多项研究成果达到国际领先水平,形成的成套技术对我国同类海域大型桥梁的建设具有重要的借鉴和指导意义。

1. 水下无封底混凝土套箱建造技术

为解决胶州湾大桥承台水下封水和结构防腐蚀等难题,发明了以充气胶囊封水技术、剪力键体系转换技术、弹性应力吸收层防套箱开裂技术为核心的水下无封底混凝土套箱建造技术,有效解决了混凝土套箱封水和承台、套箱混凝土开裂两大难题,填补了该项技术的国内外空白,而且是一项拥有完全自主知识产权的原创技术。

2. 海上独柱塔自锚式悬索桥设计与建造关键技术

本项目为针对胶州湾大桥大沽河航道桥设计及施工过程中的关键技术难题开展的研究,提出了独柱塔、分体式钢箱加劲梁、中央索面空间缆索组合体系的自锚式悬索桥结构,研发了四点起吊、三点平衡的吊具,解决了各种规格、有纵横坡度要求的大节段钢箱梁起吊与安装问题;采用钢箱梁精确调位系统,完成了最大节段长72m、质量1050t的钢箱梁定位施工,成功实现了超重超长大型钢箱梁在潮汐条件下跨越障碍物的连续滚装装船。首次采用分级扩钻施工方法成功实现海上复杂地质条件下直径2.5m桩基施工。

3. 胶州湾大桥耐久性保障技术

胶州湾大桥遭受冻融和氯盐的共同侵蚀,在交通运输部和省交通运输厅的组织下,在冰冻海域跨海大桥耐久性设计、结构联合防护及管养决策等方面取得多项重大技术突破,建立了冰冻海域跨海大桥百年寿命耐久性保障技术体系,成果总体达到国际领先水平。

4. 胶州湾大桥桥面沥青铺装层研究

提出以控制层内(间)剪应力进行结构设计、采用层间连续及滑移状态下的铺装层疲劳寿命进行结构组合厚度验算的控制标准。明确提出了"层位功能定位""防排结合"及"逐层密水"的结构组合设计理念,首次提出"多功能层"设置的理念,自主研发了专用复合改性结合料及多功能层用高模量沥青胶砂、抗剪切层用复合改性高模量沥青混合料,提出了相应的技术要求、参数和控制标准,实现了机械化、精细化、连续大规模施工的新突破。

5. 斜拉桥索塔新型锚固体系研究

以胶州湾大桥红岛航道桥为工程依托,首次提出并对斜拉桥新型索塔锚固体系——钢锚板式钢—混组合索塔锚固体系的传力机理、极限承载能力进行了研究,提出了钢锚板式钢—混组合索塔锚固体系的设计方法,并对其在空间索面和密索体系斜拉桥中的构造和适用性进行研究。

6. 冰冻海域桥梁下部结构耐久性研究

针对冰冻海域跨海桥梁的耐久性问题,建立了海水冻融和侵蚀耦合作用下混凝土材料劣化模型,提供了结构耐久性评估的理论基础。提出了混凝土冻融和侵蚀后的室内外评估关联模型,构建了桥梁在冻融和侵蚀现场环境下的评估体系,形成了冰冻海域海水冻融和侵蚀作用下的桥梁下部结构耐久性评估方法,提出了冻融损伤现场评估的无损检测方法。综合上述研究成果,提出了冻融和侵蚀作用下混凝土结构耐久性评定方法和工程措施。

7. 大跨径、小半径曲线滑移模架施工技术

采用前、后鼻梁与主梁间铰接,通过液压机械装置实现鼻梁的水平和竖向旋转,满足纵移过孔时的高差和平曲线需要;设置了箱形结构的平衡 C 梁,可平衡外模板开模后曲线过孔过程中产生的横向倾覆力矩,解决了大跨径、小半径曲线箱梁施工的技术难题。

8. 胶州湾大桥高精度卫星三维定位测量控制系统

针对大桥在海上空间跨度大,常规测量手段难以满足大桥建设高精度的要求,开发了高精度三维空间测量控制系统,利用连续运行的网络差分技术,克服了国内同类系统建设时精度随距离变化的问题,在特大型桥梁建设中,系统使用的定位方式、定位精度、通信手段和用户使用的灵活性均属国内领先。该项目不仅能够为胶州湾大桥的建设服务,还为 2008 年青岛的奥帆赛高精度定位和奥帆赛安全保卫等方面提供服务。

胶州湾大桥获得奖项详见表 2-2-24。

S85 胶州湾大桥荣获科技奖励一览表　　　　表 2-2-24

序号	项 目 名 称	所获奖项	获奖时间
1	水下无封底混凝土套箱建造技术	国家技术发明二等奖	2011 年 12 月
2	海上独柱塔自锚式悬索桥设计与建造关键技术	山东省科技进步一等奖	2012 年 11 月
3	胶州湾大桥桥面沥青铺装层研究	山东省科技进步一等奖	2014 年 2 月
4	胶州湾大桥耐久性保障技术	山东省科技进步一等奖	2015 年 1 月
5	海洋工程钢筋混凝土结构防腐蚀关键技术及示范工程	山东省科技进步二等奖	2011 年 12 月
6	大跨径、小半径曲线滑移模架施工技术	山东省科技进步三等奖	2011 年 12 月
7	胶州湾大桥高精度卫星三维定位测量控制系统	山东省科技进步二等奖	2008 年 4 月
8	基于 IFC 标准的建筑工程 4D 施工管理系统的研究和应用	华夏建设科学技术奖一等奖	2009 年 12 月
9	胶州湾大桥耐腐蚀混凝土及配套技术研究	山东省科技进步三等奖	2011 年 12 月
10	胶州湾大桥建设工程项目管理信息系统	华夏建设科学技术奖一等奖	2010 年 12 月
11	水下无封底混凝土套箱关键技术研究	中国公路学会科学技术奖特等奖	2009 年 12 月
12	冰冻海域跨海大桥耐久性保障体系建立与体现	中国公路学会科学技术奖一等奖	2013 年 12 月
13	胶州湾大桥工程建设水泥混凝土降温方案的研究	中国公路学会科学技术奖二等奖	2009 年 12 月
14	斜拉桥索塔新型锚固体系研究	中国公路学会科学技术奖二等奖	2012 年 12 月
15	冰冻海域桥梁下部结构耐久性研究	中国公路学会科学技术奖二等奖	2012 年 12 月
16	胶州湾大桥测量控制系统研究与应用	测绘科技进步奖二等奖	2009 年 12 月

续上表

序号	项目名称	所获奖项	获奖时间
17	胶州湾大桥混凝土结构涂装龄期控制与涂层质量的研究	青岛市科学技术奖二等奖	2010年3月
18	可循环利用钢套箱围堰的研制与应用	中国公路学会科学技术奖三等奖	2008年12月
19	预应力混凝土结构孔道压浆无损检测技术研究	2011年度市政工程科学技术奖技术开发类二等奖	2012年10月
20	水下无封底混凝土套箱及其应用方法	2014年度中国专利优秀奖	2014年12月
21	水下无封底混凝土套箱及其应用方法	2013年度山东省专利一等奖	2014年2月
22	一种提高冻融或氯盐侵蚀环境下墩柱耐久性用模板及方法	2015年度中国专利优秀奖	2015年12月

(五)运营养护管理

收费设施：本项目共设置收费站4处，其中在李沧区设置主线收费站1处，在环湾公路上设置匝道收费站2处，在红岛连接线上设置匝道收费站1处。截至2016年底，收费车道数量共计34条，其中ETC车道6条。

养护管理设施：本项目在主线北站设置青岛侧养护工区1处，负责大桥的养护工作。

监控设施：本项目设置胶州湾大桥监控中心1处，负责胶州湾大桥全线的运营监管。

Record of Expressway Construction in
Shandong
山 东 高 速 公 路 建 设 实 录

附　录

附录一

山东省高速公路建设大事记

1986 年

6月,省政府批准成立山东省济青一级公路工程建设指挥部。
10月,交通部将济青一级公路列入世界银行贷款项目。
11月,省编委批准组建山东省济青一级公路工程建设指挥部办公室。

1989 年

9月,省政府批准济南至青岛高速公路(以下简称"济青高速公路")初步设计和概算。
12月,国家计委将济青高速公路工程列入基本建设新开工及预备大中型项目计划。
12月,济青高速公路第一合同段即济南零点立交至小许家立交段先期开工建设。

1990 年

7月3日,济青高速公路第二至第八合同段举行开工奠基仪式。

1991 年

5月,交通部将济青高速公路列为"八五"期间部管重点工程建设项目。
6月,烟台至威海一级汽车专用公路(威海段)开工建设。
6月24日,当时全国最大的公路立交桥——青岛流亭立交桥建成通车。
12月15日,青岛环胶州湾高速公路开工建设。

1992 年

4月,烟台至威海一级汽车专用公路(烟台段)开工建设。
11月,枣庄至木石汽车一级专用公路开工建设。
12月,济青高速公路第一合同段建成通车。

1993 年

6月18日至23日,全国公路建设工作会议在山东济南召开。会议确定了高等级公路建设的重点是"两纵两横三个重要路段",这对我国尚处起步阶段的高速公路建设是极大的推动。中共中央政治局委员、国务院副总理邹家华出席会议并作重要讲话,他强调要处理好高等级公路和一般公路的关系,先通后畅,目标是要提高公路运输的速度、效率和效益。国务院有关部门、各省(自治区、直辖市)人民政府分管领导和交通厅局长参加会议。这次会议在我国高速公路建设史上具有里程碑意义。

9月,济南至聊城一级汽车专用公路聊城段举行奠基仪式。

11月,东营港疏港高速公路开工建设。

12月,烟台至威海一级汽车专用公路(威海段)建成通车。

12月18日,济青高速公路全线建成通车。

12月,东明黄河大桥建成通车,大桥全长4142.14m,其长度当时在黄河大桥中列第二位。

1994年

10月,烟台至威海一级汽车专用公路(烟台段)建成通车。

11月,济南至德州高速公路德州至齐河段开工建设。

11月,泰安至化马湾高速公路开工建设。

1995年

9月,省交通主管部门编制完成《山东省公路网规划》,提出了"九五"期间全面完成"三纵、三横、一环"公路网主框架,高速公路里程超过1500km,汽车专用公路2000km,实现省会到各地市驻地由高速公路或汽车专用公路连接,达到当日往返;至2010年中期,在进一步配套国道主干线和完善"三纵、三横、一环"公路网主框架的基础上,高速公路里程超过2500km,实现地市间高速贯通;至2020年远期,形成初具规模的高速公路网,高速公路里程达3800km以上。

11月,济南至聊城高速公路德州段举行奠基仪式。

12月,青岛至银川高速公路流亭至西元庄(高架桥)段、东营港疏港高速公路和枣庄至木石汽车一级专用公路建成通车。

12月28日,青岛环胶州湾高速公路建成通车,项目全长68km,女姑山跨海大桥长3060m,是当时国内最长的跨海大桥。

1996年

5月,荣成至乌海高速公路烟台绕城(轸格庄)至八角段开工建设。

7月,青岛至银川高速公路流亭至西元庄(高架桥)段建成通车。

10月,济南至德州高速公路济南黄河二桥,博山至莱芜高速公路,青岛双埠至流亭高速公路开工建设。

12月,济南至聊城高速公路聊城段、泰安至化马湾高速公路建成通车。

1997年

1月,济南至德州高速公路齐河至济南段和化马湾至临沂高速公路开工建设。

3月,潍坊至莱阳高速公路开工建设。

11月,济南至德州高速公路德州至齐河段和济南至聊城高速公路德州段建成通车。

11月,济南零点立交至济南槐荫枢纽段开工建设。

1998年

1月,济南至泰安高速公路济南段开工建设。

3月,济青高速公路被交通部评为优质工程一等奖、优秀设计一等奖。

4月,东营至青州高速公路开工建设。

5月,济南至聊城至馆陶高速公路聊城至馆陶段、济南至泰安高速公路泰安段开工建设。

5月,济青高速公路获山东省优秀工程勘察设计一等奖。

9月,京沪高速公路临沂(义堂)至红花埠段,京福高速公路界河至张山子段开工建设;荣成至乌海高速公路烟台绕城(轸格庄)至八角段建成通车。

10月,京福高速公路曲阜至界河段和日照至竹园高速公路开工建设;青岛双埠至流亭高速公路建成通车。

11月,青岛至银川高速公路青岛至即墨段开工建设。

12月,济青高速公路被共青团山东省委、交通厅联合授予"青年文明号"通道。

12月,沈阳至海口高速公路烟台栖霞至青岛莱西(烟台段)和德州连接线高速公路开工建设。

12月22日,济南至德州高速公路与济南至聊城高速公路启用"一票通"收费模式,这是山东省高速公路不同路段第一次按"一票通"模式收取车辆通行费。

1999年

6月,济南至德州高速公路齐河至济南段和济南零点立交至槐荫枢纽段建成通车。

7月,济南至德州高速公路济南黄河二桥和潍坊至莱阳高速公路建成通车。

9月,山东省第一条山区高速公路博山至莱芜高速公路建成通车。

10月,济青高速公路获全国第八届优秀设计金质奖。

10月,京福高速公路泰安至曲阜段和济南绕城高速公路南线开工建设。

10月30日,京福高速公路济南至泰安段建成通车,山东省高速公路通车里程达1085km,中国高速公路通车里程突破10000km。

11月，日照至兰考高速公路曲阜至菏泽段开工建设；化马湾至临沂高速公路建成通车。

2000年

4月，滨州至博山高速公路、青岛至银川高速公路夏庄至流亭立交桥段暨流亭立交桥改造工程开工建设。

9月1日，山东省高速公路信息管理系统第一期工程开工，标志着全省高速公路电子收费、监控、通信系统全面启动。

9月16日，全省第一条股份制建设的高速公路——东营至青州高速公路建成通车，项目全长89km。

10月，济南至聊城至馆陶高速公路聊城至馆陶段和德州连接线高速公路建成通车。

10月26日，山东省第九届人大常委会第17次会议审议通过《山东省高速公路条例》。

11月，日照至竹园高速公路日照段、青岛至银川高速公路夏庄至流亭立交桥段和沈阳至海口高速公路烟台栖霞至青岛莱西（烟台段）建成通车。

11月22日，京福高速公路曲阜至张山子段建成通车，全省高速公路总里程突破2000km，达到2006km，通车里程居全国之首。

12月，青岛至银川高速公路青岛至即墨段、夏庄至流亭立交桥段、流亭立交桥和京福高速公路界河至张山子段建成通车。

2001年

2月，滨州至莱芜高速公路滨州黄河公路大桥开工建设。

6月，京福高速公路泰安至曲阜段建成通车。

8月，荣成至乌海高速公路烟台（八角）至黄山馆段开工建设。

8月26日，山东高速公路有限责任公司成立揭牌。

11月，沈阳至海口高速公路日照两城至汾水段开工建设。

11月，山东省高速公路信息管理系统开始联网收费。

12月，沈阳至海口高速公路青岛莱西至日照两城段和青岛前湾港区2号疏港高速公路开工建设。

2002年

3月，新河至潍坊高速公路开工建设。

3月18日，经上海证券交易所上证上字〔2002〕29号文批准，"山东基建"在上海证券交易所挂牌交易，股票代码600350，后更名为"山东高速"。

5月，日照至兰考高速公路曲阜至菏泽段和济南绕城高速公路南线建成通车。

8月，荣成至乌海高速公路东营黄河大桥和济南顺河高架连接线开工建设。

9月,滨州至博山和莱芜至新泰高速公路建成,全省高速公路通车里程达到2411km,省会济南与16市政府驻地实现由高速公路相连,成为全国率先实现"市市通高速"的省份。

12月,青岛前湾港区疏港高速公路开工建设。

2003年

5月,长春至深圳高速公路滨州至大高段开工建设。

10月,青岛前湾港区疏港高速公路和济南顺河高架连接线建成通车。

12月,新河至潍坊高速公路和青岛前湾港区2号疏港高速公路建成通车。

12月16日,沈阳至海口高速公路青岛莱西至日照两城和日照两城至汾水段建成通车。至此,沈阳至海口高速公路山东段全线贯通,山东高速公路里程率先在全国突破3000km大关。

2004年

4月,启动全省联网高速公路计重收费工程建设,包括济南至青岛、京沪高速公路山东段等12条高速公路,总里程2596km,170个收费站,643条出口车道。

7月18日,长春至深圳高速公路滨州黄河公路大桥建成通车,这是黄河上首座三塔斜拉桥,全长1698.9m。

9月20日,省交通厅出台《山东省七条高速公路计重收费实施方案》,对京福高速公路山东段、京沪高速公路山东段、济南至青岛、潍坊至莱阳、济南至馆陶、日照至东明和济南绕城7条高速公路实施计重收费作了明确规定。到2005年5月10日,全省联网高速公路全部实现了计重收费。

12月,济南至广州高速公路济南至菏泽段开工建设。

2005年

3月,时任副省长赵克志等领导出席青兰高速公路黄岛至莱芜段建设动员大会。会上也对大高至鲁冀界、东营黄河大桥至邓王(辛庄子至邓王)、新河至辛庄子等三个高速公路项目做了开工部署。

4月,青岛至银川高速公路唐王至齐河段及连接线、青岛至兰州高速公路黄岛至莱芜段、威海至青岛高速公路海阳至即墨(青岛段)和青岛前湾港区3号疏港高速公路开工建设。

5月,济南至莱芜高速公路开工建设。

8月,荣成至乌海高速公路东营黄河大桥建成通车,该桥全长18.75km,由省厅公路局与山东科达集团有限公司共同出资建设。至此,全省高速公路通车里程达到3162.5km,连续八年居全国第一位。

8月26日,山东省交通技术援藏项目拉萨至贡嘎机场公路新改建工程("两桥一隧")历时3年4个月顺利完工。该工程总投资达6.5亿元,起于国道318线,止于西藏拉萨贡嘎国际机场南大门,是交通部和西藏自治区"十五"重点公路建设项目。

11月,荣成至乌海高速公路烟台(八角)至黄山馆段建成通车。

11月,山东省高速公路信息管理系统荣获在印度新德里召开的国际项目管理协会(IPMA)第19届全球大会颁发的"国际项目管理全球大奖"优胜奖。

12月,省交通厅发布《山东省公路水运"十一五"发展规划》,确定全省"十一五"(2006—2010年)期间的交通发展目标并公布实施,提出基本建成"五纵连四横,一环绕山东"的高速公路网,规划总里程约5070km。

2006年

5月,在交通部组织的"十五"期间全国公路养护大检查中,山东省交通厅荣获高速公路、普通国省道和总评分"三个第一"。

6月,省厅公路局在威海举行"高速公路路面结构论证会",确定了在国内率先采用增加柔性路面基层的"强基厚面"路面结构形式。

7月,山东省交通厅高速公路收费结算中心正式投入运行。

12月,青岛胶州湾大桥开工建设。

2007年

6月,中国工程院院士孙伟、侯保荣出席"胶州湾大桥防腐蚀技术研讨会暨中国工程院工程科技论坛"大会,研究胶州湾大桥的防腐蚀技术。

9月,济南至广州高速公路济南至菏泽段建成通车。

12月,青兰高速公路黄岛至莱芜段、京沪高速公路济南至莱芜段、威海至青岛高速公路海阳至即墨(青岛段)和青岛前湾港区3号疏港高速公路建成通车。至此,山东省高速公路通车里程突破4000km,达到4033km。

2008年

5月25日,山东省公路系统首批赴四川地震灾区公路抢险队伍出征仪式在京沪高速公路泰安管理处泰山养护工区广场举行。

10月,中国工程院院士郑皆连、项海帆、侯保荣,交通部原总工程师凤懋润等出席在青岛举办的"胶州湾大桥国际桥梁论坛"。

12月,滨州至德州高速公路、烟台港龙口港区疏港高速公路、烟台港西港区疏港高速公路和日照石臼港区疏港高速公路开工建设;青岛至银川高速公路唐王至齐河段及连接线建成通车。

2009 年

1月1日,根据国家统一部署,山东省实施成品油税费改革,取消了公路养路费等六项收费。

5月,日照石臼港区疏港高速公路开工建设。

6月,东营至吕梁高速公路高唐至临清段开工建设。

11月,"胶州湾大桥建设工程项目管理信息系统"通过住房和城乡建设部验收。

11月,临沂至枣庄高速公路开工建设。

12月,济南至徐州高速公路东平至济宁段、烟台港莱州港区疏港高速公路开工建设。

2010 年

6月,烟台至海阳高速公路开工建设。

10月,烟台港龙口港区疏港高速公路开工建设。

10月27~29日,第二届世界农村公路大会在山东济南召开。国际路联主席卡比拉向山东省人民政府颁发"农村公路与社会公平发展成就奖"。

11月26日,省委、省政府在济南召开山东省对口支援北川灾后恢复重建工作总结表彰大会。省厅公路局被省委、省政府授予"山东省对口支援北川灾后恢复重建工作先进集体"荣誉称号。高立平、曲建波两位同志荣获"山东省对口支援北川灾后恢复重建工作先进个人"。

2011 年

1月,在山东产权交易中心,省厅公路局与中远(香港)集团有限公司签署山东济菏高速公路40%股权转让合同,此次股权转让融资13.88亿元。

6月,省发改委与省交通厅发布《山东省高速公路网中长期规划(2011—2020年)》,确定山东省高速公路网方案由5条南北纵向线、4条东西横向线、1条环线和8条连接线组成,简称"5418网"的布局方案。规划总规模约6900km。

6月30日,青岛胶州湾大桥建成通车。

8月,菏泽至宝鸡高速公路东明黄河公路大桥开工奠基。

9月,青岛胶州湾大桥获选美国著名财经杂志《福布斯》评选的"全球最棒的11座桥梁"。

10月,京沪高速公路济南至乐陵段开工建设;日照石臼港区疏港高速公路建成通车。

10月18日,山东省交通运输厅被交通运输部授予"'十一五'全国干线公路养护管理工作优秀单位"。

11月,烟台港西港区疏港高速公路建成通车。

2012 年

2月,烟台港莱州港区疏港高速公路建成通车。

5月,龙口至青岛高速公路青岛段开工建设。

6月,东营至吕梁高速公路高唐至临清段和滨州至德州高速公路建成通车。

10月,德州至上饶高速公路聊城至范县段开工建设;临沂至枣庄高速公路建成通车。

11月,烟台至海阳高速公路建成通车。

12月17日,山东高速路桥集团股份有限公司并购成功,成为山东省首家以路桥工程施工和养护施工为主业的深交所主板上市公司,股票代码000498。

2013 年

1月,济南至徐州高速公路东平至济宁段建成通车。

4月,《济南至东营高速公路工程建设代建合同》签约仪式在省交通规划设计院隆重举行,为山东省首条采用代建制模式组织建设的高速公路。

6月,荣成至乌海高速公路荣成至文登段开工建设。

6月4日,山东高速集团投资、建设、经营、管理的青岛胶州湾大桥被授予桥梁界的"诺贝尔奖"——乔治·理查德森奖。

8月,烟台港龙口港区疏港高速公路建成通车。

11月,德州至上饶高速公路德州至夏津段和夏津至聊城段开工建设。

2014 年

4月,济南至徐州高速公路济宁至鱼台段开工建设。

6月,东营至吕梁高速公路济南至东营段开工建设。

11月,山东省政府印发《山东省高速公路网中长期规划(2014—2030年)》,规划全省高速公路网布局为"八纵四横一环八连"(简称"8418网"),规划总里程约7900km。

12月,京沪高速公路济南至乐陵段建成通车。至此,山东高速公路通车里程达到5108km。

2015 年

6月4日,省政府办公厅印发《关于成立齐鲁交通发展集团筹备协调小组的通知》,决定成立以副省长王书坚为组长的齐鲁交通发展集团筹备协调小组。

7月1日,齐鲁交通发展集团有限公司正式组建成立,副省长王书坚出席揭牌仪式。

9月,龙口至青岛高速公路青岛段建成通车。

10月,德州至上饶高速公路聊城至范县段建成通车。

11月,第十五届全国追求卓越大会在北京召开,山东高速胶州湾大桥荣获"全国质量奖卓越项目奖"。胶州湾大桥成为全国首座获得"全国质量奖卓越项目奖"荣誉的桥梁工程。

12月,荣成至乌海高速公路荣成至文登段建成通车。

2016年

6月,青岛至银川高速公路济南至青岛段改扩建工程开工建设。

6月16日,山东省交通运输厅被交通运输部授予"'十二五'干线公路养护管理优秀单位"荣誉称号。

7月,德州至上饶高速公路夏津至聊城段建成通车。

7月15日,省政府办公厅印发《关于进一步提升我省高速公路服务区服务水平的意见》(鲁政办发〔2016〕34号),制定出台《山东省高速公路服务区提升行动工作方案》,并相继编制了《山东省高速公路服务区布局规划》(2016—2030年)、《山东省高速公路服务区建设指南》《山东省高速公路服务区服务质量等级评定办法》,以进一步提升全省高速公路服务区规划、建设、管理水平。

11月13日,山东省发改委和省交通运输厅发布《山东省高速公路网中长期规划(2014—2030年)》调整方案,全省高速公路网布局调整为"九纵五横一环七连"(简称"9517网"),规划总里程约8300km。

12月,济南至徐州高速公路济宁至鱼台段和德州至上饶高速公路德州至夏津段建成通车。

12月,由山东省交通规划设计院代建的东营至吕梁高速公路济南至东营段建成通车,项目全长162.4km,是山东省第一条绿色循环低碳主题性公路,实施了包括绿色能源应用、绿色服务区建设、绿色施工技术、智慧公路、环保和循环利用等6类22个绿色循环低碳项目。至此,全省高速公路通车总里程达到5710km。

附录二

山东省交通运输行业从业单位简介（部分）
山东省交通运输厅公路局

山东省交通运输厅公路局是省交通运输厅所属副厅级参公管理事业单位，内设办公室、政治处、计划处、财务处、基建处、养护处等职能处室，负责全省国省干线公路的建设、养护、管理和通行费征收，对各市公路（管理）局进行行业管理和业务指导。

伴随公路事业发展，单位名称和职能几经变革。1949年3月，山东省公路运输局成立，由内设科室从事公路修建养护、车辆监理工作，后相继改称路政处、公路管理处、山东省人民政府交通厅公路局等，具体从事全省公路管理工作。1983年9月，山东省交通厅成立山东省公路管理局；2000年7月，更名为山东省交通厅公路局；2000年12月，升格为副厅级全额预算管理事业单位；2007年明确为参照公务员管理；2011年1月，更名为山东省交通运输厅公路局。

改革开放以来，在省交通运输厅正确领导下，全省公路系统在普通国省道发展位居全国前列的新起点上，努力推进发展重点由一般公路向以高速公路为主的高等级公路战略转移，创造了高速公路发展从无到有、加密成网、四通八达的骄人业绩。从1998年开始，省厅公路局与其他项目法人单位同心协力，连续实施了年公路投资150亿元的"三个150战役"，1999年、2000年全省高速公路通车里程率先突破1000km和2000km，全省东西、南北高速公路大通道全线贯通。2002年率先实现省会济南与各市政府驻地高速公路联通。2003年高速公路率先在全国突破3000km大关，提前2年实现"十五"山东高速公路建设目标；2007年又实现了省委、省政府提出的高速公路通车里程突破4000km的任务目标，通车里程连续8年位居全国第一。其间，相继建成了泰安至莱芜、泰安至红花埠、济南至馆陶、东营至海港、烟台至威海、烟台至莱西、日照至东明、博山至莱芜、东营至青州、青州至临沭、滨州至博山、滨州至鲁冀界、青岛至日照、乳山至牛齐埠（现威海至青岛）、黄岛至莱芜（济青南线）、济南至菏泽、济南东绕城、济南南绕城、烟台至辛庄子、滨州至德州、济宁至鱼台、德州至聊城、济南至乐陵等一大批高速公路骨干线项目。到2016年底，全省高速公路通车里程达到5710km,省厅公路局建成的高速公路占全省通车里程的60%。

在高速公路建设中,厅公路局牢固树立安全、质量、廉政"三个责任重于泰山"的意识,创造性实施了省厅公路局为业主、各市公路局为业主代表的项目业主责任制,率先开放建设市场,推行工程建设招标投标制、工程监理制和合同管理制,确保了管理水平和工程质量。将低碳、生态、环保等建设理念贯穿高速公路建设全过程,多级嵌路缘石结构、桥梁运营健康检测系统、复合地基加固技术、热再生、冷再生、永久性路面设计、大粒径碎石柔性基层、太阳能隧道节能照明等技术,改性沥青、土工织物等新材料得以广泛推广应用。青兰高速公路黄岛至莱芜段打造成为山东省第一条生态环保典型示范工程,获"全国绿色低碳示范工程"称号,济南黄河公路大桥获鲁班奖,济南燕山立交桥获国家优质工程银奖,小许家立交工程获山东省优质工程奖,济南隧道工程获"泰山杯",滨州黄河二桥在当时的钻孔灌注桩深度、索塔高度等方面创造了"五个全国第一"。与大专院校、科研院所联合研究的"永久性沥青路面结构设计理论与方法、关键技术及工程应用""沥青混凝土路面抗滑磨耗层的研究及应用""大粒径沥青混合料柔性基层在老路补强中的应用研究""MAC改性沥青技术开发及应用研究"和"水泥混凝土路面碎石化综合技术研究"等均获山东省科技进步一等奖,其中两项获国家科技进步二等奖,"永久性沥青路面结构设计理论与方法、关键技术及工程应用"获美国联邦公路局(FHWA)和美国沥青路面联合会APA(AASHTO、NAPA)"科技创新"奖。

全省高速公路发展,得到了各级政府、行业主管部门和社会各界的充分肯定和高度评价,多次受到省委、省政府通报表彰和通令嘉奖。在2005年全国干线公路养护管理大检查中,山东省取得了高速公路、普通国省道和总评分"三个第一"的可喜成绩,为山东交通乃至全省赢得了荣誉。

山东高速集团有限公司

山东高速集团是以投资、建设、经营、管理高速公路、桥梁、铁路、港航、机场、物流为主业,集主业保障链上金融、建设、置业、信息、建材为一体的现代化、国际化、高效化、综合型国有独资特大型企业集团。截至目前,集团注册资本200亿元,年经营收入580亿元,利税85亿元,资产总额5000亿元,资产负债率61%,职工7万余人,资产规模居全国同行业第一位,资产和利润总额均占省管企业1/4,连续九年入选"中国企业500强"。

集团拥有全国路桥类资产规模最大的蓝筹股代表山东高速股份有限公司上市公司,具有特级施工资质的山东高速路桥集团股份有限公司上市公司;香港上市公司中国新金融集团;拥有代省政府履行全省铁路建设出资人职责的山东铁路建设投资公司,负责全省地方铁路、城际铁路、轨道交通规划、建设和运输管理的山东省地方铁路局(山东高速轨道交通集团);拥有承担中国政府对外经济援助项目、代表山东省实施对外投资的山东国际经济技术合作公司;全省首家区域性城市商业银行威海市商业银行;拥有作为全省实施蓝色经济区战略投融资平台的山东海洋投资有限公司;拥有集团控股、首家注册地在山东的全国性财产保险法人机构——泰山财产保险股份有限公司;拥有建设世界最长跨海大桥——山东高速公路胶州湾大桥的青岛发展有限公司等30家权属单位。

集团经营领域"立足山东、面向省外、走向世界",相继涉及全国22个省、海外106个国家和地区。运营管理高速公路2800km,在建1089km,运营管理地方铁路586km,在建743km,并代表省政府承担了新建、改建3800km干线铁路的任务,投资建设京沪高速铁路山东段,控股建设总长308km、总投资600亿元的济青高速铁路以及总长494km、总投资约750亿元的鲁南高速铁路。连续获得全国干线公路养护管理大检查第一名,投资建设、经营管理的山东高速胶州湾大桥是当时世界最长跨海大桥,荣获世界桥梁界的"诺贝尔奖"——乔治·理查德森奖。开发建设的贝尔格莱德中国文化中心由习近平主席与塞尔维亚总统尼科利齐共同奠基,是中国在巴尔干地区建立的首个中国文化中心。控股法国客运第四大、货运第二大机场——图卢兹机场,为中资企业收购的首个海外机场。

站在新起点,集团以科学发展为主题,以转型升级为手段,以改革创新为动力,以股权机制为纽带,以完善法人治理结构为关键,以资本运作为支撑,以质量效益为目的,实现"打造中国高速集团、进军世界500强、富裕员工"的"高速梦"。

齐鲁交通发展集团有限公司

齐鲁交通发展集团有限公司,是山东省政府批准成立的省管功能型国有资本投资运营公司,于2015年7月1日挂牌成立。主要负责所辖高速公路的运营管理,承担省政府赋予的重大交通项目建设任务,对授权范围内的非公路类交通资产进行盘活整合和运营管理,是省政府交通运输事业发展的投融资平台,省内重大交通项目的投融资主体。

截至2017年6月,集团运营管理高速公路3409km,占全省高速公路通车里程的60%,在建高速公路700km。集团注册资本226亿元,资产规模2200亿元,下设20个分公司、12个全资权属单位和7个控(参)股公司,1个院士工作站,在职人员20500人。拥有AAA级主体信用等级,是省管国企中自挂牌成立以来最快取得AAA评级的企业,为中国公路学会理事单位、中国招标投标协会会员单位。

集团锚定建设行业地位领先、核心能力突出、品牌形象一流的现代化企业集团一个目标,聚力做强基础产业、做优新兴产业两大战略,推动思想观念、思维方式、经营理念三个转变,实现制度、管理、商业模式、科技四项创新,强化责任、团结、奉献、创新、廉洁五种意识的"一二三四五"总体战略布局。立足"功能型+市场化"定位,激活交通基础设施建设、养护、运营三大主动力,创新投资建设一体化、检测设计养护一体化、运营服务一体化模式,大力推进绿色高速公路、智慧高速公路建设,打造国内领先、国际一流的优质工程、精品工程,贯彻全寿命周期理念,大力实施精准养护、预防性养护,全国首创养护总承包模式,开启养护产业化发展之路,提高运营服务科技含量,提升交通服务智能化水平,改善通行体验,保障大众"智慧"出行,引领高速公路新业态。树立"高速公路+"发展理念,以大交通为基础,大力发展与之相关联的高新技术产业和现代服务业,培育发展新动能,布局金融、能源、信息、文化旅游、现代物流、商业地产六大新兴产业支柱。两年来,发起设立总规模700亿元的两支投资基金,推进权属公司上市,并购莱商银行成为第一大股东,逐步进军公募基金、融资租赁、保险、证券等行业,打造全产业链金融体系,分布式光伏项目三年内可实现年发电收入10亿元,开发国内首个路面光伏项目,探索"高速公路+光伏"的创新模式,并购东营联合石化公司,建立油气产销一体化运营模式,以服务区为高速公路与地方经济深度融合的接口,将高速公路打造成为带动区域经济发展的新型产业带。文化旅游、影视传播、体育培训、特色地产等衍生产业发展迅速,一主多元、协同发展的产业格局已经形成。

集团深入贯彻落实"创新、协调、绿色、开放、共享"发展新理念,深化改革,锐意创新,把握经济运行新常态,贯彻改革发展新理念,开发新旧动能转换新维度,全面提升集团发展的质量和效益,打造"畅行齐鲁、传播文明、诚信服务、回报社会"品牌,为山东交通事业可持续发展和全面建成小康社会作出积极贡献。

山东省交通运输厅基本建设工程质量监督站

山东省交通运输厅基本建设工程质量监督站成立于1994年初,为省交通厅所属独立核算经费自收自支的处级事业单位,主要职责为全省交通基本建设工程的质量监督与指导,编制25人;2002年1月,山东省交通工程定额管理站与省交通厅基本建设工程质量监督站合并,一个机构两块牌子,处级建制不变,自收自支事业单位性质不变,主要职责为:制定全省交通建设工程质量监督和工程定额管理办法并监督实施;负责重点建设项目的质量监督和鉴定,负责监理、造价资质认定,编制补充定额,发布工程质量和造价信息,指导下级质量监督和定额管理机构开展工作。编制由25人增至40人。2005年7月,增加承担交通基本建设工程建筑安全生产监督管理职责。2011年1月,更名为省交通运输厅基本建设工程质量监督站(省交通运输工程定额管理站),主要职责是:承担交通运输建设工程质量监督与检测工作,参与相关工程项目质量等级的评估工作;承担交通运输工程建设标准定额的有关工作。

厅质监站自成立之日起始终坚持以工程质量和施工安全监管为中心,认真贯彻落实国家质量安全管理政策、法规和上级指示精神,严格执行工程质量、安全生产监督工作规定,不断完善管理制度,落实工作责任,严格监督,确保全省高速公路建设工程质量稳步提高,安全生产持续稳定。对高速公路工程质量的监督管理,厅质监站实行项目监督工程师负责制,探索"监督组＋专家"模式,按"督查清单"和工作计划,定期对建设项目组织"巡视检查、专项检查和综合检查",并每月通报督查情况,向社会公开。

在高速公路建设过程中,厅质监站加大施工标准化、质量通病防治等专项工作力度,着力规范场站、试验室建设和施工方案编制审批、内业资料整理,有针对性地开展"管理、工艺和实体"质量通病防治,并组织在青临高速公路现场推广观摩会议,有效地带动全省高速公路建设走上一个新的台阶。

厅质监站成立24年来,先后承担枣庄至木石等91个高速公路工程的质量监督工作,总里程达4967km,工程质量交工验收合格率100%,竣工验收优良率100%。先后荣获"交通系统工程质量监督先进单位""山东省加快公路建设先进单位""山东省省直机关精神文明建设委员会文明单位"等光荣称号,多人荣立"二等功""三等功"。

1994年以来,为适应交通基础设施建设发展需要,厅质监站积极组织申报、评审认定公路工程监理机构、试验检测机构,并培养了一大批专业技术人员。目前山东省具备公路甲级资质的监理企业22家、乙级资质的监理企业4家、试验检测机构137家,具备公路工程监理工程师资格的约3500人、具备专业监理工程师资格的3400人、注册公路工程试验检测人员共5600人。

2007年以来,厅质监站制定了《山东省公路水运工程施工企业安全生产管理人员考核管理实施细则》和三个工作指南,组织编写了《山东省公路水运施工企业安全生产管理人员考核培训系列教材》,定期举办三类人员继续教育培训,对施工企业安全生产三类人员证书延期审核和水运工程施工企业安全生产许可证申请初审。

2010年以来,编写了《山东省公路工程工程量清单(初稿)》,完成了山东省公路工程施工企业人工费标准分析、测算,编制车船使用税标准,制定了《山东省公路养护工程预算编制办法》,颁布施行了《山东省公路养护工程预算定额》,承接了省厅工程造价审查工作,每年完成省投资估算、概算、预算审查和设计变更审查约50项,审核资金约200亿元。

山东省交通运输厅信息中心

山东省交通运输厅信息中心(山东省交通运输厅高速公路收费结算中心),为公益一类事业单位,设有8个科室,现有职工36人,其中高、中级以上专业技术人员31人。中心主要负责全省交通运输系统电子政务网络平台和省厅门户网站的运行维护、信息更新等工作;负责全省交通信息化重大项目建设、信息技术科研课题、行业技术支持等工作;负责全省联网高速公路通行费清分,ETC系统运维管理、密钥管理、全国联网跨省交易、鲁通卡和电子标签初始化,通信、软件等公共资源运行及维护管理工作。

中心成立以来,建设完成了全省交通政务信息系统、信息资源整合和出行服务两大部示范工程,参与了全省高速公路信息系统等重大工程项目建设及管理工作,完成了全省联网高速公路ETC系统建设和全国ETC联网、省交通应急指挥中心等项目建设。获中国公路学会科学技术二等奖1项、三等奖1项,获山东省科技进步二等奖1项、三等奖3项;先后被交通运输部评为"全国交通系统通信服务先进单位"和"全国交通通信系统创建文明行业先进单位",被省档案局评为"省直一级档案室""全省档案管理先进单位"。

全省385个收费站全部实现联网收费,联网收费里程5348km。高速公路通信采用SDH数字光纤传输技术,形成安全可靠的封闭网络,为收费、监控系统提供平台和支撑;收费系统采用同一平台,分级管理,全省统一清分结算,合理划分通行费用;陆续建成高速公路全程监控系统,为全省高速公路的监管和对外服务提供技术支持。

山东省交通应急指挥中心于2012年9月试运行,初步构建起省市两级交通数据中心框架,数据服务能力逐步提升。2014年,马凯副总理一行到山东调研交通运输工作,现场调研指挥中心运行情况,对应急指挥、安全保障、服务公众出行等工作给予充分肯定。

近年来,山东省ETC建设快速推进,2013年12月,实现"京津冀鲁晋"区域联网运行,2014年12月,"京津冀鲁晋"区域与泛长三角区域等省市实现14省市ETC联网运行,2015年9月实现与全国其他省(自治区、直辖市)联网,山东省ETC用户可以一卡畅行全国。截至2016年9月,全省高速公路ETC收费站覆盖率达到93%。鲁通卡增值服务和管理水平进一步提升,ETC自建客服网点340余个,与工行、农行、建行等多家银行合作网点4500余个,累计发售鲁通卡286.1万张,电子标签204.06万个,非现金支付使用率达到31.2%,非现金交易额占总通行费38.3%。

中心先后承担了厅网站、交通重点建设电子招投标系统、OA办公系统、视频会议系统及厅直单位托管业务等10大系统、共60多个子项的运维服务工作,为各市交通信息化提供技术咨询和支持。定期开展应急演练,扎实做好技术保障,确保应急指挥中心安全稳定运行。加强信息系统安全巡检和基础维护,扎实做好交通信息网络安全保护工作,连续多年获得省级信息网络安全管理及等级保护工作先进荣誉称号。

全省高速公路收费系统健康运行,2015年清分高速公路通行费金额首次突破200亿元,近三年高速公路收费额年均增长超过8%。截至2016年底,全省联网拆账单位达到14家,跨省"T+5"结算及时准确,月结算额达到10亿元。不断完善收费稽查系统,实现对120多种异常收费及时预警提示,积累建立了20多种逃费线索挖掘工具,走在了全国同行业数据挖掘应用的前列。编制的《收费结算月报》对高速公路联网收费和运行信息进行深度挖掘,为运行管理和决策提供信息支持。

2011年以来,依托公众出行交通信息服务平台,以省内城际交通信息服务为重点,通过网站(www.sdjtcx.com)、咨询中心(96669)、短信平台、广播电视、手机终端、微博等多种方式提供全面的出行信息服务,实现服务方式多样化。目前,出行网站全年访问量500万人次,咨询中心96669年均接听电话26万个,年均发布路况信息20余万条,较好满足了公众出行需求。

中心通过科学管理,规范工作流程,细化考核内容,落实制度规范,明确责任分工,强化问责督查,确保了各项业务系统的安全良好运行。

山东高速路桥集团股份有限公司

山东高速路桥集团股份有限公司是山东高速集团有限公司旗下上市公司之一(证券简称:山东路桥,证券代码:000498),其前身是山东省交通工程公司。2004年,山东省人民政府办公厅授权山东省国资委对路桥集团履行出资人职责,山东省国资委将路桥集团国有股权划转至山东高速集团,注册资本10.38亿元。

路桥集团总资产160亿元,年综合施工能力100亿元,拥有公路工程施工总承包特级,工程设计公路行业甲级,建筑工程、市政公用工程施工总承包一级,钢结构工程、桥梁工程、公路路面工程、公路路基工程专业承包一级,公路交通工程(公路安全设施)专业承包一级、隧道工程专业承包二级资质,具有对外承包工程资格、对外援助成套项目A级实施企业资格,打造路桥工程施工、路桥养护施工、铁路工程施工、市政工程施工、建筑工程施工、港航工程施工六大产业,辐射隧道工程、交通工程、设备制造、勘测设计等综合能力。

从20世纪90年代初参建济青高速公路开始,到山东省高速公路通车总里程领跑全国,再到目前突破5710km,集团一直是山东省高速公路建设的中坚施工力量,并参建了济南、利津、滨州、济齐等黄河大桥,青岛跨海大桥,济青高速铁路、鲁南高速铁路等工程,树起了一座座路桥建设的丰碑。

集团在保持路桥施工优势的同时,积极拓展公路养护市场,参与了全国2000km高速公路及特大桥的维修养护施工。拥有公路交通节能与环保技术装备行业研发中心(部级)、山东省沥青路面再生技术研究中心(省级),公司在路面就地热再生、就地冷再生、厂拌热再生、厂拌冷再生为代表的公路养护施工技术领域走在全国前列,是全国唯一参编交通运输部《公路沥青路面再生技术细则》的施工企业。形成了"技术研发—设备设计制造—施工应用—产业布点"的良性互动。

质量是高速公路建设和养护的基石，集团传承老一辈山东路桥人的工匠精神，专业化施工，规范化管理，科技化推进，信息化支撑，力求把每一条路每一座桥都建成经得起历史检验的精品工程，用汗水与智慧谱写着我国交通建设的华丽乐章。集团两获国家科学技术进步奖，五获国家建筑工程鲁班奖，获李春奖、詹天佑奖和国家优质工程金质奖，多项工程创下我国公路与桥梁建设史上的诸多"第一"和"之最"，22次入选《中国企业新纪录》，环氧沥青钢桥面摊铺攻克世界工程难题。

近年来，集团荣获"全国守合同重信用企业""全国建筑业诚信企业""全国公路建设行业百佳企业""全国企业文化建设先进单位""全国五一劳动奖状""中国桥梁建设十大优秀团队""中国建设银行AAA信用等级企业"等荣誉称号。

展望未来，集团公司将以战略统揽，以文化铸魂，坚持生产经营和资本运作"双轮驱动"，发展质量和效益增长"两翼齐飞"，整合内外资源，强化内部管控，持续提升核心竞争力，将集团公司打造成国内一流、具有国际竞争力的专业化、规范化、信息化、科技化基础设施综合投资商和工程承包商。

山东省交通规划设计院

山东省交通规划设计院是一家以交通设计为主业的综合性勘察设计单位，始建于1952年，原为山东省交通运输厅下属事业单位，2015年8月，整体划入齐鲁交通发展集团有限公司。

六十多年来，历经几代人的顽强拼搏和持续创新，山东省交通规划设计院已逐渐发展成为规划、设计、项目管理、检测、科研纵向一体，市政工程、港航水运、建筑工程、智能交通等横向多元的综合性勘察设计单位。目前持有公路行业甲级、水运行业（港口工程）专业甲级、市政行业（道路、桥梁工程）专业甲级、建筑行业（建筑工程）专业甲级，水运行业（航道工程）专业乙级、市政行业（排水工程）专业乙级、风景园林专项乙级等工程设计资质；还持有工程勘察综合类甲级、工程咨询（含公路、港口河海工程、建筑、市政交通）甲级、工程总承包甲级、市政工程（道路桥隧）施工图审查一类及公路工程试验检测综合乙级等资质证书，并被授予交通建设全方位的涉外经营权。

至今已建成了一支包括1名中国工程设计大师、3名山东省工程设计大师、5名中国公路百名优秀工程师、1名交通科技英才、160余名拥有高级技术专业职称的400余人的人才干部队伍，其中，持有国家注册土木（道路、岩土、港航）、建筑、结构、咨询、造价、公用设备工程师等执业资格的人员百余人。

累计完成了 4000 余公里高速公路、70 余座特大桥、90 余项港航项目的勘察设计工作,获得包括国家科技进步一等奖,全国优秀设计奖,优秀工程设计银质、铜质奖,交通运输部六十年经典工程、优秀设计一等奖,中国工程咨询二等奖在内的各类奖项 100 余项。

其中,比较具有代表性的项目有:

济南至青岛高速公路是山东省第一条高速公路,曾获国家第八届优秀工程设计金奖、山东省优秀工程勘察设计一等奖,并被列入"建国六十周年 60 项公路交通勘察设计经典工程"。

济南黄河公路大桥是主跨 220m 的双塔斜拉桥,在我国首次突破跨径 200m 大关,是当时亚洲跨径最大的预应力混凝土斜拉桥,居世界第二位。曾获国家科技进步一等奖、国家优质工程银质奖,1992 年入围中国桥梁三十佳,并被列入"建国六十周年 60 项公路交通勘察设计经典工程"。

京台高速公路济南至泰安段是山东省第一条六车道高速公路,获全国第十届优秀工程设计银质奖和交通部公路工程优秀设计三等奖。

东营黄河公路大桥地处黄河入海口,是国内第一座正交异性钢箱梁斜拉桥,在国内首次采用工厂制作的成品索,开创了国内斜拉桥建设的先河。曾获国家优秀设计银奖、交通部优秀勘察三等奖、山东省科技进步二等奖、山东省优秀工程设计一等奖等奖项。

此外,环胶州湾高速公路、北京至上海高速公路(山东段)、山东北镇黄河大桥项目也被列入"建国六十周年 60 项公路交通勘察设计经典工程";国道主干线(青岛—银川高速公路)济南绕城高速公路黄河大桥获全国工程建设项目优秀设计成果一等奖、优秀公路交通设计一等奖;京台高速公路济南黄河大桥获全国第十届优秀工程设计项目铜质奖;济青高速公路南线工程、滨州至德州(鲁冀界)高速公路、滨州黄河公路大桥、国道 206 线烟台至新河段、环渤海通道与潍莱路连接线工程等项目获公路交通优秀设计一等奖;河南武西高速公路桃花峪黄河大桥、同江至三亚国道主干线山东两城至汾水段等项目获公路交通优秀设计二等奖等;广珠西线高速公路珠江特大桥获山东省优秀勘察设计一等奖。

承担或参与的交通运输部西部交通科技建设项目、国家安监总局科技项目、山东省交通科技计划项目 60 余项,已通过科技鉴定 20 余项,其中,研究成果达到国际先进水平 13 项,国内领先水平 7 项。此外,还取得了 50 多项发明专利和实用新型专利。

全院职工开拓进取,顽强拼搏,以求实创新的精神共谋发展,坚持"质量第一、顾客至上、科技领先、开拓创新"的质量方针,发扬"团结、奉献、求实、创新"的企业精神,恪守"奉献交通事业、描绘经世蓝图"的企业宗旨和"超越期望、至善至美"的服务理念,不断提升技术与服务水平,连续多年保持"山东省十佳设计单位""省级文明单位"等荣誉称号。

山东省交通工程监理咨询公司

山东省交通工程监理咨询公司作为全省交通建设监理行业的主力军，正式成立于1994年8月，注册资金1506万元，是齐鲁交通发展集团有限公司权属国有企业。

山东省交通工程监理咨询公司具有交通运输部公路工程监理甲级、水运工程监理甲级、特殊独立大桥和公路机电专项资质以及公路工程试验检测综合乙级资质；拥有住建部公路工程、房屋建筑及港口与航道工程监理甲级资质、市政工程建设监理乙级资质；拥有国家发改委公路工程咨询甲级资质。公司是国际咨询工程师联合会、中国工程咨询协会、中国建设监理协会及中国交通建设监理协会会员、中国交通建设监理协会常务理事单位。公司主营公路、水运工程项目的前期咨询和施工监理，可在公路、桥梁、隧道、机电、港口航道、房屋建筑、市政工程等范围内提供项目可研报告编制、项目咨询及工程监理等服务。

山东省交通工程监理咨询公司现有职工292人。其中，具有大学本科及以上学历的人员占职工总数的75%，工程技术应用研究员3人，高级职称48人，中级职称104人，具有省部级监理职业资格的115人。专业技术人员年龄结构和专业配套合理，涵盖公路桥梁、水运、建筑、机电、结构、给排水、采暖与通风、工程经济等多个专业，具有较高的技术管理能力。

山东省交通工程监理咨询公司凭借强大的技术实力和丰富的项目管理经验，先后圆满完成了山东省济青高速公路等省内外高速公路工程监理项目50多个；圆满完成了巴基斯坦N55公路12B项目的合同及技术服务；圆满完成了山东青岛胶州湾跨海大桥等特大型桥梁监理项目19个；隧道工程项目16个；道路拓宽、改建工程近百个项目，均以监理服务好、水平高、管理规范、工程优质、费用节约、安全环保符合要求等特点赢得了各方面好评，树立了监理队伍的良好形象。

公司秉持"诚信、勤劳、团结、奉献"的核心价值观，坚持"机制科学、管理规范、开源节流、活力发展"的原则，以成为国内一流、省内领先的工程监理咨询企业为目标，以为业主提供满意服务为宗旨，坚持"质量、安全、廉政"三个责任重于泰山，树品牌、树形象，形成了一整套完善的工程监理管理体系，培养了一支技术熟练、作风过硬的职工队伍。

山东省交通科学研究院

山东省交通科学研究院前身为1954年成立的山东省公路局试验室，1978年8月成立山东省交通科学研究所，2013年11月更名为山东省交通科学研究院，公益二类事业单位，是全省唯一的综合性交通运输研究中心。设立有山东省道路结构与材料重点实验室、高速公路养护技术交通行业重点实验室（济南）、山东省交通建设工程检测中心等10多个机构。研究领域涵盖道路工程、桥梁工程、综合交通运输、标准计量、港航工程、信息工程、智能交通以及交通环境、安全、节能等多个方向。具有公路工程试验检测综合甲级、计量认证、工程咨询、CNAS、环境监测中心站等资质。现有职工230余人，其中研究员27人，高级工程师22人，硕士以上学历73人。形成了一支专业结构合理、研发能力卓越的科研队伍。

始终坚持"科研立院"理念，经过几代人的不懈努力，科研攻关取得了一大批具有先进水平的重大成果，共获得省级以上科技奖励百余项，其中，"沥青混凝土路面抗滑磨耗层的研究"荣获国家科技进步二等奖、"永久性沥青路面结构设计理论与方法、关键技术及工程应用"荣获国家科技进步二等奖、美国联邦公路局和美国沥青路面联合会APA"科技创新"奖；"Superpave技术的开发与应用""大粒径沥青混合料柔性基层在老路补强中的应用研究""永久性沥青路面设计方法研究""青岛海湾大桥桥面沥青铺装层的研究""青岛海湾大桥耐久性保障技术"等5项成果荣获山东省科技进步一等奖；获授权发明专利30余项；制定国家标准、行业标准及地方标准10余部。

山东省交通科学研究院面向高速公路建设主战场，不断解决各类工程技术难题，沥青路面技术研究水平在全国同行业中处于领先地位。1987年参与修建了济青高速公路试验路（张博路），为山东省早期高速公路路面结构与材料进行了积极探索。1997年针对高速公路沥青路面早期破坏现象及沥青抗滑磨耗层耐久性和表面服务特性之间的矛盾，成功解决了早期水损害及抗滑耐久问题，研发出新型多级嵌挤沥青混合料。1998年、1999年在博山至莱芜高速公路、京台高速公路济南西外环工程中率先实现了SMA、Superpave等国外先进技术在我国高速公路建设中的应用。2004年在滨州至大高高速公路建设中铺筑永久性沥青路面试验路，提出了重载交通条件下的典型耐久沥青路面结构。2007年在济南至莱芜高速公路铺筑了柔性基层等5种试验路，2012年在青州至临沭高速公路铺筑了连续配筋水泥混凝土（CRCP）路面、高模量沥青混合料（EME）等8种路面结构，为山东省高速公路路面结构与材料的进一步研究奠定了基础。

在做好高速公路工程研究的同时，积极提供高速公路技术咨询服务工作，加快推动科技成果应用与转化。1999年在京台高速公路济南西外环段全面参与沥青路面配合比设计与现场施工技术咨询，这是全国第一条在建设过程中采用技术咨询的高速公路，开启了沥青路面技术咨询的先河，至今已参与了全省绝大多数新建高速公路的沥青路面技术咨询服务工作，并逐渐将服务领域延伸至全国多个省自治区和直辖市，已累计为超过10000km的高速公路及国省干线公路提供技术咨询。

全院将坚持面向山东，服务全国，走向世界，努力建成集"行业发展的强大智库，高端技术的创新基地，检验检测、检定校准、评价鉴定的权威中心"三大功能于一体的现代化交通科研机构，为综合交通科学发展做出应有贡献。

编 后 记

山东交通自20世纪90年代起，迎来了以高等级公路建设为重点的基础设施建设时代。自济青高速公路建成通车以来，山东高速公路从无到有、逐步完善，实现了从"严重不足"到"适度超前"的历史转变。截至2017年底，全省高速公路通车里程达到5820km。高速公路的快速发展，得益于交通运输部等国家相关部委和省委、省政府的正确领导，省直各有关部门、沿线各级党委政府的积极配合以及人民群众的大力支持，凝聚了几代交通人奋力拼搏、无私奉献的智慧和汗水。在此，我们向一直以来关心支持我省高速公路发展的各级领导，向为我省高速公路建设作出突出贡献的全体同仁表示崇高敬意。

根据《交通运输部关于编纂〈中国高速公路建设实录〉的通知》要求，山东省交通运输厅组织开展了《山东高速公路建设实录》（以下简称《实录》）的编纂工作，历时两年，顺利完成了任务。

编纂期间，参与各方精心组织，齐心协力，多措并举，各项工作快速启动并有序展开。2015年12月，编审委员会和编纂工作委员会成立。2016年3月10日，于洪亮副厅长主持召开《实录》编写启动会。12月21日，王玉君厅长主持召开《实录》编纂工作推进会，对编纂工作进行了再动员、再部署。

2017年1月，编纂人员到交通运输部向《中国高速公路建设实录》编纂办公室汇报工作，随后学习调研了北京、陕西和重庆等地的先进经验。大纲几经优化调整，全书逻辑更为合理，脉络更加清晰。5月2日，王玉君厅长主持召开第二次《实录》编纂工作推进会，要求进一步明确目标定位，全面提高《实录》编纂工作质量水平。其间，范正金巡视员多次召开专题会调度安排编纂工作。5月底，形成《实录》第一稿。6月22日，组织召开专家评审会，邀请我省交通系统的老领导、老专家进行座谈，根据专家意见，编纂人员对《实录》进行了修改完善。7月中旬，形成《实录》第二稿。

7月24日至8月30日，编纂工作委员会邀请专家对《实录》第二稿进行了为期38天的集中讨论与审改。8月31日，形成《实录》第三稿。9月1日，于洪亮副厅长主持召开《实录》编审委员会会议，根据编审会意见我们又对相关内容再次修改、补充和完善。12月18日，江成厅长主持召开《实录》编审委员会会议，形成《实录》出版稿，正式交付出版。

在此，特别感谢王书坚副省长为《实录》作序，《实录》的顺利成稿，得益于省委、省政府对编纂工作的高度重视和正确领导。

　　特别感谢黄镇东老部长等部领导为《实录》编纂提出的宝贵意见和建议,特别感谢厅里的各位老领导、老专家为提高《实录》编纂质量作出的不懈努力,特别感谢近三十年来在高速公路规划勘测设计、组织建设、施工监理、试验检测等方面流下汗水的广大建设者及在质量安全与廉政监督保障等方面付出努力的工作者为山东高速公路快速发展、持续发展和科学发展作出的卓越贡献。